안넬리엔 드 다인 지음

한혜림 옮김

Freedom

자유

자유에 관한 가장 명료한 통찰

북수힐

차례

규정하기 힘든 개념

오늘날 대부분의 사람은 개인이 양도할 수 없는 권리를 갖는 것과 자유를 동일시하는 경향이 있다. 다시 말해 사람들 대부분이 자유란 정부가 침해할 수 없는 사적인 영역을 정하는 권리를 가지는 것이라고 생각한다. 하지만 이러한 동일시가 늘 있었던 것일까? 자유가 국가 권력을 제한하는 데 달려 있다고 보는 이러한 정의가 자유로운 사회는 무엇인지, 그리고 사회의 구성원으로서 개인이 누리는 자유로움이 무엇을 의미하는지를 설명하는 데 유일하고 가장 자연스러운 사고방식일까? 만약 그렇지 않다면 우리가 자유를 이해하는 방식은 어떻게 변화했으며, 또 그 변화는 왜 일어났을까?

이것이 이 책을 관통하는 질문이다. 이 책은 2000년이 넘는 기간에 걸친 사상을 살펴보고 소위 말하는 서양의 정치적 자유에 관해 논함으로써 이 질문에 답하려고 한다. 이 이야기는 자유가 발명된 고대 그리스 시대부터 현재까지 이어지며, 이야기가 전개되는 과정에서 플라톤, 키케로, 존 로크, 장자크 루소와 같은 위대한 인물의 사상을 탐구할 것이다. 이들만큼 정치사상에 기여한 바가 잘 알려지지는 않았지만 이들과 마찬가지로 중요한 역할을 한 인물들에 대해서도 알아보려고 하는데, 미국 영어로 자유를 최초로 정의한 19세기 사전 편찬자 노아 웹스터가 그중 한 명이다.

이러한 연구의 결과는 매우 놀랍다. 오늘날의 자유 개념은 오랫동안 확립된 자유 개념에서 의도적으로 급격하게 벗어난 것으로 이해해야 한다. 수 세기 동안 서양의 사상가와 정치 행위자는 정부의 간섭을 받지 않는 것이 아닌, 개인이 통치되는 방식에 대해 통제력을 행사하는 것을 자유와 동일시했다. 과거의 자유는 **민주적** 개념의 자유였다. 다시 말해 자유 국가는 권리장전, 독립적인 사법부와 같이 국가 권력을 제한하기 위해 감시하는 기구가 부재하더라도 민중이 그들 자신을 스스로 통치하는 국가를 일컬었다. 이러한 자유의 민주적 개념은 고대 그리스인과 로마인에 의해 발전되었고, 근대에 이르러서 니콜로 마키아벨리, 에티엔 드 라 보에시, 앨저넌 시드니와 같은 르네상스 인문주의자에 의해 부활했다. 17세기 영국에서 발표된 『정부에 관한 담론 *Discourses Concerning Government*』에서 시드니가 말했듯이 민중은 "스스로 만든 법에 따라" 통치되는 경우에만 자유로울 수 있었다.[1]

이러한 인문주의 사상은 이후 18세기 후반의 미국, 네덜란드, 폴란드, 프랑스의 혁명가들에게 영향을 미쳤다. 그들은 자유라는 대의를 위해 혁명을 일으켰다. 하지만 조용히 자신의 삶과 재산을 지키기 위한 자유를 얻기 위해 싸운 것이 아니었다. 그들이 원한 것은 고대 그리스인과 로마인의 방식으로 그들 자신을 스스로 통치할 수 있는 자유였다. 1774년에 열린 제1차 대륙회의에서는 "모든 자유 정부"의 기반은

"입법부에 참여할 수 있는 민중의 권리"라고 선언했다.[2] 대서양 건너편에서도 동일한 주장이 제기되었다. 1783년 네덜란드의 저명한 애국파인 피에르 브레이데는 "자신, 자신의 재산, 자신의 행복을 스스로 다스리지 않는다면 자유롭다고 말할 수 없다."라고 썼다.[3]

고대 자유의 민주적 개념이 상당히 오랫동안 전해졌음을 보여주는 시각적 표상도 있다. 대표적인 예가 자유의 모자이다. 고대 로마에서는 노예를 해방하는 의식을 행할 때 해방 노예에게 원뿔 모양의 모자를 주었다. 시간이 지나면서 이 모자는 정치적 의미의 자유를 상징하게 되었는데, 일례로 로마에 비밀 투표가 도입된 것을 기념하기 위해 발행된 주화에 이 모자가 새겨졌다. 1760년대와 1770년대 미국의 독립을 위해 싸우던 뉴욕 반군은 영국 통치에 대한 저항의 뜻을 알리기 위해 이 자유의 모자로 장식된 자유의 기둥을 세웠다. 1790년대에는 프랑스 혁명가들이 일상의 복장에서 이 상징을 사용했는데, 그들은 붉은 모직 모자를 쓰는 것으로 자유에 대해 지지를 표현했다.[4]

2000년이 넘는 역사 속에서 자유는 민중 자치와 동일시되었다. 앞으로 이 책에서는 그 점에 대해 상세히 살펴볼 것이다. 19세기와 20세기에 이르러서야 유럽 및 미국의 정치 사상가들이 자유에 대한 다른 사고방식을 전파하기 시작했다. 많은 사람이 자유는 통치하는 사람이 **누구**인가의 문제가 아니라는 주장을 제기하기 시작했으며, 그들은 오히려 개인이 통치되는 **범위**가 자유를 결정한다고 말했다. 이러한 주장을 먼저 펼친 사람 중 한 명인 독일 철학자 요한 아우구스트 에버하르트는 1784년 자유를 민주 공화국에서만 이룰 수 있다고 생각하는 것은 "근거 없는 편견"이라고 썼다. 계몽된 왕의 백성은 자치 국가의 시민과 동일한—아니 오히려 더 많은—시민적 자유를 누렸다. 에버하르트가 지적했듯이 프리드리히 대왕의 통치하에서 프로이센인은 자치적인 스위스인보다 종교의 자유를 더 많이 누렸고 세금은 더 적게 냈다.[5]

자유에 대한 발상에 변화를 가져온 것은 무엇이었을까? 민주적 자유 개념이 어떻게 해서 자유가 정부 권력의 제한에 달려 있다는 생각으로 바뀌었을까? 역사가들은 이 질문에 대한 답을 찾기 위해 유럽의 역사에서 오래 지속되어 온 추세를 탐구하는 경향이 있다. 일례로 서양에서 종교 개혁의 의도치 않은 결과로 종교적 관용 이념이 확대되었고, 그로 인해 자유를 개인의 독립성과 동일시하는 새로운 사고방식이 등장했다는 주장이 제기되었다. 또한 17세기와 18세기에 시장 경제가 등장하면서 자유에 대한 사고의 변화가 촉발되었다는 주장 역시 지지를 받았다. 이러한 발상이 자연권 개념을 중심으로 한 더욱 계몽된 자유 개념으로 발전한 것으로 추정된다.[6] 그러나 일반적인 통념과는 달리 종교 개혁이나 시장 경제로의 전환은 자유를 둘러싼 논쟁에 큰 영향을 미치지 못했다.

이 책에서 살펴보겠지만 오히려 자유에 대한 새로운 해석이 등장한 것은 18세기 후반 대서양 혁명으로 촉발된 장기간의 정치적 투쟁에 따른 결과였다. 대서양 혁명은 근대 민주적 정치 체계를 확립하는 데 결정적인 역할을 했지만, 이와 동시에 민주주의에 대한 강력한 반발을 불러일으키기도 했다. 특히 프랑스 혁명이 공포 정치라는 폭력 정치로 치닫게 되면서 대서양 양쪽에서 많은 지식인과 시민이 민중 정치를 도입하려는 시도를 반대하게 되었다. 그 결과 일어난 반혁명 운동은 개인의 독립성을 누릴 자유를 우선시하며 자유의 민주적 개념에 직접적인 반기를 들고 자유에 대한 새로운 해석을 전파했다. 예를 들어 자유에 대한 에버하르트의 발언은 스위스와 미국의 사례를 모방한 제도를 도입해 프로이센을 민주화하려는 "젊은 공화주의자"를 겨냥했다.[7]

자유의 반혁명적 재정의는 19세기 초 유럽에서 나타난 새로운 정치 운동, 특히 자유주의에 영향을 미쳤다. 뱅자맹 콩스탕과 같은 19세기 자유주의자들은 민주주의와 자유는 전혀 다른 개념일 뿐만 아니라 민주주의가 자유에 잠재적으로 해로울 수 있다는 에버하르트와 에드먼드 버크와 같은 보수주의자들의 견해에 전적으로 동의했다. 결국 유럽의 자유주의자들은 민주주의를 기정사실로 받아들이게 되었지만, 그런데도 민주주의와 자유는 서로 동일시될 수 없다는 주장은 굽히지 않았다. 자유주의자들은 자유를 수호하는 가장 나은 방법은 정치에 대한 민중의 통제를 확대하는 것이 아니라 정부가 민중의 삶에 개입하지 못하도록 하는 장애물을 만드는 것이라고 주장했다. 그들의 주장에 따르면 민주적 맥락에서 민중의 권력을 축소하는 제도와 규범을 통해 개인의 자유를 가장 잘 보호할 수 있다. 이러한 발상은 만약 고대의 자유 투사들이 듣는다면 매우 놀랄 만한 것이었다.

콩스탕과 같은 사상가들이 자유를 지키기 위해 민주주의를 제한해야 한다고 주장한 것은 어느 정도 비국교도처럼 취약한 소수자의 입지에 대한 우려 때문이기도 했다. 하지만 그보다는 새로 선거권을 얻은 민중이 국가 권력을 사용해서 경제적 재분배를 요구할지도 모른다는 두려움으로 인해 자유를 명분으로 민주주의에 반대하는 투쟁이 촉발되었다. 19세기 유럽에서 이러한 우려가 점점 커져 1880년대와 1890년대에 최고조에 달했다. 일례로 프랑스 경제학자 폴 르루아볼리외는 '서구 문명'이 곧 '새로운 농노제'의 지배하에 놓이게 될 것이라고 한탄했다. 그는 근대 민주주의 국가는 필연적으로 노동 계급의 이익을 위해 통치될 것이라고 경고했다. '집산주의'의 도래와 그로 인한 모든 자유의 파괴는 사실상 불가피했다.[8]

미국에서는 반혁명적 자유의 개념이 확산하는 데 더 오랜 시간이 걸렸다. 19세기 전반에 불만을 품은 일부 연방주의자와 보수적인 휘그파가 반혁명적 자유의 개념을 인정하기는 했지만, 미국인 대부분은 독립 혁명에 핵심적이었던 자유의 민주적 개념을 수용했다. 하지만 이것은 남북 전쟁 이후 바뀌었다. 자유인들에게 투표권이 확대되고 북부의 주로 대규모 이주가 이루어지면서 갑자기 흑인과 근래 유입된 이주자들이 정치적 권리를 요구하는 일이 많아졌고, 이로 인해 엘리트들 사이에서 민주주의에 대한 반발이 커졌다. 미국 도금 시대에는 민중의 권력을 최대한 제한해야 자유를 누릴 수 있다는 발상이 폭넓은 지지를 얻었다. 예일대학교 교수 윌리엄 그레이엄 섬너와 같이 영향력 있는 당대 주요 인물들은 자유가 민주적 자치와 동일시되어야 한다는 생각을 단호하게 거부했다. 그 대신에 섬너는 자기 일에만 신경 쓰라는 식의 '자유방임주의'가 '자유의 원칙'이라고 주장했다.[9]

민주주의를 비판하는 사람들이 제시한 자유의 새로운 해석에 대해 논란이 없었던 것은 아니다. 1873~1896년의 장기 불황의 여파로 대서양 양쪽에서 점점 더 많은 급진주의자, 사회주의자, 포퓰리스트, 그리고 진보주의자가 자유를 작은 정부와 동일시하는 해석에 반발했다.

그들의 주장에 따르면 그러한 자유는 계급의 이익을 옹호하려는 의도를 얄팍하게 숨긴 거짓된 자유이며 민중이 진정으로 자유로워지기 위해서는 정치적·경제적 지배가 모두 없어져야 했다. 따라서 혁명적인 맥락에서 민주적 자유에 대한 요구가 되살아나 장 조레스와 프랭클린 델러노 루스벨트와 같은 사상가와 정치인에 의해 경제 영역으로까지 확대되었다. 그러나 1945년 이후 냉전의 도래로 자유에 대한 이러한 요구가 사라졌고, 심지어 많은 좌파 지식인, 정치인, 유권자조차 자유와 작은 정부를 동일시하는 개념을 받아들이게 되었으며 이는 오늘날까지 지속되고 있다.

이 간략한 설명을 통해 알 수 있듯이 오랜 역사 속에서 자유의 변천을 이해하는 것은 무엇보다도 정부의 권력을 제한함으로써 자유를 지킬 수 있다는 개념이 수용된 것이 최근이라는 점을 깨닫게 해준다. 하지만 이와 동시에 자유의 역사는 자유에 대한 현재 사고방식의 계보에서 중요한 사실을 보여주기도 한다. 오늘날 일반적으로 받아들여지는 자유에 대한 발상, 예를 들면 정부의 영역을 축소함으로써 자유를 가장 잘 누릴 수 있다는 생각은 18세기와 19세기의 혁명가들이 아닌 반혁명가들이 제시한 것이다. 오늘날 가장 열렬한 자유 옹호자들은 그들이 근대 민주주의 국가를 건설한 혁명가의 정신을 계승한다고 말하고 싶어 한다. 하지만 작은 정부를 요구하는 오늘날의 자유 옹호자들은 민주주의 창시자와는 거리가 멀고 민주주의 반대자에 훨씬 더 가깝다. 그들은 토머스 제퍼슨과 피에르 브레이데가 아니라 요한 아우구스트 에버하르트와 윌리엄 그레이엄 섬너의 후계자이다.

시작하기에 앞서

자유는 시인, 예술가, 철학자 할 것 없이 모두가 찬양하는 숭고한 이상이다. 하지만 이와 동시에 가공할 만한 이념적 무기이기도 하다. 지난 수십 년간 미국을 비롯한 여타 국가에서 이루어진 대중적 논의를 지켜보았다면, 다양한 정치적 목적을 달성하기 위해 자유를 언급한 수많은 사례를 어렵지 않게 떠올릴 수 있을 것이다. 전문가들은 자신들이 동의하지 않는 제도와 정책은 자유에 대한 위협이라고 말한다. 정치인들은 경쟁자들이 자유를 제대로 옹호하지 않는다고 비난한다. 또한 외국을 겨냥한 군사 행동에 대한 지지를 얻기 위해 외국과 외국의 행위자들이 자신들의 자유를 위협한다고 규정한다.

이 책은 자유라는 이념적 무기가 어떻게 고대에 창조되고 르네상스 시대에 부활했으며 19세기와 20세기에 변화했는지를 논할 것이다. 자유의 역사가 상아탑에 갇힌 백발의 철학자들 사이에서 벌어진 고상한 논쟁이 아니라는 점이 분명해질 것이다. 자유의 역사는 치열한 정치적 투쟁의 이야기이며, 그 투쟁에서 많은 사람이 말 그대로 목이 잘렸다. (일례로 로마 정치가로 자기 자신을 자유 투사라고 여겼던 마르쿠스 툴리우스 키케로는 목이 잘렸고, 그의 목은 포럼의 연단에 내걸렸다.)[10] 이러한 투쟁이 벌어지는 과정에서 자유의 다양한 개념이 생겨나고 서로 대치했다.

간단히 말해 이 책은 정치적 개념으로서의 자유가 어떻게 전개되었는지를 중점적으로 다룬다. 어떤 종류의 정치 제도가 있어야 우리가 자유로운 삶을 살 수 있을까? 자유 국가란 어떤 모습인가? 나는 이러한 근본적인 질문을 던지고 이에 대한 답이 어떻게 변화하는지 추적했다. 그러므로 자유의 역사에서 이 외의 다른 측면은 덜 주목하게 될 수 있다. 특히 법학자들이 자유인과 노예를 어떻게 구분하는지와 철학자들이 이런 구분을 어떻게 정당화하거나 비판하는지에 대한 논쟁처럼 소위 말하는 법적 자유에 대한 논의는 대부분 포함하지 않았다. 이와 마찬가지로 개인이 원하는 것을 실제로 어느 정도까지 자유롭게 할 수 있는지 그 정도를 고려하는 도덕적 자유에 대한 논쟁도 논외로 했다.

물론 이러한 질문이 중요하지 않다는 의미가 아니다. 우선 역사가들은 애당초 노예제와 합법적인 속박의 반대되는 의미로 자유라는 개념이 생겨났다는 데 동의한다. 이 점은 어원학적 증거를 통해서도 확인할 수 있다. 그리스어로 '자유로운'이라는 뜻의 단어인 'eleutheros(엘류데로스)'는 '민중에 속함'이라는 뜻의 인도·유럽어 단어인 '†leudh-'에서 파생되었다. 라틴어 'liber' 역시 동일한 어원을 가진 것으로 추정된다. 당시 노예 대부분이 외국인이나 외부인이었고 따라서 민중에 속한다고 여겨지지 않았기 때문에, 이것은 고대에 자유라는 개념이 노예제에 반대되는 개념으로 형성되었음을 보여준다. 문헌 기록도 이러한 견해를 확인해 준다. 현존하는 가장 오래된 그리스 문헌인 호메로스의 『일리아드』와 『오디세이』에서 '자유로운'과 '자유'와 같은 단어는 일관되게 '노예'와 '노예제'의 반의어로 정의되었다.[11]

그 후에 자유가 법적인 관점에서 이해되기 시작했다. 자유롭다는 것은 노예로 사는 것의 반대를 뜻했다. 자유로운 것과 노예로 사는 것, 서로 다른 이 두 가지에 대한 정의를 내리고 이를 정당화하려는 시도가 자유의 역사에서 두드러지게 나타났다. 속박을 정당한 것으로 인정함으로써 수많은 윤리적·현실적 문제가 야기될 수 있었으며, 이를 둘러싼 격렬한 논쟁이 벌어졌다. 법학자와 철학자는 누가 자유인이고 누가 자유인이 아닌지, 노예가 된다는 것이 무엇을 의미하는지를 놓고 논쟁했다. 아마도 가장 시급한 문제는 자유인과 노예를 구분해야 한다면, 그런 구분 자체가 어떻게 합법화될 수 있는지였다. 예를 들어 기원전 4세기에 이미 아리스토텔레스는 노예제가 윤리적으로 옳은 것인지 물었다. 그는 특정한 상황에서는 노예제가 정당화될 수 있다고 생각했지만, 이 문제는 수 세대에 걸쳐 논쟁을 불러일으켰다.[12]

이와 유사하게 도덕적 자유의 문제는 윤리학에서 매우 열띠게 논의된 주제 중 하나였으며 그것은 지금도 마찬가지로, 다양한 역사적 배경을 지니고 다양한 지적 전통을 이어받은 철학자와 신학자가 이러한 논의에 참여했다. 이들은 시대를 초월한 문제를 중심으로 탐구했다. 인간에게는 자유 의지가 있는가? 아니면 인간은 항상 욕정, 생물학적 기능, 신의 섭리와 같이 통제할 수 없는 힘에 지배되는가? 이것이 기원전 3세기에 주요 저서를 남기고 스토아 철학을 창시한 키티온의 제논이 답하려고 했던 철학적 질문이었다. 거의 2000년이 지난 후 영국의 사상가 토머스 홉스도 같은 질문으로 고뇌했다.[13]

그러나 이러한 논쟁과 그 역사는 그 자체가 대단히 흥미롭기는 하지만 이미 다른 역사학자들이 광범위하게 다루었기 때문에 여기서 다시 언급할 필요가 없다. 이 책에서는 예를 들어 서양에서 대부분의 사람이 동산 노예제가 도덕적으로 용인될 수 없다고 생각하게 된 이유에 관해서는 설명하지 않는다. 또한 자유 의지라는 개념의 기원에 대해서도 자세히 설명하지 않는다.[14] 그보다는 어떻게 개인이 사회에서 자유로울 수 있는지, 또 사회 그 자체가 자유로울 수 있는지를 둘러싸고 수 세기에 걸쳐 지속되어 온 논의를 탐구한다. 그리고 정치 사상가들이 국제 사회에서가 아니라 도시 국가나 주권 국가 내에서 자유를 제도화하는 방법을 고안하기 위해 고군분투하는 과정에 주로 중점을 둔다. 이 책의 후반부에서는 이러한 질문을 통해 자유의 개념이 경제 질서의 영역으로 어떻게 확대될 수 있는지를 살펴볼 것이다.

이것은 또 다른 요점과 연결된다. 앞서 언급했듯이 이 책은 전통적으로 서양이라고 알려진 지역을 중심으로 자유의 역사를 다룬다. 이는 자유로운 사회와 사회 속에서 개인이 누리는 자유의 의미에 대한 고민이 서양 철학자들 사이에서만 이루어졌기 때문이 아니다. 역사적으로 전 세계에서 이 문제에 대해 고찰했다. 예를 들어 인도네시아의 해상 민족인 와조인은 정치적 자유를 상당히 가치 있게 여겼다. 그들의 18세기 실록에는 여러 차례에 걸쳐 자유, 즉 '메르데카merdeka'의 중요성이 언급된다. '메르데카'는 산스크리트어에 어원을 둔 단어로 말레이어와 이와 유사한 부기어 등에서 사용되었는데 '노예'와 반대되는 의미의 '자유'를 뜻했다. 이 실록에는 와조의 건국자 중 한 명이 "와조 사람들은 자유롭다. 태어났을 때부터 자유롭다."라고 말했다고 나와 있다. 와조인은 이 말의 의미에 대해 분명히 인식하고 있었다. 실록에 따르면 자유를 성취하는 데 핵심적인 요소는 세 가지가 있다. 첫째, 다른 사람이 원하는 일을 훼방하지 않는다. 둘째, 의견을 표현하는 것을 금지하지 않는다. 셋째, [다른 사람이] 동쪽, 서쪽, 남쪽, 북쪽, 상류, 하류로 가는 것을 막지 않는다.[15]

그런데도 이 책이 서양의 사상가들과 그들의 논쟁에 초점을 맞추는 이유는 상당 부분 내 전문 지식의 한계와 관련된다. 하지만 더 실질적인 이유도 있다. 분명히 서양의 정치적 전통은 다른 유사한 전통보다 전 세계 사람들이 자유에 대해 생각하고 말하는 방식에 훨씬 더 많은 영향을 미쳤다. 예를 들어 아랍어권에서는 19세기에 서양, 특히 프랑스와 교류가 늘어나면서 자유(아랍어로 '후리야hurriyya')의 개념이 점점 더 정치적으로 바뀌었다. 이와 유사하게 일본에서는 1871년에 존 스튜어트 밀의 『자유론』과 같은 유럽 사상가의 저서가 번역되어 출간되면서 자유의 본질과 의미에 대한 새로운 논쟁이 촉발되었다. 따라서 서양의 전통적 자유 개념이 발전해 온 역사를 이해하는 것은 광범위한 의미에서 자유를 둘러싼 오늘날의 논쟁과 밀접하게 관련이 있다.[16]

이 시점에서 여기서 말하는 '서양'이나 '서양의 전통'이 의미하는 바를 명확히 설명하는 것이 유용할 것이다. 최근 몇 년 동안 코스타스 블라소풀로스Kostas Vlassopoulos를 비롯한 여러 학자는 옥시덴탈리즘 이념이 존재한다는 사실을 지적했다. 이러한 이념은 태곳적부터 서양과 동양 같은 "분명한 경계로 구분되는 실체가 세계사에" 마치 대륙이나 여타 자연 현상처럼 존재해 왔다는 잘못된 가정을 한다.[17] 나는 이 책에서 자유에 대해 생각하는 서양의 전통이 자연스럽게 등장한 것이 결코 아니며 그렇다고 해서 불가피하게 나타난 것도 아니라는 점을 강조함으로써 옥시덴탈리즘의 함정에 빠지지 않고자 했다. 그리고 역사 속에서 행위자들이 대체로 우발적으로 행동함으로써 이러한 전통이 생겨나는 과정을 설명했다. 아울러 여러 세대에 걸쳐 이러한 전통의 지리적·시간적 경계가 지속해서 논쟁의 대상이 되었음에 초점을 두었다.

예를 들어 근대 초기에 유럽인이 스스로 고대 그리스인과 로마인이 지녔던 자유 중심의 세계관을 계승했다고 생각했는지는 결코 분명하지 않다. 로마 제국이 멸망한 후 수 세기 동안 자유를 가장 중요한 정치적 가치로 칭송하는 그리스와 로마의 문헌은 거의 읽히지 않았다. 근대 초기 유럽인이 이러한 문헌을 읽었다고 하더라도 그들 중 대다수가 그리스 세계나 로마 공화국에 속한 지역에 거주하는 사람들이 아니었다. 게다가 그들의 정치적·사회적 상황은 고대인의 상황과 확연히 달랐다. 이후에 유럽인이 고대인의 생각에 공감하게 된 것은 서양의 전통 속에 내재한 절대적인 유대감이 작용했기 때문이 아니다. 오히려 근대 초기에 유럽인이 고대의 자유 개념에 다시 관심을 가지게 된 것은 일련의 우발적인 사건 때문이었다.

먼저 고대 자유의 부활을 이해하기 위해서는 르네상스 시대에 상대적으로 소수이지만 학식 있는 남녀 인문주의자들이 중요한 역할을 했다는 사실을 고려해야 한다. 인문주의자들은 그들 각자의 이유로 14세기 이탈리아 시인 페트라르카의 뒤를 따라 고대 그리스와 로마의 문헌이 인류 문명의 정점을 보여준다고 생각했다. 따라서 그들은 그리스와 로마의 문헌을 전파하는 데 많은 노력을 기울였고, 그 과정에서 키케로와 리비우스 같은 고대 저자의 연구에 기초한 교육 체계가 확립되었다. 이러한 선택은 신중하게 이루어졌으며, 결코 예정된 결과가 아니었다. 이에 못지않게 중요한 것은 16세기와 17세기의 대규모 정치적 격변이 일어나던 시기와 때를 같이해 인문주의 사상이 확산했고, 이로 인해 정치에 대한 새로운 사고방식이 요구되었다는 점이다. 이러한 우연의 일치가 아니었다면 자유에 대한 고대의 사고방식이 부활해 유럽의 정치사상에 흔적을 남기기는 어려웠을지도 모른다.

서양의 전통이라는 개념 역시 서양인들이 그리스·로마의 이상에 충실했기 때문에 만들어진 산물이 아니다. 프랑스 혁명 이후 고대의 발상을 바탕으로 자유로운 삶을 구현하려는 시도는 잘못되었으며 심지어 위험하다고 생각하는 사람이 많아졌다. 이에 대응해 콩스탕을 비롯한 사상가들이 새로운 자유 계보를 고안했다. 이들의 관점에 따르면 근대 서양에서 통용되는 자유의 개념을 그리스·로마 문명의 유산으로 이해해서는 안 되며, '근대적' 사고방식에 따른 자유의 개념은 고대의 자유 개념과는 상당히 다를 뿐만 아니라 오히려 상반되는 것이었다. 따라서 콩스탕은 자유에 대한 서양의 전통이 고대 유산에 뿌리를 둔 것이 아니라 그 유산에 대항해 생겨난 것으로 묘사하면서 새로운 개념을 형성했다.[18]

이와 마찬가지로 서양의 지리적 구분 역시 논란의 대상이었다. 예를 들어 현재 서양의 전통적 자유 개념에 프랑스의 자유 개념도 포함된다고 대체로 추정되지만, 독일계 미국인 사상가 프랜시스 리버는 저서 『시민 자유와 자치에 대하여On Civil Liberty and Self-Government』에서 이에 동의하지 않았다. 리버는 콩스탕이 고대와 근대의 자유를 구분한 것과 마찬가지로 '성공회'와 '갈리아주의'의 자유도 이분법적으로 보아야 한다고 주장했다. 프랑스의 갈리아주의는 루소에게서 받은 해로운 영향으로 고대의 사고방식에서 벗어나지 못했지만, 영국과 미국의 성공회는 프로테스탄트와 게르만 민족의 유산에 영향을 받아 근대적 자유 개념을 발달시켰다. 다시 말해 리버는 의도적으로 근대 서양의 범위를 영어권 세계로 제한했다.[19]

요컨대 정치사상사에서 서양의 전통에 관해 논하는 한, 이러한 전통은 논쟁을 거처 확립된 것임을 유념할 필요가 있다. 하지만 그렇다고 해서 서양의 전통을 '실제' 이상으로 과대평가하려는 것은 아니며, 서양의 개념이 유용하지 않다고 말하려는 것도 아니다. 오늘날 많은 사람이 서양의 자유 개념을 사실상 인정하고 있으며, 이러한 자유 개념은 그리스와 로마에서 시작되어 18세기 혁명을 거치고 현재까지 이어지는 계보에서 만들어진 것이다. 자유의 지성사intellectual history는 우리가 어떻게 지금에 이르게 되었는지를 보여주면서 동시에 이 전통의 우발적 본질과 그것을 뒷받침하는 논쟁 및 주장을 밝혀야 한다.[20]

마지막으로 사설을 덧붙이자면 일부 독자는 이 책에서 고대부터 현재에 이르기까지 자유의 역사를 개괄하려는 목표가 포부만 너무 앞선 것은 아닌지 우려하거나, 심지어는 그러한 작업은 불가능하다고 생각할 것이다. 매우 오랫동안 자유의 개념이 변천해 온 역사를 밝히려고 노력하다 보면 실체가 없는 역사를 만들어 낼 위험을 무릅쓰게 된다는 주장을 할 수도 있다. 자유를 얻기 위해 투쟁한 사람들이 아니라 자유의 개념과 이상 자체가 역사적 행위자가 되어버리기 때문이다. 세계사를 발전시키는 원동력이 정신이라는 헤겔의 견해에 동의하지 않는다면, 이러한 노력은 필연적으로 **나쁜** 역사를 만들어 낼 것이다. 그렇지 않으면 퀜틴 스키너Quentin Skinner의 말처럼 역사라기보다는 신화로 분류되기 쉬운 이야기를 만들게 될 수 있다. 정신의 역사를 신화화하는 이야기에서는 동기와 의도를 가졌을 리 없는 역사적 행위자들이 그것들을 가지고 행동하는 것으로 묘사된다. 예를 들어 역사적 행위자들은 애당초 그들이 전혀 익숙하지 않은 특정 정신을 '정교화'하거나 '발전'시키는 데 관여하는 것처럼 그려지게 된다.[21]

이러한 위험이 실제로 존재할 수도 있지만, 최근 데이비드 아미티지, 피터 고든, 대린 맥마흔이 주장한 것처럼 극복할 수 없는 것은 아니다. '광범위한' 지성사가 부활했다는 사실이 실제로 이 점을 증명한다.[22] 정신을 기록하는 역사가가 자신이 전하는 이야기는 사람들이 그들의 특정한 상황에서 요구되는 목적을 위해 일구어 낸 역사라는 사실을 명심하는 한 신화화의 함정을 피할 수 있다. 구체적으로 말하자면 나는 신화화를 피하고자 정신이 전달되고 수용되는 과정에 세심하게 주의를 기울였고, 역사적 행위자들에게 동기가 있었다고 설명하기보다는 증거를 통해 입증했다. 그리고 의미의 변화는 문제의 사상의 내적 논리보다는 문서로 기록된 역사적 행위자의 의도에 따른 결과라고 보았다. 예를 들어 내가 18세기 혁명가들이 고대의 자유 개념을 인용했다고 주장하는 것은, 그들이 자유 개념이 핵심을 이루는 고대 문헌을 이용할 수 있었다는 사실과 고대의 자유 개념을 되살리기 위한 행동에 참여하고 있다고 스스로 믿었다는 점을 증명할 수 있기 때문이다.

광범위한 연구를 하다 보면 이와 같은 방법론적 고려 사항 외에 다른 위험도 있다. 나는 이 책을 저술하면서 18세기와 19세기 프랑스 정치사상이라는 원래의 내 전문 분야를 넘어 훨씬 더 광범위한 연구를 해야 했다. 그러한 노력에는 위험이 수반되지만, 그럴 만한 가치가 있다고 생각한다. 자유의 역사를 장기적 관점으로 고대 그리스에서 시작되어 지금까지 계속되는 논쟁으로 생각해야만 비로소 자유를 제한된 정부와 동일시하는 개념이 형성된 것은 그리 오래되지 않았다는 사실을 제대로 이해하고, 이러한 개념의 혁신 뒤에는 반민주적 의도가 숨겨져 있다는 사실을 인식할 수 있기 때문이다.

1부

자유의 오랜 역사

1

누구의 노예도 아닌 삶
고대 그리스의 자유

기원전 480년 스파르타의 두 젊은 사신, 스페르티아스와 불리스가 고향을 떠나 페르시아의 수도인 수사로 향했다. 그들에게는 위험한 임무가 주어졌다. 몇 해 전 페르시아의 다리우스왕은 그리스의 모든 도시국가에 사절단을 보내 '흙과 물'을 바치라고 요구했다. 그것은 다리우스에게 복종하겠다는 뜻을 상징적으로 나타내는 행위였다. 스파르타인들은 다리우스의 요구에 격노해 운 나쁜 사절단을 깊은 우물 안으로 던져버리고 그들이 원하는 흙과 물을 우물에서 가져가라고 말했다. 하지만 사신은 신들의 보호를 받는다고 여겨졌기 때문에 스파르타인들의 이러한 행위는 다리우스뿐만 아니라 신들을 몹시 노하게 만드는 것이었다. 오랜 망설임 끝에 스파르타인들은 사태를 수습하려고 사신 두 명을 수사로 보내기로 했다. 스페르티아스와 불리스는 페르시아의 왕에게 똑같이 당할 수 있다는 점을 잘 알면서도 사신으로서 길을 떠나게 되었다.

젊은 두 사신은 이 위험한 임무를 수행하기 위해 매우 용감하게 나섰으며 심지어는 무모하기까지 했다. 그들은 수사로 향하는 길에 페르시아의 히다르네스 장군이 통치하는 이오니아를 지나다가 그의 저택에 들르게 되었다. 히다르네스는 사신들을 매우 환대해 귀빈으로 대우하고 호화로운 연회를 베풀었다. 스페르티아스와 불리스가 배불리 음식을 먹는 동안 대화는 그 어느 때보다 악화된 스파르타와 페르시아의 관계에 대한 이야기로 흘러갔다. 다리우스왕이 흙과 물을 요구한 지 얼마 지나지 않아 페르시아는 마라톤 전투에서 아테네와 플라타이아이 연합군에게 패했다. 하지만 페르시아는 정복의 꿈을 포기하지 않았다. 그로부터 10년이 지나 다리우스의 아들 크세르크세스왕이 페르시아에 저항하는 스파르타를 비롯한 그리스 도시 국가를 정복하기 위해 막강한 군대를 모으고 있었다.

히다르네스는 손님인 두 사신에게 패배를 기다리는 것보다 자발적으로 크세르크세스왕에게 항복하는 것이 스파르타인들에게 더 좋을 거라고 말하며 그들을 설득하려고 했다. 그는 스파르타인들이 자진해서 굴복한다면 좋은 대우를 받게 될 거라고 말했다. 그리고 크세르크세스왕에게 충성을 맹세하면 스파르타가 그리스 전체를 통치하게 해 줄 수도 있지만, 계속 저항한다면 전쟁에서 승리한 크세르크세스왕이 그들에게 자비를 베풀지 않을 것이라고 말했다. 분열된 그리스가 군대를 결집한다고 해도, 페르시아 군대는 그 어떤 군대보다 더 우월한 무기와 군인이 있기 때문에 크세르크세스왕이 반드시 전쟁에서 승리할 것이라고 그는 자신했다.

아마도 히다르네스는 좋은 의도로 이러한 조언을 했겠지만 스페르티아스와 불리스는 그의 조언을 받아들이지 않았다. 두 사신은 무뚝뚝하게 다음과 같이 대답했다. 히다르네스는 노예가 된다는 것이 어떤 것인지는 알지만 자유가 얼마나 달콤한 것인지는 전혀 알지 못함이 분명하다. 그렇지 않고서야 자유를 포기하고 페르시아 왕을 섬기라고 권할 리가 없다. 자유로운 인간은 다른 인간에게 지배되는 것에 결코 동의하지 않으며, 필요하다면 무력을 써서라도 자신의 자유를 수호할 것이다. 이런 갑작스러운 발언에 히다르네스가 어떻게 응했는지는 기록되어 있지 않지만, 연회장의 분위기는 싸늘하게 식었을 것으로 생각된다.

스페르티아스와 불리스는 굳건하게 수사로 계속 향했으며, 수사에 도착해서는 크세르크세스왕을 알현하기를 청했다. 알현실로 안내되는 동안 이 두 사신은 상당한 위압감을 느꼈을 것이다. 그들의 고향인 스파르타는 눈에 띄는 건물 하나 없는 작은 지방이었다. 이와는 대조적으로 대왕의 궁전은 엄청난 경외감을 불러일으키도록 지어졌다. 궁전 입구의 15미터에 달하는 높은 벽은 들어서는 그들이 위축될 만큼 웅장했다. 사신들은 왕궁으로 이어지는 광활한 녹지를 한참 동안 걸어간 후에야 마침내 어마어마한 알현실에 도착했다. 알현실에는 크세르크세스가 무장한 호위병과 신하에게 둘러싸여 거대한 석조 의자에 앉아 있었다.

하지만 이 젊은 스파르타인들은 주눅 들지 않았다. 크세르크세스의 호위병들이 왕 앞에 엎드려 궁중 전통 예절을 지키라고 명령했지만 스페르티아스와 불리스는 거부했다. 호위병들이 사신들을 바닥에 내동댕이쳤지만 그들은 "그건 그리스 방식이 아니다."라며 다른 사람 앞에 엎드리지 않겠다고 소리쳤다. 그들은 살얼음판을 걷고 있었다. 왕이 무례함을 이유로 그들을 처형하는 것이 당연했다. 그러나 놀랍게도 사신들은 살아남아 이 이야기를 전할 수 있었다. 크세르크세스는 그리스인들의 대담한 발언에 모욕을 느낀 것이 아니라 즐거워했다. 그리고 스파르타인들이 페르시아 사절단에게 한 일에 대한 사과를 받아들였다. 스파르타로 돌아온 후 이 사신들은 꽤 유명해졌다. 그들의 대담한 행동에 관한 이야기는 그리스 세계에 퍼졌고 헤로도토스는 저서 『역사』에서 이 스파르타인들에 대한 이야기를 중심적으로 다루었다.[1]

헤로도토스가 전한 이 일화에는 그리스인들에게 자유가 다른 무엇보다 중요한 것이었다는 명백한 교훈이 담겨 있다. 실제로 스페르티아스와 불리스가 보여준 것처럼 그리스인들은 사회적 체면보다 자유를 더 소중하게 여겼고, 심지어는 자유를 목숨보다 더 가치 있는 것으로 생각했다. 이런 점에서 그리스인들은 크세르크세스와 같은 절대 군주에게 종속되어 있으면서도 저항하지 않고 굴복한 페르시아인들과 달랐다. 헤로도토스뿐만 아니라 다른 그리스 저자들도 이 점을 지적했다. 당연히 그리스는 자유의 땅이라고 여겨졌으며, 이러한 생각은 반복해서 강조되어 상투적인 표현처럼 되어버렸다. 예를 들어 헤로도토스의 시대로부터 1세기 후 아리스토텔레스는 그리스인(아리스토텔레스는 그리스인을 '헬레네스'라고 불렀다)과 페르시아인 사이의 가장 주요한 차이가 그리스인은 "자유로운" 반면 페르시아인은 "지배당했으며 노예"였다는 사실이라고 말했다.[2]

고대 그리스인들은 자신들이 '노예와 같은' 페르시아인과는 달리 '자유'롭다고 자랑스럽게 말함으로써 자유의 역사에 크게 이바지했다.[3] 물론 노예에 반대되는 개념으로서 자유를 말한 이들은 그리스인이 처음은 아니었다. 오히려 고대 근동 사회에서는 노예와 자유를 구분하는 것이 일반적이었다. 고대 그리스어와 마찬가지로 아카드어와 수메르어 같은 메소포타미아 언어에도 개인이 속박된 상태의 반대를 의미하는 '자유'에 해당하는 단어가 있었다(아카드어로는 'andurarum', 수메르어로는 'amargi'이다). 실제로 기원전 30세기 메소포타미아의 기록에서 합법적 노예 혹은 속박 상태의 반대 개념으로서 자유가 언급된 것을 발견할 수 있다. 이러한 자료는 속박으로부터 자유로워진 상태가 가치 있는 것으로 여겨졌음을 분명하게 보여준다. 예를 들어 수메르의 우루카기나왕의 통치에 관한 내용이 기록된 역사서를 보면, 기원전 2350년 왕은 자신이 백성을 부채 노예의 신분에서 '해방'했음을 자랑스러워했다.[4]

이러한 개념의 자유, 즉 '속박으로부터의 해방'을 뜻하는 자유는 히브리 문화에서 훨씬 더 중심적인 역할을 한다. 기원전 6세기로 거슬러 올라가는 출애굽 시대에(성서에서는 이보다 수 세기 이른 시기에 출애굽이 있었다고 보고 있다) 유대인들은 이집트 파라오의 '노예'로 매우 '고통'스러운 삶을 살았다. 그들은 더 나은 삶을 찾기 위해 이집트에 정착했고 번영을 이루었다. 하지만 유대인 인구가 늘어나자 이에 겁먹은 이집트의 권력자들은 전쟁이 일어나면 유대인들이 적의 편에 설지도 모른다고 우려했다. 이집트의 파라오는 유대인들의 기백을 꺾기 위해 그들에게 중노동을 시켰다. 유대인들은 이집트의 속박을 견딜 수 없게 되자 하느님에게 도움을 청했고, 하느님은 모세를 통해 그들을 구원했다. 그 후로 유대인들은 해마다 유월절에 축제를 열어 혹독한 노예의 삶을 상징하는 쓴 허브를 먹으면서 '속박의 집'(유대인들이 파라오를 섬기던 시절의 이집트를 가리킴)으로부터의 해방을 기렸다.[5]

하지만 수메르인과 유대인의 기록에서 자유는 정치적 속박이 아닌 개인의 속박에서 벗어나는 것을 뜻했다. 유대인의 구원은 외국의 지배로부터 해방되는 것이 아니라, 파라오의 속박에서 벗어나 하느님을 섬기도록 전환되는 것으로 묘사되었다. 이 점은 레위기 25장 55절에서 분명히 보여준다. "이스라엘 백성은 나의 종, 내가 이집트 땅에서 이끌어 낸 나의 종이다. 나 야훼가 너희의 하느님이다."* 이집트가 유대인을 속박한 것은 그들을 정치적으로 압박하기 위해서가 아니라 그들이 합법적 노예였기 때문이다. 이 점은 신명기에서 확실하게 나타난다. 신명기에서 하느님은 유대인들에게 이집트에서의 탈출을 기리기 위해 일곱째 해에는 집안의 종을 자유로이 놓아주라고 명한다. 그리스·로마 문명의 영향을 받아 저술된 경전인 마카베오서에서만 유일하게 유대인이 헬레니즘 문명의 셀레우코스 제국으로부터 해방된 것을 설명하는 데 '자유'라는 단어가 정치적 의미로 사용되었다.[6]

요약하면 그리스인들 이전에는 정치 체제의 유형에 대해 설명하고 평가하기 위해 '자유'나 '노예'와 같은 단어를 사용하지 않았던 것 같다. 하지만 분명히 그리스 사상가들은 이러한 단어를 사용했다. 스페르티아스와 불리스가 자신들은 '자유인'이며 그들을 초대한 히다르네스 장군은 '노예'라고 말한 것은 히다르네스 장군이 신체적으로 속박되어 있다는 뜻으로 한 말이 아니었다. 어쨌든 히다르네스 장군은 존

---

* 번역 출처: 대한성서공회, 『공동번역 성서』(개정판), 2017.

경받고 힘 있는 귀족이면서 군대의 지휘관이었다. 하지만 그렇다고 하더라도 히다르네스 장군은 전능한 왕의 피지배자였으므로 그리스 도시 국가의 구성원인 스페르티아스와 불리스의 관점에서 보면 그는 '노예'였다. 반면 그들은 그리스 도시 국가의 일원으로서 스스로를 통치할 수 있었다. 이런 의미에서 그리스인들이 정치적 자유의 개념을 발명했다고 말할 수 있다. 그리스인들은 처음으로 자유를 **정치적** 가치, 즉 특정한 유형의 정치 체제에서만 누릴 수 있는 조건이라고 생각했다. 이런 개념이 고대 그리스인들을 끝으로 사라지지는 않았다. 오늘날에도 우리는 여전히 자유를 수호하기 위해서는 특정한 정치 제도가 필요하며, 자유 국가와 비자유 국가는 구분된다고 생각한다. 이와 같이 그리스의 시인과 철학자는 우리를 현재에 이르게 한 기나긴 역사의 시작점에 서 있었다.

그러나 **우리**가 생각하는 자유의 개념은 고대 그리스인들이 발명한 자유의 개념과는 다르다는 점을 인식하는 것이 중요하다. 고대 그리스인들이 논한 자유는 지금 우리가 말하는 제한된 정부, 권리장전, 성문 헌법, 삼권 분립 등을 의미하지 않았다. 그보다는 오히려 페르시아 대왕의 백성과는 달리 그리스인은 다른 사람의 지배를 받지 않고 그들 자신을 스스로 통치한다는 의미였다. 바꾸어 말하면 그리스인에게 자유는 **민주적** 개념이었으며, 그들의 관점에서 자유 국가란 정부의 개입이 최대한 제한되는 국가가 아니라 민중이 국가의 통치 방식을 통제할 수 있는 국가를 의미했다.[7]

다음으로 고대 그리스 시대로 거슬러 올라가 당시 만연했던 이러한 민주적 자유 개념의 역사를 살펴보자. 그리스인들이 언제, 어떠한 상황에서 자유롭다고 생각했으며, 어떻게 해서 자유를 핵심적인 정치적 미덕으로 삼게 되었는지 알아볼 것이다. 헤로도토스와 같은 그리스 사상가는 자유의 특별한 정의를 정립했을 뿐만 아니라 자유로운 삶이 투쟁할 만한 가치가 있는 이유를 처음으로 논리 정연하게 설명했다. 그러나 그리스에서 자유 숭배는 거센 비판을 받기도 했다. 기원전 5세기 말에서 기원전 4세기에 걸쳐 그리스 사상가들 사이에서 자유에 대해 강력하게 반대하는 분위기가 일었으며 궁극적으로 가장 영향력 있는 일부 그리스 사상가가 자유의 가치를 부정하게 되었다.

고대 그리스에서 정치적 자유의 발명

그리스의 정치 문화에서 자유가 항상 중심적 위치에 있었던 것은 아니다.[8] 고대 그리스의 고전인 「노동과 나날」에서 시인 헤시오도스는 '자유'나 '자유로운'이라는 단어를 한 번도 사용하지 않았다. 헤시오도스에게 제대로 기능하는 공동체에서 가장 중요한 특성은 정의였다. 그는 "이방인과 영토 안에 살고 있는 사람들에게 정의로운 판결을 내리고 정의로움을 외면하지 않는다면, 그 영토는 번영하고 그 영토 안에 사는 사람들은 번영할 것이다."라고 독자에게 충고했다. 또한 헤시오도스는 이 세상에서 정의가 실현되기 어렵다는 것을 잘 알고 있는 현실주의자였다. 그래서 그는 독자에게 "강한 자를 이기려고 하는 이는 어리석다. 이기지 못할 뿐더러 수치심을 느끼고 고통도 겪게 되기 때문이다."라고 말하며 강한 자가 원하는 대로 할 권리를 조용히 받아

들일 것을 권하기도 했다.[9]

　고대 그리스 역사에서 또 다른 중요한 인물인 호메로스는 '자유로운' 개인이라는 말을 자주 했다. 하지만 그는 항상 이 단어를 개인의 법적 지위를 묘사해 노예와 자유로운 사람을 구분하기 위해서 사용했다. 헤시오도스와 마찬가지로 호메로스도 특정한 정치 제도에서는 누릴 수 있지만 그 외 다른 정치 제도에서는 누릴 수 없는 정치적 조건으로서의 '자유'를 언급한 적은 없다. 따라서 『일리아드』에서 트로이 전사 헥토르는 다른 무엇보다도 아내인 안드로마케의 자유를 지키기 위해 싸운다고 설명한다. 하지만 헥토르는 아내와 트로이 여자들이 전제적인 지도자나 억압적인 정치 제도에 종속되는 것을 두려워했던 것이 아니라 그들이 적에게 전리품으로 잡혀가 술거 노비가 될까 봐 우려했다.[10]

　만약 호메로스에게 선호하는 통치 체제가 있었다면, 그것은 민중 자치가 아니라 일인 통치였을 것이다. 『일리아드』 초반부에서 10년에 걸친 트로이와의 전쟁에 지친 그리스 군사들은 아가멤논의 지휘에 저항해 반란을 일으킨다. 집으로 돌아가고 싶은 생각이 간절한 군사들은 배로 달려가 트로이군에게 패배를 인정하기 직전이었다. 하지만 여신 아테나로부터 힘을 얻은 오디세우스는 강압적으로 질서를 회복한다. 그는 지팡이로 군사들을 때리며 상관에게 복종하라고 명령한다. 호메로스에 따르면 오디세우스는 "다수가 통치하는 것은 올바르지 않다.", "한 명의 통치자, 한 명의 왕만 있을 수 있다."라고 말하며 군사들을 위압했다.[11]

　오디세우스의 이러한 태도는 당시의 권력 구조를 반영하는 것일 수 있다.[12] 고대 초기에 그리스 공동체는 귀족으로 태어나 군사적 역량을 바탕으로 권위를 얻고 유지한 힘 있는 가문의 수장들이 지배했을 것이다. 증거에 따르면 호메로스의 전작에서 묘사된 바와 같이 기원전 7세기에 고대 그리스의 왕인 바실레우스들의 권력이 약화되면서 더 많은 귀족이 그 권력을 공유하게 되었다. 그리스 본토의 도시 국가들이 성장하고 인구가 늘어나게 되면서 엘리트와 평민은 더 확연하게 구분되었는데, 이 둘을 구분하기 위해 사용되는 단어가 등장했다는 점이 그 사실을 잘 보여준다. 예를 들어 '칼로이kaloi'(아름다운), '아가쏘이agathoi'(좋은), '에쓸로이esthloi'(좋은, 용감한)라는 단어는 엘리트를, '카코이kakoi'(추한, 나쁜), '데일로이deiloi'(비겁한, 불쌍한)라는 단어는 평민을 지칭하기 위해 사용되었다. 고대 후기에는 보다 복잡해지는 공동체를 통치하기 위해 공직이 더 늘어나게 되었고, 이를 엘리트가 독점했다.

기원전 500년경 많은 도시 국가가 민주화되면서 그리스의 정치 문화에서 자유가 더 중요한 이상이 되었음을 보여주는 증거가 있다. 이 무렵부터 일부 그리스 도시 국가에서 보통 남자 시민의 권력이 더 강해졌다. 주요 정치적 결정에 관한 논의가 자주 민회에서 이루어졌고, 적어도 원칙적으로는 모든 남자 시민이 동등한 발언권을 가졌다. 민회는 주로 시장이나 특별히 지정된 장소에서 열렸다. 특히 아테네에서 이런 모습을 볼 수 있었는데, 기원전 508년 정치가 클레이스테네스의 개혁으로 데모스demos, 즉 '민중'(여기서 민중이란 성인인 남자 시민 전부를 의미한다)이 모든 주요 사안에 대한 결정권을 가지게 되었다. 이를테면 국가의 일상적인 행정을 책임지는 공직자를 선출하는 일 등이다. 그리스의 다른 많은 도시 국가도 민주주의를 채택하기는 했지만 민주주의가

보편화된 것은 아니었다. 기원전 500년 이후에도 많은 그리스인이 폭군이나 엘리트에게 지배당했다.[13]

민주주의로 전환된 이유에 관해서는 논쟁의 여지가 있다. 그리스 민주주의의 기원을 처음으로 연구한 사상가 중 한 명인 아리스토텔레스는 그리스 정치 체계의 민주화를 전투 방식의 변화, 더 구체적으로 호플리테스라는 중장 보병의 출현에 따른 부산물로 보았다. 아리스토텔레스는 그 이전까지 중요한 역할을 하던 기마병이 중장 보병으로 대체되었다고 주장했다. 말을 소유하는 것이 중장 보병에게 필요한 무기를 사는 것보다 비용이 더 많이 들었기 때문에 이러한 군사적 혁명이 보통 시민의 권력을 강화하고, 귀족 출신의 엘리트 기마병의 권력을 약화했을 것이다. 그 결과 일반 시민이 공동체의 의사 결정 과정에서 더 많은 발언권을 요구하기 시작했고, 따라서 그리스 민주주의가 시작되었다.[14]

그러나 현대 역사가들은 이러한 설명에 회의적인 경향이 있다. 그들은 중장 보병이 등장하기 전 그리스 군대에서 팔랑크스를 구성하기 위한 기마병이 가장 중요한 요소였다는 증거가 거의 없다고 지적한다. 게다가 중장 보병이 도입된 이후에도 정규병인 엘리트 중장 보병과 그렇지 않은 중장 보병은 여전히 구분되었고, 엘리트 중장 보병은 더 비싸고 좋은 장비로 무장했다. 이러한 사실에 비춰보면 중장 보병이 평등화를 가져온 필연적 요소라는 이론에 의문이 생긴다. 그리스 민주주의의 발생을 설명할 대안에 대해서는 아직 합의가 이루어지지 않았다. 일부 역사가들은 장기적인 이념적 발전이 고대 그리스에서 평등의 문화가 조성되는 데 기여했을 것이라고 지적한다. 다른 역사가들은 고대에 그리스의 많은 도시 국가에서 참주 정치가 발흥하면서 평등화되는 결과가 나타났다고 설명한다. 기원전 7세기 후반에서 기원전 6세기에 그리스의 여러 도시 국가에서 귀족 정치는 참주 정치로 대체되었고, 참주는 지역 귀족에 대해서 지배력을 행사하기 위해 평민의 지지에 의지하게 되면서 진정한 민중의 정부를 위한 초석이 마련되었다.[15]

아마도 고대 그리스에서 민중 통치 체제로의 전환이 이루어진 정확한 이유는 논쟁의 여지가 있다. 대체로 합의된 바에 따르면 보다 민주적인 정치 제도가 나타나게 되면서 정치적 이상으로서 자유의 중요성이 커졌다. 정치적 맥락에서 명시적으로 자유의 가치를 언급한 초기 시도는 아테네의 정치가이자 입법자인 솔론이 쓴 시에서 발견된다. 기원전 6세기 초, 솔론의 시대에 아테네는 빈부 간의 사회적 갈등이 격심했다. 이러한 갈등 속에서 결국 페이시스트라토스가 계급 간의 질서와 조화를 회복하겠다고 약속하며 승승장구했지만, 그는 자신과 자신의 가족을 위해 권력을 독점했다. 만찬에서 읊었을 시에서 솔론은 동포에게 일인 통치가 모든 아테네 시민을 '노예'로 만들 수 있다고 경고하며 폭군의 유혹을 주의하라고 당부했다. ("눈과 우박의 힘은 구름에서 나오고, 천둥은 밝은 번개에서 나온다. 도시는 위대한 사람에 의해 파괴되며, 평민은 무지하기 때문에 폭군의 속박을 받는다.")[16]

이 시기에 자유에 대한 숭배가 점점 중요해지고 있음을 보여주는 다른 이야기도 있다. 기원전 6세기 후반 아테네에서 폭군 살해를 칭송하는 분위기가 확산되었는데, 이는 하르모디오스와 아리스토게이톤을 기리기 위한 것이었다. 하르모디오스와 아리스토게이톤은 일반 시민으로서 참주인 페이시스트라토스와 그의 아들의 참주정을 전복시키는 데 중요한 역할을 했다. 전해지는 이야기에 따르면 하르모디오스와 아리스토게이톤은 종교 행사 중에 페이시스트라토스의 후계자이자 아들인 히파르코스를 살해했는데, 헤로도토스의 표현을 빌리자면 그들의 행위로 아테네는 참주정에서 '해방'되었다.[17] 살해 이유에 대해서는 고대 그리스인들 사이에서 많은 논란이 있지만 신빙성 있는 자료에 따르면 참주정에 대한 증오가 아니라 개인적 모욕에 대한 앙갚음이 이유였다. (이야기는 이렇게 전해진다.) 히파르코스는 잘생긴 하르모디오스를 유혹하려고 했지만 하르모디오스는 히파르코스의 음탕한 제안을 거절했다. 히파르코스는 매우 화가 나서 하르모디오스의 여동생을 모욕했고, 이에 분노한 하르모디오스가 연인 아리스토게이톤을 시켜 히파르코스를 살해했다.[18]

하르모디오스와 아리스토게이톤의 살해 동기에 대해서는 논란이 많지만 그들은 아테네에서 널리 공경을 받았다. 하르모디오스와 아리스토게이톤이 숭배되었다는 점은 아테네인들이 이 두 사람을 존경했을 뿐만 아니라 그들이 목숨을 바침으로써 폭군으로부터 자유로워진 것을 가치 있게 생각했음을 보여준다. 기원전 510년, 페이시스트라토스의 정권이 전복된 후 시장에서 눈에 잘 띄는 장소에 그들의 동상이 세워졌다. 그리스·페르시아 전쟁 중에 크세르크세스왕의 군대가 이 동상을 가져간 후 아테네 사람들은 동상을 새로 세웠는데, 로마 시대에 새로 세워진 이 동상을 통해 그들의 이야기가 후대까지 전해졌다. 사람들은 폭군 살해를 기리는 노래를 불렀으며, 하르모디오스와 아리스토게이톤의 후손은 공비로 식량을 제공받고 세금이 면제되었으며 공공 행사에서 특별석이 주어지는 등 특별한 혜택을 받았다.[19]

아테네의 폭군을 살해한 하르모디오스와 아리스토게이톤의 조각상.

그리스의 사모스섬에서 나타난 증거 역시 이 시대에 자유가 숭배되었음을 보여준다. 초기에는 폭군 폴리크라테스가 사모스섬을 지배했지만, 기원전 522년 폴리크라테스가 사망한 후 그의 심복이었던 미안드리우스가 집권하면서 참주정을 폐지했다. 미안드리우스는 이소노미아isonomia, 즉 '정치적 평등'을 선언하고 모든 사람이 정치에 참여할 수 있다고 했다. 헤로도토스는 미안드리우스가 이렇게 한 것은 사모스섬 사람들에게 "자유를 주기 위해서"였다고 설명했다. 미안드리우스는 제우스를 '해방자'라는 의미의 '엘레우테리오스Eleutherios'라고 부르며 제우스를 위한 제단을 세우기도 했다. 이 이야기는 더 이후 시기의 구전을 바탕으로 한 것이며, 기원전 520년대 초에 '자유'가 정치적 맥락에서 이미 사용되고 있었다는 사실을 보여준다.[20]

고대 그리스인들이 그리스·페르시아 전쟁을 겪으면서 자유를 숭배하게 되었다는 것에는 의심의 여지가 없다.[21] 이 전쟁, 더 정확히 말하면 이 일련의 전쟁들은 기원전 499년에 소아시아 해안에 위치한 이오니아의 그리스어권 도시 국가들이 페르시아의 통치자들에게 대항해 반란을 일으키면서 시작되었다. 본토의 여러 그리스 도시 국가, 특히 아테네와 그 이웃 도시인 에레트리아는 소규모 원정군을 파견해 이오니아를 지원하기로 결정했다. 그들은 비참하게 패했고 페르시아는 반란을 쉽게 진압했다. 그러나 공교롭게도 페르시아 제국의 주요 도시 중 하나인 사르디스에서 아테네인들이 사원에 불을 질렀다. 아테네인들이 이러한 신성 모독을 범하자, 페르시아의 다리우스왕은 복수를 다짐하고 그의 종에게 하루에 세 번, "주인님, 아테네인을 잊지 마십시오!"라고 말하라고 명령했다.

8년 후 다리우스는 그의 다짐을 실행했다. 기원전 490년 그는 대규모 군대를 이끌고 그리스 본토를 침공했다. 페르시아 군대가 에게해를 건너 처음으로 도착한 곳은 에레트리아로, 그곳에서 그들은 사원에 불을 지르고 도시를 약탈했으며 주민을 노예로 삼았다. 그런 다음 아테네 북동쪽에 위치한 마라톤에 상륙해 아테네를 공격했다. 처음에는 페르시아가 수적으로 우세했기 때문에 상황이 아테네에 불리한 것처럼 보였다. 그러나 아테네는 큰 승리를 거두었다. 결코 예상하지 못했기에 더욱더 값진 승리였다. 페르시아인은 약 6400명이 사망한 반면, 아테네인은 (1만 명 중) 192명이 사망한 것으로 알려졌다. 이 숫자는 아마도 과장되었을 수도 있지만 그리스인들이 중요한 승리를 거두어 페르시아인들을 후퇴시켰다는 사실에는 의심의 여지가 없다.

그러나 이로부터 10년 후인 기원전 480년에 페르시아 군대가 대거 침입했다. 다리우스의 아들 크세르크세스가 지휘하는 페르시아 원정대가 함대를 이끌고 헬레스폰트를 건너 아테네로 진격했다. 20만 명에 달하는 원정대의 규모를 고려하면 크세르크세스의 의도는 그리스를 정복하려고 공격하는 것이 분명했으며, 아테네뿐만 아니라 다른 그리스 도시 국가들도 긴장할 수밖에 없었다. 페르시아에 대항하기 위해 그리스 동맹이 결성되었다. 그리스에서 막강한 군사력을 갖춘 스파르타가 통솔하고 아테네가 해군을 통제했다. 처음에는 그리스에 상황이 불리한 것처럼 보였다. 페르시아 군대는 아테네를 완전히 파괴하며 큰 피해를 가져왔다. (그러나 아테네 사람들 대부분은 페르시아인들이 도착하기 전에 해로로 탈출했다.)

그러나 시간이 지남에 따라 상황이 그리스에 유리하게 변했다. 살라미스 해전에서 아테네 해군이 수적으로 우세한 페르시아 함대를 전멸시키면서 그리스·페르시아 전쟁은 주요한 전환점을 맞게 되었다. 살라미스 해전에서 패한 후 낙담한 크세르크세스는 수사로 돌아갔고 사령관인 마르도니오스는 남아 육지전을 계속했다. 마르도니오스는 아테네로 진격해 두 번째로 아테네를 함락하게 되었는데, 스파르타는 동맹국인 아테네를 방어하지 않으려는 것처럼 보였다. 하지만 결국 스파르타는 플라타이아이로 대규모 병력을 보내 페르시아에 대항했으며, 마르도니오스는 대패했다. 플라타이아이 전투를 마지막으로 페르시아가 그리스를 정복하려는 시도가 끝나게 된다.

그리스와 페르시아 간의 오랜 유혈 전쟁은 그리스인의 정치적 상상력에 큰 영향을 미쳤다. 그들은 그리스만의 집단 정체성이 외부 침략자와 그리스인을 구분 짓는 것이라고 생각하기 시작했다. (적어도 그리스인의 관점에서) 그리스인과 페르시아인 사이의 가장 큰 차이점은 정치 조직에 있었다. 그리스 역사가들이 거듭 지적했듯이 페르시아와 그 동맹국들은 전능한 군주의 통치 아래에 있었지만 그리스는 그렇지 않았다. 그리스에서는 자치가 이루어졌기 때문에 시민은 자유로웠다.

그리스 · 페르시아 전쟁을 자유와 노예 제도 사이에서 일어난 충돌로 보았다는 초기 증거는 아이스킬로스의 희곡 『페르시아인』에서 찾을 수 있다. (아이스킬로스가 참전했던) 살라미스 해전 이후 단 8년 만인 기원전 472년에 발표된 『페르시아인』은 살라미스 해전의 직접적인 여파에 대해 다루었다. 아이스킬로스는 놀랍게도 패배한 페르시아인의 관점에서 이야기를 서술했다. 이 희곡은 페르시아의 수도인 수사를 배경으로 펼쳐지며, 크세르크세스의 소식을 간절히 기다리는 그의 어머니 아토사의 행동에 초점을 맞추었다. 따라서 아이스킬로스는 크세르크세스의 패배를 전해 들은 페르시아인의 슬픔과 절망에 중점을 두고 적인 그들의 모습을 인도적으로 보여주려고 한 것 같다. 이와 동시에 페르시아인을 그들의 군주이자 주인인 크세르크세스에 종속된 비굴한 사람으로 묘사하면서 그리스인과 페르시아인 사이의 대조를 더욱 강조했다. 아이스킬로스의 말을 빌리자면 페르시아인과는 대조적으로 아테네인은 "누구의 노예도, 신하도 아니었다."[22]

『페르시아인』의 유명한 부분 중 하나인 아토사의 꿈 이야기에서 이러한 교훈이 확실하게 전달된다. 아토사는 아들 크세르크세스가 너무나 걱정된 나머지 끔찍한 악몽을 꾸었다. 크세르크세스는 언쟁을 벌이고 있던 여자 둘을 위압해 굴레로 마차에 묶으려고 했다. 소아시아를 상징하는 첫 번째 여자는 봇줄에 매였어도 만족스러워하며 "고삐를 쥔 주인에게 복종했다." 그러나 크세르크세스는 그리스를 상징하는 두 번째 여자에 대해서는 그다지 성공적이지 못했다. 그녀는 마차의 마구를 손으로 뜯어내고 굴레를 잡아 뜯고 멍에를 부수었다. 그러다가 결국에는 크세르크세스를 땅에 내던졌고, 그는 꿈쩍도 하지 않았다. 아이스킬로스의 교훈은 분명했다. 페르시아인은 그들의 왕에게 복종하는 백성이었으며, 그리스인은 당당하고 자유로우며 "굴레를 씌울 수 없는" 사람들이었다.[23]

헤로도토스는 그리스인이 '자유인'이며 페르시아인이 '노예'임을 증명하는 데 아이스킬로스보다 훨씬 더 중요한 역할을 했다.[24] 소아시아 해안의 그리스 도시인 할리카르나소스에서 태어난 헤로도토스는 그리스·페르시아 전쟁이 막바지에 이르렀을 당시 어린 소년이었다. 그는 아마 너무 어려서 잘 기억하지는 못했겠지만, 전쟁에 관한 이야기를 들으면서 자랐을 것이다. 성인이 된 헤로도토스는 그리스·페르시아 전쟁의 기원과 전개에 대해 더 많이 배우고자 했고, 마침내 그의 연구는 『역사』로 집대성되었다(역사를 뜻하는 histories는 그리스어로 historiai인데 문자 그대로 번역하면 '탐구'라는 뜻이다). 재미있는 일화와 여담을 가득 담은 『역사』는 즉각적인 성공을 거두었으며 고대와 그 이후에도 고전으로 널리 읽혔다. 실제로 헤로도토스는 작가이자 학자로서 높이 평가되

어 '산문의 호메로스'라고 불렸다.[25]

오늘날 헤로도토스는 역사의 아버지로 기억될 뿐만 아니라 그의 저서 『역사』는 자유의 담론에서 중대한 역할을 했다. 그는 자유를 핵심적인 정치적 이상으로 인식한 최초의 저자 중 한 명이며, 보다 중요하게는 자유의 가치를 더 확대했다. 하지만 헤로도토스가 이러한 개념을 체계적인 방식으로 설명한 것은 아니다. 그는 분석적인 사상가이기보다는 대화 형식의 문체를 사용한 저자였다. 『역사』는 언뜻 보기에는 좋아하는 삼촌이 끊임없이 해주는, 서로 논리적으로 연결되지는 않지만 하나같이 흥미진진한 그런 이야기를 듣는 것과 흡사하다.

그러나 이 책을 좀 더 주의 깊게 읽다 보면 헤로도토스가 여러 추상적 발상을 전개하고 있음을 알 수 있다.[26] 무엇보다도 독자는 그리스와 페르시아 사이의 전쟁이 단순한 군사적 충돌이 아니라 문명의 충돌이라는 점을 분명히 알 수 있다. 헤로도토스는 그리스·페르시아 전쟁을 자유를 사랑하는 그리스인과 그들과는 전혀 다른 계급 관념을 가진 페르시아인 간의 전쟁으로 묘사했다. 페르시아가 전쟁에서 승리한다면 그리스 도시 국가가 입는 피해는 단순하게 재정적 부담에 그치는 것이 아니라 그리스식 생활 방식마저도 종식될 수 있었다. 헤로도토스가 반복해서 암시한 것처럼 페르시아의 통치는 그리스인들이 외국의 지배를 받게 될 뿐만 아니라 그리스 도시 국가에서 민중 자치가 종식될 수 있음을 의미했다. (『역사』에서 어느 스파르타인이 "폭군은 서로를 돕는다."라고 말했다.)[27]

헤로도토스는 이러한 차이를 다양한 방식으로 부각했다. 앞서 살펴보았듯이 헤로도토스는 스파르타 사신 스페르티아스와 불리스의 일화를 통해 자유를 수호하려는 그리스인들의 헌신을 묘사했다. 그는 『역사』에서 이 점을 강조했는데, 책을 보면 그리스 군사령관들은 연설에서(이 책에 실린 연설문은 헤로도토스가 작성했을 가능성이 높다) 페르시아와의 전쟁을 자유를 수호하고 노예 제도에 반대하는 전쟁으로 묘사했다. 따라서 전쟁 초기에 이오니아 장군 디오니시우스는 군사들에게 이 전쟁이 그들이 "자유인이 될지 노예, 도망친 노예가 될지"를 결정할 것이라고 경고했다.[28] 이와 마찬가지로 페르시아와의 전쟁을 열망하는 아테네의 한 장군은 동포에게 그들이 "아테네를 노예로 만들지 아니면 자유롭게 할지, 그래서 하르모디오스와 아리스토게이톤조차 남기지 못한 기념비를 후세에 남길 것인지 선택해야 한다."라고 말하며 자신에게 동조해 줄 것을 호소했다.[29]

요컨대 헤로도토스는 그리스인을 자유를 사랑하고 자긍심 있는 민족으로 묘사했다. 하지만 헤로도토스가 그리스의 대의를 전달했다고 해서 그리스인을 항상 긍정적인 관점에서 묘사했던 것은 아니다. 그는 아테네인들이 전쟁에 참여한 이유가 이웃인 이오니아를 페르시아로부터 해방시키겠다는 갈망이 아니라 돈에 대한 욕심이 동기였다고 설명했다. 하지만 그리스인들이 어떤 자질을 가지고 있든지 간에(아니면 어떤 자질이 부족하든지 간에) 헤로도토스는 그들이 자유에 진정으로 헌신적이었다고 묘사했으며, 이 점이 페르시아인들과 뚜렷한 대조를 이루었다. 『역사』에는 명문가의 영향력 있는 귀족들조차 페르시아 왕을 '주인'으로 지칭한 것으로 나온다. 페르시아에서는 왕이 모든 결정을 내렸으며, 왕은 측근에게 조언을 구하기는 했지만 만약 자신의 계획에 부합하지 않으면 그런 조언을 무시했다.[30]

따라서 『역사』는 자치적인 그리스인들은 자유로우며, 반면 전능한 왕의 백성인 페르시아인들은 노예였다는 점을 확고히 하는 데 중요한 역할을 했다. 하지만 우리가 헤로도토스를 참고해야 하는 이유는 이러한 점 때문만이 아니다. 헤로도토스는 자유가 소중한 이유를 일찍이 숙고한 사람 중 한 명이다. 그는 정치적 자유, 즉 민중 자치가 중요하며, 이런 형태의 정치 체제만이 개인이 원하는 삶을 살고 안전과 독립을 누릴 수 있게 해준다고 강조했다. 자유 정부하에서만 사람들이(자유로운 성인 남자에 한해) 자신의 운명을 통제할 수 있었다. 왕의 통치를 받는 삶은 너무나 위태로워 자유롭다고 말할 수 없었다. 선한 왕조차도 갑자기 악하게 변해서 백성을 학대할 수 있었다.

헤로도토스는 이러한 생각을 『역사』의 유명한 부분 중 하나인 '대논쟁' 기록에서 매우 분명하게 설명했다. 그는 초기 페르시아 왕인 캄비세스가 사망한 후 왕위 계승 위기가 발생했다고 전했다. 권력 있는 페르시아 귀족 몇 명이 페르시아 정부의 미래에 관해 논의하기 위해서 모였다. 귀족들은 저마다 한 가지 형태의 정치 체제를 지지하면서 민주제, 귀족제, 군주제의 장단점에 대한 논쟁을 벌였다. 다리우스는 페르시아가 왕정하에서 군사적 성공을 거두었기 때문에 조상 대대로 전해 내려온 정치 체제를 고수해야 한다고 주장하며 논쟁에서 이겼다. 다리우스의 조언에 따라 페르시아는 절대 왕정을 계속 유지했다.

그러나 헤로도토스에 따르면 정신적 승리를 거둔 이는 민주제를 옹호하며 고무적인 긴 연설을 한 오타네스였다. 오타네스는 페르시아에서 절대 왕정이 계속 존재한다면 개인의 안전이 종식될 것이라는 사실을 특히 강조했다. 오타네스는 "왕정은 매력적이거나 고귀한 제도가 아니다."라고 주장했다. 그는 폭력적이고 잔인한 통치자인 캄비세스의 지배하에서 얼마나 많은 페르시아 평민이 고통받았는지를 청중에게 상기시켰다. 그러나 오타네스는 그들의 고통은 단순히 캄비세스의 성격 때문이 아니라 절대 권력의 필연적 특성인 억압 때문이라고 강조했다. 헤로도토스는 오타네스가 한 다음의 말을 인용했다. "세상에서 가장 도덕적인 사람이라도 군주가 되면 관습적인 사고방식을 버리게 된다. 그의 지위에서 오는 모든 이점이 그 사람의 내면에 거만한 폭력성을 심어주며, 게다가 시기는 인간의 뿌리 깊은 본성이다."[31]

간단히 말해 한 사람이 모든 권력을 쥐게 되면 그는 부패하고 욕망이 커져 변덕을 부리고 백성을 압제할 수밖에 없게 된다. 오타네스는 계속해서 페르시아에 민주주의를 도입해야만 이 문제를 해결할 수 있다고 주장했다. 민주제는 "책임을 물을 수 있는 정치 체제이며, 모든 결정을 평민의 의견을 참조해 내리기" 때문에 "군주제의 모든 악덕 행위로부터 완전히 자유"로운 것이었다.[32]

헤로도토스는 『역사』에서 이 점을 반복해서 전한다. 예를 들어 헤로도토스는 페이시스트라토스의 참주 정치가 전복됨으로써 아테네가 어떻게 '자유로운' 도시가 되었는지를 이야기한 후, 이러한 정치적 변화로 인해 도시가 어떻게 번영하게 되었는지 언급했다(헤로도토스가 본론에서 벗어나 이렇게 의견을 제시한 것은 드문 일이었다). 그는 이렇게 말했다. "모든 사람이 정치적 과정에서 의견을 낼 수 있다는 이점은 단일 사례에만 국한된 것이 아니라 어디에서나 명백하게 볼 수 있었다." 구체적인 예로는 아테네의 군사력을 들 수 있다. 폭군들이 아테네를 통치하던 시기에 아테네의 군사력은 이웃 국가들보다 더 나을 게 없었다. 하지만 폭군들이 추방되면서 아테네의 전투력은 훨씬 우세해졌다. 억압적인 정권하에서는 군인들이 주인을 섬기고 있었기 때문에 최선을 다하지 않았지만, 그들이 자유인이 되었을 때는 "자신을 위해 무언가 성취하기"를 원했기 때문에 전투에서 뛰어난 역량을 보여주었다고 헤로도토스는 말했다.[33]

헤로도토스는 페르시아 정권을 묘사하면서도 이 점을 간접적으로 강조했다. 그는 『역사』에서 상당 부분을 할애해 페르시아 제국의 건국자인 키루스 대왕에서부터 마지막이자 실패한 그리스 침략을 이끈 왕 크세르크세스에 이르기까지 페르시아 왕들의 통치에 관한 이야기를 전했다. 헤로도토스는 페르시아 통치자들을 집단적으로 묘사하면서 전제 정치의 주요한 단점이 피지배자의 신변 안전이 보장되지 않는다는 점임을 분명히 밝혔다. 『역사』 전반에 걸쳐 페르시아 백성은 항상 왕들이 부리는 변덕에 희생될 위험에 처해 있었다.[34]

그렇다고 해서 『역사』에 등장하는 페르시아 왕들이 비현실적인 폭군이었던 것만은 아니다. 오히려 페르시아 왕들은 독특한 성격을 지닌 것으로 묘사되었으며 전략가와 행정가로서의 그들의 능력이 높이 평가되었다. 하지만 이와 동시에 그들은 상당히 잔학한 행위를 할 수 있었다. 헤로도토스는 키루스 대왕의 후계자인 캄비세스가 알코올 중독자이자 반사회적 인격 장애자이며, 캄비세스의 통치 기간은 폭력과 마구잡이의 유혈 사태로 특징지을 수 있다고 말한다. 캄비세스는 왕위 찬탈에 대한 두려움 때문에 형제를 살해하고, 모든 법과 관습을 어기면서 두 누이와 결혼했으며, 자신의 아이를 배고 있음에도 결국 그들 중 하나를 죽였다. 그의 폭력성이 가족에게 국한된 것은 아니었다. 그는 페르시아 귀족 12명을 별다른 이유 없이 산 채로 묻었다. 캄비세스는 심복이 분별 있는 행동을 하도록 설득하려고 하자 그 역시 죽이라고 명령했다.[35]

캄비세스는 정당한 이유로 분노할 때조차 특유의 성격 때문에 과도하게 잔인하게 행동하면서 자신의 노여움을 표현했으며 왕실 재판관인 시삼네스에 대해서도 예외 없이 행동했다. 시삼네스는 뇌물을 받고 부당한 판결을 내렸다. 캄비세스는 시삼네스를 처벌하기 위해 종에게 그의 목을 베어 죽이고 살가죽을 벗기라고 명령했다. 하지만 여기서 그치지 않고 벗겨낸 살가죽으로 끈을 만들어 시삼네스가 판결을 내릴 때 앉았던 의자에 묶으라고 명령했다. 그런 다음 시삼네스의 아들을 아버지의 살가죽으로 만든 재판관 의자에 앉히고는 겁에 질린 아들로 하여금 판결을 내리도록 했다.[36]

헤로도토스는 겉보기에 온화한 통치자조차도 자신에게 충실한 신하를 갑자기 저버릴 수 있다고 분명하게 설명했다. 캄비세스의 후계자인 다리우스는 일반적으로 평화와 질서를 회복한 합리적인 사람으로 묘사된다. 그러나 다리우스는 군사령관 중 하나가 자신을 타도하려는 음모를 꾸민다는 의심만으로 그와 그의 가족 전부를 죽였다. 더 소름 끼치는 일화에서, 세 아들이 페르시아 군인인 한 백성이 아들 중 한 명은 위험을 피해 수사에 있는 집에 남아 있어도 되는지 물었다. 다리우스는 친절하게 세 아들 모두 집에 남아도 된다고 대답했다. 그런 다음 그들을 죽이라고 명령했다. "다리우스는 그들이 수사에 남아 있도록 했다. 그들의 목이 잘린 채로."라고 헤로도토스는 건조하게 서술했다.[37]

하지만 절대 권력은 불가피하게 남용될 수 있다는 것을 특히 잘 보여준 사람은 다리우스의 아들인 크세르크세스이다. 헤로도토스는 크세르크세스를 유능한 행정가이자 영리한 사령관이며 놀라울 정도로 다른 사람을 동정할 수 있는 사람으로 묘사했다. (헤로도토스에 따르면 크세르크세스는 그리스를 침략하기 직전 그의 군대를 살펴보고 막강한 병력에 매우 만족했다. 그러다가 갑자기 그는 흐느껴 울기 시작했다. 왜 우는지 묻자 크세르크세스는 이렇게 대답했다. "사색하던 중 인간의 삶이 얼마나 짧은지 떠올리자 연민을 느끼게 되었다. 이 사람들을 보라. 이들 중 누구도 백 년 후에는 살아 있지 않을 것이다.")[38]

그렇더라도 크세르크세스는 광기 어린 캄비세스에 못지않게 끔찍한 악행을 저지를 수 있었다. 크세르크세스와 리디아의 피티오스의 일화가 그 점을 분명하게 보여준다. 크세르크세스가 그리스 침략을 준비하고 있을 때 이 두 사람은 국경 마을인 켈라이나이에서 만나게 되었다. 부유한 지주였던 피티오스는 자발적으로 전쟁에 큰돈을 기부하겠다고 나섰다. 크세르크세스는 피티오스의 애국적인 행동에 매우 기뻐하며 피티오스의 돈을 거절했을 뿐만 아니라 보답으로 그에게 훨씬 더 많은 돈을 주었다. 그러나 그 후 페르시아군이 그리스를 향해 떠나려고 할 때, 징집된 피티오스의 다섯 아들 모두가 위험에 처했다는 불길한 징조가 나타났다. 피티오스는 일찍이 크세르크세스가 보여준 관대함에 용기를 얻어, 자신을 돌보고 재산을 관리할 수 있도록 맏아들은 그리스로 떠나지 않고 남아도 될지 왕에게 물었다.

피티오스의 전략은 역효과를 낳았다. 크세르크세스는 피티오스가 자신의 '노예'이기 때문에 주저하지 않고 가족과 함께 자신을 따라야 한다고 화를 내며 대답했다. 피티오스의 아들은 남게 되겠지만 아버지를 돌보기 위해서는 아니었다. 다리우스가 했던 것처럼 크세르크세스는 군사들에게 피티오스의 아들을 죽이라고 명령했다. 크세르크세스는 한술 더 떠서 아들의 몸을 둘로 나누어 하나는 마을의 길 왼쪽에, 다른 하나는 오른쪽에 놓게 했다. 마침내 군대가 그리스를 정벌하러 떠나게 되었을 때 군사들이 마지막으로 보게 된 것은 죽은 아들의 훼손된 시체였다.[39]

이는 전제 정치가 얼마나 독단적일 수 있는지를 보여주는 슬픈 일화이다. 전제 정치가 독단적이라는 점은 크세르크세스의 태도가 갑자기 돌변했고 형벌이 본질적으로 잔인했다는 점 때문만이 아니라 헤로도토스의 책에서 이러한 인물들이 사용한 말 때문에 더 강조된다. 피티오스는 크세르크세스를 '주인님'이라고 불렀고 크세르크세스는 피티오스를 자신의 '노예'라고 묘사했다. 피티오스는 부유하고 좋은 인맥을 유지하고 있었지만, 현실은 다른 동산 노예와 다를 바 없이 주인, 즉 왕의 변덕에 그의 운명이 달려 있었다.

크세르크세스에 관한 다른 일화 역시 같은 점을 보여준다. 헤로도토스는 크세르크세스가 아테네에서 참패를 당한 뒤 페르시아로 돌아가는 길에 그가 탄 배가 강풍을 만난 이야기를 들려준다. 배에는 페르시아 군사와 왕실 수행원으로 가득 차 있었다. 크세르크세스는 공포에 질린 채 선장에게 살아남을 가능성이 있는지 물었다.

"가능성이 전혀 없습니다, 주인님. 배에 탄 사람들이 줄어들지 않는다면 말입니다."라고 선장이 대답했다.

이 말을 들은 크세르크세스는 부하들에게 말했다. "페르시아의 병사들이여, 내 목숨이 여러분의 손에 달려 있는 것 같소. 이제 여러분이 왕의 안전을 얼마나 소중하게 여기는지 보여줄 기회가 왔소."

이 말을 들은 군사들은 왕 앞에 엎드려 절을 하고는 그대로 바다로 뛰어들었다. 배는 더 가벼워져 소아시아에 안전하게 도착했다. 해변에 도착하자마자 크세르크세스는 왕의 목숨을 구한 선장에게 황금 화환을 주었다. 그런 다음 많은 페르시아 군사의 목숨을 앗아갔다는 이유로 그의 목을 베었다.[40] (헤로도토스 자신도 이 일화가 사실이 아닐 것으로 생각했는데, 그 이유는 크세르크세스가 인간의 목숨을 냉담하게 경시하거나 군사들이 이상하리만치 복종했기 때문이 아니었다. 헤로도토스는 페르시아 군사 중에는 평민뿐만 아니라 크세르크세스와 가까운 친구, 친척, 페르시아의 주요 인사도 있었기 때문에 크세르크세스가 페르시아 군사들 대신 선원들을 희생시켰을 것이라고 생각했다.)[41]

전제 정치의 폐해는 왕에게서만 나타났던 것은 아니다. 왕의 신하도 그들의 주인만큼이나 포악한 행동을 일삼았다고 헤로도토스는 전했다. 예를 들어 다리우스가 통치하던 시절, 외교 임무를 맡은 페르시아 사절들이 페르시아의 속국인 마케도니아로 파견되어 아민타스왕의 궁전을 방문했다. 아민타스는 그들에게 후한 대접을 하고 호화로운 연회를 열었다. 하지만 페르시아인들은 만족하지 않았다. 마케도니아에서는 관습상 남자와 여자가 자리를 함께하지 않는데도 불구하고 그들은 연회에서 궁녀들이 시중들게 하라고 요구했다. 결국 페르시아인들이 '주인'이기 때문에 아민타스는 마지못해 사절들의 요구를 들어주었다. 밤이 깊어가면서 페르시아인들은 술에 취했고 궁녀들의 가슴을 애무하고 심지어는 강간하려고까지 했다. 아민타스는 페르시아인들이 두려워서 저항하지 못했다. 하지만 그의 아들인 알렉산드로스는 몹시 화가 나 군사들에게 페르시아인들을 모두 죽이라고 명령했다. 이 일화는 어느 정도 행복한 결말을 맞는다. 알렉산드로스는 실종된 사절들을 찾기 위해 마케도니아에 온 페르시아 장군에게 자신의 누이를 포함해 엄청난 뇌물을 제공함으로써 자신의 죄를 수습하는 데 성공했다. 그런데도 아민타스의 행동은 페르시아 왕의 백성이라면 왕족조차도 굴종하고 무력하다는 고통스러운 사실을 보여준다.[42]

헤로도토스가 묘사한 페르시아 왕들과 그 부하들의 이야기는 전제정치의 위험성을 분명하게 보여준다. 전제 군주의 통치하에서 삶은 위태로웠다. 온화한 통치자조차도 언제든 돌변해 아들들을 죽이고 딸들을 범할 수 있었다. 권력과 사회적 지위조차도 전제 군주의 종잡을 수 없는 변덕으로부터 보호해 주지 못했다. 따라서 생명과 신체의 안전은 스파르타와 아테네 같은 자치 국가에서만 가능했다.

헤로도토스 자신이 직접 겪은 일들이 전제적 통치를 부정적으로 묘사하는 데 영향을 미쳤을 것이다. 자료에 따르면 헤로도토스는 지역 참주였던 리그다미스와의 의견 대립으로 고향인 할리카르나소스를 떠나야 했다. 그리고 그는 『역사』를 집필한 사모스섬으로 거처를 옮길 예정이었다. 하지만 결국 할리카르나소스로 돌아와 리그다미스를 추방하는 데 일조했다. 이것이 사실이라면 헤로도토스는 전제적 통치하에서 사는 것이 어떤지 몸소 경험했다. 게다가 이 이야기는 그가 망명을 감수할 정도로 체제에 반대하고 그러한 체제를 전복하기 위해 무장 반란을 일으킬 수도 있었음을 암시한다. (그러나 이 정보의 출처는 헤로도토스의 출생일로 추정되는 날로부터 거의 1500년 후인 기원후 10세기에 편찬된 비잔티움 시대의 백과사전으로, 이 정보가 정확한지 확인할 방법이 없다.)[43]

헤로도토스의 관점이 당대의 관점과 동떨어져 있던 것은 결코 아니다. 사람의 생명과 재산이 민중 정체政體 아래에서만 안전할 수 있다는 생각은 그리스 세계에서 일반적으로 받아들여지게 되었다. 예를 들어 헤로도토스와 동시대의 인물인 아테네의 비극 작가 에우리피데스도 비슷한 주장을 했다. 에우리피데스는 애국심을 고취하는 희곡 『탄원하는 여인들』에서 민중 자치가 없다면 정의가 존재할 수 없으며 통치자의 의지만이 법이라고 설명했다. 또한 그는 폭군 정치가 민간사업을 저해하고 심지어는 출산에도 부정적 영향을 미친다고 생각했다. 통치자의 변덕으로 모든 이익이 사라질 수도 있는데 일을 왜 하나? 아이를 낳아도, 특히 여자아이들은 폭군의 마음에 들면 욕보일 위험에 처하는데 출산을 왜 하나?[44] 이와 마찬가지로 아테네의 정치가 페리클레스는 스파르타와의 전투에서 사망한 이들을 기리는 대중 연설에서 아테네의 민주주의가 시민에게 개인의 독립을 제공한다며 칭송했다. 투키디데스에 따르면 페리클레스는 "우리는 공사 수행에서 개방적이고 자유로우며 다른 이들의 일상적 습관을 비판하지 않는다."라고 말했다. "우리는 이웃이 향락에 탐닉하더라도 화를 내지 않으며, 형벌에는 미치지 않더라도 여전히 상처를 줄 수 있는 못마땅한 표정을 짓지 않는다."[45]

이 점은 강조할 만한 가치가 있는데, 왜냐하면 때때로 고대 그리스인들은 개인의 독립에는 관심이 없었으며 공동체의 자치를 위한 집단의 자유에만 관심이 있었다는 주장이 제기되기 때문이다.[46] 그러나 헤로도토스를 비롯한 다른 사람들의 저술은 고대 그리스인들이 자유, 즉 통치되는 방식을 통제할 능력이 개인의 신변 안전과 독립성을 유지하는 데 중요하다고 생각했음을 보여준다. 그리스인들은 집단의 자유를 개인의 안전보다 우선시하지 않았으며 둘 중 어느 한 가지가 없으면 다른 것 역시 존재할 수 없다고 믿었다. 아무리 겉보기에 온화한 전제 군주라 할지라도 전제 군주의 통치하에서는 누구도 진정으로 자유로운 삶을 살 수 없었다. 민주주의 체제하에서만 시민이 서로 소통하고, 원하는 대로 목표를 정해 원하는 인생을 살 수 있었다. 즉, 그리스인들은 집단의 자유 없이는 개인의 자유도 존재할 수 없다고 생각했다.[47]

그리스의 자유: 환상인가 현실인가?

그리스·페르시아 전쟁이 끝날 무렵 그리스 사상가들은 자유를 가장 중요한 정치적 가치로 받아들였고, 이 점이 동서양 이웃 국가들과 그리스를 구별하는 특징이 된다. 페르시아와 이집트는 더 부유하고 세련되었고 트라키아와 스키타이는 더 강력한 군사력을 갖추고 있었을지도 모르지만, 그리스에서만 자유를 누릴 수 있었다. 그리스인들은 전능한 통치자에게 굽신거리면서 피지배자로 살아가는 것이 아니라 대왕의 영향을 전혀 받지 않으면서 스스로를 통치하고 신변의 안전과 독립을 누렸다.

물론 이러한 칭송은 신중하게 받아들여야 한다. 성인인 남자 시민의 관점에서 보자면 그리스는 월등히 자유로웠으며 그리스에서 자치가 이루어졌다고 보는 것이 타당하다. 적어도 이론적으로는 통치자의 의지에 좌지우지되는 페르시아의 피지배자와 비교하면 바로 알 수 있다. 페르시아의 대왕은 자신이 백성의 절대적 주인, 입법자, 판사라고 분명히 말했다. 다리우스의 베히스툰 비문(바빌로니아와 메디아의 두 수도를 연결하는 고대 도로를 따라 발견된, 석회암 절벽을 꽉 채운 비문)과 같은 공식적인 출처에서 알 수 있듯이 대왕은 반다카bandaka('종'이라는 뜻으로 문자 그대로는 '종속의 허리띠를 찬 사람들'이라는 의미)라고 불리는 백성 위에 자신이 군림한다고 생각했다.[48]

페르시아의 대왕은 자신의 절대 권력을 과시하는 모습으로 묘사되었다. 페르세폴리스에서 발견된 대왕의 무덤과 문에 새겨진 조각에는 왕좌에 앉아 있는 대왕을 백성들이 손바닥을 위로 해서 머리 위로 들어 올려 말 그대로 지배자를 떠받들고 있다. 이러한 형상이 전달하는 교훈은 명백하다. 왕이 백성을 도와야 하는 것이 아니라, 백성이 왕을 지지하고 왕에게 복종해야 한다. 예를 들어 다리우스의 묘비에는 백성이 "밤이나 낮이나 다리우스가 시키는 것은 무엇이든지 다 했다."라고 자랑스럽게 적혀 있다.[49]

물론 이러한 주장을 가감 없이 그대로 받아들여서는 안 된다. 페르시아는 현대의 기준으로 보더라도 거대한 제국이었다. 제국의 영토가 가장 넓었을 때는 유라시아와 아프리카의 두 대륙에 걸쳤으며 백성은 수천만 명에 달했다. (인구 추정치는 1700만 명에서 3500만 명으로 큰 차이가 있지만, 어떤 경우라도 대왕이 통치하는 백성의 수는 상당했다.)[50] 따라서 다리우스나 크세르크세스가 모든 백성의 삶을 직접 통제했다고 짐작할 수는 없는데, 제국의 규모만 보더라도 그것이 불가능하기 때문이다. 심지어 실제 통치를 상당 부분 담당했던 지역 주지사에 해당하는 태수조차도 이집트나 바빌로니아 백성이 대왕에게 공물을 계속 바치기만 하면 그들의 삶에 거의 관여하지 않았다.

왕좌를 받치는 백성들. 페르세폴리스의 백주 궁전에 새겨진 조각.

그럼에도 불구하고 페르시아 제국에서는 부유하고 권력이 있는 사람들조차도 적어도 명목상으로는 통치자의 의지에 완전히 종속되었다. 태수나 군사령관과 같은 세력가는 그들이 임무를 수행하는 방식에 왕이 불만을 가지거나 그들의 권력이 지나치게 강해진다고 생각하게 되면 지위나 심지어는 목숨을 잃을 수도 있었다. 그들의 작위와 권력은 왕의 선물로 여겨졌지만, 선물을 받은 부하가 불충하다고 생각된다면 쉽게 철회될 수 있는 것이었다. 지방의 통치자들은 왕의 허락이 없이는 아무리 규모가 작더라도 군사 행위나 외교 행위를 할 권리가 없었다. 다리우스나 크세르크세스는 주요 사안에 대해 신뢰할 만한 조언자들과 논의했을 수도 있지만, 최종적으로 혼자서 모든 중요한 결정을 내렸다.[51]

이러한 방식은 대부분의 그리스 정치에서 일이 행해진 방식과 상당히 대조된다. 클레이스테네스의 개혁 이후 아테네에서 주요 사안은 모두 민회에서 결정되었다. 재정 상태와 관계없이 시민권을 가진 성인 남자라면 모두 민회에서 동등한 자격을 가졌다. 게다가 모든 주요 공직은 단기 임기직이었는데, 공직자는 선거를 통해 선출되거나 공직은 추첨으로 할당되었다. 적어도 초기에는 부유한 아테네인들만 이러한 공직을 맡을 수 있었을 것이다. 하지만 자료에 따르면 재산은 투표에 필요한 자격 조건이 아니었다. 즉 모든 시민이 자신을 통치할 사람을 뽑는 투표를 할 수 있었다. 아테네에서는 오랜 기간 전쟁을 벌이고 있는 상황에서 가장 중요한 공직자인 장군까지도 데모스, 즉 민중에 의해 직접 선출되었다.[52]

물론 모든 그리스 도시 국가에서 이와 같이 민중의 권력이 컸던 것은 아니다. 스파르타에서는 엘리트가 훨씬 더 많은 통제력을 가졌다. 아주 오랜 옛날부터 스파르타에서는 두 명의 '왕들'이 군사력을 행사했다. 이들은 장군으로서 아테네의 장군들과 마찬가지로 시민이 선출하기는 했지만, 주로 단 두 왕조에서만 배출되었고 선출되면 평생 자리를 유지했다. 그러나 페르시아 대왕들과는 달리 스파르타 왕들에 대해서는 전투에서의 지도력에 대한 책임을 물을 수 있었다. 실제로 그런 경우가 자주 있었는데, 일부 스파르타 왕은 자신의 의무를 제대로 수행하지 못해 유죄 판결을 받아 유배당한 사례가 알려져 있다. 아테네와 마찬가지로 스파르타에서도 건국 문서 중 하나로 위대한 연설이라는 뜻의 '그레이트 레트라'에 주요 공동 사안에 대한 최종 결정을 내릴 권한이 민중에게 있음이 명시되어 있다.[53]

요컨대 페르시아의 남자 시민보다 그리스의 남자 시민이 통치에 대해 통제권을 더 많이 행사할 수 있었다. 그러나 여자와 노예 같은 소외 계층의 관점에서 그리스가 자유의 땅이라는 생각은 상당히 공허하게 들렸을 것이다. 모든 그리스 도시 국가 중에서 가장 민주적인 아테네에서조차도 대다수의 사람이 통치 방식에 대해 발언권을 가지지 못했다.[54] 여자, 메틱metic이라고 하는 외국인 거주자, 노예는 어떠한 정치적 권리도 없었다. 게다가 현대의 추정치에 따르면 노예의 비중이 인구의 15~40퍼센트로 그 수가 매우 많았으며, 메틱의 수 또한 상당히 많았다. 그리스의 자유를 자랑스럽게 여겼던 아리스토텔레스는 시민이 아니었기에 아테네 민주주의에는 참여할 수 없었다. 그는 성인이 된 후 삶의 대부분을 아테네에서 보냈지만 출생지가 스타게이로스였기 때문에 메틱으로 여겨졌다.

물론 오늘날에도 대부분의 국가에서 외국인 거주자는 정치에 참여할 수 없다. 아마도 이보다 더 큰 문제는 여자와 노예 역시 정치에 참여할 수 없었으며 철저하게 배제되었다는 점이다. 여자는 투표하거나 선거에 출마할 수 없는 것은 물론이고 민회가 주로 열렸던 프닉스 언덕에 입장할 수도 없었다. 아테네의 국가적 관점에서 여자는 그저 독립적인 인간으로 존재하지 않을 뿐이었다. 공공 당국과 일을 처리해야 할 경우 남자 친척이나 보호자가 여자를 대변해야 했다. 더욱 놀라운 것은 아테네에서 재판소와 같은 공식 석상에서 여자가 언급될 때에는 이름이 아닌 누구의 아내나 누구의 딸이라고 불렸다는 점이다. 여자에게 일어날 수 있는 가장 좋은 일은 다른 사람들의 대화에서 거론되지 않는 것이었다. 아테네의 정치가 페리클레스는 유명한 장례식 연설에서 전쟁미망인들에게 "칭찬이든 비난이든 남자들 사이에서 언급되는 것을 최대한 피할 수 있다면… 여러분은 영광스러운 명성을 얻게 될 것이다."라고 말했다.[55]

일부 여자들은 막후에서 정치적 영향력을 행사했을 수도 있다. 일례로 페리클레스가 조언을 구한 고급 창녀인 아스파시아를 들 수 있다. 페리클레스가 죽은 후 아스파시아는 태생이 천한 양 판매상 리시클레스를 만나 그가 아테네의 핵심적인 정치가가 되는 데 일조했다. 하지만 이러한 방식으로 여자가 영향력을 행사한 경우는 매우 제한적이었을 것이다. 대개 남편이 아내보다 나이가 훨씬 많았으며 아내의 조언을 구하기는커녕 아내와 일에 대한 대화조차 하지 않았을 것이기 때문이다.[56]

이러한 점은 노예의 경우도 마찬가지였다. 여자와 마찬가지로 남자 노예는 민회나 법정에 입장이 금지되었다. 해방 노예는 자유로운 신분이 된 후에도 메틱, 즉 외국인 거주자로 간주되어 일반적으로 정치에서 배제되었다. 그러나 남자 노예가 시민이 된 예외적인 경우가 있었다. 파시온은 노예였지만 부유한 은행가와 아테네 시민이 된 유명한 사례이다. 파시온에게는 아테네의 금융업자인 두 명의 주인이 있었는데 그들은 파시온에게 아테네 인근의 항구 도시인 피레아스에서 은행 업무를 맡겼고, 파시온은 곧 은행장으로 승진했다. 파시온은 주인들로부터 은행을 물려받은 후 엄청난 부자가 되어 국가에 거액을 기부했고 결국 시민권을 획득하게 되었다. 하지만 파시온과 같은 경우는 매우 드물며 노예가 자격을 제대로 갖춘 시민이 된 것으로 알려진 사례는 소수에 불과하다.[57]

그리스 사상가들은 이러한 배제에 대해서 거의 이의를 제기하지 않았다. 노예가 정치에 참여해야 한다는 발상에 대해서 논의가 이루어진 적은 단 한 번도 없었는데, 그러한 생각 자체가 매우 터무니없는 것처럼 여겨졌기 때문인 듯하다. 이와 마찬가지로 정치에서 여자를 배제하는 문제 역시 논의된 적이 거의 없었지만, 예외가 있었다. 허황된 공상가로 알려진 아리스토파네스는 희극 『여인들의 민회』에서 여자에게 점령당한 아테네의 정치 체계가 여인 정치로 바뀌는 모습을 상상했다. 가짜 수염을 달고 남편의 옷을 입은 불만에 찬 아테네 여자들이 민회에 몰래 들어와 투표를 해서 여자가 정권을 획득하도록 하는 데 성공한다. 그들의 주장에 따르면 여자는 양육과 가사 관리의 경험이 있기 때문에 남자보다 통치하는 데 더 적합하다.

아리스토파네스가 단순히 재미로 여인 정치에 대해 상상을 했다는 점에는 의심의 여지가 없다. 이 희극에서 새로운 통치자들이 시행한 초기 정책 중에는 모든 성관계를 공유하는 법령이 있는데, 이에 따라 모든 여자는 모든 남자와 잠자리를 할 권리가 있었다. 이 법령으로 젊고 아름다운 여자들만 혜택을 보지 않도록 하기 위해, 나이가 많고 못생긴 여자들에게는 남자가 실제로 원하는 젊은 여자와 잠자리를 하기 전에 그 남자와 먼저 성관계를 할 수 있는 권리가 주어졌다. 그런 다음 해학적인 상황이 뒤따른다. 후반부의 한 장면에서 매력 없는 늙은 여자 세 명이 건장한 젊은 남자 한 명을 두고 싸우지만 실제로 이 남자는 젊고 아름다운 네 번째 여자에게 마음이 있었다. 늙은 여자들은 남자가 네 번째 여자에게 다가가기도 전에 그를 갈기갈기 찢어버릴 뻔했다. 여자들 중 한 명이 내키지 않아 하는 이 남자를 침대로 끌고 가면서 "우리의 법을 준수해야 해!"라고 새된 목소리로 말했다.[58]

그러나 아리스토파네스가 여성의 정치 참여를 단순히 조롱하기만 했던 것은 아니다. 아리스토파네스는 남자들에게서 권력을 빼앗을 계획을 세운 여주인공 프락사고라를 공익에 진정으로 관심을 기울이는, 강직하고 결단력 있는 지도자로 묘사한다. 이와 대조적으로 프락사고라의 남편과 다른 남자 등장인물들은 이기적이고 자신의 문제에만 관심이 있으며 무엇보다 자기 잇속만 채우려는 사람으로 그려졌다. 남자들이 여인 정치를 반대하는 주된 이유는 그들이 민회에 참석함으로써 받는 급여를 더는 받지 못한다는 것이었다. 프락사고라는 남자들의 반대에 맞서 새로운 정권이 남자들에게도 이득이 된다고 설득하는 연설을 한다. 희극이 끝날 무렵 남자 등장인물들은 새로운 정치적 현실을 완전히 인정하는 것처럼 보인다.

따라서 아리스토파네스의 희극은 여자가 정치권력에서 배제되는 것을 비판하고 있다고 해석할 수 있다.[59] 하지만 이러한 비판적 태도에 공감하는 사람은 소수에 그친 것으로 보인다. 아리스토텔레스가 저서 『정치학』에서 밝힌 견해가 훨씬 더 일반적으로 받아들여졌다. 아리스토텔레스에 따르면 여자는 합리적으로 생각할 수 있는 남성적 능력이 결여되며 남자보다 "천성적으로 열등"하다. 이와 마찬가지로 노예는 "천성적으로" 보통 사람들보다 지능이 낮다고 그는 덧붙였다. 아이가 부모의 통제를 받고 몸이 정신의 통제를 받는 것처럼 여자와 노예는 남자의 통치를 받아야 했다.[60]

요컨대 그리스에서 자유를 숭배했다고 해서 실제로 자치가 상대적으로 적은 비율의 인구, 즉 성인인 남자 시민에게만 국한되었다는 사실을 간과해서는 안 된다. 또한 자유를 누린 개인들에게 자유는 실질적인 것이었다. 그리스의 남자 시민은 페르시아의 남자 시민보다 자유로웠을 뿐만 아니라 현대 민주주의 국가의 시민과 비교해 보아도 통치받는 방식에 대해 상당한 통제권을 가졌던 것으로 보인다. 오늘날 통치는 관료나 전문 정치인이 비개인적인 영역에서 행하는 반면, 여러 그리스 도시 국가에서는 보통 시민이 정치적 삶의 모든 영역에 개인적으로 관여했다.[61]

그리스인들이 집단적 자유를 통해 개인의 안전과 독립성을 더 누릴 수 있었다는 그리스 사상가들의 주장은 평가하기가 어렵다. 그리스인들이 페르시아인들보다 개인의 안전과 독립성을 더 많이 누렸다는 헤로도토스의 주장이 옳은지 확인하는 것은 거의 불가능하다. 하지만 현대 역사가들이 페르시아의 전제 정치에 대한 헤로도토스의 묘사를 풍자로 보는 경향이 있다는 점에 주목해야 한다. 페르시아 제국에서 발생한 주요 반란은 왕위 계승 위기와 관련된 것이 유일했으며, 이는 일반적으로 페르시아인들이 대왕의 통치를 수용했음을 암시한다. 게다가 페르시아 제국은 경제적으로 번영했던 것으로 보이며, 따라서 페르시아 제국에서는 누구의 생명이나 재산도 안전하지 않다는 헤로도토스의 거듭된 주장에 의문이 제기된다.[62]

이와 대조적으로, 최근의 연구에 따르면 그리스 도시 국가에서 소외 계급은 개인의 신변 안전이나 독립성을 거의 제공받지 못했다. 헤일로타이라고 불리는 스파르타 노예들의 삶은 매우 위태로웠다.[63] 그리스 다른 도시 국가의 노예들과는 달리 헤일로타이는 그리스인 노예들이었다. 헤일로타이는 스파르타가 그들을 굴복시키고 노예로 만들기 전까지만 해도 이웃 국가의 시민이었다. 스파르타인들이 군사 훈련에 전념할 수 있었던 것은 헤일로타이의 노동이 있었기 때문이다. 스파르타에서 일부 헤일로타이가 개인의 노예로 일한 경우도 있지만 대부분 개인 소유가 아닌 공공의 노예로 농지를 경작했다는 점에서 이들은 중세 시대의 농노와 구별된다.

헤일로타이의 지위에 있던 사람들의 수는 정확히 알 수 없지만 꽤 많았던 것으로 추정되는데, 자료에 따르면 그리스의 다른 도시 국가와 비교해 스파르타에 자유롭지 못한 사람의 비중이 가장 높았다. 헤일로타이의 수가 많았다는 사실은 스파르타인들이 반란을 두려워하면서 살았음을 의미하며, 따라서 그들은 헤일로타이를 매우 잔인하게 대했다. 스파르타 관료들은 매년 공식적으로 헤일로타이에 대한 전쟁을 선포해 누구든지 처벌받지 않고 헤일로타이를 죽일 수 있게 했다. 투키디데스에 따르면 스파르타 관료들은 정기적으로 헤일로타이가 거주하는 마을에 암살단을 보냈다. 스파르타 젊은이들로 구성된 이 암살단은 밤에 매복해 있다가 반란이 발생할 경우 지도자 역할을 할 것 같은 건장한 헤일로타이를 습격해 살해했다. 헤일로타이는 다른 방식으로도 학대를 당했다. 스파르타인들은 헤일로타이에게 강제로 술을 먹여 취하게 만들어 도시를 돌아다니게 했는데, 젊은 스파르타인들에게 술에 취한 모습과 그 영향을 보여주고 이렇게 행동해서는 안 된다는 것을 알려주기 위해서였다.

아테네에서 노예들은 조금 더 나은 대우를 받았으며 아테네 법은 노예를 살해하는 것을 금지했다(물론 노예를 살해했을 때 내는 벌금은 자유인을 살해했을 때 내는 벌금보다 상당히 낮은 수준이기는 했다). 놀랍게도 아테네에서는 노예가 휴브리스hubris, 즉 폭력이나 학대로부터 법적인 보호를 받기도 했다. 하지만 법적 제재를 받는 이 두 가지 행위를 제외하고는 노예 소유주들은 원하는 대로 노예를 대할 수 있었고, 이는 법적 그리고 관습적으로 거의 완벽하게 보장되었다.[64]

이와 마찬가지로 그리스 여자들은 자유롭다고 하더라도 자신의 삶에서 주도권이 거의 없었다는 점에 주목해야 한다. 특히 아테네 여자들은 상류층일수록 항상 아버지나 남편의 보호를 받아야 했고 집 밖으로 나가는 것이 거의 허락되지 않았다. 외출하는 경우에는 베일로 얼굴을 철저하게 가렸다. 일부 아테네 여자들은 남자 친척조차 거의 만나지 못할 정도로 남들과 거의 접촉하지 않고 살았다.[65] 따라서 노예와 여자의 관점에서 볼 때 그리스의 민중 정체하에서의 삶은 페르시아의 전제 정체하에서 사는 삶만큼이나 억압적이었을 것이며 어쩌면 그 정도가 더 심했을 수도 있다.

요컨대 헤로도토스가 그리스에서의 자유 및 개인의 안전과 페르시아의 '노예'를 뚜렷하게 대조한 현실에 대해 의구심을 제기하는 것은 타당한 이유가 있다. 동시에 역사가들은 또 다른 고질적인 오해, 즉 그리스 시민들이 국가에 완전히 복종했으며 개인의 독립성이 전혀 없었다는 관념을 일축했다. 이러한 발상은 19세기 프랑스 역사가인 뉘마 드니 퓌스텔 드 쿨랑주를 통해 확산되었다. 퓌스텔 드 쿨랑주는 그의 영향력 있는 저서 『고대 도시*La Cité Antique*』에서 정부가 삶의 모든 세밀한 영역을 규제하고 국가가 시민의 전적인 복종을 요구하는 공동체라는 관점에서 아테네와 고대 도시 국가들을 묘사했다. 그의 주장에 따르면 고대 도시 국가들은 "전능했고" 따라서 "고대인은 개인적 자유를 알지 못했다… 개인은 중요하지만 국가, 조국의 신성하고 성스러운 권한에 비하면 보잘것없었다."[66]

그러나 이러한 견해는 사실 근거가 거의 없다. 모겐스 한센Mogens Hansen이 지적했듯이 아테네 시민은 관료의 잠재적 학대로부터 철저하게 보호받았다. 따라서 정당한 절차 없이는 어떤 시민도 처형될 수 없었으며, 시민에 대한 고문도 금지되었다. 아마도 더 중요한 것은 아테네 시민은 자신에게 피해를 입힌 공무원에 대해 보상을 청구할 수 있었다는 점이다. 모든 시민은 개인 소송을 통해 공무원의 행동에 대한 책임을 물을 수 있었다. 공무원은 도시 국가를 대표하기 때문에 민간인은 공무원을 상대로 실제로 소송을 제기하고 심지어는 승소할 수도 있었다. 또한 아테네 민주주의는 집정관에게도 공개적으로 책임을 물을 방안을 제공하기도 했는데, 매년 여름 공무원 30명이 3일 동

안 아고라에서 공무원에 대한 서면 민원을 신청받았다.[67]

더욱이 고대 세계의 다른 사회와 비교하면 아테네는 사생활을 법적으로 제한하는 경우가 거의 없었다. 남성 동성애와 같이 개인에게만 영향을 미치는 행동의 경우 대개는 금지되지 않았다. 아테네는 도시국가의 공공 이익을 보호하기 위한 경우에만 사적 행동에 관여했다. 예를 들어 남자 매춘부는 시민의 권리를 잃을 수도 있었다. 그러나 부도덕성을 근거로 권리가 박탈되었던 것은 아니다. 남자 매춘부의 행동은 그들이 매수될 수 있음을 나타냈다. 따라서 외국인 폭군에게 투표권을 팔아 도시의 안전을 위태롭게 할 수 있다고 여겨졌다. 아테네인들은 또한 상당한 언론의 자유를 누렸다. 아테네가 스파르타와 전쟁을 벌이고 있는데도 자유롭게 스파르타의 정체政體를 칭송할 수 있었다. 요컨대 어느 학자의 말처럼 "일상적인 현실로서 아테네 민주주의는 매우 관대했다."[68]

그러나 그리스 자유의 현실을 어떻게 평가하든, 그리스에서의 자유와 민주주의의 동일시가 서양의 정치사상에 오랫동안 영향을 미쳤기 때문에 그리스에서 자유를 지적 개념으로서 숭배한 것의 중요성은 아무리 강조해도 지나치지 않다. 향후 몇 세기 동안 정치 사상가와 운동가는 민중이 스스로를 통치하는 체제에서만 자유를 누릴 수 있다는 진언을 반복해서 강조하게 된다. 이와 마찬가지로 자유에 대한 그리스의 평가 역시 오랫동안 영향을 미쳤다. 자유로운 자치 국가에서만 개인이 신변의 안전을 보장받고 독립적으로 살 수 있다는 발상은 영향력 있는 그리스 사상가들 내부로부터 비판을 받기도 했지만, 향후 수세기 동안 일반적인 것으로 받아들여졌다.

자유의 비평가: 과두제 집권층과 소피스트

많은 사람이 아이스킬로스와 헤로도토스의 견해에 공감했지만 모두가 그랬던 것은 아니다. 특히 그리스·페르시아 전쟁에 대한 기억이 과거 속으로 잊혀가면서 그리스에서 민주적 자유에 대한 숭배를 비판하는 강력한 반대 기류가 형성되기 시작했다. 특히 아테네에서는 점점 더 많은 지식인이 민중 자치가 정말 모든 사람을 위한 자유를 가져왔는지에 대해 의문을 가지기 시작했다. 실제로 가장 유명하고 영향력 있는 일부 그리스 사상가들이 자유 숭배를 비판하게 되었다.

민주적 자유에 대한 숭배를 일관되게 비판한 최초의 사상가들은 과두제 집권층이었다. 이들은 민주주의를 원칙적으로 반대했으며, 부유하고 좋은 가문 출신의 소수 엘리트가 통치해야 한다는 생각을 전파했다. 과두제 집권층은 민주주의의 정당성을 실추시키기 위해 자유의 민주적 개념에 이의를 제기했다. 그리고 민주주의가 사실 모든 사람이 통치하는 것이 아니며, 오히려 모든 사회에서 수적으로 부자보다 다수를 차지하는 빈자에게 과도한 권력을 준다고 주장했다. 다시 말해 소수 부자의 관점에서 민주주의는 자유를 가져오는 것이 아니라 다른 형태의 폭정, 즉 빈자에 의한 전제 정치로 이어진다는 주장이었다.

대체로 자유에 대한 이러한 과두제적 비판은 그리스·페르시아 전쟁 이후 아테네의 정치 체제가 점점 민주화되는 것에 대한 반발로 이해될 수 있다. 기원전 6세기 후반, 클레이스테네스의 개혁 이후 아테네는 그리스 본토에서 가장 민주적인 도시 중 하나가 되었다. 그리스·페르시아 전쟁 직후 일련의 헌법 개정을 통해 아테네 보통 시민의 정치권력이 보다 강화되면서 민중 자치가 훨씬 더 확고하게 자리 잡게 되었다.[69] 예를 들어 클레이스테네스의 집권하에서 공무원은 선출되었지만, 기원전 5세기에 이 제도는 추첨제로 대체되었다. 이를 통해 연줄이 좋은 엘리트가 선거에서 우위를 점하고 공직을 독점하는 것을 막을 수 있었다. (군사 및 재무와 같이 특정 기술이 필요한 분야의 공직은 예외였다.) 더 나아가 아테네 개혁가들은 행정 업무 수행에 따른 임금을 도입했는데, 이로 인해 생계를 유지하기 위해서 일을 해야 하는 시민들도 시간을 내서 일상적인 도시 행정 업무에 봉사할 수 있었다.

그 결과 아테네의 보통 시민이 정치권력을 행사하게 되었으며, 잘 알려지지 않은 에피크라테스, 판디오니스, 맨티테우스 등과 같은 이름이 행정 법령에 남게 되었다. 기원전 5세기 후반에서 기원전 4세기에 30세 이상의 시민권자 중 4분의 1에서 3분의 1이 공직에 있었다(법적으로 30세가 되면 공직을 맡을 수 있었다).[70] 또한 중요한 사안을 결정하는 민회에 아테네 보통 시민의 참여를 높이기 위해 개혁이 시작되었다. 기원전 390년, 빈곤층도 종일 진행되기 일쑤인 민회에 참석할 수 있도록 하기 위해 민회 참석자에게는 소액의 급료가 지급되었다. 그 결과 참석률은 상대적으로 높았다. 현대의 추정치에 따르면 6000여 명의 시민이 정기적으로 민회에 참석한 것으로 나타났다. 이는 약 10~20퍼센트의 투표율에 가까운 것으로 오늘날의 투표율과 비교할 수 있다.[71]

마지막으로 사법 제도 역시 민주화되었다. 클레이스테네스의 집권하에서처럼 더는 특수 법원에 소송을 제기하지 않아도 되었으며, 전체 인구 가운데 추첨으로 뽑은 배심원들 앞에서 재판이 열리게 되었다. 배심원단은 대체로 수백 명으로 구성되었는데, 이는 다양한 인구 집단

앞에서 제대로 재판이 진행되었음을 뜻한다. 그러나 보통 시민이 사법 제도에서 한 역할은 이뿐만이 아니다. 소송에서 원고가 직접 자신을 변호했는데, 전문 변호사는 관여하지 않았으며 실제로 변호사가 존재하지도 않았다. 배심원에게 지시하는 판사도 없어서 주장이 정당한지를 결정하는 것은 배심원에게 달려 있었다.

그리스·페르시아 전쟁이 끝나고 30여 년이 지난 뒤 부유하거나 가문이 좋은 엘리트가 아닌 아테네 민중 전체가 정치권력을 확고히 손에 쥐게 되었다. 아테네 민주주의가 절정에 이르렀던 기원전 4세기 후반에 새겨진 양각 조각이 이러한 현실을 생생하게 보여준다. 수염이 있으며 인생의 전성기에 있는 성인 남자로 묘사된 데모스(민중)는 왕좌처럼 보이는 의자에 앉아 있다. 여신 데모크라티아Demokratia, 즉 '민주주의'를 상징하는 젊은 여자는 권력의 상징인 화환을 데모스의 머리 위로 들고 있다.[72] 이 조각은 아테네에서 데모스가 왕이라는 분명한 교훈을 전한다.

자유에 대한 숭배는 이러한 개혁을 정당화하는 데 중요한 역할을 했다. 아테네의 정치인들은 아테네의 것과 같이 완전한 민주주의만이 진정으로 자유로운 체제로 간주된다고 주장했다. 또한 엘리트 정부하에서 보통 시민은 전제 정부하에서와 마찬가지로 자유롭지 않다고 주장했다. 어느 아테네 연설가가 말했듯이 과두제 국가에서 "일부 시민은 다른 시민을 노예로 여기고, 노예로 여겨지는 시민은 자신을 노예로 간주하는 시민을 주인으로 간주한다." 그에 따르면 이와 대조적으로 아테네인들은 "어느 시민이 다른 시민의 노예나 주인이 된다는 것은 올바르지 않다고 생각한다. 우리는 자연의 순리대로 평등하게 태어

데모스에게 왕관을 씌우는 데모크라티아. 아테네의 양각 조각, 기원전 4세기.

났으므로 법적인 권리의 평등을 추구하고 선과 지혜에 대한 평판이라는 이름으로만 서로를 존중한다."[73] 따라서 모든 남자 시민이 동등하게 대우받는 국가만이 자유롭다고 묘사될 수 있었다.

그러나 아테네의 부유한 엘리트―자기 생각을 종이에 기록할 가능성이 높은 사람들―중 많은 이가 정치적 과정에서 자신들의 영향력이 줄어드는 데 분노했으며 체제에 대해 점점 더 비판적으로 되었다. 그들의 분노를 보여주는 초기의 예 중 하나는 '아테네의 정체政體'라는 제목의 평론이다. 익명의 저자와 그의 상황에 대해서는 거의 알려져 있지 않지만, 대부분의 학자는 아테네 민주주의의 전성기인 기원전 5세기 후반에 아테네의 정체에 불만을 가진 엘리트 중 한 명이 저술했을 것이라는 데 동의한다. (일반적으로 역사가들은 이 저자를 '노과두주의자Old Oligarch'라고 부른다.) 이 평론의 목적은 외부인들에게 아테네 체제의 운영 방식을 설명하기 위한 것처럼 보이지만, 저자가 아테네 정체에 몹시 불만족스러워한다는 점이 분명하게 드러난다.[74]

특히 저자인 노老과두주의자는 민주주의가 모두에게 자유를 준다는 점에 대해서는 거의 다루지 않았다. 저자는 아테네의 민주주의가 가난하고 교육받지 못한 사람들, 그가 '최악인' 사람들이라고 묘사한 이들이 통치하는 것이라고 보았다. ("사람들 중에 무지, 무질서, 사악함이 극대화된 이들이 있다. 이 사람들은 빈곤 때문에 불명예스러운 행동을 하게 되고 돈이 없기 때문에 교육을 받지 못해 무지하다.") 또한 저자는 가난한 사람들은 그들의 이익을 위해서 통치하며, 따라서 부자에게 손해를 끼친다고 밝혔다. 보다 구체적으로 말하자면, 아테네에서 과반수를 차지하는 빈자들이 "그들은 부유해지고 부자는 가난해지도록 만들기 위해" 아테네를 부유한 사람에게서 가난한 사람에게로 돈을 재분배하는 체제로 바꿔놓았다는 것이다.[75]

노과두주의자는 이렇게 불평했다. 빈자들이 공직과 그에 따른 급료를 독점하고, 국가로 하여금 그들에게 아테네 해군의 군용선 노를 젓는 데 돈을 지급하도록 했으며, 그들의 이익을 위해서 사법 체계를 운용했다. 심지어 그들은 국가 종교 행사에서 엄청난 이익을 얻었는데, 국비로 열린 행사에서 제물이 된 동물을 마음껏 먹은 이들이 빈자였기 때문이다. 아테네가 국비로 수많은 레슬링 경기장, 대중목욕탕,

탈의실을 건설했다는 사실에 대해서도 마찬가지였다. "하층민은 부유한 상류층보다 이러한 시설을 더 즐겼다."라고 노과두주의자는 지적했다. 부자는 개인 체육관, 목욕탕, 탈의실을 소유하고 있었기 때문이다.[76]

아테네의 빈자들은 위신과 같은 권력의 무형적 혜택마저도 독점하는 데 성공했다. 국가가 후원하는 연극 축제에서 보통 사람이 부정적으로 묘사되면 빈자들은 시위를 벌였지만, 희극 작가가 엘리트를 공격하려고 하면 이를 저지하는 것은 아무것도 없었다. 따라서 희극 작가는 부자, 좋은 가문 출신의 개인, 영향력 있는 인사를 골라 조롱했으며, 이는 부자에 대한 혐오를 보여주는 또 다른 사례라고 노과두주의자는 지적했다.

물론 이러한 주장은 헤로도토스가 민주적 자유를 칭송한 것을 비판하는 것으로 해석될 수 있다. 『역사』에서 헤로도토스는 포괄적이고 포용적인 정치 체제가 도입되었을 때에만 권력이 한 사람에게 집중되는 경우 불가피하게 발생하는 학대로부터 개인을 보호할 수 있었다고 주장했다. 하지만 노과두주의자에 따르면 적어도 부자와 좋은 가문 출신의 개인의 관점에서 볼 때 민주주의 역시 압제적인 체제가 될 수 있다.

이는 노과두주의자가 엘리트 정치 체제하에서 자유가 더 확고해질 것으로 생각했다는 의미는 아니다. 오히려 그는 모든 유형의 정치 체제에서 한 계급이 다른 계급을 지배하게 된다고 분명히 밝혔다. 따라서 그는 민주주의가 '나쁜' 정치 체제로 이어짐에도 불구하고 보통 사람들이 민주주의를 선호하는 것은 합리적이라는 다소 역설적인 결론을 내렸다. 그가 말했듯이 "보통 사람들은 좋은 정치 체제가 있는 국가에서 노예가 되기를 원하지 않는다. 사람들은 자유롭고 권력을 잡고 싶어 한다. 나쁜 정부인지는 그들에게 그다지 중요하지 않다."[77] 또한 노과두주의자는 "나는 사람들이 민주주의를 추구하는 것을 용서한다. 자신의 이익을 추구하는 모든 사람을 용서해야 한다."라고 말했다.[78]

이러한 주장을 한 사람은 노과두주의자만이 아니었다. 불만을 가진 또 다른 아테네의 엘리트 투키디데스 역시 비슷한 주장을 펼쳤다.[79] 아테네 명문가의 자손인 투키디데스는 아테네와 스파르타 사이에 수십 년에 걸친 펠로폰네소스 전쟁이 벌어지는 시기에 장군으로 선출되었다. 하지만 투키디데스는 임무를 수행하는 데 실패했고, 화가 난 아테네인들은 그를 추방했다. 투키디데스는 펠로폰네소스 전쟁이 끝날 때까지 아테네 밖에서 지내면서 펠로폰네소스 전쟁에 대한 상세한 기록을 정리하는 작업을 했는데, 종국에는 이것이 그의 필생의 업적이 된다.

노과두주의자와 마찬가지로 투키디데스는 모든 정치가 권력 정치라고 믿었다. 펠로폰네소스 전쟁은 자유라는 명목 아래 벌어진 전쟁이지만 실제로는 똑같이 자기 이익을 추구하려는 두 진영 사이에 벌어진 싸움이었다. 그는 아테네와 스파르타 간의 펠로폰네소스 전쟁이 끝난 후 많은 그리스 도시 국가에서 같은 방식으로 민주주의자와 과두주의자 간에 사회적 갈등이 발생하는 것을 목격했다(종종 펠로폰네소스 전쟁의 제2 전선으로 묘사된다). 이러한 싸움에서도 싸움의 진짜 이유, 즉 자신의 이익을 추구하기 위해 지배권을 장악하려는 의도를 감추고자 자유와 같은 이상이 언급되었다.[80]

투키디데스는 케르키라에서 발생한 내전을 서술하면서 이에 대해 상세히 설명했다. 전통적 민주주의 도시 국가인 케르키라는 아테네의 동맹이었는데, 과두제 집권층에게 무거운 벌금이 부과되면서 내전이 시작되었다. 과두제 집권층은 벌금 납부를 거부했고 의회실에 난입해 의원 수십 명을 죽였다. 그들은 아마도 스파르타의 지원을 받으리라는 희망으로 대담해졌을 것이다. 하지만 즉시 민주주의자들이 집결했고 도시 전역에서 격렬한 싸움이 벌어졌다. 곧 민주주의자들이 우위를 점했다. 이뿐만이 아니었다. 투키디데스는 여자들도 적극적으로 지원했다고 강조했는데, 여자들은 집 기왓장을 뜯어내 던지며 적을 공격했다. 아테네의 해군 역시 지원에 나섰다.

민주주의자들은 전혀 자비를 베풀지 않았으며, 교착 상태는 극적인 집단 자살로 종료되었다고 투키디데스는 이야기했다. 패배한 과두제 집권층은 신전으로 도망쳤고, 그곳에서 적의 손아귀에 들어가지 않기 위해 서로를 죽이기 시작했다. 하지만 승리한 쪽의 유혈 욕망을 충족시키기에는 이것으로 충분하지 않았다. 민주주의를 전복시키기 위해 음모한 사람들을 처형한다는 구실 아래 그들은 다양한 이유를 들어 동포를 학살하기 시작했다. 빌린 돈을 갚지 않아 채무자를 살해한다든지 개인적인 적의로 사람을 죽이는 경우도 있었다. 상상할 수 있는 모든 방식으로 살인이 자행되었다. "아버지가 아들을 죽였다. 사람들은 신전 밖으로 끌려 나와 살해되었다. 심지어 어떤 이들은 디오니소스 신전에 갇혀 그곳에서 죽기도 했다."[81]

다시 말해 케르키라 내전은 인간의 모든 품위가 내동댕이쳐진 잔인한 전쟁이었다. 하지만 내전 기간에 케르키라의 민주주의자들과 과두제 집권층은 숭고한 이상을 들먹였다. 투키디데스가 말했듯이 그들은 "모든 사람을 위한 민주적 권리"나 "보수주의적 귀족 정치"를 옹호한다고 주장하며 "듣기 좋은 말"을 사용했다. 하지만 실제로는 양쪽 모두 탐욕과 야망에 따라 움직였으며 결국 사리사욕을 채우려는 당파적 경쟁이 확립되었다.[82] 투키디데스는 사람들이 자유와 민주주의를 위해 싸운다고 주장하지만 실제로는 자신의 주머니를 채우고 묵은 원한을 갚으려 하는 양상이 펠로폰네소스 전쟁 중에 발발한 모든 내전에서 나타났다고 말했다.

노과두주의자와 투키디데스 외에도 예상하지 못한 곳에서 민주주의를 비판한 이들이 있었는데 바로 소피스트들이다. 새로운 지식인 유형인 소피스트는 그리스 세계를 여행한 전문 교육자들로서 정치, 윤리 등의 주제에 대해 교육하고 변론술과 같은 보다 실용적인 기술을 가르쳤다. 시대가 사회적·정치적으로 발달하면서, 더 중요하게는 민중의 정치적 중요성이 커짐에 따라 법적·정치적 연설에 대한 교육이 요구되어 소피스트가 새로운 직업으로 등장하게 되었다. 이와 동시에 그리스 도시 국가, 특히 아테네에서 부가 축적되고 지식 수준이 높아짐에 따라 문해력, 산수, 음악, 체육 등의 영역에서 전통적인 기초 교육을 넘어서는 고등 교육에 대한 요구가 생겨났다. 따라서 소피스트는 수요가 높고 후한 보수를 받는 직업이 되었다.[83]

소피스트들은 집단으로서 특정한 정치적 관점을 전파하지는 않았지만, 프로타고라스를 비롯한 일부 소피스트는 열성적인 민주주의자였던 것으로 보인다.[84] 하지만 그들은 모든 사회적·정치적 규범에 대해 신랄한 질문을 던졌다. 일부 소피스트는 모든 정치가 권력 정치이며 '정의'나 '자유'와 같은 단어는 단순히 권력자들이 통치를 정당화하기 위해 만들어 낸 위장일 뿐이라고 주장하는 아테네의 과두제 집권층과 상당히 비슷한 입장이었다. 기원전 5세기 후반 아테네에서 활동했던 소피스트인 트라시마코스가 이러한 논쟁에 참여했던 것으로 보인다. 트라시마코스의 삶에 대해서는 알려진 바가 거의 없으며 그는 자신의 생각을 기록으로 남기지 않았지만, 그의 생각 중 일부는 플라톤을 통해 전해졌다.

플라톤의 기록이 정확하다면 트라시마코스는 군주제뿐만 아니라 모든 유형의 정치 체제가 권력을 가진 사람들에게 혜택을 주기 위한 것이라고 주장한 듯 보인다. "민주주의는 민주적 법을 만들고, 전제주의는 전제적 법을 만들며, 다른 정치 체제도 마찬가지이다. 그런 다음 그들은 자신의 이익을 위해 제정한 법을 피지배자의 정의를 위해 만들었다고 선언하고, 그 법을 어기는 사람은 모두 무법하고 부정하다고 여기고 처벌한다. 따라서 내가 규정하는 정의, 이것은 모든 도시 국가에서 동일하게 기득권 세력의 이익을 위해 적용된다. 기득권자의 통치가 확실히 더 강하기 때문에 합리적으로 추론할 수 있는 사람이라면 누구나 정의는 모든 곳에서 동일하다고, 즉 강자의 이익을 위한 것이라고 결론을 내릴 것이다."[85]

증거에 따르면 소피스트가 엘리트 교육에 미치는 영향이 컸기 때문에 아테네의 명문가 젊은이들 사이에서 유사한 견해가 확산되었다. 역사가인 크세노폰의 기록에 따르면 민주주의를 경멸한 것으로 잘 알려진 아테네 정치인 알키비아데스는 원로 정치인 페리클레스와의 대화에서 트라시마코스와 같은 주장을 했다. 다음은 알키비아데스와 페리클레스의 대화이다. 알키비아데스는 언뜻 보기에 악의 없는 질문으로 시작했다. 법이 무엇입니까? 페리클레스는 이 질문은 답하기 쉽다고 생각하며 이렇게 말했다. 법이란 민중이 인정하고 법으로 선언한 것을 말한다. 법은 해야 할 일과 해서는 안 될 일을 규정한다. 납득하지 못한 알키비아데스는 성문화된 모든 것이 법인지 물었다. 소수의 엘리트나 폭군이 민중의 의지를 거스르며 선포한 것도 법입니까? 페리클레스는 그런 경우 강제로 시행되기 때문에 당연히 법이 아니라고 대답했다. 그러면 다수의 민주주의자가 부자의 의지에 반하여 제정해 시행하는 것은 법입니까? 이 역시 "법이라기보다는 폭력"입니까? 이쯤 되니 화가 치민 페리클레스는 단념하며 이렇게 말했다. "우리도 자네 나이 때에 이런 종류의 토론술에 꽤 능했네. 우리도 토론을 하면서 바로 자네가 지금 하는 것처럼 바로 그런 세련된 주장을 펼쳤다네."[86]

민중 통치 체제에 대한 이러한 비판은 현실적으로도 영향을 미친 것으로 보인다. 기원전 411년과 기원전 404년에 아테네의 민주정은 과두주의자들의 쿠데타로 전복되었다. 기원전 411년 아테네 쿠데타 이후 사백인회가 수립되었다. 엘리트 시민으로 구성된 이 위원회는 일상적 행정 업무에 대한 권한이 있었고, 완전한 시민의 권리는 아테네 남자 5000명에게 제한적으로만 부여되었다. 그러나 이렇게 수립된 정권은 내분으로 힘을 잃고 붕괴되었으며 민주정이 회복되었다. 7년 후인 기원전 404년, 더 작은 규모의 삼십인 정권이 구성되어 권력을 장악했다. 삼십인 정권은 명문 가문 출신의 크리티아스라는 아테네인이 이끌었다. 크리티아스는 민주주의를 극렬하게 반대했으며, 그의 무덤에 세워진 기념비에는 의인화된 과두정의 상징이 민주정의 상징을 불태우는 모습이 새겨져 있다고 전해진다. 삼십인 정권은 과두정을 수립했으며, 이들이 엄선한 아테네 남자 3000명이 통치에 참여했다. 쿠데타 후 1년이 채 지나지 않아 이 과두정은 민주주의 세력에 의해 전복되었다.

물론 이러한 쿠데타가 전적으로 트라시마코스와 노과두주의자 같은 지식인이 전개한 반민주적 주장이 원인이었다고 생각해서는 안 된다. 쿠데타가 발발한 것은 아테네와 스파르타 사이에서 장기간에 걸쳐 벌어진 유혈의 펠로폰네소스 전쟁이 끝나갈 무렵이었다. 전쟁이 주는 압박감, 특히 아테네가 전쟁에 졌다는 사실은 민주정의 정당성을 비판하는 데 충분한 이유가 되었다. 게다가 민주정을 과두정으로 바꾼다면, 아테네가 과두제 국가인 스파르타와 더 나은 조건으로 평화 협정을 맺을 수 있을 거라는 과두주의자들의 주장이 설득력을 얻었을 것이다. 어떻든 노과두주의자가 제기한 것과 같은 반민주적 주장이 쿠데타 선동자들에게 영향을 미친 것은 분명하다. 역사가 크세노폰은 삼십인 정권의 지도자인 크리티아스가 "우리와 같은 사람들에게… 민주 정체는 압제적인 정치 체제이다."라고 말하며 자신들의 행동을 옹호했다고 전했다.[87]

역설적이게도 아테네인들이 과두정 통치를 실제로 경험하게 되면서 민주정의 도덕적 지위가 더욱 회복되었다. 얼마 가지 않아 삼십인 정권은 부자와 빈자 할 것 없이 모든 아테네인의 재산과 생명을 민주정보다 더욱 위협한다는 사실이 드러났다. 크세노폰은 투키디데스의 저서 『펠로폰네소스 전쟁사』의 속편 격인 『헬레니카』에서 삼십인 정권의 통치는 악랄한 폭정이었다고 밝혔다. 삼십인 정권은 권력을 얻자 곧 자신들의 이익을 위해 권력을 사용했다. 스파르타 군대의 지원을 받은 그들은 개인적으로 원한 관계에 있는 사람들을 체포했으며, 부자들의 재산을 압수하려고 했다. 가장 극단적인 사례로, 삼십인 정권의 저명한 지지자였던 테라메네스가 그들이 시행하는 정책에 대해 우려를 표명하기 시작하자 테라메네스를 체포해 처형했다. 크세노폰에 따르면 삼십인 정권은 8개월 만에 스파르타인이 10년 동안 죽인 아테네인의 수만큼 많은 사람을 죽였다.[88]

예상대로 얼마 지나지 않아 삼십인 정권은 아테네 엘리트들 사이에서도 지지를 잃었고, 스파르타인들이 후퇴했을때 삼십인 정권의 군대는 민주파 장군인 트라쉬불로스에게 대패했다. 전투에서 승리하자 민주주의자들은 과두주의자들보다 처신을 더 잘했다. 민주주의자들은 복수하는 대신 대사면을 요구했고, 그 결과 아테네에서 민주주의와 시민의 화합을 회복했다고 크세노폰은 설명했다. 크세노폰은 기병 장교였기 때문에 엘리트에 속했을 뿐만 아니라 스파르타 정권을 동경했으므로 적어도 이론적으로는 다른 많은 아테네인보다는 과두정을 선호할 것으로 생각되었다. 따라서 크세노폰이 과두주의자들이 일으킨 쿠데타에 대해서 부정적으로 평가한 것은 더욱 주목할 만하다. 또한 아테네의 변론가인 이소크라테스(민주주의자는 결코 아니었다)는 삼십인 정권과 비교하면 복원된 민주 정권은 "신성한 창조"라고 말했는데, 이는 삼십인 정권이 과두주의의 정통성을 크게 훼손했음을 보여준다.[89]

그런데도 노과두주의자와 소피스트들이 전개한 주장은 지속적으로 반향을 불러일으킬 수도 있었다. 어쨌든 아테네 민주주의로 인해 한 사회 집단, 즉 빈자들이 지배적인 권력을 갖게 되었고, 그로 인해 특히 부자들이 권력에서 배제되었다는 주장이 전적으로 잘못된 것은 아니기 때문이다. 오히려 이 주장이 수정되어 다수에 의한 폭정의 위험성에 대한 주장으로 전개되었더라면, 아테네 민주정이 몰락하고 수 세기 후에 제기된 민주주의에 반대하는 주장에서 주요 요점이 되었을 것이다.

자유의 비평가: 플라톤

민주적 자유를 비판했던 이들은 노과두주의자와 트라시마코스만이 아니다. 그리스의 훌륭한 사상가 중 한 명인 철학자 플라톤은 기원전 403년 아테네 민주정이 승리해 회복된 이후에도 그가 살았던 시대의 정권을 지속적으로 비판했다.[90] 플라톤은 아테네인들이 민주적 자유가 가장 중요한 정치적 가치라고 주장하는 것은 잘못된 판단에 따른 것이며 심지어는 잠재적으로 위험하다는 견해를 밝혔다. 하지만 그는 노과두주의자와 트라시마코스가 제기한 권력 정치라는 냉소적 변명 역시 거부했다. 플라톤의 시각에서 보면 정치적 이상은 중요하지만, 그와 동시대의 사람들은 잘못된 이상을 선택했다. 인간의 행복이 자유와 개인의 독립보다 중요했다. 그러므로 가능한 가장 훌륭한 체제는 민주주의가 아니라 "가장 뛰어난 자", 즉 피지배자를 선한 삶으로 인도할 가능성이 가장 높은 사람이 통치하는 것이다.

투키디데스와 알키비아데스와 마찬가지로 플라톤 역시 부유하고 영향력 있는 아테네 가문에서 태어났다. 플라톤은 부유한 젊은 층 대부분이 그랬던 것처럼 원래는 아테네 민주 정부에서 정치인이 되려고 했었던 듯하다. 그의 가족 역시 그렇게 기대했을 것이다. 플라톤의 계부인 피릴람페스는 아테네의 영향력 있는 정치인 페리클레스와 가까운 친구 사이였다. 피릴람페스는 아테네 민주 정부에서 핵심 인물이었으며 자신의 아들, 즉 플라톤의 이부형제의 이름을 데모스라고 지었다.[91]

그러나 플라톤은 젊은 시절 소크라테스의 영향을 받았다. 석공의 아들로 태어난 소크라테스는 순회 교육자인 소피스트와 마찬가지로 젊은 아테네인들을 교육하는 데 자신의 일생을 바쳤지만, 소피스트와는 달리 돈을 받지 않고 가르쳤다. 소크라테스는 자신을 '지혜를 사랑하는 사람'이라는 뜻의 '철학자'로 묘사함으로써 자신은 소피스트와 다르다는 점을 강조했다. 그는 상대적으로 미천한 집안에서 태어나고 호감을 주지 못하는 외모였음에도 불구하고 제자들에게 강력한 영향을 미쳤다. 소크라테스의 영향으로 플라톤은 정치보다는 지식을 추구하는 데 자신의 일생을 바치기로 결심했다. 플라톤은 결국에는 철학학교인 아카데미를 설립하고 철학 논문을 쓰는 데 많은 시간을 할애했다.

플라톤이 정치에서 철학으로 삶의 방향을 전환한 것은 아마도 그가 젊었을 때 삼십인 정권 아래에서 살았던 경험이 큰 영향을 미쳤을 것이다. 플라톤은 만년에 쓴 「일곱 번째 편지」(여러 학자가 플라톤이 작성한 것으로 인정했다)에서 자신의 가족이 민주정을 지지했음에도 불구하고 자신은 새로 수립된 과두정에 참여하고 싶은 생각이 들었다고 말했다.[92] (플라톤은 삼십인 정권 내에도 친구와 가족이 있었는데, 특히 삼십인 정권의 지도자인 크리티아스는 플라톤 어머니의 사촌이었다.) 그러나 플라톤은 삼십인 정권이 공포 정치를 펼칠 것이라는 점을 금세 알 수 있었다. 그는 「일곱 번째 편지」에서 이렇게 썼다. "나는 삼십인 정권이 아테네를 그동안의 부당한 삶에서 벗어나게 하고 정의의 길로 인도할 것이라고 생각했다." "그래서 삼십인 정권이 무엇을 할지 유심히 지켜보았다. 하지만 그들을 지켜보다 보니 얼마 지나지 않아 이전의 [민주적] 정체가 소중한 것이었다는 점을 알게 되었다."[93]

그러나 민주정이 복원되면서 플라톤은 더 큰 심적 고통을 겪었다. 기원전 399년, 삼십인 정권이 몰락한 지 약 4년 후 소크라테스는 불경을 저지르고 아테네 청년을 타락시켰다는 명목으로 아테네 배심원들에게 재판을 받고 처형되었다. 소크라테스가 유죄 선고를 받게 된 이유는 분명하지 않지만, 아마도 아테네의 보통 시민은 종교, 규범, 가치에 대한 그의 비전통적인 생각을 거북하게 여겼을 것이다. 그러나 소크라테스가 반민주적 세력에 동조한다고 짐작하고 불경을 핑계로 그에게 유죄 선고를 내렸을 가능성도 있다. 삼십인 정권의 지도자 크리티아스는 소크라테스의 학생이었으며, 크리티아스가 저명한 스승으로부터 민주주의에 대한 증오를 배웠을 것이라고 많은 사람이 의심했기 때문이다. 삼십인 정권이 전복된 후에도 소크라테스는 은밀한 반민주주의자라는 의심을 받았다(심지어는 공공연한 반민주주의자라는 의심을 받기도 했다).

이러한 의심이 사실인지 아닌지에 대해서는 여전히 열띤 논쟁이 벌어지고 있지만, 소크라테스가 자신의 가르침에 대한 기록을 남기지 않았기 때문에 논쟁을 해결하기가 특히 어렵다.[94] 그러나 플라톤이 스승의 죽음에 크게 영향을 받았다는 점은 분명하다. 플라톤은 소크라테스의 재판과 처형으로 인해 과두정만큼이나 민주정에 대해서도 환멸을 느끼게 되었고, 이러한 환멸이 그의 정치 관련 저술에 상당한 영향을 미쳤다. 플라톤의 글은 자유라는 개념을 포함해 그가 성장하면서 가졌던 민주주의적 이상에 대한 비판으로 해석될 수 있으며, 더 나은 대안을 찾으려는 시도로 여겨진다.

플라톤의 저술 중 가장 유명하고 영향력 있으며 정치사상에 크게 기여한 『국가』가 좋은 예이다. 소크라테스와 여러 젊은이 사이에서 이루어진 대화로 구성된 『국가』는 시와 노래의 정치적 위험성, 정치 지도자를 위한 수학적 지식의 중요성, 정치에서 여성의 올바른 지위 등에 관한 색다른 발상으로 가득하다. (플라톤은 동시대 대부분의 사람보다 여성 리더십에 대해 더 긍정적이었다.) 그러나 플라톤에게 있어서 주요 목표는 가능한 최고의 정치 체제, 즉 인간에게 진정한 행복을 가져다줄 수 있는 정치 체제를 정의하는 것이었다. 플라톤은 이러한 관점, 즉 인간의 행복이라는 문제의 측면에서 아테네의 주요 정치적 가치인 자유를 평가했다.

플라톤은 노과두주의자와 트라시마코스가 예로 든 암울한 권력 정치를 반대하는 것으로 시작한다. 플라톤은 정치가 단지 권력에 관한 것이 아니라고 주장했다. 통치자와 피통치자 모두의 이익을 위해 행동하는 체제만이 적법한 체제이다. 그러나 그는 민주적 자유가 이상적인 개념이라는 생각에도 역시 동의하지 않았다. 『국가』 제8권에서 플라톤은 현재 존재하는 정체 형태를 논하며, 그 형태를 무인 계급이 통치하는 명예 정체, 소수의 부자가 통치하는 과두 정체, 빈자가 통치하는 민주 정체, 한 사람이 통치하는 참주 정체의 네 가지로 분류했다. 대부분의 그리스인처럼 플라톤 역시 자유가 민주적 자치와 동일시될 수 있다고 생각해 이 점을 분명히 했다. 그는 민주 정체는 "자유롭게 태어난 사람이 살 가치가 있는 유일한 도시 국가의 체제"라고 설명했다.[95]

게다가 헤로도토스를 비롯한 다른 사람들과 마찬가지로 플라톤은 민주주의 체제가 제공하는 집단적 자유가 개인의 독립성을 지키기 위해 필요한 전제 조건이라는 점을 분명히 했다. 개인은 자유로운 상태에 있을 때만 원하는 대로 행동할 기회가 주어졌기 때문이다. 플라톤은 민주주의 도시 국가는 "자유와 솔직함이 넘쳐나는 곳으로, 사람들은 하고 싶은 대로 말하고 행동할 수 있다."라고 하며, 이는 "개인이 원하는 삶을 이루기 위해 스스로 명령할 능력이 분명히 있다."라는 점을 암시한다고 말했다.[96]

그렇다면 개인의 독립성은 필연적으로 민주주의에서 기인한다고 플라톤은 말했다. 도시 국가를 왕이나 전제 군주가 통치하지 않는다면 사람들은 자기 삶의 통치자가 자신이라는 생각에 익숙해져서 원하는 대로 삶을 살 수 있도록 스스로 명령을 내릴 용기를 얻게 될 것이다. 플라톤은 독립적 태도는 점차 정치 영역에서 사적 영역인 가정으로 확대될 수 있다고 보았다. 아버지는 몸을 낮추고 아들과 대등해지는 데 익숙해지게 되어 아들을 두려워하기 시작하고, 반면에 아들은 자신을 아버지와 어머니와 동등하다고 생각해 부모를 향한 존중심과 존경심을 잃게 된다. 이와 마찬가지로 메틱이라고 불리는 외국인도 자신을 스스로 시민과 동일하게 간주하기 시작하고, 시민은 메틱보다 나은 게 없다고 생각하게 될 것이다.

플라톤에 따르면 민주주의는 개인의 독립성을 조성하는 데 뛰어나기 때문에 민주주의 도시 국가에서 노예는 노예처럼 행동하지 않으며 여자는 남자와 동등한 것처럼 행동한다. 심지어 가축도 그 영향을 받아 민주주의 도시 국가의 가축은 다른 형태의 국가에 사는 가축보다 더 자유롭게 행동한다. "말과 당나귀는 길을 막는 사람들과 부딪혀 가며 거리를 자유롭고 위풍당당하게 돌아다니는 데 익숙하다."[97]

플라톤은 민주주의 모델에 매력적인 부분이 있다고 인정했다. 민주적 자유와 그로 인해 조성되는 개인의 독립성은 자유 국가에서 "인간의 본성이 가장 다양하게 존재하도록 한다."라고 그는 설명했다. 따라서 보는 사람은 이러한 국가를 "모든 종류의 꽃으로 수놓은 가운과 같이 가장 공정한 국가"라고 생각할 수 있다. 실제로 많은 사람에게 민주주의 국가는 가장 훌륭한 유형의 체제로 여겨질 수 있다고 플라톤은 말했다. "여자와 어린이가 다양한 색깔이 모든 것 중에서 가장 매력적이라고 생각하는 것과 마찬가지로, 남자에게도 관습과 개성으로 빛나는 이러한 국가가 가장 공정한 국가로 보일 것이다."[98]

그러나 궁극적으로 플라톤은 민주주의에 대한 이러한 긍정적 평가를 공유하지 않았다. 그 대신 민주주의가 개인의 독립성을 조성하는 데 기여하는 것이 문제라고 생각했다. 결국에는 민주적 자유가 넘쳐서 "피통치자는 통치자처럼, 통치자는 피통치자처럼" 되는 무정부 상태가 되어 민주주의 체제가 불러일으킨 무법이 민주주의의 종말을 가져올 것이다.[99] 역설적으로 이러한 무정부 상태는 결국에는 자유와 정반대되는 전제주의로 이어질 것이다. 시민은 결국 억제되지 않은 자유에 지치게 되어 질서를 회복시킬 수 있는 전제 군주를 찾게 될 것이기 때문이다. 부도덕한 사람이라면 이러한 상황을 악용해 마음대로 규칙을 세울 가능성이 있으며, 이는 매우 바람직하지 않은 결과라고 플라톤은 강조했다. 어쨌든 전제 정치가 인간의 행복과는 가장 무관한 체제였기 때문이다(플라톤은 전제 정치를 부적합한 개인이 다른 모든 사람을 통치하는 것이라고 정의했다).

요컨대 민주적 자유는 자멸적이다. 좋은 통치로 귀결되기보다 방종을 야기하고 장기적으로 지속되지 못한다. 그렇다면 민주주의에 대해 어떻게 생각해야 할까? 먼저, 플라톤은 통제할 수 없는 노예와 다루기 어려운 당나귀에 대한 그의 경고가 글자 그대로 받아들여지리라고 예상하지는 않았을 것이다. 과장된 설명이기는 하지만, 이는 주장을 강조하기 위한 것이었다. 플라톤은 민주주의가 본질적으로 불안정하다고 경고하는 데 그치지 않았다(이 점은 그가 『국가』에서 논한 다른 모든 체제에 대해서도 마찬가지이다). 그는 오히려 민주주의 체제가 가져오는 개인의 독립성과 자유가 일반적으로 나쁜 목적에 사용되었다고 지적했다. 그리고 보통 사람들이 자신의 자유를 현명하게 사용할 거라고 신뢰할 수 없다고 말했다.[100]

플라톤이 이러한 자신의 견해를 확신한 것은 대부분의 사람의 지적 능력을 낮게 평가했기 때문이다. 그는 『국가』 전반에 걸쳐 이 점을 반복해서 밝혔는데, 어느 유명한 구절에서 민주적 정치인을 선원에 비교했다. 선장은 항해술을 비롯한 필수 기술에 대해 선원들보다 지식이 더 많았지만 선원들은 선장의 지침을 받아들이지 않았다. 그러면서도 어느 장소로 어떻게 가야 하는지를 전혀 알지 못했다. "그들은 선장이 선박의 진정한 지배자가 되려면 계절, 하늘, 별, 바람, 그리고 선박에 관련된 모든 것에 주의를 기울여야 한다는 점을 이해하지 못한다. 또한 그들은 다른 사람들이 선장에게 요구하든 그렇지 않든 간에 선장에게는 배를 어떻게 조정할지 결정할 수 있는 기술이 있다는 것을 믿지 않는다. 또는 이 기술이라고 일컫는 것을 항해술과 더불어 숙달하거나 연습할 수도 있다는 점을 믿지 않는다."[101]

그러나 플라톤은 또한 민주주의에 대한 분명한 대안, 즉 부유한 엘리트의 통치에 반대했다. 동시대의 많은 사람과는 달리 그는 부자라고 해서 반드시 통치에 더 적합하다고 생각하지 않았다. 부자들 또한 악의적인 욕망에 동요될 수 있었다. 오히려 플라톤은 민주주의보다는 심하지 않다고 해도 과두주의에 대해서도 날카롭게 비판했다. 플라톤의 관점에 따르면 과두주의에서는 부를 추구하려는 욕망이 강박적으로 지배하며, 이러한 부에 대한 욕망은 민주주의자들이 독립을 추구하려는 욕망보다 인간의 진정한 행복으로부터 훨씬 더 동떨어진 것이었다.

따라서 플라톤은 철인왕哲人王에 의한 통치라는 매우 다른 체제를 제안했다. 그는 어린 시절부터 무술을 비롯해 수학, 천문학 등 다양한 학문에 대해 철저하게 교육받은 지도자가 정치권력을 잡아야 한다고 생각했다. 오랜 기간 동안 군사령관으로서 실무 경험을 쌓고 공무 역량을 축적한 후, 50세가 넘은 이들 중 선택된 극소수만이 철학을 공부하게 될 것이다. 이러한 엄격한 교육을 통해 철인왕은 그리스 도시국가들이 지속적으로 참여하는 전쟁에 대비할 수 있게 된다. 그리고 더 중요하게는 플라톤이 말하는 '선한 삶', 즉 인간에게 진정한 행복을 가져다주는 유일한 삶에 대한 독특한 통찰력을 가지게 된다. 따라서 전제 군주와는 달리 철인왕은 변덕에 따라 통치하는 것이 아니라 철학적 통찰력에 따라 통치할 수 있다.

철인왕 체제에서 시민은 사실상 정치 체제에 대해 어떠한 발언권도 없다. 플라톤이 제안한 이 체제에서 선거가 열리거나 보통 사람들이 의견을 제시할 여지는 없으며, 행정 기능을 위한 민회, 배심원 제도, 추첨제 역시 없다. 오히려 플라톤은 엘리트 철학자들이나 그들 중 가장 뛰어난 철학자가 모든 결정을 내릴 것이라고 상상했다. 권력을 가진 철인왕은 언제든 후계자를 선택할 것이므로 통치자는 영원히 존속되는 계급이 될 것이다. (흥미롭게도 남녀 모두 후계자가 될 수 있었으므로 플라톤의 체제하에서 일부 선택된 여자들은 더 독립적이 될 수 있었다.)

플라톤에게 민주적 참여의 상실은 그만한 가치가 있었다. 왜냐하면 "모든 사람이 신성하고 현명한 사람에게 지배되는 것이 더 낫기" 때문이다. 이상적인 세계에서라면 모든 사람이 자신 안에 이러한 "신성하고 현명한" 요소를 가지고 있겠지만, 현실 세계에서는 그렇지 않다고 플라톤은 주장했다. 그러므로 개인은 외부로부터 바람직한 지배를 받아야 하며, 이를 통해 "우리 모두가 같은 지배자의 통치하에 있기 때문에 가능한 한 모두가 평등하고 친구가 될 수 있다." 따라서 철인왕이 통치하는 이상적인 체제에서 인간은 "내면에 신성한 지도력을 갖고 있는 가장 뛰어난 자의 노예"가 된다.[102] 플라톤은 또 다른 대화편, 『클레이토폰』에서 이러한 견해를 보다 직설적으로 표현했다 (여기에 나오는 대화의 진위 여부에 대해서는 논쟁의 여지가 있다). 『클레이토폰』에 의하면 합리적 사고를 따르지 않고 변덕스럽게 인생을 사는 사람은 죽는 게 낫다. 그 어리석은 사람이 살아야 한다면, "자유롭게 사는 것보다 노예로 사는 것, 마치 배의 방향타를 넘기듯이 자신의 정신을 조종할 방향타를 사람을 조종하는 기술을 가진 다른 사람에게 넘겨서 사는 것"이 그에게는 더 나은 일이다.[103]

플라톤은 후기 저서에서 정치적 '노예'에 대한 열렬한 옹호를 일부 철회했다. 대부분의 학자가 플라톤의 가장 성숙한 저서라고 생각하는 『법률』에서 플라톤은 이상적인 체제에 대한 견해를 크게 수정했다.[104] 그는 철인왕 체제가 가장 훌륭한 체제라고 더는 주장하지 않았으며, 그러한 이상에 부응할 수 있는 정치 지도자를 찾을 가능성이 매우 희박하다는 점을 인정했다. 이제 플라톤은 "인간의 본성은 인간이 모든 것을 다스릴 전제적 권위를 가지고 있을 때, 오만과 불의에 가득 차지 않고서는 인간의 일을 통제할 수 없다."라고 말하며 놀랍게도 헤로도토스와 흡사한 주장을 했다.[105] 이제 그는 가능한 최고의 체제에서 사람들은 사람의 통치가 아닌 법의 통치 아래 살 것이라고 주장했다.

플라톤이 생각을 바꾸게 된 것은 철인왕이라는 이상을 실행에 옮기는 데 실패했기 때문일 수 있다. 「일곱 번째 편지」에 따르면 플라톤은 마흔 살이 되던 해 당시 집권하고 있던 참주 디오니시우스의 친척인 디온의 초대를 받아 시칠리아의 시라쿠사를 방문하게 되었다. 플라톤은 디오니시우스의 교사가 되어 그를 철인왕으로 만들라는 요청을 받았다. 이는 길고 힘든 여정이 될 것이었으므로 플라톤은 처음에는 망설였지만 결국 동의했다. 그는 「일곱 번째 편지」에서 다음과 같이 썼다. "단 한 명의 마음을 끌어오기만 하면 되므로, 그리고 내가 꿈꿨던 모든 선을 이룰 수 있는 일이기 때문에, 만약 누군가가 법과 정부의 이러한 원칙을 실현하려고 한다면 지금이야말로 그것을 시도할 때이다."[106]

그러나 불명예스럽게도 이 시도는 실패로 돌아갔다. 불과 4개월 만에 디오니시우스는 디온이 참주정을 전복할 음모를 꾸민다며 그를 파문하고 플라톤을 강제로 시라쿠사에 붙잡아 두었다. 플라톤은 나쁜 상황에서도 디오니시우스를 이해시키기 위해 최선을 다했다. 하지만 디오니시우스는 플라톤이 자신을 '철학적 삶'으로 인도하려는 시도에 저항했다. 오히려 그는 시라쿠사로 돌아오는 디온을 죽이라고 명령했다. 「일곱 번째 편지」의 내용이 사실이라면, 플라톤은 이런 모든 경험으로 인해 충격을 받아 철인왕을 찾을 수 있으리라는 이상을 포기하고 그의 정치 철학을 재고해야 했을 것이다.

그러나 플라톤은 결코 민주주의에 동조하지 않았다. 플라톤은 『법률』에서도 법을 제정하는 데 기여한 사람들이 그들 자신이 만든 법을 준수하며 사는 체제를 상상하지 않았다. 그보다는 거의 신과 마찬가지의 지혜를 가진 입법자가 영원히 준수해야 하는 국가의 법률을 만드는 체제를 상상했다. 플라톤은 독자에게 이러한 법률의 목록을 상세하게 소개했다. 민중이 업무의 집행을 책임질 집정관을 선출했지만, 법률을 제정하는 과정 자체는 민중의 통제하에 있지 않았다. 다시 말해 플라톤이 『법률』에서 옹호한 것은 사람들이 자유롭게 살아가는 체제가 아니라 법의 노예로 살아가는 체제였다. 플라톤이 직접 말했듯이 사람들은 "주인"이 아니라 "자발적인 법의 노예"가 되어야 했다.[107]

간단히 말해 플라톤의 정치 철학은 민주적 자유라는 그리스의 이상에 대한 전면적 비판을 바탕으로 한다. 플라톤은 놀랍게도 정치적 복종을 옹호하면서 가치를 뒤바꿔 놓았다. 그는 철인왕이라는 어려운 이상에 부합하는 지도자가 지배하는 한, 인간은 민주적 자유보다 정치적 복종을 통해 더 많은 행복을 누릴 수 있다고 말했다. 플라톤의 견해는 이후 수 세기 동안 정치사상에 큰 영향을 미치게 된다. 민주적 자유는 불가피하게 무정부 상태와 방종으로 이어진다고 말하며 플라톤은 사실 민주주의에 대한 반대론을 펼쳤는데, 이러한 비판의 핵심 내용이 수 세기 동안 반복해서 논의되었다. 이와 마찬가지로 '가장 뛰어난 자'나 '가장 현명한 자'에게 보통 사람이 복종하는 체제와 이러한 체제하의 정치적 노예를 옹호하는 주장 역시 이후 정치사상에 중대한 영향을 미치게 된다.

그러나 플라톤의 견해는 그 당시에는 거의 지지를 받지 못했다. 동시대인 중에서 그의 몇몇 제자를 제외하고는, 민주적 자유를 누리는 것보다 '가장 뛰어난 자'에게 복종하는 것이 더 낫다는 플라톤의 의견에 동의하는 사람은 거의 없었다. 아테네 민주주의가 '극단적'으로 변했다는 데 동의하는 사람들조차도 플라톤의 급진적인 결론에 동조하는 것을 꺼렸다. 아테네의 변론가이자 또한 교육자로서 플라톤의 중요한 경쟁자 중 한 명이었던 이소크라테스 역시 그가 살았던 시대의 정치 체제를 비판했다. 플라톤과 마찬가지로, 그리고 그 점에 대해서는 앞서 언급했던 노과두주의자와 마찬가지로 이소크라테스는 아테네식 민주주의가 완전한 시민 평등에 특히 중점을 두면서 통치에 가장 부적합한 빈자와 무지한 자가 통치하게 되었다고 생각했다.[108]

그러나 이소크라테스가 자신의 영향력 있는 팸플릿 「아레오파지티쿠스」에서 제안한 대안은 플라톤의 대안보다 훨씬 덜 급진적이었다. 이소크라테스는 철인왕이나 몇몇 책임감 없는 엘리트가 통치하는 체제가 아닌, 정치 지도자가 추첨으로 선발되지 않고 선거로 선출되는 아테네의 '본원적 민주주의'로 되돌아갈 것을 제안했다. 이소크라테스는 (데모스가 그들 가운데 관직에 가장 적합한 사람을 선출할 것으로 신뢰할 수 있기 때문에) 지도자를 인구 중에서 무작위로 선발하는 것보다 선거로 선출하는 체제에서 가장 유능한 사람이 통치하게 될 것이며, 민중은 절대적 권위를 계속 유지할 것이라고 주장했다.[109]

부자고 빈자고 할 것 없이 모든 아테네인이 민주적 자유를 강력하게 지지했음을 보여주는 또 다른 지표도 있다. 삼십인 정권의 전복이후 복원된 민주주의는 85년간 위협받지 않고 유지되다가 마케도니아 장군 안티파트로스가 과두주의 괴뢰 정권을 세우게 된다. 85년간 유지되었다는 사실은 민주주의가 광범위한 지지를 받았음을 보여주는 증거가 된다. 민주주의, 특히 아테네식 민주주의는 대다수의 시민이, 심지어는 소수라도 시민이 반대한다면 유지될 수 없기 때문이다. 그리스 전체에서 보더라도 확립된 민주주의는 확고하게 유지되었다. 역사가 데이비드 티가든David Teegarden이 편찬한 자료에 따르면 정치 체제에 대한 정보가 남아 있는 그리스 도시 국가 중에서 기원전 5세기 전반에 민주주의를 접한 도시 국가는 전체의 18퍼센트에 불과했지만 기원전 5세기 후반에 민주주의를 경험한 도시 국가는 40퍼센트로 늘었다. 이수치는 안정적으로 유지되어 기원전 4세기 후반에 이르러서는 그리스 도시 국가 중 46퍼센트가 민주주의 국가가 되었다.[110] 이 통계는 노과두주의자, 트라시마코스, 플라톤 등 엘리트 사상가들의 비판에도 불구하고 민주주의와 그에 기반한 이상이 대중적으로 널리 지지를 받았음을 시사한다.

카이로네이아 전투 이후: 내적 자유로의 전환

기원전 4세기부터 기원전 3세기까지 그리스에서 자유에 관한 논쟁은 새로운 정치적 전개, 특히 마케도니아가 부상하면서 그 영향을 받았다. 기원전 359년 필리포스 2세가 마케도니아의 왕으로 즉위했다.[111] 그리스 북부의 산악 지역으로 거주자 대부분이 농부인 마케도니아는 과거에는 크게 영향력이 있지 않았지만, 필리포스의 군사력과 천재적인 조직력 덕분에 빠르게 세력이 커졌다. 필리포스는 지나치게 경쟁적인 마케도니아 귀족을 평정하고, 귀족으로 보병과 기병의 연합 작전에 특화된 강력한 군대를 조직했다. 다음으로 그는 이웃 도시 국가들로 관심을 돌려 에게해 북부의 몇몇 그리스 도시 국가에 식민지를 건설했다.

그리스인들은 처음에는 마케도니아의 부상에 대해 크게 우려하지 않았지만, 영토를 확장하려는 필리포스의 야심은 결국 명백해졌다. 아테네의 정치가 데모스테네스는 그리스인들이 행동에 나서도록 설득하기 위해 그리스 본토를 순방하기 시작했다. 그는 그리스인들이 오랫동안 염원해 온 자유에 호소하면서 부상하는 마케도니아에 맞서 싸울 수 있도록 단결할 것을 촉구했다. 데모스테네스는 필리포스가 국제적인 관점에서 만만하게 볼 상대가 아니며 그리스 도시 국가의 자유와 자치에 치명적인 위협이 된다고 말했다. 그는 아테네 민회에서 "여러분의 목표가 무엇입니까?"라고 질문했다. 그리고 다음과 같이 말을 이었다. "자유입니다. 그렇다면 필리포스의 왕이라는 직함 자체가 자유와 양립할 수 없다는 사실을 모르겠습니까? 모든 왕, 모든 전제 군주는 자유와 법의 숙적이기 때문입니다. 조심하십시오… 전쟁에서 벗어나려고 하다가 주인을 섬기게 되지 않도록."[112]

아마도 기원전 340년 필리포스가 비잔티움을 공격하고 곡물 운송 함대를 포획하면서 그리스인들이 행동에 나서도록 설득하는 일이 훨씬 더 중요해졌을 것이다. 아테네는 흑해 쪽에서 곡물을 정기적으로 수입했기 때문에 이 공격은 아테네에 대한 직접적인 위협이 되었으며 전쟁은 불가피해졌다. 2년간의 협상을 거쳐 그리스 연합군이 결성되었고, 기원전 338년 카이로네이아 전투에서 아테네가 이끄는 그리스 연합군과 마케도니아 군대가 마침내 결전을 벌이게 되었다. 아들 알렉산드로스가 이끈 필리포스의 기병대는 압도적인 승리를 거두었으며, 그리스 연합군은 엄청나게 많은 사상자가 발생했다. 1년 후 코린토스 동맹이 형성되었다. 필리포스와 그의 후계자들이 코린토스 동맹을 주재함으로써 그리스 도시 국가들은 마케도니아의 통치하에 놓이게 되었다.

필리포스는 카이로네이아 전투 후 얼마 지나지 않아 종교 축제에서 암살되면서 승리의 결실을 오래 즐기지 못했다. (필리포스를 암살한 젊은 왕실 호위병 역시 살해되어 암살 동기는 밝혀지지 않았다). 필리포스의 뒤를 이어 왕위에 오른 알렉산드로스가 곧 페르시아를 정복하기 위해 떠나게 되면서 그리스는 안티파트로스 장군의 통치하에 놓이게 되었다. 기원전 323년 페르시아에서 알렉산드로스가 갑작스럽게 사망하면서 권력의 공백이 발생했으며 아테네를 포함한 몇몇 그리스 도시 국가는 독립을 되찾기 위해 최후의 시도를 하게 된다. 그러나 그리스 본토를 완전히 장악하고 있던 안티파트로스 장군이 재빠르게 반란을 진압했다. 아테네의 반란에 화가 난 안티파트로스 장군은 괴뢰 정권을 세워 마케도니아에 우호적인 성향의 소수 엘리트에게 권력을 주었다. 데모스테네스를 비롯한 반마케도니아 성향의 정치인들은 사형 선고를 받았다. 데모스테네스는 가까스로 아테네를 벗어났지만 현상금 사냥꾼에게 쫓기게 되었고, 결국 자살했다(소문에 따르면 독이 든 펜을 입 안에 집어넣었다고 한다).[113]

그러나 이것으로 그리스의 민주주의가 끝난 것은 아니다.[114] 헬레니즘 시대의 대부분 기간에 많은 도시 국가에서는 선거, 추첨, 민회, 시민 법정을 통해 임명된 공무원들이 민주적 통치를 계속했다. 그리스 세계 전역에서 시민들은 기원전 5~4세기의 시민들과 마찬가지로 여전히 법과 법령을 제정하고 세금을 징수하고 화폐를 발행하고 법을 집행했다. 심지어 그리스 시민들은 외교 정책에 대해서도 어느 정도 지배력을 행사할 수 있게 되었는데, 이는 헬레니즘 시대의 왕들과 왕위를 노리는 자들 사이의 끊임없는 전쟁과 경쟁으로 인한 것이었다. 기원전 150년경에 이르러서야 변화가 일었는데, 그리스 도시 국가들이 세력을 확장해 나가던 로마 제국의 일부가 되면서 그리스에서 끝까지 유지되고 있던 민주주의가 사라지게 되었다.

그러나 일반적으로 연속성이 유지되기는 했지만, 중요한 면에서 변화가 있었다. 알렉산드로스가 사망하고 수 세기가 지난 후, 그리스 세계에서 권력의 중심지가 아테네와 스파르타 같은 도시 국가에서 알렉산드로스의 정복으로 생겨난 거대한 제국으로 이동했다. 수십 년에 걸친 전쟁이 끝난 후 기원전 300년 무렵 헬레니즘 시대의 '거대 삼국'인 이집트, 마케도니아, 대시리아Greater Syria(이집트를 제외한 과거 페르시아 제국)가 세워졌다. 그리스 도시 국가는 명목상으로 자유였으며 엄밀하게는 이들 왕국에 속하지 않았지만, 비공식적으로는 지역의 왕과 군주의 영향을 상당히 많이 받았다. 권력의 중심이 왕과 궁중으로 이동하게 되자 그리스 도시 국가에서는 유일하게 왕에게 접근할 수 있는 부자와 권력자의 중요성이 커졌다. 결과적으로 민주주의가 명목상 유지된 곳에서도 일반 시민의 정치적 영향력은 점차 줄어들었다.

이러한 변화는 그리스 정치사상에 지대한 영향을 미쳤지만, 즉각적으로 그 영향이 두드러지게 나타났던 것은 아니다. 기원전 4세기와 기원전 3세기에는 대체로 앞서 설명했던 민주주의에 대한 찬반양론이 대립하면서 정치적 논쟁이 벌어졌다.[115] 플라톤의 가장 유명한 제자인 아리스토텔레스는 여전히 그리스 도시 국가에서의 삶이 자연적으로 정치가 발생할 수 있는 근원이라고 생각했다. 아리스토텔레스는 알렉산드로스의 가정교사로서 마케도니아의 정치적 삶을 가까이에서 경험했음에도 불구하고 그의 가장 유명한 정치 관련 저술인 『정치학』에서 대규모 군주국의 존재를 거의 인정하지 않았다. 오히려 『정치학』은 민주주의와 민주적 자유에 대한 초기 논쟁에 기여했다.[116]

아리스토텔레스는 플라톤과 마찬가지로 민주주의의 핵심 가치인 자유에 대해 깊이 고찰했다.[117] 『정치학』 제6권에서 아리스토텔레스는 자유의 개념에 대해 가장 일관된 논의를 전개하며 현존하는 다양한 정체에 대해 논했다. 여기서 그는 자유를 아테네식 민주주의의 핵심 가치로 명시했다. 그의 설명에 따르면 민주주의에서는 통치자와 피통치자가 번갈아 가며 통치하기 때문에 한 사람이나 무리의 사람들이 다른 모든 사람을 책임지지 않게 되므로 사람들은 일반적으로 자유롭다고 여겨진다. 대다수 다른 사람의 의견과 비슷하게 아리스토텔레스 역시 이러한 민주적 자유가 개인의 독립성, 즉 "원하는 대로 살" 능력과 밀접히 연관된다는 점을 강조했다. "이것이 자유의 결과라고 그들은 말한다. 노예의 결과는 원하는 대로 살지 못하는 것이기 때문이다… 누구에게도 지배받지 않으려는 요구, 하지만 만약 지배를 받아야 한다면 지배받는 것과 지배하는 것을 번갈아 가면서 할 수 있게 해달라는 요구가 자유에서 비롯된다."[118]

그러나 아리스토텔레스의 관점에서 보면 이러한 민주적 자유에는 두 가지 주요 단점이 있다. 첫째, 플라톤과 마찬가지로 아리스토텔레스는 민주적 자유가 무법과 무정부 상태로 추락할 여지가 있다고 생각했다. 아리스토텔레스에 따르면 민주주의 체제하에서는 모든 사람이 "에우리피데스의 말처럼 '자기 생각대로'" 산다. 그러나 이는 바람직하지 않았다. 이는 사람들이 법의 지배에 저항하도록 이끌었고, 이것이 민주주의의 종말을 가져온 가장 일반적인 원인이었다.[119] 둘째, 어쩌면 다소 모순적이게도 아리스토텔레스는 아테네식 민주주의가 다수인 빈자에게 지나친 권력을 주기 때문에 이것 역시 반대했다. 이는 분명히 불의로 이어질 것인데, 아리스토텔레스가 말했듯이 "수적으로 다수를 차지하는 사람들이 정의를 결정한다면, 다수인 사람들이 소수인 부자들의 재산을 몰수함으로써 불의를 저지르게 될 것"이기 때문이다.[120]

하지만 저명한 스승인 플라톤과는 달리 아리스토텔레스는 철인왕이나 신성한 입법자에게 복종하는 것이 아테네식 민주주의, 또는 그자신이 말한 '궁극적' 민주주의를 대체할 최선의 대안이라고 설파하지는 않았다. 그보다는 이소크라테스와 마찬가지로 공직자를 추첨으로 선발하지 않고 부자나 저명한 시민 중에서 선출하는 더 오래되고 더 온건한 유형의 민주주의로 회귀해야 한다고 주장했다. 아리스토텔레스는 "이러한 방식으로 통치받는 사람들은 필연적으로 좋은 통치하에 있게 된다."라며 "항상 최고의 사람이 공직을 맡게 될 것이며, 국민은 동의하고 부자를 부러워하지 않을 것"이라고 말했다.[121]

그러나 결국 헬레니즘 시대의 철학자들은 새로운 정치적 현실에 초점을 맞추기 시작했다. 기원전 3세기와 기원전 2세기에는 「왕권에 관하여」와 같은 논문이 점점 늘어났다. 대부분의 논문은 소실되었으며 논문에서 주장하는 바는 거의 알려지지 않았다. 하지만 남아 있는 몇 안 되는 논문, 그리고 이런 논문과 같은 전통을 바탕으로 한 후대의 논문을 보면 이들이 옹호한 이상이 대부분 플라톤으로부터 영감을 받았음을 알 수 있다. 이러한 이상은 현명한 지배자가 통치하는 정부가 인간의 행복에 가장 도움이 된다는 플라톤의 가정에서 출발했다. 거의 초인간적 존재인 진정한 왕은 어떤 백성보다도 지혜가 뛰어났으며, 따라서 백성을 선한 삶으로 인도할 수 있었다. 이러한 이상은 지배자가 백성에 대해서는 무관심한 채 자신만의 이익을 위해 통치하는 전제 정치와는 크게 대조되었다. 그러므로 헬레니즘 시대에 저자들은 잠재적 독자인 왕과 미래의 왕에게 전제 군주적인 모델이 아닌 진정한 왕의 모델에 부합하도록 권고하는 것이 주요 목표였던 것으로 보인다.[122]

이러한 변화는 자유에 관한 논쟁에도 영향을 미쳤다. 많은 그리스 지식인이 민주적 자유의 중요성을 계속 강조했지만, 어떤 사람들은 자유라는 용어에 대해 매우 다른 해석을 내놓았다. 이들은 자유가 정치 제도에 반드시 좌우되는 것은 아니라고 주장했다. 그보다는 사람들이 자유로운 삶을 살 수 있는지 아닌지는 사람들의 성격이나 자제력과 더 관련된다는 것이었다. 전제 군주가 통치하더라도 적절한 도덕적 힘만 있다면 사람들은 자유로울 수 있었다. 따라서 헬레니즘 사상가들은 완전히 개인적이고 내적인 자유를 전파하게 되었으며, 이는 그리스의 정치적 영역에서 보통 시민들의 영향력이 점차 약화되었음을 반영한다.[123]

이러한 도덕적 자유 개념은 근본적으로 그리스 사상에 기반을 둔다.[124] 기원전 5세기에 에우리피데스는 그의 희곡 『헤카베』에서 모든 인간은 돈과 명성에 대한 욕망, 혹은 두려움에 사로잡혀 있기 때문에 진정으로 자유롭다고 말할 수 없음을 시사했다.[125] 이와 마찬가지로 소크라테스 역시 '진정한' 자유를 얻기 위해서는 자신의 욕망을 완전히 절제할 수 있어야 한다는 생각을 지지했다. 소크라테스의 제자들은 스승의 가르침에 대해 일관되지 않은 다양한 해석을 남겼지만, 모두 자기 절제와 자기희생을 자유와 동일시하는 것이 소크라테스의 주요 신조 중 하나라는 데 동의했다. 예를 들어 크세노폰은 소크라테스가 식탐, 호색, 음주를 비롯해 어리석고 값비싼 야망에 사로잡힌 사람들을 "엄격한 주인"에게 복종하는 "노예"라고 묘사했다고 전했다. 크세노폰은 소크라테스가 젊은 제자들에게 "우리는 우리를 노예로 삼으려는 무장한 자들에게 하듯 끈질기게 그들에게 맞서 자유를 수호하기 위해 싸워야 한다."라고 경고했다고 말했다.[126]

소크라테스는 자신의 삶에서도 이러한 이상을 실천한 것으로 보인다. 크세노폰에 따르면 소크라테스는 자신의 외모와 개인적 안락함에 대해서는 경이로울 만큼 무관심했다. 더욱 놀라운 것은 그는 자신의 가르침에 대해 돈을 받지 않았다. 크세노폰의 설명에 따르면 소크라테스는 이런 식으로 "자신의 자유를 실천했다." 반면에 돈을 받고 가르치는 소피스트와 같은 사람들은 "자기 자신을 노예로 만드는 사람"이었다. 그들은 가르치고자 하는 학생을 자유롭게 선택할 수 없었으며 학생이 돈을 내면 가르칠 수밖에 없었다.[127]

훨씬 더 극단적으로 자기희생을 실천한 철학자도 있다. 견유학파를 대표하는 인물인 시노페의 디오게네스는 그의 삶에서 불필요한 것을 없애고 가장 기본적인 것만으로 살기 위해 한결같이 노력함으로써 동시대인들에게 깊은 감명을 주었다. 디오게네스와 관련된 일화들은 널리 알려졌는데, 예를 들면 어느 날 디오게네스는 손으로 물을 마시는 어린아이를 보게 되었다. 그는 자신의 컵을 내던지며 "어린아이가 나보다 더 검소하게 살다니, 내가 졌다."라고 소리쳤다. "다른 어떤 것보다 자유를 선호"한다고 천명한 디오게네스는 소크라테스와 마찬가지로 소박한 삶의 방식을 진정한 자유와 동일시했던 것으로 보인다.[128]

그러나 시간이 지남에 따라 이러한 도덕적 자유 개념은 특히 스토아학파 철학자인 키티온의 제논과 그의 제자들과 연관되게 되었다. 실제로 자기 자신과 자신의 욕망을 완전히 통제하는 사람인 '현자'만이 자유롭다는 발상은 스토아학파의 잘 알려진 '역설' 중 하나가 되었다. 이러한 역설은 일반적으로 제논의 역설로 알려졌는데, 이는 통념을 뒤집고 생각할 거리를 던져주며 논의를 불러일으키는 간결한 발언을 뜻한다. 스토아학파의 글에서 역설을 인용하고 그 역설에 대해 간단한

설명을 덧붙인 것을 자주 볼 수 있다.[129]

　물론 자기 절제와 자기희생을 자유와 동일시한 것은 가장 중요한 윤리적 교리였다. 소크라테스와 제논과 같은 철학자들이 자신의 욕망을 완전히 절제하는 사람만이 자유롭다고 주장했을 때, 이들이 반드시 정치적인 주장을 펼쳤다고는 할 수 없다. 하지만 "현자만이 자유로울 수 있다."라는 스토아학파의 역설은, 자유가 사람들의 정치적 조건이 아니라 도덕적 특성에 달려 있다는 것을 암시하기 위한 것이라면 정치적 발언으로 이해될 수 있다. 이런 의미에서 "현자만이 자유로울 수 있다."라는 말은 자유인이란 민주적 정체하에 사는 사람이라고 주장한 민주적 자유 이론에 대한 비판이자 대안으로 보인다.

　전해지는 제논의 저술이 없기 때문에 그가 자유를 자기 절제라고 말했을 때 이러한 의미를 암시하고자 의도했는지는 알 수 없다. 그러나 1세기 필로 유데우스의 평론을 보면 적어도 이후 스토아학파 사상가 중 일부는 제논의 주장을 이러한 방식으로 이해했음을 알 수 있다. 철저히 그리스화된 유대인이었던 필로는 유대인 경전이 그리스 철학과 일치한다는 사실을 증명하려고 노력한 것으로 가장 잘 알려졌다(따라서 그리스인들의 말이 유대인 예언자들의 말과 마찬가지로 가치 있음을 암시하고자 했다). 하지만 필로는 아마도 더 젊은 시절의 치기로 평론에서 "모든 선한 자는 자유롭다."라는 스토아학파의 발상에 대해서도 적었다. ("어리석거나 악한 사람은 모두 노예이다."라는 발상에 대해 상세히 설명한 필로의 평론은 전해지지 않는다.)[130]

　필로는 자유와 민중 자치를 동일시하는 사람들의 의견에 동의하지 않는다고 분명히 밝히며, 이러한 생각은 "근시안적"이라고 말했다.[131]

그는 자유의 진정한 특징은 정치적 지위가 아닌 도덕적 지위라고 설명했다. 현자만이 진정한 자유를 얻을 수 있다. 어리석은 자들은 그들의 지위를 아무리 내세우고 다른 인간에 대해 강력한 권력을 행사하더라도 항상 노예로 남을 것이다.

자신의 주장을 증명하기 위해 필로는 **자유**와 **노예**의 정확한 뜻을 고려해야만 한다고 설명했다. 노예로 산다는 것은 "자기 자신을 포함해 어떤 것에 대해서도 힘이 없다."라는 것을 의미했다.[132] 하지만 현자는 법적으로 노예이거나 혹은 전능한 통치자에게 종속된다고 할지라도 항상 그러한 힘을 가진다. "선한 자는 항상 현명하게 행동하며, 따라서 선한 자만이 자유롭다. 어떤 일을 하도록 강요할 수 없는 사람이나 어떤 일을 하지 못하도록 강요할 수 없는 사람은 노예가 될 수 없다. 선한 자는 강요하거나 막을 수 없다. 따라서 선한 자는 노예가 될 수 없다."[133]

필로는 그리스 철학자인 시노페의 디오게네스를 예로 들었다. 디오게네스는 인생의 어느 시점에 강도들에게 잡혔는데, 그들은 노예 시장에서 디오게네스를 팔려고 했다. 디오게네스는 사태가 이렇게 전개되는 것에 대해 전혀 걱정하지 않았다. 디오게네스를 사려고 하는 사람이 그에게 어떤 기술이 있냐고 질문하자 그는 농담처럼 "사람을 지배할 줄 안다."라고 대답했다. 그런 다음 디오게네스는 여자같이 생긴 다른 사람에게 자기를 사라고 말하면서 "당신은 남편이 필요한 것처럼 보이니 날 사야만 할 것이오."라고 말했다. 필로는 디오게네스에 대해 감탄하듯 "무책임한 지배가 아무런 힘을 쓰지 못하는 디오게네스와 같은 사람을 노예냐, 또는 자유가 아닌 다른 말로 불러야 하는

가?"라고 물었다.[134]

그러나 그리스 철학자들만이 진정한 자유를 누릴 수 있었던 것은 아니다. 필로가 경탄하며 예를 든 또 한 사람은 다름 아닌 알렉산드로스 대왕에 맞선 인도 사상가 칼라누스이다. 칼라누스에게 깊은 인상을 받은 알렉산드로스 대왕이 그에게 그리스로 동행할 것을 명하자 칼라누스는 그러한 강요를 받지 않겠다고 대답했다. 그는 "몸은 이곳에서 저곳으로 옮길 수 있겠지만 영혼은 강제로 원하지 않는 일을 하게 만들 수 없다. 벽돌이나 막대기가 말을 하도록 강요할 수 없는 것과 마찬가지이다… 어떤 왕이나 통치자도 우리의 자유에 반해 원하지 않는 일을 하도록 강요할 수 없다."라고 말했다.[135]

요컨대 필로는 자유가 개인의 정치적 조건보다는 도덕적 특성에 달려 있다는 점에 대해 의심하지 않았다. 디오게네스처럼 노예가 된 사람이라 할지라도, 혹은 칼라누스처럼 절대 권력자의 통치하에 사는 사람이라 할지라도 자신의 신념을 옹호할 수 있으며 두려움이나 야심에 겁먹지 않는다면 자유로울 수 있었다(필로의 관점에서 여성에게는 이러한 능력이 없었던 것 같다. 적어도 그의 도덕적 사례에서 여성은 없었다). 여기서 함축하는 바는 분명하다. 즉, 필로 자신과 마찬가지로 전제 정부하에 사는 사람이라 할지라도 적절한 도덕적 신념이 있는 한 그 사람은 자유로울 수 있었다.

그러나 진정으로 자유로운 정신을 구현하는 것은 단순히 권력자에게 진실을 말하는 것보다 더 힘들 수 있다. 필로는 제논의 매우 섬뜩한 일화를 통해 이 점을 분명히 했다. 필로에 따르면 당국의 관계자들은 제논에게서 무언가를 알아내려고 그를 고문했고 제논은 그 내용이 공개되면 안 된다고 생각했다. 제논은 불에 달궈진 인두로 자신의 몸에 낙인이 찍히는 동안 기밀을 발설하지 않기 위해서 과감한 행동을 했다. "그는 폭력에 굴해 무의식 상태에서 명예로운 사람이라면 하지 않을 말을 내뱉지 않으려고 자신의 혀를 깨물어 그것을 고문관을 향해 뱉었다."[136]

필로는 자신만의 방식으로 권력자에 대응해 이러한 이상에 부합하려고 노력한 것으로 보인다. 필로의 고향인 알렉산드리아(유대인 인구가 많은 그리스 도시)는 그가 태어나기 얼마 전에 로마 제국에 편입되었다. 알렉산드리아의 유대인과 로마 군주 사이의 관계는 그 어느 때보다 긴장된 상태가 되었다. 유대인들이 칼리굴라 황제의 동상을 유대교 회당에 두는 것을 거절했는데, 이로 인해 위기가 발생했다. 유대인들이 거절하면서 비유대인 시민들이 분노하게 되었고 폭동이 일어났다. 로마 총독은 이러한 폭력 사태를 암묵적으로 용인했으며, 따라서 상황은 더욱 악화되었다. 유대인 공동체의 저명한 일원이었던 필로는 알렉산드리아의 유대인들을 이끌고 가서 칼리굴라 황제에게 유대인이 황제를 숭배하는 일을 면하게 해달라고 청하는 임무를 맡게 되었다.[137]

칼리굴라는 행동이 갈수록 더 변덕스럽고 폭력적으로 되어가고 있었기 때문에 이것은 매우 위험한 임무였다. 유대인 대표들은 로마에서 몇 달간 기다린 끝에 마침내 황제를 만날 수 있었다. 만남은 시작이 좋지 않았다. 칼리굴라 황제는 자신의 신성함을 인정하지 않는 것에 대해 유대인 대표들을 즉시 꾸짖었다. 그런 다음 수리 작업을 하는 인부들을 감시하기 위해 정원과 건물 사이를 빠르게 걸어갔고 필로와 대표들은 그를 쫓아가기 위해 바삐 움직였다. 갑자기 칼리굴라는 멈춰

서더니 유대인들에게 왜 돼지고기를 먹지 않느냐고 물은 다음 빠르게 걸어갔다. 그는 걸어가면서 어깨 너머로 유대인은 정의正義가 무엇이라고 생각하는지를 물었다. 필로는 대답을 하려고 노력했지만, 황제가 인부들과 끊임없이 대화하는 바람에 계속 황제 뒤로 물러나야 해서 황급하게 말할 수밖에 없었다.

이 일화는 좋은 결말로 끝났다고 필로는 전했다. 늘 종잡을 수 없던 칼리굴라가 갑자기 유대인들에게 예외를 허용해 주기로 했다. 칼리굴라는 "이들은 내가 신성하다는 사실을 믿지 않을 만큼 불행하고 어리석지만 사악한 것처럼 보이지 않는다."라고 말했다고 필로는 전했다.[138] 그렇다고 해도 이 일화를 통해 필로를 비롯한 유대인 대표들은 계속해서 목숨의 위협을 느꼈음을 분명히 알 수 있다. 이 이야기가 실제로 사실이라면(우리는 필로가 전하는 말을 통해서만 알 수 있다), 스토아학파의 학설이 절대 권력에 직면해 위대한 도덕적 용기를 불러일으킬 수 있었던 것 같다.

그러나 이와 동시에 전통적인 민주적 개념으로서의 자유가 보다 도덕적인 해석의 자유로 전환된 것은 정치적 정적주의를 장려하기도 했다. 스토아학파의 학설은 정치나 제도의 개혁을 통해 자유를 획득하는 것이 아니라 개인적 영역에서 인격을 형성함으로써 자유를 얻을 수 있다고 주장했다. 실제로 제논은 그의 광범위한 저술에서 일인 통치의 정당성에 대해서는 한 번도 의문을 제기하지 않았다. 그의 견해로는 칼리굴라의 무자비함에 대한 해결책은 더 나은 통치자를 찾는 것이었다. 필로는 전제적 통치가 독단적인 폭력으로 이어질 수 있음을 인정했지만, 정치 체제에 대한 대중적 통제가 아니라 더 나은 왕을 통해서 이러한 문제를 해결할 수 있다고 보았다.

간단히 말하자면 그리스에서 자유에 대한 숭배는 카이로네이아 전투 이후 느리지만 심오하게 변해갔다. 자료에 따르면 그리스 지식인들은 여전히 자유를 중요하게 생각했지만, 점점 더 정치적 상황보다 도덕적 성향이 자유의 조건이라고 여기게 되었다. 그러나 민주적 자유에 대한 이야기는 기원전 338년에 끝나지 않는다. 사실 어떻게 보면 이제 시작일 뿐이다. 그리스의 서쪽 지역에서 또 다른 강대국인 로마가 등장했다. 그리고 고대 그리스인에게 그랬던 것처럼 로마인에게도 민주적 자유가 중요했다.

2

/

고대 로마 시대 자유의 흥망성쇠

기원전 509년 로마인들은 자유를 향한 긴 여정에서 중대한 첫걸음을 내디뎠다. 당시 로마는 건국된 지 244년이 지났으며 건국 이래 왕들이 통치하고 있었다. 로마를 건국한 로물루스와 그의 후계자들은 온화하고 현명한 통치자였으며, 그들의 통치하에서 로마는 번영했다. 하지만 로마의 일곱 번째 왕인 루키우스 타르퀴니우스는 달랐다. '오만왕the Proud'이라는 별명으로 불린 타르퀴니우스는 장인인 연로한 세르비우스 툴리우스를 암살하고 왕위에 올랐다. 타르퀴니우스는 자신이 합법적인 왕이라고 선언하며, 로마의 공무가 수행되는 원로원 회의장의 계단에서 세르비우스를 밀쳤다. 출혈로 의식을 잃고 거의 죽어가던 세르비우스가 집으로 옮겨지던 중에 타르퀴니우스가 보낸 암살자가 세르비우스를 따라잡아 살해했다.

세르비우스 암살과 함께 폭력과 억압으로 얼룩진 통치가 시작되었다. 통치자가 된 타르퀴니우스는 한술 더 떠 세르비우스의 시신을 땅에 묻는 것조차 허락하지 않았으며, 세르비우스의 주요 지지자들을 살해하기 시작했다. 이전 정권에 연루된 이들만 그의 잔인한 행위의 대상이 되었던 것은 아니다. 타르퀴니우스는 자신의 통치에 적대적이라고 의심되는 이들과 몰수할 재산 외에는 얻을 것이 없는 이들을 처형하거나 추방하거나 벌금형에 처했다. 가난한 사람들도 마찬가지로 그의 폭정하에서 몹시 고통받았다. 타르퀴니우스는 유피테르 신전과 '거대한 하수도' 클로아카 막시마를 짓는 것과 같은 비용이 많이 드는 건설 사업을 위해 로마인들에게 뼈 빠지게 힘든 노동을 강제로 시켰다. 공사가 거의 완료되면서 실업자 수가 증가할 조짐이 보이자 타르퀴니우스는 이 노동자들을 로마에서 추방해 버렸다.

따라서 타르퀴니우스 통치의 결말이 그 시작과 마찬가지로 끔찍했다는 사실은 그리 놀랍지 않다. 가장 결정적인 사건은 타르퀴니우스의 아들 중 하나가 어느 로마 장교의 아름답고 정숙한 아내인 루크레티아를 능욕한 것이었다. 루크레티아는 수치스러움에 살아갈 수가 없어 아버지와 남편에게 복수해 달라고 청하고 자결했다. 루크레티아가 스스로 목숨을 끊은 직후 루크레티아 남편의 친구인 루키우스 유니우스 브루투스는 그녀가 손에 쥐고 있던 피가 뚝뚝 떨어지는 단검을 움켜잡았다. 그리고 그 단검을 높이 들고는 로마에서 타르퀴니우스 가문을 추방할 것을 맹세했다. 브루투스는 루크레티아의 시신이 거리를 관통해 운반될 때 선동적인 연설을 해서 로마인들에게 타르퀴니우스로 인해 로마인들이 감내해야 했던 중노동과 그의 잔인함을 상기시켰다. 분노한 로마인들은 반란을 일으켜 타르퀴니우스 가문을 추방했다.

이러한 사건들이 전개된 후 누구도 예상하지 못했던 일들이 뒤따랐다. 반란의 지도자였던 루키우스 유니우스 브루투스는 새로운 왕으로 즉위하지 않고 로마에서 권력이 행사되는 방식을 바꾸기로 결정했다. 브루투스는 이제부터 로마에서 가장 중요한 관직인 집정관은 왕실에서 추첨해 임명하는 것이 아니라 투표로 선출될 것이라고 말했다. 이에 못지않게 중요한 점은 권력을 축적할 수 없도록 집정관은 1년 이하의 단기간 동안만 재임할 수 있었다는 것이다. 또한 집정관과 다른 요직의 관료들은 독단적으로 결정을 내릴 수 없었다. 그 대신 그들은 고문단, 즉 로마의 저명한 인사 중에서 추첨으로 선발된 원로원 의원들과 상의해야 했다. 게다가 새로운 법률은 민회에서 비준되어야 했으므로 로마인 전체, 아니면 적어도 성인인 남자 시민 전체가 중요한 사안을 결정할 때 최종 승인을 하게 되었다.[1]

로마 군주정의 전복과 새로운 체제인 레스 푸블리카res publica, 즉 공화국의 설립은 중대한 사건이었다. 레스 푸블리카의 뜻은 '공공의 것'이지만 '민중의 것'이라는 뜻의 레스 포풀리res populi와 같은 의미로 이해되기도 하며, 따라서 '민중 통치popular government'의 의미를 내포한다.[2] 모든 로마 역사가는 이 중요한 승리로 로마가 처음으로 만인을 위한 자유의 길에 들어서게 되었다는 데 동의했다. 그러나 새로 얻은 자유는 불안정한 것이었다. 무엇보다도 구체제 옹호자들이 이 신생 공화국에 위협이 되었다. 젊은 귀족들은 새로운 공화정에 쉽게 적응하지 못했다. 그들은 민중에게는 물론이고, 심지어는 원로원에서 동료 파트리키(귀족)에게 굽신거리는 것도 모욕적이라고 생각했으며 타르퀴니우스 왕가의 선례를 충실히 따르기만 하면 발전한다고 여겼던 지난날을 그리워했다. 타르퀴니우스 왕조를 복원하려는 음모를 꾸민 사람들도 있었지만, 부주의한 공모자들이 어느 노예 앞에서 계획을 누설했고 그 노예가 당국에 신고하면서 음모가 탄로 났다.

최초의 집정관 두 명 중 하나로 선출된 브루투스는 신속하고 단호하게 행동했다. 그는 모든 공모자를 체포해 사형에 처할 것을 명했다. 놀랍게도 그 음모에 연루된 사람 중에는 그의 아들들도 있었다. 친구들이 말렸지만 브루투스는 자신의 혈육이라도 예외를 두지 않았다. 그는 사법 절차를 직접 주재하고 아들들의 처형을 참관했다. 한 역사가에 따르면 브루투스는 "눈물도 흘리지 않고 신음 소리도 내지 않았으며 한 번도 시선을 돌리지 않고 자기 아들들이 처형되는 것을 지켜보았다. 그는 강인하게 그 힘든 시기를 견뎌냈다."[3] 이러한 사건들이 있고 난 뒤 로마인들은 공화국에 대한 브루투스의 헌신에 경외심을 느껴 의사당에 그의 동상을 세웠다. 브루투스는 로마 초기 왕들의 동상의 머리를 잘라낼 준비가 된, 칼을 휘두르는 모습으로 영원히 남게 되었다.[4]

하지만 구체제 옹호자들이 패배한 이후에도 해야 할 일이 많았다. 아직 모두가 누릴 수 있는 자유가 확립된 것은 아니었다. 군주정이 무너지기는 했지만, 점점 더 세습적으로 되어가는 소수 엘리트인 귀족 파트리키가 여전히 정치권력을 통제했다. 플레브스라고 불리는 평민은 선거에 출마하거나 원로원 의원이 되는 것이 금지되었으나 파트리키는 집정관과 같은 가장 주요한 공직과 원로원 의원직을 독점했다. 곧 평민들은 자유롭지 않기는 타르퀴니우스 가문이 통치할 때와 마찬가지라고 불평하기 시작했다. 어느 평민 출신의 정치인은 분노하며 "궁극적 권력은 로마인의 것인가, 아니면 여러분[파트리키]의 것인가?

왕들이 축출되면서 여러분이 통치권을 갖게 되었는가, 아니면 만인이 평등하게, 자유롭게 되었는가?"라고 물었다.[5]

그 후 200여 년간 로마의 평민인 플레브스는 이제 귀족인 파트리키에 맞서 자유를 위한 투쟁을 계속했다.[6] 신분 투쟁(이러한 투쟁은 시간이 지나 '신분 투쟁'으로 불리게 되었다)은 때때로 폭력과 유혈 사태로 얼룩졌으며, 종국에는 평민들이 평화적 단체 행동을 벌여 귀족들의 권력을 무너뜨릴 수 있었다. 기원전 494년 경제 위기로 분위기가 격앙된 가운데 평민들은 처음으로 대규모 파업(자료에서는 이것을 '철수'라고 기록하고 있다)을 벌였으며, 평민의 철수 투쟁은 그 후로도 여러 차례 더 진행되었다. 이로 인해 로마는 많은 적으로부터 거의 무방비 상태에 놓이게 되었으며, 귀족들 사이에서는 공포심이 조성되었다. 이후 수십 년 동안 평민들은 이러한 전략을 여러 번 반복해서 사용했고, 결과는 성공적이었다. 귀족들은 여러 번 양보할 수밖에 없었고, 이로 인해 귀족과 평민의 차이가 점차 줄어들어 평민들이 정치권력을 동등하게 행사할 수 있게 되었다.

첫 번째 개혁으로 평민만 맡을 수 있는 관직이 생겼는데, 그중 가장 중요한 관직은 호민관이었다. 호민관은 평민이 선출했으며 평민의 이익을 대변하는 특정 임무를 수행했다. 이렇게 해서 평민이 정치권력을 행사할 새로운 길이 열리게 되었다. 그러나 평민들의 궁극적인 목표는 평민 후보자가 집정관을 포함한 모든 관직을 맡을 수 있도록 하는 것이었다. 후대의 어느 역사가에 따르면 평민 개혁가들은 집정관직이 "자유의 기둥이며 중심"이라고 생각했다. 집정관직에 대한 귀족의 통제가 약화되어야만 로마에서 "군주정"이 "완전히 사라질" 것이며

"평민의 자유가 확고하게 확립될" 것이다.[7] 궁극적으로 평민들은 성공했다. 보수적인 귀족들이 수년간에 걸쳐 끈질기게 거부했지만, 기원전 367년에 평민 후보가 집정관 선거에 출마하는 것이 허용되었다.

입법 과정에서 평민의 영향력을 확대하는 개혁 역시 마찬가지로 중요했다. 먼저 호민관이 생겼고, 이와 더불어 평민회인 트리부스 민회가 창설되었는데 귀족은 여기에 참여할 수 없었다. 평민회에서 제정된 법률은 원래대로라면 평민들에게만 구속력이 있었다. 그러나 기원전 247년에 호르텐시우스법에 따라 평민회의 결정이 모든 시민에 대해 구속력이 있다고 규정되었다. 또한 민회에서 제정된 법률을 원로원에서 거부할 수 있는 권한 역시 폐지되었다. 일반적으로 호르텐시우스법으로 평민에게도 귀족과 동등한 법적 평등이 보장되어 신분 투쟁이 종결된 것으로 여겨진다.

공화정 초기의 자유

요컨대 이것이 티투스 리비우스와 할리카르나소스의 디오니시오스를 비롯한 역사가들이 로마의 고대 역사에 대해 공통으로 전하는 이야기이며, 모든 로마인이 태어나면서부터 받아들이게 되는 이야기이다. 이 이야기는 고대 로마인들에게 자유가 매우 중요했다는 점을 분명히 보여주며, 공화정에 맞서 음모를 꾸민 아들들을 처형한 루키우스 유니우스 브루투스의 이야기에서 자유의 중요성을 뼈저리게 느낄 수 있을 것이다. 또한 평민들이 수 세기에 걸쳐 벌인 리베르타스libertas

(라틴어로 '자유'를 의미)를 위한 투쟁을 통해 그들도 자유를 그만큼 중요하게 여겼다는 점을 알 수 있다. 게다가 역사적 기록에서도 고대 로마인들은 거만한 왕이나 오만한 귀족에게 지배당해 노예가 되는 것이 아니라, 스스로 통치할 수 있는 자유를 위해 싸우다 죽을 준비가 되어 있었음을 분명하게 보여준다.

적어도 후대의 역사가들의 설명에 따르면 고대 로마인들은 그리스인들과 유사한 점이 매우 많다. 그리스인들과 마찬가지로 로마인들은 다른 어떤 정치적 이상보다 자유를 중요하게 여겼으며, 그들도 그리스인들처럼 자유라는 이상을 민중 자치와 동일시했다. 유사점은 여기에서 그치지 않는다. 로마 역사가들은 고대 로마인들이 자유를 중요시한 것은 그리스인들과 거의 같은 이유에서라고 했다. 그리스인들과 마찬가지로 로마인들도 개인의 안전과 독립을 유지하기 위해서는 민중 자치가 필요하다고 생각했던 것으로 보인다. 로마인들은 타르퀴니우스의 통치를 경험하면서 군주정은 언제나 전제정으로 전락할 수 있다고 확신하게 되었다. 이와 유사하게 파트리키(귀족)의 폭압적 행동, 특히 플레브스(평민)의 삶과 이익을 무시하는 행동에 대한 불만은 평민이 민주적 개혁을 추진하는 데 결정적인 역할을 했다.[8]

그러나 이러한 기록이 역사적 현실과 어느 정도 일치하는지 알기는 어렵다. 실제로 로마 건국 후 처음 몇 세기에 걸쳐 자유나 민중 자치를 위한 투쟁이 장기적으로 지속되었다고 확신할 수 있을까? 이 문제에 대해서는 단정적으로 대답할 수 없다. 로마의 초기 역사에 대해 우리가 알고 있는 이야기는 사건이 있은 지 수 세기 후에 살았던 역사가들이 작성한 것이다. 로마 공화정 초기의 역사가 중 가장 저명한 티투스 리비우스가 기원전 1세기 후반에 저술 활동을 한 것은 타르퀴니우스 왕조가 전복되고 500년 이상이 지난 후로 알려졌다. 그는 기원전 270년경에 태어난 퀸투스 파비우스 픽토르 등 초기 연대기 작가들이 저술한, 지금은 사라진 작품에 접근할 수 있었다. 이는 적어도 기원전 3세기를 다룬 리비우스의 저술은 전설보다는 사람들의 기억 속에 살아 있는 이야기에 바탕을 두고 있었다는 뜻이다. 그러나 리비우스는 현대 역사가들이 저술 활동의 근간이라고 여기는 증거 기록을 참고하거나 사실 확인을 하지 않았다.

따라서 현대 역사가들이 리비우스의 저술의 많은 측면에 대해 회의적인 편이라는 사실은 놀랍지 않다.[9] 루크레티아의 강간에 관한 끔찍한 이야기는 페이시스트라토스 가문의 몰락 이야기와 의심을 불러일으킬 만큼 유사하기 때문에 지어낸 이야기임이 거의 확실하다(페이시스트라토스 가문이 몰락한 것은 이성을 강간했기 때문이 아니라 관계를 원하지 않는 동성에게 성적인 접근을 시도한 것이 발단이 되었다. 하지만 두 이야기에서 공통점은 성추문으로 가문의 몰락이 촉발된 것이다). 게다가 타르퀴니우스가 폐위된 것은 기원전 509년경으로 추정되는데 이는 아테네의 참주 히피아스가 퇴위한 해와 같다. 이 역시 로마 역사가들이 의도적으로 로마와 아테네의 역사를 일치시키고 그에 따라 고대 로마의 서사를 만들려고 했음을 시사한다. 아마도 이후 역사가들이 상상하는 것처럼 갑작스럽게 공화정으로 전환된 것이 아니라, 공화정이 수립되는 데에는 시간이 훨씬 더 오래 걸리고 정치 체제는 훨씬 더 느리게 변화했을 것이다. 이와 유사하게 신분 투쟁과 관련된 이야기에 대해서도 의문이 제기될 수 있다. 예를 들어 로마 초기의 집정관 명단에는 몇몇 평민의 이름도 포함되어 있다. 이는 로마에서 기원전 367년에 개혁이 이루어지기 전까지 평민이 고위 관직을 맡을 수 없었다는 고대 역사가들의 주장에 의문을 제기한다.

기원전 5~4세기 로마인들이 군주제의 전복과 그에 따른 정치 체제의 민주화를 어느 정도로 자유를 위한 투쟁으로 생각했는지 알기는 훨씬 더 어렵다. 초기 로마의 정치적 논쟁에서 자유에 대한 요구가 어떠한 역할을 했을까? 군주제를 폐지한 루키우스 유니우스 브루투스라는 이름의 인물이 실제로 존재했다고 가정한다면, 그가 군주제를 폐지한 것은 자유를 향한 외침 때문이었을까? 평민 개혁가들은 그들의 투쟁을 해방 운동으로 생각했을까? 정확하게 알 수는 없지만 후대의 역사가들이 역사적 기록에 근거해 개혁가들의 연설문을 썼을 가능성은 매우 낮아 보인다. 오히려 리비우스를 비롯한 역사가들이 쓴 평민 개혁가들의 연설문은 신분 투쟁을 반영하기보다 그 이후 시대의 민중적 정치 이념을 반영하는 것인지도 모른다.

그런데도 이 이야기의 기본 윤곽은 적어도 어느 정도 사실에 기초하고 있다고 볼 수 있다. 비록 후대의 역사가들이 세부적인 사항을 많이, 혹은 대부분 잘못 이해했다고 해도 로마 역사에서 주요 전환점으로 군주제에서 관료를 선출하는 체제로의 이행을 꼽은 것은 아마 옳았을 것이다. 여러 고고학적 자료가 로마 건국 후 초기에 실제로 왕이 통치했음을 증명하고 있기 때문이다. 이와 마찬가지로 기원전 5~4세기 소수의 세습 특권층과 평민 사이에 장기간에 걸친 정치적 투쟁 후 평민이 부분적으로 승리하게 되었다는 점 역시 사실일 것이다. 플레브스와 파트리키의 실질적이고 정치적인 관련성이 모두 사라졌지만 그 구분은 여전히 남아서 후대까지 전해졌기 때문이다.

마지막으로, 언제부터인지 정확히 알 수 없지만 로마인들이 어느 시점부터 민중 자치를 위한 투쟁을 자유를 위한 투쟁으로 생각하기 시작했다는 것 역시 사실인 듯 보인다. (현재 남아 있는 증거 중 정치적 맥락에서 자유를 기록한 가장 오래된 증거는 기원전 126년 루키우스 카시우스 롱기누스 라빌라가 발행한 동전이나. 하지만 현재 남아 있지는 않지만 자유라는 용어가 그 이전부터 사용되었음을 보여주는 증거가 있을 수 있다.)[10] 그러나 그리스와 로마의 자유에 관한 이야기에 현저한 유사점이 있다는 사실을 고려해 볼 때 로마는 상당히 늦게 자유를 얻기 위한 투쟁으로서 자치를 확립하기 위한 투쟁을 이야기하기 시작했으며, 더 구체적으로는 로마와 그리스 간의 교류가 확대된 이후에 시작했다고 추측할 수 있다. 그리스는 초기 로마의 지적 발전에 상당히 많은 영향을 미쳤는데, 특히 로마가 동쪽으로 세력을 확장하고 로마와 그리스 세계와의 교류가 증가했던 기원전 3세기부터 더욱 두드러졌다. 예를 들어 기원전 240년경에 쓰인 최초의 라틴어 희곡은 그리스 희곡을 바탕으로 했다. 이와 마찬가지로 최초의 로마 역사서는 그리스어로 저술되었는데, 저자는 사실상 로마가 그리스의 도시라고 주장했다.[11]

물론 로마 역사가들은 로마의 초기 역사를 만인을 위한 자유를 획득하기 위해 오랫동안 이어졌던, 궁극적으로 승리한 투쟁으로 묘사하기는 했지만 많은 사람, 특히 여성과 노예가 정치 과정에서 대체로 배제되었다는 사실을 편리하게도 간과했다. 그리스인들처럼 로마인들 역시 노예가 가축과 같은 소유물이라고 생각했다. 따라서 그리스에서와 마찬가지로 로마에서도 정치에서 노예를 배제하는 것은 논쟁의 여지도 없이 용인되었다. (하지만 로마에서는 검투사처럼 불명예스러운 직업에 종사하는 특정 부류를 제외하고는 해방 노예에게 완전한 시민권을 주었다는 점에 주목해야 한다. 다시 말해 자유인과 그 후손은 투표를 할 수 있었다. 물론 보수적인 정치인들이 그들의 선거권을 제한하려고 시도하는 경우가 자주 있었다.)[12]

또한 고대 그리스에서와 마찬가지로 로마에서도 남자들은 그들의 아내, 어머니, 딸, 누이가 정치 과정에서 배제되는 것이 지극히 당연하다고 생각했다.[13] 하지만 정숙한 여자라면 외출하지 않아야 했던 아테네와 비교하면 로마의 여자들은 덜 고립된 편이었고, 따라서 정치에 참여할 기회가 더 많았다. 여성의 정치적 행동을 보여준 가장 극적인 사례는 기원전 195년에 있었던 오피우스법 폐지 요구였다. 오피우스법은 그로부터 20년 전 한니발에게 대항한 전쟁의 자금을 모으기 위해 여성의 화려한 옷과 보석 착용을 제한하고자 도입된 법이다. 여자들은 적극적으로 시위에 참여해 이 법의 폐지를 요구했다. 리비우스에 따르면 아내들이 남편들의 외출 금지 명령에 정면으로 도전하며 모든 거리를 막고 포럼(광장)으로 대행진을 벌일 정도로 시위 규모가 확대되었다.[14]

전통주의 정치인들은 경악했다. 확고한 보수주의자인 대大 카토는 열정적인 긴 연설을 함으로써 법 폐지에 반대했다. 그는 이 문제에 관해서 남자가 여자에게 굴복하게 되면 궁극적으로 정치 체제에 대한 통제력을 잃게 되고, 따라서 자유를 잃게 될 것이라고 남자들에게 경고했다. "여기서 여자가 이긴다면, 그들이 시도하지 않을 일이 무엇이 있겠는가?" 카토는 청중에게 물었다. 여자들은 전통적으로 아내가 남편에게 복종하도록 만든 모든 법을 폐지하기를 원할 것이다. 그리고 거기서 끝나지 않을 것이다. 만약 여자들이 "자유롭게"되고 "남편과 동등"해지는 것이 허용된다면, 얼마 지나지 않아 여자들은 그 상황에 만족하지 않게 될 것이다. "여자가 남자와 동등하게 되는 순간, 여자는 남자보다 우월한 사람이 될 것이다."[15]

모든 남성 정치인이 이러한 불안감을 느꼈던 것은 아니다. 하지만 그렇다고 해서 여성들의 오피우스법 폐지 요구를 지지한 남성들이 초기 페미니즘을 옹호했다고 볼 수는 없다. 이러한 남성 지지자들은 여자가 연약하고 허영심이 많은 존재라서 장식품 착용을 금지하는 이 법에 상처를 받았다고 주장했다. 그들의 견해에 따르면 로마에서는 사치가 금지되어 있는데 로마 여자들이 이웃 지역에서 금과 보석으로 치장한 여자들을 본다면 화를 내는 것은 이해할 만한 것이었다. 한 지지자는 "남자라도 이런 일에 기분이 상하는데, 사소한 것에 불안해하는 연약한 여자가 얼마나 크게 영향을 받겠는가?"라고 말하기도 했다.[16]

더욱 중요한 것은, 법 폐지론자들은 오피우스법이 철폐되면 여자가 지배하고 남자가 복종하게 될 거라는 생각을 대수롭지 않게 여겼다. 그들은 여자가 남자의 권력에 위협이 될 수 있다는 생각을 조롱했다. 카토는 여성 옹호를 궁극적으로 로마의 정치 체제를 민주화한 평민의 철수 투쟁에 비유했다. 그러나 법 폐지론자들은 그러한 비유가 터무니없다고 주장했는데, 현실적으로 여자는 연약한 천성 때문에 언제나 남자에게 복종할 것이며 그것도 기꺼이 그럴 것이기 때문이다. 루키우스 발레리우스는 "남자가 생존하는 동안 여자 노예 제도는 절대로 사라지지 않는다. 여자는 남편이나 아버지를 잃음으로써 얻게 되

는 자유를 혐오한다."라고 주장했다.[17]

이 논쟁이 시사하듯이 로마에서는 고대 그리스나 적어도 아테네에서보다는 여자가 집단행동을 할 기회가 많았으며, 여자의 정치 참여에 대한 의문도 더 많이 제기되었다. 하지만 동시에 이 논쟁은 남자 대부분이 여자의 종속은 지극히 당연하며 여자들 스스로가 원하는 것이라고 생각했음을 명백하게 보여준다. 오피우스법이 결국 폐지되었다는 사실에서 알 수 있듯이 많은 로마의 남자들이 카토의 불안함에 공감하지는 않았다. 요컨대 로마 정치인들은 아리스토텔레스와 마찬가지로 여자를 완전히 독립적인 존재로 여겨서는 안 된다고 생각했다. 따라서 여자는 정치 참여가 허용되지 않았기 때문에 여자가 자유롭지 않다는 사실에는 변함이 없었다.

그러나 공화정 초기에 로마인들이 자유를 얻기 위해 벌인 투쟁을 고무적으로 설명하는 이야기에는 이러한 투쟁에서 여자와 노예가 배제되었다는 점이 간과되어 있다. 이뿐만이 아니라 신분 투쟁의 결과로 이룬 정치 체제가 부자에게 크게 유리한 체제였다는 사실 역시 무시되었다.[18] 평민 개혁가들의 투쟁은 아테네식의 민주주의로 귀결되지는 않았다. 그 대신 부유한 귀족과 평민으로 구성된 새로운 통치 계급이 생겨났다. 집정관직이 평민에게 개방된 후에도 부유한 평민만 선거에 출마할 수 있었다. 어느 정도 부유해야 출마할 자격이 되었는지 정확히 알 수 없지만 자료에 따르면 매우 높은 수준으로 정해져 있었던 것으로 보이며, 따라서 관직에 출마할 수 있는 사람은 상위 10퍼센트 이내의 부자로 제한되었다. 이는 당연히 로마의 통치자들이 대체로 소수의 엘리트 중에서 선출되었음을 의미한다. 실제로 통계에 따르면 로

마의 최고 관직인 집정관을 지낸 사람 중 절반가량이 소수의 부유한 가문 출신이었던 것으로 나타났다.[19]

공무원들은 엘리트 출신이지만 전체 시민에 대한 책임이 있었다. 성인인 남자 시민은 모두 재산에 상관없이 투표할 수 있었다. 로마의 정치인들은 임기가 짧았기 때문에 지속적으로 재선을 위한 선거 운동을 해야 했고, 따라서 민중의 압력에 더 민감하게 반응했다. 하지만 투표 제도 역시 부자에게 유리하게 되어 있었다. 로마의 매우 복잡한 선거 제도에 따라 집정관을 비롯한 고위 관료는 켄투리아 민회에서 선출되었다. 켄투리아 민회에서 시민은 재산에 따라 '켄투리아'라는 단위로 나뉘어 투표했다. 부자들은 가난한 사람들보다 수가 훨씬 적었지만 더 많은 켄투리아를 할당받았고, 따라서 부자들의 켄투리아당 유권자 수는 가난한 사람들보다 상대적으로 적었을 것이다. 그러므로 부유한 로마인의 표가 가난한 로마인의 표보다 더 큰 영향을 미쳤다. 게다가 가장 부유한 켄투리아가 제일 먼저 투표를 했으며, 과반수에 이르면 투표가 중단되었다. 부유한 켄투리아가 합심하면 가난한 켄투리아가 투표할 기회를 얻기도 전에 선거 결과를 결정할 수 있었다.

로마의 정치 체제에서 부자들의 영향력은 원로원을 통해 더욱 확고해졌다. 원로원 의원은 선거로 선출되지 않고 전직 공무원 중에서 선발되어 임명되었으며, 종신직이기 때문에 집정관이나 정무관과는 달리 민중의 뜻을 무시하더라도 그 여파에 대해 우려하지 않아도 되었다. 원로원 의원은 막강한 권력을 가졌다. 본래 원로원은 집정관에게 '고문' 역할을 하는 곳이지만, 실제로는 특히 외교 정책과 관련된 대부분의 주요 사안에 대해 결정을 내렸다. 예를 들어 (아테네에서처럼 시민이 아니라) 원로원은 외교 사절단을 접견하고 세계열강과 조약을 체결했다. 또한 재무를 관장하고 공공 안전에 위협이 되는 범죄자를 기소했다.

그렇다고 해서 로마의 정치 체제에서 엘리트의 영향력을 과장해 해석해서는 안 된다.[20] 빈자들의 투표 역시 정치적 성패를 가르는 결정적 요인이 될 수 있었고, 특히 치열한 선거에서는 그들의 표가 핵심적이었다. 따라서 로마 정치에서 평민들의 의견이 중요한 역할을 했으며 이를 분명하게 보여주는 일화들도 있다. 발레리우스 막시무스는 『기억할 만한 행적과 말씀』에서 로마 명문가의 후손인 푸블리우스 스키피오 나시카에 관한 이야기를 전했다. 스키피오는 경력을 쌓아가던 초기에 로마의 공공 시설물과 축제를 관장하는 조영관직에 출마했다. 그는 잠재적 유권자들 사이에서 선거 유세를 하던 중에 한 농부의 굳은 살이 박여 거칠어진 손을 잡고 악수를 했다. 스키피오는 농부에게 농담으로 물구나무서서 걷기라도 했는지 물었다. 솔직한 농부는 이 말을 모욕으로 여겼고, 스키피오는 선거에서 패배했다. 스키피오의 낙선은 당연한 결과였는데, 그가 "모욕적인 농담"을 했기 때문이라고 발레리우스는 설명했다.[21]

로마 정치인들의 임기가 끝난 후 민중은 그들의 책임을 물을 수 있었는데, 선출된 공무원은 직무를 제대로 수행하지 못했다면 기소될 수 있었다. 원래 전직 정무관들은 민회에서 비겁함, 무능함, 부패 행위 등으로 재판을 받았지만, 나중에는 로마 시민 약 50명으로 구성된 배심원단 앞에서 재판을 받게 되었다. 이러한 절차가 항상 효과적이었던 것은 아니다. 뇌물 수수가 만연했으며 배심원의 음주도 문제였던 것으로 보인다. 그러나 모든 절차가 공개되었기 때문에 공무원에게 책임을 묻는 데 여론도 중요한 역할을 했다. 게다가 로마 시민은 공무원이 시민의 재산이나 사생활을 침해하겠다고 위협할 경우 공무원에 맞서 항소할 권리가 있었고 공무원은 국민 재판을 받을 권리가 있었다.

아마도 더 중요한 것은 로마의 평민들이 법 제정에 상당한 힘을 행사할 수 있는 위치에 있었다는 점이다. 법률은 트리부스 민회에서 의결되었다. 트리부스 민회는 공무원을 선출한 켄투리아 민회보다 더 공평했다. 트리부스 민회는 재산이 아닌 지리적인 '구역'을 기반으로 했으므로 원칙적으로는 부자와 빈자의 표가 동일한 가치를 지녔기 때문이다. 그러나 아테네와는 달리 로마에서는 트리부스 민회에 참석하는 시민에게 돈을 지급하지 않았다. 따라서 로마까지 먼 거리를 여행할 여유가 있는 부유한 시민이 민회에 참석하는 것이 더 유리했다. 그렇다고 해도 가난한 시민이 자신의 이익이 걸려 있다고 생각하면 의견을 표명할 수 있는 최소한의 기회는 있었다. 실제로 정말 필요할 때 그들이 장거리 여행을 준비했다는 증거가 있다. 예를 들어 티베리우스 그라쿠스가 토지를 평민에게 재분배한다는 내용의 농지 분배 법안을 제안했을 때 "사람들이 떼를 지어 로마로 몰려들었다."[22]

민회에서 투표하기 전에 토론회가 열려 경쟁 후보들은 사람들을 설득하고 자신의 주장을 피력하려고 노력하는 경우가 자주 있었다. 토론회가 대체로 얼마나 자주 열리고 참석자가 얼마나 많았는지 알 수는 없지만, 토론회에서 정치적 견해를 적극적으로 교환할 수 있는 장이 마련되었음을 보여주는 몇몇 증거가 있다. 일례로 기원전 1세기에 군중이 동의하지 않는 연사의 말을 막기 위해 너무나 크게 소리를 질러서, 운이 나쁘게도 그곳을 지나 날아가던 까마귀가 마치 벼락을 맞은 것처럼 기절해 땅으로 떨어졌다는 이야기가 있다. 이러한 토론회가 있었다는 사실은 로마 정치인들이 제안한 법안을 성공적으로 입법화하기 위해서는 단순히 새 법안을 강행하는 것이 아니라 사람들을 설득해야 했다는 점을 다시 한번 보여준다.[23]

어떤 면에서는 로마의 정치 체제가 아테네의 정치 체제보다 현저하게 더 민주적이었다. 아테네인들과는 달리 로마인들은 투표권을 포함한 시민권을 기꺼이 해방 노예에게 부여했으며, 기원전 88년 이후에는 이탈리아 동맹시의 성인 남성에게도 부여했다. (자국에게는 권력이 부여되지 않은 것에 대해 불만을 품은 이탈리아의 동맹 도시들이 로마를 상대로 동맹시 전쟁이라는 반란을 일으키고 나서야 어렵게 얻은 양보였다.) 그 결과 로마 시민의 수가 크게 늘어 절대적 기준에서뿐만 아니라 상대적 기준에서도 아테네 시민의 수를 능가했다. 자료에 따르면 아테네의 남자 시민의 수는 4만 명을 넘어선 적이 없었던 반면, 로마 시민권이 이탈리아반도 전체로 확대하기 전에도 로마 시민의 수는 30만 명 이상이었다. 기원전 70년에 이르렀을 때는 동맹시 전쟁의 여파로 로마 시민의 수가 100만 명 이상으로 증가했다.[24]

간단히 말해서 로마의 정치 체제가 만인을 위한 자유와 자치를 가져왔다는 로마인들의 주장을 곧이곧대로 믿어서는 안 되며 오히려 그리스인들의 비슷한 주장을 들을 때보다 더 주의를 기울여서 들어야 하겠지만, 그렇다고 해서 로마인들의 그러한 주장이 완전히 잘못된 것도 아니다. 로마법에 따라 로마의 평민들은 적어도 성인 남자라면 정치 지도자를 선택하고 그들이 준수해야 하는 법을 제정하는 데 상당한 영향력을 행사할 수 있었다. 로마의 정치 체제는 아테네 민주제와 차이가 컸음에도 불구하고 알렉산드로스 대왕의 정복 이후 수립된, 왕이 의사 결정 과정에 절대적인 권력을 행사한 헬레니즘 군주정보다 아테네 민주정에 훨씬 가깝다.

로마의 정치 체제를 가장 초기에 그리고 가장 예리하게 관찰한 그리스 역사가 폴리비오스 역시 이 점을 강조했다.[25] 저명한 가문에서 태어난 폴리비오스는 기원전 168년 로마가 그리스를 지배했을 때 30대였다. 로마는 패배한 그리스가 계속 복종하도록 하기 위해 그리스 인질 1000명을 보내라고 요구했고, 폴리비오스는 그 인질 중 하나로 로마에 끌려가게 되었다. 폴리비오스는 로마에서 당대 가장 중요한 몇몇 로마 정치인과 가까워졌고, 따라서 로마의 정치 체제를 면밀히 관찰할 수 있었다. 지배국인 로마에 매료된 폴리비오스는 그 정치 체제에 대해 저술했으며, 이는 아마도 로마의 정치 체제에 대한 역사상 최초의 분석이었을 것이다. 그는 로마의 정치 체제가 군주제(집정관), 귀족제(원로원), 민주제(민회)의 요소가 균형을 이루는 '혼합' 정체政體라고 설명했다. 폴리비오스는 집정관과 원로원이 권력은 막강했지만 결국 민중이 없이는 행동할 수 없었다고 강조하며, 그들이 "정치권의 민중에게 특별히 관심을 기울이고 민중의 의견을 따라야 했다."라고 설명했다.[26]

자유를 위한 투쟁: 공화정 중기에서 후기까지

신분 투쟁이 잦아든 후에도 자유는 로마인들의 주요 관심사였다.[27]

기원전 3세기 로마는 자국 내에서 평화와 사회적 화합의 시기를 보냈다. 이 시기에 로마는 영역을 넓혀 지역 강국에서 세계적인 제국으로 성장했다. 무엇보다 중요한 계기는 지중해의 주요 경쟁국인 카르타고와의 전쟁에서 승리한 것이었다. 로마가 쉽게 승리를 거둔 것은 아니었다. 한번은 카르타고 장군 한니발이 알프스산맥을 넘어 로마를 공격해 허를 찔렀으며 로마를 거의 파괴했다. 하지만 로마군은 우수한 병력으로 패배 직전에 승리를 낚아챘다. 카르타고는 세 번의 긴 전쟁 끝에 대패했다. 로마는 스페인, 그리스, 마케도니아를 지배하며 동서로 세력을 계속 확장했다.

그러나 로마 자국 내의 화합은 오래 지속되지 않았다. 기원전 2세기에 엘리트와 평민 사이에 불화가 커졌는데, 신분 투쟁 시기보다 훨씬 더 심했다. 불화는 여러 가지 요인으로 촉발되었다. 그중 한 가지는 소수의 부자가 전쟁에 승리한 후 획득한 많은 전리품을 독차지했고, 그 결과 노예가 개척한 거대한 농경지를 축적한 것에 대해 가난한 로마인들이 반기를 든 것이었다. 한편, 소지주는 자신의 농장에서 쫓겨났다. 정치 체제에서 엘리트의 지배력이 커지면서 분노는 더 거세어졌다.

소수의 정치인, 주로 선출된 호민관이 이러한 불만을 이용했는데, 이들 정치인은 이후 민중파라는 뜻의 포풀라레스populares로 알려지게 된다.[28] 포풀라레스는 원로원이나 민회에서 함께 투표하지도 않았으며 함께 선거 유세를 하지도 않았기 때문에 현재 통용되는 의미로서의 정당을 구성했다고는 볼 수 없다. 하지만 이들은 특히 토지 재분배와 같은 여러 가지 요구에 대해 의견을 같이했으며 정치 체제가 평민의 요구를 더 잘 수용할 수 있도록 개혁을 촉구했다. 포풀라레스는 카리스마 있는 지도자를 함께 따르며 고무되었는데, 특히 그라쿠스 형제가 가장 중요한 지도자 역할을 했다.

포풀라레스 운동은 기원전 133년 그라쿠스 형제 중 형인 티베리우스 그라쿠스가 토지 재분배를 약속하며 호민관에 선출되면서 시작되었다. 그라쿠스의 농지 분배 법안은 무엇보다도 만연한 빈곤 문제를 해결하려는 시도였다. 그러나 원로원에서 격렬하게 반대했고, 곧 그라쿠스의 법안에 대한 논쟁은 민중의 지지를 받는 정치인들과 원로원 사이의 권력 투쟁으로 변했다. 그 결과 그라쿠스와 그에게 고무된 지지자들이 정치 개혁을 위한 운동을 시작했다. 포풀라레스는 선거 결과를 좌우하기 위한 뇌물 수수와 엘리트들의 영향력 행사를 막기 위해서 비밀 투표를 도입하려고 노력했다. 이들은 지배 계급 내에 만연한 부패를 비판하고 부정직한 정치인을 더 쉽게 처벌할 수 있도록 사법부를 개혁하고자 했다. 반대자들이 반격하며 호민관직의 권한을 약화하고 심지어 폐지하려고 했을 때, 호민관의 권력을 유지하고 강화하는 데 포풀라레스가 중요한 역할을 했다.

포풀라레스가 자신들의 정치 개혁이 로마인의 자유를 확대하리라 생각했다는 것에는 의심의 여지가 없었다. 후대의 역사가들이 전한 포풀라레스의 연설에서 이 점이 분명하게 드러난다. (하지만 역사가들이 포풀라레스의 연설에서 사용된 단어 하나하나를 정확하게 기록했다고 생각해서는 안 된다. 연설을 기록한 역사가들이 실제 연설자들과 더 가까운 시대를 살았기 때문에 연설의 전반적인 어조와 표현만을 반영해 기록으로 남겼을 가능성이 높다.) 포풀라레스는 로마가 "소수의 지배"에 복종하게 될 위험에 처했다고 거듭 강조했다.

로마의 평민들은 엘리트들의 오만함에 너무 익숙해져서 자신들이 "충분히 자유"롭다고 믿게 되었다. 단순히 "부자 주인들의 은혜로 너희가 [평민이] 노예처럼 채찍질 당하지 않고 여기저기 돌아다니는 것이 허용되기 때문"이다. 하지만 포풀라레스의 주장은 옳았다. 지배 엘리트들이 권력을 장악하면서 모든 시민이 노예가 될 수 있었다. 여기에 반격해야만, 즉 포풀라레스의 개혁을 지지해야만 평민이 자유를 되찾을 수 있었다. 한 연설가는 "평민이 피지배자 같은 대우를 받고 있다."라고 외쳤다. "압제자들이 그들의 지배력을 유지하기 위해 평민이 자유를 회복하려는 노력보다 더 큰 노력을 기울이는 한 이러한 상황은 나날이 더 심해질 것이다."[29]

그 밖에도 포풀라레스가 자유와 민중 자치를 동일시했음을 보여주는 당대의 증거가 있는데, 예를 들면 포풀라레스 정치인들이 발행한 동전이다. 기원전 126년 호민관 루키우스 카시우스 롱기누스 라빌라가 공개 재판에서 비밀 투표를 시행하도록 한 법을 도입했는데, 포풀라레스의 숙원 사업이기도 했던 이 법의 도입을 기념하기 위해 은화 데나리온이 발행되었다. 동전의 한 면에는 여자 마차부가 한 손으로 말 네 마리의 고삐를 잡고 다른 손으로 작은 고깔모자를 들고 있으며, 그 아래에는 'C. Cassi'라고 새겨져 있다. 이 마차부는 자유의 여신인데, 들고 있는 모자가 노예가 해방될 때 받는 고깔모자를 상징하기 때문이다. 동전의 다른 면에는 로마를 상징하는 여신인 로마가 헬멧을 쓴 모습과 투표 단지가 새겨져 있다. 이 동전이 전달하는 메시지는 분명했다. 민중의 정치적 영향력이 커지면서 사람들은 더 자유로워졌다.[30]

기원전 126년 카시우스가 발행한 은화 데나리온.

일부 포풀라레스는 자유로운 삶의 의미에 대해 보다 급진적인 견해를 가지고 있었던 듯하다. 포풀라레스 운동의 지지자는 아니었던 키케로의 말에 따르면, 일부 개혁가는 로마의 자랑스러운 '혼합 정체'에서는 민중이 참여할 수 있는 여지가 매우 적기 때문에 평민은 명목상으로만 자유로웠다고 주장했다. 키케로는 포풀라레스가 다음과 같이 주장했다고 전했다. "평민은 투표하고, 명령과 관직을 위임하며, 선거운동의 대상이 되고, 지지해 달라는 요청을 받는다." "하지만 평민은… 그들이 가지고 있지 않은 것을 달라고 요구받는다. 권력, 공적숙의, 선별된 심사위원단 등 가문이나 재산에 따라 할당되는 것들에서 평민의 몫은 없다." 그 대신 이 "민주주의자들"은 아테네를 예로 들며 "민중이 가장 강력한 권력을 갖지 못한다면, 그 어떤 국가에서도 자유가 뿌리내리지 못할 것이다."라고 주장했다.[31]

그러나 이러한 급진적인 민주적 견해는 그다지 보편적인 지지를 받지는 못했던 것으로 보인다. 포풀라레스의 주요 목표는 가난한 로마인들에게 통치 방식에 대한 발언권을 더 부여함으로써 기존의 체제를 개혁하는 것이었다. 그들 중 대부분은 로마 체제를 아테네식 민주정으로 바꾸려는 것이 목표는 아니었다. 역사가들의 기록에 따르면 아테네인들의 연설보다 포풀라레스의 연설에서 신분 투쟁이 더 자주 언급되었다. 포풀라레스는 신분 투쟁을 엘리트에 대항한 평민의 성공적 해방 투쟁으로 제시했으며, 청중에게 선조를 본받을 것을 거듭 독려했다. 한 연사는 이렇게 외쳤다. "여러분의 선조는 자신들의 권리를 주장하고 주권을 확립하기 위해 두 번 철수 투쟁을 벌이고 무장한 채 아벤티누스 언덕을 점거했는데, 그들이 여러분에게 물려준 자유를 지키기 위해 진력해야 하지 않겠는가?"[32]

'최고의 인간'이라는 뜻을 가진 옵티마테스optimates는 포풀라레스 운동을 맹렬히 반대했다. 옵티마테스는 본질적으로 정치 체제 유지를 옹호하는 이들을 가리켰는데, 그들은 정치 체제를 민주화하려는 모든 시도에 반대하기 위해 어떤 극단적인 일도 마다하지 않았다. 티베리우스 그라쿠스가 호민관으로 재당선된 직후 그라쿠스와 그의 지지자 300명은 엘리트 강경파에 의해 몽둥이에 맞아 죽었고, 그들의 시체는 티베르강에 던져졌다. 몇 년 후 티베리우스의 동생 가이우스 그라쿠스가 티베리우스의 유업을 이어가려 했지만, 그 역시 약 3000명의 지지자들과 함께 비슷한 최후를 맞았다. 그리고 이것이 끝이 아니었다. 몇몇 포풀라레스 정치인이 옵티마테스에게 살해되었다. 한편 원로원은 소위 비상사태에 국가를 보호하기 위해 집정관에게 선출된 정치인을 살해하는 것을 포함해 그들이 원하는 방식으로 행동할 수 있는 권한을 부여함으로써 이러한 정치적 살인을 정당화했다.

옵티마테스는 민주적 개혁에 대해 완강히 반대한다는 점에서 아테네의 노老과두주의자와 크리티아스 같은 반민주주의자와 분명히 닮았다. 그러나 민주정을 반대했을 뿐만 아니라 자유가 중요한 정치적 가치라는 생각 자체를 거부했던 아테네 과두제 집권층과는 달리 옵티마테스는 자유를 반대하기 위해서가 아니라 옹호하기 위해서 싸운다고 주장했다. 옵티마테스의 관점에서 볼 때 그라쿠스 형제와 포풀라레스는 그저 그들 자신의 권력을 강화하는 것이 목적이었으며, 그래서 전통적인 엘리트에게 대항하고 민중에게 호소함으로써 권력을 장악하려 한 것이었다. 특히 티베리우스 그라쿠스는 왕실로 진출하려는 야심이 있다고 의심했다. 그가 왕이 되기를 원했다는 소문이 있기는 했지만, 고대 역사가들조차 이 소문이 사실일 거라고 생각하지 않았다. 플루타르코스가 냉담하게 말했듯이 "그라쿠스에 반대하는 사람들은 실제로 그들이 내세우는 명분을 지키기 위해서가 아니라 부자를 향한 증오와 분노 때문에 결집한 것 같다."[33] 이러한 의구심은 새로운 살해 사건이 발생할 때마다 반복적으로 제기되었는데, 정적을 살해하고 나서 옵티마테스는 권력에 굶주린 사람으로부터 로마의 자유를 지키려는 것뿐이라고 주장했다.

물론 이러한 주장은 자기 합리화에 불과하지만, 공동의 자치로 이해되는 자유가 포풀라레스에게만큼이나 옵티마테스에게도 중요한 이상이었음을 보여준다. 이 점 역시 키케로의 저술에서 확인할 수 있다.[34] 부유하지만 비교적 잘 알려지지 않은 가문 출신으로 야심 찬 젊은 정치인이었던 키케로는 경력을 쌓아가던 초기에 포풀라레스에게 동조했다. 그러나 키케로가 재무관을 지낸 다음 집정관을 맡으면서 정치적 지위가 상승한 뒤 옵티마테스의 대의를 지향하게 되었다. 키케로는 기원전 50년대 정치 경력의 공백 기간에 최고의 정치 형태에 대해 논한 『국가론』을 저술했다. 그 뒤에는 자매편인 『법률론』에서 이상적인 국가를 통치하는 데 필요한 법령을 제시했다. 이러한 저술은 옵티마테스의 사고방식을 철학적인 측면에서 살펴볼 수 있는 독특한 관점을 제공한다. 키케로의 저술은 로마의 옵티마테스가 아테네의 과두주의자나 플라톤과 같은 반민주주의자보다 정치적 가치로서의 자유에 더 전념했음을 확인해 준다.

『국가론』에서 키케로는 아테네 철학자 플라톤에게 상당한 경의를 표했고 플라톤의 말을 자주 인용했다. 그러나 두 사상가 간에 생각의 차이는 엄청났다. 플라톤은 철인왕에 복종하는 것이 최고의 정치 형태라고 주장한 반면, 키케로는 "온건한" 유형의 자유일지라도 만인에게 자유를 주는 정치 체계가 최고라고 주장했다. 키케로는 군주정과 귀족정의 정치 형태가 의사 결정 과정에서 민중을 완전히 배제해 노예로 만든다고 주장하며 타당한 반대 의견을 피력했다. "왕의 통치를 받는 민중은 부족한 것이 많은데, 무엇보다 자유가 없으며, 자유는 정의로운 주인이 존재할 때가 아니라 그러한 주인이 부재할 때 누릴 수 있다."라고 키케로는 설명했다. 이 점은 과두정도 마찬가지였다. 그는 비록 엘리트가 "가장 정의롭게" 통치한다고 해도, 민중이 엘리트의 통치를 받는다면 여전히 "어떠한 형태의 노예" 상태에 있는 것으로 묘사될 수 있다고 주장했다.[35]

이와 동시에 키케로는 평민에게 지나친 자유를 부여한다는 이유로 민주정을 거부했다. 그는 자신의 견해를 뒷받침하기 위해 플라톤의 말을 광범위하게 인용하며, "과도한" 자유가 방종을 낳으며 따라서 전제정으로 돌아가게 될 것이라고 주장했다. 그렇게 되면 순수한 민주정을 이룰 수 없다. 유일하게 받아들일 수 있는 정치 형태는 온건한 자유를 제공하는 것이었다. 키케로는 로마의 전통적 혼합 정체에서 일반 남자 시민이 정치적 발언권을 가지며, 시민의 권력은 "군주적인" 집정관과 "귀족적인" 원로원에 의해 견제된다고 주장했다.

키케로가 이러한 견해를 밝혔다고 해서 그의 생각이 보수적이었던 것은 아니다. 키케로는 신분 투쟁이 끝난 후 존재해 온, 다시 말해 포풀라레스가 옹호하는 로마의 공화정을 가장 이상적으로 생각했다. 실제로 『법률론』에서 분명히 밝힌 바와 같이 키케로는 포풀라레스가 가장 소중하게 지켜온 제도와 개혁을 지지하는 데 주저하지 않았다. 그는 호민관이 로마인들에게 신분 투쟁 이전에 그들이 누렸던 "명목상의 자유"가 아닌 "진정한 자유"를 주기 때문에 로마의 혼합 정체에서 필수적인 부분이라고 주장했다.[36] 키케로는 다른 옵티마테스가 맹비난한 제도인 비밀 투표를 지지하기도 했다. 물론 그가 비밀 투표를 지지한 것은 그 제도에 실질적으로 찬성했기 때문이 아니라 비밀 투표가 유익한 수단이 될 수 있었기 때문이다. 실제로 키케로는 비밀 투표법이 "최고의 인간"의 힘을 실제로 약화하는 것은 아니라고 지적했는데, 평민이 그들의 의견을 존중하고 그들이 이끄는 대로 따를 것이기 때문이다. 따라서 "자유를 보여주기 위해" 비밀 투표를 하는 것은 해가 되지 않으며 사람들을 만족시킬 수 있는 것이었다.[37]

간단히 말해 키케로의 글에서 알 수 있듯이 옵티마테스와 포풀라레스의 정치적 이상은 양쪽 모두 실제 폭력을 사용했음에도 불구하고 크게 다르지 않았다. 양측 모두 공동의 자치로 이해되는 자유를 보호하는 것이 가장 중요하다는 데 동의했으며, 신분 투쟁 후 세워진 로마 공화정이 자유를 구현했다는 데도 동의했다. 그러나 그들은 자유를 유지하기 위한 최선의 방법에 대해서는 의견이 달랐다. 포풀라레스에 따르면 타르퀴니우스 가문이 추방된 후 엘리트가 폐쇄적인 세습 지배 계급이 되었던 것과 같은 일이 되풀이되는 것을 막기 위해 점진적인 개혁이 필요했다. 반면 옵티마테스는 로마의 평민에게 과도한 정치권력을 부여하게 되면 결국 폭압적인 선동가의 등장을 피할 수 없을 것이라고 우려했다.[38]

그러나 이러한 이념적 합의도 공화정의 몰락을 막을 수 없었다. 장시간에 걸친, 종종 피비린내 나는 정치적 변화 과정이 지나간 후에 공화정은 결국 매우 다른 정치 체계인 원수정, 즉 제정帝政으로 바뀌었다. 이러한 변화의 원인에 대해서는 여전히 많은 논쟁이 벌어지고 있다.[39] 당연하게도 옵티마테스는 공화정의 몰락이 포풀라레스 때문이라고 비난했다. 그라쿠스 형제와 그 추종자들이 엘리트에 대한 증오심을 부추겨 불화를 일으켰고, 그로 인해 기원전 50~40년대에 결국 내전이 발발하고 공화정이 붕괴되었다는 주장이 제기되었다. 이러한 설명은 엘리트들이 자신들을 스스로 정당화하려는 것이라고 현대 역사가들은 일축하는 경향이 있다. 어쨌든 신분 투쟁 시기에 로마는 평화로운 것과는 거리가 멀었기 때문에 불화가 포풀라레스에 의해 먼저 조장된 것은 아니었다. 오히려 적어도 하층 계급의 관점에서는 포풀라레스에 대해 극단적으로 반대하고 정치적 폭력을 행사하는 일이 잦았던 옵티마테스의 행동이 공화정의 몰락에 큰 영향을 미친 것으로 보였다.

이와 마찬가지로 공화정이 몰락하는 데 영향을 미친 다른 요인들도 중요하다. 로마 군대가 민주화된 결과 정치적 삶에 미치는 영향력이 증가하게 되면서 공화정의 궁극적인 몰락에 결정적인 역할을 했다. 기원전 107년, 로마의 집정관 마리우스는 땅을 소유하지 않은 시민에게도 군단을 개방했고, 따라서 군단은 전리품을 얻어 생계를 유지하기 위해 군단장에게 의지하는 사람들로 넘쳐났다. 이로 인해 결과적으로 군사령관은 권력이 강화되었고 군대를 국가의 이익이 아닌 자신의 이익을 위해 이용할 수 있게 되었다. 로마의 정치 체제는 공화정에서 재정 지출이 크게 불어나면서 더욱 불안정해졌다. 기원전 50년에 이르렀을 때 로마 제국은 당시 알려진 세계의 많은 지역으로 영토가 확대되었는데, 광대한 제국에서 거둬들인 부가 큰 폭으로 늘었고 정치인과 군인은 점점 더 이러한 보상을 독점하려고 했다.

공화정이 점차적으로 약화된다는 불길한 징후가 나타난 것은 기원전 88년이다. 그해 군사령관 루키우스 코르넬리우스 술라가 개인적인 모욕에 대한 복수를 하기 위해 로마를 침공했다. 로마의 장군이 군대를 이끌고 로마를 침공한 것은 전설적인 코리올라누스 이래 처음이었다(코리올라누스는 볼스키족과 연합해 로마에 대항했다). 그 후 술라는 로마의 독재관이 된다. 독재관은 비상사태에 대처할 막강한 권력이 부여되는 관직으로 통상적으로 임기가 짧았지만, 술라는 자신을 종신직으로 임명하라고 요구했다. 술라의 통치는 순식간에 폭력적으로 돌변했다. 술라의 부하는 수천 명의 이름이 적혀 있는 살생부를 만들었는데, 여기에는 술라가 국가의 적이라고 여긴 원로원 의원 3분의 1이 포함되었다.

이들의 이름은 후한 현상금과 함께 이탈리아 전역에 공표되었다. 그 결과 어느 고대 역사가의 말처럼 "남편이 아내의 품에 안겨, 아들이 어머니의 품에 안겨 살해되었다." 살생부에 이름이 올라 살해된 사람 중 많은 이가 술라의 적이어서가 아니라 그들이 가진 재산 때문에 살해되었고, 몰수된 재산은 경매에 부쳐져 술라를 큰 부자로 만들어 주었다.[40]

3년 후 본래 전통주의자였던 술라는 갑작스럽게 독재관직을 사임하고 자신의 부대를 해산했으며 정기 선거를 복원했다. 그리고 결국에는 은퇴해 나폴리만에 있는 시골집에서 젊은 아내와 동성 연인과 함께 살며 정치에서 벗어나 여생을 회고록을 저술하며 보냈다. 그는 기원전 78년 침대에서 세상을 떠났다. 군인으로서는 놀라울 정도로 평화로운 죽음이었지만, 술라를 죽음에 이르게 한 병은 특히 끔찍했다. 술라는 말 그대로 벌레에게 잡아먹혔다. 어느 고대 사학자가 생생하게 설명한 것처럼 그의 살은 구더기로 들끓었으며, 구더기가 너무 빠르게 늘어나서 아무리 자주 목욕하고 피부를 닦아내도 제거할 수가 없었다.[41]

술라의 로마 침공과 그의 독재관 시절은 앞으로 닥칠 더 나쁜 일의 전조일 뿐이었다. 40년 후 로마 공화정은 또 다른 야심 찬 장군인 율리우스 카이사르에 의해 마침내 무너지게 된다. 유서 깊으나 빈곤한 귀족 가문 출신이었던 정치인 카이사르는ㅡ그는 자신의 가족이 베누스 여신의 후손이라고 자랑하기도 했다ㅡ경력 초기에 퇴역 군인과 빈자의 사회경제적 불만을 이용하며 포풀라레스에 친화적인 성향을 보였다. 하지만 얼마 지나지 않아 카이사르는 그라쿠스 형제와는 다르다는 것이 분명하게 드러났다. 그는 로마의 정치 체제를 민주화하는 것보다 자신의 경력을 쌓는 데 더 관심이 많았다. 기원전 59년 집정관이 된 카이사르는 군대를 지휘해 부유한 지역인 갈리아를 정복해 나갔고 마침내 자신의 가장 큰 야망 중 하나를 달성했다. 하지만 그는 더 많은 것을 원했다. 10년 후 카이사르가 의기양양한 장군으로서 노련한 부대를 이끌며 이탈리아의 북쪽 경계인 루비콘강을 건넌 것은 잘 알려져 있다.

카이사르는 자신의 군대를 이끌고 루비콘강을 건넘으로써 술라와 마찬가지로 로마와 사실상 대적하게 된다. 원로원은 카이사르에게 대항하기 위해 로마에서 가장 뛰어난 군사령관이자 한때 카이사르의 친구였으며 협력자였던 폼페이우스에게 공화정을 지켜줄 것을 요청했다. 이로써 내전이 발발해 로마군은 지중해 유역 전역에서 서로를 추격했고, 종국에는 카이사르가 폼페이우스를 비롯해 모든 적을 물리치게 되었다. 카이사르가 로마로 돌아오자마자 곧 그가 권력을 장악하려는 의도를 가지고 있었음이 분명하게 드러났다. 술라와 마찬가지로 카이사르도 처음에는 단기간의 임기 동안 독재관직에 임명되었다. 기원전 48년에 카이사르는 다시 한번 중요한 군사적 승리를 거두었고 원로원은 그를 다시 1년 임기의 독재관으로 임명했으며, 기원전 46년에는 10년 임기의 독재관으로 임명했다. 그러다가 마침내 기원전 44년 초에 카이사르는 종신 독재관이 되었다.

카이사르가 권력을 장악하자 옵티마테스 사이에서 반발이 일었고, 그들은 자유라는 기치 아래 카이사르에게 대항해 시위를 벌였다. 그들의 발언은 과거 옵티마테스가 티베리우스 그라쿠스와 포풀라레스 개혁가들에게 대항하며 펼친 주장과 매우 비슷했다.[42] 푸블리우스 코르넬리우스 스키피오 나시카(티베리우스 그라쿠스를 살해한 정치인)가 그랬던 것처럼 카이사르의 적들도 그가 왕권을 노리고 있다고 비난했다. 카이사르의 경우에 이러한 비난이 더 타당할 수도 있다. 역사가들 사이에서 카이사르의 궁극적인 동기와 목표는 여전히 많은 논란이 되고 있지만, 특히 말년에 카이사르가 공화정을 아예 폐지하기를 원했다는 몇몇 증거가 있다.[43] 예를 들면 카이사르는 공식 석상에서 자신의 가문이 그 후손이라고 주장한 왕조, 알바 롱가의 왕들 같은 복장을 하고 종아리까지 오는 붉은 가죽 장화를 신었다. 그리고 월계관을 썼는데, 월계관은 군사적 승리를 상징하는 명예로운 것이면서 동시에 그의 대머리를 가려주는 이점이 있었다. 기원전 44년에는 금색 장화를 신기 시작했던 것으로 보인다.

그러나 카이사르가 얼마나 진지하게 왕이 되려고 했는지는 분명하지 않다. 잘 알려진 일화에 따르면 유명한 종교 축제에서 카이사르의 심복 마르쿠스 안토니우스가 카이사르에게 왕권의 상징인 월계수 화환으로 장식된 왕관을 쓰라고 권했다. 카이사르의 전기 작가 플루타르코스에 따르면 안토니우스가 왕관을 권하자 몇 명이 박수를 보냈다. 하지만 박수 소리가 그리 크지 않았고 자발적인 것처럼 들리지 않았다. 그러나 카이사르가 왕관을 밀어내자 박수 소리가 훨씬 더 크게 울려 퍼졌다. 안토니우스는 다시 카이사르에게 왕관을 권했고 이번에도 몇 명만 박수를 쳤다. 카이사르가 다시 왕관을 거절하자 모든 사람의 박수가 쏟아졌다. 이 일화의 의미에 대해서는 여전히 논쟁의 여지가 있지만, 분명히 이 사건은 전부 면밀하게 연출된 것이다. 일부 평론가는 카이사르가 왕관을 받기를 원했고 군중이 더 열렬하게 환호했다면 왕관을 받았을 거라고 생각한다. 하지만 카이사르가 왕관을 거절하는 영광을 원했으며, 자신이 왕권을 노린다는 소문이 없어지기를 바랐을 가능성도 있다.

왕이 되려는 야심이 없었다고 해도 카이사르는 종신 독재관을 지내면서 왕과 마찬가지의 권력을 누렸다. 그는 독재관으로서 '선거'에 후보를 직접 지명할 권리가 있었으며 선거를 배후에서 통제했다. 또한 원로원의 권한을 크게 축소했는데, 원로원의 의원 수를 늘려서 자신을 지지하는 사람들로 원로원을 채웠다. 중요한 사안의 결정은 원로원의 전통적인 권한이었지만, 이제 카이사르와 그의 측근 몇 명이 원로원 의원들과 아무런 상의도 없이 비공개로 결정을 내렸다. 더구나 카이사르는 술라처럼 자발적으로 독재관직을 사임할 계획이 있는지 전혀 암시하지 않았다.

카이사르가 권력을 얻기 시작하면서 여러 저명한 옵티마테스가 그에게 대항했다. 소小 카토는 가장 먼저 카이사르에게 완강하게 저항한 인물 중 한 명이었다. 카토는 로마 공화정과 전통적 체제를 엄격하게 고수하고자 했으며 이에 대해 자긍심을 가진 정치인이었다. 하지만 그는 자신의 신념을 옹호하는 데 있어서 융통성이 없어 때때로 매우 가까운 동맹자들조차 체념하게 만들었다. 키케로는 카토가 "가장 훌륭한 정신과 의심할 여지가 없는 정직함으로… 공화정에 해를 끼친다. 카토가 제시한 결의안은 로물루스의 소굴보다 플라톤의 이상주의적 공화정에 더 적합하다."라는 유명한 말을 남겼다.[44] 카토는 키케로와 함께 카틸리나의 계략을 폭로하는 데 결정적인 역할을 했다. 귀족인 카틸리나는 자신을 하층 계급의 옹호자로 내세우며 로마의 절대 권력을 얻으려 시도했다. 얼마 지나지 않아 카토는 정치적 영향력을 발휘해 카이사르와 그의 동맹자들의 계획에 반대했으며, 동료 원로원 의원들을 비롯한 모든 사람에게 카이사르의 야심을 통제할 수 없는 지경에 이르렀으며 그를 끌어내릴 필요가 있다고 경고했다.

폼페이우스의 군대가 패한 뒤에도 카토는 패배를 인정하지 않고 카이사르의 골수 반대자들과 함께 원로원의 군대를 지휘했다. 그러나 카토의 끈질긴 저항은 아무런 결실을 얻지 못했다. 카토와 그의 동료들이 가까스로 군대를 모집했지만 결국 카이사르에게 패했다. 카이사르가 아군을 물리치고 우티카를 향해 진군해 온다는 사실을 알게 된 카토는 카이사르의 자비로 살아남기보다 죽는 것이 낫다고 생각해 자살을 택했다고 알려졌다.

그러나 카토의 죽음으로 반대 세력이 종식되지는 않았다. 카이사르가 승리하고 로마로 돌아온 직후 일부 원로원 의원이 카이사르를 암살할 음모를 꾸몄다. 그들의 동기는 다양했다. 다수가 내전이 벌어지는 동안 카이사르를 지지했지만 그의 권력이 커지자 분개하면서 음모에 가담했으며, 어떤 이들은 카이사르에 대한 개인적 불만에서 가담했다. 하지만 주요 공모자 두 명, 마르쿠스 유니우스 브루투스와 가이우스 카시우스 롱기누스의 경우 "카이사르처럼 한 사람이 권력을 영원히 가지는 것은 자유 공화정과 양립할 수 없다는 생각"에서 움직였다는 점에는 의심의 여지가 없다.[45] 삼촌이자 장인이었던 카토를 존경한 브루투스는 폼페이우스와 함께 싸웠다. (하지만 그는 폼페이우스가 패했을 때 카토처럼 계속해서 대항하지 못하고 카이사르에게 항복했다.) 게다가 브루투스의 가족은 로마 공화국을 창시했다고 알려진 루키우스 유니우스 브루투스의 후손임을 자부했다. 브루투스의 전기를 쓴 플루타르코스에 따르면, 브루투스는 익명의 그래피티 작가들의 작품에서 자극을 받아 행동에 나서게 되었다. 이 그래피티 작가들은 "브루투스, 그대는 자고 있는가?" "그대는 정녕 브루투스가 아닌가."와 같은 구호로 로마의 벽을 가득 채우며 그의 저명한 조상이 이룬 업적을 그에게 일깨워 주었다.[46]

기원전 44년 3월 15일, 카이사르 암살 음모가 실행되었다.[47] 오전 11시경 카이사르는 평소대로 업무를 보기 위해 원로원에 도착했고 자신의 황금색 의자에 앉았다. 공모자 중 한 명이 탄원서를 제출하기 위해 카이사르에게 다가갔고, 다른 공모자들은 카이사르 주변을 에워싸며 마치 지지를 청하듯이 그의 손을 어루만지고 손에 입맞춤했다. 그러자 그들 중 한 명이 미리 정한 신호를 보냈고, 공모자들은 필통에 숨겨두었던 단검으로 카이사르를 찌르기 시작했다. 처음에 카이사르는 저항하려고 했다. 그러나 카이사르는 총애했던 브루투스가 음모에 가담했다는 것을 알고 토가를 머리 위로 벗어 공모자들이 자신을 살해하도록 내버려 두었다는 기록도 있다. 암살에 동참한 사람이 매우 많았고 그 열망이 너무나 강했던 나머지 이들은 단검으로 서로를 찌르기도 했다. 결국 카이사르는 목숨을 잃고 원로원 바닥에 쓰러졌다. 그는 칼에 23번이나 찔려 숨졌다.

공모자들은 카이사르 살해가 폭군 살해이며 해방 행위라고 믿었다. 카이사르가 죽은 뒤 공모자들은 피투성이가 된 채 의사당까지 행진했다. 그들은 해방된 노예들이 전통적으로 착용했던 모자를 장대 위에 걸고 복원된 로마의 자유의 상징으로 삼았다. 공모자들은 행진하면

카이사르가 암살되고 1년 후 발행된 은화 데나리온. 두 개의 단검 사이에 자유의 모자가 보이고 그 아래에는 카이사르가 암살된 날인 3월 15일, 즉 'the Ides of March'의 줄임말 'EID MAR'가 새겨져 있다. 동전의 다른 면에는 마르쿠스 브루투스의 얼굴이 있다.

서 모두에게 공화정을 세운 루키우스 유니우스 브루투스처럼 공화정을 복원하려 한다고 말했다. 카이사르 암살 후 원로원에서 열린 토론회에서 몇몇 의원은 공모자들에 대한 지지를 표명했고 일부는 그들이 '폭군 살해자'라는 공식 칭호를 받길 원한다고도 말했다. 그 후 마르쿠스 브루투스는 카이사르의 죽음을 공식적으로 기념하기 위해 두 개의 단검 사이에 자유의 모자를 새겨 넣은 동전을 발행했다. 그러나 로마의 평민들은 카이사르의 '폭정'으로부터 그들을 '해방'시키려는 시도를 그리 환영하는 것처럼 보이지 않았다. 카이사르는 전통적인 혼합 정체를 경시했음에도 불구하고 유능한 행정가였고, 로마에서 다시 내전이 일어날 것에 대한 두려움이 매우 컸기 때문이다.

더욱이 카이사르 암살이 아무런 소용이 없었음이 곧 분명해졌다. 권력 공백기를 틈타 왕위를 노리는 새로운 경쟁자들이 등장했는데, 그들 중 카이사르의 최측근이었던 마르쿠스 안토니우스가 가장 위험한 인물로 여겨졌다. 브루투스와 카시우스가 로마를 떠나면서 연로한 키케로가 반대파에서 중요한 역할을 맡았다(브루투스와 카시우스는 분노한 폭도들이 한 남자를 카이사르의 암살자로 잘못 알고 갈기갈기 찢어 죽이자 신변에 위협을 느껴 로마를 떠났다).

당시 키케로는 예순두 살이었다.[48] 그는 40대 초반에 로마에서 가장 높은 공직인 집정관에 선출되어 정계에서 전성기를 보낸 후 노년에는 일선에서 물러나 있었다. 그리고 정쟁과 내전이 로마를 휩쓸고 있을 때 교외에 있는 별장에서 지내고 있었다. 키케로는 윤리와 신학에 관한 글을 쓰면서 철학에 몰두하고 있었으며 웅변술에 관한 영향력 있는 논문을 쓰기도 했다. 그는 대부분의 시간을 사적인 걱정을 하며 보냈다. 기원전 45년 2월에 사랑하는 딸 줄리아가 죽자 큰 충격을 받아 몇 달 동안 다른 문제에 대해서는 생각하거나 말할 수도 없었다.

그러나 키케로는 서서히 절망을 이겨내면서 마지막으로 정계에 뛰어들 필요가 있다고 생각하게 되었다. 그는 카이사르 암살에 가담하지 않았다. 사실 암살 음모에 대해서 알지도 못했다. 하지만 키케로는 카이사르의 암살 사건을 계기로 그 공모자들을 지지한다는 의견을 표명했으며 마르쿠스 안토니우스의 계획에 반대하며 경고했다. 그 후 몇 달 동안 키케로는 원로원에서 이 주제로 14번의 연설을 하면서 자신의 주장을 계속 반복했다. 그의 연설은 동시대인들과 후대에 칭송을 받았고, 나중에는 마케도니아에 대항해 연설한 전설적인 아테네 웅변가 데모스테네스의 필리피카 연설을 따라 '필리피카이'로 알려지게 된다.

키케로는 동료 원로원 의원들에게 필요하다면 목숨을 걸고, 공화정을 전복하고 일인 통치를 시작하려는 마르쿠스 안토니우스의 시도를 막아 로마의 자유를 수호해야 한다고 거듭 촉구했다. 그는 청중에게 "불명예보다 더 혐오스러운 것은 없다. 노예 제도보다 더 수치스러운 것은 없다."라고 말했다. "우리는 영광스럽고 자유롭게 태어났다. 이것들을 수호하자, 그럴 수 없다면 존엄하게 죽자." 또한 키케로는 다른 연설에서 이렇게 말했다. "평화는 평온 속의 자유이다. 노예 제도는 모든 악 중에서 가장 나쁜 것이기 때문에 필요하다면 전쟁뿐만 아니라 죽음으로 물리쳐야 한다." 키케로는 14번 연설하는 동안 '자유'를 총 60번 이상 언급했으며 '노예 제도'에 대해 26번 이상 경고했다.[49]

키케로의 연설은 단기적으로는 효과적이었다. 키케로는 원로원을 설득해 마르쿠스 안토니우스에게 공공의 적이라는 낙인을 찍었다. 그러나 이마저도 안토니우스와 그의 측근, 카이사르의 양아들 옥타비아누스와 카이사르의 충신 레피두스의 정치적·군사적 위상이 커지는 것을 막지는 못했다. 술라가 그랬던 것처럼 이들 세 사람은 로마에 있는 자신들의 적을 숙청하기 시작했고, 키케로의 이름도 수백 명의 원로원 의원 및 일반 시민의 이름과 함께 무시무시한 살생부 명단에 포함되었다. 키케로는 그의 별장 중 한 곳으로 몸을 숨겼지만, 기원전 43년 12월 안토니우스의 부하들에게 들키고 만다. 키케로는 필사적으로 쓰레기통에 숨어 마케도니아로 도망치려던 중이었는데, 안토니우스의 부하들이 키케로를 발견하고는 그 자리에서 목을 베었다. 키케로의 머리와 오른손은 로마로 보내져 그가 연설했던 연단에 걸리게 되었다.[50]

그로부터 1년도 지나지 않아 필리피 전투에서 브루투스와 카시우스가 마침내 패했다. 그들은 로마를 떠나 동쪽 지역에서 공직을 맡고 있었다. 그러나 마르쿠스 안토니우스와 그의 측근들의 권세가 커지면서 브루투스와 카시우스는 다시 싸울 준비를 하게 되었다. 그들은 간신히 군대를 모아 로마로 진군했으나 그리스 북부의 한 마을 필리피에서 안토니우스와 옥타비아누스의 연합군에 요격당해 패했다. 브루투스와 카시우스 두 사람 다 카토의 선례를 따라 자결했는데, 카시우스는 그가 카이사르에게 사용했던 칼로 자결했다고 전해진다.

필리피 전투는 옵티마테스가 상황에 대한 통제권을 되찾고 로마에서 전제 정치의 발달을 저지하려고 한 마지막 시도였다. 물론 카토, 브루투스, 카시우스, 키케로와 같은 인물들이 어떤 제도를 복원하고자 했으며, 그 제도가 로마 평민의 의견을 얼마나 반영했을지는 알 수 없다. 키케로의 글에서 알 수 있듯이 이들은 로마를 술라 시대 이전의 공화정으로 되돌리기를 원했지만, 동시에 호민관이나 민회보다 원로원의 권력과 독립성을 회복하는 데 늘 전념했다. 공화정 말기에 옵티마테스가 그들의 이상을 전혀 실현하지 못했기 때문에 그들이 추구한 제도가 어떤 모습이 되었을지에 대해서는 누구도 답하지 못할 것이다.

아우구스투스 이후: 제정 초기의 자유

필리피 전투에서 승리한 뒤 안토니우스, 옥타비아누스, 레피두스가 동맹해 권력을 독점하고 군사 독재자로 군림하면서 삼두 정치가 시작되었다. 하지만 야망에 찬 이들이 서로 경쟁하게 되면서 이 동맹은 결국 파기되었다. 10년에 걸친 내전 끝에 레피두스는 지위를 박탈당하고 추방되었다. 기원전 31년 안토니우스는 악티움 해전에서 옥타비아누스에게 패한 뒤 자살했다. 권력을 독점한 옥타비아누스는 원수정, 즉 제정이라는 새로운 통치 체제를 만들었다. 이렇게 해서 그는 로마 공화정에 종지부를 찍고 로마인들의 마지막 남은 자유를 종식시켰다.

과연 그랬을까? 사실 옥타비아누스는 로마 공화정과 자유를 종식시키려는 것이 아니라 복원하려는 것처럼 보이기 위해 노력을 아끼지 않았다.[51] 악티움 해전에서 승리한 지 3년 반 만인 기원전 27년 1월 16일, 옥타비아누스는 원로원에 출석해 공식적으로 집정관직에서 물러났다. 이후 자서전에서 원로원과 로마인들에게 정치적 권력을 "돌려주었다"고 설명했다. 그 후에도 옥타비아누스는 자신이 왕권을 원한다는 인상을 주지 않기 위해 최선을 다했다. 그는 도미누스dominus, 즉 '주인'이라고 불리며 공개적으로 칭송받는 것을 거부했다. 옥타비아누스는 '존엄한 자'라는 뜻의 '아우구스투스Augustus'라는 칭호를 받아들이기는 했지만, 이는 정치적이기보다는 종교적인 의미를 지닌 존칭이었다. 원로원과 시민에게 권력을 '복원'했던 시기인 기원전 28~27년, 아우구스투스는 '로마인들을 위한 자유의 수호자'라는 글이 새겨진 동전을 발행했다.[52] 아우구스투스는 자서전의 첫 문장에서 그가 로마 공화정을 "파벌의 지배"로부터 "자유"로워지도록 만들었다고 밝혔다. 여기서 파벌이란 아마도 마르쿠스 안토니우스와 그의 지지자들을 가리킬 것이다.[53]

아우구스투스의 직계 후계자들도 동일한 전략을 택했다. 그들은 자신들을 렉스rex, 즉 '왕'이라고 부르는 것을 삼가고 공식적으로 공화정에 맞는 직책을 맡았다. 그리고 아우구스투스보다 훨씬 더 열정적으로 '자유'라는 슬로건을 내걸었다. 아우구스투스의 종손從孫인 클라우디우스는 황제로서 최초로 자유의 모자와 자유의 여신이 새겨진 동전을 발행했다. 네로의 후계자인 갈바 황제 시대에는 황실에서 발행하는 동전에 '공공의 자유libertas publica'라는 글자를 새기는 것이 매우 흔한 일이 되었다. 총 30명 이상의 황제가 자유의 모자를 손에 들고 있거나 막대기에 꽂은 자유의 여신이 새겨진 동전을 발행했다.[54]

하지만 공화정의 자유를 복원했다는 아우구스투스의 주장을 곧이곧대로 받아들인 로마인은 많지 않았던 것 같다.[55] 그 점은 아피아노스의 『로마사』에서 분명하게 드러난다. 2세기에 로마에 살았던 알렉산드리아 출신의 아피아노스는 로마의 역사에 대해 저술하면서 로마의 내전과 그에 따른 정치 체제의 변화에 상당한 관심을 기울였다. 아피아노스는 아우구스투스와 그의 후계자들의 통치하에서 로마가 군주국이 되었다고 확신한다. 하지만 로마인들은 "아마 고대의 선서를 존중하는 의미"에서 그들의 황제를 왕이라고 부르지 않았다고 아피아노스는 설명한다(여기서 선서는 전통적으로 모든 로마 관료가 군주정을 부인하면서 했던 선서를 말한다). "하지만 실제로 그들은 왕이나 다름없었다."[56]

다른 로마의 지식인들 역시 아우구스투스와 그의 후계자들이 만든 체제가 자유로웠다는 생각에 비판적이었다. 3세기 초 아나톨리아 출신의 로마 원로원 의원이었던 디오 카시우스는 80권으로 이루어진 『로마사』를 저술했는데, 옥타비아누스와 안토니우스의 군대가 브루투스와 카시우스가 이끄는 군대를 격퇴한 필리피 전투 중에 자유가 종식되었다고 분명히 밝혔다. 디오에 따르면 필리피 전투는 그 이후 옥타비아누스와 안토니우스 사이에서 벌어진 싸움처럼 단지 서로 경쟁하는 강자들 간의 전투가 아니었다. 오히려 전제정으로 갈 것이냐 민중 자치로 갈 것이냐를 결정하는, 로마인들의 자유가 걸린 전투였다. 필리피 전투로 혼합 정체에서 민주정 요소가 패배하고 군주정 요소가 지배적이게 되면서 로마인들은 완전히 자유를 잃었다. 그러나 디오는 단순히 로마 제국이 매우 확장되어 민주정으로 통치하기 어려워졌기 때문에 이것이 반드시 나쁜 것만은 아니라고 서둘러 덧붙였다. 따라서 상황은 불가피하게 '노예제'로 전개되거나 '파멸'로 이어질 수밖에 없었는데, 당연히 후자보다 전자가 훨씬 더 바람직했다.[57]

아피아노스와 디오의 주장 모두 분명히 일리가 있다. 로마에서는 3세기까지 선거가 계속 유지되기는 했지만, 공직 후보자들은 황제가 정했다. 그리고 황제가 후보자를 '추천'한 경우 추천된 후보자의 당선은 거의 확실했다. 최고 관직인 집정관의 선출은 항상 황제의 추천에 따라 정해졌다. 집정관보다 낮은 관직의 경우 초기에는 선거와 같은 경쟁 요소가 남아 있었지만 나중에는 전체 로마 시민이 아닌 원로원 의원만 투표할 수 있게 되었고, 결국에는 이러한 과정도 없어졌다. 이와 마찬가지로 원로원 의원도 황제가 임명했는데, 원로원 의원직의 경우 아우구스투스가 의원직의 세습을 허용하면서 더 복잡한 양상을 띠었으며, 따라서 적어도 이론적으로는 다른 관직보다 황제로부터의 독립성이 더 보장되었다. 성인인 남자 시민은 법률을 제정하는 데 참여하고 배심원으로 활동할 수 있는 오랜 권리를 잃었다. 이제 법을 만들고 정의를 실현하는 사람은 황제가 되었다. 요컨대 로마 제국은 그리스 군주제하에서와 마찬가지로 최종 의사 결정의 권한이 사실상 한 사람에게 집중되었다.[58]

물론 우리는 로마 제국 시민의 삶과 로마 공화국 시민의 삶이 실제로 크게 달랐는지 질문할 수 있다. 여성과 노예의 삶은 공화국이 붕괴했어도 크게 변하지 않았으며, 오히려 로마 제국에서 일부 여성과 노예의 지위는 상승했다. 황제의 아내와 어머니 같은 황실의 여자들은 황제와 가까웠기 때문에 상당한 권력을 휘두를 수 있었을 것이다. 역사가 푸블리우스 코르넬리우스 타키투스에 따르면 아우구스투스가 늙고 병약해지자 그의 아내 리비아는 황제 배후의 실세가 되었다. 리비아는 아우구스투스의 아들이 아니라 그녀가 이전의 결혼에서 얻은 아들 티베리우스가 아우구스투스의 뒤를 이을 수 있도록 했다. 그녀의 증손녀 소小 아그리피나는 훨씬 더했다. 타키투스의 비난조 표현을 빌리자면 아그리피나는 황제 클라우디우스의 아내로서(클라우디우스는 그녀의 삼촌이기도 했다) '남성적 폭정'을 자행했다. 그녀는 자신의 선조가 로마 제국을 수립했으므로 자신이 남편과 동등한 지위에 있는 '파트너'라고 자랑했다고 한다. 아그리피나는 황제의 옥좌 배치를 바꿔 이러한 메시지를 전달하려고 했는데, 타키투스에 따르면 그녀는 황제와 나란히 옥좌에 앉은 최초의 황후였으며 사람들은 클라우디우스에게 경의를 표했던 것과 마찬가지로 그녀에게도 경의를 표했다.[59]

황실에서는 노예와 해방 노예 역시 상당한 권력과 영향력을 행사할 수 있었다. 예를 들어 노예였다가 해방된 철학자 에픽테토스는 가장 천한 노예라도 황제와 가깝다는 이유로 그 지위가 얼마만큼 상승될 수 있는지를 보여주는 재미있는 일화를 들려준다. 에파프로디토스라는 사람이 노예 펠리시오를 소유하고 있었는데 펠리시오가 일을 잘하지 못한다는 이유로 그를 팔았다. 마침 카이사르의 집안 식구 중 한 사람이 펠리시오를 사들였고 그는 황제의 구두 수선공이 되었다. "에파프로디토스가 펠리시오에게 굽신거리는 걸 봐야 해."라고 에픽테토스가 히죽거리며 말했다. "'아뢰옵기 황공하오나 훌륭한 펠리시오는 지금 무엇을 하고 계십니까?'라고 묻거나 '에파프로디토스는 지금 무엇을 하고 있습니까?'라고 물으면 '에파프로디토스는 펠리시오와 협의 중이오.'라는 대답을 듣게 될 걸세."[60]

그렇기는 하지만 성인인 남자 시민의 관점에서 보면 아우구스투스가 일으킨 혁명 이후 상황은 크게 변했다. 이전에는 정치인들이 성인인 남자 시민의 표를 얻기 위해 노력하고 그들의 의견을 수용했지만, 아우구스투스가 집권하게 되면서 로마 시민은 정치적 과정에서 어떠한 역할도 할 수 없게 되었고, 이는 로마 시민으로 하여금 중대한 자각을 하도록 했다. 수 세기 동안 로마인들은 그들이 자유인이라는 사실을 자랑스러워했다. 로마인들은 적어도 그들의 관점에서는 스스로 통치하고 전제 군주의 독단적인 변덕에 시달리지 않는 시민이었다. 그러나 로마 제국이 세워지면서 이러한 자아상을 유지하기가 점점 어려워졌다. 많은 사람이 로마가 오만왕 타르퀴니우스가 집권하던 시절로 되돌아가고 있다고 우려하기 시작했다. 로마인들은 시민이 아닌 백성으로서 전능하면서 때때로 가혹한 통치자에게 종속되게 되었다. 심지어는 대대로 집정관이나 여타 공직을 지내온 가문처럼 최고위급 귀족 태생의 로마인들조차도 황제와 그 측근들의 명령에 따라야 했다. 다시 말해 엘리트라고 해도 노예보다 별로 나을 게 없었다.

불안한 새 현실을 마주한 로마의 일부 지식인은 상황이 더 나았던 지난 공화정으로 도피하기도 했다.[61] 리비우스는 공화정 역사를 기술하며 과거사에 몰두한 대표적인 역사가이다.[62] 로마에서 북쪽으로 약 300마일 떨어진 도시 파도바에서 태어난 리비우스는 젊었을 때 수도인 로마로 이사했고 혼란스러운 내전을 가까이에서 목격했다. 그는 내전 중에 로마의 역사서를 쓰기 시작했으며 그의 저술 작업은 평생 계속되었다. 리비우스가 저술한 역사서는 대부분이 전해지지 않지만 로마의 건국부터 아우구스투스의 통치에 이르기까지 전반적인 로마사를 다루었던 것으로 알려져 있다. 하지만 그의 역사서에서 가장 유명하고 오늘날까지 전해지는 부분은 로마 초기의 역사에 관해 서술한 것이다.[63]

리비우스가 저서의 서문에서 인정했듯이 아마도 많은 독자가 당대의 역사로 바로 넘어가기를 원했을 것이다. 하지만 리비우스는 로마의 건국과 건국 직후의 역사를 서술하는 데 자신의 창의력을 쏟았다. 그렇게 함으로써 당대에 만연한 문제로부터 "시선을 돌리고" "과거의 찬란한 시절"을 회상하는 데 집중할 수 있었다고 썼다.[64] 고대 로마인들에게는 존경할 만한 점이 많았다. 그들은 도덕적으로 더 올바르고 도시의 이익을 위해 더 많이 헌신했으며 탐욕도 덜하고 부패도 덜했다. 이러한 자질이 있었기 때문에 고대 로마인들이 폭군이나 폭군이 될 수 있는 군주로부터 그들의 자유를 지킬 수 있었다고 리비우스는 분명히 밝혔다.

특히 리비우스는 『로마사』 중 처음 열 권에서 고대 로마인들이 외

세 침략자와 자국 내의 전제 군주가 될 것 같은 인물에 맞서 싸워 성공적으로 자유를 지켜낸 것을 칭송했다. 리비우스는 로마인들이 왕을 없애고 매년 선출되는 정무관에게 주요 결정권을 부여한 이후에야 "자유로운 시민"이 되었다는 점을 분명히 했다. 이는 제2의 로마 건국에 버금가는 중대한 결과를 낳은 순간이었다고 리비우스는 강조했다. 이와 마찬가지로 리비우스는 평민 개혁가들의 눈부신 역할을 조명하며 신분 투쟁에 대해서도 상당한 분량을 할애했다. 리비우스의 글에 따르면 평민 개혁가들은 반복적인 연설에서 그들이 요구하는 제도적 변화가 자유에 필수적이라고 주장했다. (리비우스는 이 개혁가들의 연설을 설득력 있게 전달하기는 했지만, 아마도 이들만큼 민주적 성향으로 치우치지는 않은 것 같다. 리비우스는 키케로와 마찬가지로 전지적 관점에서 아테네의 자유와 같은 순수 민주주의적 자유가 '지나치게' 확대되는 것을 경계했다.)[65]

그러나 리비우스의 주된 관심은 로마 정치 제도의 역사가 아니라 이러한 제도를 만든 인물에 있었다. 리비우스는 『로마사』의 거의 모든 부분에서 "자유의 달콤함"을 얻기 위해 투쟁한 인물을 묘사했다. 예를 들어 루키우스 유니우스 브루투스에 대한 이야기는 리비우스의 서사에서 가장 중요한 부분을 차지했다. 리비우스는 브루투스를 "로마 시민을 해방시킬 위대한 영혼"으로 소개하며 자유 투사의 모범으로 묘사했다.[66] 이와 대조적으로 브루투스의 아들들에 대해서는 전혀 동정심을 표하지 않았는데, 그들이 공화정을 전복하기 위한 쿠데타에 가담하면서 아버지뿐만 아니라 새로이 해방된 로마를 배신했다고 생각했기 때문이다. 따라서 그는 브루투스가 아들들을 처형한 것을 전적으로 지지했다. (모든 고대 평론가가 이러한 견해에 동의한 것은 아니다. 플루타르코스는 루키우스 유니우스 브루투스를 "천성적으로 매정한" 사람이라고 비난했으며 아들들의 처형은 "끔찍한 행위"였다고 말했다.)[67]

리비우스뿐만 아니라 다른 역사가들도 공화정을 지키기 위해 싸운 자유 투사에 대한 기억을 기록으로 남겼으며, 로마 제국 초기에는 반反카이사르파를 진정으로 숭배하는 문화가 형성되었다.[68] 카토와 브루투스 같은 인물의 생애는 여러 작가로부터 칭송을 받았다. 그들의 시대부터 이미 이러한 전통이 시작되었다. 브루투스와 키케로는 카토가 자살한 후 사망한 카토를 기리는 추도문을 썼다. (카이사르는 '반反카토'라는 제목의 비난 글로 대응했다.) 그리고 키케로는 몇 년 후에도 여전히 브루투스가 필리피 평원에서 이룬 업적을 기렸다. 제국 초기까지도 변함없이 칭송 일색의 전기가 저술되었다. 리비우스와 동시대를 살았던 크레무티우스 코르두스는 브루투스와 그의 공모자 카시우스를 기리는 역사서를 저술했다. 한 세대가 지난 후, 내전을 다룬 서사시『파르살리아』를 저술한 시인 루카누스는 카이사르를 악랄한 폭군으로 묘사하고 카토를 당대 유일한 의인으로 칭송했다. 심지어 네로 황제의 스승이자 비공식적 고문이었던 철학자 세네카 역시 이들과 마찬가지로 로마 공화정을 그리워했다. 세네카는 네로를 위해 일하다가 은퇴한 후에 저술한 교화적 수필과 서한에서 공화정의 몰락을 자유의 종말이자 완전한 재앙으로 묘사하며 카이사르를 비난하고 내전에서 카토의 역할을 칭송했다. 세네카는 "카토는 자유보다 오래 살지 못했고 자유도 카토보다 오래 지속되지 못했다."라는 유명한 말을 남겼는데, 이는 그의 견해를 잘 나타낸다.[69]

공화정 영웅들을 가장 영향력 있는 형태로 기린 사람은 플루타르코스이다. 리비우스와 마찬가지로 플루타르코스 역시 지방 출신이었는데 리비우스보다 아테네에서 더 멀리 떨어진 지역 출신이었다.[70] 그는 아테네에서 약 70마일 떨어진, 그리스어를 사용하는 카이로네이아에서 태어나고 성장했다. 그는 많은 곳을 여행했지만 평생을 이곳에 머물며 지역 정치에 매우 적극적으로 참여했다. 다시 말해 플루타르코스는 속속들이 그리스인이었다. 하지만 플루타르코스의 식견은 그의 그리스 혈통뿐만 아니라 로마와 로마 역사에 영향을 받아 형성되었다. (플루타르코스는 카이로네이아가 로마 제국의 일부로 편입된 지 2세기 넘게 지났을 때 태어났다.) 플루타르코스가 로마와 로마 역사에 심취했다는 점은 그의 초기 저서 중 하나인 『로마 황제들의 삶』에서 분명히 드러난다. 이 책은 아우구스투스와 그의 후계자들의 전기를 주로 다룬 것으로, 유실되어 현재 전해지지 않는다.

플루타르코스의 가장 유명한 저서 『영웅전』은 그리스와 로마 인물들의 전기를 함께 엮은 것이다. (플루타르코스는 여성의 전기는 자신의 저서에 전혀 실을 필요가 없다고 생각했다).[71] 『영웅전』은 아테네의 건국자로 알려진 테세우스와 같은 신화적 영웅부터 마르쿠스 안토니우스와 같은 역사적 인물에 이르기까지 다양한 인물을 광범위하게 다루었다. 플루타르코스의 목적 중 하나는 그리스 문화와 로마 문화를 비교하는 것이어서 서로 필적할 만한 그리스와 로마의 인물을 짝지어 서술했다. 하지만 로마 역사에 관한 문헌으로서 로마 인물들의 전기만 따로 읽을 수도 있다. 그러한 관점에서 보면 플루타르코스가 과거 로마 공화정을 선호했으며 후기 공화정에서 어떤 자유 투사를 특히 편애했는지 분명히 드러난다. 플루타르코스는 다른 인물들에 비해 소 카토, 키케로, 마르쿠스 브루투스의 전기를 더 상세하게 썼으며 이들을 존경할 만한 모범으로 제시했는데, 이러한 점은 플루타르코스가 이들을 더 중요하게 생각했음을 보여준다.

특히 소 카토는 끊임없이 로마의 왕권을 노리는 사람들에 맞서서 자유를 지키기 위해 일생을 바쳐 헌신한 진정한 애국자이자 군계일학으로 묘사된다.[72] 플루타르코스에 따르면 카토는 어렸을 때부터 술라와 같은 폭군을 향한 증오를 표출하는 데 두려움이 없었다. 원로원 의원이 된 초기에는 공화정을 약화하려는 모든 선동가에 반대했으며 그들이 자신을 침묵시키기 위해 폭력을 사용하더라도 위축되지 않았다. 종국에는 카이사르가 내전을 일으켰고, 카토는 원로원 군대의 수장으로서 카이사르와 맞서 싸웠다. 플루타르코스가 묘사한 위대한 영웅 카토의 유일한 단점은 때때로 지나치게 양심적이었다는 것이다. 일례로 카토는 카이사르의 주요 경쟁자 중 한 명인 폼페이우스와 결혼 동맹을 맺기를 거절했다. 엄격하게 자신의 원칙에 따라 행동할 자유를 포기하지 않기 위해서였다. 결과적으로 폼페이우스는 카토가 아닌 카이사르와 동맹을 맺었고, 이것이 공화정의 종말을 앞당겼다.

하지만 플루타르코스가 볼 때 카토를 누구보다 훌륭한 로마의 자유 투사로 만든 것은 그의 존경할 만한 삶의 방식보다 죽음의 방식이었다. 카토의 군대가 카이사르에게 패한 후 카토가 자결한 일화는 잘 알려져 있다. 그는 매우 섬뜩한 방법으로 죽었는데, 카토의 전기 작가는 그 죽음을 세부적으로 충실히 묘사해 수 세기 동안 수십 명의 화가에게 영감을 주었다. 애초에 검으로 자결하려고 했던 카토의 시도는 실패로 돌아갔다. 카토의 아들과 수행원들이 피 웅덩이에 누워 있는

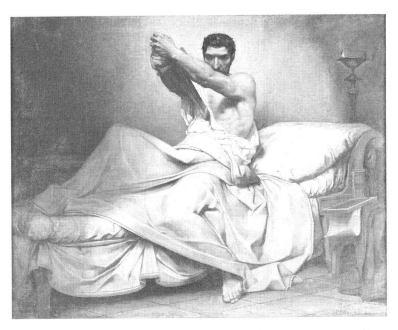

장폴 로랑스, 「소 카토의 죽음」, 1863.

그를 발견했다. 카토의 배에 난 상처가 갈라져 내장이 밀려 나와 있었지만 아직 살아 있었다. 의사가 내장을 다시 집어넣고 상처를 꿰매려고 했지만, 카토는 의사가 자신의 목숨을 구하려는 것을 알고 의사를 밀어냈다. 그러고는 맨손으로 상처를 벌려서 내장을 갈가리 찢어버렸다.

카토가 자결한 것은 카이사르의 손에 죽는 것이 두려워서가 아니었다고 플루타르코스는 강조했다. 카토는 자신이 망명하기로 결심한다면 카이사르가 자비를 베풀 수도 있다는 것을 알고 있었다. 그렇게 하는 것이 카이사르의 평판에도 도움이 될 것이기 때문이다. 하지만 카토는 그럴 준비가 되어 있지 않았다. 그는 절대 폭군의 지배하에서 살지 않겠노라고 친구와 동료에게 몇 번이고 말했었다. 따라서 카토의 자결은 다른 사람의 권위에 복종하기를 거부함으로써 자유인으로 남겠다는 갈망에 따른 것이었다. 카토는 검으로 자결함으로써 카이사르의 권력에 종속되지 않고 "자기 자신의 주인"으로 남을 수 있었다고 플루타르코스는 전하고 있다.[73]

마르쿠스 브루투스도 그의 삼촌과 마찬가지로 헌신적인 자유 투사로 묘사되었다. 플루타르코스는 카이사르에 대한 음모와 카이사르의 계승자인 안토니우스와 옥타비아누스의 향후 행적을 중심으로 브루투스의 삶을 다루었다. 플루타르코스는 브루투스에 대해 항상 관대한 태도를 보이기는 했지만, 브루투스가 카이사르를 살해한 것을 정당화하기 위해 상당한 노력을 기울였고 이로 인해 브루투스가 배은망덕하고 도덕적인 결점이 있다는 비난을 받아야 하는 것은 아니라고 주장했다. 오히려 이는 브루투스가 "카이사르에 대해 개인적 불만은 전혀 없이 공동의 자유를 위해 목숨을 걸었다."라는 것을 보여주기 때문에, 그가 "사심 없이 진실하게" 카이사르에 반대했음을 알 수 있다고 말했다.[74] 플루타르코스는 키케로에 대해서는 칭찬을 아꼈다. (아마도 공화정 후기의 다른 주요 인물들보다 키케로의 생애와 철학 등 그에 관한 거의 모든 것이 이미 잘 기록되어 있었기 때문일 것이다.) 플루타르코스는 키케로를 "진정한 애국자"라고 인정하기는 했지만 그의 성격적 결함, 특히 허영심이 많았다는 점에 대해서도 자세히 설명했다. 하지만 키케로가 안토니우스의 심복들에 의해 죽은 것은 카토와 마찬가지로 영웅적이었다.[75]

리비우스, 루카누스, 플루타르코스와 같은 저술가는 루키우스 유니우스 브루투스, 카토, 마르쿠스 브루투스, 키케로 등 공화정을 지키기 위해 싸운 유명한 영웅의 삶과 죽음을 기림으로써 제정 시대에도 자유에 대한 숭배가 존속되도록 했다. 이들은 고대인에게 자유란 자신을 스스로 다스리고 어떤 주인에게도 종속되지 않음을 뜻한다고 분명히 밝혔다. 그리고 제정 시대에 그러한 자유가 상실되었다고 강조하는 것을 두려워하지 않았다. 게다가 이들의 이야기는 훌륭한 많은 사람에게 자유는 목숨을 바칠 만한 가치가 있으며, 따라서 노예 상태로 살아가는 것보다 죽는 것이 더 낫다는 교훈을 준다.

그러나 모든 역사가가 공화정에 대한 향수에 젖는 것으로 새로운 정치적 현실로부터 도피하려고 했던 것은 아니다. 로마 제정 시대의 가장 뛰어난 역사가라고 할 수 있는 타키투스는 이와는 상당히 다른 방식으로 접근했다. 타키투스는 공화정과 그 영웅들에게 초점을 맞추는 대신 제정 초기 수십 년 동안의 삶을 상세하고 정확하며 노골적으로 설명함으로써 로마인들이 자유를 상실하면서 치명적인 결과가 초래되었다는 점을 부각했다. 제정 시대에 로마인들의 신변 안전은 전혀 보장되지 않았고 엘리트들은 굽실거리느라 품위를 잃은 노예로 변했다.[76]

타키투스는 50년대 중반에 지방의 엘리트 가문에서 태어나 로마에서 권력의 핵심 자리까지 올랐다. 타키투스는 도미티아누스 황제 시대에 원로원 의원으로 임명되었으며 집정관을 거친 후 부유한 소아시아 지역의 총독을 맡았는데, 이는 그의 출신 배경을 고려하면 놀라운 업적이다.[77] 그러나 타키투스에게 불후의 명성을 안겨준 것은 그의 문학적 성과였다. 그는 처음에는 장인인 로마 장군 아그리콜라의 전기를 썼고, 이어서 국경 지역에 사는 게르만 부족을 민족지학적 관점에서 다룬 책을 썼다. 이 두 저서는 상당히 평범한 편이었다. 하지만 플라비우스 황조 시대의 삶을 기록한 세 번째 저서 『역사』는 보다 규모가 방대하고 혁신적이었다. 하지만 책의 대부분이 유실되었기 때문에 주된 내용을 파악하기는 어렵다. 총 12권 중에서 짧은 기간에 무려 네 명의 황제가 교체되는 혼란기였던 69년의 사회적·정치적 격변을 다룬 처음 4권만이 보존되어 있다.

그러나 타키투스의 가장 훌륭한 걸작은 마지막 저서인 『연대기』라는 것에는 의심할 여지가 없다.[78] 타키투스는 『연대기』에서 『역사』보다 훨씬 더 과거로 거슬러 올라간다. 『연대기』는 원문의 거의 절반 정도가 보존되어 있는데, 원래 분량은 현대 저작물 기준으로 보면 약 1000쪽에 달하는 방대한 양으로 아우구스투스의 말년과 그의 뒤를 이은 티베리우스, 클라우디우스, 네로의 통치에 초점을 맞추었다. 이러한 주제를 선택한 것에 대해 타키투스는 도입부에서 이미 "유명한 역사가들"이 공화정의 역사를 충분히 다루었고 "명석한 역사가들"이 "아첨"하느라 침묵하기 전까지는 적어도 아우구스투스의 통치에 대해서도 저술했기 때문이라고 밝혔다. 하지만 역사가들은 티베리우스, 클라우디우스, 네로에 대해서 전혀 객관적이지 않았다. 이들 황제는 집권하면서 엄청난 증오심을 불러일으켰기 때문에 남아 있는 기록은 이들에 대해 매우 적대적이었다. 따라서 타키투스는 "악의나 편견" 없이 율리우스-클라우디우스 황조를 공정하게 평가하고자 했던 최초의 역사가가 되었다.[79]

그러나 타키투스가 공평함을 강조하기는 했지만 그는 로마 초기의 황제들에 대해 매우 호된 평가를 하는 데 주저하지 않았다. 타키투스는 티베리우스의 생애를 가장 먼저 다루었는데, 그의 통치는 순조롭게 시작되었다. 하지만 후계자인 아들 드루수스가 죽고 나서 상황은 악화되었다. 티베리우스는 프라이토리아니(황제의 근위대)의 근위대장 루키우스 아일리우스 세야누스의 영향 아래 놓이게 되었고, 세야누스의 설득에 따라 로마를 떠나 카프리섬에서 은둔하게 되었다. 이렇게 해서 세야누스는 로마의 실질적인 통치자가 되어 진짜 폭군처럼 행동했다. 이후 세야누스가 티베리우스의 총애를 잃은 뒤, 세야누스와 그의 추종자들은 학살되었고 티베리우스는 이를 묵인했다. 세야누스의 어린 자녀들도 죽음을 면할 수 없었다. 타키투스는 처녀의 사형을 금지하는 관습으로 인해 단지 어린아이에 불과했던 세야누스의 딸이 사형 집행인에게 강간당한 후 처형되었다는 끔찍한 이야기를 자세하게 서술했다.[80]

타키투스는 계속해서 티베리우스의 말년을 묘사했다. 노쇠한 티베리우스 황제는 더 변덕스럽고 폭압적으로 행동했다. 티베리우스의 통치에 대한 이야기는 반역죄로 기소되어 끔찍하게 자살하거나 처형된 수많은 사람의 목록으로 막을 내린다. 어느 저명한 시민은 원로원 원내에서 고발자들이 혐의를 설명하는 와중에 독약을 먹고 자살했다. 그런 다음 이미 사망했음에도 불구하고 그의 시신은 서둘러 감옥으로 옮겨진 뒤 교수형에 처해졌다.[81]

클라우디우스도 별반 나을 것은 없었다. 클라우디우스는 선량하고 능력 있는 행정가라는 인정은 받았지만 그의 아내들과 해방 노예들에게 노리개 취급을 받았다고 묘사되었다. 타키투스는 네로 황제에 대해 비난을 퍼부었다. 네로는 정당한 근거 없이 자신의 어머니와 두 아내를 모두 살해한 패륜적인 괴물이었다. 그는 권력에 실질적인 위협이 되지 않는 사람들도 단순히 아우구스투스의 후손이라는 이유만으로 자살을 명했다. 그의 통치하에서는 누구도 안전하지 않았다. 젊은 시절에 네로는 측근들과 밤에 로마를 돌아다니며 지나가는 무고한 사람들을 재미로 때리곤 했다. 이들 일당에게 폭행을 당한 한 로마 시민이 네로가 황제인지 모르고 네로에게 덤벼들면서 반격했는데, 이 일로 그는 자살하라는 명령을 받고 죽었다. 또한 네로를 암살하려는 음모가 밝혀지자 음모에 가담한 사람과 무고한 사람 모두 무참히 살해되었다. 네로의 스승이었던 세네카 역시 희생자 중 한 명이었다. 심지어는 페트로니우스와 같은 최측근에게도 자살을 명해 그들을 죽음으로 몰아넣었다.[82]

아무리 권력이 강하고 부유하고 인맥이 좋은 사람이라도 네로 황제가 변덕을 부리면 목숨을 부지할 수 없었다. 그리스도인이 처한 운명에서 분명히 볼 수 있듯이 이목을 끌지 않도록 저자세로 있어도 안전하지 않았다. 통치 말기에 네로 황제는 그리스도인을 잔인하게 박해하기 시작했는데, 로마 대화재가 네로가 시킨 일이라는 소문이 돌자 주의를 딴 데로 돌리기 위한 시도였다. 네로는 가장 특이한 방식으로 그리스도인을 박해했다. 그리스도인에게 짐승의 가죽을 입혀 개들이 갈가리 찢어 죽이게 했고, 밤에 불을 밝히기 위해 그들을 십자가에 매달아 태우기도 했다. 타키투스는 "그 결과 이들이 유죄이고 본보기로 처벌받아야 마땅하지만 공익이 아니라 한 사람의 잔인한 욕구를 충족시키기 위해 몰살당하는 것은 불쌍하다는 동정심이 일기 시작했다."라고 썼다.[83]

헤로도토스와 마찬가지로 타키투스도 제국의 통치하에서는 개인의 신변 안전이 보장되지 않았으며 이는 구조적 문제라고 설명했다. 로마 제국 치하에서 안전이 보장되지 못한 것은 티베리우스나 네로의 개인적 자질보다는 전제 정치가 견제되지 않는다는 특성 때문에 야기되었다. 타키투스는 『연대기』의 도입부에서 아우구스투스의 통치가 구조적 변화를 가져왔으며, 이러한 변화로 인해 '자유', 즉 민중 통치 체제가 전제정으로 대체되었다고 설명했다. 타키투스는 아우구스투스 통치 이후의 이야기에서 과거 공화정 때와는 매우 다르게 선거가 요식 행위로 바뀌었다고 여러 번 강조했다. 아우구스투스의 후계자들은 자신들의 권력에 제한이 없다는 사실을 인지했고, 그 점이 그들의 범죄와 도덕적 타락에 큰 영향을 미쳤다. 이는 티베리우스의 통치 시절에 가장 잘 나타난다. 티베리우스는 처음에는 통치를 잘했지만, 루키우스 아일리우스 세야누스와 같은 악랄한 인물에게서 영향을 받아 좋은 통치자와는 거리가 멀어지게 되었다.[84]

물론 헤로도토스 역시 『역사』에서 이와 비슷한 주장을 펼쳤다. 하지만 타키투스는 외적의 통치자가 아니라 자국의 통치자에 대해 저술했으며, 그의 이야기에는 헤로도토스와 비교도 안 될 정도로 비통함과 도덕적 분노가 가득했다. 타키투스는 그리스 역사가인 헤로도토스를 그대로 모방하지는 않았다. 전제 정치의 악영향에 대해 설명할 때 헤로도토스는 개인의 안전에 중점을 둔 반면, 타키투스는 여기서 더 나아가 전제 정치가 로마인들의 노예근성을 키워 도덕성을 파괴하는 결과를 낳는다고 분명히 밝혔다.

타키투스의 이야기에 묘사된 로마 엘리트들의 행동을 통해 자유의 상실이 도덕성에 어떠한 영향을 미쳤는지를 가장 분명하게 알 수 있다.[85] 『연대기』에 소개된 원로원 의원 대부분은 그들의 주인인 황제에게 비굴하게 복종했다. 어느 일화에서 가엾은 청년 리보는 티베리우스에게 반기를 들었지만, 그 사실이 밝혀지면서 자살을 명령받고 죽었다. 리보가 죽자 몇몇 원로원 의원은 황제의 목숨을 구할 수 있었다는 사실에 환호하며 리보의 사망일을 국경일로 지정하려고 했다. 또 다른 일화에서, 로마의 어느 기사가 황제를 찬양하기 위해 티베리우스의 모습으로 장식된 은 식기를 만들라고 명령했다. 하지만 황제의 모습이 그려진 식기에 담긴 음식을 먹는다는 사실에 분개한 사람들이 그를 반역죄로 고발했다. 타키투스에 따르면 실제로 원로원 의원들의 아첨이 지나치게 노골적이고 과장되어 티베리우스조차도 짜증을 냈다고 한다. "티베리우스는 원로원을 나설 때마다 원로원 의원들에 대해 그리스어로 '아, 노예가 될 준비가 된 사람들!'이라고 말하곤 했다. 티베리우스는 시민의 자유에 반대하면서도 그의 '노예'들이 비굴하게 복종하는 것을 역겨워했음이 분명했다."[86]

네로 황제가 권력을 잡게 되었을 때는 그 정도가 훨씬 더 심해졌다. 네로는 어머니 아그리피나를 살해하기 위해 배를 침몰시킬 치밀한 계획을 세우기도 했으며, 이후 살해에 성공했을 때 원로원 의원들은 네로를 칭송했다. 네로가 두 번째 아내 포페아를 기쁘게 하기 위해 첫 번째 아내인 죄 없는 옥타비아를 처형해 그녀의 머리를 말뚝에 꽂아 내걸었을 때도 원로원 의원들은 네로를 칭송했다. 또한 그들은 네로가 발끈해 뜻하지 않게 포페아를 살해한 후 교활하고 악랄한 포페아를 신격화하는 것을 순순히 받아들였다. 아마 타키투스의 관점에서 로마 엘리트들의 몰락을 가장 극명하게 보여준 것은 로마에서 매우 유서 깊고 저명한 가문 출신의 엘리트들이 젊은 황제와 함께 무대에서 연기하고 노래를 불렀다는 사실일 것이다. 일반적으로는 가장 신분이 낮은 사람들이 배우와 가수로서 무대에 오르기 때문이다.[87]

그러나 모든 원로원 의원이 이렇게 비굴하게 행동했던 것은 아니다. 타키투스는 트라세아 파이투스의 생애와 업적을 논하면서 자유의 정신을 살리기 위해 노력한 이들도 있었음을 보여주었다. 트라세아는 네로의 통치하에서 틈만 나면 광기 어린 황제에게 반기를 든 명예로운 인물 중 하나였다. 동료 중 한 명이 네로에 대한 불경한 시를 암송했다는 이유로 처형당할 것이 뻔해 보이자 트라세아는 용감하게 나서서 동료가 좀 더 가벼운 처벌을 받을 수 있도록 했다.

하지만 트라세아는 다른 원로원 의원들의 지지를 거의 얻지 못했고, 결국에는 공직에서 물러나게 되었다. 하지만 네로는 계속 원한을 품고 있다가 트라세아에게 날조된 혐의를 씌워 재판을 열었다. 『연대기』에서는 트라세아가 재판에 넘겨져 모욕을 당하는 대신 자신의 롤모델인 소 카토처럼 자결을 하려고 준비하는 감동적인 장면에서 이야기가 끝난다. 카토와 마찬가지로 트라세아 역시 노예로 사느니 죽는 편이 낫다는 그의 생각을 분명히 보여주었다. 트라세아는 정맥을 끊으면서 해방의 신 주피터에게 술을 올린다고 말했다. 이 이야기는 제정 시대에 진정한 자유의 정신이 존재할 수 없었다는 교훈을 분명하게 전한다.[88]

타키투스의 『연대기』는 자유가 사라지면서 로마인의 도덕성이 어떠한 영향을 받았는지를 냉철하게 분석한다. 하지만 타키투스가 당대의 황제들에 대해서는 율리우스-클라우디우스 황조의 황제들을 비판했던 것만큼 신랄하게 평가하지 않았다는 점에 주목해야 한다. 타키투스는 마흔 살 무렵이던 96년에 네르바가 황제로 즉위하자 정치적 상황이 훨씬 더 나아졌다고 생각했는데, 이는 그의 초기 저술을 통해 분명하게 알 수 있다. 타키투스는 네르바의 계승자이자, 로마가 아닌 속주 출신으로는 최초로 황제의 자리에 오른 트라야누스에 관해 훨씬 더 열광적이었다. 심지어 그는 첫 저서 『아그리콜라』에서 훌륭한 통치자 아래서는 적어도 개인적 안전의 측면에서 사람들이 일종의 자유를 누릴 수 있었다고 밝혔다. 타키투스는 네르바와 트라야누스가 평화와 질서를 회복해 그전까지만 해도 불가능해 보였던 위업, 즉 "원수정과 자유라는, 오랫동안 양립할 수 없었던 두 개념을 아우르는" 위업을 달성했다고 적었다.[89] 하지만 이러한 생각이 여러 번 강조된 것은 아니었다. 전반적으로 타키투스는 저서에서 이와는 반대로 엄격한 의미에서의 자유는 제정과 공존할 수 없다고 주장했다.[90]

간단히 말하면 타키투스, 리비우스, 플루타르코스의 저서에서 볼 수 있듯이 아우구스투스 이후에도 자유에 대한 숭배는 결코 사라지지 않았다. 리비우스와 플루타르코스와 같은 역사가는 공화정 시대에 자유를 위해 싸운 영웅들을 칭송하면서 자유를 목숨보다 소중하게 여긴 모범적인 사람들이 여전히 존재했음을 지적했다. 타키투스는 정치적 노예 상태가 미치는 영향을 적나라하게 밝혔다. 그는 제정 시대에 개인의 삶은 위태로웠으며, 자유가 사라지면서 로마인들의 도덕성이 부정적인 영향을 받았다고 말했다. 타키투스는 한때 자긍심이 강했던 원로원 의원들이 비열한 아첨꾼 무리로 변했으며, 그 결과 위업을 완전히 잃게 되었음을 보여준다.

당연히 황제와 황제의 고문은 공화정 시대의 자유에 대한 숭배가 체제를 전복하려는 시도로 이어질 것을 우려했고 그 시대의 기억을 되살리려는 역사가와 시인의 삶을 어렵게 만들었다. 몇몇 지식인은 목숨을 내놓아야 했다. 카이사르를 살해한 브루투스와 카시우스를 칭송했던 크레메티우스 코르두스는 반역죄를 지었다는 혐의를 받았다. 코르두스는 굶어 죽었으며 그의 책은 불살라졌다. 폭군 살해자를 칭송한 시인 루카누스 역시 네로 황제를 타도하려는 음모에 가담한 뒤 발각되자 자결했다. (타키투스는 루카누스가 공화정에 동조해서가 아니라, 네로가 루카누스를 시기해서 그가 시인으로 성공하지 못하도록 했기 때문에 네로에게 적대감을 갖게 되었다고 설명했다.)[91]

하지만 자유를 계속 숭배한다고 해도 그것이 현실적으로 미치는 영향은 미미했기 때문에 이렇게 가혹하게 처벌을 내릴 필요는 없었을지도 모른다. 기원전 27년 이후 로마 제정은 확고하게 자리 잡았다. 공화정을 복원시키려는 진지한 시도가 단 한 번 있었지만 곧 실패로 끝났다. 기원후 41년 티베리우스의 후계자인 칼리굴라 황제는 앙심을 품은 근위병들에게 암살되었다. 권력의 공백이 생기자 원로원에서는 제정을 종식하려 했다. 원로원 의원들은 회의를 소집해 칼리굴라를 살해한 이들을 브루투스와 카시우스와 같은 폭군 살해자라고 부르며 칭송했다. 특히 그나이우스 센티우스 사투르니누스는 정치적 노예 상태를 완전히 종식하고 선조가 이룬 자유를 되찾을 기회를 놓치지 말아야 한다고 동료들을 설득했다.[92]

그러나 원로원 의원들의 호소는 소용이 없었다. 황실에서는 근위병들이 이미 칼리굴라의 불운한 삼촌 클라우디우스를 새로운 황제로 정한 뒤였다. 클라우디우스 황제는 그로부터 사망하기 전까지 13년간 누구의 방해도 받지 않고 로마를 통치했다. 이러한 일화는 과거의 정치 체제였던 공화정이 완전히 사라졌음을 강조할 뿐이다. 칼리굴라 이후 여러 황제가 목숨과 황제의 자리를 잃었지만, 황실에서 다른 통치자를 왕위에 올리기 위해 정변을 일으켰기 때문이지 제정 자체가 위협을 받지는 않았다.[93]

실제로 리비우스, 플루타르코스, 타키투스와 같은 공화정 성향의 지식인은 자유를 적극적으로 옹호하고 정치적 노예 상태를 격렬히 비난했지만, 체념하고 로마 제정을 수용했음을 보여주는 자료가 많다. 그들의 견해에 따르면 아무리 공화정 시절을 아쉬워한다고 하더라도 엘리트들의 부정부패가 늘어나고 시민들 간에 불화가 커진다면 공화정의 몰락은 거의 피할 수 없다. 지식인들은 자유가 재확립되면서 제정이 다른 정치 체제로 대체되는 것이 아니라 또다시 내전이 발생할 가능성이 높다고 생각했다. 그렇기 때문에 리비우스는 아우구스투스와 친분을 유지했으며 타키투스는 당대의 안토니누스 황조를 전적으로 지지했다. 이와 마찬가지로 플루타르코스는 저서 『율리우스 카이사르의 생애』에서 후기 공화정을 병든 몸으로, 카이사르를 치유자로 묘사했다.[94]

그럼에도 리비우스, 루카누스, 플루타르코스, 타키투스와 같은 역사가들은 초기와 후기 공화정 시대 자유 투사의 이야기를 전하고 자유의 상실에 따른 로마인들의 정치적 노예화를 비판함으로써 자유의 역사에 대단히 중대한 공헌을 했다. 이들 역사가의 이야기 속에서 자유 투사는 헤로도토스의 스페르티아스와 불리스보다 훨씬 더 훌륭한 사람으로, 악인은 캄비세스나 크세르크세스보다 훨씬 더 악랄한 사람으로 묘사되었다. 이들은 정치적 복종이 미치는 악영향을 주제로 도덕적 교훈을 주는 진정한 보물 같은 이야기를 만들었으며, 이러한 이야기는 이후 수 세기 동안 독자들에게 감동을 주게 된다.

제정 후기 자유 숭배의 종말

제정 초기에 모든 로마인과 로마의 지식인이 공화정 시절 자유 숭배의 기조를 유지하기 위해 노력했던 것은 아니다. 플라톤과 마찬가지로 많은 사람이 최고의 통치자가 지배한다면 노예로 사는 것이 나쁘게 없다고 생각하게 되었다. 예를 들어 타키투스와 동시대인이었던 디온 크리소스토모스는 로마 황제 도미티아누스의 폭력적인 통치하에서 살았다. 하지만 그는 타키투스처럼 제정 시대가 도래하고 로마인들이 자유를 잃게 된 것에 대해 한탄하지 않았다. 디온은 도미티아누스의 후계자인 네르바와 특히 트라야누스를 현명하고 인자한 통치자로 칭송했다. 이러한 통치자에게 복종하는 것은 재앙이 아니라 시민에게 일어날 수 있는 가장 좋은 일이었다.[95]

비티니아(오늘날의 튀르키예의 한 지역)에 위치한 프루사의 부유한 시민이었던 디온은 베스파시아누스 황제가 통치하던 시기에 로마를 빈번하게 방문했다. 디온은 사교계에서 유명하고 황제의 측근과 친분이 있었던 듯하다. 하지만 도미티아누스가 황제로 즉위하자 그의 화려한 생활은 끝이 났다. 그는 이탈리아와 고향인 프루사에서 추방되었는데, 반역을 시도했다는 혐의를 받은 로마 귀족과 연관되었기 때문인 것으로 추정된다. 디온은 유배 기간 중 철학에 관심을 가졌다. 그는 돈이 없는 상황에서 철학자이자 현자로서 로마 제국을 돌아다니며 비참한 상황을 최대한 극복하려고 애썼다. 디온은 곧 웅변술로 명성을 쌓았고 '황금의 입'이라는 뜻의 '크리소스토모스'라는 별칭을 얻었다. 96년 도미티아누스 황제가 암살되자 그의 삶은 다시 바뀌었다. 도미티아누스의 후계자 네르바는 유배 중인 디온을 불러들였고 그는 고향인 프루사에서 다시 자리 잡을 수 있었다. 새로운 황제 네르바가 디온의 재산을 돌려주었으며, 디온은 프루사의 세력가로 성장해 프루사 시민을 대변하는 대사로서 로마에 진출했다. 네르바는 황제의 자리에 오른 지 불과 16개월 만에 갑작스러운 죽음을 맞게 되고, 디온은 네르바의 뒤를 이어 황제로 즉위한 트라야누스의 통치하에서 프루사의 이해를 대변하게 되었다.

디온은 신임 황제를 위한 창의적인 선물을 준비해 대사직을 훌륭하게 수행하고자 했다. 그는 현명한 왕의 통치가 행정가들이 원하는 최선의 것이라는 플라톤의 생각을 바탕으로 『왕권에 관한 연설』을 저술했다. 이 연설집은 상당한 영향을 미쳤는데 이 중 네 연설이 전해진다. 디온의 견해가 결코 독창적인 것은 아니었지만 그는 화려한 은유를 통해 플라톤의 철학을 되살렸다. 디온은 훌륭한 왕을 애정을 가지고 양 떼를 돌보는 양치기, 선원들이 집으로 안전하게 돌아갈 수 있도록 배를 운항하는 방법을 유일하게 알고 있는 선장에 비유했다. 또한 선한 황제를 여름에는 생명체에 필요한 온기를 주지만 겨울에는 추위를 주어 땅에 비가 내릴 수 있도록 하는 태양과 비교할 수 있다고 보았다. 선한 황제는 태양처럼 자신이 돌보는 모든 것이 괜찮은지 확인한다. 디온은 "그[태양]가 우리에게 다가올 때 너무 가까워지면 모든 것이 불타고, 그가 물러설 때 지나치게 멀어지면 모든 것이 얼어서 굳어버리기에, 완벽하고 정밀한 조정으로 우리에게 이로울 수 있도록 자신의 경계를 살핀다."라고 말했다.[96]

물론 디온은 모든 통치자가 이런 이상에 부합하는 것은 아님을 깨달았다. 그는 나쁜 통치자의 지배하에서 개인의 삶은 위태로울 수밖에 없으며 최악의 경우 끔찍한 고통이 수반된다고 보았다. 하지만 헬레니즘 사상가들과 마찬가지로 그 역시 왕과 폭군의 차이가 제도적인 것이 아님을 분명히 했다. 왕의 권력은 폭군의 권력과 마찬가지로 견제받지 않으며 제한이 없다. 이 둘의 차이는 도덕성에 있다. 왕은 호메로스의 시를 읽고, 아첨을 피하고, 자제력과 청렴함을 갖추도록 힘쓰면서 폭군이 되지 않을 수 있었다(오직 호메로스의 시만이 "진정 숭고하고 고상하며 왕에게 적합하고, 진실한 인간의 주목을 받을 가치가 있다."라고 디온은 서술했다).[97]

트라야누스가 황제로 즉위한 이후 수 세기 동안, 디온이 열정적으로 옹호했던 왕권 정치는 점점 더 당연한 것이 되었다. 공화정의 기억이 희미해져 가면서 리비우스, 타키투스, 플루타르코스를 통해 제정 초기 150여 년간 유지되었던 자유에 대한 숭배가 서서히 사라져 갔다. 플라톤의 철학에 뿌리를 둔 헬레니즘 왕권 이론을 바탕으로 제정 시대 작가들은 군주제를 최고의 체제로 칭송했다. 폭정과 자유를 대조하는 것이 아니라 폭정과 왕권 정치를 대조하게 되었고, 폭정과 왕권 정치를 구분하는 것은 제도적 차이가 아니라 통치자의 도덕성과 깊은 지혜

에서 오는 차이임이 강조되었다.[98]

이러한 변화는 황제를 지칭하는 단어에서 잘 드러났다. 공개 연설에서 '주主' 또는 '주인'을 뜻하는 '도미누스dominus'라는 단어가 주인과 노예 사이의 관계를 묘사하는 데 사용되었다. 초기 로마 황제들은 이 단어가 전제 군주를 연상시키기 때문에 사용하는 것이 부적절하다고 보았으며, 이 칭호로 불리기를 거부하는 것이 '좋은' 황제를 구분하는 전통적인 표지가 되었다. 아우구스투스, 티베리우스, 클라우디우스는 모두 그럴듯하게 도미누스라는 칭호를 거절했지만, 칼리굴라와 도미티아누스와 같은 '나쁜' 황제는 이 호칭을 사용한 것으로 알려졌다. 그러나 2세기 말에서 3세기 초, 도미누스는 일반적으로 황제를 지칭하는 호칭이 되었으며, 따라서 황제는 자신이 노예와 백성의 주인이라고 선언하는 셈이 되었다.[99]

이러한 사고의 변화는 그리스도교의 부흥이라는 매우 다른 성격의 문화적 사건이 전개되면서 더욱 촉진되었다.[100] 네로가 64년 로마 대화재를 그리스도인의 탓으로 돌렸던 사실에서 알 수 있듯이 1세기 중반에 그리스도교는 로마 제국이 인지할 수 있을 만큼 규모가 커졌다. 그러나 그리스도교는 매우 느린 속도로 발전하고 있었고 오랫동안 소수 종교에 불과했다. 3세기 후반이 되면서 로마의 토속 종교가 쇠퇴하고 그리스도인의 수가 꽤 급격히 증가한 것으로 보이며, 아마 이러한 이유로 3세기를 비롯해 4세기의 첫 10년간 그리스도교 박해가 촉발되었을 것이다. 302년 소위 디오클레티아누스의 대박해 때 수천 명의 그리스도인이 로마의 토속 신들을 숭배하기를 거부해 처형되었다.

물론 결국에는 그리스도교가 승리했고 로마 권력의 회랑에 확고하게 자리 잡게 되었다. 그리스도교가 공인되는 데는 콘스탄티누스 황제가 크게 기여했다. 콘스탄티누스가 그리스도교를 로마 제국의 국교로 만들었다는 주장이 있는데 이는 사실과 다르며, 그가 다신교를 금지한 것도 아니다. 이러한 조치가 이행되었다고 하더라도 적어도 5세기까지는 인구 대다수가 로마의 전통 신을 믿고 있었기 때문에 성공하기란 불가능했을 것이다. 그러나 콘스탄티누스의 통치하에서 그리스도교에 대한 적대감은 열렬한 지지로 바뀌었고, 자금 지원과 후원이 이루어졌다. 현재 시점에서 보면 콘스탄티누스의 통치 기간은 중대한 전환기에 해당한다. 단기간 통치했던 율리아누스 황제를 제외하고 후계자 모두가 콘스탄티누스의 선례를 따라 그리스도교를 인정했으며, 그리스도교는 중요한 정치적·문화적 세력으로 성장했다.

초기 그리스도인은 정치권력에 대해 상반된 입장을 취했다.[101] 사도 바울을 비롯한 일부 초기 그리스도교 지도자의 주장에 따르면 세속적 권위는 하느님이 위임한 것이므로 그리스도인은 항상 권위에 복종해야 한다. 잘 알려진 바와 같이 바울은 로마의 어느 그리스도교 공동체에 보낸 편지에 다음과 같이 썼다. "누구나 자기를 지배하는 권위에 복종해야 합니다. 하느님께서 주시지 않은 권위는 하나도 없고 세상의 모든 권위는 다 하느님께서 세워주신 것이기 때문입니다. 그러므로 권위를 거역하면 하느님께서 세워주신 것을 거스르는 자가 되고 거스르는 사람들은 심판을 받게 됩니다."*[102] 하지만 제국을 부정적으로 바라보는 사람들도 있었다. 도미티아누스가 그리스도인을 박해한 후 저

* 번역 출처: 대한성서공회, 『공동번역 성서』(개정판), 2017.

술된 것으로 여겨지는 요한 계시록에서 로마는 '바빌론의 창녀'로 묘사되었고 몰락할 것이라고 예언되었다.[103]

하지만 콘스탄티누스가 소위 신의 섭리에 의해 그리스도교로 개종한 이후 이러한 의견 충돌이 해소되었고 그리스도교 사상가들은 로마 제국을 전적으로 지지하게 되었다. 그리스도교 사상가들은 플라톤과 같은 초기 비기독교도 철학자들의 생각을 어느 정도 받아들이기도 했다. 따라서 팔레스타인 카이사레아의 주교이자 황제의 전기 작가인 에우세비우스는 콘스탄티누스가 플라톤의 철인왕처럼 현명할 뿐만 아니라 자기 자신의 진정한 주인이므로 황제가 될 자격이 있다고 설명했다. 에우세비우스는 콘스탄티누스의 즉위 30주년을 축하하는 연설에서 콘스탄티누스 황제를 "부에 대한 갈망, 성욕에 굴하지 않고, 자연적 쾌락을 이겨내며, 분노와 열정에 지배당하지 않고 이를 통제"하는 "진정한 왕"으로 묘사했다. 물론 이것들은 모두 헬레니즘 왕정에서 전통적인 주요 덕목이었지만, 에우세비우스는 다른 무엇보다 콘스탄티누스의 독실한 그리스도교 신앙을 왕의 가장 중요한 자질로 강조하면서 헬레니즘 왕정의 전통에서 벗어났다.[104]

또한 그리스도교 교리는 일인 통치를 지지하는 새로운 주장을 펼치면서 로마 제국을 옹호했다. 그리스도교 사상가들은 단 하나의 신만이 존재하며, 따라서 군주제는 신의 통치를 반영한다고 주장했다. 에우세비우스가 서술한 바와 같이 "하느님은 둘도, 셋도, 그 이상도 아닌 한 분이시다. 여러 신을 주장하는 것은 하느님의 존재 자체를 명백히 부정하는 것이다. 군주는 한 명이며, 그의 말과 왕법도 하나이다."[105] 또한 하느님이 초대 황제 아우구스투스가 통치하는 나라에 당신의 아들이 태어나도록 한 것은 제국을 승인함을 암시한다는 주장 역시 널리 받아들여졌다. 영향력이 큰 저서 『복음 준비』에서 에우세비우스는 제국의 도래는 하느님이 명한 것이라고 설명했다. 하느님은 목적을 위해 아우구스투스를 '유일한 통치자'로 만들어 제국 이전 시대에 끊임없이 발생했던 전쟁과 분쟁을 종식시켰고, 따라서 전 세계에 복음을 전파할 수 있는 평화와 번영의 시대가 시작되었다.[106]

아우구스티누스 역시 제정을 옹호하는 주장을 펼쳤는데, 그의 논리는 앞서 설명한 생각과는 매우 달랐지만 그에 못지않게 큰 영향을 미쳤다.[107] 로마 제국에 속해 있던 북아프리카 도시인 타가스테에서 태어난 아우구스티누스는 주교이자 호교론자였으며, 로마 역사의 격동기에 살았다. 410년, 아우구스티누스가 56세가 되던 해에 서고트족이 로마를 약탈했다. 이 사건으로 로마 세계의 엘리트는 엄청난 충격을 받았다. 아우구스티누스는 이 재앙이 그리스도교의 확산 때문이라는 비그리스도인의 주장을 반박하기 위해, 비그리스도인의 통치하에서 상황은 훨씬 더 악화되었을 것이라는 취지로 『하느님의 도성』을 저술한다. 이 책에서 아우구스티누스는 자신의 정치적 견해를 비롯한 전반적인 세계관을 밝힘으로써 원래의 취지에서 더 나아가게 된다.

아우구스티누스는 플라톤과 에우세비우스가 정당화한 왕권 정치를 부정했다. 진정한 행복은 사후 세계에서 하느님의 은혜를 통해서만 이루어질 수 있기 때문에 정치 지도자가 국민이 행복할 수 있도록 인도하기를 기대하는 것은 잘못된 일이었다. 현생의 삶은 비참함과 고통만이 있을 뿐이었다. 제국을 세운다고 하더라도 인류를 괴롭히는 끊임없는 폭력과 분쟁을 없앨 수는 없었다. 아우구스티누스가 "그 모든 끔찍한 전쟁, 그 모든 인간 학살, 그 모든 인간의 유혈 참사!"[108]라고 말했듯이 제국의 설립 자체가 끔찍한 대가를 수반했다. 게다가 로마 제국이 평화를 가져왔다고 해도 그것은 위태로웠다. 로마는 외적의 침입이 잦았고 제국 내부에서도 분쟁이 지속되었는데, 이러한 내부 분쟁은 외국과의 전쟁보다 훨씬 더 치명적이었다.

아우구스티누스는 인간이 비참한 상태에 놓이게 된 것이 하느님의 의도가 아니라 인간이 원죄를 이어받았기 때문이라고 보았다. 인간이 겪어야 하는 고통은 인류의 시조인 아담과 이브가 타락한 데 따른 직접적인 결과였다. 창세기에서 설명하듯이 아담과 이브는 죄, 고통, 심지어 죽음조차 없는 에덴에서 하느님과 함께 행복하게 살고 있었다. 그러나 그들은 뱀의 유혹에 빠져 하느님이 내린 유일한 계율을 거스르고 선악과를 먹게 된다. 그 결과 아담과 이브는 에덴에서 쫓겨나고, 그들의 자손은 평생 죄악의 충동에 시달리며 힘들고 고통스럽고 유한한 삶을 살게 되었다.

아우구스티누스의 견해에 따르면 아담과 이브의 타락은 정치적 권력이 애당초 어떻게 생겨났는지 설명해 준다. 하느님은 원래 모든 인간을 동등하게 창조하고 그들에게 생명체를 통제할 수 있게 했으나 다른 인간을 통제할 수 있는 권한을 주지는 않았다. "그러므로 하느님이 애초에 창조하신 인간은 그 본질이 다른 인간이나 죄의 노예가 아니다."라고 아우구스티누스는 설명했다. 따라서 정치적 복종은 순리에 어긋나는 것이었다. 아담과 이브가 타락하게 되면서 사람들은 서로를 지배하려는 욕망에 사로잡히게 되었고, 이렇게 해서 정치권력이 생겨났다.

이는 왕권 정치가 인간을 행복으로 이끈다고 높이 평가한 플라톤과 에우세비우스의 주장을 완전히 부정하는 것이다. 정치적 권위는 인간이 선한 삶을 살도록 인도하지 못할 뿐만 아니라 부자연스러운 것이며, 신이 인간을 위해 만든 원래 계획의 일부가 아니라 인간이 지은 죄의 산물이었다. 그런데도 아우구스티누스는 에우세비우스와 마찬가지로 제국주의 통치에 복종해야 한다는 입장을 지지했다. 아우구스티누스는 통치자가 백성을 선한 삶으로 이끌기 때문이 아니라 권위에 복종하는 것이 하느님의 뜻이기 때문에 그렇게 따라야 한다고 주장했다. 다시 말해 하느님은 인간의 죄를 벌하기 위해 인간이 정치적으로 복종하도록 만들었다. 아우구스티누스는 다음과 같은 유명한 말을 남겼다. "그러므로 노예 제도가 만들어진 첫 번째 원인은 죄에 있으며, 그 결과 인간은 노예 상태로 속박되어 인간에게 복종하게 되었으며, 이러한 속박은 불의가 없고 죄인에게 지은 죄에 상응하는 벌을 줄 수 있는 하느님의 심판에 의해서만 가능하다."[109]

이와 같이 정치적 복종을 신이 명한 것으로 여기고 적극적으로 옹호하는 발상은 그리스도인이 자유의 개념을 형성하는 데 부정적인 영향을 끼쳤다. 아마도 노예 공동체에 뿌리를 두고 형성된 자유 개념은 그리스도교 교리에서 중요한 역할을 했을 것이다.[110] 초대 교회 문서, 특히 바울의 목회 서신에서는 그리스도교가 이룬 해방이 여러 번 언급된다. 바울은 갈라티아(오늘날의 튀르키예의 한 지역)에 있는 그리스도교 공동체에 보낸 서신에서 모든 그리스도인은 "예수 그리스도 안에서 하나"이며 따라서 그리스도교 공동체에는 "노예도 자유도 없다."라고 썼다. 이와 아울러 자신이 언급한 자유는 전적으로 내적, 영적 자유를 일컫는다고 분명히 밝혔다. 바울은 그리스도 안에서 모든 인간은 평등하다는 점을 강조함으로써 그리스도가 인간을 거짓 신으로부터 해방시켰음을 시사했다.[111]

　바울은 고린토인들에게 보낸 편지에서 노예들에게 그들의 운명을 거스르지 말라고 권고하며 이 점을 더 분명히 했다. "부르심을 받았을 때에 노예였다 하더라도 조금도 마음 쓸 것 없습니다. 그러나 자유로운 몸이 될 기회가 생기면 그 기회를 이용하십시오. 노예라도 부르심을 받고 주님을 믿는 사람은 주님의 자유인이 되고 자유인이라도 부르심을 받은 사람은 그리스도의 노예가 되는 것입니다. 하느님께서는 값을 치르시고 여러분을 사셨습니다. 그러니 여러분은 인간의 노예가 되지 마십시오. 형제 여러분, 여러분은 각각 부르심을 받았을 때의 상태를 그대로 유지하면서 하느님과 함께 살아가십시오."*[112] 이러한 관점에서 자유는 그리스도교 교리에서 핵심적인 역할을 했다. 하지만 바울은 그리스도교에서 약속하는 자유가, 노예로 사고팔리는 많은 남녀가 가장 기본적인 자유를 박탈당하는 기존의 사회 질서에 대한 비판을 의미하지는 않음을 분명히 했다. 그리스도교에서 자유는 정치적 영역에서 변화를 호소하는 것과는 거리가 멀었다.[113]

　후대에 밀라노의 암브로시우스 주교와 같은 가톨릭교회의 교부들도 같은 의견이었다.[114] 암브로시우스는 4세기 후반 이탈리아의 정치 파동이 종교 분쟁으로 인해 악화되었던 시절에 영향력 있는 주교였다. (이 시기에 주요 분쟁은 그리스도교와 로마 토속 종교 간에 발생한 것이 아니라 그리스도

---

* 번역 출처: 대한성서공회, 『공동번역 성서』(개정판), 2017.

교 내에서 다른 종파들 사이에 발생했다.) 그는 친구이자 동료인 심플리치아노 주교에게 장문의 목회 서신을 보내 바울이 '고린토인들에게 보낸 첫째 편지'에서 자유에 관해 어떠한 견해를 나타냈는지 설명했다. 구체적으로 "하느님께서는 값을 치르시고 여러분을 사셨습니다. 그러니 여러분은 인간의 노예가 되지 마십시오."라는 바울의 경고가 어떤 뜻인지 자세히 설명했다.

암브로시우스는 이 구절이 "모든 현명한 사람은 자유롭고 모든 어리석은 사람은 노예"라는 스토아학파의 고전적인 학설과 유사하다고 해석했다. 암브로시우스에 따르면 바울의 말은 "우리의 자유는 지혜에 대한 지식에 있다."라는 의미를 암시한다.[115] 또한 그는 "현자는 자유롭다. 자신이 원하는 대로 하는 사람은 자유롭기 때문이다. 모든 소원이 선한 것은 아니지만, 현자는 선한 것만을 바란다. 현자는 선한 것을 택하기 때문에 악을 미워한다. 현자는 선한 것을 택하기 때문에 자신이 내린 선택의 주인이다. 현자는 자신의 일을 택하기 때문에 자유롭다."라고 말했다.[116] 암브로시우스는 이러한 스토아 철학의 사상이 성경에서 처음으로 서술되었다는 것을 조심스럽게 강조했다. 예를 들어 에서의 아버지는 에서가 자립할 수 있을 만큼 총명하지 못했기 때문에 동생인 야곱에게 복종하라고 시켰다. 암브로시우스는 "어리석은 자는 자신을 스스로 다스릴 수 없으며, 인도자 없이는 자신의 욕망에 의해 파멸할 것이다."라고 기술했다.[117]

또한 암브로시우스는 더욱 혁신적인 주장을 했다. 현명한 사람만이 진정으로 자신의 뜻을 따르기 때문에 자유롭다면, 진정한 그리스도인만 현명하다고 할 수 있으므로 하느님을 경외하는 사람만이 자유로

왔다. 암브로시우스는 "그러므로 하느님을 인도자로 삼아 진리의 은신처를 찾는 자만이 현명하다."라고 썼다.[118] 그는 진정 자유로운 개인이 가지는 특성은 순수한 지혜보다 그리스도교 신앙이라며, 신앙의 중요성을 강조함으로써 스토아 철학의 학설을 중요한 방식으로 변화시켰다. 스토아학파 사상가들은 자유가 극히 소수, 즉 남성 철학자로 구성된 엘리트 집단에게만 허용되는 조건이라고 생각했다. 이와 대조적으로 암브로시우스는 자유가 훨씬 더 큰 규모의 집단에게 허용된다고 주장했다. 필로 유대우스와 마찬가지로 암브로시우스는 상당한 압박에도 불구하고 자유로울 수 있었던, 다시 말해 자신을 스스로 통제할 수 있었던 현명한 사람의 사례를 들었다. 하지만 그가 가장 광범위하게 다룬 사례는 남성 철학자가 아니라 신앙이 깊어 죽는 순간까지 노래하며 순교한 세 명의 어린 소녀였다. 암브로시우스는 "우리[그리스도인] 가운데, 소녀들마저도 죽음에 대한 갈망으로 하늘로 향하는 미덕의 계단을 오른다."라고 기뻐하며 말했다.[119]

그러나 전반적으로 암브로시우스가 제시한 그리스도교의 자유는 스토아 철학의 자유와 그 개념이 매우 유사했다. 필로와 마찬가지로 암브로시우스 역시 진정한 자유란 순전히 내면적인 상태이며 외부 세계의 권력관계에 영향을 받지 않는다고 믿었다. 따라서 참된 신자, 즉 진정한 현자는 잔인한 주인과 폭압적인 통치자의 권위에 지배를 받거나 노예가 되더라도 언제나 자유로웠다. 그런 의미에서 스토아 철학과 마찬가지로 그리스도교에서 자유의 개념은 혁명이나 개혁보다는 정치적 정적주의를 장려했다.

요컨대 제정 후기에 로마의 지식인들이 제정을 필요악일 뿐만 아니라 본질적인 선으로 수용하게 되면서, 공화정과 제정 초기를 특징지었던 자유에 대한 숭배는 서서히 사라졌다. 이러한 전개는 그리스도교의 부흥으로 군주제의 우월성을 뒷받침하는 새로운 근거가 제정 시대 지식인들에게 제공되면서 더욱 가속화되었다. 게다가 제정 시대의 그리스도교와 비그리스도교 사상가들 모두 자유는 내적, 영적인 것으로 정치적 변화보다는 지혜와 신앙의 함양을 통해 성취될 수 있다고 보았다.

고대 로마 이후: 중세 시대의 자유

자유가 내적, 영적인 것이라는 생각은 5세기 서로마 제국이 서서히 붕괴한 이후에도 계속 남아 있었다. 3세기와 4세기에 한 사람이 로마를 통치하기가 어렵게 되었고, 로마 황제들은 황제의 일을 분담하기 위해 다양한 방법을 시도했다. 이로 인해 결국 로마 제국은 콘스탄티노폴리스, 즉 '신로마'에서 통치하는 동로마 제국과 서로마 제국으로 나뉘었지만, 법적으로 로마 제국은 하나의 국가로 남아 있었다. 5세기에 서로마 제국은 점점 더 압박을 받아 결국 멸망하게 되었다. 그러나 동로마 제국에서 황제의 권력은 4세기 후반 이후로도 여전히 유지되었다.

따라서 동로마 제국에서 에우세비우스를 비롯한 제정 옹호자들이 정치사상에 많은 영향을 끼쳤다는 것은 당연한 일이다.[120] 에우세비우스와 마찬가지로 비잔티움 사상가들(후대 역사가들이 분류)은 동로마 제국의 황제를 지혜, 미덕, 신앙이 형상화된 것으로 묘사하며 그들만이 백성을 진정한 행복으로 인도할 수 있기 때문에 황제의 자리에 오를 진정한 자격을 갖추고 있다고 판에 박힌 듯 말했다. 또한 그리스도교는 황제의 신성함을 주장하는 등 제국 통치를 정당화할 근거를 계속해서 제공했다. 유스티니아누스 황제 시절, 수도사였던 코스마스 인디코플레우스테스는 로마 제국을 당대의 정부와 동일하다고 생각하고 신성한 창조물이라고 묘사했다. "그리스도께서 아직 태내에 계실 때 로마 제국은 그리스도가 시작한 경륜dispensation을 설파하는 대리인으로서 하느님으로부터 권세를 위임받았으며, 바로 그때 아우구스투스의 후계자들의 끝없는 계보가 시작되었다. 따라서 로마 제국은 지상의 영역이 할 수 있는 한 다른 모든 권력을 초월하는 그리스도 왕국의 권세에 동참하게 되었으며, 종말의 완성final consummation까지 정복되지 않을 것이다."[121]

때때로 반대 의견을 제시하는 사람들도 있었다. 6세기에 콘스탄티노폴리스의 라틴어 교수인 이오네스 리도스는 로마 정무관의 역사를 다룬 어느 논문에서 제국의 설립으로 로마에서 자유가 사라졌다고 한탄했다.[122] 하지만 이런 의견은 공감을 얻지 못했으며 검열로 통제되었다. 로마 제국이 과거의 장대함을 잃은 후에도 비잔티움 사상가들은 3, 4세기 선조의 사상을 전반적으로 반영했다. 그 결과 어느 역사가가 말했듯이 동로마 제국에서 에우세비우스의 정치 철학은 "1000년 넘게 그 본질에 대한 의심 없이 받아들여졌다."[123]

5~6세기에 서쪽 지역에서는 보다 근본적인 변화가 일었다.[124] 최후의 황제 로물루스 아우구스툴루스(아우구스툴루스는 '작은 아우구스투스'라는 뜻으로, 그에게 적절한 이름이었다) 이후 서로마 제국은 476년 게르만계

장군인 오도아케르의 침공으로 멸망하게 된다. 이는 급작스러운 것이 아니었다. 오도아케르는 동쪽의 황제라는 이름으로 정치권력을 지속적으로 행사하고 있었다. 오도아케르는 자신을 스스로 '왕'이라고 칭했는데, 이는 476년 이후 로마 제국의 서부 지방에 로마 황제가 부재했음을 뜻했다. 그로부터 300여 년이 지난 후 800년에 샤를마뉴가 교황 레오 3세에 의해 황제로 즉위했다.

500년에 서쪽 지역에서는 완전히 새로운 정치 지형이 형성되었다. 여러 신흥 국가는 자신들이 로마 제국과 다르다고 생각했으며, 자체적으로 동전을 발행하기 시작했다. 이 국가들은 어떤 면에서는 로마 제국에서 완전히 벗어났다. 특히 통화 제도의 붕괴로 신임 정치 지도자들이 지주들로부터 직접 세금을 징수하는 것이 점점 어려워졌다. 따라서 왕들은 상비군에 대한 비용을 지불할 수 없게 되어 땅(봉토)을 보상으로 주었다. 이와 같은 전략으로 봉신이 부상하게 되었으며, 종종 봉신이 왕만큼이나 강력해지기도 했다.

이러한 매우 실질적인 변화에도 불구하고 로마 제국의 중요한 요소들은 계속 유지되었다. 특히 주목할 만한 것은 모든 신흥 국가가 군주제를 채택했다는 점이다.[125] 멸망한 서로마 제국에 대한 기억과 보스포루스 해협의 '신로마'를 포함해, 로마 제국이 보여준 본보기가 이러한 전개에 영향을 미치며 결정적인 역할을 했다. 물론 유럽 변방 지역의 일부 공동체가 왕의 권위를 인정하지 않은 것이 사실이다. 예를 들어 아이슬란드에서는 국가의 의회인 알팅그가 권력을 가진다. 하지만 이러한 국가들은 예외적인 사례로, 이를 일반적인 것으로 보기는 어렵다. 또한 아이슬란드에서는 민중 통치 체제를 시도하기는 했지만,

1262년 노르웨이 왕의 지배를 받게 되면서 이는 종식되었다. 그 결과 1300년까지 서유럽 대부분의 국가에서는 어떤 식으로든 왕이나 여왕이 통치했다.

이러한 맥락에서 제정 후기 왕권 통치에 대한 정당화는 지속적으로 엄청난 영향을 미쳤다.[126] 특히 아우구스티누스의 견해가 반복적으로 강조되었다. 가장 널리 알려진 중세 초기 작가로 서고트족 출신인 세비야의 이시도르는 노예 제도의 기원과 몰락한 정치 체제를 연구했다. 아우구스티누스와 마찬가지로 이시도르 역시 다른 사람에 대한 복종이 아담이 지은 죄에 대한 벌이자 신이 명령한 해결책이라고 주장했다. 성서를 직접적으로 인용해 동일한 주장을 펼치는 사람들도 있었다. 카롤링거 왕조의 대머리왕 카롤루스의 고문이었던 랭스의 힌크마르 대주교는 바울이 로마에 보낸 편지를 인용하며 하느님이 모든 권력을 위임했으며, 따라서 권력에 복종해야 한다고 주장했다. 게다가 서쪽에서 로마 제국이 '복원'된 후 샤를마뉴에서부터 오토 1세에 이르기까지 제국의 대변인들은 당대의 정권이 '신성한' 로마 제국과 동일하다는 주장을 재차 강조했다.[127]

그렇다고 해서 서양 라틴어권의 지식인들이 전적으로 권력에 복종하거나 무비판적이었던 것은 아니었다. 폭군 정치를 맹렬하게 비난하는 것이 결코 드문 일은 아니었다. 일부 정치 사상가는 적절한 절차에 따라 통치자가 폭군으로 밝혀진다면 신하에 의해 폐위되는 것이 정당하다고 인정하기도 했다. 그러나 폭군 정치에 대한 대안은 항상 군주 정치, 즉 선왕善王의 통치였다. 중세 시대에는 자유 국가, 다시 말해 민중 자치가 폭군 정치의 최선의 대안이 될 수 있다는 의견이 제시되는 경우는 매우 드물었다. 중세 정치사상에서는 폭정이냐 자유냐가 중요한 것이 아니라, 통치자가 선왕이냐 아니면 폭군이냐가 핵심이었다.[128]

초기 왕권 옹호자들과 마찬가지로 제정 이후 역사가 대부분이 선왕과 폭군의 차이가 구조적이거나 제도적인 측면에서 기인하는 것이 아니라 왕의 기질에 따른 것이라고 주장했다.[129] 선왕의 통치 방식은 폭군과는 달랐다. 선왕은 백성을 약탈하거나 억압하지 않았으며, 백성의 삶을 개선하는 데 자신의 권력을 사용했다. 따라서 로마 제국의 멸망 이후 서양 라틴어권 국가에서 『국가』에 대한 집단적인 기억이 사라졌음에도 불구하고 제정 이후 사상가들은 왕권에 대한 플라톤의 견해를 떠올리게 되었다. (물론 중요한 차이점도 있었다. 플라톤은 이상적인 왕의 가장 중요한 자질로 현명한 지혜를 강조한 반면, 중세 사상가들은 관용과 관대함과 같은 도덕적 덕목을 훨씬 더 강조했다.)

따라서 이 시기에 가장 인기 있는 정치사상이 '군주의 거울'이라는 장르로 나타났다는 것은 놀라운 일이 아니다.[130] '군주의 거울'은 도덕적이고 교육적인 저술로 통치권자가 요구해서, 또는 그들에게 헌정하기 위해 쓰였다. '군주의 거울'은 군주가 폭군이 아닌 훌륭한 왕이 되기 위해서 어떻게 행동해야 하는지를 은유적으로 보여주었다. 작가들은 다양한 방식으로 메시지를 전달했다. 어떤 작가들은 모범적인 군주의 전기에 중점을 두고 그들의 윤리적 자질과 존경할 만한 업적을 강조했으며, 다른 작가들은 군주의 행동에 대한 일련의 실용적 규칙, 원칙, 규범을 열거했다. 그러나 모두 공통적으로 통치자의 개인적 덕목을 크게 강조했다. 선정을 베풀지 아니면 백성을 폭정에 시달리게 할지는 통치자의 도덕성에 달려 있었다.

11~12세기 서양에서 이러한 왕권 통치가 보편적으로 받아들여졌지만, 성격이 매우 다른 두 가지 사건으로 위협을 받았다. 첫 번째 사건은, 그레고리오 7세와 같은 교황들의 적극적인 리더십에 힘입어 교회가 세속의 권세로부터 독립하고자 한 것이다.[131] 서임권 투쟁 시기에 황제와 교황 중에서 최종적으로 누가 고위 성직자에 대한 서임권을 가지느냐를 둘러싸고 분쟁이 일었다. 이 성직자들은 영적 지도자일 뿐만 아니라 세속적 영역에서 상당한 권력을 행사하기도 했기 때문이다. 평신도와 성직자를 구분하는 경계에 대한 문제도 제기되었다. 예를 들어 범죄를 저지른 성직자는 왕의 재판을 받아야 하는지, 아니면 교황의 관할권에서만 처벌받아야 하는지와 같은 문제였다. 마침내 13세기 후반에 이르러 세속적 권세에 대해 성직자들이 이행해야 하는 재정적 의무와, 그 반대의 경우로 교황에 대한 평신도의 재정적 의무가 격렬한 논쟁거리가 되었다.

이러한 논쟁 중에 교황의 대변인은 교황청의 입장을 방어하기 위해 종종 자유의 개념을 언급했다. 교황의 지지자들은 세속적 권세는 하느님이 위임한 것이며, 따라서 왕과 황제는 지상에서 하느님의 대변자라고 보았다. 그러나 이들은 하느님이 교황에게는 다른 권세, 즉 영적 권세를 부여했다고 주장했다. 따라서 교황의 권위는 세속적 권세에 종속되지 않으며 그와 동등한 지위에 있다는 것이다. 교황의 지지자들은 이러한 교리가 광범위한 의미를 지니며, 교회가 세속적 권세로부터 자유로워져야 한다고 주장했다. 즉, 교회는 외부의 간섭 없이 성직자를 임명하고 세금을 징수할 수 있어야 한다고 주장했는데, 이러한 입

장은 종종 '교회의 자유'로 묘사되었다.[132]

따라서 서양 라틴어권에서 벌어진 서임권 투쟁과 여타 논쟁은 그 범위가 교회의 자치, 즉 교회라는 사회의 특정 부문의 자치로 제한되기는 했지만, 자유와 자치라는 개념을 되살리는 역할을 했다. 하지만 교황을 옹호하는 많은 사람이 자유의 개념을 제대로 반영하지 않은 주장을 펼쳤다. 이들은 세속적 권세와 영적 권세가 구별되어야 하며, 세속적 권세가 영적 권세에 종속된다고 주장했다. 영혼의 목표(천국에서의 영원한 행복)가 육체의 목표(지상에서의 물질적 행복)보다 더 우월하므로, 육체의 목표는 영혼의 목표를 달성할 수 있는 방향으로 정해져야 했다. 그리고 지상에서의 물질적 행복은 천국에서의 영원한 행복을 얻기 위해 주어지는 것이므로, 영혼을 책임지는 권세(영적 권세)가 육체를 책임지는 권세(세속적 권세)를 감독하고 지시해야 했다. 다시 말해 세속적 반대자들과 마찬가지로 교황의 권위를 옹호하는 많은 사람은 비록 철인왕이 아니라 신학왕이 통치해야 한다고 주장하기는 했지만 전제 정치를 옹호하게 되었다.[133]

두 번째 사건이자 왕권 통치에 더 심각한 위협이 된 것은 이탈리아를 비롯한 유럽 지역에서 도시 세력이 성장한 것이다.[134] 11세기부터 많은 이탈리아 도시가 경제적으로 번영한 가운데 이 도시들에서는 지방 주교와 그들을 통치했던 백작의 권위가 약해졌고, 결국 주요한 측면에서 고대 그리스와 로마의 도시 국가와 유사한 형태의 정치 체제가 수립되었다. 초기에는 귀족 출신의 엘리트가 권력을 쥐고 있었다. 하지만 13세기 이른바 민중의 시대에 몇몇 이탈리아 도시들, 특히 북부에 있는 도시들은 수적으로 우세한 일반 시민이 권력을 잡게 되었다.

그렇다고 해도 대부분의 도시에서 빈민, 여자, 성직자, 노동자 등 인구의 상당수가 권력에서 배제되었다. 다시 말해 이탈리아 공동체는 진정한 민주주의 국가가 되기에는 자격이 부족했다. 그런데도 고대 도시국가 이후 어떤 정권보다 훨씬 더 광범위한 인구가 권력을 행사할 수 있었다.

이러한 정치 체제는 나머지 유럽 국가들의 군주제와는 다르다는 인식이 있었다. 일부 역사가는 그 차이를 설명하면서 '자유'와 '자유 정부' 같은 단어를 사용했다. 독일 주교인 프라이징의 오토는 1150년 대에 이탈리아를 여행하며 알프스 남쪽에서는 권력 구조가 매우 다르다는 사실을 알고 충격을 받았다. 오토는 이탈리아 도시들이 "자유를 매우 사랑해서" 명목상의 지배자인 신성 로마 제국의 황제가 파견한 통치자가 아니라, 선출된 집정관이 통치하기를 원한다고 기록했다.[135] 약 1세기 후 이탈리아 수도사인 루카의 프톨레마이오스는 이탈리아인들은 "다른 나라 사람들보다 복종시키기 어렵다."라고 애국적 자긍심을 가지고 말했다. 이것이 이탈리아에서 다른 유럽 국가들처럼 전제정이 수립되지 않은 이유이다.[136]

그런데도 이러한 사태의 전개가 중세 정치사상에 미친 영향은 제한적이었다. 중세 이탈리아의 민중 통치 체제하에서 폭력 사건과 시민간 분쟁이 만연했다. 이탈리아 여러 도시에서 종종 가문 간의 불화로 촉발된 피비린내 나는 폭력적 내부 분쟁이 장기간 이어지면서 시민의 삶이 피폐해져 갔다. 복수하기 위한 폭력 행위가 너무 빈번하게 발생해 여러 도시에서 복수를 금지하는 법안을 특별히 도입하기도 했지만 성공적이지는 못했다. 부자와 빈자 간의 갈등도 커졌다. 예를 들어 피렌체에서는 계속되는 전쟁으로 노동자와 수공업자의 상황이 상당히 악화되었다. 이들은 1378년 치옴피의 난을 일으켜 당시 정부를 전복하고 짧은 기간 권력을 장악했다. 이러한 내부 분쟁은 종종 구엘프파와 기벨린파의 지속적인 대립으로 악화되었다. 이 두 파벌은 명목상으로는 교황과 신성 로마 제국 황제의 이름으로 이탈리아반도를 장악하기 위해 싸웠다.[137]

정치적 불안정성 때문에 이탈리아의 민중 통치 체제는 대체로 바람직한 본보기로 여겨지지는 않았다. 그 점은 토마스 아퀴나스의 영향력 있는 저술인 『왕권에 관하여』에서도 다루어졌다. 이탈리아 남부에서 태어나고 자란 아퀴나스는 프랑스 파리대학교에서 유학한 후 교수로 재직했다. 따라서 아퀴나스는 그의 인생에서 상당한 시간 동안 프랑스 루이 9세의 백성으로 살았다. 루이 9세는 독실한 그리스도교 신자였으며 성지로 가는 길에 사망한 후 성인으로 추대되었다. 그러나 『왕권에 관하여』는 더 알려지지 않은 인물인 '키프로스의 왕'에게 헌정되었다. 여기서 왕은 도미니코 수도회에 특별한 애정을 품고 있던 뤼지냥의 위그 2세를 일컫는 것으로 여겨진다.[138]

『왕권에 관하여』의 앞부분에서는 군주정을 최고의, 그리고 가장 자연스러운 정치 형태로 옹호하고 있다. 아퀴나스는 전통적으로 군주정을 뒷받침해 온 근거들을 먼저 소개한 후 "무리에게는 한 명의 왕이 있으며, 온 우주에는 만물을 창조하시고 지켜보시는 하느님이 한 분 계시다."라고 말하며, 경험을 근거로 자신의 주장을 펼쳤다. "한 명의 통치자가 지배하지 않는 지방과 도시는 불화로 고통받고 평화가 없어 시달릴 것이다. 그리하여 주께서 예언자를 통해 '많은 목자가 내 포도

원을 헐었다.'라고 애통해하시며 말씀하신 대로 이루어질 것이다." 여기서 아퀴나스는 직접 경험한 이탈리아의 도시 국가들을 염두에 두었을 가능성이 크다.[139]

결국 거듭되는 폭력으로 이탈리아의 민중 자치는 종말을 고했다. 13세기에 이탈리아의 여러 도시는 외부에서 포데스타podestà라는 행정관을 초빙해 그들에게 급여를 지급하면서 통치를 위임했다. 이는 특히 지역 민병대를 장악해 내부 반란자들을 통제하기 위해서였다. 시간이 지남에 따라 많은 포데스타의 세력이 강해지면서 애초에 자신들을 임명한 선출된 정부를 무력으로 약화하고 자신들의 이익을 위해 권력을 장악했다. 14세기 후반에는 이탈리아 도시 국가 대부분이 유럽의 다른 지역과 마찬가지로 세습 통치자들이 지배하는 공국이 되었다.[140]

요컨대 서로마 제국이 멸망한 뒤 수 세기 동안, 그 이후 건설된 국가들이 공화국이 아니라 제국을 본보기로 삼았던 것과 마찬가지로 정치 사상가들 역시 키케로나 타키투스가 아닌 아우구스티누스와 제정 후기 역사가들의 영향을 많이 받았다. 하지만 자유에 대한 숭배가 영원히 사라진 것은 아니었다. 수 세기 후 자유 숭배는 매우 다른 정치적 맥락에서 다시 나타났는데, 르네상스 시대에 그리스와 로마의 민중 자치를 옹호하는 사상가들이 자유의 개념에 호소하면서 당대의 정권을 비판했다.

2부

자유의 부흥

3

/

르네상스 시대의 자유

이탈리아 피렌체 출신의 시인 단테 알리기에리는 『신곡』의 첫 번째 이야기이자 가장 유명한 『지옥편』에서 그가 생각하는 지옥의 모습을 묘사했다. 지옥은 모든 시간과 장소에서 온 수많은 죄인으로 가득했는데, 그중에는 동생 아벨을 죽이고 인류 최초의 살인자가 된 성서 속 인물인 카인도 있었다. 지옥에는 이슬람교의 창시자인 무함마드뿐만 아니라(단테는 무함마드가 그리스도교 이단이라고 생각했다), 단테와 동시대를 살았던 프라 알베리고처럼 평범한 악인도 있었다. 프라 알베리고는 집에서 연회가 열리는 동안 아우와 조카를 살해했다. 죄인들은 자신들이 저지른 죄에 상응하는 끔찍한 벌을 받았는데, 단테는 그들이 받은 벌을 생생하게 묘사했다. 육체의 부활을 부정한 무신론자들은 무덤 속에 영원히 갇혔고, 점쟁이들은 머리가 뒤로 돌아간 채 영원히 거꾸로 걸어 다녀야 했으며 그들이 흘린 눈물은 엉덩이를 타고 내려왔다.

하지만 가장 악랄한 죄인은 지옥의 밑바닥에 있었다. 그곳에는 단세 명만 있었는데, 그중 한 명이 가룟 유다라는 사실은 놀라운 일이 아니다. 원래 예수의 열두 제자 중 하나였던 유다는 스승인 예수를 배신하고 은화 30냥을 받고 예수를 로마인들에게 넘겼다. 따라서 예수가 십자가에 못 박히게 된 것은 유다 때문이었으며, 그리스도교 세계에서 유다는 악의 화신으로 여겨졌다. 그래서 단테는 유다에게 특별한 벌을 내렸다. 유다는 지옥의 주인 루시퍼의 입에 물린 채로 영원히 살아야 했다. 단테는 루시퍼를 머리가 세 개이며 용처럼 생긴 거대한 존재로 묘사했다. 이 무시무시한 짐승인 루시퍼는 유다의 머리를 이로 물어뜯어 조각내고 발톱으로 등을 갈기갈기 찢었다.

하지만 이곳에서 유다와 함께 벌을 받는 이들이 누구인지 안다면 다소 의아할 수도 있다. 고대에 가장 유명한 폭군 살해자들, 즉 카이사르를 살해한 마르쿠스 유니우스 브루투스와 가이우스 카시우스 롱기누스가 함께 루시퍼에게 물어뜯기는 벌을 받는다. 왜 이들이 유다와 함께 벌을 받는가? 이들은 살인자이지만, 그것은 단테의 지옥에 등장하는 다른 이들도 마찬가지이며 다른 살인자들은 이렇게 끔찍한 벌을 받지 않는다. 게다가 브루투스와 카시우스가 살해한 카이사르는 이교도이며 많은 사람을 죽인 군인이었다. 어째서 카이사르를 살해한 것이 이 세상의 구세주를 배신한 유다의 죄와 맞먹는가?[1]

단테의 관점에서 볼 때 브루투스와 카시우스는 그런 벌을 받아야 마땅했다. 단테는 『신곡』과 동시에 저술한 정치학 논고인 『제정론』에서 이러한 생각을 밝혔다.[2] 단테는 브루투스와 카시우스가 로마 제국의 창시자인 카이사르를 배신함으로써 신을 배신했다고 생각했다. 단테의 견해에 따르면 로마 제국의 건국은 하느님이 정한 것으로, 이는

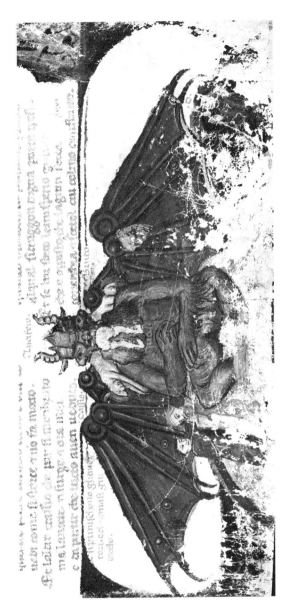

지옥의 밑바닥에서 가룟 유다(가운데), 마르쿠스 유니우스 브루투스 (오른쪽), 가이우스 카시우스 롱기누스(왼쪽)가 루시퍼에게 물어뜯기 고 있다.

예수가 로마 제국 치하에서 태어났다는 사실로 증명된다. 역설적으로 예수 그리스도가 로마 제국의 권위하에서 십자가에 못 박혀 처형되었다는 사실마저도 하느님이 로마 제국에 권위를 부여했다는 것을 강조한다. 결국 그리스도는 인간의 죄를 대신 속죄하기 위해 죽었다. 단테는 만약 십자가 처형이 법적으로 정당한 것이 아니었다면 예수의 죽음은 진정한 벌이 될 수 없었을 것이라고 보았다. 즉, 예수를 십자가에 못 박아 처형한 것은 하느님이 보기에 올바르다. 브루투스와 카시우스는 카이사르를 살해함으로써 하느님의 중요한 도구 중 하나를 죽인 것이었다.

단테는 "인간의 이성이라는 빛은 카이사르의 권위가 인간에게 성서와 마찬가지로 이로웠음을 알려준다."라고 말했는데, 이 주장을 뒷받침하기 위해 종교적인 역사에만 의존하지는 않았다.[3] 물론 인간의 궁극적인 목표는 참행복 여덟 가지를 영원히 누리는 것이지만, 인간은 바로 지금 현세에서도 행복하게 살아야 했다. 그러기 위해서는 강력하고 통합된 리더십이 필요했다. 따라서 단테는 인간이 제정하에서만 "이상적인 상태"로 살 수 있다는 결론을 내렸다.[4] 단테가 최초의 진정한 군주제라고 여긴 정체를 창시한 카이사르를 살해함으로써 브루투스와 카시우스는 모든 인류의 안녕을 위태롭게 만들었다.

단테는 브루투스와 카시우스를 지옥의 맨 밑바닥에 놓음으로써 제정이 유일한 합법적 정체라는 명백한 정치적 선언을 했다. 제정의 권위를 무너뜨리려고 시도하는 사람들은 혐오의 대상으로 사후에 응당한 벌을 받아야 했다. (덧붙여 말하자면 단테가 『제정론』에서 밝혔듯이 이러한 벌은 폭군 살해자뿐만 아니라 종교적인 이유로 세속적 권세에 도전한 사람들에게도 해당되었다. 단테는 교황이 황제의 우위에 있다는 주장은 성경과 인간의 이성에 반하는 것이며, 브루투스와 카시우스가 카이사르의 통치를 전복하려고 시도한 것과 마찬가지라고 설명했다.)

단테는 서양 정치사상에서 오랜 기간 확립된 전통을 바탕으로 이러한 주장을 펼쳤다. 앞서 살펴보았듯이 로마 제국의 마지막 몇 세기 동안 제정이 유일한 정치적 이상으로 여겨졌고, 중세 시대 내내 이러한 확신은 당연시되었다. 일인 통치의 정당성을 뒷받침하는 광범위한 논쟁이 벌어졌는데, 당시 그리스식 왕권 전통에 근거한 주장과 그리스도교적 세계관의 영향을 받은 주장이 제기되었다. 단테는 『신곡』과 『제정론』에서 이러한 주장을 반영했다.[5]

하지만 레오나르도 브루니의 「피에르 파올로 베르제리오에게 바치는 대화」에서 알 수 있듯이 1세기가 지난 후 제정을 수용하는 이러한 열기는 사그라들었다.[6] 단테와 마찬가지로 브루니는 이탈리아 북부의 자치 도시 국가인 피렌체에서 태어났다. 이 짧은 글은 1400년경 브루니가 서른 살 무렵에 쓴 것으로 그의 초기 저술 중 하나이다. 이 글에서 브루니는 단테를 포함한 이탈리아 작가들이 고대 선조와 비교했을 때 얼마나 '현대적'인지를 평가했다. 그는 단테가 사실에 관해 실수가 많은 무지한 사람이라는 비난을 반박했다. 하지만 브루니는 단테가 카이사르의 살인자들을 대우하는 방식에 대해서는 너그러울 수 없었고, 그들에 대한 단테의 의견에 매우 당혹스러워했다. 특히 마르쿠스 브루투스는 덕성, 정의감, 관대함으로 유명했다. 왜 그런 사람을 지옥으로 보내야 하는가? 더군다나 왜 브루투스를 하느님의 아들을 배신한 유다와 같은 수준으로 취급하는가?

더 중요한 것은, 카이사르가 극악무도한 폭군이었기 때문에 그를 살해한 것은 범죄가 아니었다. 오히려 브루투스와 그의 동료들의 행위는 애국적인 것으로, "강도로부터 자유를 되찾아" 로마인들에게 되돌려 주려는 의도로 행해졌다. 브루니가 단테의 브루투스를 이해할 수 있는 유일한 방법은 시적 허용을 통해서였다. 브루니는 "화가와 시인은 모두 감히 엄두도 못 내는 일을 할 수 있는 능력이 있다."라는 결론을 내렸다. 단테의 브루투스는 "선동적이고 문제를 일으키는 범죄자"로, "자유를 회복한 가장 훌륭하고 정의로운 사람"이었던 역사상 실존 인물인 브루투스와는 거의 연관이 없거나 전혀 별개인 문학적 "발명품"이었다.[7]

간단히 말해 단테와 브루니는 견해가 매우 달랐다. 그들의 견해차를 어떻게 이해할 수 있을까? 로마의 폭군 살해와 이것이 상징하는 자유의 가치에 대해서 단테와 브루니가 근본적으로 다른 관점을 가지게 된 것을 무엇 때문이었을까? 두 작가는 공통점이 많기 때문에 더욱 의아하다. 두 사람 모두 자치 도시 국가인 피렌체 시민이었고, 비교적 평범한 집안 출신으로 단테의 가족은 결코 부자는 아니었지만 풍족하게 살았으며, 브루니의 아버지는 양곡 상인이었다. 또한 두 사람 다 글을 쓰는 사람으로서 이름을 알렸다. 단테는 시인이자 철학자였으며 브루니는 번역가이자 산문 작가였다.

이러한 공통점에도 불구하고 단테와 브루니가 어떻게 그렇게 다른 견해를 가지게 되었는지 이해하려면 당시 정치사상이 혁명에 가까울 정도로 광범위하게 전개되었음을 고려해야 한다. 1321년 단테가 사망하고 1370년 브루니가 태어나기까지 반세기가 채 걸리지 않았지만,

이 시기는 근대에 가장 중요한 문화적 격변인 르네상스가 일어난 때이다. 르네상스는 유럽의 문화와 정치사상에 변화를 가져왔고, 자유를 숭배하던 고대의 의식을 부활시켜 이러한 자유 숭배가 그 후에도 오래도록 지속될 수 있게 했다. 이 부흥 운동은 브루니의 고향인 이탈리아 북부의 도시 국가에서 시작되었고, 궁극적으로 유럽 전역과 해외 식민지에 영향을 미쳤다.

이탈리아 르네상스 시대의 고대 자유: 인문주의

역사가들이 르네상스를 논할 때, 르네상스는 매우 상반된 두 가지 의미를 지닌다. 첫 번째는 르네상스 기본서와 같은, 19세기 스위스 역사학자 야코프 부르크하르트의 저작 『이탈리아 르네상스의 문화*Die Kultur der Renaissance in Italien*』로 거슬러 올라간다. 부르크하르트는 르네상스를 이탈리아가 처음으로 근대화를 이룬 뒤 유럽 다른 지역이 근대화되면서 개인을 발견하게 되는 급격한 변화가 일어난 역사적 시기로 정의한다. 부르크하르트에 따르면, 중세 사람들은 자기 자신이 사회 집단, 가족, 또는 신앙과 전통에 의해 정의되는 조직의 구성원이라고 여겼다. 이와 대조적으로 14~15세기 이탈리아인들은 자신 자신이 스스로와 환경을 어떤 방식으로도 바꿀 수 있는 별개의 개인이라고 생각하게 되었다. 부르크하르트가 묘사한 바와 같이 르네상스 시대 이탈리아에서 근대의 특징인 "자유로운 개성의 발달"을 최초로 목격할 수 있다.[8]

이러한 르네상스의 개념은 오늘날에도 여전히 통용되고 있다.[9] 하지만 오늘날 역사가 대부분은 르네상스에 대한 부르크하르트의 관점이 신화라고 일축하고 있다.[10] 이 역사가들은 사회적·문화적 측면에서 중세 후기와 일반적으로 르네상스로 불리는 시기 사이에 상당한 연속성이 있다고 지적한다. 따라서 중세 이탈리아인들도 14~15세기 후손과 마찬가지로 자신을 개인으로 생각했을 가능성이 있다. 더 중요한 것은 르네상스 시대에 사람들의 사고방식이 변화했다면, 이는 그들이 갑자기 '근대화'되었기 때문이 아니었다. 오히려 그들은 그리스·로마의 유산에서 일부 측면을 부흥시키고자 했다. 간단히 말해 르네상스는 근대화의 시작이 아니라 오랫동안 잃어버린 고대 세계의 일부를 재현하기 위해 수 세기에 걸쳐 지속된 운동, 즉 고대의 르네상스로 간주해야 했다.

다음에 이어지는 내용에서는 **르네상스**라는 용어가 두 번째 의미, 보다 일반적인 의미로 사용된다. 다시 말해 자유의 역사에서 르네상스가 핵심적인 역할을 했다고 해서, 중세 선조에게 족쇄가 되었던 신앙과 전통의 사슬을 14~15세기 유럽인들이 어느 날 갑자기 끊어버렸다고 볼 수는 없다. 그보다는 르네상스 시대의 사상가들은 고대의 것에 대한 새로운 열정을 가지게 되었고, 이러한 자극으로 고대 후기와 중세 시대로부터 물려받은 것과는 매우 다른 정치적 전통을 재발견하고 존중하게 되었다. 즉, 왕과 군주에게 복종하는 것이 아니라 자유를 가장 중요한 정치적 가치로 삼은 전통이다.[11]

이 과정에서 소위 인문주의자들이 핵심적인 역할을 했는데, 이들의 수는 적었지만 그 영향력은 컸다.[12] 인문주의자들은 고대 세계의 문화가 자신들의 문화와 매우 다르며 훨씬 우월하다고 확신했다. 그리고 고전에 대한 연구를 부흥시키기 위한 야심 찬 계획에 착수했다. 인문주의자들은 분실되었던 고대의 저술을 찾고 편집해 전파했으며, 이런 저술에 대한 연구가 새로운 유형의 '인문주의적' 교육에서 중심이 될 수 있도록 했다. 이와 같은 노력은 혁신적인 새로운 의사소통 수단, 인쇄기의 발명으로 촉진되었다.

물론 중세 문명 또한 고대의 유산에 크게 의존했으며, 이는 중세 시대 전반에 걸쳐 모든 진지한 사상서에서 라틴어만 사용되었다는 사실을 통해 잘 알 수 있다. 게다가 아우구스티누스와 (특히 12세기 이후에는) 아리스토텔레스와 같은 고대의 대가들이 계속해서 중세 사상과 학문에 지대한 영향을 미쳤으며, 중세 시대 전반에 걸쳐 고대의 문학이 읽히고 높이 평가되었다. 예를 들어 단테는 로마 시인 베르길리우스를 숭배해 『신곡』의 여러 구절에서 베르길리우스의 걸작 『아이네이스』를 본보기로 삼았다. 더욱 놀라운 것은 베르길리우스는 『신곡』에서 연옥을 오르내리며 단테의 안내자 역할을 하는 주요 인물로 등장한다는 점이다. (이교도인 베르길리우스는 당연히 단테를 천국으로 안내할 수는 없었다.)

중세 사상가들은 고대의 권위 있는 저술에 대해 본질적으로 비역사적인 접근법을 취했지만, 인문주의자들은 중세 사상가들과는 근본적으로 다른 관점에서 고대사에 접근했다. 중세 사상가들은 고대 작가의 저술이 시대를 초월한 지혜를 담고 있기 때문에 쉽게 발췌해서 활용할 수 있다고 생각했다. 예를 들어 단테가 베르길리우스에게 특히 심취한 이유 중 하나는 다른 동시대인들과 마찬가지로 베르길리우스가 그리스도의 탄생을 예언했다고 믿었기 때문이다. 이에 반해 인문주의자들은 자신들이 사는 시대가 고대와는 확연히 구분된다고 생각했다. 그들은 고대인을 숭배했는데 그들의 지혜가 당대의 지혜와는 달랐기 때문이다. 그러므로 모든 역사적 특수성 속에서 고대로부터 배우기 위해서는 잃어버린 세계를 재건하는 힘들고 고생스러운 노력이 뒤따라야 했다.[13]

인문주의 운동이 촉발되는 데 크게 기여한 사람으로 열정적인 이탈리아 시인이자 학자인 프란체스코 페트라르카가 있다.[14] 단테와 동시대 인물로 그보다 나이가 적었던 페트라르카는 고대 작가와 고대사에 관심이 매우 많았다(페트라르카의 아버지는 단테의 친구이자 동포였으며 둘 다 피렌체에서 추방되었다). 어린 시절에도 페트라르카는 라틴어 문학의 황금기로 불리며 라틴어가 문학적 매개체로 완성되던 시기였던 로마 공화정 후기와 제정 초기의 작가들을 숭배했다. 그는 특히 키케로에 심취했는데, 키케로의 뛰어난 문체와 도덕적 관점을 존경했다. 페트라르카는 자신의 시대를 암흑시대라고 칭하고 '빛'의 시대인 고대를 칭송하며, 고대 세계에는 위대한 인물이 많았지만 당대에 그러한 위인은 존재하지 않으며 열등한 문화가 특징이라고 말했다.[15]

페트라르카는 고전에 대한 관심을 되살려 동시대 사람들이 '망각의 잠'(그의 걸작 라틴어 시 『아프리카』에 나오는 표현)에서 깨어나게 하는 것을 주요 목표로 삼았다.[16] 그는 키케로의 친서와 같이 오랫동안 잊혔던 고전 저술을 찾기 위해 유럽을 여행하는 동안 너덜너덜해진 라틴어 원고를 수집하기 시작했다. 또한 필사를 잘못해 알아보기 힘든 원고를 수정하는, 인정은 덜 받지만 보다 중요한 작업에 몰두했다. 페트라르카는 여러 사본으로 남아 있던 리비우스의 『로마사』 중 처음 열 권을 정리해 더 많은 사람이 이 책을 다시 읽을 수 있게 했다. 그러나 고대에 대한 그의 애착은 단순히 학구적인 열정 때문만은 아니었다. 페트라르카는 고대의 작품을 본보기로 삼아 따르려고 했고, 그렇게 해서 키케로의 작품을 본받은 서한을 썼다. 페트라르카의 서사시 『아프리카』는 한니발의 숙적이자 로마의 영웅이었던 스키피오 아프리카누스 장군의 이야기를 담았다.

페트라르카의 열정은 다른 곳으로도 전파되었다. 곧 퀴퀴한 냄새가 나는 유럽의 수도원 도서관에서 잠자고 있는 문헌을 찾는 일이 학식 있는 이탈리아인들이 가장 즐기는 취미가 되었다. 수도원 도서관에는 수 세기 동안 펼쳐보지 않은 책들이 있었고, 그 속에는 집단적 기억에서 거의 사라진 내용들이 담겨 있었다. 그중에 헤로도토스, 타키투스, 플루타르코스의 역사책도 있었는데, 앞서 살펴보았듯이 모두 자유의 사상이 발전하는 데 핵심적인 역할을 했다. 게다가 페트라르카의 제자들은 고대의 작품을 거울삼아 문학 작품을 집필하기 시작했다. 매우 유명하고 영향력 있는 제자 중 한 명이었던 콜루초 살루타티는 키케로의 문체를 모방하는 특이한 능력 때문에 '키케로 흉내쟁이'로 알려졌는데, 이는 질책이 아니라 칭찬의 의미였다.[17]

그러나 고대의 재발견은 인문주의자들의 문체뿐만 아니라 그들의 정치적 상상력에도 상당한 영향을 미쳤다. 페트라르카와 그의 후계자들은 고대 작가들이 다른 모든 정치적 원칙보다 자유, 즉 목표와 의제를 스스로 정할 수 있는 능력을 중시한다고 보았다. 그들은 고대 작가들이 누린 자유로운 삶의 방식은 민중 통치 체제나 공화정 아래에서만 가능하며, 이는 사람들이 왕이나 군주의 지배를 받지 않고 스스로를 통치했던 아테네나 로마의 경우와 마찬가지라는 것을 깨닫게 되었다.[18]

이와 같은 깨달음으로 가장 먼저 이탈리아에서 많은 인문주의자가 이러한 사고방식을 받아들이게 되었다. 인문주의자들은 리비우스와 타키투스가 그랬던 것처럼 자유로운 삶의 장점을 찬양하는 논문을 쓰고 자신들의 시대에 자유가 부재함을 탄식했다. 가장 급진적인 인문주의자들은 심지어 동시대인들이 겪고 있는 '노예제'를 종식시키기 위해서는 근대 세계에서 고대 공화정이 복원되어야 한다고까지 주장했다. 그들은 아테네, 로마를 비롯한 고대 도시 국가의 정부에 대한 조사를 바탕으로 공화정 복원 방안을 상세하게 작성했으며, 고대 세계에서 민중 자치를 가능하게 했던 사회경제적·문화적 조건에 대해 연구했다.

그렇다고 해서 모든 인문주의자가 자유 투사로 변한 것은 아니다. 예를 들어 르네상스 시대의 궁정에서 많은 인문주의자가 새로운 지식을 활용해 군주를 아우구스투스나 플라톤의 철인왕 등과 비교하면서 그들의 통치를 정당화했다.[19] 다시 말해 고대 문헌을 읽는다고 해서 반드시 아테네식이나 로마식 민중 통치 체제의 지지자가 되는 것은 아니었다. 하지만 상당히 많은 인문주의자가 핵심적인 정치적 가치로 자유를 수용하게 되었다. 페트라르카가 동시대 사람들을 '망각의 잠'에서 깨우려는 운동을 시작한 1330년부터 북부 이탈리아가 스페인 왕정의 지배를 받았던 1550년대까지, 이탈리아 인문주의자들은 고대의 자유와 자유 투사를 칭송하는 많은 저술을 발표했다.

그중 대표적인 인물이 페트라르카이다.[20] 그는 고대에 대한 깊은 지식을 활용해 1347년 로마에서 귀족과 교황의 권위를 무너뜨린 카리스마적이고 인기 많은 지도자 콜라 디 리엔초가 벌인 운동을 뒷받침했다. 이보다 몇 년 앞서 콜라 디 리엔초를 만난 페트라르카는 즉시 혁명

정권을 열렬히 옹호하게 되었다. 페트라르카는 로마인들에게 보낸 일련의 공개서한에서 콜라가 로마인들의 새로운 해방자인 "제3의 브루투스"라고 했다. 그는 "자유가 없는 삶은 조롱거리이다."라고 독자에게 말했다. "항상 과거의 예속을 지켜보아라… 이런 식으로, 언제라도 예속과 자유 둘 중 하나를 저버려야 한다면, 누구라도 노예로 사는 것보다 자유인으로 죽기를 바랄 것이다."[21]

콜라는 결국 귀족에게 패배했지만, 페트라르카는 로마의 자유를 계속 지지했다. 1351년 교황은 로마에서 지지를 얻지 못한 귀족 통치를 대체할 새로운 정치 체제를 수립하기 위해 위원회를 구성했다. 위원회는 페트라르카에게 조언을 구했으며, 그는 장문의 편지 두 통을 위원회에 보내 관직에서 귀족을 배제하고 민중을 위한 로마 공화정을 복원하도록 설득하며 이러한 어려운 상황에 잘 대처했다. 페트라르카는 로마의 초기 역사에 대한 리비우스의 글을 광범위하게 인용해 고대 로마 시대에 그랬던 것처럼 로마의 평민들이 관직에 오를 수 있어야 한다고 주장했으며, "그리스도가 [로마의] 자유를 복원하라고 명한다."라고 말했다. 위원들은 페트라르카의 말을 무시했지만, 그의 주장은 이후 사상가들에게 영향을 미쳤다.[22]

레오나르도 브루니와 같은 피렌체의 인문주의자들이 고대의 자유를 되살리는 데 훨씬 더 중요한 공헌을 했다.[23] 피렌체는 이탈리아 북부에서 매우 부유하고 세력이 큰 도시 중 하나였으며, 페트라르카의 영향력 있는 제자들이 이곳에서 거주하며 일했다. 게다가 피렌체의 인문주의자들은 특수한 정치 상황으로 인해 고대의 자유 중심 사상을 더 적극적으로 받아들였다. 1400년 무렵 이탈리아의 교육받은 엘리트들 사이에서 인문주의 운동이 한창일 때, 피렌체는 이탈리아에 남아 있는 몇 안 되는 자치 공화국 중 하나였다. 소수의 엘리트 가문이 최고 행정 기관의 수장을 임명하는 데 과도한 영향력을 행사했기 때문에 민주주의라고 할 수는 없었지만, 결코 소수가 정치 과정을 완전히 통제하지는 못했다. 피렌체의 평민들은 특히 전쟁과 세금 등 논쟁을 불러일으키는 문제에 대해 불만을 표출했고, 실제로 15세기 초까지 피렌체의 통치자들은 정치 제도가 지나치게 민주적이라고 한탄했다.[24]

그러나 이와 동시에 피렌체 자치에 대한 위협이 점점 더 커졌다. 교황청이나 이웃한 밀라노와 같은 외부의 적이 피렌체의 자치권을 박탈하겠다고 위협했다. 더 중요하게는, 특히 피렌체에서 매우 부유한 메디치 가문의 세력이 커지는 등 내부적인 문제로 피렌체의 지방 자치 체제가 위태로워졌다. 코시모 데 메디치와 그의 후계자들은 지방 자치 체제를 용인했지만 비공식적으로 엄청난 영향력을 행사했다. 그들은 도시 국가인 피렌체를 비교적 광범위한 기반의 지방 자치 체제에서 전제 정체로 서서히 바꾸었다. 동시대인들은 코시모가 "이름만 아닐 뿐이지 사실상 왕"이라고 설명했다.[25] 간헐적으로 메디치 가문의 권력을 억제하고 보다 민주적인 정부를 복원하려는 시도가 이루어졌고 전제 정체로의 전환 추세가 중단되기도 했다. 하지만 이러한 시도는 실패로 끝나고, 1532년 알레산드로 데 메디치가 피렌체의 세습 공작이 되면서 피렌체에서 공화정은 종식되었다.

15세기와 16세기 초 피렌체의 정치적 상황은 일부 중요한 측면에서 로마 공화정 후기와 제정 초기의 정치적 상황과 유사했다. 피렌체의 많은 인문주의자가 키케로, 리비우스, 플루타르코스, 타키투스 등의 주장에 공감하며 더 강력하게 저항하기 시작했다.[26] 1479년 알라마노 리누치니는 「자유에 관하여」라는 논문을 썼다. 이 논문은 고대 이후의 세계에서 '자유'라는 표제 아래 발간된 논문으로는 최초이며, 메디치 가문의 통치를 신랄하게 비판했다. 리누치니는 로렌초 데 메디치를 기원전 6세기 시칠리아에서 적을 산 채로 불태우고 영아를 먹은 것으로 악명 높은 폭군에 빗대어 "피렌체의 팔라리스"라고 불렀다. 그러나 리누치니는 피렌체 사람들이 자유를 잃게 된 것은 나쁜 지도자 때문만은 아니며, 중대한 제도적 변화에 따른 결과라고 분명히 밝혔다. 그는 사람들이 스스로 통치하지 못하고 모든 것을 "자신의 통제하에" 두지 못한다면 자유로울 수가 없다고 강조했다.[27]

리누치니는 부분적으로 자신의 경험을 바탕으로 이러한 주장을 펼쳤다. 피렌체의 부유한 가문의 자손이었던 리누치니는 성인이 된 후 생애 대부분을 고향에서 보내며 주요한 정치 활동을 했다. 그러다가 로렌초 데 메디치의 부정적인 측면을 인식하게 되었다. 리누치니는 고대의 저서를 읽으며 영감을 받기도 했다. 그는 키케로, 데모스테네스, 아리스토텔레스의 저서를 광범위하게 인용하면서 자신의 주장을 뒷받침했다. 그리고 자유 정부의 본보기로서 고대 아테네, 스파르타, 로마를 칭송했다. 심지어 리누치니가 자신의 저술에서 채택한 형식도 고전적이었다. 플라톤이나 키케로와 같은 고대 철학자들의 문헌과 마찬가지로 「자유에 관하여」는 엘레우테리우스('자유 옹호자')와 두 동료 알리테우스('진실한 자'), 미크로톡수스('정직한 자') 사이에 오고 간 대화를 싣고 있다.

리누치니와 동시대인이며 그보다 나이가 적었던 니콜로 마키아벨리는 피렌체가 자유를 상실한 것에 대해 더욱 낙담했다.[28] 오늘날 마키아벨리의 이름은 자유에 대한 헌신보다 책략가로서의 권위주의와 연관되는데, 마키아벨리가 이러한 평판을 얻은 것은 권력을 장악하고 유지하는 방법에 대한 획기적인 조언을 담은 『군주론』때문이다. 하지만 마키아벨리는 『리비우스 로마사의 첫 열 권에 대한 논고』(『로마사 논고』)에서 그의 다른 면을 보여주기도 했다. 그는 보다 방대하고 실질적인 내용은 담은 이 책에서 리누치니와 매우 유사하게 피렌체 사람들과 모든 '현대' 사람이 '노예' 상태임을 한탄했다.

리누치니와 마찬가지로 마키아벨리도 인문주의 교육과 개인적 경험을 통해 고대의 자유에 관심을 두게 되었다.[29] 마키아벨리는 비록 비교적 검소한 가정에서 자랐지만 훌륭한 고전 교육을 받았다. 그의 아버지는 리비우스가 쓴 로마의 초기 역사에 관한 방대한 역사서를 가지고 있었으며, 시민의 자유를 수호하고 확대하기 위해 탐욕스러운 왕과 귀족과 싸우는 대담한 로마 영웅의 이야기를 들려주며 아들을 키웠다.

아마 마키아벨리가 전제 정치를 경험하게 되면서 그가 받은 교육이 더 보강되었을 것이다. 마키아벨리는 피렌체 역사상 가장 격동적인 시기에 성년이 되었는데, 그가 20대 초반이 되었을 때 군사적 재난의 여파로 메디치 가문이 추방되고 지방 자치 체제가 복원되었다. 마키아벨리는 피렌체 공화국에서 중요한 직책을 맡았으며 실질적으로 대사 역할을 하는 등 이 정권에서 적극적으로 활동했다. 그러나 그가 40대 초반이던 1512년에 군사 쿠데타로 민중 통치 체제가 전복되었다. 추기경 조반니 데 메디치가 피렌체의 새로운 통치자가 되었고 마키아벨리는 즉시 해고되었다.

그러나 몇 달 후에 추기경을 암살하고 민중 통치 체제를 복원하려는 음모가 드러나면서 상황은 더욱 악화되었다. 이 음모는 단 두 사람만이 연루되었고, 전혀 진전되지 않고 있었다. 하지만 이들은 자신들의 대의에 동조할 것으로 생각되는 사람들 20명의 이름을 적어두는 실수를 범했다. 추기경은 단호하게 행동했다. 그는 선동자뿐만 아니라 명단에 있는 모든 사람을 체포했다. 이 중에는 마키아벨리도 포함되었으며, 그는 수감되어 '줄을 이용한' 고문을 당했다. 천장에 달려 있는 도르래에 연결된 밧줄에 묶어 공중으로 들어 올렸다가 갑자기 떨어뜨려 바닥에 닿기 직전에 멈추는 고문이었다. 마키아벨리는 이 고문으로 극심한 고통을 느꼈지만―고문을 당한 사람들은 대부분 어깨가 탈구되었다―혐의를 부인했고 22일이 지나 증거 부족으로 석방되었다.

마키아벨리는 그 후 얼마 지나지 않아 『로마사 논고』를 저술했다. 그의 견해로는 피렌체뿐만 아니라 전 세계가 악인이 쉽게 지배하는 노리개가 되었다. 이러한 관점에서 고대인과 비교하면 근대인이 불리했다. 그는 "우리 시대의 사람들보다 고대의 사람들이 자유를 더 옹호했다."라고 지적했다. 마키아벨리는 그리스도교의 부흥을 비롯한 장기적 변화가 잠재적 폭군에 맞서 자유를 수호하기 위해 싸우는 데 필요한 '공격성'을 약화했기 때문에 그러한 차이가 야기된 것이라고 생각했다.[30]

그러나 마키아벨리는 리누치니와 달리 단순히 문제를 진단하는 것에 만족하지 않았다. 자유는 고대의 정치 체제를 복원함으로써 회복될 수 있었다. 마키아벨리는 『로마사 논고』의 서문에서 설명한 바와 같이 이 책이 고대의 정치 체제에 대한 열정을 다시 불러일으키기를 원했다. 그는 다른 사람들이 조각이나 의학에서 고대의 것을 모방하며 고대 유산을 전파한 것과 같은 방식으로, 고대의 정치 기술을 모방하도록 장려하고자 했다. 마키아벨리는 로마가 중요한 본보기가 될 것이라고 생각했다. 로마 공화국은 심지어 아테네, 스파르타, 카르다고보다 더 성공적인 자유 정부의 전형을 보여주었다. 로마 공화국은 이탈리아 전역과 세계의 많은 지역을 정복하면서도 500여 년 동안 자유를 유지했다. 자유롭게 살고 싶다면 로마인을 모방하는 것보다 더 나은 방법은 없었다. 마키아벨리는 로마의 성공 비결을 조사하면서 로마 초기 역사의 주요 권위자인 리비우스의 저술을 토대로 했다.

그렇다면 리비우스와 그 외 다른 로마 작가들은 어떤 교훈을 남겼을까? 마키아벨리는 이에 대해서 그들이 신분 투쟁 이후 수립된 민중 중심의 제도에 핵심적인 역할을 부여하는 데 이바지했다고 말했다. 마키아벨리의 설명에 따르면 로마의 초기 역사 전반에 걸쳐 평민은 왕과 귀족의 지배로부터 그들 자신을 보호할 수 있도록 로마의 정치 체제를 바꾸는 데 성공했다. 그렇다고 해서 로마가 순수한 민주주의 국가였다는 것은 아니다. 로마의 정치 체제는 항상 대중적·민주적 제도와 더불어 군주적·귀족적 요소를 포함했다. 그럼에도 불구하고 로마는 마침내 "민중이 주체가 되는 정부"가 되었고, 이런 이유로 마키아벨리는 로마가 자유 국가라고 확신했다.[31]

마키아벨리의 분석은 로마의 제도적 틀에만 국한되지 않았다. 그는 로마가 자유를 누리면서도 번영할 수 있었던 사회문화적 특성에 상당한 관심을 기울였다. 마키아벨리는 로마인들의 독실한 신앙심을 높이 평가했는데, 그들이 법과 지도자를 존경하는 마음을 가지는 데 이러한 신앙심이 영향을 미쳤으며, 따라서 로마에서 자유가 무정부 상태로 변질하지 않았다고 보았다. 이와 마찬가지로 중요한 점은, 로마는 용병을 고용하지 않았으며 항상 시민이 자체적으로 방어했다는 것이다. 이는 로마가 시민을 보호하기 위해 군 지도자에게 결코 의존하지 않았고, 따라서 외국의 지배를 받을 위험에서 벗어났음을 뜻했다. 로마인들은 "시민들은 가난하지만, 국고는 풍족하게" 유지함으로써 사회경제적 평등을 유지했다는 것 역시 중요한 점이다. 이 또한 자유를 지키는 데 중요한 역할을 했는데, 부의 현격한 격차는 시민 간의 분쟁을 일으켜 궁극적으로 시민이 전제적인 정치 체제를 기대하도록 하기 때문이다. 마키아벨리는 "평등이 존재하지 않는 곳에서는 공화정을 수립할 수 없다."라고 경고했다.[32]

마키아벨리는 로마식 정체를 분석함으로써 매우 독창적인 방식으로 자유의 역사에 공헌했다. 고대 세계에서 가장 적극적으로 자유를 옹호한 이들은 정치학도가 아니라 역사가였다. 역사가가 그들의 정치적 역사를 서술하고 자유 투사 개개인을 기렸다. 마키아벨리는 더욱 분석적인 접근법을 택했다. 그는 자유를 유지하는 데 제도, 관습, 신념, 사회적 조건이 어떻게 기여하는지 조사했다. 그리고 고대의 사례를 연구하면서 그러한 사례를 모방 대상으로 삼아 자신의 시대에서 구현될 수 있는 자유의 원칙을 제시했다. 앞으로 살펴보겠지만 마키아벨리의 가르침은 이후 자유의 제도화와 관련된 생각에 상당한 영향을 미치게 된다.

이탈리아 르네상스 시대의 고대 자유: 인문주의 이후

페트라르카가 촉발한 인문주의 운동은 소규모의 학자들이 주축이 되었다. 남자(와 일부 여자)들은 주로 지식인의 언어인 라틴어로 글을 썼으며, 관심사는 대체로 식자층을 위한 난해한 내용이었다. 인문주의 운동이 이내로 계속되었더라면 인문주의가 이탈리아와 유럽의 정치 문화에 미치는 영향은 상당히 제한적이었을 것이다. 그러나 페트라르카의 사망 후 수십 년간 고대에 대한 관심은 그 범위가 페트라르카의 제자들이 추구했던 난해한 내용을 초월해 확산되었으며 시각적인 측면에서 매우 두드러진 결과를 낳았다. 예를 들어 이탈리아의 풍경에 13~14세기 고딕 양식의 건물보다 전통적인 고대 사원과 더 유사한 새로운 건물이 나타나기 시작했다. 르네상스의 영향은 무형적인 것에서도 나타났다. 율리우스 2세와 레오 10세 같은 인문주의 교황이 재위했던 시기에 교황청의 성직자들은 신을 유피테르 옵티무스 막시무스로 일컫고, 교회를 '신전'이라고 불렀으며, 가톨릭 전례에 고대의 양식을 도입했다.[33]

왜 고대가 열광적인 지지를 받게 되었을까? 어떻게 인문주의가 단지 소수 지식인의 취미로만 그치지 않고 주요한 문화적 운동으로 확산되었을까? 이러한 질문에 답하기는 어렵지만 역사가들은 사회적 변화가 고대의 모든 측면에 대한 집착을 촉진했다는 점에 동의한다.[34] 12~13세기에 북부 이탈리아는 유럽에서 가장 도시화되고 부유한 지역이 되었다. 이탈리아 사회는 알프스의 북부 지역처럼 귀족과 성직자가 지배하지 않았으며 도시와 엘리트 상인이 사회 분위기를 조성했다.

가장 중요한 지식인 집단은 거래에 필요한 계약서를 작성하는 변호사와 공증인이었다. 이들은 자신들의 삶에 본보기가 될 사례를 모색했으며, 고대 그리스와 로마의 비종교적인 엘리트에게서 원하는 바를 쉽게 찾을 수 있었다.

사회적 변화가 인문주의자들의 운동이 확산되는 데 기여했다면, 이러한 운동이 이탈리아에서 먼저 확립된 후 유럽의 다른 지역에서 자리 잡는 데에는 의사소통 기술의 변화가 중요한 역할을 했다.[35] 인쇄술의 도입으로 소수의 인문주의 학자 집단보다 훨씬 넓은 범위의 사람들에게 고대 문헌과 지식을 보급할 수 있었다. 이동형 인쇄기의 발명은 독일에서 시작되었지만, 새로운 기술을 도입한 독일형 인쇄기는 인구가 더 많은 북부 이탈리아로 빠르게 보급되어 인문주의자들이 수집한 고대 문헌이 인쇄되기 시작했다. 수많은 인쇄물이 고대 애호가들의 구미를 충족시켰다. 예를 들어 퀸투스 쿠르티우스 루푸스가 쓴 알렉산드로스 대왕의 낭만적 전기는 중세 시대 내내 열풍을 일으켜 여러 번 재인쇄되었다. 새로 발견된 헤로도토스, 리비우스, 타키투스, 플루타르코스의 작품도 베스트셀러 목록에 올랐다.[36]

교육 개혁 역시 고대에 대한 인문주의적 열정이 지속되는 데 중요한 역할을 했다. 중세 후기 이탈리아에서 중등 교육은 산수와 라틴어 문법에 중점을 두었다. 인문주의 교육자들은 특히 15세기 이후 교육 과정에 혁명을 가져왔다. 이들은 학생들이 뛰어난 웅변술을 배울 수 있도록 고대 문헌의 원문을 교육하는 데 중점을 두었는데, 이러한 문헌이 학생들에게 보다 높은 도덕관을 심어줄 것이라고 확신했기 때문이다. 하지만 실제로는 인문주의 학교가 교육자들의 높은 이상에 미치지 못하는 경우가 많았다. 많은 학생이 적은 수의 책을 느리고 지루하게 읽기만 할 뿐 전혀 발전하지 못했다. 그럼에도 새로운 교육 과정은 수 세대에 걸쳐 학생들에게 고대 문헌과 고대 역사에 대한 지식과 경건한 태도를 심어주었고, 따라서 인문주의적 자세가 몸에 배게 되었다.[37]

이러한 상황이 전개되면서 그 결과로 자유에 대한 열풍이 새롭게 일어났고 인문주의 학자 집단보다 훨씬 넓은 범위의 사람들에게 빠르게 확산되었다. 르네상스 시대 시각 예술가들은 인문주의자들의 메시지를 시각적으로 표현해 그들의 메시지가 라틴어 글자로 전달될 때보다 더 폭넓은 사람들에게 전달될 수 있도록 했다. 이탈리아의 화가와 조각가, 특히 (공화정이 간헐적으로 유지되기는 했지만) 피렌체와 시에나 등 몇 안 남은 공화국의 예술가들이 고대 공화국과 자유를 칭송하는 프레스코화, 조각상, 그림으로 도시를 장식했다. 특히 인기 있는 주제는 로마 역사와 관련된 것이었다.[38]

이러한 초기 '공화주의' 예술의 한 사례가 시에나에서 발견되었다. 시에나는 피렌체에서 남쪽으로 약 40마일 떨어진 곳에 위치한 도시국가로, 대체로 과두제 집권층이 통치하고 있었다. 1413년 시에나의 지도자들은 지역 예술가인 타데오 디 바르톨로에게 지방 자치 정부의 본거지인 푸블리코 궁전의 예배당 전실에 프레스코화를 그려달라고 의뢰했다.[39] 이듬해 로마 공화국의 영웅과 그들이 수호한 자유를 찬미하는 프레스코화가 완성되었다. 루키우스 유니우스 브루투스, 카토, 마르쿠스 브루투스 등 로마 공화국 초기부터 멸망에 이르는 시기까지의 인물이 묘사되었는데, 예배당 전실에서 회의실로 이어지는 아치형

타데오 디 바르톨로, 「로마 역사 속 이야기와 인물」, 1413~1414.

구조물에는 아리스토텔레스가 로마의 영웅을 소개하는 장면이 표현되었다. 아리스토텔레스는 두루마리를 펼쳐 들고 있는데, 이는 로마의 영웅이 모범적 자유 투사로 소개되고 있음을 분명하게 보여준다. 이 두루마리에는 "시민의 모범으로서 이 사람들을 소개한다. 만약 이들의 성스러운 발자취를 따라간다면 국내외에서 명성이 높아질 것이며, 자유가 항상 명예를 지켜줄 것이다."라고 적혀 있다.[40] 아리스토텔레스의 맞은편 벽에는 로마 공화정 말기의 인물인 카이사르와 폼페이우스가 그려져 있다. 이 두 인물과 함께 적혀 있는 글귀에서 설명하듯이 이들은 공화국을 내전으로 치닫게 만들어 결국 "로마의 자유"를 "종식"시키는 결과를 초래한 "맹목적 야망"의 부정적인 예이다.[41]

이 프레스코화가 전달하는 메시지는 브루니, 리누치니, 마키아벨리와 같은 인문주의자의 메시지와 일맥상통하며, 실제로 로마 역사에 대한 브루니의 선구적인 연구에서 직접적인 영감을 받았을 것이다.[42] 이 시기의 다른 작품에서도 이와 비슷한 메시지를 발견할 수 있다. 1500년 무렵 산드로 보티첼리가 그린 유화 작품 「루크레티아의 비극」과 「비르기니아의 이야기」는 리비우스의 『로마사』에 나오는 군주에 저항하는 사건을 묘사했다. 몇십 년 후 르네상스 시대의 가장 유명한 화가인 미켈란젤로 부오나로티는 메디치 가문의 완강한 반대자인 친구 도나토 지안노티로부터 마르쿠스 브루투스의 흉상을 조각해 달라는 의뢰를 받았다. 미켈란젤로는 비록 브루투스의 흉상을 완성하지는 못했지만 브루투스를 대담하고 단호하며 도전적인 인물로 묘사했으며, 이 작품은 "서양 미술사에서 로마 공화정의 영웅을 가장 감동적으로 표현한 형상 중 하나"라는 평가를 받았다.[43]

역설적이게도 미켈란젤로가 사망한 후에 메디치 가문이 이 흉상을 손에 넣었다. 그들은 흉상 아래에 라틴어로 "조각가가 대리석으로 이 흉상을 만들다가 [브루투스의] 범죄를 떠올리며 작업을 중단하게 되었다."라는 문구를 새겨 넣었다. 그렇게 함으로써 작품을 칭송하는 대신 폭군 살해를 비판하는 선전용으로 재해석했다.[44] 이 흉상이 미완성으로 남게 된 것은 보다 세속적인 이유에서인 듯하다. 지안노티에게 의뢰를 받은 뒤 몇 년 동안 미켈란젤로는 건강이 악화되었으며, 돈을 더 많이 주는 의뢰인들을 위해 다른 작품을 만드느라 브루투스의 흉상을 완성할 수 없었다.

문학적·예술적인 측면에서만 고대 자유에 대한 숭배가 부활한 것

미켈란젤로, 브루투스의 흉상, 1540~1542.

은 아니었다. 이러한 영향은 실생활에서도 나타났다. 특히 피렌체에서 실제로 인문주의에 열중한 학생들을 중심으로 브루투스를 숭배하는 세력이 성장했다. 15~16세기에 걸쳐 이 '토스카나의 브루투스들' 중 몇몇은 메디치 가문의 수장을 살해해 메디치 가문의 통치를 종식하려고 시도했다. 이들의 시도는 성공하지 못했지만, 그럼에도 불구하고 메디치 반대자들 사이에서 폭군 살해에 대한 열정은 약화하지 않았다.[45]

1478년 불만을 품은 피렌체 사람들이 파치 가문의 일원을 주축으로 피렌체를 통치하던 메디치 가문을 전복시키기 위해 음모를 꾸몄다. 그들은 미사가 성대하게 진행되는 중에 붐비는 군중 속에서 로렌초와 줄리아노 데 메디치를 공격했다. 그리고 신도들이 모두 보는 앞에서 줄리아노를 칼로 19번이나 찔러 살해했다. 메디치 가문의 수장인 로렌초는 심각한 부상을 입었지만 살아남아 반란을 진압했다. 음모에 가담한 사람들은 붙잡혀 교수형에 처해졌다.

공모자들이 음모에 가담한 동기는 다양했지만, 점점 더 권위적으로 변해가는 메디치 정권에 대한 불만이 분명 그중 하나였다. 어느 공모자는 공격 직후 "민중과 자유"라고 외치며 자신들의 대의에 동조할 것을 군중에게 호소했다.[46] 얼마 뒤 공모자들이 브루투스와 카시우스와 같은 고대 폭군 살해자에 비유된 것은 놀라운 일이 아니다. 공격 후 1년이 지나 리누치니는 「자유에 관하여」에서 로렌초를 살해하려고 했던 이들의 시도를 "영광스러운 행위, 최고의 찬사를 받을 만한 행위"라고 칭송했다. 리누치니는 파치 가문이 "그들의 자유와 국가의 자유를 회복하기 위해" 노력했으며, 따라서 그들의 행위는 고대의 유명한 폭군 살해와 마찬가지로 칭송받을 만하다고 보았다.[47]

파치 가문 이후로도 브루투스를 모방한 사례가 많았다. 1513년 피에트로 파올로 보스콜리와 아고스티노 카포니가 메디치 가문의 줄리아노, 조반니, 줄리오 데 메디치를 살해할 음모를 꾸몄다. 하지만 공모자들은 배신당하고 사형을 선고받았다. 처형되기 전날 밤, 보스콜리는 역사가 루카 델라 로비아에게 자신의 행동은 브루투스의 이야기에서 영감을 받은 것이라고 말했다고 전해진다. 보스콜리는 "아! 루카, 내

머릿속에서 브루투스를 지워버려서 내가 완전한 그리스도인으로 이 세상을 떠날 수 있게 해달라."고 한탄했다고 한다.[48]

그러나 의심할 여지 없이 가장 잘 알려진 폭군 살해자는 로렌치노 데 메디치였다. 1537년 메디치 가문의 말썽꾼 로렌치노(그는 '로렌자치오 Lorenzaccio', 즉 '나쁜 로렌초'라고도 알려졌다)는 피렌체의 통치자인 친척 알레산드로 데 메디치를 칼로 찔러 죽였다. 알레산드로와 가까운 사이였다고 알려진 로렌치노가 무슨 동기로 그를 살해했는지는 여전히 불분명하다. 실제로 이 두 사람은 자주 말 한 마리를 함께 타고 공공장소에 모습을 나타내기도 했다. 하지만 이들의 우정은 보이는 것처럼 그렇게 진실하지는 않았던 듯하다. 알레산드로는 상속과 관련된 법적 분쟁에서 로렌치노의 편을 들지 않았고, 이로 인해 로렌치노가 원한을 품게 되었을 수도 있다.

로렌치노의 동기가 무엇이었든지 간에 그는 즉각 자기 자신을 평범한 살인자가 아닌 브루투스와 카시우스와 동일한 유형의 자유 투사로 묘사했다. 로렌치노는 그의 저서 『변명』에서 알레산드로를 네로와 칼리굴라에, 자기 자신은 친형제를 죽인 그리스의 폭군 살해자 티몰레온에 비유하며 자신의 행동을 공개적으로 옹호했다. 그는 『변명』의 서두에서 "만약 내 행동을 정당화해야 한다면, 나는 내 모든 힘을 동원해 인간이 다름 아닌 시민의 삶, 즉 자유를 추구해야 하는 이유를 입증하고(그 이유는 매우 많다) 설명해야 할 것이다."라고 밝혔다.[49] 또한 로렌치노는 마르쿠스 브루투스가 카이사르를 암살한 뒤 기념주화를 주조한 것을 그대로 모방해 자신의 행위를 기념하는 주화를 발행하기도 했다. 로렌치노의 주화는 브루투스가 발행한 동전처럼 한 면에는

로렌치노 데 메디치가 알레산드로 데 메디치를 암살한 것을 기념하기 위해 발행한 동전, 1537.

두 개의 단검 사이에 자유를 상징하는 모자가 있고, 다른 면에는 로마인 옷차림을 한 로렌치노의 모습이 담겼다.

　로렌치노의 『변명』은 이탈리아의 맥락에서 고대 자유를 부흥시키는 데 마지막으로 공헌한 주요 저술 중 하나였다. 1494년에서 1559년까지 이탈리아에서는 전쟁이 끊이지 않았다. 프랑스와 스페인 합스부르크 군대는 유럽 전역에서 온 용병들의 지원을 받으며 이탈리아반도의 북부를 장악하기 위해 싸웠다. 이탈리아는 지속되는 전쟁으로 상당한 물리적 피해를 보았으며 시민들은 평범한 삶을 영위할 수 없게 되었다. 1559년 프랑스와 스페인 합스부르크가 평화 협정을 체결하면서 60여 년간의 전쟁이 막을 내렸다. 이제 스페인 합스부르크가 이탈리아 북부의 공국 대부분을 장악했으며 교황령과 베네치아 공화국만 독립적인 정치 체제를 유지했다. 합스부르크의 승리로 이탈리아는 평화와 안정을 회복함으로써 인구가 늘고 경제가 되살아났다. 하지만 합스부르크의 지배를 받게 되면서 군주제를 조건 없이 받아들일 수밖에 없었다.[50]

그 결과 15세기 이탈리아에서 만연했던 자유에 대한 숭배가 서서히 사라져 갔다.[51] 그러다가 1559년 합스부르크 황제가 동맹 메디치 가문의 지원을 받아 마침내 몬탈치노에서 방어벽을 치고 있던 피렌체와 시에나 망명자들을 물리치면서 상징적인 종식을 맞았다. 이 망명자들은 '자유'의 기치 아래 필사적으로 저항했다. 이전 세대의 자유 투사가 그랬듯이 이들 망명자(또는 그들의 전기 작가)는 자유를 위한 그들의 투쟁이 고대 역사로부터 영향을 받았다고 강조했다. 지도자 피에로 스트로치는 전쟁 전날 마음을 진정하기 위해 라틴어 고전을 그리스어로 번역했다고 한다. 망명자들은 상복을 입고 항복했다.[52]

몬탈치노가 정복된 이후 이탈리아에서 자유에 대한 언급이 현격히 줄어들었다. 물론 이탈리아인들이 여전히 리비우스, 타키투스, 플루타르코스와 같은 고대 작가의 작품을 읽기는 했다. 그러나 16~17세기에 그들은 새로운 방식으로 고대 작품을 접하게 되었다. 대표적인 사례가 클라우디오 몬테베르디의 오페라 「포페아의 대관식」이다.[53] 1643년 베네치아에서 초연된 이 오페라는 신화적 주제가 아닌 역사적 주제를 다룬 최초의 오페라였다. 베네치아 시인 조반니 부세넬로가 타키투스의 『연대기』와 수에토니우스의 『열두 명의 카이사르』등 네로의 통치에 관한 다양한 고대 자료를 참고해서 대본을 썼다. 이러한 자료에는 네로가 어떻게 악랄하고 교활한 포페아에 매료되었는지가 기록되어 있었다. 포페아는 황후가 되기 위해 네로에게 옥타비아와 이혼하고 무고한 그녀를 추방하라고 설득했다. 결국 옥타비아는 네로의 명령으로 살해되었다.

부세넬로는 타키투스가 수년에 걸쳐 일어났다고 설명한 사건들을 하루에 압축해 표현하는 등 고대 자료를 예술로 전환하면서 창작의 자유를 누렸다. 하지만 무엇보다도 그는 이 이야기의 교훈을 바꾸었다. 타키투스의 이야기에서 옥타비아의 추방과 네로와 포페아의 결혼은 절대 권력이 부패를 야기할 수 있음을 보여주는 증거였다. 그러나 부세넬로의 대본은 사랑이 선과 운명보다 인간에게 더 큰 영향을 미친다는 완전히 다른 교훈을 담았다. 이 오페라는 타키투스의 원래 의도와는 전혀 다르게 사랑이 모든 것을 이긴다는 메시지로 끝난다. 네로와 포페아가 마침내 결혼했을 때, 이 두 사람은 이중창으로 그들의 사랑을 축하한다. "나는 당신을 사랑하고, 당신을 끌어안고, 당신을 붙잡아요. 더는 비통하지 않고, 더는 슬프지 않아요. 오! 나의 소중한 사람, 오! 나의 사랑하는 사람이여, 나는 당신의 것… 오! 나의 사랑, 나에게 말해주시오, 당신은 나의 것, 나만의 것이라고. 오! 나의 사랑하는, 나의 소중한 사람이여."[54]

마지막 공화국인 베네치아에서도 1559년 이후 자유보다는 질서와 안정이 더 강조되었다.[55] 그러나 좀 더 광범위하게 보자면, 몬탈치노가 정복된 이후 유럽에서 자유의 부흥이 종식된 것은 아니었다. 이탈리아에서는 전쟁으로 인한 피로와 합스부르크의 지배로 고대 자유에 대한 열정이 사그라든 반면에, 알프스 건너편의 유럽인은 고대 그리스인과 로마인처럼 "자유롭게 살고자 하는" 욕망에 대해서 이야기하기 시작했다. 이곳에서 자유의 부흥은 이탈리아보다 한참 뒤에 일어났지만,

훨씬 더 오래 지속되었다.

알프스 인근 지역에서의 고대 자유의 부흥

이탈리아에서와 마찬가지로 알프스 건너편에서도 자유의 부흥이
르네상스의 가장 중요한 산물이었다. 프랑스, 폴란드, 네덜란드, 잉글
랜드, 그 외 유럽 국가에서 고대에 대한 새로운 인문주의 지식으로
인해 고대의 이상적 자유에 대한 관심이 촉발되었고, 자유의 부재로
근대 세계가 고대 세계보다 더 살기 어렵다는 인식이 커졌다. 이탈리
아에서와 마찬가지로 이들 국가에서도 보다 급진적인 북부 인문주의
자들이 근대 유럽인들이 혁명적 결론을 내린 '노예'에 대한 비판을 수
용했다. 마키아벨리와 같이 인문주의자들은 동시대 사람들을 해방시
키기 위한 유일한 방법이 민중 통치 체제, 연방, 혼합 정체, 또는 아주
드물게는 민주주의라고도 묘사되었던 고대 공화국으로 복귀하는 것이
라고 주장했다.[56]

인문주의 지식은 이탈리아에서 그보다 북쪽에 위치한 유럽 국가로
여러 방식을 통해 전파되었다.[57] 주로 학자나 군인이 이동하면서 개인
적 교류를 통해 지식이 전해졌으며, 이탈리아가 빈번하게 침략을 받으
면서 약탈당한 이탈리아 인문주의 학자의 책과 예술가의 작품이 알프
스 너머의 국가에까지 전달되기도 했다. 1500년대 초 유럽의 북쪽 지
역에서는 인문주의 운동이 자체적으로 일어나기 시작했다. 데시데리
위스 에라스뮈스, 요하네스 로이힐린, 기욤 뷔데, 토머스 모어 등이

기술과 언어적 역량에서 이탈리아 인문주의자들에 필적하거나 그들을 능가하기 시작했다.

르네상스 사상을 전파하는 데 인쇄술과 교육학은 중요한 매개체가 되었다. 16~17세기에 일부 유럽 국가에서는 새로운 인문주의 교과 과정이 중등학교에 도입되었다. 학자들이 고대 문헌을 자국어로 번역해 더 많은 독자가 고전을 읽을 수 있게 되었다. 1600년에 이르러서는 고대 문헌의 상당수가 적어도 한 가지 이상의 유럽 언어로 제공되었으며, 구텐베르크의 인쇄술 발명으로 그 어느 때보다 많은 사람이 고전을 접하는 것이 가능해졌다. 1450년에서 1700년 사이에 라틴어 및 그리스어 원서와 번역서의 형태로 유통된 고대 역사서는 약 250만 권으로 추정된다. (이를 성경과 비교해 보면, 학자들은 16세기에 약 500만 부의 성경이 판매되었다고 추정한다.)[58]

이탈리아로부터 북쪽에 위치한 유럽 국가에서 인문주의 지식은 이탈리아에서와는 매우 다른 맥락으로 발전되었다. 피렌체와 같은 이탈리아 도시와 비교하면 프랑스와 잉글랜드 같은 국가는 고대 공화국과 유사점이 훨씬 적었다.[59] 또한 이탈리아 북쪽의 국가들은 규모가 훨씬 크고 인구가 더 많았으며 보통 왕이나 여왕이 통치했다. 많은 이탈리아 도시 국가와는 달리 민중 자치나 심지어 과두 정치의 역사도 없었다. 그렇다고 유럽의 왕과 여왕이 절대적인 권력을 가졌던 것은 아니다. 많은 유럽 왕국에서는 중세 말기부터 의회와 같은 입법 기관이 점점 더 중요한 정치적 역할을 맡기 시작했다. 그러나 이러한 의회는 왕에게 종속되었고 의원들은 공동 통치자가 아니라 고문이었으며, 그들이 가진 권력도 근대 초기를 지나면서 약화되었다. 예를 들어 1484

년부터 1560년까지 프랑스의 삼부회는 단 한 번도 소집되지 않았다.

이탈리아 북부를 제외하고 유럽에서 가장 도시화된 저지대 국가들은 자랑스러운 자치의 역사를 가지고 있었다. 하지만 이탈리아의 도시 국가들에 필적할 만한 수준은 아니었다. 안트베르펜이나 헨트와 같은 도시에서는 어느 정도 자치가 이루어지기는 했지만, 부르고뉴 공작이나 합스부르크 황제와 같은 군주의 권력을 항상 인정했다. 시민들은 자신들의 국가를 독립적인 정치적 실체로 생각하지 않고 더 큰 실체의 일부로 생각했다. 일례로 15세기 초 브라반트 공국에서 발발한 분쟁을 들 수 있다. 1415년에서 1430년까지 공국 정부의 힘이 약한 시기에 공작, 도시 주민, 남작, 그리고 삼부회(귀족, 성직자, 평민)가 거듭해서 대립하는 상황이 발생했다. 이러한 상황은 만약 공작이 삼부회나 삼부회 구성원의 권리 및 특권을 침해한다면 삼부회가 새로운 섭정을 선택할 수 있음을 공작이 인정하는 것으로 끝났다. 그러나 이 분쟁에서 어느 누구도 왕권 그 자체에 도전하지 않았으며, 오히려 일부 도시에서는 남작과 삼부회가 자신들은 언제나 군주를 대신해 행동했다고 주장했다.[60]

예외적으로 중유럽의 알프스 뒤쪽 지역에서는 스위스 소작농들이 거주하는 지역과 스위스 도시들이 스위스 공화국이라는 연방으로 합쳐졌다.[61] 1291~1513년 스위스의 주 사이에 체결된 일련의 조약에 의해 연방이 설립되었고, 연방을 구성하는 13개 주의 대표들이 공화국을 통치했다. 그러나 스위스 공화국은 1500년에 인구가 60만 명에 불과할 정도로 작고 힘이 약하며 가난했다. 근대 초기에 용병은 스위스 공화국의 주요 수출품이었다. 16세기와 17세기 유럽에서는 프랑스처럼 규모가 크고 강력한 군주국이 일반적이었다.

이러한 상황에서 고대 그리스와 로마의 자치 공동체는 이탈리아에서보다 훨씬 더 낯설게 여겨졌을 것이다. 따라서 유럽의 많은 인문주의자가 그들이 매우 존경한 고대 작가의 정치적 메시지를 무시한 것은 놀라운 일이 아니다. 16세기의 유명한 인문주의자 유스투스 립시우스는 고대의 유산을 되살리기 위해 열렬히 헌신했다. 그의 좌우명은 '고대 습관에 따라'였다. 그는 후대에 주요 역사서가 된 타키투스의 『연대기』와 『역사』를 연구했다. 하지만 립시우스는 정치적 노예를 혐오하는 타키투스의 생각에는 동의하지 않았다. 그리고 자신의 주요 정치 관련 논문 「정치 또는 정치 교육에 관한 여섯 권의 책」에서 왕의 의지에 완전히 복종해야 한다고 역설했다. 그는 자유를 부도덕함과 무정부 상태와 동일시했으며, 고대에 대한 상당한 지식을 동원해 왕권 통치에 대한 자신의 주장을 뒷받침했다. 립시우스는 맥락을 무시하고 타키투스의 말을 반복해서 인용해 타키투스의 본래 의도와는 정반대로 마치 절대 군주제를 확고하게 지지하는 것처럼 보이게 했다. 또한 립시우스는 '로마의 위대함'을 다룬 책을 저술했는데, 그 책에서 카이사르 시대의 로마가 인간 발달의 정점이었다고 설명했다.[62]

그런데도 마키아벨리와 같은 이탈리아 인문주의자는 근대 유럽인들이 자유롭게 살기를 원한다면 고대의 민중 통치 체제가 복원되어야 한다는 급진적인 메시지를 전하고자 했는데, 그들의 주장은 당연히 알프스의 건너편에 위치한 국가들에서도 공감대를 얻었다. 모든 유럽 국가에서 어떤 형태로든 검열을 했기 때문에 이러한 사상은 억제되거나 애매모호하게 표현되는 경우가 잦았다. 그러나 사상의 전파를 통제하는 국가의 능력이 무너지는 위기의 순간에 유럽의 인문주의자들과 그 제자들은 종종 고대 자유에 대한 열정을 표현할 기회를 잡았다.[63]

이는 프랑스에서 처음 일어났는데, 16세기 말, 수십 년 동안 심각한 경제 침체 및 종교적 분쟁과 더불어 왕위 계승 위기가 장기화되면서 군주의 권위가 약해졌다.[64] 1559년 앙리 2세가 마상 창 시합 중에 불과 마흔 살의 나이로 갑작스럽게 사망하면서 위기가 발생했다. 앙리 2세의 어린 아들 프랑수아 2세가 왕위에 올랐으나 통치를 시작한 지 1년도 채 되지 않아 사망했고, 그의 뒤를 이어 형제인 샤를 9세와 앙리 3세가 각각 비교적 짧은 기간 동안 통치했다. 이로 인한 불안정은 또 다른 생존의 위기로 심화되었다. 프랑스는 이미 오랜 기간 경제 침체를 겪고 있었는데, 1520년대 유럽을 강타한 '소빙하기'의 추운 겨울과 습한 여름으로 농작물이 늦게 여물거나 일찍 썩어 광범위한 기근이 반복되면서 타격을 받게 되었다.

이러한 불안한 상황에서 종교 개혁이 일어나 종교적 긴장이 더해졌다. 프랑스에서 종교 개혁은 즉각적인 성공을 거두었다. 특히 장 칼뱅의 『기독교 강요』는 개혁한 종교를 가장 강력하고 성공적으로 설명하는 책이 되었다. 칼뱅은 프랑스에서 프로테스탄트에 대한 폭력이 거세지자 제네바로 피신했으며, 그곳에서 실력 있는 성직자들을 프랑스로 파견해 급성장하는 프로테스탄트 교도들을 조직화했다. 이들은 유령 위그Huguet 또는 위곤Hugon의 이름을 따서 위그노Huguenot라고 불리게 되었다. 프로테스탄트 교도들이 당국의 눈을 피하려고 유령처럼 주로 어두울 때 모였기 때문이다.

1560년대에 이르러서는 프랑스에서 프로테스탄트 교도 수가 폭발적으로 늘어 인구의 약 10퍼센트를 차지했다. 곧 전례와 종교적 도상의 해석을 둘러싸고 첨예한 갈등이 일었다(위그노는 특히 가톨릭의 성변화 교리를 인정하지 않았으며 가톨릭이 '밀가루 반죽의 신'을 숭배한다고 비난했다). 1572년 비극적인 '성 바르톨로메오 축일의 대학살'이 일어났다. 파리를 비롯한 여러 도시에서 프로테스탄트 봉기를 두려워한 가톨릭 신자들이 수백 명, 많게는 수천 명의 위그노를 살해했다. 겁에 질린 위그노가 칼뱅파의 거점인 제네바로 몰려들면서 상황은 훨씬 악화되었고 약 5만 명 이상이 사망했다. 위그노는 샤를 9세가 선동해 이러한 대학살이 일어났다고 보았다.

이후 정치 관련 논문과 팸플릿 저술이 급격하게 늘었는데, 이들 중 상당수가 군주 개인을 비판했으며 악의적으로 공격하는 경우도 많았다. 어린 아들들을 위해 섭정 역할을 했던 어머니 카트린 드 메디시스와 마찬가지로 샤를 9세와 앙리 3세는 남색과 살인 등 가장 극악무도한 범죄를 저질렀다는 비난을 받았다. 그러나 위그노의 일부 저술에는 왕권주의 원칙에 대한 보다 체계적인 비평, 즉 자유라는 이름으로 행해진 비평이 포함되어 있었는데, 이는 고전을 포용한 인문주의적 정신에서 영감을 받은 것이다.

프랑스인들의 정치적 노예 상태에 반대하며 열변을 통한 이들 중에는 젊은 귀족 에티엔 드 라 보에시가 있다. 신흥 귀족 집안에서 태어난 라 보에시는 사를라(라 보에시의 고향)의 주교이자 학식 있는 이탈리아 학자인 니콜로 가디의 지도로 훌륭한 인문주의 교육을 받았다. 라 보에시는 어려서부터 플루타르코스의 『생애』와 같은 고전을 탐독했는데, 고전을 읽으면서 영감을 받아 직접 저술을 시작하게 되었다. 그가 아직 10대였던 1540년대에 당시의 시대상과 그 시대를 살아가는 유럽인들이 처한 정치적 상황을 연구한 '자발적 복종'이라는 제목의 짧지만 강력한 메시지를 전달하는 에세이를 썼다.[65]

라 보에시는 「자발적 복종」을 원래 개인적인 용도로 저술했기 때문에 원고의 사본을 친구와 동료에게 보내기는 했지만 출판을 할 생각은 없었다. 하지만 라 보에시가 사망한 직후 프랑스 위그노는 이 에세이를 접하게 되었고, 그들의 노력으로 1574년 '일인에 반대하여'라는 제목으로 출간되어 독자층이 더 넓어지게 되었다. 라 보에시의 절친한 친구인 미셸 드 몽테뉴를 경악시켰던 것은, 라 보에시가 독실한 가톨릭교도였음에도 불구하고 위그노의 왕권 비판에 이 글이 활용되었다는 점이다. 「자발적 복종」은 19세기까지 계속 재인쇄되었다.[66]

라 보에시의 에세이가 샤를 9세에게 저항하는 위그노의 관심을 끌게 된 이유를 짐작하기란 어렵지 않다. 리누치니의 「자유에 관하여」와 마찬가지로 라 보에시의 「자발적 복종」 역시 일인 통치를 노예제의 한 형태로서 신랄하게 비판했다. 라 보에시는 도입부에서 호메로스의 『일리아드』에 나오는 군주제를 칭송하는 문구를 인용했다. 호메로스는 "군주가 여러 명이 되는 것이 좋을 것 같지 않다. 두 명 이상이 군주가 되지 않게 하고, 한 명만 군주가 되게 하라."고 썼다. 라 보에시는 이러한 호메로스의 견해가 "완전히 이성에 반하는 것"이라고 생각했다. 군주에게 복종하는 것은 언제나 "극심한 불행"이다. 한 사람이 다른 모든 사람을 지배할 권력을 쥐게 될 때, 피지배자는 그들의 지배자가 선량하고 온화한 통치자인지를 결코 확신할 수 없게 된다. 군주의 지배하에서의 삶은 늘 위태롭기에 개인의 안전이 보장되지 못한다. 이러한 관점에서 보면 16세기 프랑스의 정치 상황은 암담했다. 라 보에시와 동시대를 산 사람들은 대부분이 왕의 통치하에 있었기 때문에 '노예'와 다를 바 없었다.[67]

라 보에시는 자유를 최고선으로 간주했던 고대인들과 비교하면 그의 동시대인들이 자유를 누리지 못하고 있다고 한탄했다. 라 보에시는 헤로도토스에게서 영감을 받아 그리스·페르시아 전쟁이 두 적국 사이에서 벌어진 전쟁이 아니라 자유와 지배를 놓고 벌어진 전쟁이었다고 강조했는데, 이는 그리스·페르시아 전쟁에서 용감하게 싸웠던 그리스인들이 증명해 준다. 일례로 그는 스파르타 사절인 스페르티아스, 불리스와 페르시아 사트라프satrap인 히다르네스의 대화와 관련된 일화를 '기꺼이' 소개했다.[68] 또한 라 보에시는 히파르코스를 살해한 하르모디오스와 아리스토게이톤, 로마 공화국의 창시자인 루키우스 유니우스 브루투스, 어린 나이에도 독재관 술라에 맞섰던 소小 카토 등 고대의 폭군 살해자를 찬양했다.

주목해야 할 것은 「자발적 복종」에서 라 보에시는 비관적인 결론을 내렸다는 점이다. 그는 프랑스에서 관습이 상당한 영향력을 미친다는 점을 참작할 때 정치적 상황의 변화 가능성에 대해 회의적이었다. 일반적으로 왕조는 평범한 사람들의 순진함을 이용해 자신의 지위를 승격시키는 영리한 사람들에 의해 세워졌다. 폭군은 처음에는 피지배자에 대해 강한 책임감을 가졌을 수도 있지만 시간이 지나면서 그들에 대한 부담감을 느끼지 않게 되었다. 또한 폭군은 호의를 베풀고 뇌물을 제공해 상류층을 자신의 대의에 동참하도록 만들었고, 엘리트들은 이익과 부를 추구하기 위해 폭군을 지지했다(폭군의 피지배자는 자신이 소유한 재산을 온전히 자기 것이라고 할 수 없었기 때문에 이러한 행동이 매우 어리석은 것이라고 라 보에시는 논평했다). 따라서 라 보에시는 변화가 불가능하다고 보았기에 혁명을 일으킬 것이 아니라 이를 체념하고 받아들이라고 조언했다.[69]

그러나 프랑수아 오트망이 저서『프랑코갈리아』에서 설명한 바와 같이 프랑스의 다른 인문주의자들은 이러한 현상現狀을 쉽게 용인하지 않았다.[70] 유서 깊은 변호사 집안에서 태어난 오트망은 1546년 소르본 대학교의 로마법 교수로 임명되었다. 그는 초기 프랑스 법률과 헌법의 역사에 대해 광범위하게 연구하고 저술을 발표했으며 곧 인문주의 학자로 이름을 떨쳤다. 그러나 그의 삶은 1572년 '성 바르톨로메오 축일의 대학살' 이후 완전히 바뀌었다. 프로테스탄트로 개종했던 오트망은 가족과 함께 제네바로 도망쳤고, 다른 많은 위그노처럼 일인 통치 원칙에 대해 의문을 품기 시작했다. 하지만 라 보에시와는 달리 오트망은 프랑스의 잃어버린 자유를 단순히 한탄하는 데 그치지 않았다. 약 반세기 전에 마키아벨리가 피렌체 사람들을 위해『로마사 논고』에서 그렸던 것처럼 오트망은『프랑코갈리아』에서 방대한 인문학적 학식을 바탕으로 프랑스인들을 해방시킬 정치적 모델을 소개했다.

『프랑코갈리아』에서 오트망은 고대 그리스와 로마의 정부를 거듭 칭송했다. 그의 설명에 따르면 로마에는 "혼합 정체"가 있었다. 즉, 로마에서는 왕이나 원로원이 아닌, 시민과 시민의 의회가 "최고 권위"를 가지고 있었다.[71] 이러한 정치 체제를 통해 로마인들은 자유인이 될 수 있었다. 하지만 프랑스에는 그러한 자유가 없었다. 오히려 오트망은 프랑스를 "왕 한 명이 자신의 쾌락을 위해 자신만의 의지대로" 통치하는 오스만 제국과 비교했다. 이런 식으로 통치되는 것은 인간의 품위를 떨어뜨리고 인간성을 빼앗는 것이었다. 일인 통치하에서 피지배자는 "아리스토텔레스가 『정치학』에서 정확하게 관찰한 바와 같이, 소와 짐승처럼 취급되었다."[72]

그러나 마키아벨리와는 달리 오트망은 프랑스인들이 곤경에서 벗어나기 위해 로마식 정치 체제를 도입해야 한다고 주장하지는 않았다. 그 대신에 왕권이 전복되어 멸망한 프랑코갈리아-메로베우스 왕조 통치하에 있던 프랑스-의 고대 정치 체제를 복원해야 한다고 주장했다. 오트망이 '고대 정치 체제'를 어떻게 이해했는지는 고대 공화국에 대한 그의 지식에서 명백하게 드러난다. 프랑코갈리아는 로마와 마찬가지로 '혼합 정체'가 수립되어 있었고, 이 정체하에서 왕이 아니라 왕, 백성, 귀족을 대변하는 '공식적인 국가 공공위원회'가 최고 권위를 가졌다.[73] 오트망은 실제로 프랑스 왕은 원래 로마의 집정관처럼 선출되었다고 설명했다. 오트망이 전하고자 하는 바는 명백했다. 프랑스인들이 자유로워지려면 군주제를 거부하고 로마 공화국의 정치 체제와 같은 고대의 혼합 정체로 돌아가야 한다는 것이었다.

라 보에시와 오트망이 설명했듯이 16세기 말 프랑스의 정치 질서가 무너지면서 군주제가 다른 형태의 노예 제도라는 급진적 비판이 거세게 일었다. 그러나 프랑스 군주제의 위기는 비교적 짧았다. 1589년 부르봉가의 왕자 앙리 4세가 즉위하면서 정치 질서와 군주적 권위가 회복되었다. 프로테스탄트 신자로 자란 앙리는 가톨릭으로 개종하면서 두 파벌을 화해시키는 데 성공했으며, 1598년 낭트 칙령을 통해 프로테스탄트를 어느 정도 인정했다. 1648년 프랑스에 내전이 발발하면서 왕권이 다시 도전을 받기는 했지만 군주제에 대한 새로운 비판으로 이어지지는 않았는데, 이는 아마도 종교적 차원에서 갈등이 해소되었기 때문일 것이다. 루이 14세가 즉위한 후 군주제는 더욱 강력해졌다. 고대와 중세 사상가들처럼 프랑스 모Meaux의 주교인 자크베니뉴 보쉬에 등 영향력 있는 사상가들은 정치적 복종이 하느님의 뜻임을 새로이 강조했다.[74]

그러나 다른 유럽 국가들에서도 인문주의자들 사이에서 자유에 대한 담론이 형성되기 시작했다. 폴란드-리투아니아 군주국에서는 왕위 계승 위기와 종교적 갈등으로 1572년 선거군주제가 도입되었다. 새로운 체제 아래 귀족이 의회에서 폴란드 왕을 선출하게 되었다. 인구의 약 6~8퍼센트를 차지하는 귀족은 전쟁할 권리 등 모든 주요 사안에 대해 최종 결정권을 가졌다. 또한 귀족 출신의 자칭 평생직 '의원'으로 구성된 위원회가 왕을 보좌했다.[75]

새로운 체제의 국가는 두 민족의 공화국으로 불리게 되었는데, 폴란드 인문주의자들은 곧 그들의 체제를 로마 공화국과 비교했다. 그들은 베네치아를 제외하면 폴란드-리투아니아 공화국이 유럽에서 유일한 '자유 공화국'이라고 주장했다. 다른 유럽 국가들과는 달리 폴란드는 한 명의 통치자가 통치하지 않고 고대 로마에서처럼 자치가 이루어졌다. 그러나 폴란드인들은 새로운 자유에 안주하지 않았다. 17세기에서 18세기에 걸쳐 폴란드인들은 왕실 권력이 그들의 자유를 훼손할 가능성에 대해 계속 걱정했다. 많은 폴란드인의 관점에서 볼 때 왕이 선출된다고 할지라도 그들은 독재자로 변할 수 있기 때문에 왕의 야망을 억제할 수 있는 영구적인 제도가 필요했다. 1790년대에 독립적인

폴란드-리투아니아 공화국이 멸망할 때까지 폴란드의 정치 문화에서 자유는 핵심어가 되었다.[76]

네덜란드에서도 이와 비슷한 일이 일어났다. 1570년대에 저지대 국가의 여러 주에서 스페인 합스부르크가의 왕 펠리페 2세에게 대항하는 반란이 일어났다.[77] 펠리페 2세의 통치에 대한 반란은 중세와 프로테스탄트 탄압 정책에 대한 분노로 촉발되었다. 1567년 펠리페 2세는 질서를 회복하고 국교를 가톨릭으로 되돌리기 위해 우수한 장성인 알바 공작을 네덜란드로 보냈다. '철의 공작'으로 알려진 알바 공작은 재판소인 문제 위원회(피의 위원회)를 설치해 1만 2000명 이상의 사람들을 재판하고 1000명을 처형했다. 5만 명이 넘는 사람들이 망명했는데, 이 망명자들은 저명한 프로테스탄트 귀족인 오라녜의 빌럼이 이끄는 반란에 동참하게 되었다. 1648년까지 전쟁이 공식적으로는 끝나지 않았지만, 1580년대에 이르러 합스부르크 네덜란드는 합스부르크가가 지배하고 있던 가톨릭 지역과 독립적인 프로테스탄트 지역으로 양분될 수밖에 없다는 것이 분명해졌다. 1590년대 새롭게 독립한 네덜란드 지방에서는 보다 융통성 있는 신임 왕을 세우기 위해 여러 번 시도했으나 실패하고, 네덜란드 공화국을 수립하게 된다.

폴란드-리투아니아 두 민족의 공화국과 마찬가지로 네덜란드 공화국에서도 자유가 정치적 담론의 핵심이었다.[78] 네덜란드의 팸플릿 저자들은 네덜란드가 유럽에서 몇 안 되는 자유 국가 중 하나라고 묘사하는 것을 결코 지겨워하지 않았다. 또한 네덜란드인은 고대 그리스인이나 로마인처럼, 그리고 자신들의 조상인 전설적인 바타비아인처럼 스스로 통치했기 때문에 자유롭다고 확신했다. 네덜란드의 법학자

후고 그로티우스에 따르면-그는 오트망의 『프랑코갈리아』를 탐독했다-고대 바타비아인의 헌법은 스파르타인의 헌법과 상당히 유사했다. 네덜란드 독립 전쟁으로 이러한 고대 바타비아의 자유가 회복되었다.[79]

그러나 폴란드-리투아니아에서와 마찬가지로 네덜란드의 인문주의자들 역시 군주제와 정치적 노예제가 복원되는 것에 대해 계속 우려했다. 네덜란드 공화국이 수립된 이후에도 네덜란드의 정치 체제에는 왕과 같은 역할을 하는 주 총독이 있었다. 총독은 공화국 군대의 사령관으로, 곧 오라녜 가문의 군주가 맡는 세습직이 되었다. 17세기에서 18세기에 걸쳐 인문주의자 라보 헤르만 쉴스와 같은 오라녜의 반대자들이 이름만 다를 뿐 왕과 다름없는 이들 군주에게 저항하며 이들의 전제적 권력으로 인해 결국 네덜란드의 자유는 종식될 것이라고 경고했다. 쉴스는 헤로도토스, 타키투스, 키케로의 영향을 받아 1666년 '공공의 자유'라는 제목의 에세이를 발표했다. 이 에세이에서 쉴스는 지배자와 피지배자의 위치가 빈번히 바뀔 수 있는 연방에서만 자유가 존재할 수 있다고 밝혔다.[80]

잉글랜드의 고대 자유

잉글랜드에서는 자유에 대한 논의가 프랑스나 폴란드-리투아니아, 네덜란드보다 늦게 나타났다. 그러나 자유의 담론이 형성되었을 때 고대 자유에 대한 잉글랜드 사람들의 애착은 특히 강렬하고 오래 지속되었다. 1620년대부터 1690년대까지 잉글랜드는 장기간에 걸쳐 정치적 위기를 겪고 있었고, 이러한 위기는 종종 폭력적인 양상을 띠었다. 이로 인해 군주제 질서가 대대적으로 붕괴되어 1649년 1월 찰스 1세가 처형되고 몇 달 후 잉글랜드 공화국, 즉 잉글랜드 연방이 수립되었다. 이 위기의 근본적인 원인에 대해서는 많은 논쟁이 있었다. 일부 역사가는 물가 상승과 인구 증가로 촉발된 장기적 사회 변화의 영향에 더 중점을 두는 반면, 다른 역사가는 잉글랜드의 위기ー특히 잉글랜드 내전ー를 종교 개혁으로 야기된 종교 전쟁의 마지막 징후로 보는 경향이 있다. 또한 인문주의 지식의 확산으로 도입된 새로운 정치사상의 중요성을 지적하는 역사가도 있다.[81]

그러나 분쟁의 근본적 원인이 무엇이든 간에 스튜어트 왕가의 불안한 재정 상황이 갈등을 고조시키는 데 영향을 미친 것은 분명하다. 예를 들어 이웃 프랑스와 비교하면 잉글랜드에서는 왕이 필요한 자금을 걷는 것이 훨씬 더 어려웠다. 군사적 발전으로 전쟁 비용이 증가했음에도 불구하고 왕실은 상시적으로 세금을 부과할 권한이 없었다. 게다가 16세기 말 물가 상승으로 세수를 통한 왕실 수입의 실질 가치가 감소했다. 제임스 1세와 찰스 1세는 상시적으로 세금을 더 걷을 수 있는 새로운 조치에 동의해 줄 것을 의회에 요구했지만, 의원들은 오히려 의사 결정을 내리는 데 있어 의회의 영향력을 더 확대해 달라고 요구했다. 이로 인해 17세기 초에 정치적 위기가 빈번하게 초래되었다.

1639년 스코틀랜드군이 잉글랜드를 침공하면서 사태가 급박해졌다. 스코틀랜드인들은 찰스 1세가 그들에게 성공회를 강요한 것에 불만을 품었다. 찰스는 군대를 강화하는 데 필요한 자금을 마련하기 위해 의회를 소집했다. 그러나 이 전략은 역효과를 낳았고, 의회는 왕국의 방위비를 지불하기를 거부했다. 그 대신 의회는 대간주Grand Remonstrance를 공포해 왕실의 고문을 승인할 권한을 의회가 갖겠다고 선언했다. 분노한 찰스는 의회에 전쟁을 선포하고 1642년 런던을 떠났다. 잉글랜드 내전은 올리버 크롬웰이 이끈 의회파가 승리했다. 의회파는 찰스 1세의 군대와 그의 아들 찰스 2세의 군대를 차례로 물리쳤다.

1648년 찰스 1세의 군대가 패배한 후 왕은 재판을 받고 처형당했다. 이는 전례 없는 일로서 유럽 전역에 충격을 주었으며, 심지어 공화국인 네덜란드도 이에 대해 분개했다. 찰스 1세의 처형 후 잉글랜드는 공화국으로 탈바꿈했지만 새로운 정권은 점점 더 거센 반발에 부딪혔다. 1660년에 찰스 1세의 아들이자 후계자인 찰스 2세가 프랑스에서 공위 기간을 보낸 후 군주제를 복원했다. 그러나 이것으로 잉글랜드의 분쟁이 종식되지는 않았다. 복위된 스튜어트가의 왕들은 지속적으로 옛 코먼웰스맨commonwealthman들과 강경 프로테스탄트들의 저항에 부딪혔다. 프로테스탄트들은 스튜어트 왕가가 은밀한 가톨릭 신자라고 의심했다. 1688년 명예혁명이 일어나 스튜어트 왕가가 멸망하고 윌리엄과 메리 부부가 왕위에 올랐으며, 이후 하노버 왕가가 왕위를 이으면서 비로소 안정이 이루어졌다.

이러한 장기간에 걸친 정치적 위기의 결과로, 잉글랜드는 알프스 너머의 유럽에서 고대 자유에 대한 숭배를 부활시킨 중심지가 되었다. 물론 이러한 현상이 즉각적으로 나타나지는 않았다. 처음에는 왕과 의회 사이의 갈등이 전통적 권리와 자유를 수호하기 위한 것이었다는 점이 분명했다. 그러나 1630년대에서 1640년대에 걸쳐 고대 권리와 자유에 대한 담론은 정치적 노예제, 즉 잉글랜드인들이 그들의 왕에게 정치적 노예로 종속되어 있다는 것에 대한 불평으로 바뀌었다.[82] 1649년 의회가 공화국, 즉 '자유 연방'을 만들기 위해 왕을 처형하는 전례 없는 조치를 취했을 때, 의회는 그러한 조치를 통해 단 한 사람이 통치하는 정부는 자유와 양립할 수 없다는 사실을 발견했다고 주장함으로써 처형을 정당화했다. 의회는 로마, 베네치아, 스위스, 네덜란드의 예를 들면서 연방에서는 "모든 유형의 사람들이 그들의 양심, 신변, 재산에 대해 정당한 자유를 부여받는다."라고 설명했다. 이와 대조적으로 왕의 통치하에서 잉글랜드인들은 "불의와 억압을 겪으며 노예"로 살았다. 따라서 "현재 의회에 모인 민중의 대표자들은 (여러 차례에 걸친 부당한 침략에 의해 수립된) 이 나라의 정부를 과거의 군주정에서 공화정으로 바꾸고 더는 왕이 그들을 압제하지 않도록 해야 한다고 판단했다."[83]

왕이 처형된 이후 수십 년 동안 잉글랜드의 코먼웰스맨들은 일인 통치는 자유와 양립할 수 없다고 주장하면서 적극적으로 반대했다.[84] 1654년 런던 신문 『옵저베이션』은 "라케다이몬(스파르타의 다른 이름) 정부의 기초는 모든 사람이 자유롭고 모든 사람이 통치할 수 있어야 한다는 것이었다."라고 밝히며 독자들에게 이를 상기시켰다.[85] 어느 작가는 로마사를 언급하며, "사람들은 최고 의회를 소집하고 해산하고, 정부를 바꾸고, 법을 제정하고 폐지할 수 있는 힘을 갖기 전까지는 진정한 자유를 절대 갖지 못했다."라고 주장했다.[86] 30년 후, 복원된 스튜어트 왕조의 맹렬한 반대자였던 앨저넌 시드니도 같은 주장을 펼쳤다. 그는 『정부에 관한 담론』에서 "아시리아인과 메디아인, 아랍인, 이집트인, 오스만인 등이 노예로 살아온 것은 그들의 삶과 재산의 주인이 군주였기 때문이다. 반면 그리스인, 이탈리아인, 갈리아인, 독일인, 스페인인, 카르타고인은 복종을 혐오했기 때문에 그들이 어떤 힘, 덕망, 용기가 있는 한, 그 나라는 자유 국가로 간주되었다. 그들은 스스로 만든 법에 따라서만 통치되었고, 앞으로도 그럴 것이다."라고 설명했다.[87]

이들이 전하는 바는 분명했다. 만약 잉글랜드인이 자유를 원한다면 왕을 없애고 고대 그리스인과 로마인처럼 스스로를 통치해야 했다. 그러나 이것이 실제로 이루어지기 위해서는 어떻게 해야 할까? 어떻게 고대의 자유 정권이 17세기 잉글랜드라는 전혀 다른 상황에서 재창조될 수 있을까? 이 질문은 코먼웰스맨들 사이에서 많은 논쟁을 불러일으켰다. 이러한 논쟁에서 가장 영향력 있는 공헌을 한 사람으로는 제임스 해링턴이 있다. 토지 소유주이면서 귀족이었던 해링턴은 잉글랜드 사회의 상류층에 속했다. 실제로 그는 찰스 1세와 친분이 있었고, 찰스 1세가 처형될 때에도 그를 돌보았던 것으로 여겨진다. 그런데도 찰스 1세의 처형과 잉글랜드 연방의 수립 이후 해링턴은 열렬한 공화주의자가 되었다. 그리고 근대 세계에서 고대의 민중 정부를 부활시킬 방안을 상세하게 다룬 정치 관련 논문을 여러 편 발표했다. 그중 1656년에 처음 발표된 『오세아나 공화국』이 가장 잘 알려졌다.[88]

해링턴이 『오세아나 공화국』의 서두에서 말했듯이 그의 목표는 마키아벨리가 그랬던 것처럼 "고대의 신중함", 즉 정치술을 되살리는 것이었는데, 그것이 자유를 확립하는 유일한 방법이었기 때문이다. 『오세아나 공화국』은 고대의 사례에서 영감을 받은 것으로, 해링턴은 로마, 아테네, 스파르타, 카르타고, 이스라엘, 아카이아(그리스) 같은 고대 국가와 베네치아, 스위스, 네덜란드 같은 근대 공화국의 사례를 연구했다고 밝혔다.

해링턴이 이러한 사례를 든 것은 그가 '민중 통치 체제' 또는 '민주주의'라고 묘사한 정치 체제하에서만 민중이 자유로울 수 있었기 때문이다.[89] 물론 해링턴은 17세기 잉글랜드에서 이러한 유형의 정치 체제를 도입하는 것이 훨씬 더 작은 규모의 고대 도시 국가에서보다 더 어려울 수 있다는 점을 알고 있었다. 그러나 그는 이러한 차이로 인해 근대 유럽인들이 고대 제도를 모방하는 것을 멈춰서는 안 된다고 생각했다. 무엇보다도 규모의 차이는 훨씬 과장되어 있었다. 해링턴은 고대 공동체 대부분이 여러 다른 도시를 포함하는 비교적 큰 영토가 있었다고 지적했다. 그는 "라케다이몬의 시민은 3만 명이었으며, 이들은 그리스 전체에서 규모가 가장 큰 지역 중 하나인 라코니아 전역에 흩어져 살았다."라고 말했다. 또한 해링턴은 고대를 거슬러 올라가 수집한 자료를 바탕으로 대의代議 원칙을 창의적으로 해석했는데, 이러한 대의 원칙은 사람들이 한곳에 모일 필요 없이 정치에 참여할 수 있었음을 뜻했다.[90]

해링턴은 하원과 상원의 두 대의 기관을 만들어, 노예를 제외한 모든 성인 남성이 간접적으로 의원을 선출하고 부자만 상원 의원이 될 수 있게 하자고 제안했다. 그의 제안에 따르면 이러한 대의 기관은 법률을 제정하고 정부의 행정 및 사법 기능을 담당하는 공무원을 임명할 수 있었다. 대표나 공무원이 임기를 마치면 일정 기간 동안 다시 선출되거나 임명될 수 없었다. 해링턴의 견해에 따르면, "공직의 순환" 원칙은 모든 공직자에게 책임을 지우는 데 있어 매우 중요했다. 이는 "한 사람의 자애로움이나 은혜"에 의존하지 않으면서 국가에서 "민중이 왕"으로 남을 수 있는 유일한 방법이라고 해링턴은 설명했다.[91]

그러나 정치 제도만으로는 충분하지 않았다. 해링턴은 자유를 수호하기 위해서는 사회경제적 평등, 특히 토지 재산의 평등을 이루기 위한 특정 조치가 필요하다고 강조했다. 역사를 면밀하게 조사해 보면 권력은 재산의 균형에 달려 있거나, 해링턴의 표현대로 정치의 "상부 구조"는 재산의 분배, 특히 부의 주요 원천인 토지의 분배라는 "기초"에 달려 있었다.[92] 만약 모든 토지를 한 사람이 소유한다면, 국가는 오스만 제국과 같은 나라들처럼 절대 군주제가 될 것이다. 만약 토지를 소수의 엘리트가 독점한다면, 당연히 국가는 봉건 시대 잉글랜드처럼 귀족제나 제한 군주제로 바뀔 것이다. 토지가 어느 정도 평등하게 분배되면서 "민중 정부" 또는 "연방"이 생겼다. 해링턴은 "재산이 평등한 곳에는 권력의 평등이 있다. 권력이 평등한 곳에는 군주제가 있을 수 없다."라고 말했다.[93]

정치적 상부 구조가 재산 분배에 달려 있다는 사실을 깨달은 해링턴은 그 시대 민중 통치 체제의 전망을 낙관하게 되었다. 봉건 시대에는 소수의 귀족에게 토지가 집중되어 있었기 때문에 제한 군주제가 가장 적절한 형태의 정치 제도였다. 그러나 지난 몇 세기 동안 잉글랜드에서는 다양한 상황으로 인해 보다 균등한 재산 분배가 이루어졌다. 스튜어트 왕가에 대항해 일어난 의회의 반란은 이러한 사회경제적 변화에 따른 피할 수 없는 결과였다. 해링턴이 말했듯이 "민중 통치 체제의 해체가 전쟁을 야기한 것이지, 전쟁이 이 체제의 해체를 야기한 것이 아니었다."[94]

그런데도 해링턴은 미래의 경제적 불평등이 커지는 것을 방지할 법적 체계-해링턴은 이것을 토지법이라고 보았다-를 마련해야 한다고 생각했다.[95] 그러한 법적 체계의 필요성은 로마의 사례에서 가장 잘 나타났다. 로마 공화국 초기에 로마인들은 토지법을 준수해 정복한 땅을 민중에게 균등하게 나누어 주었다. 그러나 토지법은 차츰 효력을 상실해 갔고 귀족 출신의 엘리트들이 새로 정복한 땅을 모두 독점하게 되면서 상당수의 귀족이 더 많은 부를 축적했다. 그리고 결국에는 공화국이 전복되면서 로마인들은 "그들과 그들의 후손에게 무엇보다 가장 소중한 보물인 자유를 빼앗겼다."[96]

더 구체적으로 해링턴은 자유 공화국에서 상속법에 따라 특히 대규모 토지를 자녀들에게 균등하게 분배함으로써 재산 분배를 촉진해야 한다고 밝혔다. 다시 말해 해링턴의 시대에는 재산 대부분을 한 자녀에게만 상속하는 것이 일반적이었지만 이러한 관행은 금지되어야 했으며, 일정 가치 이상의 토지를 취득하는 것 역시 금지되어야 했다. 그는 이 두 가지 조치를 통해 장기적으로 토지 재산이 어느 정도 동등하게 분할될 것이라고 믿었다.[97]

해링턴은 민중 통치 체제를 유지하기 위해 토지법이 필수적이라고 주장하면서, 공화국이 제대로 기능하기 위해서는 '평등'이 필요하다고 한 마키아벨리의 말과 이와 비슷한 취지의 여러 고대 자료를 인용했다. 그러나 해링턴은 마키아벨리나 다른 고대 저자들보다 토지법을 훨씬 더 강조했다.[98] 실제로 그는 토지법이 정치적 평등을 실현하도록 고안된 제도로서, 공화국을 보존하고, 따라서 자유를 수호하는 데 기본이 된다고 여겼다. 민주적 자유를 유지하기 위해서는 경제적 평등이 필수적이라는 해링턴의 주장은 이후 미국 독립 혁명과 프랑스 혁명 시기에 일어난 자유 체제를 도입하는 방안에 대한 논의에 큰 영향을 미치게 된다.[99]

요약하면 1500년과 1700년 사이에 알프스 너머의 유럽에서 고대 자유를 숭배하는 움직임이 다시 살아났다. 르네상스 시대 이탈리아에서와 마찬가지로 그리스나 로마의 모든 것을 탐구하는 인문주의 정신으로 인해 민중 자치와 동일시되는 자유의 가치가 새롭게 강조되었다. 특히 프랑스, 폴란드, 네덜란드, 잉글랜드와 같은 국가에서는 군주제의 질서가 붕괴되었다. 15세기 피렌체의 리누치니와 마찬가지로 라 보에시, 쉴스, 시드니와 같은 인문주의자들은 그들이 처해 있는 노예와 같은 상태를 비판했다. 오트망과 해링턴과 같이 훨씬 더 급진적인 사상가들은 마키아벨리를 본받아 고대 민중 정부를 다시 수립하기 위해서 이를 연구해 상세하게 설명했다.

이와 동시에 우리는 자유를 향한 인문주의자들의 헌신에도 분명히 한계가 있었음을 알아야 한다. 인문주의자들은 민중이 왕이 되는 자유로운 체제를 건설하고자 하는 그들의 바람에 대해 역설했지만, 이러한 체제에 대해 그들이 내린 정의는 좁은 의미에 국한되는 경우가 많았다. 대다수 인문주의자가 자유 체제의 모범적 사례로 내세운 정체政體는 사실 매우 엘리트주의적인 경향이 있었다. 따라서 폴란드, 네덜란드, 잉글랜드의 인문주의자들은 그들의 공화정이 자유로운 체제의 모범이 되는 정체라고 칭송했다. 그러나 이들 공화국에서 인구의 일부만 정치적 참여를 할 수 있었다. 폴란드-리투아니아에서는 인구의 약 6~8퍼센트를 차지하는 귀족만 의회에서 투표할 수 있었다. 네덜란드는 섭정(실제로는 통치자)이라고 불렸던 소수의 세습 과두제 집권층이 통치했다. 이와 유사하게, 단기간 유지되었던 잉글랜드 공화국은 상당한 재산을 소유한 성인 남자에게만 참정권을 부여했으며, 로마 가톨릭 신자와 유명한 왕당파는 제외했다.[100]

이러한 배제는 간과되는 경우가 자주 있었다. 폴란드 인문주의자들은 자치적인 '국가'에서 참정권이 귀족들에게만 주어지는 것이 당연하다고 생각한 것 같다.[101] 네덜란드 공화주의자들도 거의 같은 태도를 가지고 있었다. 따라서 라보 헤르만 쉴스는 자신이 만든 자유에 바치는 찬가에서 네덜란드의 자유에 대한 유일한 위협은 오라녜 왕가라고 묘사했지만, 섭정 엘리트가 확립한 권력의 독점에 대해서는 단한 번도 논하지 않았다. 이와 마찬가지로 자유 체제를 보다 일반적으로 논할 때 쉴스는 귀족정과 민주정을 자유로운 체제에 포함시켰지만, 엘리트들의 통치하에서 대부분의 사람은 군주제하에서만큼이나 정치 참여에서 제외되었다는 점은 인정하지 않았다.[102]

정치 싸움이 더 치열하게 벌어졌으며 불안정한 상태가 보다 오랫동안 지속된 잉글랜드에서는 정치에 누가, 왜 참여할 수 있느냐를 둘러싼 논쟁이 더 많이 벌어졌다. 엘리트 코먼웰스맨들은 '무례한 군중'에게 권력을 주는 것은 군주제를 되살릴 뿐이며 따라서 자유를 종식시킬 것이라고 종종 지적했다. 시인이자 공화주의 선전가인 존 밀턴은 로마 공화국의 사례는 민중에게 지나친 권력을 부여했을 경우 발생하는 위험성을 보여준다고 했다. 그의 견해에 따르면 로마의 민중 지도자, 특히 호민관은 분열과 불안을 조장한 책임이 있었으며 결국 공화국을 붕괴하게 만들어 술라가 독재관 자리에 오를 수 있게 했다. 밀턴은 자유를 수호하기 위해서 권력은 "적절한 자격을 갖춘 자들"에게 부여되는 것이 낫다고 결론지었다.[103]

그러나 공화주의적 엘리트주의가 과장되어서는 안 된다. 16세기에서 17세기에 걸쳐 많은 공화주의 사상가는 과두제 정권이 군주제 정권 못지않게 자유를 훼손한다고 비난했다. 1572년 폴란드 학자 안제이 울란Andrzej Wolan(본인은 자신을 안드레아스 울라누스Andreas Wolanus라고 불렀다)이 「정치적 자유 또는 시민적 자유에 관하여」라는 논문을 발표했다. 이 논문에서 울란은 폴란드-리투아니아 두 민족의 공화국이 민중의 동의하에 제정된 법에 따라 통치되었기 때문에 자유의 전형이라며 칭송했다. 이와 동시에 울란은 두 민족의 공화국의 과두제적 경향에 대해서 비판했다. 그는 개혁하지 않는다면 "모두를 위한 자유"가 "소수의 권력"에 의한 지배로 대체될 것이라고 경고했다.[104]

이들보다 훨씬 더 급진적인 인물로는 네덜란드인 형제 요한 드 라 코트와 피터르 드 라 코트가 있다.[105] 성공한 의류 상인인 드 라 코트 형제는 네덜란드에서 부유층에 속했으며 네덜란드를 통치한 귀족 출신의 엘리트와 긴밀한 교류 관계를 유지했다. 그런데도 그들은 네덜란드 공화국의 과두제적 특성에 대해 매우 비판적이었다. 드 라 코트 형제는 1660년에 저술한 『국가 또는 정치적 균형에 대한 고려』에서 이에 대해 상세히 밝혔으며 군주제, 귀족제, 민주제, 세 가지 형태의 정치 체제를 비교했다. 그들은 고전적인 인문주의적 방식에서 군주제는 노예 제도에 지나지 않는다고 일축하며 더욱 이례적인 주장을 이어 나갔다. 귀족들은 항상 엘리트의 이익을 위해 통치하게 될 것이며, 따라서 왕이 통치하는 경우와 마찬가지로 대다수의 사람은 노예로 전락하게 된다고 그들은 설명했다. 그러므로 드 라 코트 형제는 모든 성인 남자가 민회에 참석해 전쟁과 평화를 선포하고 새로운 법률을 공포하며 이를 집행할 집정관을 임명할 권리를 가지는 아테네식 민주주의를 도입해야 한다고 강력하게 주장하면서 책을 끝맺었다.[106]

그러나 엘리트의 통치에 대한 비판이 가장 활발하게 이루어진 곳은 혁명적인 잉글랜드였을 것이다.[107] 마르차몽 니덤은 단기간 유지되었던 잉글랜드 공화국의 배타적 성격을 신랄하게 비판했다. 그는 로마사를 근거로 엘리트의 통치에 반대했다. 니덤은 로마사를 보면 "민중의 이익이 다른 이익보다 더 일상적이고 우선시되는 상태로 지속되는 한" 민중의 자유가 보장되었다는 것을 알 수 있다고 주장했다. 이와는 대조적으로 원로원이 "교묘하게 민중에게서 권력을 빼앗는 데" 성공하자마자 로마는 "자유를 잃고" 쇠락해 카이사르의 폭정이 시작되었다.[108] 이와 비슷한 주장을 하는 포퓰리스트적 코먼웰스맨들도 많았다. 예를 들어 존 스트리터는 민중만이 자신의 자유를 보호할 수 있으며, 귀족은 군주제를 선호하는 경향이 강하다고 강조했다. "민중은 권력을 가진 이를 가장 잘 보호하며, 자신의 자유를 가장 잘 수호한다."[109]

물론 니덤과 드 라 코트 형제와 같이 민주적 사고방식을 가진 사상가들조차도 한계가 있었다. 그들은 엘리트가 아닌 남자가 정치에 참여해야 한다고 강력하게 주장했지만 여자와 노예 등 특정 범주의 많은 사람은 계속 제외했다. 고대 사상가들과 마찬가지로 그들은 여자와 노예는 애초에 전혀 독립적이지 않다고 주장했다. 따라서 여자와 노예가 정치적 노예가 되어도 잃은 것이 없었다. 드 라 코트 형제에 따르면 여자는 남자보다 감정적이고 매달 가벼운 병에 걸리며 신체적으로 남자의 도움에 의존해야 했다. 아이가 어른에게 종속되는 것이 당연하듯이 여자가 남자에게 종속되는 것은 완전히 자연스러운 것이었다.[110]

이탈리아에서 북쪽 지역의 인문주의자들과 그 지지자들은 이처럼 정치적 비전에 분명히 한계가 있었음에도 불구하고 자유에 관한 담론에서 중요한 역할을 했다. 이탈리아 사상가들과 마찬가지로 그들 역시 자유로운 삶을 사는 것이 최고의 정치적 선이라고 주장했다. 또한 그러한 자유로운 삶은 고대 자치 공화국에서만 누릴 수 있는 것이라는 점을 분명히 했다. 그들은 자유 국가가 되기 위해서는 사회경제적 평등이 필요하다는 생각처럼 다양한 혁신적 발상을 제시했다. 일부는 엘리트에 의한 통치가 노예 제도의 한 형태라고 말하며 신랄한 비판을 전개하기도 했다. 앞으로 살펴보겠지만 이러한 생각들은 18세기 후반의 자유 논쟁, 특히 대서양 혁명의 맥락에서 자유 논쟁의 전개에 중요한 역할을 하게 된다.

자유의 재고? 종교 개혁의 영향

르네상스 인문주의는 분명히 유럽의 정치사상, 특히 자유에 대한 사고에 지속적으로 큰 영향을 미쳤다. 동시대인들도 이 점을 인정했다. 1651년 토머스 홉스는 유명한 비판을 제기했는데, 그는 그리스와 로마의 저자들이 부정적인 영향을 미친다고 말했다. 홉스는 "세계의 이 서쪽 지역에서 제도와 국가의 권리에 관해 아리스토텔레스, 키케로, 그 외 다른 그리스인과 로마인의 생각을 우리의 의견으로 받아들이게 되었다."라고 불평했다. "민중 정부하에서 살았던" 이들 그리스와 로마의 저자는 "그들이 자유인이며, 군주제하에서 사는 모든 이가 노예"라고 믿었으며, 동시대인들도 대부분 그 의견을 비판 없이 받아들였다고 홉스는 말했다. 실제로 홉스는 인문주의적 관점에서 군주제와 노예제가 연관된다는 생각이 매우 공고하게 확립되어 널리 인정되었기 때문에 스튜어트 왕가의 군주제가 폭력적으로 전복되었다고 확신했다.[111]

르네상스 외에도 16세기와 17세기 유럽의 정치 논쟁에 주요하게 영향을 준 문화적 변화가 있었다. 동일하게 중요한 두 가지 지적 발전이 이루어졌는데, 종교 개혁과 자연권 사상의 등장이었다. 전통적으로 이러한 발전이 자유에 대한 논쟁을 더욱 '근대적' 방향으로 이끌었다고 간주된다. 하지만 정말 그러한가? 우리는 이러한 발전의 기원과 전개 과정을 추적하고 이런 발전이 초기 근대적 자유 논쟁에 미친 영향을 살펴봄으로써 이 주장을 평가할 수 있다. 앞으로 살펴보겠지만 그 영향이 전통적으로 생각했던 것만큼 중요하지 않다고 보는 데에는 타당한 이유가 있다.

19세기에 주로 프로테스탄트 역사가들에 의해 확립된 서사에 따르면 종교 개혁은 고대와 중세의 정신세계를 근대로부터 급진적으로 단절시켰다. 이 역사가들의 관점에서 보면 중세 가톨릭은 평신도를 성직자의 권위에 복종시키고 평신도가 스스로 생각하지 못하게 하는 압제적 종교였다. 종교 개혁은 프로테스탄트를 해방시켜 평신도와 성직자를 동등하게 만들고(루터는 만인사제론을 주장했다), 평신도가 스스로 성경을 읽고 해석하도록 장려했다. 이러한 종교적 자유는 개인의 자유에 대한 새로운 평가로 이어졌다. 즉, 개인의 자유는 국가의 간섭 없이 원하는 대로 행동하고 사고할 수 있는 능력을 가리키게 되었으며, 이는 근대 세계를 중세뿐만 아니라 개인의 자유보다 집단의 자유를 우선시했던 고대와도 차별화시켰다.[112]

이러한 견해는 특히 영어권에서는 여전히 널리 수용되고 있지만, 몇 가지 미심쩍은 가정에 근거한다. 무엇보다도 고대 학자들이 보여준 바에 따르면 고대 사상가들이 개인의 자유보다 집단의 자유를 우선시한 것은 아니다. 오히려 앞서 살펴본 것처럼 헤로도토스와 같은 역사가들은 개인의 안전과 독립은 자유와 자치가 보장되는 국가에서만 이룰 수 있다고 확신했다. 이는 이후 인문주의자들도 마찬가지였다. 마키아벨리나 해링턴 같은 사상가들이 집단적 의미에서 자유나 자치를 옹호한 것은 그것이 사람들이 자신의 삶을 통제할 수 있는 유일한 방법이라고 믿었기 때문이다. 고대인과 고대를 숭배했던 인문주의자들은 모두 자유 국가, 즉 민중 정체하에서 사는 것의 주요 이점 중 하나로 자기 생각을 말할 수 있다거나 자기 인생을 계획할 수 있다는 것을 들었다.[113]

자유의 역사에서 종교 개혁의 역할이 주요하게 평가되지 않는 다른 이유들도 있다. 20세기에 에른스트 트뢸치와 같은 수정주의 역사가들은 19세기 학자들이 종교 개혁을 긍정적으로 평가한 데 대해 반박했다. 자유주의 신학자인 트뢸치는 종교 개혁을 보다 부정적으로 평가했다. 트뢸치를 비롯한 역사가들이 지적한 바와 같이 주요 개혁가들은 교황의 권위에 대항해 반기를 들었음에도 불구하고 정작 그들 자신은 권위주의적 견해를 전파했다. 그들은 종교의 자유를 옹호한 것이 아니라 하느님의 말씀에 복종해야 한다고 주장했으며, 양심의 자유를 옹호한 것이 아니라 이단을 근절해야 한다고 주장했다. 종교 개혁이 자유를 전파하는 것이라면 그러한 자유는 신과 왕의 말씀이나 그 외 다른 정치적 권위에 대한 복종과 양립할 수 있는 내면의 평화적 자유였다. 트뢸치가 지적한 바와 같이 종교 개혁은 실제로 중세를 끝낸 것이 아니라 연장했다고 볼 수 있다.[114]

매우 영향력 있는 개혁가들의 글을 살펴보면 트뢸치의 견해가 설득력이 있음을 알 수 있다. 예를 들어 마르틴 루터가 그리스도교의 자유를 옹호한 것은 절대 종교적 다양성을 옹호하는 것으로 해석될 수 없으며, 그리스도인이 자신의 신념에 따라 신앙하거나 모일 수 있는 권리로도 해석될 수 없다. 바울의 가르침, 특히 갈라티아인들에게 보낸 편지에서 유래된 이 신학적 개념은 순수하게 영적이고 내적인 자유를 지칭했다. 루터에 따르면 이는 본질적으로 오로지 그리스도에 대한 믿음에 의한 칭의稱義와 구원의 교리를 받아들이는 것을 의미했다. 진정한 그리스도인은 자신의 구원이 하느님의 손에 달려 있음을 받아들이고 선한 일을 하거나 교황의 칙령과 같은 인간이 만든 규칙을 지키는 것으로 구원될 수 없음을 인정한다는 점에서 자유로웠다.[115]

이와 마찬가지로 루터가 양심의 자유에 대해 말했을 때, 그는 단순히 인간이 원하는 것은 무엇이든 생각해도 된다거나 자신의 방식대로 하느님을 숭배할 수 있도록 허용되어야 한다는 뜻으로 말하지 않았다. 루터는 "하느님의 말씀에 복종"할 때 양심은 자유롭다고 했으며, 성경에 표현된 바와 같이 하느님의 말씀은 분명했다.[116] 그는 종교적 견해차나 해석이 타당하다고 생각할 수 없었다. ("성서보다 더 명확한 책은 지상에 존재하지 않는다.")[117] 루터는 다른 사람들이 자신과 다르게 성경 구절을 이해했을 때 그들이 잘못 인도되었거나 의도적으로 하느님의 명령을 어기고 있다고 생각했으며, 진정한 믿음, 즉 루터 자신의 경전 해석에서 벗어난다면 그들과 싸워야 한다고 생각했다. 그는 처음에는 세속당국의 도움을 받아 이단을 처벌하는 것을 꺼렸다. 당국도 다른 모든 사람과 마찬가지로 죄인이기 때문이다. 그러나 1530년대에는 혐오스럽고 신성 모독적인 가톨릭 미사를 금하는 것이 통치자와 공권력의 의무라고 믿게 되었다. 루터는 성경을 따르지 않는 가톨릭의 양심은 "겉보기에만 그렇게 보이는 양심"에 불과하기 때문에, 양심의 자유에 대한 가톨릭의 호소를 중요하게 여기지 않았다.[118]

다른 개혁가들도 이에 동의했다. 루터와 마찬가지로 칼뱅도 그리스도교의 자유가 본질적으로 영적인 자유라고 정의했다. 그렇다고 해서 자유가 개인이 원하면 마음대로 행동하거나 신앙을 가질 수 있다는 의미가 아니었으며, 탐식이나 나태에 대한 자유를 의미하는 것도 아니었다고 칼뱅은 단호하게 지적했다. 그리스도인은 "하느님의 뜻에 자발적으로 순종"해야 한다는 점에서 자유로웠다.[119] 또한 칼뱅은 세속당국이 종교적 정통성을 유지할 의무가 있다는 루터의 생각에 동의했다. 칼뱅은 『기독교 강요』에서 지상에서 하느님의 대리인으로서 그리스도교를 믿는 통치자와 행정관이 수행해야 할 가장 중요한 의무는 종교와 교회를 돌보는 것임을 분명히 했다. 이는 하느님께 드리는 예배의 외적 차원을 옹호하고 건전한 교리를 수호하며 우상 숭배와 신성 모독을 억제하는 것을 의미했다.

물론 루터와 칼뱅 이외에도 종교 개혁에 기여한 이들이 있다. 1962년 조지 윌리엄스가 영향력 있는 저서 『근원적 종교 개혁_The Radical Reformation_』을 발표한 이래, 역사가들은 근원적인 부분에서부터 종교적 변화를 이루려는 운동의 발발에 더 많은 관심을 기울였다. 그리고 이러한 운동과 함께 등장한 종교 개혁가들에게도 관심을 기울였는데, 이 개혁가들은 그들의 운동이 세속 통치자들의 지지를 받았기 때문에 '관료적' 종교 개혁가라고 불렀다. 이러한 '근원적' 종교 개혁가들은 놀랄 것도 없이 기존의 종교적·정치적 합의의 정당성에 대해 의문을 제기했다. 예를 들어 루터주의자와 칼뱅주의자와는 달리 재세례파는 진정 자발적인 교회를 옹호했으며 유아가 스스로 결정하기도 전에 종교를 선택하도록 강요하는 유아 세례를 인정하지 않았다. 일부 역사가는 재세례파와 그 외 근원적 종교 개혁가들이 진정으로 양심의 자유를 이루기 위해 헌신했으며 근대적 종교 개혁을 대표한다고 주장한다.[120] 이와 동시에 근원적 종교 개혁은 주변적 운동으로 근대 초기 종교적·정치적 논쟁에 미치는 영향이 제한적이었음을 유념해야 한다.

최근 몇 년간 역사가들은 루터와 칼뱅의 후계자, 즉 종교 전쟁을 겪은 후대의 주류 프로테스탄트들이 자유, 특히 양심의 자유를 둘러싼 논쟁에 어떤 기여를 했는지 새롭게 살펴보았다. 종교적 분열이 고착화되고 잉글랜드와 네덜란드에서처럼 프로테스탄트 내부에서 논쟁이 일어나면서 일부 주류 프로테스탄트 사상가는 하느님의 말씀이 루터와 칼뱅이 믿었던 것처럼 명백하지 않다는 점을 인정하게 되었다. 즉, 논리적인 사상가들은 성경의 해석에 동의할 수 없었다. 이들이 옹호한 양심의 자유에 대한 개념은 루터와 칼뱅의 개념과는 거리가 멀었으며, 오히려 현재의 개념과 더 비슷했다. 구원될 수 있는 최선의 길을 누구도 확신할 수 없기 때문에 개인은 자신의 양심이 지시하는 바를 따를 수 있어야 했다.

최근 페레스 자고린Perez Zagorin은 양심의 자유를 옹호한 프로테스탄트들이 서양에서 종교적 관용이 등장하도록 하는 데 큰 역할을 했다고 주장했다. 이와 동시에 전개된 사건들, 예를 들어 종교적 회의주의의 부상과, 폭력이 종교적 통합을 복원할 수 없다는 인식의 확대 역시 중요한 역할을 했다. 그러나 이러한 전개만으로는 종교적 관용을 궁극적으로 받아들이게 된 배경을 완전히 설명할 수는 없다. 종교적 회의주의는 소수 엘리트의 전유물이었으며, 진정한 회의론자에게는 종교적 관용을 옹호하기 위해 원칙에 근거한 주장을 펼칠 만한 이유가 없었다. 이와 마찬가지로 서로 적대하는 종교 파벌 간에 타협이 이루어지기는 했지만 마지못해 이루어진 것이므로 매우 불안정했으며 장기적으로 종교적 자유를 보장하지 못했다. 프로테스탄트 사상가들이 윤리적으로 관용을 주장하지 않았다면, 양심의 자유는 나타나지 않았을 것이다.[121]

그러나 그렇다고 해서 우리가 다시 원점으로 돌아왔다거나, 종교 개혁이 개인의 자유와 자율성에 대한 새롭고 현대적인 인식을 가져왔기 때문에 종교 개혁의 성과를 인정해야 한다는 것은 아니다. 존 던과 역사가들이 상기시켰듯이 루터와 칼뱅의 후계자들이 양심의 자유를

옹호한 것은 분명히 근대적이지 않은 세계관, 즉 종교적 구원이 중요
하다는 생각이 전제되었다. 양심의 자유는 바로 자신의 양심을 따를
수 있는 자유였으며, 자신이 원하는 것을 생각하거나 말할 수 있는
자유를 의미하는 것은 결코 아니었다. 이것이 바로 가장 급진적으로
양심의 자유를 옹호한 프로테스탄트조차도 무신론이나 신성 모독을
금지하는 것에 대해 거리낌이 없었던 이유이다. 무신론자와 신성을 모
독하는 자는 자신의 양심을 따르고 있다고 주장할 수 없었다. 양심의
자유에 대한 옹호가 자연히 비종교적 영역에서도 개인적 자율성이 옹
호되어야 한다는 주장으로 이어지지도 않았다. 존 로크와 같이 급진적
으로 양심의 자유를 옹호한 사람조차도 개인이 어떤 생각을 하든 그
생각을 표현하기는커녕 생각을 할 수 있는 일반적 권리조차 인정하지
않았다.[122]

자유의 역사에서 종교 개혁의 역할은 전통적으로 생각했던 것보다
훨씬 더 미미했다. 루터와 칼뱅과 같은 주요 개혁가들은 자유의 개념
을 자주 언급했으며 그들의 운동이 해방하는 힘이라고 설명했지만, 동
시에 그들이 구상하는 자유는 순전히 영적이며 내적인 자유임을 분명
히 했다. 결과적으로 그들이 옹호한 그리스도교적 자유는 종교적·정
치적 권위주의와 양립할 수 있었다. 대부분 프로테스탄트 개혁가들이
주도한 이러한 급진적 비주류 운동은 세속 당국이 개인의 종교적 신념
에 간섭하지 말아야 한다는 생각을 널리 알리는 데 중요한 역할을 했
다. 그러나 그들 중 가장 급진적인 사람들조차도 더 일반적으로 사상
과 표현의 자유를 옹호하는 것을 자제했다. 자유는 개인의 독립성으로
이루어지며, 이러한 독립성은 과도한 국가 권력으로부터 보호되어야

한다는 생각이 직접적으로 종교 개혁에서 파생되지는 않았다.

자유와 자연권

종교 개혁이 자유의 역사에 끼친 영향에 대해 상당한 지면이 할애되었지만 역사가들은 또 다른, 더 높은 차원의 지적 발전, 즉 자연권 사상의 등장에도 상당한 관심을 기울였다. 17세기에 로크와 같은 사람들은 새롭고 보다 계몽적인 정치적 사고방식을 받아들였다. 그들은 권위는 하느님이 부여한 것이며, 따라서 자연스러운 것이라는 일반적 견해에 반대했다. 그 대신 그들은 인간이 본질적으로 자유롭다고 주장했으며, 재산권과 같은 양도할 수 없는 개인의 특정 권리를 가지고 있다고 말했다. 개인이 자연적으로 가지는 권리, 즉 자연적 자유를 존중하는 정부만이 자유를 보장하며 합법적이라고 볼 수 있다.

이처럼 로크와 같은 자연권 사상가들은 종종 어떻게 개인이 사회 속에서 자유로울 수 있을지, 그리고 어떻게 자유로운 사회가 될 수 있을지에 대한 새로운 개념을 고안한 것으로 여겨진다. 자연권 사상이 창안된 이후, 자유는 제한된 정부와 동일시된다는 주장이 제기되었다. 즉, 질서를 유지하면서도 인간의 자연권에 간섭하지 않는 정부가 자유를 보호할 수 있다고 사상가들은 주장했다. 자유에 대한 이러한 새로운 사고방식은 17세기에 이루어진 근대적 상업 사회의 부상을 반영했다. 상업 사회에서는 국가의 권위로부터 특히 재산권과 같은 개인의 권리를 보호하는 것이 점점 더 중요해졌다.[123]

역사가들이 대체로 신화라고 밝혔음에도 불구하고 종교 개혁과 마찬가지로 자연권과 연관된 서사 역시 여전히 널리 통용되고 있다. 먼저, 우리가 알고 있듯이 자연권 사상의 등장은 자본주의나 근대 시장 사회의 부상과는 거의 관련이 없다. 자연권 사상에서 전통적으로 내세우는 주요 신조, 즉 인간은 천부적으로 자유로우며, 그러한 자유는 인간에게 개인적 권리가 있음을 의미한다는 생각은 중세의 정치적 논쟁에서 명확하게 표현되었다.[124] 17세기에 이러한 생각들이 더 많은 관심을 받기는 했지만 그 이유는 새로운 경제 발전 때문이 아니었다. 그보다는 17세기에 종교 개혁과 종교 개혁이 야기한 종교 전쟁으로 도덕적 회의주의와 정치적 회의주의가 촉발되었고, 그에 대한 반응으로 자연권 사상이 더 많은 지지를 받았다고 이해해야 한다. 종교 개혁으로 인해 이전에는 받아들여졌던, 성경의 권위에 호소하는 것과 같이 정통성을 기초로 한 방식을 옹호하는 것이 점차 불가능해졌다. 이러한 상황에서 자연권 사상은 겉보기에 매력적인 대안이 되었다.[125]

다음으로, 자연권 사상의 등장으로 자유가 정부의 개입으로부터 보호받아야 하는, 개인의 양도할 수 없는 권리와 동일시된 것은 아니다. 자연권 사상의 주요 지지자들은 일반적으로 알려진 것보다 더 보수적이고 급진적이었다.[126] 그들 중 대부분이 절대 왕정을 지지했는데, 이는 자연권 사상이 비종교적인 정치적 의무를 뒷받침하기 위해서 고안된 것이라는 점을 고려하면 놀랍지 않다. 자연권 사상가들은 인간의 자연적 자유를 주장했지만, 그 이유는 절대 왕정의 정통성이나 정치적 현상 유지에 대한 정당성에 의문을 제기하기 위해서가 아니라 자연 상태가 너무 무정부적이어서 정치적 권위가 필요하고 바람직하다는 것을 모든 사람이 알 수 있다고 주장하기 위해서였다.

근대 자연권 사상의 창시자로 여겨지는 네덜란드 법학자 후고 그로티우스가 대표적인 사례이다. 네덜란드 공화국에서 성장한 그로티우스는 내전에 휘말린 뒤 국외로 도피할 수밖에 없었고, 이후 루이 13세의 비호를 받게 되었다.[127] 그의 주요 저서인 『전쟁과 평화의 법』은 후원자에게 헌정되었는데, 많은 이가 이 책이 절대 왕정을 옹호하는 것으로 평가하고 있다. 그로티우스는 인간은 본래 자유로우며, 따라서 정치적 복종에는 본질적으로 자발적인 성격이 있다고 강조했다. 그러나 그는 이러한 복종이 절대적이어야 하는 것은 지극히 정당한 일이라는 점도 분명히 했다. 결국 자연 상태는 인간의 권리가 위태로운 상태로, 바람직하지 않은 무정부 상태였다. 인간이 강력한 왕권에 의해 제공되는 더 큰 안전의 대가로 자신의 자연적 자유를 포기하기를 바란다면, 그것은 합리적이며 따라서 합법적이었다. 그로티우스는 노예 제도조차 죽음보다 낫다고 설명했다. "타당한 이유로… 자유보다 삶이 훨씬 더 낫다."라고 그는 말한다.[128] 룬드대학교 철학 교수이자 17세기 영향력 있는 자연권 사상가 중 한 명인 사무엘 푸펜도르프 역시 이와 유사한 주장을 펼쳤다. 유럽 전역의 대학교에서 자연법 교과서로 사용된 『자연법과 국제법』에서 푸펜도르프는 "국가에 들어온 사람은 자연적 자유를 희생하고 주권에 복종한다."라고 단도직입적으로 말했다.[129]

물론 모든 자연권 사상가가 절대 왕정을 지지했던 것은 아니며, 일부는 정치적 현상 유지에 반대했다. 그들은 개인이 노예로 살게 될지라도 안전을 위해 자연적 자유를 자발적으로 포기할 것이라는 그로티우스의 견해에 반대했다. 왕이나 군주의 자의적 의지에 달린 삶은 자연 상태에서의 삶만큼이나 위태로울 수밖에 없으며, 절대 군주에 복종하기로 동의하는 것은 비합리적이기 때문이었다. 따라서 국가는 비록 자연적 자유가 아닌 시민적 자유나 정치적 자유일지라도, 개인이 자유를 누릴 수 있도록 허용할 경우에만 합법적일 수 있다고 주장하는 것이 더 타당했다. 그러나 급진적 자연권 사상가들이 분명히 밝혔듯이 그러한 시민적 자유는 최소 정부하에서가 아닌 민중 자치하에서만 번영할 수 있었다.

그래서 네덜란드의 영향력 있는 급진적 자유사상가인 바뤼흐 스피노자는 민주주의만이 합법적일 수 있다고 주장했는데, 민주주의가 인간의 자연적 자유가 보존되는 유일한 정치 체제였기 때문이다. 스피노자는 1670년에 출판된 『신학정치론』에서 민주주의는 "자연이 모든 사람에게 부여하는 자유에 가장 근접한 자유를 제공하는 제일 자연스러운 정치 체제이다. 민주주의 국가에서는 누구도 자신의 자연권을 나중에는 상의가 필요하지 않을 정도로 완전히 양도하지 않으며, 자연권을 자신이 속한 전체 공동체의 다수에게 양도하기 때문이다. 이러한 방식으로 모든 사람이 이전의 자연 상태에서와 마찬가지로 평등한 상태를 유지한다."라고 설명했다.[130] 백여 년 후 장자크 루소는 근대 정치사상에 훨씬 더 크게 기여하고 영향을 미친 저서 『사회계약론』에서 이와 비슷한 주장을 펼쳤다. 루소는 개인이 "자기 자신에게만 복종"할 수 있어야 정부가 정당성을 가질 수 있으며, 따라서 개인이 "이전처럼 자유로울 수" 있는데, 이를 위해서는 권력에 대한 민주적 통제가 필요하다고 주장했다.[131]

전통적으로 자유에 대한 새로운 권리를 기반으로 한 사고방식의 패러다임 지지자로 여겨졌던 로크도 비슷한 견해를 표명했다.[132] 스피노자와 마찬가지로, 그리고 이후에는 루소와 마찬가지로 로크는 군주의 결정에 반대할 수 없는 절대 군주제는 합법적 정치 체제가 될 수 없다고 보았다. 다른 사람의 자의적인 의지에 완전히 복종하게 된다면 개인의 삶은 자연 상태에 있는 것과 마찬가지로 위태로워질 것이다. 아니 그보다 훨씬 더 위태로워질 것이다. 따라서 합리적인 사람이라면 자발적으로 그러한 정치 체제에 복종할 리가 없다. 인간은 "족제비나 여우가 치는 장난을 피하려고" 주의를 기울이다가 "사자에게 잡아먹히게" 될 정도로 어리석지는 않았다.[133]

다시 말해 로크는 노예 제도가 합법적인 정치적 조건이 될 수 있다는 그로티우스의 견해에 강하게 반대했다. 국가는 인간이 지속적으로 자유를 누릴 수 있는 경우에만 합법적일 수 있었다. 그러나 로크가 또한 분명히 밝혔듯이 정치 공동체의 일원으로서 개인이 누리는 자유, 즉 그가 시민적 자유라고 일컬은 자유는 국가 간섭의 부재와는 아무런 관련이 없었다. "모든 사람이 자신이 열거한 일들을 하고, 원하는 대로 살며, 어떠한 법에도 구속되지 않는 것"이 자유라고 알려져 있으나, 이는 매우 잘못된 것이라고 로크는 썼다. 시민적 자유, 즉 정치 공동체의 일원으로서 누리는 자유는 외부의 간섭 없이 원하는 바를 할 수 있는 것을 의미하지 않았다. 그 대신 로크는 "정치 체제하에서 인간의 자유"는 "사회에서 확립된 입법권에 의해 제정되고 그 사회의 모든 사람에게 공통으로 적용되는 상시적 규칙을 갖추는 것"이라고 설명했다.[134]

로크의 이 수수께끼 같은 문구를 이해하기 위해서는 '상시적 규칙'이 어떤 의미인지를 알아야 한다. 로크는 상시적 규칙, 즉 법이 민중이나 민중이 임명한 대표자들의 동의를 얻어 제정되어야 한다고 생각했다. 로크가 『통치론 제2 논고』에서 설명했듯이 법은 "사회의 동의"를 얻어 제정되고, "사회의 동의와 사회에서 부여한 권위가 없이는 그 사회에 적용되는 법을 누구도 제정할 수 없어야만" 완전한 의미의 법이 될 수 있다. "민중은 민중이 선택하고 법을 제정할 권한이 부여된 사람들이 제정한" 법에 의해서만 구속되었다.[135]

간단히 말해서 자연권 사상가들은 자유에 대해 크게 다른 두 가지 견해를 제시했다. 한편에서는, 그로티우스와 푸펜도르프 같은 보수적 자연권 사상가들은 자연적 자유의 이론을 내세워 정치적 권위에 대한 완전한 복종을 정당화함으로써 자유의 가치를 완전히 거부했다. 다른 한편에서는, 스피노자와 로크, 루소 같은 급진적 자연권 사상가들이 자유, 적어도 시민적 자유를 스스로 만든 법을 준수하며 살 수 있는 능력과 동일시했다. 물론 급진적 자연권 사상가들의 관점은 자유를 자신이 통치되는 방식에 대한 통제권을 행사할 수 있는 능력과 동일시했던 인문주의자들과 고대 사상의 관점과 유사하다.

이러한 규칙에서 예외가 되는 중요한 인물이 한 명 있는데, 아마도 17세기에 가장 유명하면서 많은 논란을 불러일으킨 자연권 사상가 토머스 홉스이다. 스튜어트 왕조의 확고한 지지자인 홉스는 그로티우스와 푸펜도르프처럼 자연적 자유 사상을 근거로 절대 군주제의 정당성을 주장했다. 홉스는 민중을 견제할 정치적 권한이 없다면, 민중은 그들의 자연적 자유를 남용하는 경향이 있다고 주장했다. 자연 상태에서 인간은 '만인의 만인에 대한 투쟁 상태'에 있다. 따라서 비록 주권이 민중의 삶과 재산을 절대적으로 통제한다고 하더라도, 주권으로 인해 제공되는 안전에 대한 대가로 민중이 자신의 자연적 자유를 포기하는 것은 타당했다.

그러나 그로티우스와 푸펜도르프와는 달리 홉스는 시민 사회로의 전환 이후 인간은 "주체의 자유"를 유지했다고 명백히 주장했다. 이러한 자유는 인간이 주권자에게 대항해 특정한 권리, 특히 당국으로부터 자신의 삶을 방어할 권리를 유지하는 것과 관련되었다. 그리고 더 중요하게는, 주체의 자유는 법이 묵시적으로 허용하는 범위 안에서 무엇이든 할 수 있는 자유를 의미했다. 홉스가 『리바이어던*Leviathan*』에서 말했듯이 "주체의 최대 자유는 법이 묵시적으로 허용하는 것에 달려 있다. 주권자가 규칙을 정하지 않은 경우, 주체는 자신의 재량에 따라 행동하거나 행동하지 않을 자유가 있다."[136]

그러므로 홉스는 인문주의자들이 부활시킨 고대의 자유 개념과는 매우 다른 방식으로 자유를 새롭게 해석했다. 퀜틴 스키너Quentin Skinner가 지적한 바와 같이 홉스는 의도적으로 이러한 새로운 자유 개념을 내놓았다. 홉스는 인문주의자들과 고대 자유 옹호자들이 제시한 민주적 자유 개념이 위험하다고 보고 자유에 대해 대안적 해석을 제시함으로써 민주적 자유 개념을 대체하고자 했다. 인간은 자신이 만든 법을 따르며 살아야만 자유로울 수 있다고 인문주의자들은 생각했지만, 홉스는 제대로 된 이해가 바탕이 된다면 자유는 법의 부재에 달려 있다고 말했다. 이러한 자유에 대한 해석을 바탕으로, 민중은 절대 군주제에서도 민중 정치 체제에서만큼 많은 자유를 누릴 수 있다고 홉스는 주장했다. 그러므로 자유라는 명목으로 군주제의 권위에 반기를 드는 것은 무의미했다. 홉스가 말했듯이 "연방이 군주제든 민중 정치 체제든 간에 자유는 여전히 동일하다."[137]

그러나 고대의 자유 개념을 매우 다른 새로운 개념으로 대체하려 했던 홉스의 시도는 대체로 성공적이지 못했다는 점이 중요하다. 17세기 잉글랜드의 정치 논쟁에서 『리바이어던』이 미친 영향과 관련된 광범위한 조사에 따르면 자유에 대한 홉스의 주장을 인용한 저자는 단 한 명에 불과했다.[138] 오히려 왕당파 사상가들과 팸플릿 저자들은 대체로 매우 다른 주장을 펼쳤다. 예를 들어 로버트 필머는 많은 사람을 대변해 자연적 자유라는 개념이 새롭고 위험하다고 말하면서, 대신 왕에게 복종하는 것이 자연스러우며 이롭다고 주장했다. 필머의 저서 『부권론』의 부제 '민중의 비자연적 자유에 맞선 자연적 왕권에 대한 옹호'가 그러한 생각을 잘 보여준다.[139]

이 모든 것은 자유에 대한 보다 근대적인 사고방식의 출현과 관련해 일반적으로 받아들여지는 서사, 다시 말해 일반적으로 종교 개혁의 정치적 영향이나 보다 계몽된 정치적 사고방식의 출현에 중점을 둔 서사를 회의적으로 바라보아야 함을 의미한다. 근대 초기 유럽인이 자유에 대해 생각할 때, 그들은 고대인과 마찬가지로 자유를 스스로 통치할 수 있는 능력이라고 보았기 때문에 자유의 개념에 변화는 없었다. 개인이 자유로운지 아닌지를 판단하는 근거가 되는 것은 변함없이 '통치자가 누구인가?'라는 질문이었다. 그리고 근대 초기 사상가들은 분명히 자신을 스스로 통치하는 사람들만이 자유롭다고 여겼다(물론 이 사상가들 역시 특정 집단의 사람들은 애당초 자유롭게 태어나지 않았다는 이유로 많은 사람을 자유의 논의에서 배제했다).

16세기에서 17세기에 걸쳐 고대의 민주적 자유 해석이 지속적으로 우세했으며, 이는 자유의 역사를 다룬 교과서적인 문헌에서 대체로 간과하는 자료인 근대 초기의 사전과 엠블럼emblem 서적에 잘 나타나 있다. 중세 시대에 학자들은 다양한 유럽 언어의 단어 목록을 작성했으며, 어렵거나 전문적인 단어는 한 개 이상의 동의어를 나열해 그 의미를 명확히 했다. 근대 초기에 이르면서 사전 편찬자들의 포부가 더 커졌다. 그들은 일반적인 단어의 정의를 제공하고 고전에서 예문을 인용해 그 의미를 설명하는 방식으로 사전을 만들기 시작했다.

이러한 사전 중 일부를 분석한 결과, 고대에 내려진 자유의 정의가 17세기 후반에도 여전히 통용되었다는 것이 분명하게 나타났다. 이러한 새로운 장르의 가장 초기 사례로 『아카데미 프랑세즈 사전Le Dictionnaire de l'Académie française』을 들 수 있다. 1635년 추기경 리슐리외가 설립한 아카데미 프랑세즈에서 펴낸 이 사전은 편찬자들의 사망과 불화 등으로 편찬이 지연되면서 완성되는 데 50여 년이 걸렸다. (감정이 고조되었을 때 편찬자들은 책을 서로에게 던지면서 싸웠다고 전해진다.) 결과적으로 그만한 노력을 기울일 가치가 있었다. 1694년에 출판된 『아카데미 프랑세즈 사전』은 프랑스어에 상당한 영향을 미쳤고, 다른 외국어 사전도 이 사전의 권위를 인정했다. 이 사전은 수 세기 동안 출판되었으며, 현재 제9판을 준비 중이다.[140]

두꺼운 책의 책장을 넘기면 독자들은 자유의 의미가 헤로도토스나 타키투스가 옹호한 것과 상당히 유사하게 정의되었음을 알 수 있다. 『아카데미 프랑세즈 사전』은 먼저 자유가 자유 의지를 둘러싼 도덕적·신학적 논쟁에서 핵심 용어임을 인정하며, 그런 의미에서 자유는 "어떤 것을 선택할 수 있는 정신의 힘"이라고 정의한다. 그리고 매우 다른 두 가지 정의를 바로 뒤에 덧붙인다. 법률 용어로서 자유는 노예 상태에 있다는 것과 반대되는 개념이라고 이 사전은 설명한다. 또한 "국가와 관련된" 개념으로서 자유는 "민중이 주권을 갖는 정치 형태"로 이해되어야 한다고 설명한다. 그런 다음 "로마가 자유를 누리는 한"이라는 로마의 자유를 언급한 예문이 제시된다.[141]

다른 사전의 편찬자들 역시 이러한 정의에 동의했다. 그다음으로 영향력 있는 앙투안 퓌르티에르의 『프랑스어 보편 사전Dictionnaire universel』이 1690년에 발간되었다. 『프랑스어 보편 사전』은 자유를 "민중의 행정부와 행정관이 확립된 국가"와 관련해 정의했으며, "그리스인과 로마인은 그들의 자유를 위해 오랫동안 싸웠다."라는 예문을 덧붙였다.[142] 『아카데미 프랑세즈 사전』과 최초의 근대 영어 사전의 발간에 직접적으로 고무되어 영국에서는 에프라임 체임버스가 1728년에 백과사전을 출간했다. 이 사전에서는 추상적인 개념인 '자유로운'을 "제한되고, 구속되며, 강제적인"의 반대 의미로 정의했다. 그리고 '자유 국가'를 "거주자들이 자유롭게 참정권을 행사해 선출한 행정관이 통치하는 공화국"이라고 정의했다.[143]

엠블럼 서적 역시 이와 마찬가지로 고대의 민중 통치와 자유가 동일시되었음을 보여준다. 인쇄 혁명으로 글과 그림의 재생산 비용이 낮아지면서, 유럽의 독자들 사이에서 이러한 서적이 놀랄 만큼 큰 인기를 얻었다. 엠블럼 서적은 추상적인 개념이나 원리를 그림으로 표현하고 설명을 덧붙인 책이다('emblem'은 '양각된 장식'을 뜻하는 그리스어 'émblēma'

*lismi
listot
u. fer-
mt.*

κατ᾽ ἐξοχὴν Theriacum vocamus. Quæ quidem commemorare libuit, vt nonimmeritò tot numismata cusa existimemus, quæ serpentem habent cum inscriptione, SALVS. veluti est ille nummus in spiram collectum serpentem habens, cuius inscriptio, SALVS ANTONINI AVG. In alio eiusdem nummo serpens est tractu sinuoso tortiliq; obrepens virgæ, quam signum ibidem adiectum dextera humi applicat. Atq; in alio Dea ipsa læua virgam gerit, dextera poculum ængui porrigit, inscriptio est, SALVS AVG. COS. III. In aliis ipse sella sedens pateram porrigit angui suo de loculo exeunti, caputq; pateræ admouenti, inscriptione adiecta, SALVS AVG. In nummo verò M. Aurelii Seueri Alex. sedenti simulacro pateramq;

porrigenti assurgit anguis, cum inscriptione, SALVS PVBLICA In nummo Antiochi Soteris, SALVS Dea Romanis habita pingebatur forma mulieris, habitu regio sedentis pateram tenens, iuxta quam erat ara, & ad aram inuolutus anguis caput attollens. Sed ne singula commemorem, quæ quidem sunt innumera, Commodi, Crispinæ, & aliorum, per angues deniq; omnes Salutem intellexerunt. Pleriq; nostra ætate viri eruditi coniiciunt, ab Alciato hic tacitam esse factam allusionem ad Ambrosianum illum anguem, qui Mediolani visitur in marmorea columna erectus ipsa ęde D. Ambrosii. Sed satis, vt auguror, anguibus inuoluti hæsimus, age ad libertatem aspiremus.

*Anguis
Ambro-
sianus
Medio-
lani.*

Respublica liberata.

EMBLEMA CLI.

Ss   CÆSARIS

안드레아 알치아토, 『엠블레마타』 1621년판. 자유의 모자와 두 개의 단검이 자유 국가의 개념을 상징한다.

에서 유래되었다). 엠블럼 서적에 묘사된 자유의 개념을 보면 저자들은 고대의 자유 정의를 가장 중요하게 여겼음을 분명히 알 수 있다. 안드레아 알치아토의 베스트셀러 『엠블레마타*Emblemata*』는 16~17세기에만 200판 이상이 출간되었는데, 이 책에는 브루투스가 발행한 유명한 주화의 그림을 소개하면서 다음과 같은 설명을 덧붙여 자유 국가의 개념을 묘사했다. "카이사르가 암살되고 되찾은 자유를 기념하기 위해 브루투스와 그의 형제가 이 주화를 만들었다. 동전에는 단검과 모자가 새겨져 있다. 이 모자는 노예가 풀려날 때 받는 모자이다."[144] 이와 마찬가지로 17세기의 가장 유명한 엠블럼 서적인 체사레 리파의 『이코놀로지아*Iconologia*』에서는 자유의 모자를 든 젊은 여성이 자유를 상징하는 것으로 묘사되었다.[145]

18세기 초의 자유

페트라르카가 인문주의를 주창한 이후 고대에 만연했던 자유 숭배가 처음에는 르네상스 시대의 이탈리아에서, 나중에는 유럽의 다른 지역에서 부활했다. 다른 중요한 지적 변화, 특히 종교 개혁과 자연권 사상의 등장으로 자유를 둘러싼 논쟁이 더욱 복잡하게 전개되기는 했지만, 궁극적으로 자유에 대한 유럽인들의 생각이 다른 방향으로 전환되지는 않았다. 17세기 후반, 개인은 다른 사람의 의지에 의존하지 않는 경우에만 자유로울 수 있으며 개인적 자유가 집단적 자유 내에서만 보존될 수 있다는 생각이 확고하게 자리 잡았는데, 이러한 생각은 사전에 잘 나타나 있다.

18세기에 걸쳐 유럽 일부 지역에서 고대의 자유 숭배가 지속되었다. 18세기 후반 유명한 폴란드의 사상가 스타니스와프 스타시츠는 국가가 입법권을 통제할 수 있어야만 자유가 존재할 수 있다고 주장했다. 그는 "국가가 입법권을 가지지 못한다면 사회가 존재할 수 없으며, 군주와 그의 소 떼만이 존재할 것이다."라고 말했다.[146] 1737년 네덜란드 공화국에서도 리벤 드 보퍼트가 「시민 사회에서의 자유에 관한 논문」에서 비슷한 견해를 피력했다. 일인 통치하에서는 군주만이 자유로우며 피지배자는 모두 '노예'였다고 보퍼트는 설명했다.[147]

잉글랜드에서는 정치적 논쟁이 다소 다르게 전개되었다. 1688년 종교적·정치적 긴장이 다시 고조되면서 스튜어트 왕조가 전복되었다. 그러나 혁명을 이끈 지도자들은 그들의 혁명이 자유를 위한 것이었음을 내색하지 않기 위해 애썼다. 의회는 오라녜 왕가의 빌럼 3세를 새로운 왕으로 즉위시키는 조건으로 그로 하여금 권리장전을 승인하도록 했다. 권리장전은 일련의 "권리와 자유"를 나열했으며, 이를 위반하는 것은 "불법"이었다. 그러나 이 선언에서 '자유'라는 단어는 언급되지 않았다.[148] 이와 마찬가지로 1701년 제정된 왕위계승법에는 여러 차례 의회를 가리켜 "우리 폐하께 가장 충실하고 충성스러운 신하들"이라고 지칭했다.[149]

그러나 만약 의회가 자유 개념을 수용하기를 꺼렸다고 한다면, 다른 정치 행위자들은 그렇지 않았다. 명예혁명 이후 새로운 세대의 코먼웰스맨들이 등장했는데, 사실 그들은 군주제 자체를 폐지하는 것이 목표라는 암시를 하지 않기 위해 애썼다. 그들에게는 잉글랜드 공화국이 오래 지속하지 못했다는 기억 때문에 군주제 폐지라는 실험을 할 의욕이 없었다. 그러나 분명히 하원 의원 선거를 더 자주 하고 왕의 영향력을 억제하면서 통치에 대한 민중의 통제력을 강화하고자 했다. 1688년 이후 코먼웰스맨들은 그들의 요구를 관철시키기 위해 카토와 같은 고대의 자유 투사와 17세기의 시드니와 해링턴을 근거로 들었다.[150]

그러나 폴란드, 네덜란드 공화국, 잉글랜드를 제외한 지역에서는 자유에 대한 논의가 상대적으로 억제되었다. 이러한 양상은 1770년대에서 1780년대에 극적으로 변했으며 유럽과 대서양 식민지에서 혁명의 바람이 불었다. 갑자기 전 세계가 자유의 달콤함과 노예 제도의 악영향에 대해 논하는 것처럼 보였다. 놀랍게도 유럽의 가장 강력한 군주국인 프랑스에서도 자유의 이름으로 왕권이 전복되었다. 고대의 자유를 부흥시킨 르네상스가 후대에 미친 영향은 대서양 혁명에서 정점을 이루었으며, 니콜로 마키아벨리를 비롯해 고전주의 이후 세계에서 자유를 향한 고대의 염원을 되살리려 했던 인문주의자들의 눈부신 업적이 대서양 혁명에 기여했다. 그러나 이러한 승리는 민주적 자유에 대한 강력한 반발을 불러일으키게 된다.

4

/

대서양 혁명 시대의 자유

1775년 3월 23일, 서른아홉 살의 변호사 패트릭 헨리는 버지니아주 리치먼드에 있는 세인트 존 교회에서 열정적으로 연설했다. 버지니아주 대표들은 식민지 미국과 영국이 갈등을 빚는 상황에서 어떻게 대처해야 할지를 논의하기 위해 이곳에 모였다. 수입 관세로 인해 촉발된 분쟁은 식민지를 대영 제국으로부터 독립시키기 위한 투쟁으로 급속히 확대되었다. 버지니아 사람들은 매사추세츠를 비롯한 다른 식민지에 합류해 조지 3세에게 대항하는 무장 반란에 동참해야 하는가? 아니면 기다리면서 사태가 진전되는 것을 지켜봐야 하는가? 헨리는 짧지만 강렬한 연설에서 동료 버지니아 사람들에게 봉기에 동참할 것을 촉구했다.

헨리는 전쟁이 식민지 미국의 개척자들에게 막대한 위험을 초래할 것이라는 점을 인정하면서도 이러한 위험을 감수할 가치가 있다고 믿었다. 그가 버지니아 사람들에게 설명했듯이 이는 "나라에 가장 중요한” 사안으로 “자유냐 노예냐의 문제”와 다름없었다. 아무런 대응도 하지 않은 채 영국이 충분한 협의 과정 없이 관세를 부과하도록 허용하는 것은 노예로 전락하는 것과 마찬가지였다. “후퇴하면 항복하거나 노예가 될 뿐이다!”라고 헨리는 외쳤다. “우리의 쇠사슬이 주조되었소. 보스턴 평원에서 쇠사슬이 철커덕거리는 소리가 들릴지도 모르오!” 헨리는 그러한 운명보다 차라리 죽음이 낫다는 말로 마무리했다. “쇠사슬과 노예의 삶과 맞바꿀 정도로 목숨이 그렇게 소중하고 평화가 그렇게 달콤한가? 전능하신 하느님, 그런 일은 절대 금하여 주십시오! 다른 사람들은 어떤 길을 택할지 모르지만, 나에게는 자유가 아니면 죽음을 달라!”[1]

헨리의 감동적인 연설의 파급력은 엄청났다. 그의 연설이 끝날 무렵에는 청중 사이에서 많은 사람이 ‘자유냐 죽음이냐’를 반복해서 외치고 있었다. 헨리의 결의안은 근소한 차이로 통과되었고 부유하고 인구가 많은 식민지 중 하나인 버지니아가 참전하면서 영국에 대항한 미국의 반란은 그 양상이 완전히 바뀌었다. 반란은 한정된 목적을 위해 시작되었지만 이제 독립을 위한 본격적인 전쟁으로 발전했으며, 이는 총 8년간 지속되면서 아메리카 대륙 동부 연안 지역에 완전히 새로운 정치 질서를 탄생시켰다.[2]

대영 제국에 대한 미국의 반란은 결국 대서양 세계를 휩쓴 저항의 도화선이 되었다. 1787년 네덜란드에서는 내전이 벌어졌다. 애국파는 과두제를 시행하고 있는 네덜란드의 정치 체제를 민주화하려고 했으며, 오라녜파는 체제를 유지하려고 했다. 내전은 프로이센 군대에 의해 빠르게 진압되었지만, 이러한 저항의 불꽃이 프랑스로 옮겨갔다.

1789년 프랑스에서는 재정 위기로 루이 16세 정권에 대한 반란이 촉발되었다. 혁명의 열기는 프랑스에서 동쪽 바르샤바까지 번져 1794년 폴란드에서는 전년부터 폴란드 전역을 점령해 온 러시아에 대한 반란이 일어났다. 또한 이러한 열기는 대서양 건너 서쪽으로도 확산되어, 1791년 프랑스 식민지 생도맹그에서는 역사상 최대 규모의 노예 반란이 일어났다. 1808년 프랑스 군대가 스페인 왕 페르난도 7세를 폐위시켰을 때 식민지 개척자들이 스페인의 권력 공백을 이용해 독립을 선언하면서 혁명은 라틴 아메리카로 확산되었다.[3]

대서양 혁명Atlantic Revolutions은 여러 가지 요인에 의해 촉발되었는데, 주요 요인은 전쟁 비용이 계속 증가한 데 따른 재정 압박이었다. 1756년부터 1763년까지 지속된 7년 전쟁으로 영국과 프랑스는 채무 불이행의 위기에 처했다. 두 나라 모두 재정 위기를 해결하기 위해 세금을 새로 부과하게 되었고 이로 인해 반란이 일어났다. 또 다른 요인은 인구 증가였다. 유럽의 여러 국가에서 식량이 부족하게 되자 도시에 거주하는 시민의 불만이 늘었다. 기상 악화로 농작물의 수확량이 줄어들면서 이러한 불만은 과격하게 표출되었다. 1788년 봄, 프랑스에는 가뭄이 들었을 뿐만 아니라 우박이 심하게 내려 일부 지역에 추가적인 피해가 발생했으며, 이로 인해 곡물 수확량이 감소해 기근으로 이어졌다. 그리고 1788년과 1789년에 매우 혹독한 겨울을 겪으면서 이미 나쁜 상황이 더욱 악화되었다. 이러한 사건들이 혁명의 직접적인 원인이 된 것은 아니지만, 1789년 여름, 치솟는 식량 가격이 혁명 발발에 영향을 미친 것은 분명하다.[4]

재정 정책과 인구 증가가 반란을 유발한 주요 원인이었지만, 대서양 혁명가들은 자신들이 단순히 세금을 낮추거나 빵과 식량을 얻기 위해 싸운다고 생각하지 않았다는 점에 주목해야 한다. 혁명가들은 보다 추상적이고 고귀한 것, 즉 자유를 위해 투쟁하고 있다고 반복해서 강조했다. 1775년 패트릭 헨리가 연설을 마치며 남긴 투쟁적 구호, 즉 자유가 아니면 죽음을 달라는 말이 미국 혁명가들의 반공식적 강령으로 채택되었다. 1775년 8월, 대륙군 버지니아 제1연대의 깃발에는 똬리를 튼 방울뱀이 가운데에 있고 뱀 양쪽으로는 '자유가 아니면 죽음'이라는 헨리의 말이 쓰여 있다.[5] 뉴욕과 사우스캐롤라이나 연대도 이 문구를 사용하거나 '목숨보다 자유'라는 문구를 사용해 깃발을 장식했다.[6]

이 문구들과 이와 유사한 문구들이 곧 대서양 세계 전역으로 전해져 사용되기 시작했다.[7] 프랑스에서는 혁명가들이 자유를 위해 목숨을 바치겠다는 의지를 거듭 천명했다. 혁명의 성과를 수호하기 위해 1789년 7월에 창설된 시민군인 국민위병의 군인들은 "자유를 지키기 위해 필요하다면 목숨을 바치겠다."라고 맹세했다.[8] 이와 유사하게 네덜란드에서는 애국파 민병대가 자유의 상징으로 장식된 깃발을 들고 행진했는데, 대체로 깃발에는 젊은 여성이 네덜란드 자유의 모자와 자유의 막대를 들고 있는 모습이 그려져 있었다.[9] 1794년 폴란드에서는 러시아, 프로이센, 오스트리아에 대항해 반란이 일어났으며 그 기간 내내 "조국을 위해 죽는 것은 달콤하고 명예로운 일이다."라는 명언이 반복적으로 강조되었다.[10] 1804년에는 프랑스 식민지였던 생도맹그가 아이티라는 이름으로 독립했다. 당시 새로운 지도자 장자크 데살린은 아이티인들에게 그들이 쟁취하고자 했던 자유를 잃을 바에야 차라리 죽음을 택해야 할 것이라고 분명히 밝혔다. 데살린은 아이티의 독립을 기념하는 연설에서 조국이 "자유의 제국"으로 거듭날 수 있도록, "오랫동안 우리를 가장 굴욕적인 무기력함에 가둔 비인간적인 정부가 우리를 다시 노예로 만들 수 있다는 일말의 희망도 품게 해서는 안 된다. 종국에는 우리는 독립적으로 살아야 하며, 그럴 수 없다면 죽어야 한다."라고 강조했다.[11]

이러한 혁명적 구호는 18세기 후반의 재능 있는 예술가들에게 영감을 주기도 했다. 아마도 가장 유명한 예는 프랑스의 뛰어난 고전주의 역사화가 중 한 명인 장바티스트 르뇌일 것이다. 르뇌는 1793년에 완성하고 1795년 살롱에서 처음으로 전시한 우의화 「자유와 죽음 사이의 게니우스」에서 자유와 죽음 사이에서 선택해야 하는 상황을 생생하게 묘사했다. 이 작품에서 날개를 단 벌거벗은 청년은 의인화된 프랑스 민중의 게니우스를 상징하며 자유(자유의 모자를 든 아름다운 여성)와 죽음(낫을 든 해골) 중 하나를 선택해야 하는 상황에 처했다.[12]

자유에 대한 이러한 담론이 갑자기 형성된 것은 아니었다. 앞서 살펴본 바와 같이 이전 수 세기 동안 유럽에서는 르네상스 인문주의자들과 그 제자들이 오랫동안 잊고 있었던 고대 세계에 대해 알아가면서 고대 자유에 대한 숭배가 서서히, 그러나 굳건하게 되살아나고 있었다. 그렇다고 해도 18세기 말 자유 담론의 등장은 이례적인 것으로, 유럽인들과 그들의 식민지 후손이 자유 개념을 이때만큼 자주 언급한 적은 없었다. 미국 독립 혁명이 본격적으로 시작된 1775년부터 유럽에서 왕정복고가 일어난 1815년까지 대서양 세계 전역에서 자유에 대한 담론은 끊임없이 이어졌다.

장바티스트 르뇨, 「자유와 죽음 사이의 게니우스」, 1793.

대서양 혁명가들은 특정한 목적을 이루기 위해 투쟁했다. 그들은 스스로를 통치할 수 있는 고대 세계의 자유를 추구했다. 대서양 혁명가들은 왕을 처형하고 과두제 엘리트들을 몰락시켰다. 그리고 적어도 그들의 기준에서는 대중적이고 민주적인 정권으로 교체했다. 또한 경제적 평등을 이루기 위한 법을 만들었는데, 그들은 해링턴과 마찬가지로 경제적 평등이 민중 자치에 필요한 조건이라고 생각했다. 혁명가들은 고전 문헌과 이러한 문헌에 대한 현대적 해석을 읽으며 의욕을 고취했다. 그리고 인간의 자연권, 특히 민중 주권을 되찾고자 했으며 이에 관해 많은 논의를 했다.

대서양 혁명의 민주적 자유

패트릭 헨리가 세인트 존 교회에서 연설한 후 1년이 지난 1776년, 웨일스의 성직자이자 미국 독립 혁명의 열렬한 지지자인 리처드 프라이스는 저서 『시민 자유의 본질, 정치 원칙, 대미 전쟁의 정의와 정책에 대한 고찰Observations on the Nature of Civil Liberty, the Principles of Government, and the Justice and Policy of the War with America』을 출판했다. 이 책은 순식간에 베스트셀러가 되어 1776년에만 14쇄가 인쇄되었고 출간 후 몇 달 만에 6만 부 이상이 판매되었으며 프랑스어, 독일어, 네덜란드어로 번역되었다. 소수의 신학자와 지식인에게만 알려졌던 유니테리언 목사 프라이스는 하룻밤 사이에 유명해졌다. 그는 미국의 식민지 개척자와 영국의 미국 지지자 모두에게 영웅이 되었다. 새로 구성된 대륙 의회는 1778년에 프라이스가 북아메리카로 이주해서 미국의 재정 행정을 맡을 수 있게 하는 발의안을 통과시켰다. (프라이스는 이 요청을 정중히 거절했다.)[13]

프라이스는 저서에서 반란을 일으킨 식민지 개척자들을 지지하는 이유를 설명했다. 그는 영국은 여러 가지 이유에서 잘못되었다고 밝혔다. 영국은 헌법에서 대표자의 동의 없이 과세하는 것을 명시적으로 금지하기 때문에 영국이 전쟁을 벌이기로 한 것은 위헌이었다. 또한 군대를 대서양 건너편으로 보내는 것은 식민지에서 세금을 걷는 것보다 비용이 훨씬 더 많이 들기 때문에 그것 또한 나쁜 정책이었다. 그러나 무엇보다도 영국은 '자유의 원칙'에 근거해 규탄받아야 한다고 프라이스는 주장했다. 미국 식민지 개척자들과 합의를 거치지 않고 과세 권리를 남용함으로써—이것이 미국 독립 전쟁의 원인으로 선언되었다—영국은 식민지를 '노예'로 만들려고 했다.[14]

프라이스는 이러한 주장이 일부 독자에게는 과장된 것처럼 보일 수 있다는 점을 알고 있었다. 영국에서 식민지 노예들이 처한 역경이 대두되기 시작했는데 이들 실제 노예에 비하면 미국의 식민지 개척자들은 더 나은 상황이었기 때문이다. 조지 3세는 식민지의 백인 개척자들을 노예로서 속박하지는 않았다. 식민지 미국에서 영국의 통치가 지나치게 억압적이라고 할 수도 없었다. 게다가 미국 식민지 개척자들에게 부과된 세금은 평균적으로 영국인들에게 부과되는 세금에 비해 부담스러운 정도가 아니었다.

그러나 프라이스가 강조했듯이 자유의 의미를 분명히 이해한다면 조지 3세의 정책이 식민지 개척자들을 노예화할 가능성이 있다고 묘사하는 것이 그렇게 이상한 일이 아니다. 프라이스는 자유에는 여러 유형이 있는 것으로 보인다고 말했다. 먼저 물리적 의미의 자유, 즉 자신의 의지대로 행동할 수 있는 자유가 있다. 좀 더 추상적인 의미에서 보면, 만약 모든 상황에서 옳고 그름을 지각하고 그러한 지각에 따라 행동할 힘이 있다면 도덕적으로 자유롭다. 또한 가장 선호하는 종교를 선택할 수 있다면 종교의 자유가 있다고 말할 수 있을 것이다. 하지만 다른 유형의 자유라고 하더라도 모두가 본질적으로 동일한 원칙, 즉 자치에 기반을 둔다. 자유의 모든 유형에서 주체는 자신의 의지를 따를 수 있는 정도, 즉 "자발적일 수 있는" 범위 내에서 자유롭다. 이와 달리 "주체의 의지에 반해 지배자"의 의지나 지시를 따라야 할 때는 자유롭다고 볼 수 없거나 "노예"와 같다.[15]

이는 시민적 자유나 정치적 자유에도 해당된다(프라이스는 이 두 용어를 혼용했다). 자유가 자치를 통해 이룰 수 있는 것이라면 자치가 보장되어야만, 다시 말해 민중이 직접 통치하거나 민중의 대표자들이 통치해야만 국가는 자유롭다고 말할 수 있다. 개인이 타인의 의지에 의존하지 않고 자신의 의지를 따를 수 있는 범위 내에서만 자유로울 수 있듯이, 국가 역시 "국가 자체의 의지에 따라, 또는 (이와 동일한 의미로) 자체적으로 임명되고 자체적으로 책임을 지는 대표자 회의의 의지에 따라" 통치될 때에만 자유롭다고 말할 수 있다. 이와는 반대로 입법부가 민중에 의해 선출되지 않는 국가는 "노예의 상태"에 있는 것이다.[16]

영국 의회가 세금을 부과하는 것에 대해 미국인이 걱정하는 것은 당연했다. 세금이 너무 높아서가 아니라 과세 정책이 세금을 내야 하는 식민지 개척자들의 사전 동의 없이 도입되었기 때문이다. 영국 의회는 "영국은 어떠한 상황에서도 식민지, 그리고 미국 민중이 준수해야 하는 법령을 제정할 권한이 있다."라고 주장하면서 식민지에 대해 "무시무시한 권력"을 남용했다. 프라이스는 "누구라도 이보다 더 강력한 어조로 노예제를 표현할 수는 없을 것이다."라고 격정적인 말로 글

을 맺었다.[17]

영국 정부가 미국 민중을 노예로 만들려고 한다는 프라이스의 주장은 자유에 대한 구체적인 이해를 바탕으로 한 것이다. 즉, 자치 국가에서만 자유로울 수 있다는 인식을 근거로 한다. 프라이스의 관점에서 보면 개인이 사회에서 자유를 누리거나 사회가 자유로운 것은 정부가 개인의 삶에 개입하는 정도와는 아무 관련이 없었다. 오히려 국가가 나아갈 방향에 대해 발언권을 가지는 한 개인은 자유로울 수 있었다. 이는 통치 행위 자체가 개인을 자유롭게 만들기 때문이어서가 아니며, 프라이스는 자신의 견해가 이러한 주장이 되지 않도록 신중했다. 더 정확하게 말하면, 프라이스의 관점에서 보면 자유를 굳건하게 누리기 위해서는 자치가 필수적이었다. 독재 정권하에서 개인은 "자유를 행사할 수 있을지도 모른다… 그러나 이는 시대의 정신이나 행정부의 우발적인 관대함에서 비롯된 방종이나 묵인일 것이다."[18]

프라이스의 자유에 대한 해석은 미국, 네덜란드, 프랑스, 폴란드 혁명가들 사이에서 널리 공유되었다.[19] 1774년 젊은 변호사이자 버지니아주 하원 의원이었던 토머스 제퍼슨은 강렬한 어조의 성명서를 작성했다. 그는 성명서에서 높은 무역 관세 등 식민지 개척자들이 영국에 가진 불만을 설명했다. 그리고 식민지 개척자들이 점차 노예가 되어가고 있다는 보다 근본적인 비판을 제기했다. 그는 최근 몇 년간 영국 의회가 시작한 "일련의 억압"은 "우리를 노예로 전락시키려는 의도적이고 체계적인 계획임이 분명하게 드러났다."라고 했다. 좀 더 구체적으로 말하자면 의회는 미국 식민지 개척자들과 상의하지 않고 새로운 법을 시행함으로써 그들의 자유를 침해하고 있었다. "왜 영국의 유권자 16만 명이 덕목, 이해력, 체력에서 모두 동등한 미국인 400만 명이 준수해야 하는 법을 제정해야 하는지 그 이유를 하나라도 말할 수 있는가?"라고 제퍼슨은 탄식했다. 또한 "만약 이것이 인정된다면 우리가 지금까지 그렇다고 믿어왔던 것처럼 자유인이 아니라, 그리고 우리의 자유를 계속 유지하는 것이 아니라, 갑작스럽게 폭군 한 명이 아닌 폭군 16만 명의 노예가 될 것이다."라고 덧붙였다.[20]

네덜란드의 애국파 역시 이에 동의했다. 1783년 애국파 운동에서 중요한 역할을 한 네덜란드의 양모 상인 피에르 브레이데는 "스스로 통치하지 못하고, 자신의 재산과 행복을 직접 지키지 못한다면 자유롭다고 말할 수 없다."라고 썼다. 따라서 정부에 대한 발언권이 전혀 없었던 네덜란드 민중 대다수는 섭정 엘리트가 전복되지 않는 한 프랑스나 스페인 왕의 신하와 마찬가지로 자유롭지 못했다.[21] 프랑스에서도 이와 비슷한 주장이 나왔다. 가브리엘 보노 드 마블리의 논문 「시민의 권리와 의무에 관하여」는 원래 1758년에 저술되었지만 1789년에서야 세 가지 다른 에디션으로 출판되었다. 마블리는 프랑스 군주제하에서 프랑스인들이 노예가 되었다고 신랄하게 비판했다. 그는 "우리는 우리에게 주인이 있다는 사실을 완전히 인지하고 있으며 그 사실을 인지할 수 있게 하는 경험을 매일 한다."라고 말하며, "자기 자신이 스스로에 대한 입법자"인 사람만이 자유롭다고 말할 수 있다고 덧붙였다.[22] 몇 년 후 러시아의 지배에 저항하는 바르샤바의 반란을 이끈 지도자들은 자신들이 "스스로 통치하는 민중"이 되기 위해, 따라서 "자유롭게" 되기 위해 투쟁한다고 분명히 밝혔다.[23]

18세기 혁명가들은 그러한 자유나 자치를 이루기 위해서는 무엇보다도 군주제가 폐지되어야 한다고 지적했다. 그러나 선조인 16세기와 17세기 인문주의자들과 마찬가지로 18세기 혁명가들은 자유로운 삶을 살기 위해서는 단순히 왕권을 폐지하는 것 이상이 필요하다는 데 일반적으로 동의했다. 또한 광범위한 민중 통치가 확립되어야 했다. 프라이스 역시 저서 『시민 자유의 본질, 정치 원칙, 대미 전쟁의 정의와 정책에 대한 고찰』에서 미국 식민지 개척자들뿐만 아니라 영국인 대다수도 노예 생활을 하고 있다고 설명하면서 이 점을 명확히 했다. 결국 영국 의회도 실제로 많은 영국인을 대표하지 못했기 때문이다. 프라이스는 하원 의원의 절반이 유권자 6000명 미만의 지지를 받았고, 전체 하원 의원 중 9분의 1은 사실상 364명의 지지를 받아 선출되었다고 추정했다. 따라서 대부분의 영국인 역시 마찬가지로 자유롭지 않다고 할 수 있었다. 그렇지 않다면 프라이스가 이야기했듯이 그들이 "자유"롭다고 말하는 것은 "언어의 오용"이었다. 의회는 오히려 "노예제를 감추고, 자유가 사라졌는데도 자유의 형태를 유지"하기 위해 존재했다.[24]

다른 혁명 사상가와 운동가도 이에 동의했다. 그 결과 대서양 세계 전역에서 벌어진 혁명 운동은 대부분 각 정치 체제에 대한 민중의 통제권을 강화하는 것을 목표로 삼았다. 공화정, 민중 통치 체제, 드물게는 민주주의 등 추구하는 정치 체제를 지칭하는 데 서로 다른 용어를 사용했지만, 일반적으로는 이 모두가 상대적으로 광범위한 선거를 통해 주요 공직자를 선출하는 정치 체제를 일컬었다. 미국 혁명가들은 공화정을 채택하기 위한 토론에서 그들이 지칭하는 공화정은 민중이 통제권을 행사할 수 있는 정치 체제라고 밝혔다. 이는 각 주에서 주 헌법이 제정된 혁명 초기 단계, 연방 헌법의 초안이 마련된 1780년대 후반에 구현되었다.[25] 일례로 제임스 윌슨은 헌법 비준 토론 중에 펜실베이니아 사람들에게 한 연설에서 "최고 권력이… 민중에게 부여"되었기 때문에 미국 헌법이 "순수하게 민주적"이라고 주장했다.[26]

일부 입안자는 '민주주의'라는 용어를 사용하는 데 주의했는데, 18세기 후반에는 이 단어가 폭민 정치와 무정부 상태의 의미를 내포한다고 여겨졌기 때문이다. 따라서 이들은 '민중 통치 체제'나 '공화정'이라는 용어를 선호했다. 버지니아의 정치인 제임스 매디슨은 『연방주의자 논집The Federalist Papers』에서 새로운 연방 헌법이 '민주주의적' 요소가 없으며 오히려 '공화주의' 정부의 수립을 천명한다고 주장했다. 하지만 매디슨은 매우 구체적인 의미에서 이러한 용어를 사용했다. 매디슨이 말한 '민주주의'는 직접 민주주의를 가리킨다. 즉, "소수의 시민으로 이루어져 시민이 직접 정부를 구성하고 운영하는 사회"를 뜻한다. 반면 그가 설명한 '공화정'은 "대의제가 구현되는 정부"이며, 이러한 대의제는 "민중"을 대표한다고 매디슨은 분명히 밝혔다. 『연방주의자 논집』의 다른 논문에서도 새 헌법은 "민중 정부"의 수립을 천명한다고 여러 차례에 걸쳐 설명된다.[27]

네덜란드의 애국파 역시 그들이 추구한 '진정한 공화주의'는 광범위한 대의권을 바탕으로 하는 정치 체제를 의미한다고 분명히 밝혔다. 이후 그들은 '대의 민주주의'라는 용어를 사용해 지향하는 형태의 정치 체제를 설명했다.[28] 폴란드에서 반란을 이끈 지도자들도 이와 비슷한 주장을 했다. 그들은 압제적인 강대국으로부터 조국의 독립을 수호하기 위해 싸울 뿐만 아니라 공화주의적 자치를 복원하고 확대하기 위해 싸우고 있으며, 이러한 자치는 귀족만이 아니라 더 많은 민중을 포함한다고 강조했다. 한 혁명가의 말했듯이 폴란드인들은 "그들이 항상 누려온 자유를 얻기 위해 싸웠으며 자유가 정립되어 모든 주민에게 확대되기를 원했다."[29]

프랑스에서 혁명은 좀 더 온건한 분위기에서 시작되었다. 처음에는 혁명가들이 '입헌 군주제'라고 설명한 정치 체제를 도입하는 것이 목표였다. 에마뉘엘 조제프 시에예스 등 영향력 있는 혁명 사상가들은 프랑스에는 공화주의가 적합하지 않으며 강력한 군주제가 필요하다고 생각했다. 따라서 1791년 새로운 헌법이 제정되어 루이 16세가 행정권을 가지게 되었다. 그럼에도 혁명가들은 이 초기 단계에서도 입헌 군주제가 전체 민중의 '일반 의지'에 기초해야 한다는 점을 분명히 했는데, 이는 민중이 선택한 대표에게 입법권이 할당되어야 한다는 의미였다.[30] 1791년 6월 루이 16세는 바렌으로 도주함으로써 새로운 질서에 헌신할 의지가 없음을 드러냈다. 그 후 혁명가들의 목표는 그들이 '민주 공화국'이라고 일컫는 정치 체제를 확립하는 것이 되었다. 프랑스 공포 정치의 여파로 '민주주의'라는 단어를 기피하는 경향이 있었음에도 불구하고 프랑스 혁명가들은 여전히 광범위한 의미의 민중 통치 체제를 지지했다. 하지만 프랑스의 공화정은 나폴레옹 보나파르트로 인해 몰락하게 된다.[31]

간단히 말해 역사가 로버트 파머가 그의 대표적 개론서 『민주 혁명의 시대 *The Age of the Democratic Revolution*』에서 설명한 것처럼 18세기 후반의 혁명을 '민주적' 혁명으로 묘사해야 할 충분한 이유가 있다.[32] 그러나 대서양 혁명가들의 민주적 열기가 민중 정부 수립에 대한 열정으로 이어지지는 않았다. 제임스 해링턴의 주장과 같은 맥락에서, 많은 혁명가가 민주적 정치 제도를 도입하는 것 외에도 경제적 평등을 증진하기 위한 조치가 필요하다고 역설했다.[33] 자유를 유지하기 위해서는 대의적 정치 제도 및 주기적 선거와 아울러 경제적 조치 역시 필요하다는 주장이 제기되었다. 부의 격차가 너무 커지면 과두제 집권층이 형성되어 정치권력을 장악하고 자유는 사라질 수 있었다. 어느 미국 혁명가의 말처럼 "부의 평등한 분배라는 위대한 기본 원칙이 확립될 때에만 자유 정부가 수립될 수 있으며, 국가의 자유가 영구히 보존될 수 있다."[34]

그렇다고 해서 소수의 급진파를 제외하고 대서양 혁명가들이 공산주의의 도입이나 대대적인 부의 재분배를 적극적으로 주장했다는 말은 아니다. 결국 절대 군주제와 비교해서 공화제의 주요 이점 중 하나는 재산 보호를 포함해 개인의 안전이 제공된다는 점이었다. 대서양 혁명가들은 경제적 평등 강화라는 바람직한 목표를 이루기 위해 상속을 규제하는 법을 개정하는 데 초점을 맞추었다. 이들은 한사상속이나 장남 우대 등 소수에게 재산을 집중시키는 상속법을 폐지해 모든 자연 상속인 간에 재산 분할이 균등하게 이루어지도록 장려해야 한다고 주장했다. 이렇게 하면 재산권을 지킬 수 있으며 장기적으로 경제적 평등이 더 잘 이루어질 수 있으리라는 것이다.

미국에서는 혁명이 일어나자 즉시 상속법을 바꾸려는 운동이 촉발되었다. 식민지 시대에는 법에 따라, 적어도 유언장이 없으면 부동산은 장남에게 상속되거나(장자상속법), 장남이 다른 형제들보다 두 배 더 많은 재산을 상속받았다. 여러 식민지에도 한사상속법이 있었다. 한사상속법은 유언으로 장남과 같이 정해진 사람에게만 재산이 상속될 수 있도록 하는 법으로, 일반적으로 유언자의 재산이 가족 중 특정한 사람들에게 집중되도록 하기 위해 만들어졌다. 버지니아에서는 플랜테이션 농장을 온전한 형태로 상속하기 위해 노예까지 포함해 한사상속으로 양도할 수 있었다.[35]

독립 선언 직후 미국 혁명가들은 이러한 상속법을 바꾸기 위해 나섰다. 특히 토머스 제퍼슨은 버지니아에서 한사상속법과 장자상속법의 폐지를 제안하는 등 중요한 역할을 했다. 제퍼슨은 자신의 제안이 해링턴의 영향을 받은 것임을 분명하게 드러냈다. 그는 자서전에서 "선택된 가족에게 부가 영원히 집중되는 것을 막기 위해" 한사상속법은 폐지되어야 한다고 말했다. 제퍼슨은 이 법의 폐지가 "모든 토지법에서 가장 훌륭한" 개혁이라고 말했다. 이러한 법적 개혁은 "진정한 공화 정부를 위한 토대"였으며, 이를 시행하는 데 있어 "폭력이 필요하지도 않았고 자연권이 박탈되지도 않았다."[36]

많은 미국 혁명가가 제퍼슨의 선례를 따랐다. 그 결과 1800년에 이르러서는 연방의 거의 모든 주에서 한사상속법이 폐지되고 균등한 재산 분할을 장려하는 법이 채택되었다. 예외적으로 코네티컷 등 일부 주에서는 여전히 장남이 다른 형제들보다 재산을 두 배 더 많이 상속받았다. 그러나 혁명 후 상속법은 전반적으로 상속인들 간에 상속이 균등하게 이루어지도록 장려했다.[37] 제퍼슨과 마찬가지로 이러한 법안의 발의자들은 자신들의 정치적 목표를 매우 분명하게 밝혔다. 1784년 노스캐롤라이나의 상속법은 "재산의 평등을… 장려하는 것"이 "진정한 공화주의 정신과 원칙"이므로 "유언을 남기지 않은 사망자의 부동산은 지금까지 이 주에서 일반적으로 행해졌던 것보다 더 일반적이고 평등하게 분배되어야 한다."라는 근거로 개정되었다.[38] 이와 마찬가지로 델라웨어에서 채택된 1794년 법령의 전문에는 "개인의 권리에 부합하는 한 재산의 균형을 유지함으로써 시민들 사이에서 평등을 지키는 것이 모든 공화 정부의 의무이자 정책"이라고 명시되어 있다.[39]

유럽 대륙, 특히 프랑스에서 혁명가들 역시 자유를 지키기 위해서는 경제적 불평등을 해결해야 한다고 생각했다. 가브리엘 보노 드 마블리는 1789년 프랑스 혁명 발발 당시 발표된 여러 논문에서 이러한 생각을 적극적으로 피력했다. 마블리는 사유 재산의 폐지를 선전한 급진적인 논문을 발표했으며 지금은 공산주의 옹호자로 더 잘 알려졌다. 하지만 그는 이러한 조치들이 지나치게 이상적임을 인정하고, 자신이 즐겨 읽었던 해링턴의 글에 나타난 주장과 마찬가지로 장기적으로 상속법에서 재산의 불평등한 분할이 개선되어야 한다고 주장했다. 따라서 마블리는 『입법에 관하여』에서 다수의 실질적 상속인 또는 입양 상속인에게 토지가 분할되어 상속되도록 강제하고, 상속인이 없으면 재산이 가난한 사람들에게 분할될 수 있게 국가로 환원되도록 하는 상속법을 옹호했다.[40]

프랑스 혁명이 전개되면서 입법자들은 이러한 제안을 흔쾌히 받아들였다. 1790년 초 당시 프랑스의 주요 신문인 『르 모니퇴르 위니베르셀Le Moniteur Universel』에 '진정한 자유 헌법'과 '공평한 상속'을 다룬 기사가 이미 여럿 실렸다.[41] 1791년 4월 제헌 의회는 '무유언 상속 재산의 분할에 관한 법령'을 채택함으로써 최초로 경제적 평등을 강화하기 위한 시도를 했다. 이 법령은 유언을 남기지 않고 사망한 경우 상속인들 사이에 재산이 균등하게 분할되도록 했다. 일부 급진적인 의원은 유언이 있는 경우에도 동일한 규정을 적용하자고 제안했지만 성공하지 못했다. 예를 들어 막시밀리앙 드 로베스피에르는 이러한 엄격한 법을 옹호하며 "극심한 부의 불평등이 정치적 불평등을 야기하고 자유를 파괴하는 원인"이라고 주장했다.[42] 비록 이 제안이 1791년에는 채택되지 않았지만, 1793년에 자코뱅당이 주도하는 국민공회에서 모든 경우에 균등한 상속을 의무화했다.

자코뱅당이 발의해 진행된 프랑스 상속법 개정은 유언을 남기지 않고 사망한 경우의 상속 문제에만 초점을 맞춘 미국에서보다 훨씬 더 진전되었다. 그리고 후속 법률이 제정되어 유산의 균등 분할이 더욱 엄격하게 이루어졌다. 상속인은 모든 지참금과 기타 선물을 상속을 위해 반환해야 했다. 처분할 수 있는 일부 재산만 유언에 따라 자유롭게 할당되었으며, 상속인이 아닌 자선 단체 등에도 상속될 수 있었다. 결정적으로 균등 상속은 1789년 7월 14일로 효력이 소급해 적용되었는데, 이날은 새로운 정권이 수립된 것으로 간주된 날이다. 자코뱅당이 발의한 상속법에 대해 항의가 이어졌다는 사실이 주목할 만한데, 특히 시골 지주들은 재산이 너무 적어 분할할 수 없다고 불평했다. 그러나 국민공회는 입장을 고수하면서 새 법률을 철회하지 않았다.[43]

그렇다고 해서 자코뱅당의 급진주의를 과장해서는 안 된다. 이들은 이전 제헌 의회의 전임자들이나 미국 혁명가들처럼 강제로 재산을 재분배하는 것에 반대했다. 이에 따라 자코뱅당 주도의 국민공회는 장기적으로 경제적 평등을 촉진하기 위해 프랑스의 상속법 개정을 지지했으며, 의원들은 현시점에서 재산을 재분배하자는 제안을 거절했다. 국민공회는 심지어 1793년 3월 18일에 그러한 조치를 도입하는 사람에게 사형을 선고하는 법령을 제정하기도 했다.[44] 이를 통해 알 수 있는 것은 제퍼슨과 마찬가지로 자코뱅당은 민주적 자치, 즉 만인의 자유를 위한 필수 전제 조건으로서 경제적 평등을 이루려고 했으며, 경제적 평등 자체를 목표로 삼았던 것이 아니었다는 점이다.

민주적 자유의 한계

대서양 혁명가들은 인류가 해방되기 위해서는 정치적·경제적 평등이 더 확대될 수 있도록 급진적인 사회 질서의 개편이 필요하다고 생각했다. 하지만 그들의 급진주의에는 분명한 한계가 있었다. 18세기의 많은 혁명가는 자신들이 거만한 왕이나 오만한 귀족에게 종속되어 노예나 마찬가지라고 강력하게 항의하면서도 실제로는 노예를 소유하거나 노예 무역에 관여하고 있었다. 가장 두드러진 사례는 식민지 미국으로, 1776년 미국에는 약 50만 명의 노예가 살고 있었다. 유럽의 경우 프랑스를 포함한 여러 국가에서 노예 제도가 명목상 금지되었다. 그러나 프랑스의 해외 식민지, 특히 서인도 제도에서 가장 부유하고 번영한 프랑스 식민지인 생도맹그의 경우 노예가 수천 명에 달했다. 네덜란드의 식민지에도 노예가 있었으며, 특히 수리남의 플랜테이션 농장에 노예가 많았다. 게다가 네덜란드의 상선이 대서양을 횡단하는 노예 무역에서 중요한 역할을 했다. 폴란드-리투아니아에서 소작농의 지위는 농노의 지위와 다소 유사했다. 따라서 폴란드의 소작농이 영주의 허가 없이 이주하는 것은 법적으로 금지되었다.[45]

18세기 혁명가들이 공언한 이상적 자유가 대서양 세계에서 끈질기게 유지되어 온 동산 노예제 및 농노제와 상충했다는 점이 훗날에서야 분명하게 드러난 것은 아니다. 오히려 동시대인들은 혁명가들이 그들의 이상에 부응하지 못한다고 격렬하게 비판했다. 1775년 영국의 토리 새뮤얼 존슨은 "어떻게 노예제의 조력자들이 자유를 얻기 위해 가장 큰 목소리를 낼 수 있는가?"라고 신랄하게 말했다.[46] 이와 마찬가지로 1778년 스코틀랜드의 철학자인 존 밀라 역시 미국 식민지 개척자들이 모순적이라고 비난했다. 그는 미국인들이 자신들의 "정치적 자유"와 "인류의 양도할 수 없는 권리"에 대해 열정적으로 이야기하면서도, "그들과 똑같은 인류 중 상당수"에게서 "거의 모든 종류의 권리"를 박탈했다며 한탄했다. 이는 "근본적으로 인간이 전혀 철학적 원칙에 따라 행동하지 않는다."라는 것을 보여준다.[47]

대서양 혁명가의 반대자만이 이러한 위선을 문제 삼은 것은 아니었다. 많은 혁명가와 혁명의 지지자 역시 이 문제를 지적했다.[48] 1785년 리처드 프라이스는 토머스 제퍼슨에게 보낸 편지에서 독립한 미국의 주에서 노예 제도가 존재한다는 사실이 혁명이 약속한 바를 근본적으로 훼손했다고 지적했다. 프라이스는 "노예 제도에서 벗어나기 위해 그토록 애쓰던 사람들이 다른 이들을 노예로 삼으려 한다면" 미국의 독립은 "귀족주의적 폭정과 인간적 타락"으로 전락하고, "유럽의 자유와 미덕을 지지하는 이들"은 "굴욕감을 느끼게" 될 것이라고 썼다.[49] 미국에서도 혁명가들은 동산 노예제의 존재가 자유를 위한 투쟁과 양립할 수 없다고 지적했다. 1781년 『펜실베이니아 저널』은 "훌륭한 휘그당 당원이라면 유럽인의 시각에서 미국 시민이 얼마나 모순되게 보이는지 잘 생각해야 한다. 이들은 자신의 권리에 대해서는 깨달았지만 불쌍한 아프리카인의 권리에 대해서는 여전히 깨닫지 못하고 있다."라는 내용을 실었다.[50]

이는 단순히 말로만 그치지 않았다. 짧은 기간 동안 대서양 혁명이 일어난 지역에 만연한 자유 옹호의 분위기가 동산 노예제의 폐지로 이어질 수 있을 것처럼 보였다. 1775년 필라델피아에서 세계 최초의 노예제 폐지 협회가 설립되었다.[51] 혁명의 여파로 남부의 많은 노예 소유자가 자발적으로 노예를 해방했다. 노예제 폐지 운동은 노예제가 덜 확립된 북부에서 더 많은 진전을 이루었다. 뉴햄프셔에서 펜실베이니아에 이르는 모든 주에서 노예 해방을 위한 조치를 시행했다. 어느 미국 혁명 역사가가 말했듯이 이는 "역사상 처음으로 노예 제도를 근절하기 위해 입법권이 발동된 것"이었다.[52] 게다가 노예들 역시 그들 스스로 노예주에게 대항해 자유를 요구했다. 1780년대와 1790년대에 북부의 노예들은 많은 새로운 주 헌법에 명시되어 있는 "모든 인간은 자유롭고 평등하게 태어난다."라는 원칙을 들며 노예 제도에 반대하는 법적 투쟁을 벌였다. 이를 통해 일부 노예는 법원을 설득해 노예를 풀어주라는 판결을 내리도록 할 수 있었다.[53]

이와 유사하게 프랑스와 해외의 프랑스 식민지에서도 혁명가들이 노예제 폐지 운동을 벌였다. 1788년 파리에서는 노예 무역을 폐지하기 위한 '흑인의 벗 협회'가 창설되었지만, 그들의 노력은 권력과 자금력이 강한 파리 농장주들이 반대해 실패로 끝났다. 그러나 1791년 생도맹그에서 노예들은 노예주에 대항해 군대를 조직해서 섬의 상당 부분을 장악하는 데 성공했다. 1793년 이러한 상황을 이용해 생도맹그를 점령하려는 스페인과 영국으로부터 위협을 받게 된 프랑스 정부는 적군에 대항하기 위한 군사적 지원을 받는 대가로 노예 제도를 폐지하겠다고 약속했다. 몇 달 후 자코뱅당이 주도하는 국민공회는 프랑스 식민지에서 노예 제도를 폐지했다.[54]

그러나 미국에서는 노예도, 그리고 혁명가도 노예 제도 폐지에 성공하지 못했다. 고착화된 경제적 이해관계와 뿌리 깊은 인종차별주의는 자유를 추구하는 혁명적 열기를 차단하는 강력한 방벽이 되었다. 노예제 폐지 운동이 남부에 미친 영향은 제한적이었다. 오히려 혁명 시대 말기에 북아메리카 지역의 노예 수는 초기보다 크게 늘었다. 1770년대에 50만 명이었던 노예가 1790년에 약 70만 명으로 증가했다.[55] 게다가 1790년대에는 연방 헌법 입안자들이 북부의 선례를 따르기를 명백히 거부했기 때문에 이러한 추세가 조만간 변하지 않을 것이라는 점은 분명했다. 매디슨은 버지니아 비준 회의의 대표들에게 새 헌법이 "기존의 다른 어떤 제도보다 더 안전하게" 노예제를 보호한다고 주장했다.[56]

이와 마찬가지로 프랑스에서도 1800년에 나폴레옹이 동산 노예제 폐지를 취소했으며, 1848년까지 프랑스의 식민지에서 노예제의 합법화가 유지되었다. 유일하게 생도맹그만 예외였다. 장자크 데살린의 지휘 아래 노예들은 나폴레옹이 섬을 재탈환하기 위해 보낸 프랑스 군대를 물리치고 1804년에 아이티의 독립을 선언했다. 50만 명의 사람들이 노예에서 해방되었다. 그러나 새로 독립한 아이티에서 사람들은 자유를 얻기 위해 말 그대로 엄청난 대가를 치러야 했다. 1825년까지 프랑스는 아이티의 독립을 인정하지 않다가 1억 프랑이 넘는 거액의 배상금을 받고 난 후에야 그 사실을 인정했다. 이 돈은 연간 단위로 지급되었고, 이로 인해 아이티 정부는 만성적 재정난으로 파산 상태에 놓이게 되었다. 한편 네덜란드에서는 혁명가들이 노예제 폐지에 대해 논의조차 하지 않다가 1863년이 되어서야 노예 해방이 이루어졌다.[57]

세계를 해방하려던 대서양 혁명에서 모순점은 동산 노예제를 근절하지 못한 것만이 아니었다. 권력을 민중에게 돌려줘야 한다는 담론에도 불구하고 혁명가 대부분이 민주주의와 민중 통치 체제에서 많은 사람, 특히 여자를 배제하는 것에 대해서 전혀 문제의식을 느끼지 않았다. 게다가 많은 혁명가가 하인 등 특정 부류의 사람들뿐만 아니라 가난한 사람들 역시 정치 참여에서 제외하기를 원했다. 1791년 프랑스 헌법에 따라 여자와 해방 노예를 비롯해 성인 남자의 약 40퍼센트는 투표하는 것이 금지되었다. 미국의 경우 주마다 투표 자격이 크게 달랐다. 뉴햄프셔와 펜실베이니아에서는 성인 남자의 약 90퍼센트가 투표할 수 있었으나, 버지니아와 뉴욕에서는 약 40퍼센트가 투표할 수 없었다. 전국적으로 성인 백인 남자의 약 20퍼센트가 1790년대까지 하원 의원 선출을 위한 투표를 할 수 없었다. (남자 해방 노예는 일반적으로 백인 남자와 동일한 조건으로 투표권을 행사할 수 있었다.)[58]

많은 대서양 혁명가는 이와 같이 특정 부류의 사람들을 배제하는 것이 민주적 자유에 대한 그들의 지지를 전혀 훼손하지 않는다고 생각했다. 그들의 주장에 따르면 여자는 지성이 부족하고 기질이 격정적이기 때문에 일상생활에서 남자에게 의존하므로 애당초 자유롭지 않았다. 그러므로 여자는 정치에 참여할 수 있는 권한이 없어도 잃을 것이 없었으며, 이로 인해 여성의 자유가 원래보다 더 축소되는 것도 아니었다. 한 네덜란드 혁명가는 "여자는 인간이지만, 남자의 감독과 보호를 받고 있기 때문에 그들은 시민이 아니다."라고 말하기도 했다.[59]

이와 유사한 논리가 부자에게 의존하는 것으로 여겨지는 하인과 빈곤층을 배제해야 한다는 주장을 뒷받침하기 위해 사용되었다. 예를 들어 프랑스 국민의회에서 열린 토론 중에 몇몇 연사는 하인이 주인에게 종속되므로 하인의 투표는 그들의 자유 의지를 표명하는 것이 아니며, 따라서 하인은 시민권을 "적극적으로" 행사해서는 안 된다고 주장했다.[60] 또한 역설적이게도 일부 혁명가는 하인과 가난한 사람에게 권리를 주는 것은 단순히 불필요한 일에만 그치는 게 아니라 민주적 자유를 보호하는 데 위험 요소가 된다고 주장했다. 이에 따라 1787년에 열린 필라델피아 헌법 제정 회의에서 거베너르 모리스는 자유를 누릴 수 있는 사람들에게만 투표권을 주는 것으로 제한하자는 수정안을 제안했으며, 이는 폭압적인 '귀족제'의 확립을 막기 위한 것이라고 주장했다. 모리스는 가난한 사람들에게 투표권을 준다면 그들은 최고가 입찰자에게 자신의 권리를 팔아버릴 게 분명하다고 설명했다. 그러므로 투표권은 "확실하고 충실한 자유의 수호자", 즉 자신의 의지에 따라 투표권을 행사하는 데 필요한 독립성이 보장된 사람들에게만 부여되어야 했다.[61]

이러한 주장은 보다 급진적인 혁명가들 사이에서 격렬한 논쟁을 불러일으켰다. 일례로 프랑스 극작가이자 정치적 소논문 저술가였던 올램프 드 구주는 혁명가들의 논리를 그대로 인용해 여성의 참정권을 주장했다. 1789년 프랑스에서 「인간과 시민의 권리 선언」이 발표된 후, 드 구주는 이에 대응해 1791년 「여성과 여성 시민의 권리 선언」을 발표해 국민의회의 위선을 비판했다. 그녀는 남성들이 혁명가로서 행동하고 평등권을 주장했지만, 여성들은 "끊임없이 계속되는 남성의 폭압"으로 여전히 고통받고 있다고 주장했다. 드 구주는 여성들이 자각해 여성의 권리를 요구하도록 촉구하면서 선언문을 마무리했다. 남성들은 혁명을 정당화하기 위해 '이성'에 호소했다. 이제 남성 패권의 부당함에 맞서기 위해 그 논리를 확장하는 것은 여성에게 달렸다. "여성은 자유로운 인간으로 태어나며, 남성과 동등한 권리를 가진다."라고 그녀는 썼다.[62] 다른 나라에서도 이와 유사한 주장이 제기되었다. 1795년 네덜란드에서 「인간과 시민의 권리 선언」이 나오자, 이에 대응해 「여성의 민중 정부 참여를 위한 논쟁」이라는 팸플릿이 익명으로 발표되었다. 이 팸플릿에서는 혁명가들이 남성의 '폭압'과 여성의 '노예' 구조를 확립한다고 비판했다.[63]

가난한 백인 남자를 배제한 것은 더 큰 논쟁을 불러일으켰다. 프랑스 국민의회에서는 불평등한 참정권의 도입에 대해 막시밀리앙 드 로베스피에르를 필두로 한 몇몇 의원이 강력하게 이의를 제기했다. 로베스피에르에 따르면 투표나 투표권과 관련해 재정적 조건을 명시하는 모든 조항은 자유가 아니라 귀족제가 확립되도록 할 것이며, 귀족제 중에서도 부자들이 지배하는 가장 참기 어려운 귀족제가 될 것이다. 만약 많은 성인 남자가 투표에서 제외된다면 국민은 자신들이 승인하지 않은 법을 따르도록 강요받게 될 것이므로 '노예'가 될 것이다.[64] 이와 마찬가지로 미국 필라델피아 헌법 제정 회의에서도 자유를 누릴 수 있는 사람들에게만 하원 의원 투표권을 주는 것으로 제한하자는 거베너르 모리스의 제안은 끔찍한 폭정을 야기할 수 있다는 이유로 압도적으로 거부되었다. 벤저민 프랭클린은 영국에서도 이와 유사하게 의회가 참정권을 제한함으로써 권리를 박탈당한 사람들이 "고통과 시련"을 겪게 되었다고 경고했다.[65]

그러나 전반적으로 대서양 혁명가들은 덜 포괄적인 민주주의를 지향했다. 드 구주가 선언문을 통해 주장했음에도 불구하고 여성 참정권은 국민의회에서 논의조차 되지 않았다. 1793년 군주제가 몰락한 후 자코뱅당이 주도한 국민공회에서 새로운 공화주의 헌법에 관해 논의하던 중 이 문제가 제기되었다. 하지만 여성 참정권을 찬성하는 사람은 거의 없었고, 이 문제는 표결에 부쳐지지 않았다. 게다가 가장 민주적인 사고방식을 가진 혁명가들조차도 성인 백인 남자 중에서 하인과 같은 특정 부류의 사람들은 제외되어야 한다고 계속해서 주장했다. 프랑스에서는 1792년 로베스피에르가 이끄는 자코뱅당이 제정한 새로운 법에 따라 1년 이상 거주지를 유지하고 수입이 있거나 일하는 경우 거의 모든 성인 남자가 투표권을 가질 수 있게 되어 보편적 참정권을 실현하는 데 가까워졌다. 그러나 1792년 법조차도 하인, 실업자, 부모의 집에서 함께 거주하는 아들에게 참정권을 부여하지 않았다.[66]

간단히 말해서 대서양 혁명가들의 정치적 비전은 모순으로 가득했다. 그들은 자유를 위해 싸웠지만 노예를 소유했고 노예 제도를 철폐하지 못했다. 그들은 모두를 위한 자유를 원했지만 많은 사람이 고대 군주정과 과두정에서와 마찬가지로 정치권력에서 배제되었다. 급진적 혁명가들이 이러한 모순을 지적했지만 이들의 경고는 과소평가되고 무시되었다. 그러나 최근 고든 우드Gordon Wood 교수가 미국 독립 혁명에 대해 말한 바와 같이 대서양 혁명가들의 정치적 상상력은 제한적이기는 했지만 당시 시대적 상황을 고려하면 매우 급진적이었다.[67] 대서양 혁명가들이 극소수의 엘리트에게 권력이 집중되었던 세계에서 살았다는 점을 고려하면, 그들이 상상한 정치적·경제적 권력 계급 구조의 질서 개편은 당시 상황에서 보았을 때 엄청난 도전이었다. 그렇기 때문에 그들의 사례가 미래의 혁명가들에게 계속해서 영감을 주게 되었다. 또한 앞으로 살펴보겠지만 1776년과 1789년 혁명의 약속에서 대부분 배제된 사람들까지도 고무시켰다.

고대 자유 숭배의 승리

민주적 자유라는 명목으로 발발한 대서양 혁명은 고대로 거슬러 올라가는 오랜 전통이 최고조에 달한 것으로 볼 수 있다. 18세기 혁명가들이 자신들은 거만한 왕이나 이기적인 엘리트에게 자유를 빼앗긴 노예와 다름없다고 말했을 때, 또는 공화주의나 민주주의 정치 체제를 도입하는 것이 자유의 전제 조건이라고 말했을 때, 이러한 주장을 최초로 펼친 것은 이 혁명가들이 아니었다. 그들은 헤로도토스, 리비우스, 타키투스와 같은 역사가 그리고 니콜로 마키아벨리, 에티엔 드 라 보에시, 제임스 해링턴과 같은 인문주의자의 주장을 인용했던 것이다.[68]

이는 놀랄 만한 일이 아니다. 16세기 및 17세기와 마찬가지로 18

세기에도 엘리트 교육은 인문주의를 바탕으로 했다. 따라서 많은 저명한 혁명가가 양질의 고전 교육을 받았다. 1750년대에 존 애덤스가 하버드대학교에 입학했을 때, 그는 신약과 그리스어 문헌뿐만 아니라 키케로, 베르길리우스 등 고대 작가들의 작품을 읽을 수 있었다. 게다가 수사학적인 측면에서 고대 자료를 활용하는 것은 전략적으로 큰 이점이 되었다. 대서양 혁명가들은 새롭고 위험한 정치적 실험에 몰두했다. 그들은 고대로부터 이어받은 지적 유산을 과시해 자신들의 목표의 급진성을 부각시키지 않음으로써 그러한 목표가 더 잘 받아들여질 수 있도록 했다.[69]

자유를 위한 투쟁을 뒷받침하기 위해 대서양 혁명가들이 사용한 상징주의와 서술 전략을 생각해 보자. 앞서 살펴보았듯이 16~17세기에 로마 시대 자유를 상징했던 자유의 모자가 동전과 엠블럼 서적에 다시 등장했다. 18세기 말, 고대 자유를 상징하는 이 모자의 인기가 매우 높아졌다. 식민지 미국에서 자유의 모자는 1760년대에 처음 등장했다. 뉴욕에서는 식민지 개척자들이 인지 조례의 폐지를 축하하기 위해 나무 기둥을 세우고 그 위에 자유의 모자를 씌웠다. 영국군이 그 기둥을 잘라버리자 식민지 개척자들은 기둥을 다시 세웠다. 그들은 총 다섯 개의 기둥을 세웠는데, 마지막으로 세운 기둥은 마을의 다른 어떤 구조물보다 높이가 더 높았다.[70]

미국에서 자유의 모자는 오랫동안 정치적 상상 속에 등장해 왔다. 1814년에 존 아치볼드 우드사이드는 1812년에 있었던 영국과 미국의 전쟁을 기념해 '우리는 어떤 왕관에도 충성하지 않는다'라는 제목의 그림을 그렸다. 이 그림에서 성조기를 든 선원은 왕관을 밟고 있으며

F. A. 채프먼 회화, 존 C. 맥레이 판화, 「자유의 기둥 세우기, 1776」, 1875.

존 아치볼드 우드사이드, 「우리는 어떤 왕관에도 충성하지 않는다」, 1814.

장자크프랑수아 르 바르비에, 「인간과 시민의 권리 선언」, 1789.
프랑스를 상징하는 여신은 끊어진 쇠사슬을 들고 있으며, 명성을 상징하는 여
신과 함께 선언문 위에 앉아 있다. 두 석판은 각각 자유, 영원한 단결, 영광을
상징하는 붉은색 자유의 모자, 꼬리를 물고 있는 뱀, 월계관으로 장식되어 있다.

발 옆에는 끊어진 사슬이 있다. 그 왼쪽에는 전통 의상을 입은 자유의
여신이 오른손에는 붉은색 자유의 모자가 씌워진 막대를, 왼손에는 군

사적 승리를 상징하는 월계관을 들고 있다.

프랑스에서 자유의 모자는 1789년에 처음 등장해 「인간과 시민의 권리 선언」의 발표를 기념하기 위한 판화와 회화에서 묘사되었다. 예를 들면 클로드 니케의 판화 「인간과 시민의 권리 선언」과, 이와 동일한 제목이면서 더 잘 알려진 장자크프랑수아 르 바르비에의 회화가 있다.

1792년 군주제가 전복된 이후 자유의 모자를 어디에서나 볼 수 있게 되었다. 프랑스 제1공화국이 사용한 공식 인장에는 자유의 모자와 나무 막대기 다발을 든 자유의 여신이 새겨졌다. 거리에서도 자유의 모자를 볼 수 있었다. 1792년 파리에서는 자유의 모자를 쓰는 것이 유행이었다. 또한 이 모자는 노동자의 모자를 연상시키는 붉은색이 되었으며, 따라서 모자를 착용한 사람들의 민주적 열망을 대변해 주었다.[71]

대서양 혁명가들은 다른 다양한 방법으로도 고대를 향한 그들의 열정을 표현했다. 미국, 네덜란드, 프랑스 등 여러 나라에서 혁명가들은 그리스와 로마의 자유 투사를 모범으로 삼는 데 거리낌이 없었다. 미국 혁명가들 사이에서 카이사르에게 복종하기보다는 자결을 택한 소 카토가 특히 인기가 많았는데, 식민지 미국에서 연극 「카토: 비극」이 성공하면서 카토가 잘 알려지게 되었다. 이 연극은 카토의 말년에 대한 플루타르코스의 이야기를 각색한 것으로 18세기 영국의 극작가 조지프 애디슨이 극본을 썼다. 런던에서의 첫 상연 이후 약 20년 만인 1735년에 식민지 미국에서는 사우스캐롤라이나주 찰스턴에서 처음으로 상연되었는데, 곧 혁명 이전 미국에서 매우 인기 있는 연극 중 하나

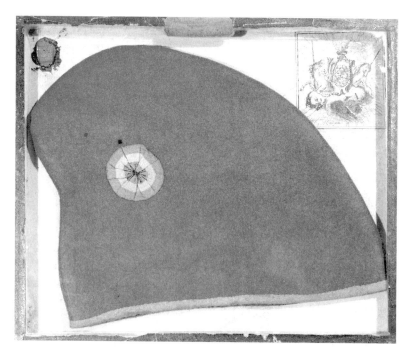

프랑스 혁명 시대의 자유의 모자. 빨간색, 흰색, 파란색 코케이드로 장식되어 있다.

가 되었다.[72]

패트릭 헨리가 연설에서 "자유가 아니면 죽음을 달라."라는 유명한 말을 했을 때, 그는 아마도 애디슨의 극본에서 인용했을 수도 있다. 이 연극에서 카토는 "사슬이 아니면 정복, 자유가 아니면 죽음, 지금은 이 외에 그 어떤 것에 대해서도 이야기할 때가 아니오."라고 말한다. 애디슨의 연극은 1777년에 미국 군대가 동계 야영지를 설치했던 밸리 포지에서도 상연되었다. 조지 워싱턴과 군 지도자들은 카토의 이야기를 통해 군인들에게 교훈을 주기를 바랐던 듯하다.[73]

미국 혁명가들은 그리스의 자유 투사도 본보기로 삼았다. 존 애덤스는 친구인 제임스 워런에게 보낸 편지에서 미국 반군을 페르시아와 마케도니아 침략자에 대항해 싸우는 아테네인과 스파르타인에 비유했다. 애덤스는 "그리스 연합은 역사상 가장 영웅적인 동맹이었다."라고 썼으며, 미국의 식민지 개척자들이 그들의 훌륭한 사례에서 용기와 교훈을 얻어야 한다고 말했다. "친애하는 친구여, 우리 크세르크세스나 알렉산드로스의 노예가 되지 말도록 하세."[74] 버지니아의 정치인 조지 메이슨 역시 "그리스 공화국들의 작은 연합"이 "페르시아 군주국"에 저항하고 결국 이를 물리쳤다고 말하며 칭송했다.[75]

　프랑스 혁명가들 역시 고대의 자유 투사에 공감했다. 그들은 카토보다 루키우스 유니우스 브루투스를 더 선호했는데, 리비우스는 브루투스가 로마 군주제를 전복하고 로마 공화국을 수립하는 데 중요한 역할을 했다고 밝혔다. 1730년 코메디 프랑세즈에서 초연된 당시에는 크게 성공하지 못했던 볼테르의 연극 「브루투스」가 1790년에 다시 공연되면서 큰 인기를 얻었다.[76] 타르퀴니우스 왕조가 멸망한 직후 로마 공화국 초기를 배경으로 한 이 연극은 로마의 초대 집정관인 루키우스 유니우스 브루투스와 그의 아들 티투스의 관계를 중심으로 전개된다. 티투스는 로마 군대를 승리로 이끈 완고한 지도자로 묘사된다. 티투스는 자신의 정치적 야망이 좌절되고 타르퀴니우스의 딸인 툴리에를 향한 사랑에 눈이 멀게 되어 로마 공화국을 전복할, 즉 자신의 아버지에게 반기를 들 음모에 가담하게 된다. 그러나 음모가 밝혀지고, 티투스는 아버지로부터 사형을 선고받는다. 이 연극은 브루투스가 위로받기를 거부하는 것으로 끝이 난다. 브루투스는 "로마는 자유롭

다. 그것으로 충분하다. 신들에게 감사하자."라고 말한다.[77]

　이 연극은 1790년의 격렬한 분위기 속에서 자유에 대한 격정적인 대사로 큰 반향을 불러일으켰다. 1790년 11월 17일과 19일, 볼테르의 연극 「브루투스」가 국립극장에서 상연되었다. 청중 가운데 왕당파는 타르퀴니우스를 지지하는 대사에 박수를 보냈다. 청중의 대다수를 차지한 혁명가들은 브루투스와 저항군에게 박수를 보냈다. 브루투스가 "신들이시여! 노예가 되게 할 바에야 우리에게 죽음을 주소서!"라고 외치자 청중의 박수 소리와 함성에 "귀청이 터질 듯했고 먼지가 자욱해 앞이 보이지 않아 관중을 진정시키는 데 시간이 걸렸다."[78] 「브루투스」가 재연된 지 7개월 후 루이 16세는 프랑스에서 도주하려다 붙잡혔는데, 외국의 도움으로 프랑스를 공격하려는 계획을 세우고 있었다는 사실이 밝혀졌다. 그는 즉시 '타르퀴니우스'라고 명명되었다.[79]

　프랑스에서 브루투스의 인기가 급속도로 확산한 데에는 시각 예술가들의 기여가 있었다. 1787년 유명한 프랑스 고전 화가인 자크루이 다비드는 거대한 캔버스에 그림을 그리기 시작했다. 그는 브루투스에게 처형된 아들들의 시신이 돌아온 순간을 그렸는데, 이 그림은 1789년 8월에 완성되어 같은 해 9월에 살롱에 전시되었다. 초기에는 다비드의 그림을 분석한 논평들이 정치적인 의도를 설명하지 않았는데, 아마도 검열 때문이었을 수도 있고, 단순히 그림의 메시지가 전달되지 않았기 때문이었을 수도 있다. 그러나 혁명이 급진화되면서 다비드의 그림은 점차 볼테르의 연극 「브루투스」와 같은 맥락에서 해석되었다. 다비드 자신도 볼테르의 연극이 재연될 무대를 디자인하면서 이러한 새로운 해석에 기여했다. 연극은 마지막에 배우들이 다비드의 그림을

자크루이 다비드, 「릭토르들이 브루투스에게 아들들의 시신을 가져오다」, 1789.

활인화로 표현하면서 끝났다.[80]

혁명이 더욱 격렬해지자 일부 혁명가는 마르쿠스 브루투스처럼 보다 호전적인 로마의 자유 투사에게 공감하게 되었다. 루이 16세의 재판이 진행되는 동안 루이앙투안 레옹 드 생쥐스트는 동료 혁명가들에게 "다른 어떤 법도 아닌 로마의 자유에만 근거해" 폭군 카이사르를 암살한 마르쿠스 브루투스의 이야기를 통해서 용기를 얻으라고 촉구했다.[81] 1793년 지롱드당 지지자인 샤를로트 코르데는 자코뱅당 당원이자 언론인인 장폴 마라가 공화국에 위협이 된다고 생각하고 그를 암살했다. 암살 의무를 수행할 때 코르데는 플루타르코스의 『영웅전』

을 소지하고 있었다고 전해진다. 그녀는 처형되기 전에 "엘리시온 들판에서 브루투스와 다른 고대인과 함께 쉴 수 있기를" 고대한다고 썼다.[82]

대서양 혁명가들은 고대의 폭군 살해자를 모범으로 삼았을 뿐만 아니라, 역사책을 뒤져가면서 자유 정권을 확립할 방안에 대해 조사하며 고대의 입법자들에게서도 교훈을 얻고자 했다. 미국의 독립 선언 후 식민지 미국의 대부분 지역은 새로운 헌법을 제정했고, 이는 미국 헌법 초안의 작성으로 이어졌다. 이 과정에서 이루어진 논의에서 고대 자료가 중요한 기준이 되었다. 1766년 존 애덤스는 자신이 "고대 최고의 입법자들이 살고 싶어 했을 시기"에 태어난 것을 자축했다.[83] 10년 후 연방 헌법 비준 토론에서 미국 건국의 아버지들은 여전히 고대 입법자들에게 공감했다. 따라서 『연방주의자 논집』의 저자들은 공동으로 '푸블리우스Publius'라는 필명을 사용했는데, 이는 기원전 509년 로마의 마지막 왕이 추방된 뒤 루키우스 유니우스 브루투스와 함께 로마 공화국을 창시한 푸블리우스 발레리우스를 일컫는다.[84] 비준 토론에서는 정치 저술가들이 주로 카토와 브루투스 등의 필명을 사용했고, 드물게 전설적인 그리스 입법자인 솔론과 리쿠르고스 등의 필명을 사용하는 사람들도 있었다.[85]

유럽에서는 헌법에 관한 논쟁이 벌어지는 중에 고대 헌법이 언급되는 경우가 많았다. 프랑스 혁명의 초기 단계에서 해럴드 파커 등 급진적인 혁명가들이 고대의 사례를 들었다. 1789년과 1790년의 제헌 의회에서 벌어진 토론에서 왕당파는 루이 16세가 상당한 권력을 유지할 수 있도록 하는 제한적 개혁을 지지했는데, 그들이 고대를 언급한 것은 오로지 고대의 사례가 적용되는 것을 반대하기 위한 목적에서였다. 이와는 대조적으로 미라보 백작이라는 귀족 신분으로 더 잘 알려진 오노레가브리엘 리케티를 비롯해 앙투안 바르나브, 베르트랑 바레르 등 급진적인 혁명가들은 고대 공화국을 모방할 것을 여러 차례 요구했다.[86]

1792년 국왕이 처형된 후 프랑스 제1공화국이 수립되면서 고대의 흔적은 더 공공연하게 발견되었다. 1793년 5월 프랑스 제1공화국 정부가 튀일리 궁전으로 거처를 옮겼을 때, 사람들은 새로운 홀이 인조 대리석으로 제작된 솔론, 리쿠르고스, 플라톤, 데모스테네스, 루키우스 유니우스 브루투스, 킨키나투스의 전신 조각상으로 장식되어 있음을 알 수 있었다. 따라서 프랑스 공화정의 새로운 헌법은 고대 입법자와 정치인의 유산 속에서 입안되었다.[87] 이는 1794년 이후 공포 정치의 여파로 프랑스 혁명가들이 고대와의 동일시를 다소 거부하게 되면서 변화되었다. 그러나 그 당시에도 공포 정치 이후 수립된 통령, 호민원, 원로 회의 등 프랑스 정부와 통치 기관의 명칭은 고대 정치에서 사용된 명칭이 계속해서 유지되었다.[88]

네덜란드에서도 혁명가들이 연설과 소논문에서 고대를 여러 차례 언급했다. 바타비아 공화국의 새로운 헌법을 제정하기 위한 논의에서 급진적 개혁가들은 네덜란드 정치 체제를 철두철미하게 민주화해야 한다고 주장하며 고대의 사례를 공공연하게 언급했다. 혁명가들은 소위 「십이사도 선언문」을 통해 바타비아 공화국을 로마나 그리스처럼 만들겠다는 포부를 밝혔다.[89] 이와 유사하게 독일에서 시인이자 혁명가인 프리드리히 슐레겔은 "아테네만큼 자유와 평등을 이룬 국가는 없다."라고 말하며 독일이 고대 아테네를 모범으로 삼아야 한다고 주장했다. 슐레겔은 "현대인"은 여전히 "고대인으로부터 배울 것이 많다."라고 확신했다.[90]

슐레겔의 발언에 비춰보면 1세기도 더 전의 토머스 홉스와 마찬가지로 보수적인 논객들이 고대가 당대의 혁명적 분위기에 선동적인 영향을 미치고 있다고 비난한 것은 그리 놀라운 일이 아니다. 따라서 토리당의 조너선 바우처는 "자유롭고 관대하며 교양 있는 많은 사람이 학교에서 처음 습득한, 고전만 읽는 습관으로 인해 길을 잃고 실패하게 되었다."라고 말했다.[91] 이와 마찬가지로 독일 바이마르에 거주했던 작가 크리스토프 마르틴 빌란트는 프랑스 혁명의 발발이 고전의 영향 때문이라고 비난했다. 빌란트는 "섬세한 영혼들이 여전히 윤리, 미, 위대함에 대한 흠 잡을 데 없는 감각을 지니고 있는 시대에" 혁명가들이 "그리스와 로마의 가장 뛰어난 공화주의자들을 알게 되었고, 그들의 공화주의적 자유를 향한 사랑, 폭정과 군주제에 대한 증오, 민중을 위한 정치 형태에 대한 탐닉을 흡수했다."라고 썼다.[92]

그러나 18세기 혁명가들 모두가 비판 없이 고대를 칭송했던 것은 아니다. 혁명가 중에서 더 해박한 사상가들은 과거인 고대와는 꽤 거리를 두었으며, 자신들이 건설하려는 공화국이 고대의 공화국과 매우 다르다는 점을 강조하며 그들 자신의 독창성을 강조하기도 했다. 그들의 주장에 따르면 키케로 시대 이후 세상은 너무 많이 변했으며 고대의 지식이 당대의 상황에 적절하지 않다고 주장했다. 알렉산더 해밀턴은 "그리스와 이탈리아의 작은 공화국들"의 역사를 읽을 때 "공포와 혐오감"을 느꼈다고 고백했다. 그러한 역사는 미국인들이 모방해야 할 사례가 아니었다. 그러는 대신 "자유를 깨달은 친구들"은 스스로 생각해야 했다. 다행히도 근대에 "정치학"이 "상당한 발전"을 이루었다고 해밀턴은 말했다.[93]

이러한 주장은 계몽주의가 정치사상의 발전에 미친 영향을 고려해 이해되어야 한다. 16~17세기의 정치 사상가들은 고대를 인류 문명의 정점으로 여겼지만, 18세기 초의 많은 계몽 사상가는 그들의 시대가 과거 황금시대와 동등하거나 그보다 우월하다고 주장했다. 이러한 주장이 처음 등장한 것은 '책들의 전쟁'이라는 맥락에서였다. '책들의 전쟁'은 '고대'와 '근대'의 극작가와 시인의 자질을 놓고 유럽 문인들이 장기간에 걸쳐 벌인 열띤 논쟁이다. 이 논쟁은 궁극적으로 고전 시대 이후 유럽에서 정치를 비롯한 다른 영역에서 이루어진 업적도 재조명했다.[94]

그러나 고대의 사례와는 거리를 두려고 하는 혁명가들조차도 고대의 민주적 자유 개념은 계속해서 수용했다. 이 점은 대의 정치에 관한 논의에서 더욱 분명하게 드러났다. 고대 민주주의 국가에서는 민중이 직접 입법권을 행사했다. 민중 전체가 법을 제정했으며, 그러한 명확한 목적을 이루기 위해 시장이나 아테네의 프닉스 언덕과 같이 특별히 지정된 공공장소에 모였다. 그러나 당연하게도 대서양 연안에 세워진 규모가 훨씬 더 크고 인구가 더 많은 공화국에서 이를 실현하기란 불가능했다. 따라서 미국, 프랑스 등 공화국의 건국자들은 대의 기관, 특히 선출된 입법부를 도입했으며, 모든 성인 남자가 아닌 선별된 대표자들이 법을 제정했다. 만약 이것을 민중 자치라고 한다면 이는 고대의 것과는 확연히 달랐다.

대의제의 도입은 대서양 혁명가들 사이에서 상당한 논쟁을 불러일으켰다. 일부는 고대의 사례에서 일탈하는 것이 민중 자치를 훼손하며, 따라서 자유를 저해한다고 보았다. 1762년 장자크 루소가 최초로 이러한 우려에 대해 자신의 생각을 밝혔다. 루소는 『사회계약론』에서 시민은 입법권을 대표자에게 양도함으로써, 준수해야 하는 법을 시민 자신이 아니라 소수의 사람이 제정하도록 했기 때문에 스스로 자신을 자유롭지 않게 만들었다고 설명했다. 루소는 영국의 사례를 들어 자신의 주장을 뒷받침했다. 영국인들은 자신들이 자유롭다고 믿었지만, 루소의 관점에서 그들은 "큰 착각"을 하고 있었다. 루소는 영국인들이 의원 선거 기간에만 자유로웠고, "의원 선거가 끝나자마자 [영국인들은] 노예가 되었으며 그들은 아무것도 아니었다."라고 주장했다.[95]

일부 대서양 혁명가도 루소의 우려에 동의했다. 리처드 프라이스는 저서 『시민 자유의 본질, 정치 원칙, 대미 전쟁의 정의와 정책에 대한 고찰』에서 "가장 완벽한 정도"의 자유는 모든 개인이 직접 참정권을 행사하고 공직에 선출될 수 있는 "작은 정부"에서만 누릴 수 있다고 말하며 프랑스 사상가인 루소와 같은 견해임을 밝혔다.[96] 영국 의회에서 일한 경험이 프라이스의 우려를 오히려 더 키웠다. 그는 하원이 민중을 대표한다고 주장하지만, 사실은 하원 의원의 임기가 길고 실제 대표하는 인구의 비율이 적기 때문에 인구 전체에 대한 책임을 지지 않는다고 지적했다.

프라이스는 루소와 달리 대의제를 수용했는데, 어쨌든 대규모 근대 국가에서 직접 민주주의를 실현하기란 불가능하기 때문이었다. 하지만 프라이스는 선출된 대표자의 임기는 짧아야 하며 선거구민들에 대한 책임을 져야 한다고 권고했다. 선출된 대표를 엄격하게 통제할 수 있어야만 민중은 대의 정치의 단점을 보완할 수 있었다. 루소는 다음과 같이 썼다.

> 정부의 신임을 받는 이들이 단기간 공직에 있다면, 그리고 편견 없는 판단에 따라 국가의 대다수 사람에 의해 선출되고 지시를 받는다면, 자유는 최고 수준으로 유지될 것이다. 그러나 그들이 국가의 일부 사람에 의해서만 선출되고 장기간 공직에 있다면, 그리고 임기 동안 선거구민의 통제를 전혀 받지 않는다면, 자유라는 개념 자체가 사라지고 대표를 선출하는 권한은 소수에게만 주어지며, 이들 소수가 특정 기간에 자기 자신과 공동체의 나머지 구성원들을 위한 주인을 선택하게 될 것이다.[97]

그러나 대의제에 대해 보다 긍정적인 견해를 밝힌 혁명가들도 있다. 알렉산더 해밀턴과 같은 사상가들은 "대의제의 위대한 원칙"을 "현대 유럽"의 매우 훌륭한 발명 중 하나라고 말했다.[98] 해밀턴과 공동으로 『연방주의자 논집』을 저술한 제임스 매디슨 역시 이에 동의했다. 매디슨에 따르면 대의 정치에는 직접 민주주의보다 본질적으로 나은 이점이 몇 가지 있었다. 그중에서 가장 주목할 만한 것은 선거를 통해 "국가의 진정한 이익"을 분별할 수 있을 만큼 현명한 이들을 선출해서, "선출된 시민으로 구성된 조직"에 입법권을 이상적으로 양도한다는 점이었다. "이런 규정에 따라 민중의 목소리는 그들의 대표에 의해 천명되고, 그러한 목적을 위해 결집한 민중이 스스로 천명하는 것보다

공익에 더 잘 부합하게 될 것이다."라고 매디슨은 낙관적인 결론을 내렸다.[99]

그러나 이러한 근대주의자들조차 자유 중심적인 관점에서 볼 때 대의제에 문제가 있다고 생각했다는 점을 주목할 필요가 있다. 매디슨은 대의제가 직접 민주주의보다 좋은 정치로 이어질 가능성이 높다고 생각했지만, 대의제가 과두제적 억압으로 귀결되기 쉽다는 점도 인정했다. 매디슨은 대의제가 "민중의 이익에 반할" 위험이 항상 있다고 지적했다. 따라서 입법 기관이 과두제적으로 변하는 것을 막기 위해 선거를 빈번하게 치를 필요가 있었다. 바람직하게는 선거를 통해 민중이 대표자의 행동을 정기적으로 평가함으로써 대표자가 선거구가 아닌 개인의 이익을 얻기 위해 일하는 것을 막을 수 있다.[100]

요컨대 신생 공화국인 미국에서 미국이 "새롭고 현대적인" 공화국이라고 말하고자 하는 혁명가들조차도 민중이 통치 방식을 직접적이고 적극적으로 통제할 수 있는 정부에서 자유가 보장된다고 생각했다. 이 점에 관해 매디슨은 『연방주의자 논집』에서 분명하게 밝혔다. "공화주의적 자유의 특징은 모든 권력이 민중에게서 나와야 할 뿐만 아니라 권력을 위임받은 사람들은 짧은 임기 동안 민중에게 신임을 얻어야 하며, 그러한 짧은 임기 동안에도 소수가 아니라 다수에게서 신임을 얻어야 한다는 데 있다."[101]

대서양 건너 유럽에서도 계몽주의 혁명가들이 이와 비슷한 견해를 표명했다. 철학자이자 국민공회 의원이었던 니콜라 드 콩도르세 역시 해밀턴과 매디슨처럼 고대 공화국보다 근대 공화국이 더 우월하다는 점을 열성적으로 강조했다. 그는 그리스 공화국이 노예 제도에 기반을 두고 있으며 대의제를 알지 못했기 때문에 "현대의 위대한 국가"가 따를 만한 완전히 적절한 사례가 될 수 없다고 설명했다. 이와 함께 콩도르세는 대의제로 인해 야기될 수 있는 "간접적 전제주의"의 위험에 대해서도 경고했다. 대표자가 민중에 대해 상시 책임을 질 수 없다면, 대의 정치는 일인 지배와 마찬가지로 폭정을 행할 가능성이 높았다. 그러므로 자유를 유지하기 위해서는 선거 절차를 통해 대표자가 유권자에게 의지하게 하는 것이 매우 중요했다.[102]

이러한 모든 사실을 고려하면 역사학자 존 포콕이 남긴 유명한 말처럼 대서양 혁명을 "르네상스의 마지막 위대한 업적"이라고 할 만하다.[103] 많은 면에서 18세기 후반의 자유를 위한 투쟁은 페트라르카, 레오나르도 브루니, 니콜로 마키아벨리 등 르네상스 인문주의자들이 시작한 수 세기에 걸친 고대 정치사상의 부활의 절정으로 볼 수 있다. 르네상스 인문주의자들이 재발견하고 대중화한, 그리고 그 후 학교 교과 과정에서 중심적으로 다룬 고대 문헌은 유럽 엘리트들의 정치적 상상력을 결정적으로 바꾸는 데 일조했다. 물론 고대 문헌이 대서양 혁명의 발발에 직접적인 영향을 미쳤다고 볼 수는 없겠지만(바우처, 빌란트와 같은 보수주의자에게는 실례되는 말이지만), 혁명을 제한적 목표를 이루기 위한 반란이 아닌 민주적 자유를 위한 투쟁으로 바꾸는 데 크게 공헌했다.

이와 동시에 대서양 혁명이 르네상스의 마지막 무대가 되었다는 점을 강조하는 것도 중요하다. 대체로 1800년 이후 자유 투사는 유럽과 미국의 정치사상에서 두드러진 역할을 했던 고대의 선례와 구호에 더는 호소하지 않았다. 19세기와 20세기를 거치면서 개혁가들과 혁명가들은 점점 멀어지는 고대 세계보다는 대서양 혁명가들의 사례로 주의를 돌렸다. 따라서 하르모디오스와 아리스토게이톤, 소 카토, 루키우스 유니우스 브루투스, 마르쿠스 유니우스 브루투스도 더는 언급되지 않았다. 그 대신 역사적 선례에 호소해 민주적 자유를 위한 투쟁을 뒷받침하고자 할 때 19세기 급진주의자, 참정권 운동가, 노예제 폐지 운동가는 미국 건국의 아버지, 프랑스 국민의회, 자코뱅당과 같은 보다 최근의 사례를 참조했다.

이러한 변화는 대서양 혁명가들이 그들의 정치 세계를 변화시키는 데 있어 이루어 낸 실질적인 업적과 많은 관련이 있다. 많은 지역에서 18세기 후반 발생한 혁명적 격변으로 과거와의 단절이 일어났다. 이는 물론 미국에서 가장 두드러지게 나타났다. 미국의 혁명가들은 세계 어느 국가보다 훨씬 더 민주적인, 완전히 새로운 세계를 창조했다. 이와 마찬가지로 놀랍게도, 프랑스 혁명가들은 유럽에서 가장 강력한 군주국 중 하나를 전복시키는 데 성공했다. 비록 프랑스 공화국이 결국 굴복했지만, 반동 세력이 최선의 노력을 다했음에도 불구하고 프랑스에서 앙시앵 레짐은 결코 복원되지 못했다.

그 결과 19~20세기에 급진주의자와 혁명가는 대서양 혁명가들이 고대의 전례를 참조했던 것과는 다르게 민주적 자유를 위한 투쟁을 지속했다. 고대의 상징이 사용되었다고 해도 그러한 상징은 완전히 새로운 의미를 가졌다. 예를 들어 자유의 모자는 19세기에도 여전히 자유의 상징이었지만 고대를 반영하는 것으로는 이해되지 않았다. 그 대신에 자유의 모자는 거의 전적으로 프랑스 혁명가들, 특히 자코뱅당과 연관된 것으로 받아들여지게 되었고, 따라서 프랑스 혁명의 전성기에

그랬던 것처럼 붉은색을 띠게 되었다.[104]

미국 독립 혁명에 나타난 자연권과 자유

대서양 혁명가들이 자치를 정당화하기 위해 고대인의 권위에만 의존한 것은 아니었다. 그들은 자연적 자유와 개인의 권리 등의 개념을 제시하기도 했다. 북아메리카와 유럽에서 혁명가들은 그들의 합법적인 통치자가 피지배자의 자연권과 자유를 침해한다고 주장하며 통치자에 대한 반란을 정당화했다. 혁명 이후 세워진 새 정부들은 인간의 자연권을 열거하는 공식 선언문을 발표해 이전 정부들보다 더 나아질 것이라고 약속했다. 이러한 추세를 보여주는 가장 잘 알려진 예는 프랑스의 「인간과 시민의 권리 선언」과 미국의 권리장전이다.

많은 저명한 학자가 대서양 혁명, 특히 미국 독립 혁명의 맥락에서 권리 선언의 중요성을 강조했다. 구체적으로, 조이스 애플비와 아이작 크램닉과 같은 역사가들은 권리 선언이 고대의 유산과 전혀 다르며 오히려 정반대되는 것으로, 존 로크 철학의 지지자들이 혁명에 미친 영향을 보여주는 증거라고 여겼다. 따라서 미국 독립 혁명은 르네상스의 마지막 무대일 뿐만 아니라 자유에 대한 새로운 사고방식의 시작으로 볼 수 있다. 이러한 해석의 맥락에서 18세기 후반의 혁명가들은 로크와 같은 17세기 사상가들의 사상을 바탕으로 처음으로 민주적 정치 체제가 아닌 제한된 정치 체제를 자유 국가의 체제로 보았다. 이러한 자유 개념에 따르면 정부가 시민의 자연권을 인정하고 존중하며

침해하지 않는다면 자유 정부로 간주될 수 있으며, 권력이 누구에게 있는지는 중요하지 않았다.[105]

자유에 대한 새로운 해석의 등장은 미국 독립 혁명이 서양의 또 다른 혁명, 즉 시장 사회의 탄생과 동시에 일어났다는 사실과 관련해 종종 설명된다. 이러한 주장에 따르면 17세기에 유럽과 유럽의 식민지에서 상품 및 노동을 소비하는 당사자 간에 직접적으로 교류가 이루어졌던 전통적인 방식이 점차 시장에서 교류되는 방식으로 대체되었다. 이와 같은 현상에 대한 관찰은 새로운 발상으로 이어졌는데, 말하자면 '보이지 않는 손'에 의해 강제성 없이 자연스러운 사회 질서가 형성된다는 것이었다. 이 발상은 미국 혁명가들의 상상력을 촉발했다. 그들은 정부가 개인의 권리를 보호하는 것이 유일한 임무인 기관이라고 생각하게 되었다. 따라서 자유 정부를 이러한 권리, 특히 재산권을 보호하는 임무를 충실하게 이행하는 정부로 재정의하게 되었다.[106]

자유가 개인의 권리를 보호하는 것이라는 해석을 확산시키는 데 대서양 혁명이 기여했다는 주장을 인정하기 힘든 몇 가지 이유가 있다. 첫째, 이러한 해석은 로크파의 전통적 해석을 잘못 이해한 데서 기인한다. 앞서 살펴본 바와 같이 로크는 자유를 정부를 제한함으로써 보호할 수 있는 자연권과 동일시한 적이 없다. 그는 명백히 '시민적 자유'가 원하는 것을 할 수 있는 자유를 뜻한다는 주장에 동의하지 않았다. 그 대신 로크는 자유란 공동의 동의하에 제정된 법을 준수하며 사는 삶의 결과물이라고 주장했다. 따라서 자연적 자유와 자연권에 대한 로크의 강조는 고대의 민주적 자유 개념과 완벽하게 양립할 수 있었다. 달리 말하자면 장자크 루소가 더 민주적이고 매우 다른 전통의 자유 개념을 주창한다고 여겨지기는 하지만, 자유에 대한 로크의 이해는 루소의 이해와 거의 차이가 없었다.[107]

미국 혁명가들도 로크의 글이 단순히 제한된 정부를 선전하는 것이 아니라 루소의 민주적 자유 개념을 지향해 저술된 것으로 이해하고 있음을 분명히 했다. 따라서 그들이 로크의 권위를 빌려 주장을 펼치는 것은 민주적 자유 개념을 고수한다는 것을 시사하기 위해서였다. 앞서 살펴본 바와 같이 리처드 프라이스는 민중 자치와 자유를 동일시했다. 또한 프라이스는 그의 원칙이 "지금까지 이 나라에서 가장 존경받아 온 로크를 비롯해 시민적 자유에 관한 글을 쓴 모든 저술가가 가르친 원칙과 동일하다."라고 말했다.[108] 미국 독립 혁명을 비판하는 이들도 같은 의견이었다. 웨일스의 성직자로 미국 반군의 열렬한 반대자였던 조사이어 터커는 프라이스를 "로크의 추종자"로 묘사했다. 또한 터커는 "정직하고 솔직한 루소가 로크의 가설이 최종적으로 어디에 이르게 되는지"―즉 극단적 민주주의―"정확하게 파악했다"라고 주장했다.[109] 이와 마찬가지로 스코틀랜드의 철학자 듀걸드 스튜어트는 미국 독립 혁명의 민주화 경향은 "로크의 저술을 통해 유럽에 널리 전파된 정치적 자유에 관한 잘못된 관념"에서 기인한다고 말했다.[110]

둘째, 로크 철학을 지지하는 미국 혁명가들이 저술한 주요 문헌―여러 권리 선언문―에 대한 분석을 보면, 저자들이 고대의 민주적 자유에 대한 해석에 이의를 제기하거나 개인의 권리를 보호하기 위한 자유의 개념을 새로이 도입하려는 의도가 전혀 없었다는 점을 분명히 알 수 있다. 영국과의 전쟁이 발발한 후 갓 독립한 미국의 주들은 새로운 헌법을 제정하는 동시에 권리 선언문을 발표했다. 여러 권리 선언문에서 자유는 민중 자치와 동일시되었다. 1774년 제1차 대륙 회의에서 발표된 선언문과 결의안에는 "영국의 자유, 그리고 모든 자유 정부의 기초는 입법 위원회에 참가할 수 있는 민중의 권리에 있다."라고 명시되어 있다. 그러므로 미국의 식민지 개척자들은 그들의 의회에서 법을 제정할 권리가 있었다.[111]

17년 후인 1791년에 비준된 연방 차원의 권리장전에서는 이렇게 명백한 민주적 표현이 포함되지 않았다. 그 대신 종교의 자유를 위한 권리, 무기 소지의 권리, 군대가 주거지에서 숙영하는 것을 거부할 권리 등 개인의 권리를 열거했다. 따라서 권리장전은 때로는 자유 국가의 새로운 비전, 즉 민중 정체가 아닌 권리에 기초한 제한된 국가를 구현하는 것으로 묘사된다. 1776년 이후 민주적이거나 준準민주적인 주 정부를 경험하게 되면서 미국의 많은 정치적 주체는 공화주의 정부에서 자유를 위협하는 주요 요인이 행정부의 과도한 권한이 아니라 다수의 폭정이라고 확신하게 되었다. 따라서 1780년대에 자유의 개념이 중대한 변화를 맞게 되었다. 어느 미국 혁명 역사가가 말했듯이 "지금 강조된 자유는 개인적이고 사적이며 정부의 모든 침해로부터 개인의 권리를 보호하는 것이다. 특히 민중을 위한 공적 자유의 유일한 보고이자 사적 자유를 수호하기 위한 확실한 무기로서 휘그당이 전통적으로 소중히 여겼던 기구인 입법부에 의해 자행되는 침해로부터 개인의 권리를 보호하는 것이다."[112]

그러나 미국의 권리장전이 제정되었다고 해서, 그것이 민주적 자유에서 권리 보호를 위한 자유로 자유의 개념이 전환되었음을 시사한다는 주장을 뒷받침할 증거는 거의 없다. 이는 1789년 여름, 권리장전의 제정을 둘러싼 논쟁을 자세히 살펴보면 분명해진다. 당시 미국의 정치 엘리트들은 두 경쟁 파벌로 나뉘었다. 연방주의자는 강력한 중앙 정부를 지지했으며, 이에 반대하는 반연방주의자는 주 정부가 주요 권력을 가져야 한다고 생각했다. 이 두 파벌은 새 헌법에 대해 논쟁했을 뿐만 아니라 권리장전의 개념에 대해서도 논의했다. 연방주의자는 연방 권리장전의 제정에 완강히 반대했지만, 반연방주의자는 적극적으로 찬성했다. 그러나 이러한 논의 과정에서 연방주의자와 반연방주의자는 모두 동일한 자유 개념, 즉 민주적 자유를 바탕으로 주장을 펼쳤다.

연방주의자는 민주 공화국에서 자유를 수호하는 데 권리장전이 불필요하다고 생각했기 때문에 권리장전이라는 발상에 반대했다. 영국과 같은 군주국에서는 왕이 민중의 권리를 유린하지 못하도록 하기 위해 그러한 권리를 열거해야 할 수도 있다. 하지만 민중이 스스로 통치하는 미국과 같은 공화국에서 정치 체제는 자유를 위협하지 않았다. 어느 연방주의자가 말했듯이 미국에서는 "민중의 힘으로 정부가 수립되었고, 현재 정부의 모든 권력은 민중에게서 나온 것이기 때문에" 권리장전이 "중요하지 않았다."[113] 해밀턴도 『연방주의자 논집』에서 권리장전은 민주 공화국에 "적용되지 않는다"는 비슷한 말을 했다. "엄밀히 말하면 여기서 민중은 아무것도 양도하지 않으며, 모든 것을 보유하기 때문에 특별한 조건이 필요하지 않다."[114]

이와 대조적으로 새로운 연방 헌법에 반대하는 반연방주의자는 권리장전 제정을 강력히 지지했다. 일부 반연방주의자는 실제로 1788년 연방 헌법이 권리장전을 포함하지 않았다는 이유로 반대표를 던졌다. 그러나 그들이 권리장전을 지지한 것은 결코 자유에 대한 새롭고 보다 현대적인 사고방식을 고수하기 위해서가 아니었다. 오히려 그들은 민중이 통치 방식을 통제할 수 있는 범위 내에서만 자유를 누릴 수 있다는 생각을 확고하게 유지했다. 그들은 새 헌법으로 "귀족정"이 수립되어 결국 "권력자와 그들의 자녀가 대를 이어가게 됨으로써 민중의 신임"을 얻으려 하지 않게 될까 봐 우려했다.[115] 따라서 하원의 규모를 두 배로 늘리고, 상원 의원의 임기를 단축하고 해임이 가능하도록 하며, 상원의 공식 권한을 축소함으로써 새 헌법을 더욱 민주적으로 만들고자 했다. 권리장전 역시 이러한 민주화 의제의 일환으로 제정되어야 했다. 반연방주의자는 권리장전을 통해 민중의 권리에 대한 인식을 제고하고, 연방 정부가 이러한 권리를 침해하는 경우 민중이 행동에 나서도록 장려할 수 있기를 바랐다.[116]

매디슨은 다른 견해를 표명했다. 가장 저명한 연방주의의 대변인이었던 매디슨은 다른 연방주의자와 마찬가지로 처음에는 권리장전의 제정에 반대했다. 그는 그러한 "문서상 장벽"이 전제주의에 대항하는 데 거의 아무런 소용이 없음이 누차 증명되었다고 주장했다.[117] 그러나 1789년 권리장전의 제정으로 반연방주의자의 기선을 꺾을 수 있을 거라 확신하고 생각을 바꾸었다. 매디슨은 의회에서 권리장전이 통과되어 제2차 헌법 제정 회의를 소집하자는 강경한 반연방주의자의 요구를 거부할 수 있게 되기를 기대했다. 매디슨은 그 후 의회에서 권리장전이 통과되는 데 결정적인 역할을 했다.

권리장전의 필요성에 대해 동료들을 설득하는 과정에서 매디슨은 권리장전에 관한 토론에 중요한 새로운 관점을 추가했다. 반연방주의자와 달리 매디슨은 권리장전을 정치에 대한 민중의 통제를 강화하는 수단으로 제시하지 않았으며, 그 대신 권리장전이 다수의 폭정에 대한 보호책이라고 설명했다. 1789년 6월 8일 매디슨이 하원에서 설명한 바와 같이 미국에서 행정권은 영국에서와 같이 자유를 위협하지 않기 때문에 권리장전이 불필요하게 보일 수 있었다. 그러나 "공동체의 폭력"이라는 또 다른 위험으로부터 개인을 보호하는 데 유용할 수 있었다. 권리장전은 "권리장전이 없다면 행하기 쉬운 행동을 하지 못하게 다수를 통제하는 하나의 수단"이 될 수 있다고 매디슨은 설명했다.[118]

그러나 매디슨이 기존의 주장과는 다른 견해를 밝혔다고 해서, 그의 발언을 자유에 대한 사고방식이 크게 변화한 증거로 간주하고 자유의 개념이 다수의 폭정으로부터 개인의 권리를 보호하는 것으로 전환되었다고 보는 것은 지나친 과장일 것이다. 결국 연방주의자 동료 중 어느 누구도 권리장전에 대한 매디슨의 특별한 해석을 지지하지 않았다. 반연방주의자도 마찬가지였다. 게다가 매디슨 자신도 자유를 보호하기 위한 방안으로서 권리장전을 지지하는 데는 항상 미온적이었다. 새로 선출된 하원 의원들에게 이 법안을 소개하는 연설에서 그는 특히 열의가 없었다. 매디슨은 법안이 "부적절하지도, 전혀 쓸모가 없는 것도 아니다."라고 설명하면서 특별히 법안을 지지한다는 인상을 주지 않았다.[119]

좀 더 일반적으로, 매디슨의 글을 보면 권리장전은 다수의 폭정에 대해 그가 선호하는 해결책이 결코 아니었음을 알 수 있다. 1780년대 그의 가장 영향력 있는 저술인 『연방주의자 논집』 기고문에서 매디슨은 다수의 폭정이 가할 수 있는 위험에 대해 광범위하게 다루었지만, 권리장전을 해결책으로 언급하지는 않았다. 오히려 그는 다수의 폭정을 피할 수 있는 최선의 방법은 "확장된" 공화국을 만드는 것이라고 주장했다. 규모가 큰 공화국에서는 이해 당사자의 수가 늘어나고 따라서 이러한 이해 당사자들로 구성되는 파벌의 수가 배가된다. 그러므로 "전체 중 다수가 다른 시민의 권리를 침해하려는 공통된 동기가 생길 가능성이 줄어든다. 공통된 동기가 생긴다고 하더라도, 그러한 동기를 가진 사람들이 자신의 힘을 발견하고 다른 사람들과 합심해 행동에 옮기는 것이 더 어려워질 것이다."라고 매디슨은 주장했다.[120]

요컨대 미국의 혁명가들은 권리 선언을 함으로써 리누치니, 라 보에시, 해링턴과 같은 인문주의자와는 다른 자유에 대한 사고방식을 채택하게 되었음을 시사한 것은 결코 아니었다. 오히려 그들은 자유가 민중이 정치 체제를 통제함으로써 확립될 수 있는 것이라는 생각을 지속적으로 고수했다. 미국 혁명가들이 발표한 선언문에는 정치에 참여할 권리가 다른 모든 권리와 자유의 토대가 된다는 점을 강조하는 민주적 언어가 담겨 있었다. 권리장전도 제한된 정부가 자유를 보장한다는 새로운 개념을 표명하려는 의도로 제정된 것이 아니었다. 오히려 권리장전은 정부가 민중의 권리를 침해할 경우 민중에게 정부에 대항할 수 있는 수단을 주기 위해 고안되었다.[121]

프랑스의 「인간과 시민의 권리 선언」

프랑스의 「인간과 시민의 권리 선언」 역시 동일한 맥락에서 볼 수 있다. 혁명이 끝나고 시간이 어느 정도 지난 뒤에 권리장전을 제정한 미국의 건국자들과는 달리 프랑스의 혁명가들은 거의 혁명 발발 직후에 인권 선언문을 작성하기 시작했다. 이 선언은 프랑스의 제3신분으로 분류되었던 사람들이 국민의회를 결성한 지 3개월도 채 되지 않은 1789년 8월 26일에 공표되었으며, 이로부터 2년이 더 지난 뒤에 새 헌법이 제정되었다.[122]

관련 논쟁을 보면 프랑스 혁명가들이 이 선언을 통해 자유에 대한 새로운 해석을 표현하려 했다는 증거를 거의 발견할 수 없다. 1789년 8월 17일에 미라보 백작이 이끄는 위원회에서 발표한 선언문의 초안은 미국의 권리장전보다 훨씬 더 추상적이고 철학적이었다. 선언문 초안에서는 개인의 주요 권리를 열거하는 대신 합법적 헌법의 기반이 되는 원칙이 제시되었다. 첫 번째 조항은 모든 인간이 자유롭고 평등하게 태어난다고 규정했다. 그리고 이어지는 조항들은 합법적 정치 체제의 기본 원칙, 즉 자유롭고 평등한 개인에게 적합한 정치 형태를 설명했다. 이러한 원칙들은 모든 정치 공동체가 사회적 계약에 기반을 두고 있으며 모든 권력이 국가에서 나온다고 주장했다. 공직자는 국가에서 위임한 범위 내에서만 권한이 있었다.[123]

스피노자, 로크, 루소와 마찬가지로 미라보는 특정한 종류의 제도적 상황, 즉 국가의 주권에 기반을 둔 정부하에서만 인간의 자연적 자유가 보호받을 수 있다고 분명히 밝혔다. 이 점은 "시민의 자유는 오직 법에 종속됨으로써 존재한다."라고 밝힌 선언문 초안 제6조에서 더 명확히 드러났다.[124] 제4조는 "국가는 국가 자체 또는 합법적으로 선출된 대표자가 명시적으로 승인하고 동의한 법률 이외의 다른 법률을 인정해서는 안 된다."라고 선언했다.[125] 다시 말해 자유란 왕이나 군주의 독단적인 의지가 아니라 자신이 만든 법에 따라 사는 것을 의미했다.

하지만 미라보의 초안은 제헌 의회에서 부결되었는데, 그 이유는 정확하게 알려지지 않았다. 언뜻 보기에 최종적으로 채택된 선언문은 매우 다른 논리를 내포하는 것 같았다. 제1조와 제2조는 프랑스 혁명가들이 자유를 정부의 간섭으로부터 개인의 권리를 보호하는 것으로 생각하게 되었음을 시사하는 듯 보인다. "제1조: 인간은 자유롭고 평등한 권리를 지니고 태어나서 살아간다. 사회적 차별은 오로지 공공 이익에 근거할 경우에만 허용될 수 있다. 제2조: 모든 정치적 결사의 목적은 인간이 지닌 소멸될 수 없는 자연권을 보전하는 데 있다. 이러한 권리로서는 자유권과 재산권과 신체 안전에 대한 권리와 억압에 대한 저항권이다."* 또한 개인의 권리는 제4조(개인의 자유에 대한 권리), 제7조~제9조(공정한 재판에 대한 권리), 제10조(종교의 자유), 제11조(표현의 자유), 제17조(재산권)에 열거되어 있다.

그러나 더 자세히 들여다보면 이 선언문은 미라보의 초안에 나타난 루소주의 논리를 유지한다. 개인의 권리를 열거하는 모든 조항에는 이러한 권리가 법으로 제한될 수 있다는 설명이 포함되어 있다. 반면 제6조에는 "법은 일반 의지의 표현이다. 모든 시민에게는 직접 또는 대표자를 통해 법의 제정에 참여할 권리가 있다."라고 명시되어 있다.

---

* 번역 출처: 이 문단과 다음 문단에 나오는 선언문 조항의 출처는 다음과 같다. [네이버 지식백과] '프랑스 인권 선언Declaration of the Rights of Man and of the Citizen─모든 인간은 평등한 권리를 갖는다'(『세계를 바꾼 연설과 선언』, 이종훈 엮어 옮김·김희남 그림, 서해문집, 2006).

요컨대 프랑스 인권 선언은 개인의 권리는 옹호되어야 하지만, 이러한 권리의 정확한 본질과 한계는 입법자, 즉 정치적 공동체 전체가 결정할 수 있음을 주장한다. 인권 선언은 또한 국가 주권이 핵심 권리임을 분명히 했다. 제3조는 "모든 주권의 원리는 본질적으로 국민에게 있다. 어떤 단체나 개인도 국민으로부터 직접 나오지 않는 어떤 권력도 행사할 수 없다."라고 명시한다.

프랑스 인권 선언 이후 벌어진 논쟁을 살펴보면 선언문의 루소주의 본질이 확인된다. 특히 1790년 에드먼드 버크의 『프랑스 혁명에 관한 성찰』이 출간되면서 팸플릿 전쟁이 일어났다.[126] 이 책에서 버크는 자연권이 허구이며 "형이상학적"인 것이라며 그 개념 자체를 인정하지 않았다. 그는 특히 인간이 정치에 참여할 자연권을 가진다는 개념에 대해 분개했다. 버크는 "국가를 운영할 때 각 개인에게 권력, 권한, 방향을 할당하는 것이 시민 사회에서 개인이 누리는 기본적이고 고유한 권리 중 하나라는 생각에 동의할 수 없다."라고 썼다.[127]

프랑스의 「인간과 시민의 권리 선언」에 대한 버크의 신랄한 비판 이후 이와 같이 신랄한 비판을 담은 반론서들이 출간되었다. 가장 주목할 만한 것은 영국의 정치 사상가이자 대서양 혁명의 열렬한 지지자인 토머스 페인의 방대한 저서였다. 베스트셀러인 『인간의 권리』에서 페인은 관행과 관습을 강조하는 버크를 비판하며 자연권의 원칙을 옹호했다.[128] 또한 이러한 권리를 루소주의적 방식으로 생각했다고 밝혔다. 그의 견해에 따르면 미국의 권리장전과 프랑스의 인권 선언의 주요 목표는 민중이 정치 체제를 통제할 수 있음을 선언하는 것이었다. "인류의 적이자 불행의 근원인 군주국 주권은 폐지되고, 주권 자체가 원래의 자연스러운 주인인 민중에게로 되돌아간다."[129]

다른 비평가들도 버크에 관해 비슷한 견해를 제시했다. 스코틀랜드의 젊은 변호사 제임스 매킨토시는 『프랑스를 옹호하며』를 저술했다. 부제를 보면 매킨토시가 "에드먼드 버크의 비난으로부터 프랑스 혁명과 영국의 프랑스 혁명 지지자들을 옹호하기 위해" 이 책을 썼음을 알 수 있다. 매킨토시는 "이 신성하고 양도할 수 없으며 불가침의 권리에 대한 엄숙한 선언"으로 프랑스 혁명이 시작되었다고 칭송하며, 프랑스 인권 선언이 정치 체제에 대한 민중의 통제를 확립하는 데 주요한 역할을 했다는 견해를 밝혔다. 매킨토시는 미국 반연방주의자들처럼 프랑스 인권 선언을 "아마도 불공정한 이익의 찬탈에 대한 민중의 경계심을 유지하기 위해 인간의 지혜로 고안할 수 있는 유일한 방편일 것"이라고 설명했다.[130] 또한 그는 다음과 같이 주장했다. 자연법에 따라 "인간은 자신의 정부에 참여할 권리가 있다." 그리고 "[이 원칙에서] 조금이라도 벗어나는 것은 모든 형태의 폭정을 정당화한다."[131]

「인간과 시민의 권리 선언」에 대한 루소주의적 해석은 보편적으로 받아들여지지 않았다. 일부 논평가는 이 선언을 보다 자유주의적으로 해석했는데, 법학자이자 철학자인 제러미 벤담과 같은 프랑스 혁명의 반대자 및 비판자가 이러한 자유주의적 해석을 주로 내놓았다. 벤담은 처음에는 혁명의 발발을 환영했다. 그는 혁명이 법률 개혁에 대한 그의 제안을 실행에 옮길 수 있는, 오랫동안 기다려 온 기회라고 생각했다. 하지만 공포 정치의 여파로 벤담은 다른 많은 사람과 마찬가지로 생각이 바뀌었다. 그는 특히 루이 16세의 처형에 큰 충격을 받았으며 혁명을 맹렬하게 비난하게 되었다.

혁명에 대한 벤담의 새롭고 적대적인 견해는 1795년에 저술한 소논문 「무정부주의적 오류Anarchical Fallacies」(저술된 지 한참 지나고 나서야 출간되었다)에서 「인간과 시민의 권리 선언」을 비난한 데서 잘 드러난다(이 소논문의 원래 제목은 '해로운 난센스의 폭로Pestilential Nonsense Unmasked'로 보다 직설적이었다). 잘 알려진 바와 같이 이 소논문에서 벤담은 자연권이 존재하지 않는다고 주장했다. 그의 견해에 따르면 자연권은 "터무니없는 소리"였다. 그리고 자연권 원칙은 터무니없을 뿐만 아니라 위험하기도 했다. 벤담은 이러한 권리에 대한 믿음이 모든 정치적 권위를 저해할 것이라고 경고했다. 자연권은 "무정부 상태의 권리, 혼돈의 질서"였다.[132] 진지하게 생각하면 이러한 자연권은 국가 권력을 능가하는 가장 상위 단계의 권리로 간주되는 것으로, 만약 개인이 어떤 법률로 인해 자신의 권리가 침해당한다고 생각한다면 그러한 모든 법률을 무시할 수 있게 해주는 으뜸 패였다.

벤담의 비평은 오랫동안 명맥을 유지했다. 하지만 「인간과 시민의 권리 선언」에 대한 그의 해석은 적대적이었다는 점에 유의해야 한다. 프랑스 혁명가들은 물론 영미권의 프랑스 혁명 지지자들도 자연권을 원하는 것은 무엇이든 할 수 있게 해주는 허가라고 생각하지 않았으며, 국가 권력이 침해할 수 없는 사적 영역의 한계를 정하는 것이라고도 생각하지 않았다. 그들은 프랑스 인권 선언을 합법성과 자유의 기반인 민중 주권을 전파하는 문서라고 생각했다. 다시 말해 그들은 스피노자, 로크, 루소와 같은 급진적인 자연권 사상가와 흡사했다. 이 사상가들처럼 프랑스 혁명가들과 영미권의 프랑스 혁명 지지자들은 모든 사람이 동의하는 법의 지배를 받을 때만 사회에서 개인이 누리는 자유, 즉 시민적 자유를 실현할 수 있다고 주장했다.

요컨대 대서양 혁명가들의 자연권 주장이 자유에 대한 새로운 사고방식의 도래를 나타낸 것은 아니었다. 그러나 그렇다고 해서 대서양 혁명 시기에 벌어진 자유를 둘러싼 논쟁에서 로크와 루소의 사상이 전혀 영향을 미치지 않은 것은 아니다. 그들의 사상이 자연적 자유와 자연권에 대한 논의를 완전히 새로운 방향으로 이끌지는 못했지만, 자유 담론이 급진화하는 데 일조했다. 그리스와 로마의 자치는 고대 군주제와 과두제 공화국의 결함을 증명하는 지표가 되었다. 그러나 고대에 존재했던 노예 제도와 여성의 정치적 참여 배제로 인해 그리스와 로마의 자치는 인종이나 젠더에 따른 억압 형태에 대한 비판에서 벗어나기가 어렵다. 이와는 대조적으로 급진적 혁명가들은 자연권 이론을 통해 역사적 선례가 아닌 이성에 호소함으로써 이러한 형태의 억압이 순전히 관습적이며, 따라서 불법적이라고 비판할 수 있게 되었다.

따라서 대서양 혁명 시기에 가장 급진적으로 정치적 현상現狀에 저항한 운동가들은 일반적으로 헤로도토스나 리비우스의 말을 인용하기보다 자연권 이론을 근거로 주장을 펼쳤다. 여성 혁명가와 소수의 남성 혁명가가 여성의 정치 활동 배제에 이의를 제기했을 때, 그들은 주로 그러한 배제가 양성 간의 자연적 평등을 침해한다고 주장했다. 예를 들어 올랭프 드 구주는 동물 사이에서, 그리고 "모든 살아 있는 유기체" 사이에서 암컷과 수컷은 "서로 어울리고 조화롭게 협력"한다고 지적했으며, "오직 남자만이 이러한 체계에서 자기 자신을 제외하는 규칙을 만들었다."라고 말했다. "모든 지적 능력을 갖춘 성"인 여자를 배제하는 것은 "괴상하고 비논리적이며 가장 우둔한 무지의 표현"

이었다.[133]

이와 동시에 대서양 혁명은 이러한 급진적인 발상의 잠재력에 한계가 있다는 점 역시 분명히 강조한다. 자연의 권위는 소외 집단의 참여를 **반대하는** 논쟁에 쉽게 사용될 수 있기 때문이다. 즉 관습이 아닌 자연에 기초해 인종과 성별의 새로운 위계질서를 만들 수 있었다. 따라서 남성 혁명가들은 여성의 본성이 정치적 권력을 행사하기에 부적합하다고 주장하며 올랭프 드 구주의 주장에 반대했다. 이와 관련해 어느 프랑스 혁명가는 이렇게 말했다. "언제부터 성별을 포기하는 것이 허용되었는가? 언제부터 여자가 가정에서의 경건한 돌봄과 자식의 요람을 포기하고, 공공장소에 나가고 화랑과 원로원에서 장광설을 늘어놓는 것이 괜찮은 일이 되었는가? 자연이 남자에게 가정을 돌보는 일을 맡겼는가? 자연이 아기에게 젖을 먹이라고 남자에게 가슴을 주었는가?"[134]

자연권 이론에 근거해 새로운 권리에 대한 주장이 '물밀 듯이' 쏟아져 나온 것은 전혀 아니었다. 프랑스 인권 선언에 내포된 논리가 노예 제도의 폐지나 여성 참정권의 주장으로 반드시 이어지지는 않았다.[135] 게다가 앞으로 더 살펴보겠지만 19세기와 20세기 정치적 논의에서 권리에 대한 담론의 역할이 근본적으로 바뀌었다. 혁명 후 민주주의의 확대를 반대하는 주장에서 인간이 개인적 권리를 가진다는 발상이 점점 더 확고하게 자리 잡았다. 정치 행위자들은 민중 통치 체제가 종교의 자유와 재산권을 지키는 데 필수적인 토대가 아닌 중대한 위협이 되고 있다고 주장하게 되었다. 따라서 권리와 그들이 규정한 자유의 영역을 수호하기 위해서는 정치 체제에 대한 민주적 통제를 제한할 필요가 있었다.

요약하면 제2차 버지니아 협약 회의에서 패트릭 헨리가 연설한 후 수십 년 동안 대서양 세계 전역에서 벌어진 혁명 운동은 자유를 내걸고 정치적 현상에 맞서 싸우는 것이었다. 필라델피아, 암스테르담, 파리, 바르샤바의 혁명가들은 고전 문헌과 이러한 문헌에 대한 현대적 해석에 영향을 받았으며, 세습 군주나 과두제 집권층 엘리트의 자의적인 권력에 종속된 사람은 노예나 다름없다고 주장했다. 혁명가들은 자유를 이룰 유일한 방법은 통치되는 방식에 대해 통제력을 유지하는 것이라고 강조했다. 따라서 대서양 혁명가들은 왕을 처형하고 과두제 집권층 엘리트를 무너뜨려 (적어도 자신들의 기준에서는) 민중 정부 또는 민주 정부로 대체했다. 또한 그들은 경제적 평등을 증진시키기 위한 법을 채택했으며, 이것이 민중 자치에 필요한 전제 조건이라고 생각했다.

대서양 혁명가들이 전파한 이상은 이후 수십 년 동안 혁명가들에게 교훈을 주게 된다. 19세기에서 20세기에 걸쳐 유럽과 미국의 급진주의자들은 자유의 기치를 내걸고 성년 남성 참정권을 위해 투쟁했다. 이와 동시에 가장 급진적인 혁명가들의 주장을 이어받은 새로운 운동 진영에서 점점 더 적극적으로 의견을 개진했다. 노예제 폐지 운동가들은 1776년 미국 독립 혁명과 1789년 프랑스 혁명의 이상이 실현되기 위해서는 노예 제도를 종식하고 흑인이 완전한 정치적·시민적 권리를 누릴 수 있도록 해야 한다고 더욱 강력하게 주장하게 되었다. 이와 유사하게 여성 참정권 운동가들은 올랭프 드 구주의 뒤를 이어 여성의 '노예화'에 반대했으며 여성의 완전한 해방을 위해서 여성에게 참정권을 보장해야 한다고 주장했다.

그러나 18세기 후반은 자유의 민주적 개념이 확산된 중대한 시기이기도 했지만, 동시에 대서양 혁명의 발발로 민주주의에 대한 강력한 반발이 촉발된 시기이기도 하다. 이러한 반발로 자유에 대한 완전히 새로운 사고방식이 자리 잡게 되었는데, 이 새로운 개념에 따르면 민중이 정치 체제에 대한 통제를 확립하는 것과 자유는 아무런 관련이 없다. 개인은 평화롭게 삶을 누리고 재산을 안전하게 보호할 수 있을 때 자유로웠으며, 민주주의의 도입은 자유의 이러한 조건을 보장하는 것이 아니라 오히려 위협했다. 따라서 앞으로 살펴보겠지만 자유의 개념은 민주주의를 쟁취하기 위한 무기에서 민주주의에 대항하기 위해 사용할 도구로 점차 바뀌었다.

3부

자유의 재고

5

/

근대 자유의 발명

1784년 독일의 요한 아우구스트 에버하르트는 「시민의 자유와 정치 형태의 원리에 관하여」를 발표했다. 할레대학교의 철학 교수였던 에버하르트는 주로 그의 계몽된 종교적 견해로 알려져 있었다. 1772년에 그는 계시에 따라 구원이 이루어지지 않으며, 따라서 이교도가 천국에 갈 수 있다고 주장함으로써 다소 논란을 불러일으켰다. 「시민의 자유와 정치 형태의 원리에 관하여」에서 보여주듯이 에버하르트는 또한 도덕적·정치적 문제에도 상당히 관심이 많았다. 그는 사회에서 자유롭게 사는 것, 자유로운 사회가 되는 것이 무엇인지를 둘러싼 지속적인 논쟁에 의견을 제시하기 위해 이 글을 썼다고 말했다. 그리고 자유는 군주국이 아닌 민주주의 국가에서만 찾을 수 있다고 생각하는 "젊은 공화주의자들"의 생각을 바로잡기를 원한다고 설명했다. 에버하르트는 이 젊은 공화주의자들이 누구를 가리키는지 구체적으로 밝히지 않았지만, 일부는 미국 독립 혁명에서 감명을 받은 이들을 지칭

하는 것으로 보인다.[1]

실제로 미국 독립 전쟁이 발발한 이래 자유를 위한 미국의 투쟁은 상당한 열의를 불러일으켰고, 독일 언론은 영국과 영국에 저항하는 식민지들 사이의 싸움을 광범위하게 보도했다. 1783년 대중적인 잡지 『베를린 월보Berlinische Monatsschrift』는 '미국의 자유'라는 제목의 시를 게재함으로써 영국에 대한 미국의 승리를 축하했다. 그러나 일부 독일인은 영국에 대한 미국의 승리를 축하할 뿐만 아니라, 더 나아가 유럽인들 역시 절대 왕정을 전복시킴으로써 그들 자신을 해방시켜야 한다고 주장했다. 1782년 할레에 사는, 에버하르트와 마찬가지로 프로이센 프리드리히 대왕의 피지배자인 요한 크리스티안 슈몰은 『북아메리카와 민주주의에 대하여』를 출간했다. 이 책에서 그는 "민중 주권"을 쟁취하기 위한 미국인들의 투쟁을 칭송했으며 유럽 역시 곧 "폭정"의 멍에를 벗어던지고 "자유"를 얻기를 희망했다.[2]

에버하르트는 슈몰의 이러한 견해에 강하게 반대했다. 그는 민주 공화국에서만 자유를 찾을 수 있다고 믿는 것은 "근거 없는 편견"이라고 썼다. 프리드리히 대왕의 통치하에서 사는 이들의 삶은 이미 자유로웠기 때문에 그들은 해방될 필요가 없었으며, 민주 공화국의 시민과는 다른 방식으로 자유로웠다. 이를 분명히 하기 위해 에버하르트는 "시민의 자유"에 대해 이야기할 때 두 가지 매우 다른 자유, 즉 시민적 자유와 정치적 자유를 구별해야 한다고 설명했다. 에버하르트에 따르면 민중은 정치에 참여할 정치적 자유를 누린다. 따라서 정치적 자유는 공화국에만 존재하며, 특히 민주 공화국에서 가장 광범위하게 누릴 수 있다. 반면 법의 제한을 받지 않는 한 원하는 대로 행동할 권리가 있는 개인은 시민적 자유를 누린다. 이러한 유형의 자유는 정치 체제의 형태에 의존하지 않으며 공화국에서와 마찬가지로 군주국에서도 존재한다.

에버하르트가 제시한 시민적 자유와 정치적 자유의 구별은 매우 새로운 것이었다. 앞서 살펴본 바와 같이 17세기의 일부 사상가는 자연적 자유(자연 상태에서 누리는 자유)와 시민적 자유(사회에서 누리는 자유)를 구별하기 시작했다.[3] 17세기와 18세기 대부분의 기간에 '시민적 자유'와 '정치적 자유'라는 용어는 일반적으로 같은 의미로 사용되었다. 에버하르트는 이 두 가지 유형의 자유를 뚜렷하게 구분함으로써 단순히 포괄적인 개념을 더 명확하게 규정하려고 한 것은 아니다. 그는 민중이 통치되는 방식을 민중 스스로 통제할 수 있어야만 자유로울 수 있다는 대서양 혁명가들의 자유 이론을 뒤집으려고 시도했다.

에버하르트는 정치적 자유와 시민적 자유는 서로 다를 뿐만 아니라 때로는 상반된다고 주장했다. 경험에 따르면 민중이 정치적 자유를 많이 누릴 때는 그들의 시민적 자유가 줄어들며, 절대 왕정하에서 사는 민중은 시민적 자유를 더 많이 누렸다. 예를 들어 스파르타에서 시민은 자신의 식견에 따라 자녀를 교육하는 것이 허용되지 않았다. 이와 마찬가지로 스위스 공화국에서 민중은 프리드리히 대왕이 통치하는 프로이센과 같은 절대 왕정하에서 사는 민중보다 사상의 자유를 덜 누렸다. 그리고 영국에서는 대륙의 군주국에서보다 세금을 더 많이 내야 했으며 처벌은 더 가혹했다. 이는 소위 자유 국가의 시민이 "절대 군주가 통치하는 나라에서 자유를 찾기 위해" 조국을 떠나는 이유를 설명하는 데 도움이 되었다.[4]

에버하르트의 표현대로 이 "기이한 현상"이 어떻게 발생하게 된 것인가? 에버하르트는 더 광범위한 지지를 기대할 수 있는 공화당 정부가 가지는 권력보다 절대 군주가 가지는 권력이 일반적으로 더 불안정하다고 지적했다. 따라서 왕과 여왕은 피지배자가 불만을 품지 않도록 하기 위해서 그들에게 자유를 더 허용하는 경향이 있었다. 반면 공화국에서는 시민 스스로가 정치 체제에 통제권을 행사할 수 있다고 인식하고 있기 때문에 시민적 자유를 제한하는 것이 용인되기 쉬웠다. 이와 동시에, 때때로 민주주의 체제하에서는 주권을 가진 민중이 열의와 무지에 의해 동요되어 공동의 이익을 훼손하고 개인의 자유를 저해하는 조치를 취했다. 그러므로 민중 정치는 전제적으로 통치하는 경우가 잦지만, 프로이센과 같은 계몽된 군주국에서는 왕과 그의 신하들이 지식과 이성에 근거해 행동했다. 따라서 자유로워지고 싶다면 미국의 혁명가들과 급진적인 독일의 지지자들이 원하는 것처럼 민주주의를 도입하는 것이 좋은 전략이 될 수 없었으며, 오히려 '절대 군주제'에 희망을 거는 것이 나은 선택이었다. 시민적 자유는 무지한 다수의 정치에 의해서가 아니라 프리드리히 대왕처럼 현명하고 계몽적인 통치자의 지배하에서 가장 잘 보존되었다.[5]

에버하르트 외에도 이러한 견해를 표명한 이들이 있었다. 대서양 혁명 시기와 그 이후 에버하르트의 시민적 자유와 정치적 자유 간 구별은 점점 더 널리 공유되었다. 에버하르트의 저서가 널리 읽힌 독일어권에서뿐만 아니라 유럽과 북아메리카 전역에서 자유의 민주적 개념을 비판하는 의견이 제기되었는데, 이 개념이 잘못 이해되고 있다고 주장하거나 충분히 정교하지 못하다고 비판했다. 이렇게 자유에 대한 새로운 사고방식이 등장한 것은 1770년대 후반 이후 대서양 혁명이 확대되면서 전반적으로 촉발된 반발의 일환으로 이해해야 한다. 시간이 흐르면서 영국의 왕당파, 네덜란드의 섭정, 프랑스의 군주제 지지자 등 반혁명주의자들은 정치적·사회적 현상 유지를 위해 여론을 모으려고 시도했다.

이러한 반발의 여파로 유럽과 북아메리카 지역에 '자유에 대한 어떤 소고', '시민 자유 주장', '시민적 자유에 대하여'와 같은 제목의 팸플릿, 논문, 신문 기사가 쏟아져 나왔다. 이런 저술물은 자유의 혁명적·민주적 개념을 분석하고 비판했다. 에버하르트와 마찬가지로 이 비판적 저술물의 저자들은 자유, 또는 적어도 시민적 자유는 자신이 통치되는 방식을 통제할 수 있다는 것보다 평화롭고 조용하게 자신의 삶을 살 수 있다는 것과 더 관련된다는 생각을 옹호했다. 또한 이들은 정치적 자유가 시민적 자유와 다를 뿐만 아니라 정치적 자유가 시민적 자유를 위협할 수도 있다는 에버하르트의 강력한 주장을 반복했다.

이러한 반혁명적 비판은 장기적으로 영향을 미쳤는데, 반혁명적 자유 이론이 일관되고 설득력이 있어서가 아니라 민주주의에 대한 반발이 지속적으로 일어났기 때문이었다. 앞으로 살펴보겠지만 강경한 반혁명가뿐만 아니라 유럽 대륙의 자유주의자와 미국의 연방주의자 같은 새로운 지식인 운동가들이 반민주주의 운동을 계속 벌였다. 이러한 운동의 정치적 목표는 여러 가지 중요한 측면에서 반혁명가들의 정치적 목표와 달랐지만, 그들은 에버하르트 등과 마찬가지로 민주주의와 민주적 자유 이론에 적대적이었다.

1776~1815년의 자유와 반혁명 운동

많은 사람이 새로운 시대의 시작이라며 대서양 혁명을 환영했다. 1790년대에 20대 청년으로서 프랑스를 여행했던 영국 시인 윌리엄 워즈워스는 자전적인 시 작품 『서곡』에서 그러한 감정을 가장 인상적으로 표현했다. 워즈워스는 제11권의 유명한 한 구절에서 이렇게 말한다. "그 새벽에 살아 있음이 축복이었지만, 젊다는 건 바로 천국이었네."* 워즈워스가 젊은 시절 느낀 행복은 그가 프랑스에서 경험한 첫사랑과 연관되었을 수도 있다. 하지만 혁명적 정치에 대한 기대 역시 그의 격렬한 열정에 기여했다. 워즈워스는 프랑스 혁명으로 민중이 권력을 가지게 되어 "모든 인류에게 더 나은 날"이 오기를 바랐다.[6]

그러나 미국, 프랑스, 네덜란드를 비롯한 여러 국가에 보다 민주적인 새 정치 체제가 도입되면서 즉각적인 반발이 촉발되었다. 1790년에 출간된 에드먼드 버크의 『프랑스 혁명에 관한 성찰』은 종종 이러한 반혁명 운동의 시작을 나타낸다는 평가를 받는다. 하지만 실제로는 미국 독립 혁명에 자극을 받아 정치적·사회적 현상을 유지하려는 영국 왕당파가 저술물 공세를 펼치기 시작하면서, 버크의 책이 출간되기 10여 년 전부터 반혁명 운동이 이미 시작되었다. 이와 마찬가지로 1780년대 네덜란드 반란은 프로이센 군대와의 전투였을 뿐만 아니라, 기존 질서를 옹호하는 보수주의 작가들과 검이 아닌 펜으로 벌인 전투이기도 했다.[7]

---

* 번역 출처: 윌리엄 워즈워스, 『서곡』, 김승희 옮김, 문학과지성사, 2009, 323~324쪽.

대서양 혁명을 반대하는 사람들은 여러 가지 우려에서 반혁명 운동을 벌였다. 일부 보수주의자는 전통보다는 인간의 이성에 따라 정부를 재건하려는 혁명적인 시도가 잘못된 것이라고 보았다. 또 다른 이들은 교회와 국가를 분리하려는 노력에 동요했으며, 이는 사회가 신을 믿지 않는 길로 향하는 것이라고 우려했다. 그러나 무엇보다도 반혁명가들은 민주화에 반대했다. 어느 반혁명 운동의 역사가가 말했듯이 "가톨릭이든 프로테스탄트든, 세속적이든 종교적이든, 영국의 지지자든 반대자든, 온건주의 단체, 극단주의 단체, 중도주의 단체의 지지자든 반대자든, 무엇이 되었든지 간에 반혁명 사상가들은 언제나 민주주의를 철저하게 반대했다."[8]

반혁명 사상가들은 일반 민중의 정치적 능력을 비관적으로 보았다. 그들은 민중이 스스로를 통치할 능력이 전혀 없으며 어린아이와 비슷하다고 생각했다. 민중의 통치는 기껏해야 무지하고 어리석은 사람들을 권력에 끌어들이는 것이며, 최악의 경우 폭력적 야만 행위로 이어질 수 있었다. 프랑스의 보수주의자인 프랑수와르네 드 샤토브리앙은 이렇게 말했다. "민중은 어린아이다. 민중에게 딸랑이가 어떻게 소리를 내는지 설명하지 않고 딸랑이를 주면 그들은 그걸 알아내기 위해 딸랑이를 부숴버릴 것이다."[9] 따라서 반혁명주의자들은 각각 매우 다른 정치 체제를 옹호했지만(영국의 왕당파는 입헌 군주제를 지지했고, 네덜란드의 섭정은 그들의 과두제 공화국을 유지하기를 원했으며, 프랑스와 독일의 왕당파는 절대 군주제를 지지했다), 모두 똑같이 민주주의에 반대했다.

반혁명가들의 민주주의 비판에서 핵심 요소는 자유에 대한 새로운 해석을 요구한 것이었다. 대서양 세계 전역에서 혁명가들은 정치적 개혁을 통해 자유를 이룰 수 있다고 주장했다. 하지만 반혁명가들은 그러한 약속이 공허한 것이라고 반박했다. 자유는 민중 자치와는 아무런 관계가 없으며, 기껏해야 정치에 참여함으로써 열등한 '정치적' 자유를 얻을 수 있었다. 그 대신 민중에게 '시민적' 자유가 있다면, 즉 민중과 그들의 재산이 안전하다면, 민중이 평화롭고 조용하게 삶을 즐기고 재산을 소유할 수 있다면 그들은 자유로울 수 있었다. 따라서 미국의 식민지 개척자, 네덜란드의 시민, 프랑스의 피지배자는 이미 기존의 정치 제도하에서 자유로웠으며, 기존의 제도를 민주화하려는 혁명적인 시도는 자유를 강화하는 것이 아니라 자유를 훼손하고 위태롭게 하는 것이었다.

리처드 프라이스의 『시민 자유의 본질, 정치 원칙, 대미 전쟁의 정의와 정책에 대한 고찰』 출간은 자유와 민주주의 간의 연결 고리를 끊으려는 반혁명가들을 부추기는 역할을 했다.[10] 1770년대와 1780년대에 보수주의자들이 프라이스의 견해를 직접적으로 비판하기 위해 저술한 팸플릿이 40편이 넘는다. 그중 상당수가 프라이스의 강력한 주장에 위협을 느낀 영국 정부의 의뢰로 저술되었다. 예를 들어 반혁명가들은 독립 전쟁으로 영국이 파산할 것이라는 프라이스의 주장에 대해 분노하며 그의 말을 부정했다. 그들은 사실에 기반을 둔 프라이스의 주장을 공격해 신빙성을 훼손하려고 했다. 그러나 대체로 프라이스의 저서에 대한 비판은 그가 내린 자유의 정의에 관한 것으로, 철학적인 측면에 중점을 둔 것이었다. 프라이스의 비판자들은 자유가 민중 자치와는 아무런 관련이 없으며, 오히려 자유는 평화롭게 삶을 즐기고 재산을 지키는 것을 뜻한다고 거듭해서 주장했다.

따라서 영향력 있는 신학자로 토리당 지지자였던 존 웨슬리는 미국 식민지 개척자들이 자유에 대한 "의심할 여지가 없는 권리"를 가지고 있다는 프라이스의 의견에 동의했다. 그러나 "그들은 종교적 자유(자신의 종교를 선택할 수 있는 자유)와 시민적 자유(자신의 선택과 나라의 법에 따라 삶, 사람, 미래를 결정할 수 있는 자유)를 누리기 때문에" 이미 영국 통치하에서 완전한 자유를 누렸다.[11] 스코틀랜드의 철학자 애덤 퍼거슨도 이에 동의했다. 퍼거슨은 "시민적 자유"는 우리가 통치받는 방식을 통제할 수 있는 능력보다는 "우리 권리의 안전"에 있다고 설명했다. 그리고 그러한 관점에서 볼 때, 모든 사람이 동의하듯 영국의 피지배자들이 "그 어느 때보다, 그리고 그 어떤 사람들보다 더 안전"하므로 미국인들은 이미 자유롭다고 말했다.[12]

이러한 주장은 곧 대서양 세계 전역으로 확산되었다. 혁명의 열기와, 그에 수반되는 자유를 요구하는 외침이 식민지 미국에서 네덜란드를 비롯한 다른 국가로 퍼져 나갔다. 이에 따라 유럽 대륙의 반혁명가들은 빠르게 자유에 관한 사고방식의 전환을 요구했다. 영국인들과 마찬가지로 유럽 대륙의 반혁명가들 역시 자유가 진정 소중하고 투쟁할 가치가 있다고 강조하는 한편, 자유를 다른 방식으로 이해해야 하며, 스스로 통치할 수 있는 것이 아니라 개인의 삶과 재산에 대한 권리를 안전하게 누릴 수 있는 것이 자유라고 주장했다. 따라서 대서양 혁명가들은 그들 국가의 정치 체제를 민주화하기 위한 목적으로 자유라는 대의를 따라 투쟁하는 것이 아니라 오히려 자유를 훼손하고 있었다.

앞서 살펴본 바와 같이 독일어권에서는 요한 아우구스트 에버하르트 같은 절대 군주제 옹호자들이 이러한 주장을 제기했다. 네덜란드에서는 반혁명가들이 자유를 새롭게 해석할 것을 보다 강력하게 요구했다. 체제를 유지하려는 오라녜파는 민중 자치와 자유를 동일시한 애국파를 분개하게 만들었다. 레이던대학교 역사학 교수이자 강경한 반민주주의자인 아드리안 클루이트는 "자유가 짓밟히는 와중에 자유에 관한 출판물이 이렇게 많아지는 걸 보게 되다니, 우리 시대에 이 모든 걸 보게 되다니! 누가 믿을 수 있겠는가!"라고 외쳤다. 그는 애국파가 "시민적 자유라는 화려한 명칭"을 사용해 "민중의 주권"을 주장한다고 말했다. 하지만 클루이트의 이 말은 자유라는 단어를 악의적으로 왜곡한 것이다. 그는 모든 "고귀한 자유를 사랑하는 사람들"에게 수백 년 동안 네덜란드의 자유를 지켜온 기존의 체제를 옹호해야 한다고 주장했다.[13]

1790년대 프랑스 혁명이 발발하면서 자유의 본질과 의미를 둘러싼 논쟁이 더욱 가열되었다. 일찍이 미국과 유럽의 엘리트들 사이에서 프랑스 혁명을 지지하던 열의는 혁명이 급진화됨에 따라 경계심으로 바뀌었다. 1792년 프랑스에서 군주제가 폐지된 후 프랑스 혁명은 새롭고 심오한 민주적인 국면으로 접어들었다.[14] 국민의회 의원 선거에서 불평등한 투표 제도는 폐지되었다. 새로운 선거 체계는 보편적 참정권을 실현하지는 못했지만(노예와 세금을 납부하지 않는 사람은 투표권을 행사할 수 없었다), 1791년에 확립된 기존 선거 체계보다 훨씬 더 민주적이었다. 새 헌법은 700만 명의 잠재적 유권자 중 180만 명이 참여한 국민투표를 통해 비준되었다. 많은 여성이 투표하려고 시도했는데, 이는 투표에 참여하고자 하는 민중의 열의를 보여주는 것이었다.

그러나 프랑스의 민주적 시도는 오래가지 못했다. 새 정권이 국내

외 전쟁에 휘말리게 되면서 집권당인 자코뱅당이 주도한 국민공회는 새 헌법과 모든 선거의 이행을 중단했다. 그 대신 단 12명으로 구성된 공공안전위원회에 모든 권력이 집중되었다. 언론의 자유가 사라졌고, 공공안전위원회와 교회가 점점 더 격렬하게 대치하게 되면서 종교의 자유 역시 무효가 되었다. 이런 사건들은 상당한 정치적 폭력과 맞물려 일어났다. 공포 정치가 정점에 달했을 때는 특수한 목적으로 설립된 혁명 재판소가 매주 수천 명의 사람을 처형했다. 사형에 처해진 사람은 약 1만 7000명에 달했으며 그중 파리의 단두대에서 처형된 사람은 2600명이었다.

프랑스의 공포 정치는 엄청난 논쟁을 불러일으켰으며, 이는 유럽과 미국 언론에서 광범위하게 다루어졌다.[15] 많은 급진주의자가 계속해서 프랑스 혁명 정권을 옹호했다. 그들은 신생 공화국에 가해지는 위협에 대응하기 위해 공포 정치가 필요하다고 주장했다. (이러한 위협은 분명히 존재했다. 1793년 봄, 프로이센이 이끄는 군대가 루이 16세의 처형에 대한 복수를 하기 위해 프랑스를 침공했다. 이와 동시에 프랑스 서부 지역인 방데에서 대규모 징병에 반대하는 반란이 일어나 곧 본격적인 내전으로 치달았다.) 어떤 이들은 혁명적 공포는 앙시앵 레짐 아래에서의 공포에 비하면 약한 것이라고 주장했다. 예를 들어 쾨니히스베르크의 철학자, 노령의 이마누엘 칸트는 프랑스 혁명을 지지한 것을 후회하지 않았다. 어느 방문자가 전한 바와 같이 칸트는 "프랑스의 고질적인 악이었던 전제주의에 비하면 프랑스의 모든 공포는 중요하지 않다. 자코뱅당이 이행하는 모든 것이 옳은 일"이라고 믿었다.[16]

그러나 다른 많은 관찰자에게 공포 정치는 혁명적 이상에 결함이

아이작 크룩섕크, 「프랑스의 민주주의」, 1794.

있음을 보여주었다. 폭력은 프랑스와 같이 거대하고 인구가 많은 국가에 보다 민주적인 체제를 도입하려는 시도가 억압과 유혈 사태로 끝날 수 있음을 보여주었다. 스코틀랜드의 풍자화가 아이작 크룩섕크가 1794년 공포 정치의 정점에서 발표한 '프랑스의 민주주의'라는 제목의 판화에서 이러한 메시지를 표현했다. 이 작품에서 크룩섕크는 프랑스의 민주주의를 단검으로 만든 자유의 모자를 쓰고 잘려 나간 귀족들의 머리를 들고 있는 괴물로 묘사했다. 그는 민주주의의 결과는 공포 정치와 단두대에서의 죽음일 뿐이며, 모든 이를 위한 자유의 약속은 위험한 환상이라는 분명한 메시지를 전했다.

이러한 논지는 1799년 프랑스에서 정치 질서를 회복하려는 시도가 나폴레옹 보나파르트의 독재로 귀결되었을 때 재확인되는 것처럼 보였다. 혁명의 가장 열렬한 지지자들조차 프랑스, 나아가서는 유럽에서 자유라는 대의를 이루는 것에 대해 체념하게 되었다. 예를 들어 워즈워스는 나폴레옹이 권력을 잡은 것에 충격을 받아 1802년에 발표한 프랑스를 주제로 한 시에서 "창피하지 않은가, 미약한 존재여, 노예가 되기 쉬운 자여!"라고 쓰면서 환멸을 표현했다. 실제로 워즈워스는 프랑스 혁명의 결과에 크게 반발해 결국 토리당의 확고한 지지자가 되었으며 민주주의와 연관된 모든 것에 반대하게 되었다.[17]

공포 정치로 인해 자유의 혁명적 해석을 비판하는 팸플릿이 쏟아져 나왔다. 일부 반혁명가는 폭력에 큰 충격을 받아 자유의 가치를 완전히 부인하게 되었다. 이러한 견해를 가장 강력하게 표현한 사람 중에는 가톨릭 옹호자인 조제프 드 메스트르가 있다. 메스트르는 프랑스어를 사용하는 피에몬테 왕국의 사부아에서 성장했으며, 지위가 점점 올라 최고 사법 기관인 파를망의 일원이 되었다. 그는 틈틈이 시간과 자원을 할애해 피에몬테에서 매우 큰 도서관 중 하나를 설립하기도 했다. 그러나 1792년 프랑스 혁명군이 침략하면서 그의 삶은 갑작스러운 변화를 맞게 되었는데, 당시 서른아홉 살이었던 메스트르는 망명할 수밖에 없었다. 얼마 지나지 않아 그는 젊은 시절에 품었던 생각을

바꾸어 혁명을 "악마 같은" 것이라고 비난하며 반혁명을 주도하게 되었다.[18]

메스트르는 많은 저술을 발표하며 자유의 혁명적 개념을 체계적으로 비판했는데, 특히 장자크 루소의 사상과 연관 지어 비판했다. 그는 인간이 자유로운 상태로 태어났다고 생각한 루소를 조롱하며 이러한 "어리석은 주장"이 사실이 아니라고 했다. 사실 인간은 하고 싶은 대로 하도록 내버려 두면 "너무 사악해서 자유로워질 수가 없었다." 따라서 메스트르는 약 1400년 전의 아우구스티누스와 마찬가지로 법적 종속과 정치적 종속의 의미 모두에서 노예 제도가 인간에게 자연스럽고 적절한 조건이라고 주장했다. 오직 가톨릭의 지도하에서만 영적 자유를 누릴 수 있었으므로 교황은 영적 세계뿐만 아니라 세속적 세계에서도 최고 권위를 부여받아야 했다.[19]

그러나 메스트르처럼 단호하게 자유를 반대한 경우는 예외적이었다는 점을 유념해야 한다. 대부분의 반혁명가는 자유의 가치에 반대하는 것이 아니라 에버하르트처럼 시민적 자유와 정치적 자유를 구별함으로써 자유의 역할을 자신의 맥락에 적합하게 적용하려고 했다. 네덜란드에서 오라녜파인 요한 미어먼은 논문 「시민 자유의 유익한 결과와 민중 자유의 유해한 결과 비교」를 발표했다. 1793년 이 논문은 프랑스의 사례를 모방하지 않도록 네덜란드인들에게 경고하기 위해 저술되었다. 프랑스에서 전개된 사건들이 보여주듯이 정치적 자유는 단순히 선동가들이 권력을 얻게 됨을 의미했다. 따라서 자치라는 허울만 그럴듯한 자유를 이루려는 애국파의 열의는 모든 네덜란드 사람이 누리는 시민적 자유를 훼손할 위험이 있었다. 미어먼은 "정치적 자유는

본질적으로… 사형 집행자, 파괴자, 시민의 살해자다."라고 경고했다.[20]

이와 유사하게 프랑스에서는 저명한 귀족 가문의 일원이며 왕당파인 앙투안 페랑이 이러한 정치 체제가 자유를 파괴한다는 '왕정의 적들'의 주장에 반박했다. 페랑은 이런 주장이 자유의 본질에 대한 그릇된 견해에 근거를 둔다고 말했다. 입법과 주권의 행사에 참여하기 위해서는 '정치적 자유'가 있어야 했다. 하지만 정치적 자유는, 법이 금지하지 않은 것은 무엇이든 할 수 있는 자유인 '시민적 자유'와 구별되어야 했다. 이 두 종류의 자유는 서로 다를 뿐만 아니라 때때로 서로 상충했다. 정치적 자유가 극단으로 치달았을 때 시민의 안전을 위태롭게 할 수 있으며, 따라서 시민적 자유를 저해할 수 있었다.[21] 강경한 왕당파인 오귀스트 크루제 드 레서도 이에 동의했다. 『자유에 관하여, 또는 공화국 역사의 개괄』에서 크루제 드 레서는 민중 자치와 자유를 동일한 것으로 간주한 혁명적 발상에 대해 비판했다. 그는 민주주의는 필연적으로 무정부 상태를 초래하고, 질서 없이는 자유가 있을 수 없기 때문에 민중 자치가 없는 국가에서 자유가 더 쉽게 보존된다고 주장했다. "다른 사람이 뭐라고 말하든지 간에, 나는 전제주의를 전파하는 것이 아니다. 하지만 질서, 질서가 없는 자유는 존재할 수 없다."라고 크루제 드 레서는 말했다.[22]

영국에서도 비슷한 견해가 확산되었다. 영국 왕당파는 프랑스의 민주적 자유와 '영국의' 자유를 대조하며 영국의 자유가 민중 자치와는 매우 다른 것을 의미한다고 강조했다. 에드먼드 버크는 자유를 거부한 많은 보수적 비판가 중에서 처음으로 "최근 파리에서의 사태 이후" 자유를 거부했지만, 그럼에도 불구하고 영국 헌법이 제공하는 "인간적이고 도덕적이며 규제된" 자유를 전적으로 지지한다고 강조했다.[23] 영국의 풍자화가 토머스 롤런드슨은 유명한 판화에서 프랑스의 자유와 영국의 자유를 대조해 시각적으로 표현했다. 프랑스의 자유는 목이 잘린 시신 위로 난폭하게 뛰어다니는 메두사로 묘사되었는데, 그녀는 잘린 목과 자유의 모자로 장식된 삼지창을 들고 있다. 영국의 자유를 나타낸 자유의 여신의 한 손에는 '마그나 카르타Magna Carta'라고 표시된 두루마리가, 다른 한 손에는 정의의 저울이 있어 확고한 법의 지배를 연상시킨다. 매일 진정한 자유가 무엇인지를 상기하고자 하는 왕당파는 이 그림을 토기 잔에 새겼다.

토머스 롤런드슨, 「대조(1792): 영국의 자유. 프랑스의 자유. 어느 것이 나은가?」.

영국의 자유와 프랑스의 자유를 대조한 토기 잔, 1793.

시민적 자유와 정치적 자유

요컨대 대서양 혁명이 발발한 이후 수십 년 동안 반혁명 사상가들은 지속해서 자유의 민주적 이론에 대해 반대했다. 그들은 자유, 또는 적어도 시민적 자유는 자신의 삶과 소유를 평화롭게 누릴 수 있는 능력으로 이해되어야 한다고 주장했다. 이러한 주장은 자기중심적이고 무의미한 것으로 치부되기 쉽다. 실제로 반혁명을 홍보하는 일부 사람들은 민주주의만 아니라면 **어떤** 유형의 정치 체제라도 자유를 보장할 수 있다고 주장하는 듯했다. 그러나 다른 반혁명 사상가들은 고대의 자유 비판가들이 이미 제시한 주장을 언급하는 동시에 새로운 견해를 발전시키면서 보다 정교한 논리를 전개했다. 반혁명 사상가들이 발전시킨 일부 견해는 매우 설득력이 강해 이후 수십 년간 자유를 둘러싼 논의에서도 지속적인 반향을 일으켰다.

이보다 사상이 깊은 반혁명가들은 2000여 년 전 고대 아테네의 과두제 집권층과 마찬가지로 민주적 자유 이론에는 일관성이 없다고 지적했다. 대서양 혁명가들에 따르면 민중은 그들 스스로를 통치할 수 있어야만 자유로울 수 있었다. 그러나 반혁명가들은 가장 민주적인 국가에서도 공동의 동의하에 통치가 행해진 적이 없다고 주장했다. 오히려 민주주의에서는 공동체에서 다수가 다른 나머지 사람들을 통치했다. 이는 공동체에서 소수에 해당하는 사람들은 그들이 동의하지 않는 법을 준수해야 하는 경우가 상당히 많다는 것을 의미했다. 민주주의는 만인을 위한 자유로 이어지는 것이 아니라 다수의 폭정으로 이어졌기 때문에, 자유의 민주적 정의는 모순되거나 심지어 터무니없는 것이었다.[24]

플라톤과 마찬가지로 반혁명 사상가들은 민주주의가 자유보다는 방종을 낳을 것이라고 주장했다. 민중이 스스로 통치해야 한다는 생각은 그들이 법에 동의하지 않는다면 어떤 법이라도 무시할 수 있음을 시사했다. 그렇기 때문에 민중 주권에 기반을 둔 정부는 무질서와 혼돈에 빠질 수 있으며, 따라서 자유가 파괴될 수 있었다. 존 웨슬리는 리처드 프라이스의 『시민 자유의 본질, 정치 원칙, 대미 전쟁의 정의와 정책에 대한 고찰』을 "위험한 책"이라고 하며, 이 책의 내용이 실제로 이행된다면 "모든 정치 체제를 전복시키고 보편적인 무정부 상태를 불러올 것"이라고 말했다.[25] 애덤 퍼거슨 역시 프라이스를 비판했다. 그는 "어떤 시민이 자신이 원하는 것을 자유롭게 할 수 있다면 결국에는 자유가 소멸될 것이다. 다른 모든 이들도 동일한 자유를 갖

안전하게 지킬 수 없다는 사실에서 명백한 역설을 볼 수 있다.

법의 지배를 통해 얻을 수 있는 자유는 모든 법체계에서 실현될 수 있는 것이 아니었다. 셰베어는 자유를 증진시키는 법과 자유를 훼손하는 법의 체계를 구별해야 한다고 주장했다. 개인은 공정한 법에 따라 통치를 받을 때만 자유로울 수 있으며, 이러한 법은 객관적인 정의의 기준에 따라 제정되어야 한다. 그러나 법이 공정한지 아닌지를 어떻게 판단할 것인가? 이 질문에 대한 셰베어의 답은 분명했다. 엘리트들은 법이 공정한지, 즉 법이 자유를 보호하는지를 평범한 시민보다 더 잘 판단할 수 있었다. 자유 정부는 "민중에 의해 창조"된 것이 아니라 "우월한 지혜를 갖춘 소수에 의해 창조"되었다. 영국인들은 소수 엘리트에 의한 통치를 기꺼이 받아들였다. 이는 미국 혁명가들이 주장하는 것처럼 영국인들의 자유를 훼손하지 않았으며, 오히려 보호했다. 미국 혁명가들이 불평한 노예 제도는 단순히 "어리석은 자들이 지혜로운 자들에게 복종하는 데 지나지 않는 것"이었다. 반면 "시민적 자유"는 "소수의 지식인에게 자연적으로 복종한 결과… 소수에 의해 만들어진 법의 산물"이었다.[29]

버크 등 여러 사람이 지지한 또 다른 이론에 따르면 자유는 견제와 균형에 달려 있으며, 이로 인해 당국이 자의적으로 행동하는 것을 막을 수 있다. 헌법에 규정된 균형이라는 개념은 영국의 정치사상에서 오랫동안 논의되었으며, 시간이 지남에 따라 다양한 논쟁에서 언급되었다. 버크를 비롯해 영국의 반혁명가들은 이 개념을 반민주주의 이론으로 바꾸었다. 그들은 영국인이 자유롭다고 주장했는데, 영국인이 통치되는 방식에 대한 통제권을 행사할 수 있어서가 아니라 영국 헌법이

자의적인 정치를 견제할 수 있는 다양한 수단을 제공했기 때문이다. 따라서 버크가 설명했듯이 영국 헌법은 "모든 개별 항목이 독자적으로 개별 목적에 부합할 뿐만 아니라, 각 항목은 다른 항목을 제한하고 통제할 수 있도록 제정되었다."[30] 게다가 이러한 견제와 균형은 유기적으로 발전했다. 어느 철학자가 상아탑에서 하룻밤 사이에 만들어 낸 것이 아니라 수 세기에 걸쳐 헌법을 수정해 온 결과였다. 그러므로 헌법에 규정된 균형을 수호하고, 그에 따라 자유를 수호하기 위해서는 급격한 변화를 거부할 수밖에 없었다.

따라서 반혁명가들은 자유 국가가 어떤 모습이어야 하는지에 관한 질문에 대해 매우 다양한 답변을 내놓았다. 미어먼과 같은 반혁명가들은 자유는 개인이 **어느 정도** 통제되느냐에 달려 있다고 시사했으며, 개인이 대체로 하고 싶은 대로 할 수 있다면 자유로운 것으로 보았다. 세베어와 같은 반혁명가들은 개인이 **어떻게** 통치되는지에 따라, 즉 현명한 방식으로 통치되는지 아닌지에 따라 개인이 자유로운지 아닌지를 판단할 수 있다고 주장했다. 또 버크를 비롯한 다른 이들은 자유가 견제와 균형에 달려 있다고 확신했다. 물론 이론적 관점에서 볼 때 이러한 주장들은 서로 매우 다르다. 하지만 모든 주장이 반혁명적 담론에서 같은 목적으로 사용되었다는 점이 중요하다. 이 주장들은 **누가** 통치하느냐에 자유가 달려 있다고 규정한 자유의 민주적 이론에 대한 대안으로 사용되었다. 이러한 자유의 대안적 정의는 반혁명 사상가들이 영국, 네덜란드, 프랑스의 기존 체제가 아무리 비민주적이더라도 자유를 완벽하게 보호할 수 있다고 방어할 수 있게 해주었다.

대서양의 혁명가들은 이러한 주장에 반박했다. 예를 들어 스위스의 공화주의 사상가 데이비드 비스는 에버하르트의 저술에 대해 매우 분노했다. 비스는 「시민적 자유와 정치적 자유」라는 글에서 프리드리히 대왕이 통치하는 프로이센에서 누렸던 자유는 통치자의 자의적인 의지에 종속된 것이었기 때문에 "모래 위에 지어진 집"에 불과하다고 주장했다.[31] 이와 유사하게 토머스 페인도 버크의 저서 『프랑스 혁명에 관한 성찰』을 "프랑스 혁명, 자유의 원칙에 대한 터무니없는 남용"이라고 표현하며, 실제로 자유롭지 못한 것은 프랑스가 아니라 영국이라고 주장했다. 페인은 영국이 자랑하는 헌법의 균형이 단순히 엘리트의 통치를 가리기 위한 겉모습에 불과하다고 주장했다. 그는 영국 헌법의 과두제적 특징을 모두 열거한 후 "이것이 자유인가? 이것이 버크가 강조하는 헌법의 의미인가?"라고 수사적 질문을 던졌다.[32]

보다 철학적인 측면에서도 비판이 이루어졌다. 리처드 프라이스는 『시민 자유의 본질과 가치에 관한 추가적 고찰』에서 현명한 엘리트들이 통치할 때 자유를 실현할 수 있다는 셰베어의 주장을 반박했다. 그는 서두에서 자신이 제시한 자유 개념이 방종과 무정부 상태를 조장한다는 주장에 대해 반론을 제기했다. 프라이스는 모든 사람이 자신의 입법자가 되어야 한다고 말했는데, 이는 모든 개인이 제한 없이 원하는 대로 할 수 있어야 한다는 의미가 아니었다고 설명했다. 분명히 자유를 수호하기 위해서는 법의 구속이 필요했다. 그는 법의 지배, 더 구체적으로는 공정한 법이 자유의 수호를 위해 필요한 전제 조건이라는 반대자들의 의견에 전적으로 동의했다.

그러나 프라이스는 자신의 견해가 반대자들의 견해와 어떻게 다른지 분명히 설명했다. 프라이스의 관점에서는 민중이 공동으로 제정한 법만이 자유를 수호하거나 공정할 수 있었다. 그가 말했듯이 "사람은 결코 자기 자신을 억압하지 않을 것이며 자신의 권리를 침해하지도 않을 것"이기 때문이었다. 이와 대조적으로 주권이 개인이나 소수의 엘리트에게 맡겨진다면 통치자들은 압제적인 방식으로 통치하게 될 것이며, "최악의 악폐"가 뒤따를 것으로 예상되었다. 따라서 자유는 민중 자치하에서만 존재할 수 있다고 프라이스는 결론을 내렸다. "민중이 억압으로부터 안전해지기 위해서는 스스로 안전을 추구해야 하며, 결코 정치력을 잃어서는 안 된다. 그렇게 해야만 민중은 안전할 수 있다."[33]

프라이스와 페인, 그 외 다른 혁명 사상가들의 이런 노력에도 불구하고 자유를 재정립하려는 반혁명 운동은 대중 담론에 상당한 영향을 미쳤다. 이러한 영향은 프랑스의 유서 깊은 『아카데미 프랑세즈 사전』에서 일찍이 나타났다. 이 사전은 1694년 초판에서 "국가와 관련된" 개념으로서 자유는 "민중이 주권을 갖는 정치 형태"라고 정의했다.[34] 이 정의는 이후 모든 판본에서 거의 동일하게 유지되었다. 그러나 프랑스 혁명이 발발하고 공포 정치가 시작된 후 처음으로 출판된 1798년 다섯 번째 판본에서는 정치적 자유와 시민적 자유를 구분하는 반혁명적 정의를 채택했다. 변경 후에는 '자유'가 아닌, '정치적 자유'를 "입법권의 행사에 민중이 참여하는 정부"와 연관된다고 정의했다. 이와는 대조적으로 '시민적 자유'는 "법에서 허용하는 것은 무엇이든 할 수 있는 힘"으로 정의되었고, "법은 자유의 수호자이다."라는 예문이 있었다.[35]

앞으로 살펴보겠지만 더 중요한 것은 19세기 초 새롭게 시작된 지적 운동에서, 특히 유럽의 자유주의자와 미국의 연방주의자가 민주적 자유에 대한 반혁명적 비판을 수용했다는 점이다. 이러한 운동은 프랑스에 앙시앵 레짐을 복원하려는 시도를 거부했는데, 그런 점에서 버크, 에버하르트와 같은 사상가들과는 정치적 의제가 크게 달랐다. 이와 동시에 자유주의자와 연방주의자는 반혁명가 못지않게 민주주의를 경계했다.

프랑스 왕정복고 시기 근대 자유의 발명

1815년, 혁명은 유럽 대륙에서 복고주의로 이어졌다.[36] 6월에 나폴레옹의 군대는 워털루 전투에서 웰링턴 공작과 프로이센 장군 폰 블뤼허가 이끄는 대규모 유럽 연합군에 패했다. 몇 달 후 9월에 신성 동맹이 체결되었다. 러시아 황제 알렉산드르 1세가 제안한 이 동맹의 주요 목표는 혁명 이전의 정치적·사회적 질서, 특히 종교적·군주적 기반을 회복하는 것이었다. 군주들은 '가족들의 아버지'로서 민중과 군대를 이끌 것으로 기대되었다. 곧 교황과 영국 왕자의 섭정을 제외하고 유럽의 모든 왕이 신성 동맹에 참가했다. 아마도 더 중요한 사실은 오스트리아 제국의 군대가 왕정복고를 지지했다는 점이다. 오스트리아의 외무장관 클레멘스 폰 메테르니히는 군주 통치에 대한 모든 위협을 막으려는 결의에 찬 사람이었다.

그 결과 19세기 초 유럽은 신절대주의의 발흥으로 특징지어졌다. 유럽 대륙 전역에서 폐위되고 축출되었던 군주들이 복권되었다. 심지어 영국에 망명 중이던 오라녜 공 빌럼이 네덜란드로 돌아와 총독이 아닌 네덜란드 연합 왕국의 왕이 되면서 1590년대부터 공화국이던 네덜란드도 군주국이 되었다. 당시 러시아가 지배하고 있던 폴란드도 역시 공화국에서 입헌 군주국으로 바뀌었다. 알렉산드르 1세가 발기한 새 헌법을 통해 입법 기관이 설립되었고 비교적 많은 사람에게 참정권이 부여되었다. 그러나 폴란드인들은 왕을 선택할 수 없었으며, 러시아 차르가 폴란드 왕의 역할을 맡아 그의 이름으로 통치할 총독을 임명했다. 이는 19세기에 걸쳐 러시아 통치에 대항해 두 번의 대규모 반란을 일으킨 폴란드인들에게 큰 상실감을 안겨주었다.

프랑스와 같은 일부 국가는 앙시앵 레짐으로 완전히 복귀하는 것을 피했다. 승리를 거둔 나폴레옹의 적들은 프랑스에서 부르봉 왕조가 지지를 얻지 못하고, 절대 왕정이 복원되면서 프랑스인들 사이에서 혁명의 열기가 다시 불붙게 될까 봐 우려했다. 이를 피하고자 그들은 루이 18세의 권한이 성문 헌법인 헌장에 명시되어야 한다고 주장했다. 그러나 헌장은 또한 혁명적 헌법의 유산을 전혀 계승하지 않은 것이기도 했다. 루이 18세는 선출된 의원들과 입법권을 공유하게 되었는데, 이 의원들은 인구 중 가장 부유한 소수에 의해 선출되었으며 투표권을 가진 사람은 성인 남자의 1퍼센트에 불과했다. 이와 대조적으로 1791년 프랑스 혁명 초기 온건한 시기에 제정된 헌법에는 성인 남자의 3분의 2가 투표권을 가진다고 명시되어 있었다. 헌장은 영국의 선례를 따라 귀족원이 설립되도록 했으며, 이로 인해 프랑스 정치 체제는 더욱 엘리트 중심이 되었다.[37]

세습 통치자들과 전통적인 엘리트들이 통제권을 되찾게 되면서,

그들은 혁명적 격변을 다시 불러일으킬 위험이 있는 사상과 운동을 탄압하기 시작했다. 1819년 독일에서는 반동주의 사상가 아우구스트 코체부가 학생 운동가에 의해 살해되었다. 이 사건은 독일 연방에서 급진주의자로 의심되는 사람들에 대한 보복 폭력으로 이어졌다. 프랑스에서는 프랑스 왕위 계승자인 베리 공작 암살 사건이 유사한 탄압으로 이어졌다. 영국과 같이 전통적으로 덜 억압적인 국가에서도 강경한 조치가 취해졌다. '피털루 학살'이라고 알려진 사건에서, 의회 개혁을 요구하며 맨체스터의 성 베드로 광장에서 평화적 시위를 벌이고 있던 군중을 기병대가 인정사정없이 해산시켰다. 그 과정에서 10여 명이 사망하고 수백 명이 부상을 입었다. 이 사건은 언론의 뭇매를 맞았지만, 영국 당국은 반성하지 않고 영국 전역에서 개혁가들을 탄압했다. 이로써 유럽 전역에서 급진적 민주주의자들과 혁명가들이 지하로 숨게 되었다.[38]

이러한 배경에서 자유주의 정치 운동이 등장했다. 원래 '자유주의적 liberal'이라는 단어는 후하게 베푼다는 뜻이었지만, 19세기 초부터 정치적 의미를 내포하게 되었다. 이 단어는 절대 왕정과 혁명적 민주주의 사이에 있는 제3의 길을 옹호하는 정치인과 정치 사상가를 지칭했다. 자유주의자들은 앙시앵 레짐을 복원하려는 시도에 반대했다. 그들은 1789년에 붕괴한 절대 군주제나 봉건적 질서를 그리워하지 않았다. 그리고 혁명적 관점에서 가톨릭교회를 반계몽적 세력으로 간주하고 공격하기도 했다. (그들은 프로테스탄티즘에 동조하는 경우가 많았다). 이러한 이유로 자유주의자들은 스스로 프랑스 혁명을 계승한다고 생각했다.[39]

이와 동시에 자유주의자들은 혁명 시대의 민주적 유산을 격렬하게 거부했다. 민주주의는 자코뱅주의와 나폴레옹 전제주의와 연관되어 오점이 남게 되었고, 이로 인해 혁명 후 엘리트와 심지어는 급진주의자 중에서도 많은 이가 민주주의라면 질색하게 되었다. 따라서 자유주의자들의 정치 운동은 반혁명주의자들의 정치 운동과는 매우 다르기는 했지만, 18세기 혁명가들이 수호한 상대적으로 민주적인 체제에서 상당히 벗어났다. 리처드 프라이스와 토머스 페인 같은 혁명가들은 영국 헌법이 과두제적이며 자유를 보장하지 않는다며 반대했지만, 19세기 자유주의자들은 영국 헌법을 옹호하는 편이었다. 자유주의자들은 왕이나 여왕이 아니라 선출된 대표자가 입법권을 행사하는 의회주의에 찬성했다. 그러나 그들이 의회나 대의 정치를 지지했다고 해서 민주주의를 지지했다고 볼 수는 없다. 대부분의 자유주의자는 선거권이 '능력이 있는' 것으로 간주되는 사람들에게만 제한적으로 부여되어야 한다는 데 동의했다. 많은 자유주의 사상가는 가장 부유한 인구 중 극히 일부만이 이 범주에 포함된다고 보았다.[40]

이러한 새로운 자유주의 운동은 자유를 '정치적'인 것이 아닌 '시민적'인 것으로 정의하는 반혁명적 자유 개념을 뚜렷하게 옹호했다. 자유주의자들은 자유의 정당이자 절대 왕정의 반대자였다. 그러나 자유주의자들은 그들이 달성하고자 하는 자유가 민중 자치에서 제공되는 자유, 즉 자코뱅주의와 공포 정치를 초래했던 자유가 아니라는 점을 항상 신중하게 강조했다. 오히려 그들은 평화로운 삶을 누리고 재산을 안전하게 보호할 수 있는 자유를 추구했다. 따라서 많은 국가에서 반민주적 자유 이론이 자유주의 강령의 핵심이 되었다. 또한 자유주의자들은 반혁명적 요점을 되풀이하는 것에 그치지 않았다. 그들은 시민적 자유를 전형적인 '근대적' 자유로 재정의함으로써 자유에 대한 논쟁에 새로운 관점을 가져오는 데 기여했다. 이를 통해 자유주의자들은 대서양 혁명가들의 민주적 자유에 대한 요구가 잘못된 것일 뿐만 아니라 시대착오적이었다고 주장할 수 있었다.

자유주의 운동은 프랑스에서 특히 활발하게 일어났으며 지적 자의식을 충족시키는 방향으로 전개되었다. 프랑스 자유주의자들은 자코뱅주의와의 연관성을 부인하기 위해, 자유에 대한 그들의 이해가 혁명 세대의 이해와 어떻게, 그리고 왜 다른지를 설명하기 위해 상당한 노력을 기울였다. 그 결과 그들은 대서양 양쪽에서 자유의 자유주의적 개념에 지속적인 영향을 미칠 여러 아이디어를 내놓았다.[41] 특히 스위스계 프랑스인 사상가 뱅자맹 콩스탕은 자유에 대한 자유주의적 사고에 매우 중요한 공헌을 했다. 콩스탕은 젊은 시절 프랑스의 혁명적 격변에 큰 영감을 받아, 공포 정치가 끝나고 불과 며칠 후에 혁명의 열기와 가까이하고자 고향인 스위스를 떠나 파리로 이사했다. 그는 이 시기에 쓴 편지에서 자신을 '민주주의자'라고 표현했고, 자유의 적을 물리치기 위해서는 공포 정치가 필요하다고 말했다.[42] 그러나 시간이 지나 콩스탕은 정도가 지나친 혁명에 대해 보다 비판적으로 되었고 반혁명가와 자코뱅파 사이의 제3의 길을 옹호한다고 말했다. 이후 그는 19세기의 매우 영향력 있는 정치 이론가 중 한 명이 되었고, 라틴 아메리카에서 러시아에 이르기까지 많은 자유주의자의 존경을 받았으며 그의 책은 널리 읽혔다.[43]

콩스탕은 1806년과 1819년 사이에 펴낸 저술물과 아직 출간 전인 책에서 혁명가들이 자유와 민주적 자치를 동일시한 것을 비판했다. 그리고 반혁명가들의 시민적 자유와 정치적 자유의 구분에 대해서도 자주 다루었다. 콩스탕은 에버하르트를 비롯한 반혁명가들과 마찬가지로 법의 테두리 안에서 원하는 것을 할 수 있는 자유인 시민적 자유와 정치에 참여할 수 있는 자유인 정치적 자유가 매우 다르다고 설명했다. 그는 또한 시민적 자유가 정치적 자유보다 훨씬 더 중요하다는 에버하르트의 의견에 동의했다. 이는 시민적 자유를 희생함으로써 정치적 자유를 향상시키려는 시도는 '불합리'하다는 뜻이었다.[44]

그러나 콩스탕은 또한 자신의 발상을 보다 독창적으로 재구성했다. 그는 정치적 자유와 시민적 자유를 '고대적' 자유와 '근대적' 자유로 구분했다. 콩스탕은 1819년 파리의 왕립 아테네움에서 한 유명한 연설에서 이러한 자유의 구분을 자세히 설명했으며, 네 권으로 출간된 『입헌 정치 강의』에 이 내용을 실었다. 콩스탕은 고대인이 자유에 관해 이야기했을 때, 그들은 근대 유럽인과 미국인이 이해하는 것과는 매우 다른 의미로 말했다고 설명했다. 그리고 고대인의 자유는 "집단적 권력에 지속해서 적극적으로 참여"하는 것을 뜻했다고 말했다. 이 "집단적 자유"는 "공동체의 권위에 대한 개인의 완전한 복종"과 밀접하게 연관되었다. 그러나 근대 세계에서 자유는 다른 개념을 의미하게 되었다. 자유는 정치 참여나 집단적 자유가 아니라 개인의 자유, 즉 "평화로운 즐거움과 개인의 독립"을 뜻하게 되었다.[45]

콩스탕은 두 가지 주요한 역사적 발전이 이러한 자유 개념의 급격한 변화를 촉발했다고 생각했다. 첫째, 고대의 도시 국가는 인구가 많은 대국이 지배하는 세계로 대체되었다. 근대 유럽에서는 고대 세계에서처럼 개인이 주권을 행사하는 것이 불가능하게 되었다. 대의 민주주의에서 시민은 정치에 적극적으로 관여하지 않았으며, 시민이 정치적 의사 결정에 미치는 영향은 미미했다. 따라서 집단적 권력의 행사는 바람직한 정치적 이상이 아니라 오히려 성가신 일처럼 여겨지게 되었다. 둘째, 근대성이 등장하면서 호전적인 사회가 상업 사회로 전환되었다. 고대 도시 국가에서는 주로 무역이 아니라 전쟁을 통해 물자를 조달했다. 그러나 근대 세계에서는 사람들이 국가의 개입 없이 상업을 통해 필요한 것을 공급받았다. 따라서 근대성은 개인이 독립을 열망하고 정부의 간섭을 혐오하게 했다.

그러나 프랑스 혁명가들은 고대의 자유를 복원하려고 시도하는 실수를 했다. 이들 혁명가는 고대인에 대한 지나친 열정에 의해, 그리고 고대를 추종했던 근대의 장자크 루소, 가브리엘 보노 드 마블리 등에게 오도되어 시간의 흐름에 따른 변화를 인식하지 못했다. 그들은 프랑스를 근대의 스파르타로 바꾸려고 했지만, 이러한 시도는 프랑스인의 개인적 자유를 저해할 뿐이었다. 프랑스인이 저항하자 혁명가들은 민중을 "해방"하겠다는 그럴듯한 시도를 더 단호하게 밀어붙였다. 그 "설명할 수 없는 열병"과 같은 공포 정치는 근대 세계에 자유를 옛날식으로 도입하려는 시도가 낳은 끔찍한 결과였다.[46]

그 여파는 매우 강력했다. 콩스탕은 시민적 자유를 전형적인 근대적 자유로 재정의함으로써 민주적 자유 이론에 중요한 새로운 담론을 가져왔다. 그는 자유를 민중 자치와 동일시하는 것이 **잘못**된 일일 뿐만 아니라 **시대착오적**이라고 주장했는데, 민주적 자유 이론이 매우 광범위하게 확산되었다는 점을 고려하면 이러한 그의 주장은 지지를 받기 어려웠다. 자유로운 삶을 영위할 능력은 스스로를 통치할 수 있는 정도에 달려 있다는 발상은 실제로 자치가 가능했던 고대 사람들에게는 적합했을 것이다. 하지만 근대 유럽의 인구가 많고 규모가 큰 국가에서는 실현할 수 없으며, 따라서 바람직하지 않았다.

만약 근대적 자유가 정치적 자유가 아닌 시민적 자유와 동일한 것이라면, 그러한 자유는 어떻게 확보할 수 있을까? 이 질문에 대해 프랑스 자유주의자들은 다양한 답변을 내놓았다. 콩스탕은 미어먼과 매우 유사한 주장을 했다. 그는 국가의 권력이 최대한 제한되어야 시민이 자유로울 수 있다는 생각을 옹호했다. 그리고 자유 옹호자들이 누가 주권을 행사하는지를 우려하기보다는 우선적으로 주권의 범위를 신중하게 제한하는 데 중점을 두어야 한다고 적었다. "주권의 보유자가 아니라 그 권력의 정도를 비난해야 한다."[47] 그는 이러한 생각을 자신의 글에서 반복해서 강조했다. 콩스탕은 그의 가장 성숙한 정치적 저술로 간주되는 『필란제리에 관한 논평』을 다음과 같은 교훈으로 마무리했다. "그러므로 억압, 근절, 심지어는 지시라는 단어를 우리 사전에서 지우자. 사상, 교육, 산업과 관련해 정부의 신조는 자유방임주의가 되어야 한다."[48]

이와 같이 최소 정부를 옹호한 콩스탕은 개인의 권리를 새롭게 인식하게 되었다. 물론 18세기 후반 혁명 시기에 권리에 관한 담론은 광범위하게 확산되었으며, 대서양 양쪽에서 정치 행위자들이 선언문과 권리장전을 발표했다. 앞서 살펴보았듯이 대서양 혁명가들은 개인의 권리가 민중 자치와 연관된다고 보았다. 제임스 매디슨에게는 실례되는 말이지만 그들은 일반적으로 인간의 자연권이 주로 폭압적인 정치 체제로부터 위협을 받으며, 이러한 정치 체제는 잘못에 대해 책임을 지지 않는다고 생각했다. 따라서 자연권을 확보하는 최선의 방법으로서 민중 자치의 도입을 주장했다. 실제로 자치에 대한 권리는 18세기 말에 발표된 다양한 권리 선언에서 매우 두드러지게 나타났다.[49]

하지만 콩스탕은 권리에 대한 논의에서 매우 다른 이유를 제시했다. 그의 견해에 따르면 권리는 정부의 개입, 특히 민주 정부의 개입으로부터 자유로울 수 있는 사적 영역을 구분하는 것으로 여겨져야 한다. 그는 개인의 권리를 길게 나열한 다양한 헌법 사례를 제시했는데, 여기에는 특히 개인의 자유, 표현의 자유, 재산권, 공정한 재판을 받을 권리 등이 포함되었다. 여기서 제외된 권리는 정치에 참여할 권리였다. 콩스탕은 정부가 아무리 민주적으로 뒷받침된다고 하더라도 이러한 권리를 위반하는 것은 불법이라고 계속해서 강조했다. "법이 인간 존재의 법적 책임 범위 내에 있지 않은 부분에 대해 간섭할 때, 그 간섭이 어디에서 비롯된 것인지, 한 사람의 행위인지 아니면 한 국가의 행위인지가 중요한가? 만약 고통받는 그 시민을 제외한 국가 전체가 근원이라면, 국가의 행위는 더는 합법적이지 않을 것이다."[50]

프랑스의 모든 자유주의자가 최소 정부가 자유를 지키는 최선의 방법이라는 콩스탕의 주장에 동의한 것은 아니다. 콩스탕의 친구이자 협력자인 제르멘 드 스탈을 비롯한 일부 자유주의자는 견제와 균형에 더 중점을 두었고, 영국의 사례를 들어 양원제를 주장했다.[51] 스탈은 "모든 자유에서 가장 우선적인 토대는 개인의 안전"이라며 "이런 점에서 영국 법률보다 더 훌륭한 것은 없다."라고 썼다. 그녀는 혁명기에 대한 회고록인 『프랑스 혁명의 주요 사건에 대한 고찰』에서 영국 헌법에 대해 상세히 설명하며 프랑스인들에게 민족주의적 자존심을 버리고 영국의 체계를 채택할 것을 촉구했다. 스탈은 "나는 나침반을 발견한 것이 이탈리아 사람이기 때문에 프랑스나 다른 나라에서 왜 나침반을 사용하지 말아야 하는지 정말 모르겠다."라고 말했다.[52]

놀랍게도 셰베어와 마찬가지로 자유를 보장하는 최선의 방법으로서 현명한 엘리트가 통치하는 부권주의 정부를 옹호한 자유주의자들도 있었다. 이러한 견해를 특히 옹호한 사람으로 프랑수아 기조를 들 수 있다. 1812년 소르본대학교의 역사학 교수로 임명된 기조는 영향력 있는 자유주의 사상가이자 정치가였다. 스탈처럼 그 역시 영국 헌법을 높이 샀고, 자신의 영향력 있는 저서 『대의정치사』에서 영국 헌법의 기원을 탐구했다. 그러나 스탈과는 달리 기조는 영국 헌법에서 규정한 견제와 균형을 그다지 중요하게 간주하지 않았다. 그 대신 현명한 엘리트들이 영국을 통치하기 때문에 영국인들이 자유롭다고 생각했다. 그의 견해로는 폭정을 견제하기 위해서는 주권이 민중이 아닌 "이성"에게 부여되어야 했다. 즉, 자유 정부에서는 가장 "능력 있는" 시민이 정치권력을 행사해야 했다. 영국은 이러한 원칙을 인정해 "다수의 주권"이 아닌 "능력"에 기반을 둔 선거 제도를 채택했다.[53]

간단히 말해서 반혁명가들과 마찬가지로 프랑스 자유주의자들은 자유가 정치 체제에 영향을 미친다는 이론에 대해 동의하지 않았다. 일부 자유주의자는 국가 권력을 최대한 제한함으로써 근대적 자유나 시민적 자유가 가장 잘 보호될 수 있다고 주장한 반면, 다른 자유주의자들은 영국식의 견제 및 균형이나 현명한 엘리트들의 통치를 통해 개인의 자유를 가장 잘 보호할 수 있다고 생각했다. 그러나 이러한 이론적 차이에도 불구하고 콩스탕과 스탈, 기조는 민주주의가 자유에 위협이 된다는 데 동의했다. 세 사상가 모두 정치 체제가 매우 엘리트주의적인 영국이 대표적인 자유 국가라고 생각했다는 점에서 그들의 암묵적 동의를 확인할 수 있다.

그러나 콩스탕의 글 「고대 자유와 근대 자유의 비교」는 고대 자유를 복원하려는 노력의 다른 측면을 분명하게 보여준다. 그는 이 글의 대부분에서 앞서 살펴본 바와 같이 정치적 자유가 본질적으로 시대착오적이며 따라서 위험하다고 비판했다. 그러나 이후 부록에 나타난 콩스탕의 급작스러운 입장 변화는 그가 앞서 말한 내용을 대부분 철회하는 것 같다는 인상을 준다. 그는 책의 끝부분에서 정치적 자유나 집단적 자유가 시민적 자유나 개인적 자유를 잠재적으로 위협할 수도 있지만, 동시에 이러한 자유를 보호하는 데에도 긍정적인 역할을 할 수 있다고 인정했다. 콩스탕은 이제 시민적 자유를 위해 정치적 자유를 포기하는 것이 아니라 "두 가지를 함께 결합하는 법을 배우는 것"이 필요하다고 주장했다.[54]

이러한 콩스탕의 갑작스러운 태도 변화는 독자들을 당황하게 했다. 하지만 콩스탕이 저술하던 당시의 상황을 고려하면 잘 이해할 수 있다. 콩스탕의 자유에 대한 사상, 특히 고대 자유와 근대 자유의 구별은 자코뱅당의 공포 정치 이후 처음으로 고안되었다. 그러나 1819년 콩스탕이 고대 자유와 근대 자유에 관해 연설할 무렵 자코뱅당은 선거에서 오랫동안 패배를 겪고 있었다. 이러한 상황에서 콩스탕을 지지하는 자유주의자들은 절대 군주제를 복원하려는(적어도 자유주의자들은 이렇게 의심했다) 왕당파가 그들에게 가장 큰 위협이 된다고 생각했다. 1815년 왕당파가 선거에서 큰 승리를 거두었고, 이로 인해 자유주의자들은 앙시앵 레짐으로의 복원이 임박했다는 우려를 하게 되었다. 콩스탕은 정치적 자유의 가치를 지적하며 왕당파가 그들의 정치적 의제를 실현하는 것을 근본적으로 막을 수 있도록 투표권을 행사하고 다른 형태의 시민 참여 활동을 하라고 동료 자유주의자들에게 호소했다. 따라서 콩스탕은 대서양 혁명가들에 가까운 입장으로 돌아갔다.[55]

하지만 이처럼 콩스탕이 정치적 자유의 가치를 지적했다고 해서 정치적 자유에 대한 그의 의견을 확대해 받아들이지 않도록 유의해야 한다. 콩스탕의 글들을 전반적으로 살펴보면, 통치 방식에 대해 민중이 강력한 통제권을 행사해야 한다는 생각보다 주권이 제한되고 그 한계가 신중하게 정해져야 한다는 생각이 더 강조되었음을 분명히 알 수 있다. 콩스탕에게는 앙시앵 레짐의 트라우마보다 공포 정치의 트라우마가 더 컸다. 따라서 다른 복고주의적 자유주의자들과 마찬가지로 콩스탕은 다른 정치적 목표보다 과도한 정치적 자유를 피하는 것을 우선시하는 경향이 있었다.[56]

이러한 우선순위는 1830년 혁명이 벌어지는 동안 다시 명확해졌다. 7월에 파리에서 전제 군주 샤를 10세에 대항하는 혁명이 발발했다. 샤를 10세는 1824년 왕위에 오른 이후 다양한 정책에 대해 의회에서 다수를 차지하고 있던 자유주의 대표자들과 충돌했다. 자유주의자들의 반대에 지친 샤를 10세는 7월 26일 의회를 해산하고 직접 통치를 시도했다. 그러나 이로 인해 파리에서 민중의 반란이 촉발되었고, 며칠간의 전투 끝에 소규모 왕실 수비대가 항복했다. 8월 2일, 샤를은 마침내 왕위를 더는 유지할 수 없다는 사실을 인정하고 퇴위했으며, 그의 손자인 보르도 공작이 왕위를 이어받았다. 그러나 섭정이 지

외젠 들라크루아, 「민중을 이끄는 자유의 여신」, 1830. 자유의 여신이 붉은색 자유의 모자를 쓰고 있다.

지를 거의 받지 못하자 샤를은 보르도 공작과 함께 망명했다. 이렇게 해서 앙리 4세 이후 프랑스를 통치했던 부르봉 왕조는 영원히 사라졌다.[57]

　몇 주 동안 프랑스는 보다 민주적인 시대에 접어든 것처럼 보였다. 프랑스 화가 외젠 들라크루아는 그의 걸작 「민중을 이끄는 자유의 여신」에서 민주주의로 고양된 분위기를 묘사했다.[58] 들라크루아는 자유를 가슴을 드러낸 젊은 여성으로 의인화해서, 자유의 여신이 군중을 이끌고 바리케이드를 넘는 모습을 묘사했다. 그녀는 한 손에는 프랑스 혁명의 상징인 삼색기를 들고 다른 한 손에는 장총을 들고 있다. 중요한 것은 자유의 여신이 익숙한 붉은색 자유의 모자를 쓰고 있다는 점인데, 이는 시각적으로 1830년의 혁명과 18세기의 혁명을 서로 연결한다.

그러나 자유주의 엘리트들은 1789년이 반복되기를 바라지 않았다. 그들은 재빨리 부르봉 왕조의 방계인 오를레앙의 루이필리프를 왕으로 임명했다. 또한 그들은 참정권을 제한해 극소수인 성인 남자의 약 2퍼센트에게만 부여했다. 정권이 자유화되면서 로마 가톨릭은 국교에서 '다수의 프랑스인'을 위한 종교로 전락했다. 하지만 정부가 민주화되지는 않았다.

실제로 1830년 혁명을 주도한 자유주의 엘리트들은 18세기 후반 자유주의자들의 이념과 자신들의 이념은 다르다는 점을 알리기 위해 모든 노력을 기울였다. 예를 들어 재건된 국민위병에게 과거 자유와 평등의 수호를 기리는 배너 대신 새로운 배너가 제공되었다. 새로운 배너는 '자유와 공공질서'를 표방했다. 이는 어느 역사학자가 말했듯이 "새로운 체제의 이념적 한계"를 보여주었다.[59] 또 다른 의미 있는 사건으로, 내무부는 외젠 들라크루아의 「민중을 이끄는 자유의 여신」을 구매해 룩셈부르크박물관에서 잠시 전시했다. 그러나 이 그림은 프랑스의 새로운 자유주의 정부에게는 지나치게 급진적인 것으로 드러났다. 집정관이었던 피에르폴 루아예콜라르의 지시로 전시가 중단되었고 그림은 별도로 보관되었다. 이후 당대의 누군가가 언급했듯이 이 그림은 "지나치게 혁명적이어서 다락에 숨겨졌다."[60]

1840년대 내내 프랑스 자유주의자들은 민주주의가 본질적으로 자유롭지 않은 것이라며 이를 계속해서 반대했다. 몇몇 예외가 있었는데, 특히 알렉시스 드 토크빌을 들 수 있다. 저명한 프랑스 귀족 가문 출신인 토크빌은 확고한 군주제 옹호자들 사이에서 성장했다(증조부 말제르브는 재판에서 루이 16세를 변호했다). 그는 보수주의자나 심지어 반동주의자가 될 수도 있었지만, 1830년에서 1831년 겨울 몇 달 동안 미국을 방문한 후 민주주의자로 전향했다. 1835년에 그는 자신의 여행 경험을 바탕으로 『미국의 민주주의』를 출판했다. 이 책에서 토크빌은 민주주의가 미래를 위한 체제라는 생각을 강력하게 옹호했다. 그는 사회적 평등이 확대되면 결국에는 정치적 평등이 반드시 이루어진다고 설명했다.

토크빌은 민주주의를 통해서만 인간이 자유로운 삶을 살 수 있기 때문에 이러한 발전은 환영할 만한 것으로 생각했다. 귀족정도 불가능해졌다. 근대의 평등한 사회에서 민주주의를 대체할 수 있는 유일한 대안은 모두가 노예로서 평등할 수 있는 독재주의였다. 그러므로 민주적 자치만이 자유를 보호할 수 있었다. 또는 토크빌이 말한 바와 같이 "민주적 제도와 관습을 점진적으로 발전시키는 것은 우리가 자유로워질 수 있는 최고의 수단이 아닌, 유일한 수단으로서 고려되어야" 했다.[61]

예상 외로 토크빌의 저서는 프랑스를 비롯한 유럽 국가에서 베스트셀러가 되었다. 하지만 이 책에 대한 반응은 다양하게 나타났다. 공화주의 운동이 부흥하면서 토크빌의 친민주적 주장이 거듭 강조되었고, 『르 나시오날』과 같은 공화주의 신문은 극찬을 보냈다. 그러나 대부분의 자유주의 사상가는 이 책에서 미국 민주주의에 대한 비판적인 내용을 중점적으로 보았는데, 예를 들면 미국 민주주의가 다수의 폭정을 야기할 위험이 있다고 주장한 부분이다. 에두아르 알레츠의 『신민주주의』와 같이 토크빌과 대립하는 주장을 펼친 저술들은 미국식 민주주의가 미래의 물결이 아닌 원시적인 초창기 정치 체제를 반영한다고 주장했다. 그러한 정부는 아마 덜 발달된 미국에서는 완벽하게 적합할 수 있었다. 하지만 문명화된 유럽에서는 민중 정치가 아닌 엘리트 통치가 미래였다.[62]

시간이 흐르면서 토크빌 자신도 민주주의와 자유의 양립에 대해 더 비관적이 되었다. 1840년에 출판된 두 번째 책(출판사의 요청에 따라 '미국의 민주주의'라는 제목으로 출간되었지만 1835년에 같은 제목으로 출판된 책과는 매우 달랐다)을 보면 토크빌은 민주주의 사회에서 자유에 가해지는 위협을 훨씬 더 강조했다.[63] 그는 민주화가 자유가 아니라 새로운 종류의 폭정으로 이어질 수 있다고 경고했는데, 민주적으로 선출된 정부가 "부권주의적 권력"을 행사해 사람들을 "되돌릴 수 없도록 어린 시절"에 묶어두려 한다고 말했다.[64] 근대의 민주 시민은 대개 여가 시간이 거의 없었다. 그들은 생계를 유지하기 바빴고 그로 인해 개인적인 일에 집중할 수밖에 없었다. 이는 정부가 최대한 많은 결정을 내릴 때 시민이 행복하다는 것을 의미했다. 따라서 토크빌은 다른 어떤 체제보다 민주주의 체제에서 절대적이고 전제적인 정부를 수립하기가 더 쉽다는 결론을 내렸다.

토크빌은 이러한 관찰로부터 다소 역설적인 결론을 도출했다. 1840년에 출간된 책에서 그는 민주적 전제주의의 위험성은 **더 강화된** 민주주의를 통해 대처할 수 있다고 주장했다. 민주 정부가 "보호적 권력"을 확립하려는 경향에 대항할 수 있는 유일한 해결책은 시민 사회가 활성화되는 것이었다. 그러나 그의 많은 독자가 중요한 세부 사항들을 무시했다. 그 대신 독자들은 도래하는 민주적 전제주의에 대한 토크빌의 냉정한 전망에 초점을 맞추었다. 19세기에서 20세기에 걸쳐, 1840년에 출간된 토크빌의 『미국의 민주주의』는 반민주적 의제를 옹호하려는 맥락에서 계속 인용되었다.

독일과 영국의 자유주의적 자유

독일에서는 프랑스보다 자유주의 운동이 더 늦게 나타났다. 이는 독일에서 혁명적 경험은 프랑스와는 달랐다는 사실과 연관된다. 프로이센에서는 민중으로부터 혁명이 발발한 적이 없었다. 그 대신 1806년 프로이센이 예나 전투에서 나폴레옹에게 굴욕적인 패배를 당한 후 위에서부터 개혁이 시작되었다. 과거 프로이센의 영광을 되찾으려는 시도로 슈타인 남작과 카를 아우구스트 폰 하르덴베르크와 같은 장관들은 경제와 공적 삶을 자유화했다. 예를 들어 1812년 하르덴베르크는 유대인에게 평등한 시민권과 정치권을 부여했다. 이로써 프로이센은 1791년 프랑스 다음으로 유대인을 일찍 해방한 나라 중 하나가 되었다. (영국은 1858년이 되어서야 유대인을 해방했다.) 이로 인해 프로이센 관리들은 편협한 지역 엘리트들을 비롯해서 배타적 특권을 유지하려고 하는 사람들과 싸우게 되었다.

베를린대학교의 철학 교수인 게오르크 빌헬름 프리드리히 헤겔과 같은 개혁적 사상가는 그리한 조치에 진심 어린 찬사를 보냈다.[65] 헤겔의 『법철학』은 대체로 반동주의 사상가 카를 루트비히 폰 할러와 같은 비평가에 대항해 하르덴베르크의 개혁을 옹호하기 위해 저술되었는데, 할러는 『정치학의 복원』에서 프로이센의 지역 엘리트들의 권위를 자연스럽고 신성한 것으로 옹호했다. 헤겔이 국가를 "자유의 실현"이라고 묘사했을 때, 그는 하르덴베르크를 비롯한 개혁가들이 제시한 합리적 국가를 의미한 것이었다.[66] 그러나 시기가 적절하지 않았다. 1819년 반동주의 작가 코체부가 살해되면서 독일 전체가 급격하게 우경화되었다. 그래서 헤겔의 『법철학』이 출판되었을 때 국가가 자유를 가장 잘 보호하는 것이 아니라 유일하게 보호한다는 격찬은 마치 그가 반동주의 정부를 지지하는 것처럼 보이게 만들었다.

이에 대해 정치적 반발이 일면서 자유주의 운동가들은 프로이센 국가의 우상화를 막기 위해 싸웠으며 법의 지배와 대의 제도 등을 포함한 영국식 헌법을 도입할 것을 요구했다. 그러나 독일의 자유주의자들은 프랑스의 자유주의자들과 마찬가지로 자코뱅주의와 완전한 민주주의를 지지하지 않는다고 단호한 태도를 보였다.[67] 라이프치히대학교의 철학 교수인 빌헬름 트라우고트 크루그는 1823년 출판되고 네덜란드어로도 번역된 저서 『자유주의의 역사적 설명』에서 독일 사상가 중 최초로 자유주의의 정치 원칙을 개괄적으로 설명했다. 크루그는 자유주의자들이 자유로운 탐구를 추구한다고 설명했다. 그들은 정치 당국이 개인을 절대적으로 지배해서는 안 되며 시민의 '외적 자유'를 침해해서도 안 된다고 생각했다. 따라서 국가의 권한은 그에 따라 제한되어야 한다. 그리고 법이 제정되는 과정에 학식 있는 시민들이 대표를 구성해 자문단으로 참여해야 한다. 그러나 크루그는 그렇다고 해서 자유주의자가 민주주의를 지지한다는 의미가 아니라고 강조했다. 그들은 '자코뱅주의자'를 혐오했다.[68]

프랑스의 자유주의자들과 마찬가지로 독일의 자유주의자들은 그들이 민주주의의 옹호자가 아닌 자유의 옹호자임을 분명히 했다. 따라서 독일의 자유주의자들은 즉시 시민적 자유와 정치적 자유를 구분한 반혁명적 정의를 채택했다. 이는 역사학 교수이자 자유주의 언론인인 카를 폰 로테크의 여러 저술에서 알 수 있다. 로테크는 1838년 영향력 있는 『스타츠렉시콘Staats-Lexikon』에 실린 「자유」라는 글에서 국가의 권한이 제한되고 개인이 자신의 권리를 인정받을 때 가장 진정한 의미의 자유를 이룰 수 있다고 설명했다. 또한 어느 정도의 "정치적 자유"는 향후 어떤 시기에 도움이 될 수도 있다고 모호하게 지적했지만, 민중이 정치적 자유에 대한 준비가 되었을 때만 도입되어야 한다고 경고했다. 만약 필수적인 견제가 부재한 상황에서 정치적 자유가 도입된다면, 민중의 힘은 "분노한 전제주의"로 치닫게 될 수 있었다. 로테크는 "정치적 자유는 개인의 모든 특정 권리를 파괴하거나 억압한다."라고 기술했다. 게다가 민중 통치 체제는 매우 불안정한 경향이 있었다. 따라서 공화국은 "자유라는 꿈에 취해 지나치게 자주 절대주의와 폭정에 굴복했다."[69]

1830년까지 국가 권력을 굳건히 장악했던 프랑스 자유주의자들과는 달리 독일 자유주의자들은 반동 세력에 맞서 큰 진전을 이루지 못했다. 일부 독일의 통치자, 특히 바덴의 대공은 피지배자를 위해 자유주의 헌법을 제정하고 대의 기관을 설립했다. 그러나 이러한 경험은 고무적이지 못했다. 바덴의 대공은 예산안을 놓고 자유주의 의원들과 마찰을 거듭한 끝에 1823년 의회를 해산하고 자신의 권한으로 세금을 부과했다. 그의 정권은 선거를 훨씬 더 강력하게 통제하기 시작했으며, 신규 법은 예산안을 3년에 한 번씩만 제출하도록 했다. 그 결과 헌법은 거의 무용지물의 상태에 이르렀다.

일부 독일의 자유주의자는 우세한 보수주의에 직면해 그들이 일찍이 정치적 자유를 부인한 것에 대해 의구심을 가지게 되었다. 1843년 할레대학교의 교수 아르놀트 루게는 저서 『자유주의에 대한 자기비판』에서 동료 자유주의자들이 "자유라는 환상을 진짜 자유"로 착각하고 있다고 비난했다. 독일 자유주의자들의 주요한 요구 ─ 성문 헌법에 구현된 법의 지배 ─ 는 자유를 제대로 보호하지 못했다. 루게는 법이 시민의 동의 없이 제정된다면 법의 지배가 어느 정도까지 실현될 수 있는지 물었다. "자유로운 인간의 법은 그들 자신이 만들어 낸 산물이어야 한다."라고 그는 결론지었다. 독일 자유주의자들이 진정으로 자유를 원한다면 민주주의와 "혁명의 인권"을 위해 싸울 준비를 해야 한다.[70]

루게는 자신의 충고를 직접 실천했다. 1848년 혁명이 벌어지는 동안 그는 프랑크푸르트 의회에서 극좌파를 조직했고, 한동안 베를린에서 살면서 잡지 『개혁』의 편집자로 일했다. 루게는 1849년에 런던으로 망명했는데, 그곳에서 주세페 마치니를 비롯해 망명한 민주주의자들과 함께 유럽민주중앙위원회를 결성했다. 대부분의 독일 자유주의자가 이런 길을 걸었던 것은 아니었다. 앞으로 살펴보겠지만 자유주의자들은 1848년 혁명으로 인해 민주주의와 자유가 서로 다르며 심지어

양립할 수 없다는 신념을 확고하게 굳히게 되었다.[71]

1815년 이후 영국에서 자유에 대한 논쟁은 대체로 비슷한 방향으로 발전했다. 프랑스 혁명의 극적인 실패로 인해 영국 헌법에 대한 영국인의 자긍심이 더욱 고취되었다. 공포 정치의 여파로 급진주의자들조차 에드먼드 버크의 의견에 동의해 민주주의는 무정부 상태나 민주적 전제주의를 초래할 수밖에 없으며, 따라서 유일하게 균형을 명시한 영국 헌법만이 진정한 자유를 보장할 수 있다고 생각하게 되었다. 1790년대 초 프랑스 혁명의 열렬한 지지자 중 한 명이었던 스코틀랜드의 법조인이자 언론인 제임스 매킨토시는 헌법상 균형의 원칙을 확고하게 옹호했다.

앞서 살펴본 것처럼 1791년에 나온 저서 『프랑스를 옹호하며』에서 매킨토시는 인간의 권리에 기반한 새롭고 자유로운 정치 체제를 만들려고 시도했던 프랑스 혁명을 옹호했다. 이와 동시에 그는 균형을 근간으로 하는 영국 헌법이 자유를 보호한다는 버크의 주장을 맹렬히 비난했다. 매킨토시는 상류층이 상원과 하원을 모두 통제하기 때문에 견제와 균형은 대체로 '상상'이라고 지적했다. 영국 헌법은 모든 사람을 위한 자유를 확립하기는커녕 엘리트 전제주의를 확립했으며, 민주적 개혁을 통해서만 영국인들을 위한 진정한 자유, 즉 민중 자치를 이룰 수 있었다.[72]

하지만 공포 정치 이후 매킨토시는 생각이 완전히 바뀌어 버크와 유사한 견해를 피력했다. 그는 1799년에 쓴 글에서 자유는 "부당함으로부터 보호"로 가장 잘 정의될 수 있다고 했다. 자유 정부는 시민을 서로로부터, 그리고 행정관의 억압으로부터 보호하기 위한 것이었다.

이러한 자유를 실현하는 데는 정치 체제에 대한 민중의 통제력이 필수적이지 않았다. 오히려 견제와 균형을 통해 자유를 이룰 수 있었다. 매킨토시는 "인간의 지혜로 고안할 수 있는 최고의 안전은 서로 다른 이해관계를 추구하는 다양한 성격의 여러 개인과 기관에 정치적 권위를 분산시키는 데 있다… 각각이 나머지에 의한 압제로부터 자신의 질서를 지키는 데 관심이 있고, 또한 각각이 다른 이가 배타적인, 따라서 전제적인 권력을 장악하는 것을 막는 데 관심이 있다."라고 말했다. 또한 매킨토시는 영국 헌법이 이런 유형의 자유를 구현하고 있다고 확신하며, 영국 헌법을 "자유와 지혜의 위대한 업적"이라고 묘사했다.[73]

1815년 이후 이러한 버크의 견해가 널리 인정되었다. 영국의 정치 사상가와 정치 행위자 대부분이 견제와 균형을 갖춘 영국 헌법만이 유일하게 자유를 지속해서 보호할 수 있다는 데 동의했다. 그러나 혁명 시대에 대한 기억이 점점 사라지면서 정치적 현상 유지에 대해 비판적 태도를 취하는 것이 조금씩 가능하게 되었다. 휘그파 사상가들과 정치인들은 종종 자신들을 '자유주의자'로 묘사하기 시작했다. 그리고 선거권(성인 남자 인구의 약 10퍼센트로 제한됨)이 중산층을 포함하도록 확장되어야 한다고 주장하기 시작했다. 휘그파 사상가들과 자유주의자들은 영국의 자유를 수호하기 위해 선거 제도의 개혁이 필요하다고 주장했다.[74]

그러나 영국의 휘그파 사상가들과 자유주의자들이 선거법을 개정하는 데 적극적이었다고 해서 그들이 민주적 자치가 자유를 위한 필수 전제 조건이라고 생각한 것은 아니었다. 그보다는 오히려 자유를 수호하는 데 필수적인 헌법적 균형을 재조정하기 위해서 개혁이 필요하다고 주장했다. 특히 개혁가들은 오랜 시간에 걸쳐 하원이 너무 귀족적으로 되면서 상원과 비슷해졌으며, 이로 인해서 상원을 견제하는 하원의 역할이 약화되었다고 생각했다. 선거권을 확대한다면 하원은 상원에 덜 의존하게 될 것이며, 따라서 헌법의 균형이 회복되고 하원의 권력이 상원의 권력을 견제하도록 보장할 수 있었다. 이는 민주주의에 대한 열의를 의미하지 않았다. 영국의 자유주의자들은 확장된 민주주의가 부자에 대한 빈자의 폭정을 야기할 수 있다는 데 대체로 동의했다.[75]

보다 급진적인 일부 정치 사상가는 완전한 민주주의를 수립해야 한다고 주장했다. 특히 고령의 철학자 제러미 벤담은 19세기 초에 적극적인 민주주의 옹호자로 주목을 받았다. 앞서 살펴보았듯이 벤담은 공포 정치에 상당한 거부감을 느끼게 되었으며, 이로 인해 동시대의 많은 사람과 마찬가지로 민중 정치 체계가 무정부 정치 체계로 이어질 수 있다고 보고 반대했다. 그러나 19세기의 첫 10년 동안 벤담은 갑작스럽고 또 예상치 못하게 민주주의로 전향했다. 이러한 변화는 대체로 그의 개혁안, 특히 파놉티콘 감옥의 개념이 영국 정치 엘리트들로부터 지지를 받지 못했기 때문이었다. 이로 인해 벤담은 영국 정부가 "해로운 이해관계"에 얽혀 있다고 확신하게 되었다. 그는 군주제와 귀족제 요소들이 특정 이해관계를 추구하기 위해 작용하며, 그로 인해 만인의 이익이 훼손된다고 생각했다. 따라서 벤담은 '사실상'의 보통 선거권을 실현해 문맹자를 제외한 성인 남자에게 선거권을 부여하고 민주공화국을 도입해야 한다고 주장했다.[76]

그러나 벤담은 민주주의를 옹호하기 위해 자유라는 용어를 사용하지 않았다. 그는 자신이 1790년대에 그랬던 바와 같이 '자유'와 '자연권'은 공허한 단어라고 생각해 이런 단어를 동원해 감정에 호소하지 않았다. 벤담은 『의무론』에서 다음과 같이 설명했다. "자유라는 단어처럼, 그리고 여기서 파생된 단어들까지, 이렇게 해를 끼치는 단어는 거의 없다. 이 단어가 단순히 변덕과 독단주의 이상의 어떤 것을 의미할 때 그것은 좋은 정부를 의미한다. 그리고 만약 다행히 좋은 정부가 민중의 정신에서 자유라고 하는 모호한 실체의 자리를 대신했더라면, 정치 발전을 지연하고 정치적 진전에 먹칠하는 범죄와 어리석은 행위는 거의 자행되지 않았을 것이다."[77] 자유라는 단어처럼 모호한 단어를 사용하는 대신 벤담과 그를 지지하는 철학적 발본주의자들은 공리주의적 관점에서 민주적 개혁을 주장했다. 그들은 사악한 사람들이 자신의 이익을 위해 정치적 권력을 사용하지 못하도록 막음으로써 진정으로 다수의 이익을 위하는 좋은 정부를 세울 수 있다고 주장했다.

벤담의 민주주의에 대한 급진적 옹호는 영국에서 자유와 민주주의의 관계에 대해 더 이상의 논쟁을 불러일으키지 않았다.[78] 대부분의 자유주의자와 휘그파 개혁가는 민중 자치를 이루기 위해 노력하기보다는 균형에 기초를 둔 헌법을 수립하기 위한 점진적 개혁을 계속 주장했다. 앞으로 살펴보겠지만 1848년 이후 영국의 자유주의자 대부분은 계속해서 자유의 민주적 이론을 인정하지 않았다.

미국 공화국 초기의 자유 논쟁

반혁명 사상가들이 주창한 새로운 자유 개념은 1815년 이후 유럽에 이어 신생 공화국인 미국에서 채택되었다. 미국의 정치 운동가들은 자유의 혁명적 정의가 민주적 자치라고 생각하지 않았으며, 대신 자유의 의미는 개인의 안전 보장과 개인의 권리, 특히 재산권의 보호라고 주장했다.

이러한 전개 자체가 놀라운 일일 수 있다. 미국 독립 혁명은 공포 정치와 같은 어떠한 사건에도 영향을 받지 않은 채 주 정부와 연방 정부 차원에서 민중 정권이 수립될 수 있게 했다. 그렇다고 해서 미국인들이 벨벳 혁명을 경험했다는 것은 아니다. 북아메리카 대륙에서 미국 독립 전쟁으로 인한 사망자 수는 비율로 따지면 프랑스 혁명으로 인한 사망자 수와 비슷했다. 또한 새로운 정권을 반대한 왕당파는 프랑스의 반대자들보다 훨씬 더 많은 수가 미국을 떠나야 했고, 그들 중 많은 이가 재산을 잃었다. 그러나 프랑스의 혁명가와는 달리 미국의 혁명가는 반대자를 향해 공포 정치를 행하지 않았다. 또한 미국 독립 혁명은 자코뱅 시대에 만연했던 권력 다툼으로 전락하지도 않았다.[79]

그런데도 혁명적 열기가 가라앉기 시작하면서 일부 미국인은 민중 통치의 적절성에 대해 의구심을 품게 되었다. 특히 매사추세츠에서 발발한 셰이즈의 반란 등 정치적 폭력 사태가 계속 발생하면서 민주주의에 대해 반발하는 분위기가 조성되었다. 1786년 겨울, 매사추세츠는 전후의 경기 침체로 인해 상당한 어려움을 겪고 있었다. 농부들은 전쟁 비용을 충당하기 위해 부과된 과도한 세금과 채무에 허덕이고 있었다. 더는 빚을 갚을 수 없었던 농민들은 독립 전쟁 참전 군인이었던 다니엘 셰이즈의 주도하에 주 정부에 대항해 무장봉기를 일으켰다. 셰이즈의 반란은 매사추세츠의 엘리트들에 의해 쉽게 진압되었지만, 많은 엘리트가 이에 동요되었다. 매사추세츠의 엘리트들은 셰이즈와 그 지지자들이 자신들의 대의를 뒷받침하기 위해 자유의 혁명적 의의를 언급한 것에 특히 충격을 받았다. 셰이즈는 보스턴 정부가 "압제적인 영국"과 닮았으며 시골 농부들이 "노예"가 되어가고 있다고 주장했다.[80]

이에 대해 일부 엘리트는 자유의 혁명적 원칙들에 반대하며 이 원칙들이 무정부 상태와 폭력으로 이어졌다고 주장했다. 반란이 일어나는 동안 셰이즈의 지지자들에게는 폭력적이고 파괴적인 열정이 동기가 되어 재산을, 따라서 시민 사회의 안전을 파괴하려는 폭도라는 비난이 일상적으로 쏟아졌다. 종종 매사추세츠의 엘리트들은 더 나아가 셰이즈를 지지하는 이들의 행동뿐만 아니라 혁명 시기에 만들어진 정치·사회 질서 전체를 비난했다. 일례로 서점 직원으로 일하다가 군에 입대한 후 1789년 육군 장관의 자리에까지 오른 헨리 녹스는 민중 통치라는 개념 자체에 대해 의문을 품게 되었다. 그는 셰이즈의 반란에 대해 "악의 근원은 정부의 본질에 있으며, 정부는 난폭한 열정과 잘못된 견해를 가진 사람들의 목적을 위해 구성된 것이 아니다."라고 말했다.[81]

미국 공화국에서 민주주의에 대한 반발은 프랑스 혁명의 발발과 특히 공포 정치의 시행으로 인해 더 강력해졌다. 미국인들은 처음에는 대체로 프랑스 혁명 소식을 환영했다. 미국인 대부분은 영국과 벌인 혁명적 투쟁에서 프랑스로부터 받은 도움을 회상하며 감사를 표했다. 1792년 프랑스가 군주제를 전복하고 약 10년 전 미국처럼 공화국을 수립하자 미국인들은 기뻐했다. 프랑스의 삼색 코케이드를 달고 프랑스 혁명가를 부르는 사람들도 있었다. 미국 전역에서 프랑스 혁명군의 승리를 축하했다. 1793년 1월 보스턴에서는 프로이센과의 발미 전투에서 거둔 프랑스의 승리를 기념하는 행사가 열려 수천 명의 시민이 참석했는데, 이는 북아메리카에서 열린 가장 큰 대중적인 축제였다.[82]

공포 정치가 시작된 이후에도 일부 미국인은 계속해서 프랑스 혁명가들에 대해 지지를 표명했다. 평생 친불 성향이었던 토머스 제퍼슨은 프랑스에서 일어나는 정치적 폭력 사태에 동요하지 않았다. 그는 1793년 1월 친구에게 보낸 편지에 "전 세계의 자유가 항쟁의 문제에 달렸다… 나는 그것이 실패하는 것을 보느니 전 세계의 절반이 황폐해지는 것을 보는 편이 낫다. 모든 나라에 아담과 이브만 남겨지더라도 그들이 자유롭다면, 지금보다 더 좋을 것이다."라고 적었다. 제퍼슨은 공포 정치가 최고조에 달했던 1794년 5월 외적에 대항해 궁극적으로 승리한 프랑스에서 "왕과 귀족, 사제가 오랫동안 많은 이의 피로 물들게 만들었던 그 단두대에서 사형에 처해지기를" 희망했다.[83] 하지만 존 애덤스와 알렉산더 해밀턴 같은 미국인들은 프랑스 혁명을 공포에 질린 채 지켜보았다. 그들의 관점에서 공포 정치는 자유가 아닌 방종의 승리를 뜻했다. 그들은 그와 동일한 무정부주의 정신이 미국을 감염시키고 있으며, 미국인들의 자유를 향한 사랑이 방종을 향한 사랑으로 전락하고 있다고 우려했다.

역사학자 랜스 배닝이 주장했듯이 프랑스 혁명에 대한 이러한 다른 해석이 미국에서 최초로 정당 체계가 수립되는 데 큰 역할을 했다.[84] 앞서 살펴본 바와 같이 1787~1788년에 미국 혁명가들은 연방주의자(강력한 중앙 정부를 선호하는 사람들)와 반연방주의자(주로 주 정부에 권한이 있어야 한다고 생각하는 사람들)로 나뉘었다. 그러나 1790년대에 프랑스 혁명의 영향으로 미국이 어느 정도 민주화되어야 하는지에 대한 논의가 논쟁의 핵심이 되었다. 연방주의자와 반연방주의자 사이의 분열은 공화주의자와 연방주의자 간의 분열로 발전했다. 공화주의자들은 자신들이 민중 자치를 보호하고 확장하기 위해 싸운다고 생각했다. 그리고 자신들의 정당이 질서를 수호한다고 생각한 연방주의자들은 프랑스에서 나타난 무정부 상태와 폭력에 반대했다. (1790년대의 연방주의자들은 1780년대의 연방주의자들과 다르다는 점에 주의해야 한다. 연방 헌법의 제정에 주요한 역할을 한 제임스 매디슨은 저명한 공화주의자가 되었다.)

정치적 논쟁이 심화됨에 따라 보다 극단적인 연방주의자들은 1788 ~1789년의 혁명적 합의에 점점 더 비판적이 되었다. 그들은 일반 시민이 정치 체제에 미치는 영향을 크게 줄이기 위해 일부 헌법을 개정할 것을 제안했다. 일부 강경한 연방주의자는 상원 의원이 국민 투표의 영향을 덜 받도록 하기 위해 상원 의원을 종신직으로 임명하는 조항을 요청하는 등 급진적으로 헌법을 개정할 것을 호소했다. 심지어 세습 군주제와 비슷하게 만들기 위해서 대통령이 평생직이 되어야 한다고 주장하기도 했다. 하지만 연방주의자들은 보다 더 정교한 방식으로 정치 체제의 변화를 꾀하기도 했다. 그들은 판사를 국민 투표로 선출하려는 공화주의자들의 시도나 보통법(법관이 만드는 판례법)을 성문화하거나 완전히 폐지하자는 주장에 반대하면서 혁명 이후 수십 년 동안 사법부가 민중의 통제로부터 최대한 독립적으로 유지될 수 있도록 지속해서 노력했다.[85]

연방주의자들은 미국이 자코뱅주의적 민주주의로 전락하지 않도록 노력하는 한편, 종종 자유라는 개념을 언급했다. (연방주의자들은 선거 유세곡으로 '애덤스와 자유'라는 제목의 노래를 불렀는데, 이후 미국 국가가 된 '별이 빛나는 깃발'의 선율에 맞춰서 불렀다.)[86] 그러나 그들은 자신들이 보호하고자 하는 자유가 사람들이 스스로 통치할 수 있게 하는 자유가 아니라는 점을 분명히 했다. 민주적 자유는 자유가 전혀 아니었으며 방종과 무정부 상태를 의미했다. 오히려 연방주의자들은 1770년대 영국 왕당파처럼 법의 지배에 따라 개인의 삶을 평화롭게 즐기고 재산을 보호받을 수 있도록 하는 자유를 목표로 삼았다. 연방주의자들에 따르면 역사가 고든 우드가 지적한 바와 같이 "진정한 자유는 방종이 아니라 이성과 질서였다."[87] 그러므로 자유를 회복하기 위해서는 민중의 권력을 제한할 필요가 있었다. 1770년대와 1780년대에 너무나 많은 미국인이 자유와 평등에 관해 이야기하면서 자만하고 있었으므로 덜 민중주의적인 정치를 펼칠 때가 되었다.

노아 웹스터는 이러한 자유에 대한 새로운 관점을 개발하고 옹호하는 데 중요한 역할을 했다.[88] 지금은 주로 미국 최초의 사전 편찬자로 알려진 웹스터는 독립 투쟁에 적극적으로 참여했다. 그는 존 애덤스, 조지 워싱턴, 알렉산더 해밀턴과 동시대인이자 친구였다. 웹스터는 독립 전쟁에 참전하지는 않았지만 미국의 대의를 위한 선전자로 활발하게 활동했다. 하지만 셰이즈의 반란 이후, 특히 프랑스에서 공포 정치가 시작된 이후 웹스터는 일찍이 민주주의와 같은 혁명적 이상에 대해 가졌던 열정을 포기했다. 그 대신 제한된 참정권, 세습 상원, 군주제를 포함한 영국식 체제를 옹호했다.

웹스터가 민주적 공화주의에서 친영 엘리트주의로 갑작스럽게 전향한 것은 자유에 대한 그의 생각이 바뀌었음을 반영한다. 젊은 혁명가로서 그는 리처드 프라이스가 전파한 자유의 민주적 개념을 받아들였다. 웹스터는 그의 초기 정치 팸플릿 중 하나로 1785년에 발표된 「미국 정책 개요」에서 미국에 '대의 민주주의'를 도입할 것을 권고했고 영국 헌법이 자유 국가가 따라야 할 본보기라는 생각에 반대했다(웹스터는 팸플릿 한 부를 프라이스에게 존경의 표시로 보냈다). 영국인들이 그들의 헌법에 자긍심을 가지고 있었음에도 불구하고 영국 정부가 "민중으로부터 독립해" 있었기 때문에 영국인들은 사실 자유롭지 못했다.[89]

그러나 1780년대 후반과 1790년대 초에 웹스터는 자유에 대한 그의 해석을 재고再考하기 시작했다. 프랑스에서 시작된 공포 정치가 웹스터의 생각이 바뀌는 데 상당한 영향을 미쳤다. 대부분의 미국 혁명가와 마찬가지로 웹스터 역시 처음에는 프랑스 혁명을 자유를 위한 혁명으로 간주하고 혁명의 발발을 환영했다. "자유의 여신, 그녀의 온화한 힘이 이 해안을 먼저 축복하고, 바다를 건넜도다."라고 말하며 그의 시에서 기쁨을 표현했다.[90] 그러나 1794년이 되면서 그의 열정은 사라졌다. 웹스터는 에세이 「프랑스 혁명」에서 자매 공화국인 프랑스의 상황에 대한 우려를 표명했다. 특히 자코뱅파가 정치권력을 민중의 손에 직접 쥐여주려고 하는 시도에 대해 걱정했다. 그것은 무정부 상태와 무질서를 야기할 수밖에 없었다. 개인이 타인의 권리를 침해하는 것을 막기 위해서는 "법이 교정 역할"을 해야 했다. 그러므로 진정한 자유를 위해서는 자코뱅파의 민주주의가 제공할 수 없었던, 강력한 정부의 제재가 필요했다. 웹스터는 "모든 사람이 자유롭게 되기 위해서는 행정부에서 충분한 힘을 가지고 사회에서 어떤 개인이나 조직이라도 어떤 개인의 신체나 재산을 훼손하지 못하도록 제지할 수 있어야 한다."라고 썼다.[91]

시간이 지나면서 웹스터는 민주적 자유 개념을 더 비판했고, 결국 자코뱅주의뿐만 아니라 미국식 대의 민주주의 역시 진정한 자유와 양립할 수 없다며 반대하게 되었다. 그는 미국인들이 "민주적 정부와 공화주의 정부" 모두 당연히 "자유 정부"라고 잘못 생각하고 있다고 썼다.[92] 그러나 사실 왕과 귀족의 폭정에 대항하는 것만큼이나 민중의 "통제되지 않은 권력"에 대해서도 경계할 필요가 있었다. 미국 건국의 아버지들은 이런 진리를 무시하고 민중의 권력에 대한 충분한 안전장치를 마련하지 못했다. 따라서 미국은 건국 이래 무정부주의와 방종 때문에 어려움을 겪는 경우가 잦았다. "민중, 또는 그 일부가 수적으로 우세해지고 법을 넘어서며 재산권과 개인의 안전을 침해하고 있다."[93]

이 문제를 해결하기 위해 웹스터는 보통 사람이 정치 체제에 행사할 수 있는 통제력을 제한해야 한다고 제안했다. 구체적으로는 수적으로 우세한 빈자들의 권력으로부터 부자들의 권리를 보호하기 위해 부자들이 상원 의원을 선출해야 한다고 주장했다. 이와 마찬가지로 사법부와 행정부는 모든 판사와 가장 중요한 공직자들에게 종신 재직권을 부여함으로써 민중의 통제로부터 더 독립적으로 되어야 한다고 말했다. 웹스터는 이 정도 제안만으로도 미국에서 자유를 수호할 수 있을 것이라고 결론을 내렸다. "만약 왕이 없다면, 사람들을 복종시킬 수 있는 권력으로 무장한 법과 행정관이 있어야 한다. 이것이 사실이 아니라면 자유로운 정치 체제는 존재하지 않는다."[94]

웹스터뿐만 아니라 다른 많은 연방주의자 역시 같은 생각을 했다. 연방주의 성향의 저명한 정치인 루퍼스 킹은 '의미가 잘못된 단어'를 주제로 글을 썼는데, 그가 예로 든 첫 번째 단어는 '자유'였다. 그는 동시대인들이 이 단어를 민주주의와 동일시함으로써 남용하고 있다고 생각했다.[95] 연방주의 전문가인 존 제이는 모든 시민이 법이 허용하는 모든 일을 "평화롭고 안전하고 방해를 받지 않으며" 할 수 있는 권리인 시민적 자유를 강조했다.[96]

간단히 말해서 자유의 새로운 해석에 대한 요구가 연방당 강령에서 핵심이 되었다.[97] 그러나 자유의 개념을 반민주적 방식으로 재정립하려는 연방주의자들의 시도는 유럽보다 미국 공화국에서 훨씬 더 강력하고 지속적인 저항에 부딪혔으며 격렬한 논쟁의 대상이 되었다. 혁명 이후 유럽에서는 공화주의자들과 민주주의자들이 검열과 탄압으로 인해 의견을 표현하지 못하고 지하로 내몰렸지만, 미국에서는 연방주의를 반대하는 공화주의자들이 계속해서 혁명적 이상을 적극적으로 옹호했다.[98] 제퍼슨이 대통령 취임사에서 설명한 바와 같이 공화당은 "국민 선거권의 철저한 보호"와 "다수의 결정에 대한 절대적 묵종"을 표방했다. 이는 미국의 건국 원칙이었으며 계속해서 "우리의 정치 신념의 강령, 시민 지도의 교과서, 우리가 신임하는 이들의 업적을 심판하는 시금석"이 되어야 했다.[99]

제임스 매디슨 역시 자유에 대한 연방주의자의 해석에 반대했는데, 1792년 『내셔널 가제트』에 기고한 일련의 글을 통해 자신의 입장을 분명히 했다. 매디슨은 "누가 민중의 자유를 가장 잘 수호할 수 있는가?"라고 질문했다. 그는 이 질문에 대해 미국 정치인들이 매우 다른 두 가지 대답을 했다고 설명했다. "반공화주의자들"은 "민중이 어리석고 의심이 많으며 방종하다."라고 확신했다. 그러므로 그들은 민중이 "자유를 수호하는 일은 현명한 통치자에게 맡기고 복종만 생각해야 한다."라고 믿었다. 이와는 대조적으로 공화주의자들은 자신의 자유를 가장 잘 수호할 수 있는 것은 "민중 자신"이라고 믿었는데, "신성한 신뢰는 이를 보존하는 데 가장 큰 이해관계가 있는 사람들의 손에 있을 때 가장 안전하기" 때문이라고 매디슨은 설명했다.[100]

이 투쟁에서 공화주의자들이 결국 승리했다. 고상한 엘리트주의를 고수하는 많은 연방주의자들은 초기 공화국에서 그 어느 때보다 민주적인 선거 제도를 통해 구성된 정당이 다수의 유권자로부터 지지를 얻을 수 있도록 헌신하지 않았다. 비록 1796년 연방주의자 존 애덤스가 대통령으로 선출되기는 했지만, 그는 1800년 공화당 지도자인 토머스 제퍼슨에게 패했다. 1804년 대통령 선거에서 제퍼슨은 사우스캐롤라이나의 연방당 후보인 찰스 코츠워스 핑크니와 경쟁해 더 큰 차이로 승리했다. 그 후 연방당은 내부적 문제로 해체되었고 대통령 후보를 선출하지 않았다. 실제로 연방주의자들은 민심과 매우 동떨어져 있었기 때문에 많은 연방주의자가 완전히 공직을 떠났으며, 상당히 많은 사람이 정치계에서 은퇴했을 뿐만 아니라 사회적 활동에서도 손을 뗐다.[101]

연방주의자들은 이러한 패배를 겪으면서 미국에서 자유의 전망을 두고 크게 비관하게 되었다. 그들은 프랑스와 마찬가지로 미국 공화국이 시저리즘에 빠지게 되리라고 확신하게 되었다. 1803년 피셔 에임스는 '미국 자유의 위험'이라는 비관적인 제목의 글에서 연방주의 정책을 평가했다. 그는 최근까지 미국인들은 "우리의 공공적 평안"과 "우리의 자유"가 안전하고 확고하게 확립되어 있다고 믿어왔다고 썼다. 하지만 이것은 거짓임이 밝혀졌다. "우리의 시간은 사건의 흐름에 따라 떠오르고… 떠내려가다가, 이제 뚜렷하게 나이아가라 속으로 빨려 들어간다. 자유라는 모든 것은 산산조각이 나서 가라앉게 될 것이다."[102]

특히 미국 공화국은 모든 권력을 "민주적 광신자나 자코뱅 악당"들의 손에 쥐여주려는 제퍼슨과 매디슨 같은 버지니아 출신의 정치인들이 퍼뜨린 "민주적 방종"으로 위태로워졌다. 미국인들에게 임박한 파멸을 경고하려는 연방주의자들의 시도는 무시되고 조롱받았다. 미국인 대부분은 "우리의 자유가 위험해질 리가 없다는 생각을 고수하다가 결국에는 자유를 잃고 회복할 수 없는 지경에 이를" 수 있었다. 에임스는 "심지어 수많은 사람이 미국의 정체正體가 순수 민주주의라는 점을 자랑한다."라고 절망적으로 말했다.[103] 그러나 로마 역사를 통해, 그리고 근대에서는 프랑스 공화국의 경험을 통해 깨우친 바와 같이 민주주의가 시저리즘으로 전락하는 것을 피할 수 없었다.

민주주의는 지속될 수 없다. 민주주의의 본성상 민주주의의 다음 단계는 아마도 알려진 모든 유형의 통치 체제 중에서 수장을 바꾸기가 가장 쉬우며 악을 고치는 데 가장 느린 군사 독재주의로의 전환이다. 그 이유는 소위 민중의 횡포와 칼에 의한 횡포 때문이며, 이 둘은 자유를 갈망하는 정신을 가진 사람도, 정의를 지킬 힘이 있는 도덕도 남아 있지 않을 때까지 똑같이 타락하고 부패하도록 작용한다. 사람의 몸을 멸하는 맹렬한 역병처럼, 그 소멸에서 살아남을 수 있는 것은 오직 해충뿐이다.[104]

에임스는 미국 민주주의가 프랑스 민주주의처럼 빠르게 군사 독재로 전락하지는 않을 것이라고 인정했다. 미국은 런던이나 파리만큼 큰 도시가 없었기 때문에 정부는 감정적인 도시 폭도들로부터 영향을 덜 받았다. 또한 미국의 군대 규모가 작았기 때문에 군사 독재 정권이 수립되는 것이 고대 로마나 프랑스보다 훨씬 더 어려웠다. 하지만 결국 자유가 무너질 것이라는 데는 의심의 여지가 없었다. "브리소는 당통의 손에 쓰러질 것이고, 그는 로베스피에르에 의해 쓰러질 것이다. 미국의 혁명은 프랑스의 혁명처럼 빠른 속도는 아니지만, 정확히 같은 방식으로 진행될 것이다."라고 에임스는 결론을 내렸다.[105]

에임스 자신도 절망적으로 인정했듯이 미국 자유의 미래에 대한 이러한 암울한 경고는 대부분 무시되었다. 1800년에서 1830년 사이에 대부분의 주 회의에서 백인 남성에 대한 모든 유권자 제한을 철폐하면서 미국 정치는 더욱 민주화되었다. 어느 역사학자가 말했듯이 1830년대에 이르러서는 에임스와 웹스터와 같은 사람들이 "정치 유물"로 여겨지게 되었다.[106] (이러한 전반적 상황은 여성과 자유인이 된 흑인 남성에게는 해당되지 않았다. 그들이 선거권을 얻는 것은 점점 더 어려워지고 있었다. 1802년 오하이오가 최초로 자유인 신분인 흑인의 선거권을 박탈했으며, 다른 주들도 그 뒤를 따라 1828년에는 공식적으로 자유인인 흑인의 선거권을 인정한 주가 단 여덟 주에 그쳤다. 여성은 선거권이 더 제한되었다. 여성의 선거권을 허용한 유일한 주는 뉴저지였는데, 1807년 이를 뒤집고 여성의 선거권을 박탈했다.)[107]

그런데도 연방주의자들의 자유를 재정의하려는 노력은 공화국 초기의 정치 문화에 생각보다 많은 영향을 미쳤다. 그중 하나가 미국 최초의 사전이자 가장 유명한 사전인 웹스터의 『미국 영어 사전 *American Dictionary of the English Language*』이다. 웹스터는 젊은 시절 가졌던 민주주의에 대한 열정을 뒤로하고, 엘리트 정부를 지지하기 시작한 지 한참 후인 1800년에 사전 편찬 작업을 시작했다. 웹스터는 자유를 민주주의와 연관 짓는 것을 조심스럽게 자제하면서, 대신 자유를 "다른 사람의 자의적 의지로부터의 면제, 즉 모든 사람이 다른 사람을 해치거나 통제하지 못하도록 제한하는 기존 법률에 따라 보장되는 면제"라고 정의했다. 다시 말해 법의 지배는 자유에 필수적이었다. 웹스터는 "그러므로 법에 근거한 제한은 시민적 자유에 필수적이다."라고 강조했다. "한 사람의 자유는 그 사람에게서 모든 제한을 없애는 것에 달려 있다기보다는 오히려 다른 사람들의 자유를 정당하게 제한하는데 달려 있다."[108]

더욱 중요한 것은 1830년대에 새로운 정치 진영인 휘그당에서 연방주의자들이 주장한 자유의 개념을 다시 채택했다는 점이다.[109] 연방당이 해체되고 공화당만 남게 되면서(이들은 민주공화당이라는 명칭을 사용하기 시작했다) 이념적 갈등은 현저하게 줄어들었으며, 그 후 몇 년간의 일당 통치 시기는 '좋은 감정의 시대'로 묘사되었다. 그러나 1828년

대담한 민주주의자로 장군 출신의 앤드루 잭슨이 미국 대통령으로 취임하게 되면서 새로운 정치 전선이 등장했다. 잭슨은 그의 지지자들을 '민주파'라고 일컬었으며, 그의 반대자들은 스스로를 '휘그파'라고 불렀다. 향후 20년간 휘그파와 민주파는 이후 역사가들이 양당 체계라고 설명하는 두 주요 정당을 구성하게 된다. 휘그당과 민주당은 경제와 재정 문제, 외교 정책, 노예제를 포함한 많은 사안에서 의견이 달랐다. 양당 모두 노예제를 유지하겠다고 약속했지만, 민주당은 남부에서 노예제 유지를 공식적으로 공약으로 내세운 반면 휘그당은 그렇지 않았다.

또한 이 정당들은 자유의 의미와 본질에 대해서도 서로 의견이 엇갈렸다. 잭슨의 민주당은 제퍼슨의 공화당과 마찬가지로 백인 남자에 국한되기는 했지만 다수결 원칙과 민중 통치와 동일시되는 자유를 옹호했다. 휘그당의 자유 개념은 더 복잡했다. 한편으로 휘그당은 잭슨의 독재적 행동을 매우 우려했다. 전직 군인이었던 잭슨은 지휘에 익숙했으며 자주 반대를 용납하지 않는다는 점을 분명히 했다. 잭슨은 대통령으로서 전임자들이 거부한 의회 법안을 다 합친 것보다 더 많은 법안을 거부했다. 휘그당의 많은 이가 잭슨이 공화국의 자유에 해를 끼치는 불량배이자 폭군이라고 생각하기 시작했다. 따라서 그의 반대자들은 잭슨을 '앤드루왕'이라고 부르기 시작했고, 1776년 미국을 통치했던 군주 조지 3세에 맞섰던 휘그당을 기리기 위해 자신들을 '휘그당'이라고 부르게 된 것이다.[110]

그러나 휘그당의 많은 이가 잭슨의 개인적 권력에 대해서만 비판적이었던 것은 아니다. 그들은 자유의 토대로서 민중 주권에 대해서도

'앤드루 1세'로 묘사된 앤드루 잭슨. 1832년경 익명의 예술가가 그린 만화로 휘그당의 선거 유세에 사용되었다.

똑같이 회의적이었다.[111] 이는 잭슨의 정책이 대다수 백인 남성 유권자의 지지를 받았다는 점을 고려하면 놀라운 일이 아니다. 잭슨은 8년 간 집권했으며, 그가 직접 지명한 후계자인 마틴 밴 뷰런이 4년 동안 대통령직을 맡았다. 이러한 맥락에서 자유의 토대가 민중의 권력이 아니라 법과 질서라는 점을 강조하는 연방주의적 자유 개념이 다시 적절한 것으로 간주되었다. 예를 들어 휘그당의 영향력 있는 신문 『뉴욕 트리뷴』의 창간자이자 편집자인 호러스 그릴리는 자유의 본질이 "한 명의 의지든, 소수의 의지든, 아니면 다수의 의지"든지 간에, 의지에 대한 법의 지배에 있다고 썼다. 그릴리는 계속해서 이렇게 설명했다. "군주든 다수의 민중이든 통치자가 법 위에 있다면, 그러한 정부는 전제주의 정부이다. 그러나 통치자와 피통치자가 똑같이 제대로 확립되고 명확하게 정립된 법에 따라 통치된다면, 그러한 국가는 본질적으로 자유 국가이다."[112]

이 말의 의미는 다소 모호하다. 웹스터나 에임스와 같은 연방주의 사상가와는 달리 미국의 휘그파는 현명하게도 종신직 상원의 임명 등 지지를 얻지 못했던 제안에 관한 논쟁을 자제했다. 그 대신 제한받지 않은 민중의 권력에 대비한 방벽으로서 헌법의 역할에 관해 논의했다. (1840년 대선 운동 당시 휘그당의 신조는 '해리슨, 타일러, 헌법적 자유'였다.)[113] 주로 휘그당은 민중의 권력을 견제하는 방법으로서 대법원과, 더 일반적으로는 사법부의 독립에 희망을 걸었다.[114] 앞으로 살펴보겠지만 휘그당이 해체된 이후로도 오랫동안 자유의 민주적 이론을 반대하는 미국인들 사이에서 사법부 독립의 중요성은 계속 핵심적 신조로 남아 있게 된다.

6

/

근대 자유의 승리

1853년 전직 프로이센 군인이었던 프랜시스 리버가 필라델피아에서 『시민 자유와 자치에 대하여』를 출간했다. 리버는 프랑스 침략자들에 대항해 조국을 용감하게 방어했지만(워털루 전투에서 그는 심하게 부상했다), 독일의 통일을 지지했다는 이유로 프로이센 당국과 충돌했다. 그는 미국으로 이주해 보스턴에 있는 체조 학교의 교장이 되었다. 리버는 또한 언론인, 백과사전 편집자, 사우스캐롤라이나대학의 정치학·역사학 교수이기도 했다(수학 분야에서 박사 학위를 취득하기도 했다). 학생들을 위해 저술한 『시민 자유와 자치에 대하여』에서 리버는 최종적으로 자유가 무엇이며 정치 공동체에서 자유가 어떻게 가장 잘 확립될 수 있는지를 둘러싼 모든 까다로운 질문에 답을 제시할 수 있기를 희망했다. 500페이지가 넘는 방대한 분량은 리버가 이 책을 저술하는 것이 그렇게 만만한 일이 아니었음을 보여준다. 이 책이 베스트셀러가 되었다는 점을 고려하면 리버의 동시대 사람들은 그의 노력이 가치가 있었다고 생각했음을 알 수 있다. 리버의 책은 그가 사망한 지 약 40년이 지난 1911년에 마지막으로 8쇄를 찍었으며 예일대학교 학부 커리큘럼에서 수십 년간 교재로 사용되었다.[1]

그러면 자유란 무엇인가? 리버는 이 질문에 직접적으로 답하는 대신 학자답게 자유의 역사에 대한 긴 여담으로 시작한다. 특히 그는 고대부터 자유의 정의가 상당히 변화해 왔음을 분명히 밝히며 답변한다. 리버는 "고대인의 자유에 대한 해석은 우리 현대인이 시민적 자유라고 부르는 것과 본질적으로 달랐다."라고 썼다. 고대인에게 자유는 "정치에 참여하는 정도"를 의미했다. 따라서 고대인은 자유를 국가 내에서 그리고 국가를 통해서만 달성할 수 있는 것으로 생각했다. 이와는 달리 근대인은 고대인의 사고방식과 거의 정반대로 자유를 매우 다르게 이해했다. 근대인은 자유를 "개인의 보호, 그리고 사회의 소규모 및 대규모 집단에서 방해받지 않으며 이루어지는 사회적 행동"이라고 보았다. 따라서 고대인과 달리 근대인은 자유가 국가를 통해서가 아니라 개인의 삶에 국가가 개입하지 않음으로써 실현될 수 있다고 믿었다.[2]

리버는 고대와 근대의 자유를 구별한 뱅자맹 콩스탕의 영향을 받아 자유를 정의했으며, 이에 자신의 해석을 더했다.[3] 콩스탕은 고대 자유에서 근대 자유로의 전환은 사회적 변화, 특히 상업 사회의 부상과 그에 따른 개인주의적 관점의 등장에서 기인한 것으로 보았다. 하지만 리버는 문화적 변혁, 즉 그리스도교의 부흥을 지적했다. 모든 인간에게 "귀중한 개인적 가치"를 부여하는 그리스도교 교리는 개인보다 국가를 우선시하던 경향이 있던 고대인에게 큰 영향을 미쳤다. 또한 로마 제국이 몰락한 후 게르만 민족이 유럽 대륙으로 대이동을 하면서 "게르만족 특유의 개인 독립 정신"이 확산했던 것도 "개인의 권리 개념"이 발전하는 데 일조했다.[4]

그러나 다른 측면에서 보면 리버는 수십 년 전 콩스탕이 확립한 정의를 충실하게 고수했다. 리버가 고대 자유와 근대 자유의 차이점에 주목한 것은 단순히 역사적 관심이 있어서가 아니었다. 프랑스 사상가들과 마찬가지로 그는 고대인의 정치적 이상이 근대 세계에 해로운 영향을 미친다고 굳게 확신했다. '루소주의'뿐만 아니라 '플루타르코스주의'에서도 영향을 받은 프랑스 혁명을 시작으로, 고대 자유를 다시 도입하려는 시도는 모두 전제주의로 끝났다.[5] 따라서 자유를 민주주의와 동일시하는 고대 자유의 정의를 복원하려는 시도는 모두 저지되어야 하며, 자유는 재정의되어야 한다. 개인은 가능한 한 간섭을 적게 받아야 자유로울 수 있었다. 이는 정치 사회에서 개인은 최대한 많이 "간섭받지 않는 행동"을 즐길 수 있는 정도까지 자유로웠음을 의미한다.[6]

『시민 자유와 자치에 대하여』에서 보여주듯이 19세기 내내 정치 사상가들은 적절한 근대적 의미의 자유는 민주주의가 아닌 개인의 안전과 권리를 보호하는 데 의의가 있다는 생각을 계속해서 전파했다. 그 이유를 찾기는 어렵지 않다. 19세기에 걸쳐 프랑스 혁명의 실패로 민주주의에 대한 불신이 생겨났고, 그 이후 전개된 정치적 상황에 의해 이러한 불신은 사라지지 않았다. 유럽에서는 1848년 혁명이 중요한 역할을 했다. 대서양 혁명 이후 처음으로 유럽 전역에서 민주주의를 재도입하려는 시도였던 1848년 혁명은 또 다른 폭력 사태로 끝났고, 그 뒤 보나파르트의 독재가 시작되었다. 이후 미국에서도 19세기 후반 흑인 참정권 운동과 대규모 이민자 유입으로 민주주의에 대한 반발이 생겨났다. 이로 인해 미국에서도 정치 엘리트들이 민주적 자유 이론에 반대하게 되었다.

그 결과 19세기에 자유와 민주주의의 대립을 강조하고 자유를 국가 권력의 제한으로 재정립해야 한다는 주장을 내세운 서적들이 대서양 양쪽에서 대량으로 출판되었다. 그러나 자유를 재정의하려는 이러한 시도에 대한 비판도 있었다. 급진적 민주주의자들은 자유의 혁명적 개념을 계속 옹호했다. 또한 20세기가 되면서 여성 인권 운동가, 사회주의자, 포퓰리스트, 진보주의자 등 새로운 정치 운동가들이 자유주의자들의 자유에 대한 해석에 비판을 제기했다. 결과적으로, 자유에 대한 자유주의적 해석은 점점 호소력 있는 정치적 이상이라기보다는 엘리트들의 이익을 보호하기 위한 얄팍한 방어막으로 인식되었다. 그러나 제2차 세계 대전 이후 그러한 비판은 거의 사라졌다. 냉전의 맥락에서, 반혁명가들이 주창했던 개인의 안전과 권리의 관점에서 이해한 자유가 서양 문명의 핵심 가치로 다시금 인식되었다.

1848년 이후: 프랑스의 근대 자유

1848년에 유럽 전역에서 혁명이 일어났다. 시칠리아에서 소요 사태가 시작되었는데, 그해 1월에 팔레르모 거리에서 소수의 저항 세력이 높은 세금에 항의하고 헌법을 제정할 것을 요구하며 시위를 벌였다. 양 시칠리아 왕국의 왕은 거의 즉시 정치 개혁을 약속하며 항복했다. 한 달 뒤인 2월 파리에서도 비슷한 시위가 벌어져 루이필리프왕이 퇴위했다. 그 후 프랑스에서 임시 정부가 수립되어 프랑스를 공화국으로 만들고 성년 남성 참정권을 보장하겠다고 약속했다. 이러한 승리에 영감을 받아 2주 만에 뮌헨, 빈, 페슈트, 크라쿠프, 베네치아 등 유럽의 여러 도시에서 군중이 거리 시위를 벌였다. 이들 역시 원하던 것을 이루었다. 중부 및 동부 유럽 전역에서 새롭고 보다 민주적인 헌법의 초안을 작성하기 위해 의회가 소집되었다. 그 이전에도, 그리고 그 이후에도 유럽 전역이 이렇게 광범위한 규모의 혁명으로 격변을 겪은 적이 없었다. 왕정복고 시대가 거의 끝나가는 것 같았다.[7]

반세기 전처럼 1848년 민주주의를 위한 투쟁은 자유를 위한 투쟁으로 묘사되었다. 이러한 과거와의 연속성을 강조하는 붉은색 자유의 모자가 다시 등장했다. 파리에서 혁명가들은 또다시 자유의 모자를 쓰고 거리로 나섰다. 공공건물의 벽에도 이 모자가 그려졌다. 외젠 들라크루아의 「민중을 이끄는 자유의 여신」에는 자유를 상징하는 붉은색 모자가 두드러지게 묘사되어 있다. 이 그림은 7월 왕정 시대에 은폐되어 숨겨져 있었다. 하지만 나중에 숨겨져 있던 곳에서 발굴되어 룩셈부르크 화랑에 전시되었다. 고대부터 자유를 상징한 자유의 모자의 중요성이 새로 부각되어, 오노레 도미에는 그의 유명한 작품 「전직 장관들의 마지막 회의」에서 이를 묘사해 1848년 3월 9일 『르 샤리바리*Le Charivari*』에 발표했다. 이 작품에서 도미에는 자유의 보닛을 쓴 여신과 7월 왕정 정부의 어두운 방의 문이 열리고 새로운 질서의 눈부신 빛이 들어오는 장면을 묘사했다. 자유의 여신이 자신만만한 걸음으로 들어서자 전직 장관들은 가장 가까운 창문으로 나가기 위해 서로 밀치

오노레 도미에, 「전직 장관들의 마지막 회의」, 『르 샤리바리』, 1848. 3. 9.

며 허둥댄다.[8]

　1848년 혁명은 1789년 혁명과 매우 중요한 점에서 유사한데, 바로 두 혁명 모두 실패로 끝났다는 것이다. 프랑스에서는 제1공화국과 마찬가지로 제2공화국이 보나파르트의 독재 정권으로 대체되었다. 나폴레옹 1세의 조카 루이 나폴레옹은 1848년 12월 선거에서 예상치 못한 승리를 거두며 제2공화국의 대통령이 되었다. 1851년 그는 의회를 해산하고 쿠데타를 일으켰다. 1년 뒤 루이 나폴레옹은 제2제국을 세웠다. 독일어권 세계에서는 보다 전통적인 형태의 반응이 일어났다. 프로이센의 왕 프리드리히 빌헬름 4세는 혁명적인 프랑크푸르트 의회와의 협력을 거부했다. 그는 군대 통제권과 개혁 운동가들의 내부 분열을 이용해 반군을 물리쳤다. 오스트리아 황제는 질서를 회복하는 데더 어려움을 겪었지만 결국 러시아군의 도움을 받아 자신의 영토에서일어난 모든 봉기를 진압하는 데 성공했다.

혁명이 실패로 끝난 원인은 복잡했다. 프랑스에서는 1830년대와 1840년대에 걸쳐 후계자들이 치밀하게 유지해 온 나폴레옹 1세에 대한 대중적 숭배가 그의 조카인 루이 나폴레옹이 선거에서 승리하는데 중요한 역할을 했다. (단순히 처음으로 투표하는 많은 선거인이 유일하게 아는이름이 루이 나폴레옹이었기 때문이기도 했다.) 중유럽과 동유럽에서도 세습 군주 세력이 비슷한 역할을 했지만, 전통적인 지배 세력이 계속해서 군의 지원을 받고 있었으며 귀족 출신의 군인은 혁명을 전혀 지지하지않았다는 점이 마찬가지로 중요하다. 마지막으로, 아마도 가장 결정적인 혁명의 실패 원인은 부르주아, 온건파 혁명가, 급진적 민주주의자사이에서 불거진 갈등이다. 부르주아는 절대 왕정에 불만이 많았지만자코뱅주의가 되살아날까 봐 몹시 우려했다. 이러한 갈등은 1848년 6월, 새로운 공화정 정부가 실업 문제를 해결하겠다는 이전의 공약을지키지 않아 파리의 노동자들이 봉기했을 때 더욱 악화되었다. 이후 6월 봉기로 알려진 이 사건은 유럽 전역의 부르주아를 공포에 떨게하고, 많은 온건파 혁명가가 왕정복고에 사활을 걸도록 만들었다.[9]

1848년 혁명은 그동안 자유주의 사상가들이 생각하고 있던, 민주주의는 전제 정치를 가져올 수밖에 없다는 점을 확인해 주었다. 따라서 19세기 후반에 자유주의 사상가들은 고대의 유산인 자유에 대한민주적 정의를 포기하고 보다 현대적 해석을 마련해야 한다고 다시 강조했다. 그들은 정치 체제를 민주화함으로써 인간을 자유롭게 하려는 혁명적 시도는 항상 정반대의 결과를 낳았다고 주장했다. 1848년 혁명의 실패가 새롭게 입증한 바와 같이 제한되지 않은 민주주의는 6월 봉기 때와 같은 무정부 상태나 폭정—보나파르티즘의 복원이 이를 잘 보여준다—으로 이어질 수밖에 없었다. 진정한 자유는 무정부 상태나 폭정과는 전혀 다른 것으로, 개인의 안전과 권리 보호를 뜻했다. 이러한 의미에서 자유는 참정권과는 아무런 관련이 없었다.

이와 같은 주장은 1848년 혁명 이후 자유주의 사상이 번성하던 프랑스에서 가장 강력하게 제기되었다. 루이 나폴레옹이 권력을 장악하자마자 언론에 대한 검열이 실시되어 대중적 논의가 중단되었다. 그러나 1860년 이후 제2제국은 더욱 자유주의적인 국면을 맞이했다. 언론과 선거 제도에 대한 정권의 통제도 완화되었다. (제2제국하에서 선거권을 가진 남자들이 대표자들을 선출했지만 정부는 상습적으로 선거를 조작했다.) 자유주의 사상가들은 이러한 새로운 기회를 통해 1848년 혁명에서 무엇이 잘못되었는지 광범위하게 숙고했다. 반세기 전 뱅자맹 콩스탕처럼 그들은 곧 자유에 대한 잘못된 생각이 제2공화국의 실패에 중대한 역할을 했다는 결론을 내렸다.

정치인이자 콩스탕의 열렬한 지지자였던 에두아르 드 라부라이에는 프랑스에서 가장 영향력 있는 자유주의자였다. 그는 명문 콜레주드 프랑스의 법학 교수로서 원래 고대와 중세 역사에 관심이 있었다. 그러나 라부라이에가 서른일곱 살이던 해인 1848년에 혁명이 일어났고, 이 사건은 그의 학문적 경력에서 중요한 전환점이 되었다. 라부라이에는 25년 후에 1848년의 사건들이 "나를 정치 작가로 만들었다."라고 말했다.[10] 그는 민중이 잘못된 정치사상, 특히 자유에 대한 잘못된 개념에서 출발했기 때문에 1848년 혁명이 적어도 부분적으로는 잘못되었다고 확신하게 되었다. 그의 표현을 빌리자면 7월 왕정이라는 "숭고한 체제"가 몰락한 것은 프랑스에서 "자유주의적 사상"이 부족했기 때문이었다. "우리가 이러한 상황에 부닥친 것은 언제나 국가에 대한 잘못된 관념에서 기인한다. 우리는 선거권과 의회 주권을 자유와 혼동하고 있다."[11]

라부라이에는 프랑스인들의 생각을 바꾸기 위해 혼자 선전 운동을 시작했다. 1861년 그는 콩스탕의 『입헌 정치 강의』를 재출간했는데, 여기에는 1819년에 발표된 고대와 근대의 자유에 관한 유명한 에세이가 포함되었다. 1863년에는 국가에 대한 자신의 생각을 서술한 『국가와 그 한계』를 출판했다. 라부라이에는 이와 같은 제목의 에세이 「국가와 그 한계」와 「고대 자유와 근대 자유」라는 에세이에서 자유 개념의 '계보'를 추적하면서 고대 자유와 근대 자유를 구분한 콩스탕의 자유 개념을 거듭 강조했다. 그는 콩스탕과 마찬가지로 프랑스의 혁명적 지도자들이 시대에 뒤떨어진 '고대'의 자유 개념을 고수했기 때문에 프랑스를 자유가 아닌 전제주의로 몰고 갔다고 길게 설명했다.[12]

이와 동시에 라부라이에는 저술에서 1860년대 자유주의자와 왕정복고 시대 자유주의자 사이의 중요한 차이점을 강조했다. 콩스탕을 비롯한 복고주의적 자유주의자들은 정치적 체제로서 민주주의를 분명히 반대했다. 그 대신 영국을 주요 본보기로 삼았다. 이와 대조적으로 라부라이에와 같은 세대의 자유주의자들은 사회적 평등이 중요해지는 시대에 민주주의의 도래를 피할 수 없다는 알렉시스 드 토크빌의 주장에 동의했다. 아마도 더 중요한 것은 1848년 이후 프랑스에서 참정권 제한에 대한 논의는 정치적으로 용인되지 않았다는 점이다. 제2제국은 민중 주권의 원칙을 근거로 수립되었으며, 비록 정권에 의해 선거가 크게 조작되기는 했지만 정기적으로 선거가 열려 성인 남자는 참정권을 행사할 수 있었다. 따라서 1860년대 프랑스의 자유주의자들은 민주주의를 기정사실로 받아들이는 경향이 있었다.

이는 자유주의적 정치사상에 상당한 영향을 미쳤다. 제르멘 드 스탈과 프랑수아 기조와 같은 초기 자유주의자들은 자유를 가장 잘 보호하기 위해서는 귀족정 요소가 강화된 혼합 정체를 도입하거나 현명한 엘리트들이 통치해야 한다고 주장했지만, 그러한 명백한 부권주의적 주장은 19세기 후반이 되면서 대부분 신빙성을 잃게 되었다. 그 대신 자유주의자들은 콩스탕과 마찬가지로 자유가 무엇보다도 국가 권력을 제한하는 데 달려 있다고 주장했다. 이러한 주장을 바탕으로 자유주의자들은 새로 참정권을 얻은 민중이 선거권을 행사해 민주적 전제주의를 촉발하지 않을 정도로 정부의 권력이 제한된다면, 그러한 민주주의를 옹호하거나 적어도 반대하지는 않는다고 말할 수 있게 되었다.

라부라이에는 이렇게 자신이 민주주의에 반대하지 않는다는 점을 조심스럽게 강조했다. 그는 『국가와 그 한계』의 출간과 동시에 발표된 선거 공약서 「자유당」에서 분명히 밝혔듯이 보통 선거권을 지지했다. 그러나 민중에게서 정치권력을 빼앗는 것이 아니라 국가 권력이 확실하게 제한되도록 함으로써 민주주의의 위험 요소가 견제되어야 한다고 생각했다. 따라서 라부라이에는 선거 공약서의 대부분을 모든 국가가 보호해야 하는 '자유'와 '자연권'에 대해 논하는 데 할애했으며,

여기에는 재산권, 종교의 자유, 교육의 자유, 결사의 자유가 포함되었다. 보다 일반적으로, 그는 "현대 사회의 기조"인 "자유방임"의 노선을 따라 정치 체제가 구성되어야 한다고 주장했다. 결국 1688년, 1776년, 1789년의 혁명 모두가 개인에게 "주권을 돌려주기" 위해 발생한 것이 아니었는가?[13]

또한 라부라이에는 이 점을 다른 방식으로도 강조했다. 라부라이에는 동시대인으로 자신보다 연장자였던 토크빌과 마찬가지로 미국의 열렬한 지지자였다. 그러나 1835년 미국인이 민주주의 체제하에서 살았기 때문에 자유롭다고 설명한 토크빌과는 달리 라부라이에는 미국인이 최소 정부하에서 살았기 때문에 자유롭다고 확신했다. 그는 프랑스의 정치 모델로서 미국식 작은 정부를 선전하는 데 큰 힘을 쏟았다. 1850년 콜레주드프랑스에서는 이러한 내용을 중심으로 강의했으며, 그 내용이 정리된 책이 출간되어 큰 성공을 거두었다.[14] 프랑스에 미국 모델을 소개하는 데 가장 큰 공헌을 한 것은 1863년에 발표된 라부라이에의 단편소설 「미국의 파리」로, 이 소설은 영어, 독일어, 그리스어로 번역되었다. 「미국의 파리」는 20세기 초까지 인쇄되었는데, 평론가들은 이를 "오늘날 가장 독창적이고 재미있는 책 중 하나"라고 묘사했다.[15]

「미국의 파리」의 주인공인 프랑스 의사 르네 르페브르는 어느 날 밤 마법처럼 파리에서 미국의 작은 마을로 가족과 함께 이동하게 된다. 가족은 파리에서 살았던 것을 전혀 기억하지 못했지만, 훌륭한 의사인 그는 모두 기억했다. 르페브르는 처음에는 새로운 환경에 대해 불평만 했다. 그는 집 안에 온수와 냉수가 나오는 욕조가 있다는 사실에 놀랐다. (파리에서 그는 대중탕에 익숙했다.) 또한 자신의 미국인 사위가 관료가 아니라 식료품점 직원이라는 사실을 알고는 충격을 받았다. 그러나 무엇보다도 그는 미국이 무법 상태일까 봐 두려웠다. "끝났다! 정부도, 법도, 군대도, 경찰도 없는 나라인 미국에서 야만적이고, 폭력적이고, 탐욕스러운 사람들 한가운데에 아무것도 모르는 채 혼자 남겨지다니! 난 길을 잃었다!"[16]

하지만 얼마 후 평범한 프랑스인인 그가 미국 생활에 익숙해지기 시작했다. 특히 그는 미국이 자유롭기는 하지만 무법 국가는 아니라는 사실을 알게 되었다. 그리고 놀랍게도 미국에서는 모든 사람, 심지어 여자들도 원하는 것을 자유롭게 할 수 있다는 사실을 알게 되었다. 책을 읽는 속도가 더딘 독자를 위해 르페브르는 프랑스와 미국의 차이점을 대조해 설명하기도 했다. 그는 프랑스의 입법자들은 한 나라에서 "자유롭게 행동하는 개인의 집합"인 사회가 정치적 삶에서 어떤 역할을 할 수 있다는 생각조차 해본 적이 없다고 설명했다. 그러나 미국에서는 사회가 가능한 한 가장 광범위한 역할을 했다. 미국은 "모든 것을 스스로 하는 가족들의 집합체"였다. 프랑스에는 이에 견줄 만한 것이 없었다. 미국과는 대조적으로 프랑스에는 단 한 가지, "촉수를 사방으로 뻗어 모든 것을 장악하고, 모든 것을 빼앗고, 모든 것을 질식시키는 거대한 폴립" 같은 정부만 있었다.[17]

소설의 말미에서 르페브르는 미국의 생활 방식을 완전히 받아들였는데, 즉 정부는 가능한 한 시민의 삶에 관여하지 말아야 하며 시민은 모든 것을 '스스로' 해야 한다는 생각으로 전향하게 되었다. 그는 파리에 있는 자신의 집에서 다시 깨어났고, 가족과 친구, 그를 돌보기 위해

찾아온 의사에게까지 미국인들이 우월한 자유를 누리고 있다는 사실을 이해시키려고 애썼다.

> "미국에 정부가 있나? 아니면 그 비슷한 거라도 있나?"라고 [그의 친구인] 변호사가 물었다.
>
> "여보게, 그들은 모든 정부 중에서 가장 아름다운 정부를 갖고 있다네. 행정을 최소한으로 제한하고, 시민이 스스로 통치할 수 있도록 가장 많은 자유를 주는 정부일세."라고 나는 대답했다.
>
> "아편의 효과로군!" [의사] 올리브리우스가 말했다. "미국이 완전히 무정부 상태라는 것을 누구나 다 알고 있지 않은가!"[18]

라부라이에의 글에서 알 수 있듯이 이러한 방식으로 민주주의를 생각한다고 해도 19세기의 많은 자유주의자들이 민주주의 자체가 자유를 보호하는 비결이 아니며 자유와 민주주의를 혼동해서는 안 된다고 계속해서 주장했다. 오귀스트 네프체르는 1860년대에 출판된 『정치학 일반 사전』에 수록된 '자유주의' 항목에서 이러한 생각을 더욱 강력하게 표명했다. 네프체르는 이 항목에서 "자유주의 정신"과 "민주주의 정신"을 구별했다. 그의 설명에 따르면 민주주의자들은 특정한 정치 체제를 추구했다. 이와 대조적으로 자유주의자들은 자유를 보호하는 데 중점을 두었다. 그들이 추구하는 바는 반드시 상충하는 것은 아니지만 절대 동일하지 않았다. 즉, 자유 없이 민주주의를 이루거나 민주주의 없이 자유를 이루는 것이 완전히 가능했다. 따라서 프랑스 혁명은 1789년의 초기 짧은 기간을 제외하고는 "과도한 민주주의"로

이어졌지만, "전혀 사유주의적이지 않았다."[19]

또한 민주주의와 자유는 비록 양립할 수는 있지만 서로 같은 것은 아니라는 이러한 통찰은 자유 민주주의라는 새로운 개념으로 이어졌다. 1860년대 프랑스 자유주의자인 샤를 드 몽탈랑베르가 착안한 자유 민주주의라는 용어는 20세기의 마지막 수십 년 동안 폭발적인 인기를 얻었다.[20] 몽탈랑베르는 1863년 메헬렌에서 벨기에 가톨릭 신자들을 대상으로 한 연설에서 올바른 종류의 민주주의가 필연적으로 승리하게 된다면, 그것이 가톨릭 신자들에게 왜 유익하다고 생각하는지를 설명했다. 그는 "자유 민주주의"와 "순수하게 평등주의에 바탕을 둔 민주주의"를 구별하고 미래의 중대한 과제는 민주주의와 자유를 조화시키는 것이라고 설명했다. 그리고 민주주의는 전제주의 및 혁명과 "본질적 관련성"이 있음을 역사가 증명했기 때문에 이것은 결코 쉬운 일이 아니라고 덧붙였다. 따라서 민주주의를 자유화하기 위해서는 종교의 자유에 대한 권리 등 개인의 권리를 침해할 수 없고 신성한 것으로 인정하는 것이 가장 중요했다.[21]

1848년 이후: 영국과 중유럽의 자유주의적 자유

1848년 영국은 대체로 혁명으로 인한 격변의 영향을 받지 않았다. 따라서 영국에서는 혁명에 자극을 받아 탐구에 몰두하는 학식 있는 엘리트들이 프랑스에 비해 그리 많지 않았다. 그런데도 스스로 자유주의자라고 말하는 휘그파가 점점 많아졌다. 휘그파는 1848년 혁명이 민주주의가 자유를 제한하는 결과로 이어질 수 있음을 보여주는 경고라고 생각했다. 일례로 휘그파 정치인이자 역사가인 토머스 매콜리는 1848년 혁명이 발발했을 때 두려움에 떨었다. 그는 융통성 없는 합스부르크 제국을 거의 동정하지 않았지만, 헝가리 민족주의자들이 자유주의 국가를 수립하려는 시도는 유럽의 권력 균형에 용납할 수 없는 위협을 가하는 것이라고 보았다. 그러나 무엇보다도 매콜리는 프랑스에서 자유주의적인 7월 왕정이 전복된 것에 실망했다. 2월 혁명을 향한 그의 혐오감은 6월 봉기 이후 더욱 심해졌고, 노동자들의 반란이 잔혹하게 진압되자 매우 기뻐했다. 그리고 루이 나폴레옹이 제2공화국을 전복하고 독재 정부를 수립했을 때는 안도했다.[22]

1848년 혁명 이후 매콜리는 민주주의는 계급 투쟁을 촉발함으로써 자유의 종식을 가져올 뿐이라고 더욱 확신하게 되었다. 그는 1857년 미국의 한 지인에게 보낸 서한에서 "나는 순수하게 민주적인 제도가 머지않아 자유나 문명, 아니면 둘 다를 틀림없이 파괴하고 말 거라고 오랫동안 확신해 왔다."라고 썼다. 1848년 프랑스에서 수립된 "순수 민주주의"가 그의 생각을 입증했다. 그는 "짧은 시간 동안 일상적 약탈, 국가적 파산, 새로운 토지 분할, 가장 높은 물가, 게으른 빈자를 부양하기 위해 부자에게 부과되는 터무니없이 높은 세금이 당연히 예상되었다."라고 썼다. 그러나 다행히 루이 나폴레옹의 쿠데타 덕분에 위험을 피할 수 있었다. 매콜리가 말했듯이 "자유는 사라졌지만, 문명은 구할 수 있었다." 매콜리는 영국에서도 민주 정부의 도입이 똑같은 영향을 미칠 것임을 "조금도 의심하지 않았다." "빈자가 부자를 약탈하고 문명이 멸망하거나, 아니면 강력한 군사 정부가 질서와 번영을 회복하고 자유는 사라질 것이었다."[23]

그러나 1848년에 영국의 모든 자유주의자가 겁을 먹고 어설픈 이유로 민주주의가 부자에 대한 빈자의 폭정을 야기할 것이라며 반대한 것은 아니다. 빅토리아 시대 중반기에 매우 영향력 있는 언론인이었던 월터 배젓은 미묘한 견해를 표명했다. 그는 "생각이 없는 사람들"이 믿는 것처럼 민주주의가 "대량 학살과 몰수"를 촉발할 것이라는 개념에 노골적으로 반대했다. 그러한 위험은 "프랑스 혁명의 공포"에서 시사되기는 했지만, 더 근래에 있었던 경험은 다른 위험을 가리켰다. 어쨌든 제2제국은 보통 선거권에 기반을 두었지만 정치 체제가 적색 공화정으로 바뀌지는 않았기 때문이다. 그 대신 루이 나폴레옹의 통치는 "수많은 농촌 지주의 공포와 무지"에 기반을 두었다. 간단히 말해 민주주의는 사회의 멸망을 촉발하지 않을 수도 있지만 무지한 자의 통치로 이어지고 따라서 더 똑똑한 유권자들이 "노예화"될 수 있었다.[24]

이러한 위험을 막기 위해 매콜리와 배젓 등 영국 휘그파와 자유주의자들은 계속해서 엘리트에 의한 통치를 주장했다. 프랑스 자유주의자들과는 달리 그들은 민주주의를 제한하거나 민주주의와 타협해야 한다고 생각하지 않았다. 매콜리는 성인 남자 약 20퍼센트에게 선거권을 부여한 1832년의 합의를 엄격하게 준수해야 한다고 주장했다. 실제로 매콜리는 명예혁명을 통해 이룩한 선거법 개정 법안을 기리기 위해서 1849년 『영국의 역사』라는 방대한 분량의 저서 중 첫 두 권을 출판했으며 이 책은 대대적인 인기를 누렸다. 배젓은 매콜리보다 개혁에 더 개방적이었지만, 선거권은 "지식 있는 장인 계급"까지만 확대되어야 한다고 생각했다. 어떤 대가를 치르더라도 민주주의는 피해야

했다. 정치에 참여하기에는 민중은 "너무나 엄청나게 무지"했다.[25]

존 스튜어트 밀은 반민주적 경향의 영국 지식인 중에서 중요한 예외였다. 그는 라부라이에와 마찬가지로 제한된 민주주의 형태를 옹호했다. 제러미 벤담의 대자代子인 밀은 열성적인 급진주의자로 성장했다. (한 지인은 어린 시절의 밀을 "벤담의 사도"라고 묘사했다.)[26] 그러므로 밀이 평생 민주주의를 수호했다는 것은 놀랄 일이 아니다. 사실 밀은 어떤 측면에서는 벤담과 아버지인 제임스 밀보다 더 급진적이었는데, 그들과는 달리 여성 참정권을 지지했기 때문이다. (제임스 밀은 여성의 이익이 아버지나 남편에 의해 자연스레 대변되기 때문에 여성이 투표할 필요가 없다고 주장했다.)[27]

그러나 자유와 민주주의에 관한 밀의 견해는 더 진전된 것으로, 벤담과 아버지보다는 라부라이에와 같은 프랑스 자유주의자의 견해와 더 비슷했다. 1830년대와 1840년대에 밀은 다수제 민주주의를 비타협적으로 옹호하는 벤담과 제임스 밀의 주장에 점점 환멸을 느끼게 되었고, 그의 표현대로 말하자면 "순수 민주주의"에서 벗어나 "수정 민주주의"로 방향을 전환했다. 밀이 자서전에서 설명했듯이 이러한 전환은 프랑스 작가들, 특히 알렉시스 드 토크빌의 글에서 큰 영향을 받았기 때문이었다. (공교롭게도 밀이 자신을 급진주의자가 아닌 자유주의자라고 생각하기 시작한 것도 이 무렵이었다.)[28]

밀은 1840년 토크빌의 『미국의 민주주의』에 대한 장문의 평론을 『에든버러 리뷰』에 발표하면서 처음으로 자신의 자유주의적 입장을 표명했다. 그는 토크빌의 저서를 읽으면서 근대 사회에서 민주주의가 정말로 피할 수 없는 것이 되었다고 확신했으며, 새로운 민주적 사회에서 다수의 폭정에 의해 자유가 끊임없이 위협받을 것이라는 토크빌의 주장에 동의했다. 게다가 민주주의에서 다수가 억압적인 법을 제정하기 위해 권력을 남용하는 데만 그치는 것이 아닐 수 있다. 토크빌이 지적하고 밀도 전적으로 동의했듯이 민주주의가 대중의 정신을 어지럽히는 다수의 폭정으로 이어져 민주주의의 억압적 경향을 견제하기가 더욱 어려워질 수도 있다. 일례로 반가톨릭 방화범들이 매사추세츠에 있는 우르술린 수녀원에 불을 질렀을 때 어떤 배심원도 그들에게 유죄를 선고하려 하지 않았다고 밀은 지적했다.[29]

밀의 이러한 발상은 1859년에 출간된 『자유론』에 잘 나타나 있는데, 이 책은 밀의 가장 유명하고 영향력 있는 저서로 자유의 의미를 고찰했다. 밀은 자유 개념의 계보를 추적하면서 『자유론』의 서문을 시작한다. 그는 18세기 후반 혁명가들에 의해 자유가 민중 자치로 해석되기 시작했다고 설명했다. 그러나 민주주의에 대한 경험이 늘어나게 되면서, 다른 형태의 정치 체제와 마찬가지로 이러한 유형의 정치 체제에서도 다수에 의한 "권력 남용"이 발생할 수 있다는 점이 드러났다. 그러므로 자유를 수호하기 위해서는 무엇보다 "개인에 대한 정부의 권력을 제한하는 것"이 필요하다는 점이 명백해졌다.[30] 그렇다면 문제는 그 경계를 어디에 두느냐는 것이었다. 이 점에서 벤담의 충실한 제자였던 밀은 자연권이 사적 독립의 영역의 한계를 정하는 것이라고 언급하지 않았다. 그 대신 밀은 자신의 유명한 위해 원칙, 즉 정부는 타인에게 잠재적으로 해를 끼칠 수 있는 행동만 금지해야 한다는 원칙을 제시했다.

밀은 정부의 권력을 제한해야 한다고 주장하면서 재산권에 대한 대중적 비판은 고려하지 않았다. 그는 오히려 배젓처럼 "소수의 천재" 들을 우려했는데, 그들은 필연적으로 다른 사람들보다 "더 독특"하므로 "집단적 평범함"에 의해 억압될 위험이 있기 때문이었다.[31] 이러한 개념은 밀에게 중요한 논점이 되었고, 그는 『자유론』이 나온 이후 2년 만에 출간된 『대의 정치에 대한 고찰』에서 이 주제를 중점적으로 다시 다루었다. 이 책에서 그는 민주주의로 인해 "공동체에서 점점 더 교육 수준이 낮은 계급의 손에 주권이 맡겨질 것"에 대한 우려를 거듭 표명했다.[32]

밀은 제한된 민주주의를 주장함으로써 그가 젊은 시절 주창했던 급진주의와 "천재들"이 억압될 것이라는 우려를 양립시킬 수 있었다. 이와 동시에 밀은 프랑스의 사례에서 영감을 받아 다수의 폭정을 중점적으로 다루면서 벤담과 제임스 밀이 중시한 소수의 폭정, 특히 자신의 이익을 위해 영국 정치 체제에 지배력을 행사한 과두제 집권층의 폭정과 같은 문제에는 소홀했다. 지나고 나서 생각해 보건대, 밀이 소수의 폭정에 대해 우려하는 것이 "집단적 평범함"에 대해 우려하는 것보다 더 나았을지도 모른다. 빅토리아 시대 중반기의 정부를 "다수를 해치는 소수를 위한 정부"라고 말하는 것은 부당할 수도 있지만, 이렇게 말하는 것이 다수가 폭정을 펼치는 정부라고 설명하는 것보다는 더 적절해 보인다. 왜냐하면 영국에서 『자유론』이 출판되었을 당시 성인 남자의 약 20퍼센트가 투표할 수 있었고, 선거권 확대는 집권 엘리트들의 격렬한 반대에 부딪혔기 때문이다.

1848년 혁명은 처음에는 중유럽과 동유럽의 자유주의자들 사이에서 프랑스와 영국에서와 거의 같은 반응을 불러일으켰다. 헝가리 정치인 요제프 외트뵈시는 『19세기의 지배적 사상과 국가에 미치는 그 영향』에서 이를 명확히 했다. 외트뵈시는 유대인 해방과 같은 전통적 자유주의 대의의 옹호자로 유명해졌는데, 그는 1848년 헝가리 혁명의 초기 단계에서는 자유주의를 지지했지만 혁명이 더 급진적으로 전개되자 환멸을 느꼈다. 외트뵈시는 1853년에 출간된 『19세기의 지배적 사상과 국가에 미치는 그 영향』에서 헝가리 페슈트뿐만 아니라 유럽 전역에서 무엇이 잘못되었는지를 탐구했다.[33] 공포 정치 이후 콩스탕이 그랬던 것처럼 외트뵈시 역시 혁명가들과 유럽인들이 전반적으로 자유의 개념을 잘못 이해했다고 주장했다. 좀 더 구체적으로 말하자면 루소와 프랑스 혁명 전통의 영향으로 유럽 전역에서 자유가 "민중 주권 원칙"과 혼동되었다. 그러한 혼동은 민주적 전제주의로 이어질 수밖에 없었다. 따라서 외트뵈시는 그의 책에서 "당연히 누릴 자격이 있는 권리"를 존중하기 위해 자유의 정의를 재정립해야 한다는 결론을 내렸다.[34]

자유를 제한할 수 있는 민주주의 요소에 대한 외트뵈시의 우려는 중유럽과 동유럽 자유주의자들의 광범위한 공감을 얻었다. 일반적으로 말해 1848년 혁명을 겪은 후 유럽 전역에서 온건적 자유주의 개혁가들과 급진적 민주주의 개혁가들이 대립하게 되었다. 합스부르크 제국에서는 1848년 혁명 이후 극심한 탄압이 자행되고 절대주의가 부활했다. 그 결과 외트뵈시를 비롯한 많은 자유주의자가 공공의 영역에서 물러났으며, 이들은 신절대주의 정권이 붕괴되기 시작한 1850년대 후반이 되어서야 정치적 논의의 장으로 복귀했다. 1866년에 발발한 7주 전쟁, 즉 프로이센·오스트리아 전쟁에서 프로이센이 합스부르크 제국을 패배시킨 후 합스부르크 정권은 자유화되었다. 하지만 정권이 민주화되지는 않았는데, 오스트리아와 헝가리에서 새로 구성된 의회에서 참정권은 극도로 제한되었기 때문이다. 그러나 많은 자유주의자, 특히 헝가리의 자유주의자에게는 1867년 헌법 개정으로 자유를 위한 투쟁이 성공적으로 마무리되는 것처럼 보였다.[35]

1848년 독일에서도 온건적 자유주의자와 급진적 민주주의자 사이에서 지속적인 분열이 일어났으며, 다양한 신조의 자유주의자들이 1848년 보통 선거의 도입을 철없는 실수로 간주했다.[36] 하지만 1862년 빌헬름 1세가 오토 폰 비스마르크를 총리로 임명하면서 자유주의자들은 곧 강력한 권위주의 정부의 부활을 목도하게 되었다. 비스마르크는 프로이센을 중심으로 독일의 여러 영토를 통합해 오랜 자유주의의 꿈을 실현하기 시작했다. 그러나 비스마르크의 다양한 외교 정책이 성공적으로 이행되면서 그의 권위는 더욱 확고해졌다. 그 결과 1860년대와 1870년대에 독일 자유주의자들은 민주주의가 아닌 신절대주의가 자유를 위협하는 것에 대해 점점 더 우려하게 되었다.

하이델베르크대학교 정치학 교수였던 요한 카스파 블룬칠리는 특히 절대 왕정이 자유주의적 가치에 가하는 위협에 대해 우려를 표명했다. 블룬칠리는 여러 국가의 자유주의 사상가들과 소통하는 범세계주의적 사상가였다. 에두아르 드 라부라이에와 프랜시스 리버와도 친분이 있었으며, 다양한 자유주의적 발상을 지지했다.[37] 1870년대 중반에 출판된 그의『국가론』은 헌법에 관한 논문으로서 뱅자맹 콩스탕처럼 국가 권력에 대한 고대의 태도와 근대의 태도를 명백하게 구분했다. 그의 설명에 따르면 "고대 국가"는 "지나치게 강력한 권력"을 가지고 있었다. 시민은 "국가 구성원으로서의 존재 외에는 아무것도 아니었다." 이와는 대조적으로 근대 사회에서 인간은 "국가에 흡수"되는 것이 아니라 독립적으로 발전했다. 그들은 주권 국가의 의지가 아니라 "자신의 생각"에 따라 권리를 행사했다.[38]

그러나 블룬칠리의 관점에서 민주주의는 이 현대적이고 자유주의적인 질서에 즉각적인 위협을 가하지 않았다. 그는 권위주의의 부활이 훨씬 더 위험하다고 보았다. 군주제는 역사상 그 어느 때보다 강력했으며 "서유럽에서 가장 명백한 우위"에 있었다. 따라서 블룬칠리는 유럽의 "집권 왕조"가 "중세적 편견"을 버리고 "민중"을 더 생각해야 한다고 충고했다.[39] 물론 이러한 견해는 라부라이에와 매콜리가 표명한 견해와는 매우 달랐다. 하지만 블룬칠리를 비롯한 독일 자유주의자들이 민주주의자라고 생각해서는 안 된다. 블룬칠리는 입법에 대한 민중의 통제를 강화해야 한다고 주장하기는 했지만, 그가 '프롤레타리아트'라고 설명한 계급은 민중의 일부가 아니므로 정치에서 어떤 역할도할 수 없다고 했다. 그 대신 블룬칠리는 매콜리와 배젓처럼 정치 모델로서 매우 엘리트적인 대의 체제를 선호했다.[40]

19세기 말 유럽의 자유주의와 집산주의

요컨대 1848년 이후 유럽 전역의 자유주의자들은 자유가 민주적 자치가 아니라 개인의 권리로 가장 잘 이해될 수 있다고 새롭게 주장했다. 그러나 자유의 본질과 의미에 대한 논쟁은 여기서 끝나지 않왔다. 이후 19세기 말 수십 년 동안 유럽, 특히 프랑스와 영국에서 민주주의에 대한 새로운 요구가 대두되면서 다수의 폭정에 대한 자유주의자들의 우려가 다시 불거졌다. 프랑스에서는 민주주의로의 전환이 갑작스럽고 혼란스럽게 이루어졌다. 1870년 제2제국은 프로이센에 굴욕적인 패배를 당한 이후 전복되었고, 프랑스는 다시 혼란에 빠졌다. 노동자들이 수립한 정부인 코뮌을 중심으로 파리에서 반란이 일어났으나 신속하게 유혈 진압되었다. 질서와 안정이 절실했던 프랑스인들은 전통적인 군주제를 복원하기를 원하는 것처럼 보였다. 그러나 왕위 계승자인 콩테 드 샹보르가 부르봉 왕조의 전통적인 색인 백색의 기를 들고 싸우기를 주장하자, 프랑스의 군부를 포함한 기득권 세력은 꿈쩍도 하지 않았다. 그들은 오직 삼색기 아래에서만 싸우려고 했다. 프랑스 엘리트들은 군주제를 배제하고, 1875년 성년 남성 참정권에 기반한 민주 공화국인 제3공화국을 수립했다. 프랑스인들을 포함한 모든 사람이 놀랄 만큼 새로운 정권은 상당히 오랫동안 유지되었다.[41]

영국에서는 적어도 표면적으로는 민주주의가 프랑스에서보다 점진적으로 나타났다. 1867년 토리당 정부는 성인 남자의 약 30퍼센트까지 투표권을 확대하는 제2차 개혁법을 도입했다. 의회 토론에서 드러난 바와 같이 참정권 확대를 위한 법안은 헌법의 균형 원칙에 따라 제정되었다. 따라서 1867년 법을 민주화 과정의 일환으로 보아서는 안 된다. 개혁에 대한 보수파의 비판에 관해 벤저민 디즈레일리는 전체 성인 남자 중 3분의 2를 제외하는 것은 "강력한 민주주의가 취하는 형태가 아니다."라고 냉정하게 대답했다. 디즈레일리는 보수 지도자로서 제2차 개혁법의 의회 통과를 이끌었다.[42]

이로부터 17년 후인 1884년, 제3차 개혁법 개정으로 성인 남자의 약 60퍼센트까지 선거권이 확대되었다. 21세기의 관점에서 볼 때 1884년 제3차 개혁법 개정에서 가장 놀라운 점은 무수히 많은 사람이 정치 참여에서 지속적으로 배제되었다는 사실이다. 여전히 상당히 많은 수의 성인 남자와 모든 여자가 참정권이 없었다. 그런데도 당시 사람들은 이 개혁법으로 영국에 민주주의가 완전히 수립되었다고 생각했는데, 이 개혁법의 주요 발기인이자 자유주의 지도자인 윌리엄 글래드스턴의 주장이 그러한 인상을 주었기 때문이다. 노동자 계급의 확고한 지지를 받았던 글래드스턴은 노동자들이 상류층과 마찬가지로 권력을 행사할 수 있다고 확신했다. 따라서 그는 균형이라는 단어를 더는 사용하지 않았다. 그 대신 글래드스턴은 원칙적으로 모든 남성에게 투표권이 있다고 주장함으로써 개혁의 최종 목표는 진정한 성년 남성 참정권이어야 한다는 점을 분명히 했다.[43]

　프랑스와 영국에 민주주의가 갑자기 도래하면서 자유주의자들의 민주주의에 대한 공포가 되살아났다. 더구나 민주주의가 이른바 '집산주의'의 부상과 맞물려 있는 것처럼 보였기 때문에 더욱더 그러했다. 1880년대 여러 유럽 국가의 정부들은 노동자를 보호하고, 재정 위기의 위험을 줄이며, 아프고 노령인 시민을 보호하기 위한 법안을 도입하기 시작했다. 이러한 초기 형태의 복지 국가가 출현하게 된 동기는 다양했다. 유럽 정부들은 남성 시민의 건강 악화로 인해 전투력이 저하될 것을 우려했다. 또한 종교적 우려도 영향을 미쳤고, 노동자들의 파업이나 반란에 대한 우려도 있었다. 그러나 자유주의 반대자들에게 집산주의의 부상은 무엇보다도 민중의 정치적 영향력이 확대된 데 따

른 부차적 결과로 여겨졌다.[44]

프랑스와 영국의 자유주의 사상가들은 민주주의의 위험성에 관한 상투적인 말을 반복하며 이러한 상황 전개에 대응했다. 그러나 1880년대와 1890년대에 자유주의 담론 역시 미묘하게 바뀌었다. 콩스탕 이후 자유주의자들은 민주주의자들의 재산권 공격을 우려했다. 콩스탕은 "재산에 대한 자의적 권력에는 곧 사람들에 대한 자의적 권력이 뒤따른다."라고 경고했다.[45] 그러나 이것은 여러 가지 우려 사항 중 하나에 불과했다. 콩스탕은 종교의 자유와 언론의 자유에 대해서도 똑같이 우려했다. 그는 자유방임주의를 주장했지만, 자유방임주의가 경제적 원칙에 국한된 것은 결코 아니었다. 정부가 시민의 삶에 개입하지 않아야 한다는 일반적인 권고였다.

그러나 1880년대 유럽에서 정부의 개입이 더 확대되면서 자유주의자들은 기존의 재산 분배 방식과 자유 시장에 가해지는 위협에 점점 더 집중하게 되었다. 이러한 변화는 자유를 둘러싼 논쟁에서 자유방임주의 경제학자들의 역할이 중요해지던 시기와 맞물려 이루어졌다. 제임스 매킨토시와 에두아르 드 라부라이에, 토머스 매콜리는 모두 변호사 출신이었지만, 1880년대와 1890년대 대중 토론에서 큰 영향을 미치게 된 자유주의 사상가들은 주로 고전 경제학 교육을 받은 경우가 많았다. 그들은 하루 8시간 근무와 질병에 대한 의무 보험과 같은 개입주의 정책을 정통 경제적 개념에서 위험하게 벗어나는 것으로 보았다. 자유주의 경제학자들은 상아탑에서 나와 그러한 정책이 경제 성장뿐만 아니라 자유에도 치명적인 위협이 된다고 동시대인들을 설득하려고 노력했다.

프랑스에서는 폴 르루아볼리외가 집산주의에 대한 자유주의자의 우려를 가장 강력하게 표명했다. 상류층 부르주아 출신으로 자유주의자이며 명문 콜레주드프랑스의 경제학 교수였던 르루아볼리외는 처음에는 제3공화국의 수립을 환영했다. 제3공화국의 초기 몇 년 동안은 자유주의 정치인들이 정계를 장악했는데, 르루아볼리외는 질서를 회복하고 코뮌을 무너뜨린 프랑스의 새로운 지도자들에게 박수를 보냈다. 그러나 몇 년 후 르루아볼리외는 새 정권이 재정을 낭비한다고 보고 이에 대해 우려하게 되었다. 1877년 그는 정부의 새 예산안에 대해 날카로운 비판을 했다. 그의 요점은 간단했다. 국가 지출이 너무 많았다.[46]

르루아볼리외는 여러 에세이와 책을 저술하면서 이러한 잘못된 상황 전개에 맞서기 위해 애썼다. 그의 노력은 1890년에 출판된 『현대 국가』에서 집대성되었다. 르루아볼리외는 일련의 강의를 바탕으로 한 이 책을 통해 경각심을 불러일으켰다. 그는 서문에서 국가 권력을 우상화함으로써 생겨난 "새로운 농노제"가 "서양 문명"을 위협하고 있다고 경고했다. 그리고 이것이 민주주의를 도입한 직접적인 결과라고 말했다. 현대 국가에서 다수제 민주주의는 필연적으로 노동자 계급의 이익을 보호하기 위해 통치가 이루어지는 체제이므로 일반 대중의 이익을 옹호하는 것이 불가능하다. 따라서 "자유주의적 상업 체제"는 객관적으로 최고의 경제 체제임에도 불구하고 모든 현대 국가에서 위협을 받고 있었다.[47]

그렇다고 르루아볼리외가 민주주의 폐지를 찬성했던 것은 아니었다. 그는 분명히 프로이센과 같은 "관료적" 국가가 더 나은 본보기가 된다는 생각에 반대했다. 그러나 르루아볼리외는 현대 국가의 역할이 제한될 필요가 있음을 강조했다. 국가가 해야 할 일은 이미 존재하는 "자연권"을 보호하는 것뿐이었다. 그는 책의 대부분에서 국가가 어떤 기능을 수행해야 하는지, 특히 어떤 기능을 수행해서는 안 되는지에 대해 상세히 분석했다. 그리고 자신의 경고에 주의를 기울이지 않는다면 현대 국가의 권력 확대가 "집산주의", 모든 자유의 종말, 심지어 "서양 문명의 파괴"로 이어질 것이라고 결론지었다.[48]

이와 유사하게 영국에서는 자유주의 사상가 허버트 스펜서가 자유의 미래에 대해 우울한 전망을 설파했다. 교사의 아들이었던 스펜서는 새로운 철도 산업 분야에서 일을 시작했다. 그는 대학을 다니지 않고 독학으로 공부했는데, 일을 쉬는 기간에 정치·경제 문제에 대해 글을 쓰기 시작했다. 스펜서는 광범위한 주제로 영향력 있는 작품을 지속적으로 저술했으며, 주로 "과잉 법률"에 반대했다. 스펜서가 사망하자 『맨체스터 가디언』은 그를 "지난 반세기 동안 가장 영향력 있는 두세 명의 작가"에 속한다고 평가했다.[49]

스펜서는 지식인으로서 경력을 쌓아가던 초기에 민주주의와 자유의 양립에 대해 낙관적이었다. 스펜서가 보기에 노동자 계급은 작은 정부가 자신들에게 유리하다고 여겼으며, 따라서 그는 참정권의 확대가 개인의 자유를 침해하지 않을 것으로 생각했다. 그러나 1860년대에 참정권 개혁의 가능성이 커지면서 생각을 바꾸었다. 그는 1863년 「의회 개혁: 위험과 안전장치」라는 글에서 참정권 확대가 자유에 가하는 위험에 대해 고찰했다. 스펜서는 특히 노동조합의 영향력이 커질 것을 우려했는데, 노동조합의 존재 자체가 노동자들이 "근본적인 사회적 관계"에 대해 "잘못된" 견해를 가지고 있음을 보여준다고 주장했다. 노동자들이 계약의 자유를 반대하는 것은 그들이 "자유의 본질을 잘 이해하지 못한다."라는 점을 보여주는 것이었다. 다시 말해 그러한 사람들은 "자신과 동료 시민의 자유를 수호할 능력이 거의 없는 것처럼 보일 것이다."[50]

노동자의 압제적 성향에 대한 스펜서의 우려는 1880년대에 이르러서 민주주의에 의해 강요된 사회주의에 대한 완전한 두려움으로 발전했다. 스펜서의 저서 중 가장 잘 알려져 있으며 많은 논쟁을 불러일으킨 『개인 대 국가』(1884)에서 스펜서는 '사회주의'(스펜서는 누진 과세와 같은 개혁 정책을 사회주의라고 칭했다)가 필연적으로 '노예제'로 이어지며, 따라서 노동자가 노동의 결실을 정부에 양도하도록 강요받는 체계라고 인상적으로 묘사했다. 스펜서는 "모든 사회주의는 노예제를 포함한다."라고 썼다. "노예의 개념에 필수적인 것은 무엇인가? … 노예를 근본적으로 구별 짓는 것은 노예는 다른 사람의 욕망을 충족시키기 위해 강제로 일한다는 것이다… 노예의 주인이 개인인지 사회인지는 중요하지 않다."[51]

스펜서에 따르면 국가의 강압이 민중의 동의를 얻어 도입되었다면 억압적이지 않았다. 그는 『개인 대 국가』의 서두에서 근래 영국에 도입된 다양한 사회 개혁에 대해 장황하게 비판했다. 그리고 민중에 대한 책임이 있는 정부가 이러한 새로운 규정을 도입했다는 사실이 중요한 게 아니라고 강조했다. 스펜서는 콩스탕의 견해를 반영해 "민중이 선택한 기관의 권위는 군주의 권위보다 더 무한한 권위로 여겨지지 않는다. 그리고… 과거의 진정한 자유주의가 군주가 무한한 권위를 가진다는 가정에 이의를 제기한 것처럼, 현재의 진정한 자유주의도 의회가 무한한 권위를 가진다는 가정에 이의를 제기할 것이기 때문이다."라고 말했다.[52]

19세기 말, 많은 자유주의자가 르루아볼리외와 스펜서의 견해에 동의했다. 스펜서의 주요 지지자 중에 1860년대 의회 개혁에 격렬하게 반대했던 정치인 엘초 경이 있었다. 1880년대 초, 엘초는 계급 입법으로 인해 야기될 수 있는 최악의 상황이 벌어졌다고 판단했다. 그는 압력 단체인 자유·재산권보호연맹을 설립했으며, '집산주의' 법안을 폐지하고 모든 계급에 영향을 미치는 사회주의에 맞서 싸우기 위한 선전 활동을 벌이는 것을 목표로 삼았다. 이 연맹은 런던의 공원에 '자유 선교사'를 파견했고, 자유를 기념하는 행사와 반사회주의 랜턴 쇼를 주최했다.[53] 프랑스에서는 폴 르루아볼리외의 형인 아나톨이 사회주의의 영향에 대처하기 위해 사회진보방어위원회를 만들었다. 이 위원회는 엘초가 설립한 자유·재산권보호연맹을 본떠서 만든 것이다.[54]

요컨대 1900년에 이르러 영국과 프랑스의 자유주의자들은 그 어느 때보다도 민주주의가 자유를 위협하고 있으며 불가피하게 집산주의를 촉발할 것으로 보인다고 우려했다. 독일의 자유주의자들은 민주주의가 자유에 가하는 위협에 대해서 크게 우려하지 않았는데, 프랑스나 영국보다는 그 위협이 훨씬 더 요원한 것처럼 보였기 때문이다. 1871년 오토 폰 비스마르크가 독일 제국을 수립하면서 왕권이 강화되었으며, 독일 관료들은 민중에 대한 책임이 거의 없었다. 이러한 상황에서 막스 베버와 같은 독일의 자유주의자들은 민주주의보다는 관료주의가 근대 자유에 대한 가장 큰 위협이라고 여겼다.[55] 그러나 대서양 건너 미국에서는 르루아볼리외와 스펜서의 견해를 더 적극적으로 지지했다.

1848~1914년 미국의 근대 자유

1848년에 북아메리카는 혁명으로 인한 격변을 면했다. 그러나 유럽에서와 마찬가지로 자유의 본질과 의미의 재정립을 요구하는 움직임이 촉발되었다.[56] 미국의 두 주요 정당인 휘그당과 민주당은 유럽의 혁명, 특히 프랑스의 2월 혁명에 대해 서로 다른 반응을 보였다. 민주당은 프랑스의 군주제가 전복된 것에 열광했다. 1848년 5월에 채택된 민주당 강령에는 새롭게 수립된 프랑스 공화국이 "민중 주권"이라는 "위대한 정치적 진실"에 따라 행동한 것을 기리는 "형제애적인 축하"가 포함되었다. 실제로 민주당은 프랑스의 신규 공화국 수립에 매우 감동해 프랑스의 공식 슬로건을 그대로 자신들의 슬로건으로 삼았다. 민주당 대통령과 부통령 후보인 루이스 캐스와 윌리엄 버틀러는 "진정한 민주주의의 기본 원칙인 자유, 평등, 박애"를 강령으로 삼고 선거 유세를 펼쳤다.[57]

휘그당은 2월 혁명에 대해 보다 양면적인 반응을 보였다. 한편으로는 휘그당 내에서 상당한 비율을 차지하는 인도주의적 개혁가들은 자연스럽게 유럽 국가들에 동조했다. 특히 프랑스의 새로운 공화국이 식민지에서 노예 제도를 폐지했을 때 그들은 환호했다. 다른 한편으로 휘그당은 프랑스인들이 자유를 누리기보다는 방종하기 쉬운 성향이 있다고 보고 이에 대해 우려했다. 또한 6월 봉기의 폭력 사태와 마찬가지로 2월 혁명이 폭도 통치를 보여주는 또 다른 불행한 실험으로 밝혀질까 봐 우려했다. 휘그당의 핵심적인 대변인 중 한 명인 대니얼 웹스터 상원 의원은 프랑스에서 "통제되고 억제된 헌법상의 자유"를 통해 국민을 통치할 수 없을 것이라며 절망했다. 프랑스인들에게는 "극단적 민주주의"만이 진정한 민주주의인 것처럼 보였다.[58]

독일 출신의 지식인 프랜시스 리버는 1848년 혁명에 대한 휘그파의 우려를 가장 분명하게 표명했다. 유럽의 지식인들은 리버를 "인간으로서 그리고 학자로서 자유주의자"라고 묘사했다.[59] 그러나 미국적 맥락에서 보면 그는 휘그파에 속한다. 리버는 20대 후반에 미국으로 이주해, 강력한 재산권 옹호자로 잘 알려진 조지프 스토리 연방 대법관과 같은 저명한 휘그파 인사와 교류했다. 또한 그는 급진적 노예제 폐지에 반대했지만 노예제 반대 운동 지도자이면서 전도유망한 휘그파 정치인 찰스 섬너와도 친분을 유지했다. (리버는 노예제를 농노제로 대체함으로써 노예에게 스스로 돈을 벌 기회를 주어 그들이 자신들의 자유를 사는 방식으로 노예제를 종식하는 해결책을 선호했다.)[60]

2월 혁명이 발발한 지 1년여 후인 1849년 6월, 리버는 에세이 「성공회의 자유와 갈리아주의의 자유」를 발표해 웹스터가 우려했던 것과 같은 사항을 설명했다. 그러나 리버는 단순히 프랑스인들을 비난한 것이 아니라 그들이 어떻게 해서 잘못된 방향으로 가게 되었는지 밝혔다. 그는 프랑스인들이 자유의 본질과 의미를 잘못 이해했으며 이로 인해 프랑스가 곤경에 처하게 된 것이라고 생각했다. 리버는 "프랑스인들은 **조직 내 가장 수준 높은 정치 문명**, 즉 가장 수준 높은 공권력 개입을 추구했다. 이러한 개입이 폭정인지 자유인지를 결정하는 것은 오로지 개입하는 사람이 누구인지, 그리고 어느 계급의 이익을 위해서 개입하는지에 달려 있다."라고 썼다. 프랑스인들이 "현재의 독재"를 자유라고 착각할 수 있었던 것은 이러한 논리로밖에 설명이 안 된다.[61]

리버는 이러한 프랑스의 해로운 '갈리아주의적' 자유 개념을 영국과 미국의 '성공회식' 자유 개념과 대조했다. 그는 영국과 미국에서는 자유가 민주주의와 혼동되지 않는다고 설명했다. 성공회 교도들은 자유가 "사기업이 할 수 있는 모든 것을 사기업에 맡겨야 하며, 사람들은 가능한 한 최대한의 경쟁으로 그 결실을 누려야 한다."라는 것을 의미한다고 이해했다.[62] 리버는 유럽 국가들이 갈리아주의적 자유 개념보다 성공회식 자유 개념을 따를 것을 권했다. 그는 "절대 민주주의의 효과가 때때로 눈부시겠지만, 그렇다고 해도 그것은 여전히 이슬과 같이 고유한 개성으로 모든 풀잎에 영양을 공급하고, 따라서 살아 있는 자연이라는 위대한 결합된 현상을 만들어 내는 자유는 아니다."라고 결론지었다.[63]

리버는 몇 년 후 『시민 자유와 자치에 대하여』를 출판해 이러한 생각을 더 발전시켰다. 그는 자신의 큰 포부가 담긴 이 책을 통해 자유에 관한 논쟁에 광범위하게 기여했다. 이제 리버는 콩스탕과 같은 맥락에서 고대적 자유 개념과 근대적 자유 개념을 구별했다. 그러나 이러한 구별이 갈리아주의적 자유 개념과 성공회식 자유 개념의 차이로 유용하게 해석될 수 있다는 과거의 주장을 반복해서 제기했다. 영국인들과 그들의 식민지 후손인 미국인들은 프로테스탄트와 게르만 민족의 유산에 영향을 받아 근대적 자유 개념을 채택했지만, 프랑스인들은 고대적 자유 개념에 간혀 있었다.[64]

이 이론에 따르면 자유와 민주주의를 동일시하는 것은 시대착오적일 뿐만 아니라 비非미국적이기도 했다. 물론 이것은 1853년에 전제 정치와 과두 정치가 유지되었던 유럽보다 미국이 훨씬 더 민주적이었다는 사실을 고려하면 다소 놀라운 주장이었다. 따라서 리버는 책의 많은 지면을 할애해 미국의 정치 체제가 민중 주권 원칙이 아니라 '제도적' 자치에 기반을 둔다고 설명했다. 리버가 이러한 개념을 여러 장에 걸쳐 상세하게 설명했지만 정확하게 어떤 의미인지는 모호하다. 주로 미국에서는 권력이 여러 다른 정부 기관으로 분배되기 때문에, 그리고 선출되지 않은 사법부가 독립적으로 법의 합헌성을 검토하기 때문에 권력이 제한되며 균형을 이룬다. 그러나 리버는 제도적 자치는 순수 민주주의와는 매우 다르다는 점을 분명히 밝혔다. 리버는 미국의 경험은 "민주적 요소 없이는 자유를 상상할 수 없다."라는 점을 시사한다고 인정했지만, 그것이 그의 주장에 동기가 되었던 것은 아니었다. 그 대신 리버는 "평등과 민주주의는 자유를 구성하는 것과는 거리가 멀다."라고 강조했다. 다시 말해 "많은 사람의 권력이 통합되었다고 해서 자의적 권력이 덜 자의적으로 되는 것은 아니다."[65]

리버와 같이 보수적인 휘그파는 좁은 엘리트 사회 밖에서는 큰 영향을 미치지 못했다. 민주파에서는 자유에 대한 리버의 생각에 크게 반대했으며, 휘그파 사이에서도 자유와 민중 통치를 구별하려는 그의 시도는 널리 인정받지 못했다. 1840년대 내내 휘그파 학자와 정치인은 다수의 통치보다 행정부의 과도한 권한이 자유에 더 큰 위협이 된

다고 보았다.[66]

그러나 남북 전쟁 이후 노예 제도가 종식되었을 뿐만 아니라 적어도 초기에는 백인 남성에게 참정권이 부여된 1820년대 이래 미국 민주주의가 가장 광범위하게 확대되면서 변화가 일었다. 게다가 1870년대와 1880년대에는 노동 계급 이민자가 미국으로 막대하게 유입되면서 미국의 노동 계급 인구가 크게 늘었다. 이러한 두 가지 사건이 전개되면서 미국의 엘리트들은 유럽의 자유주의자들이 오랫동안 민주주의에 대해 불안하게 여겼던 요소들을 훨씬 더 잘 수용하게 되었다. 앞으로 살펴보겠지만 '자유주의'라는 용어가 처음으로 미국의 정치 담론에 등장한 것도 이 시기이다.

남북 전쟁은 노예 제도의 확대를 놓고 북부와 남부의 주들 사이에서 벌어진 격렬한 분쟁으로 촉발되었다.[67] 1845년부터 1848년까지 텍사스 합병과 멕시코 전쟁으로 방대한 영토가 미국 연방에 새로 편입되자 새로운 주에서 노예제가 허용되어야 하는지에 대한 문제가 제기되었다. 새로운 주에서 노예제가 허용되면 의회에서 노예 소유주의 영향력이 더 커지게 되고, 따라서 노예제가 평화적으로 폐지되는 것이 훨씬 더 어려워지기 때문에 이 문제는 더욱더 중요했다. 노예제 폐지를 둘러싼 싸움으로 휘그당은 '양심'을 지키려는 이들과 '면화'를 지키려는 이들로 분열되었고 결국 해체되었다. 1850년대에 북부 지역을 중심으로 공화당이 창당했다. 공화당은 새로운 영토, 특히 캔자스로 노예제가 확장되는 것을 막는 데 전념했다. 점점 더 많은 북부의 민주당원이 민주당을 탈당해 공화당에 입당하면서 미국은 노예제를 반대하는 북부와 노예제를 고수하는 남부로 양분되었다. 1860년 공화당 후보 에이브러햄 링컨이 대통령 선거에서 승리했다. 이에 대응해 남부의 11개 주가 연방에서 탈퇴하고 1861년 2월 독자적으로 아메리카 연합국을 수립했다. 링컨은 연방 탈퇴를 불법으로 간주하고, 남부를 재탈환하는 것 외에는 다른 방법이 없다고 생각했다. 1863년 링컨이 유명한 노예 해방 선언을 발표하면서 노예제의 완전한 종식이 전쟁의 목표가 되었다.

전쟁이 끝날 무렵 일부에서 흑인이 자유로워지려면 해방 자체로는 충분하지 않다는 주장이 제기되었다. 남북 전쟁 전, 북부와 남부 모두에서 자유인 신분의 흑인은 대부분의 권리를 박탈당하면서 이류 시민으로 전락했다. 남북 전쟁 이후 노예 해방론자들은 진정한 자유가 법적 지위만을 의미하지 않으며 정치적 권리도 요구된다고 강조했다. 1865년 남부가 항복한 후 노예 해방론자로 이전에는 노예 신분이었던 프레더릭 더글러스가 말했듯이 "흑인이 투표권을 가질 때까지 노예제는 완전히 폐지된 것이 아니다." 새로 해방된 남부의 흑인은 전적으로 이에 동의했다. 남북 전쟁이 끝난 후 자유인은 지역과 주 단위로 총회를 열어 의회에 참정권을 요구하는 청원을 했다. 이들 흑인은 혁명의 유산을 거론하며 투표권을 포함해 그들의 양도할 수 없는 권리를 주장하는 선언문을 작성했다.[68]

남부의 백인은 격렬하게 반응했다. 그들은 흑인에게 정치적 권리를 부여하지 않는 법규를 도입해 백인의 지배력을 유지하려고 노력했다. 그러나 공화당 주도의 의회가 이에 대응했다. 1866년 민권법과 수정 헌법 제14조는 모든 미국인은 출생시민권과 평등권을 가진다고 선언했다. 1870년 수정 헌법 제15조는 투표권을 인종에 따라 부여하는 것을 모든 주에서 금지했다. 수정안을 발의한 네바다주의 상원 의원 윌리엄 스튜어트는 "[이는] 반드시 이루어져야 한다. 이것만이 노예제를 실제로 폐지할 수 있는 유일한 조치이다. 이것만이 유일하게… 모든 사람이 자신의 자유를 보호할 권리가 있음을 보장한다."라고 말했다.[69]

역사가 에릭 포너가 상기시켰듯이 남북 전쟁으로 인해 민중 자치로 이해되는 자유에 대한 열기가 되살아났다. 1776년 혁명 때와 마찬가지로 민주주의가 흑인 남성으로 확장되면서 여성의 권리를 요구하는 주장이 새로이 제기되었다. 저명한 노예 해방론자인 엘리자베스 케이디 스탠턴은 흑인과 마찬가지로 여성 역시 "노예에서 자유인으로의 전환기"에 도달했다고 선언했다. 스탠턴을 비롯한 여성 운동 지도자들은 남북 전쟁 후 공화당이 주도적으로 여성과 흑인 남성에게까지 참정권을 확대하기를 바랐다. (이러한 희망은 곧 실망으로 바뀌었다. 여성 참정권은 전혀 진지하게 고려되지도 않았다. 수정 헌법 제14조는 성인 남성의 참정권 박탈을 금지했지만, 여성 참정권을 제외하는 것은 암묵적으로 승인했다.)[70]

그러나 재건 시대의 급진주의는 민주주의와 민주적 자유에 대한 반발을 불러일으키기도 했다. 미국 민주주의가 흑인 남성으로 확대된다고 선언되자마자 이에 대한 비난이 쏟아졌다. 1877년 공화당이 남부에 남아 있던 연방군을 철수하기로 합의하자, 남부의 백인은 지체 없이 재건 기간에 이루어진 결과를 번복하려고 했다. 그 후 30년 동안 주 입법부는 여러 가지 규정을 도입해 흑인의 참정권을 박탈하려고 했다. 그들이 채택한 조치에는 '할아버지 조항'(남북 전쟁 이전에 조상이 투표권이 있었던 사람들에게만 제한적으로 참정권을 부여하는 법), 투표세(투표에 부과되는 수수료), 백인 예비 선거(민주당 당원만 투표할 수 있으며 백인만 민주당 당원이 될 수 있는 법), 문해력 시험이 있었다. 또한 백인은 권리를 행사하려고 하는 흑인을 위협하면서 폭력을 행하기도 했다. 거의 백 년 동안 국가적 의제에서 흑인 참정권 문제는 사라졌다가 1950년대 시민권 운동이 일어나면서 다시 언급되었다.[71]

그러나 유럽에서 이민자가 대규모로 유입되자, 이를 우려한 미국 엘리트들은 민주주의가 가난한 백인 남성에게 확대되는 것 역시 반대하게 되었다. 1890년 미국 총인구 6300만 명 중에서 900만 명이 외국 태생이었다. 이전에도 이민자가 갑자기 늘어난 적은 있었지만 남북 전쟁 이후만큼 이민자 유입 규모가 큰 적은 없었다. 따라서 불안이 훨씬 더 커졌다. 게다가 이민자가 시골에 정착했던 과거와는 달리 남북 전쟁 이후 들어온 이민자는 주로 도시로 몰렸다. 뉴욕과 시카고 같은 도시에서 인구가 폭발적으로 늘었으며, 이러한 인구 증가는 정치 체계에 상당한 영향을 미쳤다. '우두머리'가 돈과 뇌물을 받는 대가로 표와 정치적 특혜를 제공하는 정당 내 조직들이 구성되었다.[72]

새로운 이민자 중 많은 사람이 정치 사기꾼들의 약속에 의해 타락한 것처럼 보였을 뿐만 아니라, 일부는 사회주의와 무정부주의 사상에 물들어 있는 것처럼 보였다. 1880년대와 1890년대에 대부분이 이민자로 구성된 노동자와 고용주 사이에서 벌어진 일련의 격렬한 충돌은 매우 많은 이민자가 정치적·경제적 현상을 전복하는 데 전념하고 있는 것처럼 보이게 했다. 예를 들어 1886년 5월 4일, 시카고의 헤이마켓 광장에서 일일 8시간 근무제를 요구하는 평화 시위가 열렸다. 그러나 누군가 경찰에게 폭탄을 던지면서 시위가 폭력적으로 변했다. 폭탄 폭발과 이어진 총격으로 경찰 7명과 민간인 4명이 사망했으며 수십 명이 다쳤다. 무정부주의자 8명(대부분이 독일 태생의 이민자)이 유죄 판결을 받았지만, 그들 중 누구도 폭탄 투척에 책임이 있다는 증거는 없었다.[73]

몇몇 공화당 당원을 포함해 많은 정치 논평가는 민주주의가 미국에서 자유의 종말을 가져올 것이라고 우려하기 시작했다. 보스턴의 부유한 가문 출신으로 저명한 역사가인 프랜시스 파크먼은 1878년 "사우스캐롤라이나의 잔혹한 흑인 통치"에 대해 불만을 토로했다. 하지만 그는 "무지와 유전적 무능함이 대규모로 유입"된 "인구가 많은 도시", 그로 인해 형성된 "부패한 도시 뉴욕"에 대해서도 똑같이 분개했다. 이러한 통제되지 않은 민주주의 사례가 자유를 훼손할 위험이 있었다. "자유는 우리 조상들의 좌우명이며, 따라서 우리의 좌우명이기도 하다. 그러나 미국의 민중이 마음속에 품고 있는 욕망은 자유와 다를 뿐만 아니라 자유에 모순된다. 그들은 자유보다 평등을 더 원한다."[74]

이러한 우려를 표명하기 위해 도금 시대 사상가들은 미국 민주주의가 미국의 전통적인 연방주의와 휘그파의 정치적 사상을 근거로 한다고 비평했다. 하지만 도금 시대 사상가들은 또한 유럽의 자유주의자들, 특히 허버트 스펜서와 같은 영국 사상가들의 영향을 받았다. 그래서 그들은 자신들을 '자유주의자'로도 부르기 시작했으며, 1872년에 자유 공화당을 창당하기까지 했다. 그들은 스펜서의 의견을 반영하며 자유를 보호하기 위해 정부의 권력을 최대한 제한해야 한다고 주장했다.[75]

이러한 새로운 방식의 자유주의 사상을 옹호한 가장 영향력 있는 인물은 윌리엄 그레이엄 섬너였다.[76] 섬너의 아버지는 영국 이민 노동자였다. 섬너는 예일대학교의 정치사회학 교수로서 인지도가 높았는데, 1872년에 임명되어 약 40년간 교수로 재직했다. 그는 선구적인 사회학자이자 사회적 다윈주의자로서 학계에서 명성을 떨쳤지만, 스펜서의 여러 사상을 미국에 소개한 영향력 있는 정치, 법률 사상가이기도 했다. 게다가 섬너는 대중 잡지나 신문에 기고를 많이 했는데, 이는 그의 영향력이 커지는 데 교육자로서 이룬 업적보다 훨씬 더 큰 영향을 미쳤다.

섬너는 1790년대에 피셔 에임스와 같은 강경 연방주의자들이 고안한 여러 사상을 언급했다. 에임스와 마찬가지로 그는 자유를 수호하기 위해서는 다수를 강력하게 통제할 수 있는 기관이 민중의 권력을 견제해야 한다고 생각했다. 따라서 민주 정부를 노골적으로 반대했으며 '공화 정부'를 옹호하는 주장을 펼쳤다. 섬너는 민주 정부와 공화 정부를 구분함으로써 '공화주의자'라는 단어에 완전히 새로운 의미를 부여했다. 미국 독립 혁명 시기와 그 직후에 공화 체제와 민중 통치 체제는 거의 동의어로 간주되었다. 따라서 미국 초기의 가장 친민주적인 파벌이었던 제퍼슨의 지지자들은 자신들을 공화주의자라고 불렀다. 그러나 섬너의 관점에서 공화주의는 다수결 원칙에 의존하지 않았기 때문에 민주주의와 매우 달랐다. 그 대신 공화주의에서는 "다수의 민중"으로부터 개인을 보호할 수 있는 안전장치가 마련되었다.[77] 섬너는 대통령의 거부권, 상원의 권한, 그리고 무엇보다 독립적인 사법부가 "민주주의에 대한 중요한 제도적 견제"라고 생각했다.[78]

섬너는 미국의 건국자들 사이에서도 민주주의에 대한 이러한 회의적인 태도가 있었다고 독자들에게 확신시키기 위해 상당한 노력을 기울였다. 그가 설명했듯이 민주주의에 대한 반대가 미국 정치 체제의 근간이 되었다. 섬너는 "혁명 시대의 공인들은 민주주의자가 아니었다. 그들은 민주주의를 두려워했다… 따라서 그들은 헌법에 따라 민주주의를 제한하는 일련의 제도를 수립했다."라고 썼다.[79] 그러나 건국자들이 고안한 "입헌 공화국"은 다음 세대에 의해 "민주 공화국"으로 바뀌었다. 이러한 혼합 정체에서 "민주주의의 요소"는 "공격적인 요소로… 입헌 공화국의 제도를 늘 통제하려고 시도하며", 그에 따라 "절대 민주주의를 수립한다." 미국을 줄곧 지켜온 것은 "입헌주의 유산"이었다.[80]

또한 섬너는 스펜서의 영향을 받아 국가의 영역을 최대한 제한함으로써 민주적 전제주의로부터 자유를 가장 잘 보호할 수 있다는 주장에 중점을 두었다. 그는 「국가 개입」이라는 에세이에서 과거에는 왕이 신성한 권리를 가진다는 가치관에 따라 국가 권력의 확장이 정당화되었다고 설명했다. 국가 권력을 이어받은 "신민주주의"는 "다른 어떤 통치 기관만큼이나 권력을 무자비하게 사용하려는 온갖 성향을 보였다."[81] 그러나 도래하는 민주적 전제주의가 최악의 로마 황제가 펼친 폭정보다 훨씬 더 나쁠 것이라고 그는 경고했다. 섬너는 미래를 "어느 한 사람의 이웃이 그의 주인이 될 때, '여론의 윤리적 힘'이 모든 문제와 관련해 항상 그에게 영향을 미칠 때, 항상 주변에 있을 수는 없는 황제나 황제의 신하에 의해서가 아니라 항상 주변에 있을 수 있는 '마을 공동체'의 다른 구성원에 의해 그에게 지위가 할당되고 그 안에 갇혀 있게 될 때"라고 묘사하며 암울하게 전망했다.[82]

섬녀는 민주적 전제주의의 위험은 정부의 영역을 최대한 제한함으로써 피할 수 있다고 주장했다. 공익을 위한 목적일지라도 국가의 규제는 자유를 훼손할 수 있었다. 물론 미국이 "프로이센 관료제"를 통해 시민에게 다양한 서비스를 제공할 수 있었던 것은 사실이다. 그러나 섬녀는 미국인이 "프로이센인과 프랑스인처럼 보살핌을 받기를 원한다면" 그렇게 되기 위해서 "개인적 자유를 희생"해야 한다고 경고했다.[83] 자유로운 국가에서는 성인이 자기 스스로 계약을 맺고 자신을 직접 방어해야 한다. 섬녀는 "자기 일에만 신경 쓰고 남의 일에 상관하지 않는" "자유방임주의"가 "바로 자유의 원칙"이라는 결론을 내렸다.[84]

섬녀와 같은 도금 시대 자유주의자들은 미국 정치를 재편성하는 데 연방주의자나 휘그파 자유주의자보다 훨씬 더 실질적인 역할을 했다. 하지만 그것은 얼핏 보아서는 분명하지 않을 수도 있다. 결국 새롭게 등장한 자유주의는 선거 정치에서 그렇게 큰 성공을 거두지 못했기 때문이다. 과거 연방주의자들과 마찬가지로 도금 시대 자유주의자들이 유권자를 설득해 자신들의 반민주주의적 대의에 투표하도록 만드는 것은 어려운 일이었다. 자유공화당은 오래 유지되지 못했다. 1872년 자유공화당에서 호러스 그릴리가 대통령 선거에 출마했으나 참패했다. 공화당은 상원과 하원에서 의석수 3분의 2를 되찾았는데, 자유공화당에는 재앙과 같은 결과였다. 그릴리는 메이슨·딕슨선 북쪽 지역에서 선거인단 표를 단 하나도 확보하지 못했다. 그 후 자유주의자들은 별도의 정당을 만들지 않았으며, 따라서 역사가들은 이들을 가리켜 "추종자가 없는 지도자들"이라고 칭했다.[85]

그러나 이들 자유주의자의 정치적 영향력을 과소평가해서는 안 된다. 미국 법률 분야의 엘리트들은 이들의 주장을 적극적으로 수용했다. 19세기 말 대법원과 그 외 사법 기관들은 노동 조건을 규제하는 연방 및 주 법규를 무효로 하는 판결을 내렸다. 법조계 엘리트들이 이러한 판결을 내린 것은 재계를 보호하려는 조잡한 욕구나 자유방임 경제 원칙을 포용하기 위해서가 아니었다. 그들은 자유가 다수, 즉 노동 계급의 폭정에 의해 위협받는다고 생각하고 자유를 보호하고자 했다. 예를 들어 미국 연방 법원 판사이자 미국변호사협회 회장인 존 F. 딜런은 소득세가 "가장 노골적이고 악의적인 유형의 계급 입법"이며 명백히 "부동산 소유자의 헌법적 권리를 침해한다."라고 말했다.[86]

　　더욱 놀랍게도 도금 시대에 인구 밀도가 높은 북부 도시에서는 흑인뿐 아니라 가난한 백인과 이민자에게도 투표권을 제한하려는 노력이 광범위하게 이루어졌다. 북부와 서부에서 투표권을 행사하는 데 문해력을 요구 사항으로 도입하는 주가 점점 늘었다. 또한 거주 요건이 더욱더 까다로워지고 공적 지원을 받은 빈곤층은 투표할 수 없었다. 한 역사가에 따르면 이러한 상황은 이후 제1차 세계 대전 전까지 수십 년 동안 "미국 전역에서 참정권이 지속적으로 축소"되는 결과를 낳았다. 유권자들의 부정행위를 막기 위해 참정권의 축소가 필요하다는 주장도 제기되었다. 하지만 도금 시대 자유주의자들이 펼친 반민주적 주장도 이러한 결과를 야기하는 데 중요한 역할을 했다는 사실에는 의심할 여지가 없다.[87]

　　유럽에서도 미국의 상황을 주시했다. 유럽의 일부 자유주의자는 오랫동안 민주주의의 등불로 여겨져 왔던 미국이 민중의 의지를 견제할 수 있는 정치 체계를 갖추게 된 것을 칭찬하기 시작했다.[88] 1885년 영국의 영향력 있는 법률사학자 헨리 메인은 일련의 에세이로 구성된 『민중 통치』를 출판했다. 이 책에서 보여주듯이 메인은 영국을 민주화하려는 정치에 환멸을 느꼈다. (그의 책은 제3차 개혁법이 통과된 지 1년 만에 출판되었다. 이 개혁법으로 참정권이 성인 남자 인구의 60퍼센트까지 확대되었다.) 그는 민주주의의 부상이 재산의 보호에 중대한 위협이 되고, 따라서 자유주의 발전에도 위협이 될 것이라고 우려했다. 그의 견해에 따르면 완전한 민주주의는 "반란을 일으킨 선원들이 배에 있는 식량으로 잔치를 벌이고 고기를 잔뜩 먹고 술에 취해서 항구를 향해 항해하기를 거부하는 것"에 가장 잘 비유될 수 있었다.[89]

그러나 메인은 미국 민주주의의 미래에 대해 비관적이지는 않았는데, 미국은 영국만큼 민주적이지 않기 때문에 민주주의로 인해 위험에 처할 가능성이 영국보다는 낮다고 보았기 때문이다. 섬너와 마찬가지로 메인은 미국의 건국자들이 민주주의 국가가 아닌 공화국을 수립하는 것을 목표로 했다고 믿었다. 그렇기 때문에 1787년에 "많은 주들이" 의도적으로 참정권을 "극도로 제한"했다.[90] 또한 상원과 대법원, 대통령의 광범위한 권한은 모두 민중의 권력을 견제하기 위해 고안되었다. 메인은 이러한 조치의 근간이 되는 사상이 모두 "영국에 기원"을 두고 있다고 지적했다. 실제로 미국 헌법은 18세기 말의 영국 헌법을 변형한 것이었다. 그러나 영국에서는 국면이 예측하지 못한 방향으로 전개되면서 점점 더 민주화되고 있던 하원에 실질적인 권력이 집중되어 기존의 안전장치가 모두 사라져 버렸다. 이와 대조적으로 미국에서는 민주주의에 대한 건국자들의 견제가 더욱 견고하게 유지되었다.

따라서 메인은 민중의 권력에 대해 견제와 균형을 규정한 미국 헌법과 "쇠퇴한 우리의 [영국] 헌법에 나타난 결점"을 긍정적으로 대조했다. 그는 미국 헌법에 명시된 계약의 자유가 "민주주의에 대한 조바심과 사회주의에 대한 환상"을 막는 주요 보루라고 여겼으며, 이러한 계약의 자유가 미국인들의 개인주의를 보호한다고 말했다. (메인은 19세기 말이 되어서야 연방 대법원이 계약의 자유에 대한 헌법상의 권리를 주장하기 시작했다는 사실을 편리하게도 언급하지 않았다.)[91] 메인은 저서에서 유럽의 초기 자유주의자들은 미국을 전형적인 민주주의 국가라고 칭송하거나 비난했지만 19세기 후반에는 미국을 자유의 보루로 간주하게 되었는데, 그 이유는 미국의 정치 체제가 유럽의 의회 민주주의보다 민중의 압력에 덜 민감하기 때문이라고 밝혔다.

미국에서 자유의 본질에 대한 이러한 새로운 해석은 미국을 대표하는 조각상 '세계를 밝히는 자유'에 상징적으로 반영되었다. 이 자유의 여신상은 미국 옹호자였던 프랑스인 에두아르 드 라부라이에가 프랑스인들이 미국인들에게 주는 선물로서 착안한 것으로, 프레데리크 오귀스트 바르톨디가 제작했으며 1870년대에서 1880년대에 걸쳐 만들어졌다. (자유의 여신상은 모금을 통해 기금을 마련해서 제작되었다.) 이는 오늘날 가장 잘 알려진 미국 자유의 상징이 되었으며 영화, TV 시리즈, 만화에서 흔히 볼 수 있다. 자유의 여신상은 엘리스섬 근처에 위치하기 때문에 종종 이민과 관련된 개방성을 연상시키며, 특히 이 조각상이 세워진 지 거의 20년이 지난 뒤 받침대에 동판이 부착되어 이러한 함축성을 강화했다. 동판에는 지치고 가난하며 "자유롭게 숨 쉬기를 갈망하는 민중"을 환영하는 엠마 라자루스의 시가 새겨져 있다.

프레데리크 오귀스트 바르톨디가 제작한 자유의 여신상, 1886. 미국
을 상징하는 이 여신상의 정식 명칭은 '세계를 밝히는 자유'이다. 한
손에 독립 선언서를 들고 있다.

그러나 이 여신상은 원래 19세기 자유주의자들이 옹호한 반민주적 자유 개념을 전파하기 위해 착안된 것으로, 전혀 다른 메시지를 전달하려고 했다. 라부라이에를 비롯해 자유의 여신상 제작을 지지한 이들은 이 조각상을 통해 자유, 질서, 개인의 안전이 서로 연관되어 있다는 생각이 전파되기를 바랐다. 바로 그런 이유로 그들은 자유의 전통적인 상징인 자유의 모자를 의도적으로 거부했다. 라부라이에는 "이 조각상은 머리에 붉은 모자를 쓰고 한 손에 창을 들고 쓰러진 시신 위에서 있는 자유의 여신이 아니다."라고 강조했다. (아마도 라부라이에는 들라크루아가 그린 그림을 언급하는 것 같다.) 이 여신상이 질서 있는 자유에 대한 경의를 조성하기 위해 제작되었기 때문에 바르톨디는 자유의 모자를 사용하지 않고 새로운 상징인 별 왕관으로 대체했다. 자유의 여신상은 한 손에 독립 선언서를 들고 있는데, 라부라이에는 이를 가리켜 '법의 명판'이라고 표현했다. 이는 민중 자치가 아니라 법의 지배에 의해 자유가 가장 잘 보장될 수 있다는 생각을 반영한다.[92]

간단히 말해서 20세기로 접어들 무렵에 미국에서는 반혁명적 자유 개념이 그 어느 때보다 널리 받아들여졌다. 19세기 대부분의 기간에 대중적 담론에서 이러한 사고방식을 옹호하는 사람들은 상대적으로 소수에 그쳤으며, 그들 대부분이 엘리트 집단에 불만을 품은 사람들이었다. 하지만 남북 전쟁과 대규모 이주 사태로 인해 민주주의에 대한 반발이 촉발되면서 상황이 바뀌었다. 도금 시대의 자유주의자들은 흑인과 새로운 이민자의 정치적 능력에 대해 의심하면서 자유가 민주주의로부터 보호되어야 한다고 주장했다. 그러한 보호를 확립하기 위해서는 국가의 권력을 제한하고 다수를 통제할 수 있는 제도를 마련하며 참정권을 제한해야 했다.

1880~1945년 유럽의 근대 자유에 대한 저항

1880년대와 1890년대에 대서양 양쪽에서 민주주의의 위험성에 대한 자유주의자들의 우려가 극에 달했다. 그러나 동시에 이러한 자유주의자들의 우려에 이의를 제기하는 주장도 나왔다. 유럽에서 여성 인권 운동이 급성장하면서 대서양 혁명가들이 주창했던 민주적 자유에 대한 요구가 되살아났다. 1791년 올랭프 드 구주가 남성의 지배에 반기를 든 후, 여성 인권 운동가들은 자유라는 대의 아래 정치권의 여성 배제에 이의를 제기했다. 19세기 말 이러한 노력은 대중적 운동으로 확대되었다. 영국에서는 에멀라인 팽크허스트가 이끄는 여성 참정권 운동가들이 여성의 투표권을 확보하기 위해 공격적으로 캠페인을 벌였다. 그들은 대규모 집회를 열고 단식 투쟁과 같은 새로운 형태의 시민 불복종 운동을 벌였다.[93]

팽크허스트와 여성 참정권 지지자들은 명백히 대서양 혁명가의 이상을 토대로 한 여성 참정권 투쟁을 추구했다. 따라서 팽크허스트는 미국을 방문하는 동안 청중에게 미국의 자유를 이루기 위해 치러진 희생에 대해 상기시켰다. 그녀는 패트릭 헨리의 유명한 발언을 인용해, 여성 참정권론자들 역시 노예로 사느니 죽음을 택할 준비가 되어 있다고 선언했다. 팽크허스트는 "우리가 직접 죽음을 택하지는 않을 것이다. 우리는 적들이 우리에게 자유를 주는 것과 죽음을 주는 것

중에서 선택해야 하는 상황에 놓이게 할 것"이라고 설명했다.[94] 나른 여성 운동가들도 초기 자유 투사들의 예를 들었다. 1884년 프랑스 여성 참정권 운동가인 위베르틴 오클레르는 남성의 지배에 대항하기 위한 투쟁에 동참해 줄 것을 호소하며 미국인 메이 라이트 스윌과 수전 B. 앤서니에게 도움을 청했다. "한 세기 전 미국 조상들이 영국의 지배에서 벗어날 수 있도록 해달라고 프랑스에 도움을 청했던 것처럼 우리는 미국 여성 참정권 운동가들의 도움을 청합니다. 라파예트와 그의 군단이 미국으로 건너가 도와주었던 것처럼 우리를 도와주지 않겠습니까?"[95]

허버트 스펜서나 폴 르루아볼리외와 같은 자유주의자들과는 달리, 프랑스와 영국의 여성 참정권 운동가들은 분명 농노제를 막는 최선의 방법이 단순히 국가의 활동을 최대한 제한하는 것이라고 보지 않았다. 가장 좋은 방법은 민주주의였다. 팽크허스트가 설립한 여성사회정치동맹은 투표권이 '모든 자유의 기초'라고 선언했으며, 이러한 내용은 이 동맹의 회원증에도 쓰여 있다.

대서양 혁명의 대의를 주장한 것은 여성 참정권 운동가뿐만이 아니었다. 19세기 말 전 세계적 장기 불황으로 대서양 양쪽에서 정치적 불만이 터져 나왔다.[96] 유럽과 미국에서 급진주의, 사회주의, 포퓰리즘, 진보주의라는 다양한 이름으로 새로운 정치 운동이 형성되었다. 운동가들은 다양한 견해를 가지고 있었지만 그들 모두 자유의 자유주의적 개념을 거부했으며, 그러한 자유는 계급적 이익을 방어하기 위한 편협한 자유, 즉 거짓된 자유라고 보았다. 그들은 진정한 자유를 위해서는 정치적·경제적 영역에 대한 민주적 통제가 확립되어야 한다고

실비아 팽크허스트가 디자인한 여성사회정치동맹 회원증. 1906.

주장했다. 앞으로 살펴보겠지만 그들의 영향력이 매우 커져 결국 자유주의자라고 자칭했던 많은 이가 보다 광범위한 자유 개념을 채택하게 되었다.

급진주의자와 사회주의자, 포퓰리스트, 진보주의자는 민주주의 개혁에 찬성했다. 그들은 여성 참정권 운동가들과 연대해 투쟁하기도 했으며, 정치에 대한 민중의 통제력을 강화하기 위해 고안된 조치를 옹호하는 경향이 있었다. 그러나 그들은 민주주의를 경제 영역으로 확장하는 데 더욱 집중했다. 사회 개혁가들이 동의했듯이 사람은 노동 생활을 통제할 수 없다면 진정으로 자유롭다고 할 수 없다. 그러므로 자유를 확보하기 위해서는 모든 사람에게 투표권을 주는 것 이상이 필요했다. 또한 노동자들이 공장주와 금융 엘리트에게 덜 의존할 수 있게 경제 체계가 변해야 했다.[97]

급진주의자와 사회주의자, 포퓰리스트, 진보주의자는 이러한 주장을 펼치면서 대서양 혁명가들의 자유에 대한 사고방식을 확장시키고 급진화시켰다. 물론 18세기 후반 혁명가들은 정치적 자유가 경제적 평등에 달려 있다는 점을 인식하고 있었다. 그러나 대서양 혁명가들은 경제적 평등과 정치적 자유가 간접적 관계에 있다고 여겼으며, 과두제를 피하기 위해서는 경제적 평등을 이루어야 한다고 생각했다. 경제적 평등은 정치적 자유에 필요한 전제 조건이지 경제적 평등 자체가 자유의 한 형태는 아니었다. 하지만 19세기 개혁가들은 다르게 생각했다. 그들은 자신을 통치할 자유가 정치적 영역에만 국한되어서는 안 되며 경제적 영역의 일부가 되어야 한다고 보았다. 경제적 지배 그 자체를 없애는 것이 그들의 목표였다.

19세기 개혁가들은 기존의 경제 질서에 대해서도 훨씬 더 급진적인 관점에서 비판했다. 극소수를 제외하고 자코뱅당을 비롯해 대서양 혁명가들은 가능한 한 많은 사람에게 부가 분배되기를 원하는 경우에도 재산권이나 자유 시장 경제의 신성함에 대해서는 전혀 이의를 제기하지 않았다. 19세기 사회 개혁가들은 이것으로 충분하지 않다고 여겼다. 그들은 산업화된 국가에서 재산을 소유하는 민주주의라는 꿈, 다시 말해 영세 소작농의 나라가 되는 꿈은 비현실적이라고 주장했다. 그리고 노동자에게 노동에 대한 통제권을 줄 수 있는 대안적 경제 체제가 필요하다고 주장했다. 보다 급진적인 개혁가들은 사유 재산을 폐지하고 생산 수단을 국유화해야 한다고 주장했는데, 이는 다양한 것이 될 수 있었다. (예를 들어 토지와 같은 특정한 자원을 국가가 관리해야 한다는 요구가 아니라 이러한 자원에 대한 세금을 인상하라는 요구가 될 수 있었다.) 또한 많은 사람이 국가가 경제에 적극적으로 개입해 부유층과 권력층에게 유리하게 치우친 경쟁의 장을 공평하게 만들 책임이 있다고 주장했다.

프랑스에서는 급진파 또는 급진사회주의자들이 이러한 주장을 제기했다(그들은 이 두 명칭을 번갈아 가며 사용했다). 1876년 프랑스 의회에서 처음으로 활동을 시작한 급진당은 프랑스 정치 체계를 더욱 민주화하고자 하는 의원들을 결집했으며, 특히 간접적으로 선출되는 상원 체계를 바꾸려고 했다. 일부 급진주의자는 스위스식 국민 투표의 도입 등 다른 부분에서도 민주적 개혁을 요구했다. 그러나 곧 그들은 사회 개혁에 초점을 맞추고, 특히 사회 보험 제도, 누진 소득세, 노동자 보호, 농민을 위한 저렴한 신용 대출을 요구했다. 1936년까지 급진당은 좌파당으로서 최대 규모였지만 1900년 이후로는 마르크스주의 정당과

의 경쟁이 점점 심화했다.[98]

　프랑스 급진당은 사회 개혁을 위한 자신들의 투쟁이 대서양 혁명가들이 자치를 수립하기 위해 벌인 투쟁의 연장선이며 그들의 투쟁을 되살린 것이라고 설명했다. 이는 역사가이자 언론인이기도 했던 페르디낭 뷔송 급진당 대변인이 저술한 논문 「급진적 정치」에서 분명하게 제시되었다. 공식 당론을 정리한 이 논문에서 뷔송은 "모든 사람이 자유로워지고, 모든 사람이 평등하게 권리를 가질 수 있도록" 민중이 주권을 가져야 한다고 썼다. 그러나 심지어 정치적인 의미에서라도 매일 식량을 구하기 위해 다른 사람들의 "선의"에 의존해야 한다면, 자유롭다고 말할 수 있을까? 당연히 그러한 자유는 "명목적이고 보잘것없는 자유"인 것이다. 따라서 1789년에 시작된 혁명을 완수하기 위해서는 사회 개혁이 필요했다. 프랑스 혁명을 통해 정치 질서에 편입되었던 민중 자치의 원칙이 경제 질서까지 확대되어야 했다.[99]

　좌파 급진당의 주요 경쟁 당인 프랑스 사회당이 이와 유사한 견해를 표명했다. 사회당은 1900년까지는 선거에서 거의 이기지 못했지만, 제1차 세계 대전이 발발하기 전 몇 해 동안 득표율이 꾸준히 증가해 1914년에는 17퍼센트에 달했다. 사회당은 정통 마르크스주의자와 더 독립적인 성향의 사회주의자가 결집해 창당했는데, 정당이 커가면서 사회주의자의 영향력이 커졌다. 여러 측면에서 사회주의자와 급진주의자의 정치적 대의는 크게 다르지 않았다. 하지만 사회주의자는 급진주의자와 달리 적어도 이론적으로는 사유 재산의 폐지를 주장했다.[100]

　급진당과 마찬가지로 프랑스 사회당 역시 그들의 정당이 자유의 정당이라고 강조했다. 1902년에 사회당 당수가 된 철학 교수 장 조레스는 다양한 저술을 통해 이 점을 강조했다. 인간이 진정으로 자율적이고 자유로워지려면 자유롭게 행동할 수단이 필요하다고 조레스는 설명했다. 이는 모든 사람이 다른 사람의 영향하에 있지 않도록 정치적 권력을 동등하게 행사할 수 있어야 한다는 것을 의미했다. 또한 생산 수단을 통제하는 데 모든 개인이 이해관계가 동등해야 한다는 것을 의미했다. 따라서 "누구도 자신의 생계를 다른 사람에게 의존할 필요가 없기 때문에 생산력을 통제하는 사람에게 자신의 노동과 자유를 조금이라도 양도할 의무가 없다." 간단히 말해서 사회주의의 핵심 교리는 "왕도, 자본가도 아닌" 것이었다.[101]

조레스는 뷔송과 마찬가지로 사회주의가 해방이라는 프랑스 혁명의 대의를 계승할 것이라고 선언했다. 그는 저서 『사회주의적 프랑스 혁명사』에서 "우리는 민주주의와 혁명의 정당이다."라고 자랑스럽게 선언했다. 조레스는 프랑스 혁명이 "민주주의 사상을 최대한 입증함으로써" 모든 이를 위한 권리와 자유를 확립했다고 설명했다. 그는 다음과 같이 말했다. "사회주의는 이러한 새로운 권리를 선언하고 이를 기반으로 한다. 사회당은 정치적·경제적 영역 모두에서 만인의 주권을 조직하기를 원하기 때문에 가장 높은 수준의 민주적 정당이다."[102]

민주적 주권을 정치 영역에서 경제 영역으로 확장하는 것이 목표라고 밝힘으로써 프랑스의 급진주의자와 사회주의자는 폴 르루아볼리외와 같은 자유주의자들이 옹호한 자유와는 매우 다른 관점을 제시했다. 이들 자유주의자는 자유를 수호하는 유일한 방법은 국가 활동을 최대한 제한하는 것이라고 주장했다. 이 두 가지 개념 중 하나를 선택해야 하는 상황에서 프랑스 유권자들은 압도적으로 조레스와 뷔송을 선호했다. 1871년 제3공화국이 시작될 무렵 의회에서 자유당의 규모는 컸다. 제르멘 드 스탈의 손자인 알베르 드 브로글리와 같은 인물들이 지도부의 요직을 맡았다. 그러나 이후 몇 년 동안 많은 유권자가 당을 떠났고, 자유당 의원의 수는 극소수로 줄어들었다. 이와는 대조적으로 1914년 국민 투표에서 급진당과 사회당의 지지율은 거의 40퍼센트까지 증가했다.[103]

영국에서도 민주적 자유 개념의 활성화와 확장을 주요 의제로 내세우며 사회주의 운동이 시작되었다. 초기 노동당과 연계된 영향력 있는 연구 기관인 페이비언협회Fabian Society의 창립자 시드니 웹과 비어트리스 웹은 사회주의의 목표가 민주주의를 정치 영역에서 경제 영역으로 확장하는 것이라고 생각했다. 널리 읽힌 저서 『산업 민주주의』에서 시드니 웹과 비어트리스 웹은 미국과 프랑스 혁명가들이 "왕좌"와 "제단"에서 몰아낸 "개인의 권력"을 "농장, 공장, 광산"에서도 몰아내야 한다는 사실을 깨닫지 못했다고 비난했다. 페이비언 사회주의의 목표인 산업 민주주의는 완전한 의미에서 정치적 민주주의를 완성하고 자유를 확립할 수 있었다. 이와는 대조적으로 "계약의 자유"나 "기업의 자유" 같은 원칙은 자유와 전혀 관련이 없는 것으로, 보통 소유계급이 "힘이 약한 다른 사람들로 하여금 소유 계급의 조건을 받아들이도록 강요하기 위해" 사용했다. 따라서 이런 종류의 자유는 "강제와 별반 다르지 않았다."[104]

영국 자유주의자들은 프랑스 자유주의자들이 맞은 불운한 결말을 피하고자 했다. 그들은 이러한 사회주의적 비판을 받고 자유주의의 이념적 공약을 근본적으로 재고했다. 1909년 영국 경제학자이자 사회개혁가인 존 홉슨은 저서 『자유주의의 위기 *The Crisis of Liberalism*』를 통해 대부분의 유럽 국가에서 자유주의가 "실패"했으며, 그 이유는 자유주의가 일련의 "편협한 지적 원칙"에서 시작되었기 때문이라고 주장했다. 홉슨은 역사적으로 자유주의자들이 "통제의 부재"를 자유라고 생각하는 경향이 있었다고 설명했다. 그러나 이제 자유주의 운동을 활성화하기 위해서는 "보다 건설적인" 자유 개념이 필요하다는 것이 분명해졌다. 특히 자유주의자들은 국가 권력을 이용해 경제적 경쟁의 장을 공평하게 만들 수만 있다면, 국가의 개입이 자유를 훼손하기보다는 향상시킬 수 있음을 인정할 필요가 있었다.[105] 영국의 많은 자유주의자가 이에 동의했다. 1900년에서 1914년 사이에 자유는 '소극적' 의미에서가 아니라 '적극적' 의미에서 해석되어야 한다는 인식이 널리 퍼졌다.[106]

신자유주의를 주창한 주요 인물로는 레너드 홉하우스가 있다. 옥스퍼드대학교에서 교육을 받은 홉하우스는 언론인과 노동조합의 사무국장으로 활동했으며, 이후 런던대학교의 사회학 교수가 되었다. 그는 영향력 있는 저서를 여러 권 출간했는데, 특히 『민주주의와 반동 *Democracy and Reaction*』 그리고 『자유주의 *Liberalism*』는 허버트 스펜서와 폴 르루아볼리외가 옹호한 자유방임주의 개념을 엄격하게 고수하는 자유주의자들을 설득하려는 의도로 저술했다.[107]

홉하우스는 "19세기는 자유주의의 시대라고 불릴 수 있다. 그러나 19세기 말에는 그 위대한 운동이 쇠퇴했다."라고 썼다. 영국을 비롯해 전 세계적으로 자유주의 사상을 대변한 이들은 "참담한 패배"를 겪었다. 그러나 우려해야 할 더 큰 불안 요소는 이것만이 아니었다. 홉하우스는 자유주의가 선거 패배보다 훨씬 더 심각한 문제에 직면했다고 강조했다. "자유주의의 운이 완전히 기울고 있다. 자유주의가 제 역할을 다한 것 같다. 자유주의는 멸종되어 화석이 되어버린 신념 같은 느낌을 준다."[108] 특히 엄격하게 자유방임주의를 고수했기 때문에 자유주의는 곤경에 처하게 되었다.

홉하우스는 이전의 자유주의에서는 대체로 소극적 자유를 다루었으며, 인간의 발전을 방해하는 장벽을 허무는 것이 목표였다고 설명했다. 그리고 민주주의가 도래하기 전에는 그러한 본질적으로 파괴적인 자유주의 운동이 의미가 있었다고 말했다. 홉하우스는 "이전의 자유주의는 권위주의적 교회와 국가에 대항해야 했다. 개인적, 시민적, 경제적 자유 요소를 정당화해야 했고, 그러한 과정에서 인간의 권리를 주창하게 되었다." 따라서 자유주의는 정부의 기능이 제한되어야 한다는 인식을 고수하게 되었다. 자유주의자들은 정부가 사회적 조건이 허용되는 한 인간의 자연권을 가능한 한 그대로 유지해야 하며, "그 외에는 아무것도 해서는 안 된다."고 확신하게 되었다.[109]

홉하우스는 근대 사회의 조건에서 이런 유형의 자유주의가 부적절하게 변했다고 주장했다. 경제 영역에서 자유방임은 모든 사람에게 자유를 가져다준 것이 아니라 강자가 약자를 억압하게 만들었다. 이와 마찬가지로 중요한 것은 국가가 민중의 통제하에 있으므로 엄격하게 자유방임주의를 고수하는 것이 더는 적절하지 않았다. 정부가 "공동체 전체의 기관"이 되었기 때문에 노동 계급의 삶을 개선하기 위한 조치는 비록 불완전하더라도 부권주의적인 것이 아니라 자치의 표현이었다. 근대 민주주의에서 정부는 민중의 '하인'이었고 따라서 정부의 행위는 민중 자신의 행위로 간주될 수 있었다.[110]

간단히 말해서 영국의 자유주의자들은 사회주의적 비판에 대응해 이념적 공약을 재고하기 위해서 의식적으로 노력했다. 이러한 전략은 효과를 거둔 것처럼 보인다. 영국에서는 자유당이 프랑스 자유당처럼 쇠퇴하지 않았다. 물론 영국의 자유주의자들이 선거에서 계속 성공한 것은 이념과는 상관없는 다른 다양한 원인 때문일 수 있다. 일례로 영국인들의 확고한 지지를 받은 글래드스턴이 남긴 유산은 영국 자유당이 프랑스 자유주의보다 더 광범위하게 확대되는 데 기여했다. 또한 1914년까지 성인 남자 인구의 60퍼센트로 제한되었던 참정권도 중요한 역할을 했다. 영국 자유당이 선거에서 크게 승리한 이유가 무엇이든 간에 이로 인해 신자유주의의 위신이 높아졌다.[111]

독일에서는 새로운 자유에 대한 요구가 다른 국가에서와는 달리 더욱 이상적인 형태로 나타났다. 이는 카를 마르크스가 독일 사회주의에 끼친 영향과 밀접하게 연관된다. 1867년, 이전에는 거의 알려지지 않았던 언론인이자 정치 운동가였던 마르크스는 전통적 정치 경제를 통렬하게 비판한 걸작 『자본론』을 통해 하룻밤 사이에 유명해졌다. 이후 1870년대에 노동자의 이익을 대변하기 위해 설립된 독일 사회민주당은 마르크스의 관점을 채택했다. 1878년에 비스마르크 총리가 사회민주당의 활동을 금지했지만 1890년에 다시 합법화되었다. 이후 사회민주당은 여러 선거에서 유권자 20퍼센트의 지지를 얻었으며 제1차 세계 대전 당시 독일에서 가장 큰 정당이 되었다. 사회민주당은 마르크스주의 사상을 전파하는 데 상당한 기여를 했다. 하지만 독일 제국

의 전제적 특성으로 인해 사회민주당이 정책에 미친 영향은 제한적이 었다.[112]

　마르크스주의 정치사상의 핵심은 자유주의적 자유 이론에 대한 거부였다. 마르크스의 초기 저술 중 하나인 『공산당 선언』에서 마르크스와 공동 저자인 프리드리히 엥겔스는 자유와 재산권 보호가 서로 관련된다는 주장을 신랄하게 비판했다. 그들은 "재산이 모든 개인의 자유, 활동, 독립의 토대라는 주장이 있다."라고 썼다. 하지만 실제로 사유 재산의 존재는 "소수에 의한 다수의 착취"만을 허용할 뿐이다. 이것은 자유가 아니라 "부르주아지의 자유", 즉 단일 계급만이 누리는 자유였다. (『공산당 선언』이 1848년에 처음 출판되었을 때는 소수의 사람만 읽었지만, 1872년에 재출간되면서 독자층이 훨씬 더 넓어졌다.)[113]

　그러나 마르크스주의 사상에서 대안으로서 자체적으로 내세운 자유 개념은 명확하지 않았다. 마르크스와 정통 마르크스주의자들은 자유를 지금 당장 실현될 수 있는 것으로 묘사하는 것은 자제했다. 마르크스의 관점에서 농업이 발명된 이래 인류 역사 전체는 계급 투쟁과 억압으로 특징지어졌다. 역사적으로 항상 경제적 권력을 가진 한 계급이 다른 모든 계급을 지배했다. 그리고 프랑스 혁명과 같이 겉보기에 해방을 가져온 사건들도 실상은 그렇지 않았다. 1789년 혁명으로 귀족에서 부르주아지로 권력이 이양되었을 뿐이다. 마르크스는 앞으로 다가올 프롤레타리아 혁명만이 사유 재산을 폐지하고 수 세기에 걸친 계급 투쟁을 종식시킴으로써 모두에게 진정한 자유를 가져다줄 것이라고 설교했다. 마르크스는 이 새로운 사회에서 "개개인의 자유로운 발전"이 "모든 사람의 자유로운 발전을 위한 조건"이 될 것이라고 예

측했다.[114]

그러나 프롤레타리아 혁명은 과거의 역사에 나타난 사회와는 근본적으로 다른 사회를 불러오는 것이기 때문에, 그 여파로 나타날 새로운 공산주의 사회가 어떤 모습이 될지는 사실상 알 수 없었다. 정치학적·경제학적 측면에서 자본주의 체제의 몰락을 예측할 수 있지만, 그 심연의 저편에 무엇이 있을지는 예측할 수 없었다. 1891년 사회민주당의 주요 이론가인 카를 카우츠키는 "인류 역사에서 혁명적인 정당이 그들이 이루려고 하는 새로운 사회 질서의 형태를 규정하기는커녕 예측할 수 있었던 적도 없었다."라고 말했다. 그러므로 사회주의자들에게 "그들이 추구하는 연방 정부의 모습"을 묘사해 달라고 요구하는 것은 "유치한" 일이었다고 그는 짜증스럽게 말했다.[115]

마르크스주의자들은 때때로 미래의 사회 형태에 대해 추측했다. 1878년 엥겔스는 마르크스주의 이론을 해설한 매우 영향력 있는 저서 『반뒤링론』에서 공산주의 사회에서는 억압의 장치인 국가가 억압할 게 아무것도 남아 있지 않기 때문에 "사라질 것"이라고 예견했다. 마르크스도 마찬가지로 자유로운 사회는 다소 무정부주의적 형태가 될 수 있다고 예견했다. 마르크스는 저서 『프랑스 내전』에서 1871년 파리를 점령한 노동자들이 수립했지만 얼마 지나지 않아 해체된 정부인 파리 코뮌이 기존의 국가 권력을 무너뜨린 것에 대해 찬사를 보냈다. 마르크스는 만약 파리 코뮌이 존속되었다면 "사회에 빌붙어 사회의 자유로운 이동을 방해했던 국가 기생충이 지금까지 흡수한 모든 힘을 사회 기구로 복원시켰을 것"이라고 지적했다.[116] 그러나 엥겔스와 마르크스의 예견은 빗나갔다.

간단히 말해서 마르크스주의 이론은 자유 국가가 어떤 모습이 될지에 대해서는 답하지 못했다. 그러므로 마르크스가 유토피아주의를 명백하게 반대했음에도 불구하고 마르크스주의 이론은 사회주의적 사상에 유토피아적인 요소를 주입했다.[117] 그러나 실질적인 정치 측면에서 마르크스주의자들은 결코 맹목적인 혁명가가 아니었다. 사회민주당은 프랑스 급진사회주의자들이나, 심지어 신자유주의자들과도 매우 유사한 대의를 추구했다. 예를 들어 홉하우스는 1891년 사회민주당 당 대회에서 채택된 에르푸르트 강령에서 비슷한 맥락을 발견했다.[118] 에르푸르트 강령의 첫 번째 요구는 여성 참정권을 포함한 보편적인 참정권의 실현이었으며, 두 번째 요구는 "민중의 자기 결정과 자치"였다. 또한 이 강령은 무료 의료와 누진 소득세와 같은 다양한 사회 개혁을 추구했다. 보다 일반적으로, 마르크스와 그의 지지자들은 공산주의를 수립하기 위해서는 민주주의를 거쳐야 한다고 일관되게 주장했다. 그들은 프롤레타리아의 수가 증가하면서 사회민주당이 반드시 선거에서 승리하게 되어 자본주의가 평화적으로 몰락할 것이라고 주장했다.[119]

이와 같이 1914년 유럽에서 민주적 자유에 대한 요구는 맹렬히 되살아났지만 그 양상이 완전히 달라졌다. 프랑스와 영국에서 새로운 급진적 사회주의 운동이 일어났고, 진정한 자유를 이루기 위해서는 정치적·경제적 지배가 모두 종식되어야 하며, 따라서 민주주의가 정치적 영역에서 경제적 영역으로 확장되어야 한다는 주장이 제기되었다. 독일에서 마르크스주의 사상가들은 자유의 자유주의적 개념을 대체할 수 있는 유토피아적 사상을 창안했다. 이 모든 운동은 자유주의적 자유가 계급적 이익을 옹호하기 위한 편협한 방어 수단, 즉 중요한 정치적 이상이기보다는 거짓된 자유라고 경시했다. 모든 곳에서 '과거의' 자유주의는 수세에 몰린 것 같았다. 자유주의가 유일하게 번영하는 것처럼 보이는 국가는 영국뿐이었다. 영국의 신자유주의는 자유방임이라는 소극적인 자유 개념에 반대하고 더 광범위하고 적극적인 의미의 자유를 옹호했다.

제1차 세계 대전 이후 유럽에서 자유에 대한 논쟁은 일련의 극적인 정치적 사건이 전개되면서 더욱 복잡해졌다. 1917년 3월 러시아의 차르 정권이 전복되고 민주 공화국이 수립되었다. 그러나 몇 달 후 10월 혁명이 발발했고, 신생 공화국은 마르크스주의를 표방하는 볼셰비키에 의해 전복되었다. 이후 내전이 장기화되었고 마침내 1922년 볼셰비키가 승리해 소비에트 사회주의 공화국 연방이 수립되었다. 러시아에서 일어난 사건들로 1923년까지 유럽에서는 공산주의 혁명의 물결이 더 광범위하게 일었다. 하지만 러시아에서 볼셰비키 정권이 유지되는 동안에도, 당시 유럽의 다른 지역에서 일어난 마르크스주의 운동은 세력을 유지하는 데 성공하지 못했다.[120]

블라디미르 레닌과 볼셰비키의 사상가들은 그들의 새 정권이 '프롤레타리아 독재'를 실현한다고 설명했다. 그들은 마르크스와 엥겔스가 프롤레타리아 혁명 이후의 정치적 상황을 묘사하기 위해 사용한 이 개념을 차용한 것이다. 그러나 볼셰비키는 원래의 개념을 완전히 새로운 방식으로 바꾸었다. 대부분의 생애 동안 민주주의와 보편적 참정권을 옹호했던 마르크스와 엥겔스는 프롤레타리아 독재가 볼셰비키와 같은 소규모 집단이 주도한 쿠데타가 아닌 선거를 통해서 평화롭게 이루어져야 한다고 주장했다. 또한 프롤레타리아 독재는 프롤레타리아가 생산 수단에 대한 통제권을 장악하고 새로운 공산주의 사회를 수립하기 이전에 비교적 짧은 기간 유지되는 과도기적 단계이며, 이 단계 이후에는 계급 투쟁이 자동적으로 종식되어 프롤레타리아 독재가 더는 필요하지 않게 된다고 주장했다. 따라서 1917년 이전까지 마르크스주의 이론에서 프롤레타리아 독재는 그렇게 중요한 개념이 아니었다.[121]

그러나 볼셰비키의 정치 강령에서는 이 개념이 훨씬 더 중심적인 위치를 차지하게 되었다. 레닌은 「부르주아 민주주의와 프롤레타리아 독재에 관한 테제와 보고」에서 프롤레타리아 독재를 "부르주아 민주주의"의 주요 대안으로 제시했다. 그는 자본주의 국가에서 "존재하는 것은 모두 부르주아 민주주의"라고 설명했다. 따라서 억압된 계급(프롤레타리아트)이 억압자와 착취자(부르주아지)에 대해 독재를 행함으로써 지배를 유지하기 위한 투쟁에서 착취자를 극복할 수 있었다. 언론의 자유와 집회의 자유는 부자들이 거짓말을 하고 프롤레타리아의 노력을 전복할 수 있는 자유에 지나지 않았다고 레닌은 말했다. 그러므로 이러한 거짓 자유를 폐지하는 것이 모든 사람에게 진정한 자유를 가져다 줄 새로운 공산주의 사회를 만들기 위한 전제 조건이었다.[122]

볼셰비키 혁명은 사회주의 운동 내에서 정치적 자유와 경제적 자유의 관계에 대한 격렬한 논쟁을 불러일으켰다. 많은 저명한 마르크스주의 사상가는 비록 프롤레타리아에 의해 독재가 실현된다고 해도 그것이 인간 자유의 기초가 될 수 있다는 생각에 단호히 반대했다. 1918년 카를 카우츠키는 『프롤레타리아 독재』에서 사회주의가 독재나 심지어 '부권주의'와 비슷한 그 어떤 것과 양립할 수 있다는 생각에 격렬하게 반대했다. 그는 사회주의 정당의 목표가 단순히 사유 재산의 폐지가 아니라 "계급, 정당, 성별, 인종에 대한 모든 종류의 착취와 억압을 폐지하는 것"이라고 썼다. 이를 위해서는 "프롤레타리아 계급 투쟁"이 필요하지만, 카우츠키가 말했듯이 "민주주의가 없는 사회주의는 생각할 수 없으므로" 민주주의 원칙은 지켜져야 했다. 카우츠키는 남은 생애 동안 이러한 견해를 계속 옹호했으며, 1917년 이후에는 그의 지적 역량을 동원해 볼셰비즘을 비판했다. (볼셰비키는 카우츠키의 비판에 대응했다. 레닌은 카우츠키를 '배신자'라고 말하며 비난했고, 카우츠키의 견해에 대해 격렬하게 반박하는 여러 문건을 작성했다.)[123]

이와 동시에 볼셰비키의 성공으로 유럽의 마르크스주의자들 상당수가 스스로를 '공산주의자'라고 부르기 시작했으며, 소련식 프롤레타리아 독재가 사회 혁명과 궁극적으로 자유를 이룰 수 있는 최선의 방법이라고 확신했다. 1919년 이들은 제3 인터내셔널을 창설해 공식적으로 공산주의 정당이 프롤레타리아 독재 원칙을 실현하는 데 참여하도록 했다. 「코뮤니스트 인터내셔널 선언」에서 밝힌 바와 같이 "프롤레타리아 독재"만이 "현재의 위기"를 해결할 수 있었다. 모든 중요한 결정은 사실상 "금융 과두제"에 의해 이루어졌기 때문에 의회 민주주의는 결코 진정한 민주주의가 아니었다. 기존 민주주의 국가들은 "권리와 자유에 대한 공식적인 선언"을 했을 뿐이며, 이러한 권리와 자유는 프롤레타리아가 가질 수 없는 것이었다. 소련식 정치 체제는 노동자들에게 "권리와 자유"를 누릴 "수단"을 제공할 수 있었다. 이것은 민주주의의 파괴가 아니라 "더 발달된 노동 계급 민주주의"의 등장이

었다.[124]

또한 10월 혁명은 사회주의 운동과 별개로 자유에 대한 논쟁에 큰 영향을 미쳤다. 유럽에서는 볼셰비키의 위협으로 소극적 자유를 요구하는 소규모 움직임이 다시 일어났다. 예를 들어 오스트리아의 경제학자이자 야경국가의 강경한 옹호자인 루트비히 폰 미제스는 1927년에 자유방임주의를 옹호하는 책 한 권 분량의 저술을 발표했다. 미제스는 진정한 자유주의는 최소한의 정부라는 의미에서 자유를 전파하는 것이라고 주장했다. 국가가 해야 할 일은 생산 수단에 대한 사적 소유권을 보호하는 것뿐이었다. 미제스에 따르면 "자유주의자의 관점에서 보는 바와 같이 국가가 해야 하는 유일한 임무는 폭력적인 공격으로부터 생명, 건강, 자유, 사유 재산이 보호받을 수 있도록 보장하는 것이다. 이것을 넘어서는 모든 행위는 악이다."[125] 그러나 미제스는 이런 종류의 자유주의가 위협을 받고 있다고 인정했다. 유럽 대륙에서 정치 세력으로서의 자유주의는 거의 사라졌다. 영국에서만 자유주의자들이 아직 정치 활동을 하고 있었지만, 미제스의 견해로는 그들은 사실 "온건한 사회주의자"에 불과했다.[126]

미제스의 분석에 따르면 "진정한" 자유주의의 종식은 속이기 쉬운 민중에게 온갖 거짓 약속을 한 공산주의자들과의 경쟁이 심화된 것과 많은 관련이 있었다. 따라서 자유주의가 다시 살아나야 했다. "민중의 호의"를 얻기 위한 "대중적 구호"는 필요하지 않았다. 자유주의는 "정당의 꽃도, 색도, 노래도, 우상도, 상징도, 슬로건도 없다. 본질과 논거가 있으며, 이것들이 자유주의를 승리로 이끌어야 한다."라고 미제스는 결론지었다.[127]

하지만 이것이 제1차 세계 대전 이후 유럽에서 호응을 얻을 만한 전략은 아니었다. 미제스 자신도 이를 깨닫고 "만약 인간이 깨달음을 얻지 못하고 실수를 계속한다면 재앙을 막기 위해 할 수 있는 일은 아무것도 없다."라고 썼다.[128] 1914년 이전에도 유럽의 많은 지역에서 자유주의 정당이 쇠퇴하고 있었고, 제1차 세계 대전 이후 참정권이 확대된 뒤 자유주의 정당의 쇠퇴는 가속화되었다. 심지어 영국 자유당도 1916년 전쟁 지휘를 둘러싸고 심각하게 분열되었다. 1929년 대공황의 발발로 자유방임적 자유주의는 더는 매력적이지 않게 되었다. 1870년대부터 1890년대까지 지속되었던 장기 불황의 여파로 자유주의 경제학의 지적 권위는 이미 상당히 훼손되었는데, 대공황 위기로 그 권위가 더 약화되었다.[129]

적색 공포의 주된 수혜자는 자유방임적 자유주의가 아니라 명백한 권위주의 운동인 파시즘이었다. 볼셰비키 혁명으로 베니토 무솔리니의 파시스트당(1919년 그 전신인 '전투 파쇼' 창당)과 아돌프 히틀러의 국가 사회주의 독일 노동자당(1920년 창당)으로 대표되는 새로운 우파 운동이 발흥했다. 많은 국가에서 집권 엘리트들이 "반공주의자 우선, 민주주의자는 그다음"임을 스스로 보여주면서, 이러한 우파 운동으로 인해 유럽 전역에서 민주주의가 전복되었다. 그 결과 유럽의 정치적 논쟁이 크게 바뀌었다. 마크 마조워Mark Mazower는 1930년대 중반에 "자유주의는 지친 듯했고, 조직화된 좌파는 붕괴했으며, 이념과 통치를 둘러싼 유일한 투쟁은 우파 내에서-권위주의자, 전통적인 보수주의자, 기술 관료, 급진적 우익 극단주의자 사이에서-일어났다."라고 지적했다.[130] 이후 자유에 대한 논쟁은 1945년이 되어서야 재개되었다.

미국 도금 시대 자유주의 논쟁

유럽에서와 마찬가지로 1880년대와 1890년대 미국에서 새로운 정치 운동이 나타나 도금 시대 자유주의와 자유방임적 자유에 반박했다. 이러한 운동 중 가장 먼저 등장한 포퓰리즘은 농산물 가격 하락으로 큰 타격을 입은 미국 농민들 사이에서 시작되어 광부, 철도 노동자 등 다른 노동자에게로 확대되었다. 그들은 자신들의 불행한 상황이 대부분 정치적 수단이 남용되었기 때문이라고 확신했다. 포퓰리스트들은 기업과 재정력을 가진 사람들이 정치 체제에 대한 통제권을 이용해 경제 체계를 그들 자신에게 유리하게 조작했다고 믿었다. 그리고 이에 대해 정부가 서민들의 우려를 해결할 것을 요구했다. 따라서 포퓰리스트들은 국민 투표, 비밀 투표, 상원 의원 및 대통령 직접 선거와 같은 다양한 조치를 옹호했다. 또한 빈곤층의 고통을 직접적으로 완화하고 경제적 경쟁의 장을 공평하게 만들며 모든 노동자에게 노동에 대한 정당한 보상을 해주기 위해서는 국가의 개입이 필요하다고 선전했다. 포퓰리스트들은 인민당을 창설해 1892년과 1896년에 대선 후보를 내보내면서 그들의 대의를 실현하고자 했다.[131]

1900년경 세계 경제의 흐름에 따라 농민들의 상황이 개선되면서 포퓰리즘 운동은 흐지부지되었다. 그러나 이제 소위 진보주의자들이 정치와 사회 개혁을 위한 투쟁을 벌였다. 대체로 중산층으로 구성된 진보주의자들은 매우 다른 방식의 정치적 행동주의를 지지했다. 한 역사가가 말했듯이 "포퓰리스트는 야단법석을 떨었지만, 진보주의자는 팸플릿을 읽었다."[132] 진보주의자들은 비밀 투표와 상원 의원 직접 선거의 도입을 주장하거나 누진 소득세와 같은 다양한 개입주의 조치를 요구하면서 포퓰리스트들의 정치적·사회적 요구를 이어받아 대중화시켰다. 진보주의자들은 새로운 정당을 창당하지는 않았다. 진보당이 조직되어 단기간 유지되었지만, 이 당은 대개는 시어도어 루스벨트의 개인적 포부를 위한 수단이었다. 그러나 1900년이 되면서 민주당과 공화당에서 진보 진영이 형성되었다. 1914년 이후 많은 진보주의자가 홉슨이나 홉하우스 같은 영국의 사회자유주의자와의 유대감을 표명했다. 이들 진보주의자는 영국의 지적 발전을 면밀히 주시했으며, 스스로를 '신'자유주의자라고 칭했다.[133]

유럽의 급진주의자 및 사회주의자와 마찬가지로 포퓰리스트와 진보주의자는 도금 시대 자유주의적 자유 개념을 철저하게 비판했으며, 특히 우드로 윌슨이 이러한 개념을 가장 광범위하게 설명했다. 남부의 부유한 가문에서 태어난 윌슨은 진보주의와는 거리가 먼 것처럼 보였다. 원래 보수적인 민주당 당원이었던 그는 윌리엄 제닝스 브라이언을 비롯한 포퓰리스트들이 민주당 정치에 영향력을 행사하는 것에 반대했다. (브라이언은 1896년 인민당과 민주당 대통령 후보로 선출되었다.) 그러나 시간이 흐르면서 윌슨은 마음을 바꾸었고, 1912년 민주당 대통령 후보로 지명되었을 때 그는 진보주의자로 나섰다. 실제로 윌슨은 적극적으로 브라이언에게 지지해 달라고 요청했으며, 브라이언은 당연히 그를 지지했다.[134]

윌슨은 선거 운동을 벌이면서 미국에 "신자유"를 가져오겠다고 공약했다. (윌슨의 선거 연설을 담은 책인 『신자유』가 1913년에 출판되었다.)[135] 윌슨은 신자유를 이루기 위해서는 민중의 권력을 회복할 정치적 개혁이 필요하다고 설명했다. 따라서 그는 대통령 예비 선거를 시행하고 기업의 선거 지출을 제한하며 미국 상원 의원 선출에 직접 선거를 도입하겠다고 공약했다. 윌슨은 "미국 정부의 주인"은 "자본가와 제조업자"라고 설명했다. 그러나 정치에 대한 그들의 통제는 "자유가 아닌 속박"을 가져왔다. 미국인들은 통제권을 되찾을 기회가 필요했다. 따라서 "국민에게 정부를 되돌려 주는 것"이 윌슨의 목표였다.[136]

윌슨에 따르면 필요한 정치 개혁은 (예를 들어 섬너가 주장한 것처럼) 미국의 "공화주의 제도"에 대한 공격이 아니며, 그러한 비난은 "터무니없는 것"이다. 윌슨은 이 점에 대해 버지니아 권리장전을 인용해 민중이 통치해야 한다는 생각은 미국 공화국의 "기본 원칙"이라고 설명했다. 그렇다면 정치에 대한 민중의 통제를 강화하는 것은 단순히 미국의 원래 원칙을 복원하는 것이다. "이 공화국이 건국된 원칙을 이해하는 사람이라면, 민중이 자신의 문제에 대한 통제권을 회복할 수 있게 하는, 매우 효과적이지만 온화한 조치를 전혀 두려워하지 않는다."[137]

그러나 미국인들에게 자유를 돌려주기 위해서는 이러한 민주적 개혁만으로는 충분하지 않으며, 경제 개혁도 필요하다고 윌슨을 말했다. 따라서 그는 누진 소득세와 독점 금지 정책을 도입하고, 연방 정부가 중앙은행을 통제할 수 있도록 하는 안을 제안했다. 현재의 경제 상황에서 미국인들은 자유롭지 않기 때문에 자유를 위해서는 정치 개혁만큼 경제 개혁도 필요하다고 그는 주장했다. "왜 그런가? 이 나라의 법이 강자가 약자를 짓밟는 것을 막지 못하기 때문이다."라고 윌슨은 맹렬히 비난했다. "바로 그런 이유로, 강자가 약자를 짓밟았기 때문에 강자가 이 나라의 산업과 경제적인 삶을 지배한다."[138]

이런 관점에서 섬너와 자유방임주의자들이 옹호하는 자유는 거짓된 자유였으며, 윌슨은 이 점을 명확하게 천명했다. 그는 근대 경제적 상황 아래의 개인과 기업의 이해관계에서는 공정한 경쟁이 있을 수 없다고 설명했다. 따라서 경제적 권력이 없는 사람들에게 불리하지 않도록 균형을 바로잡기 위해서는 "정부의 신중하고도 단호한 개입"이 필요했다. "오늘날의 자유"는 "그대로 내버려 두는 것 이상"이 되어야 했다. 그는 "오늘날 정부는 소극적 자유가 아니라 적극적 자유를 추구해야 한다."라는 결론을 내렸다.[139]

미국의 도금 시대 자유주의자들은 이러한 주장에 반박했는데, 그 중에는 1912년 대통령 선거에서 윌슨의 경쟁자였던 공화당의 윌리엄 하워드 태프트가 있었다. 오하이오의 부유한 가정에서 태어난 태프트는 예일대학교에서 수학했다. 그를 가르친 교수 중에는 윌리엄 그레이엄 섬너도 있었는데, 말년에 태프트는 섬너가 자신에게 지적 영향을 크게 미쳤다고 말했다.[140] 윌슨에게 패한 후 법학자였던 태프트는 예일대학교 교수가 되어 근대 정부에 대해 강의했다. 1913년에 태프트의 강의 내용을 담은 『민중 정부의 본질, 불변성, 그리고 위험성Popular Government: Its Essence, Its Permanence and Its Perils』이라는 책이 출판되었다. 이 책은 학문적인 업적인 동시에 윌슨의 진보적 자유 개념을 명백하게 보여주는 저술이기도 했다.[141]

태프트는 자유가 다수결 원칙과는 아무런 관련이 없다고 주장했다. 그 대신 자유 정부는 개인의 권리, 특히 재산권이 보장된 정부였다. 태프트는 정부가 "아무리 가장 민주적인 권력의 보고"라고 할지라도 개인 권리의 신성함을 인정하지 않는 정부, "시민의 생명, 자유,

재산이 절대적인 처분성과 과도한 통제에 항상 종속되어야" 하는 정부라면, 그러한 정부는 전제주의 정부라고 묘사할 수밖에 없다고 썼다. "물론 다수에 의한 전제주의라고 말할 수도 있다. 하지만 그래도 여전히 전제주의라는 사실에는 변함이 없다."[142]

이런 관점에서 민주주의는 자유의 해결책이 아니었다. 태프트는 민중 통치 체제에 찬성하지만, 그것이 "숭배의 대상"이 되어서는 안 된다고 설명했다. "우리는 훌륭한 정부가 보장되는 선에서 가능한 한 많은 사람이 통치하는 민주주의를 찬성하지만, 그 이상은 아니다."라고 그는 썼다.[143] 이와는 대조적으로 태프트는 연방 사법부를 "개인 자유의 방벽"으로 여겼다. 그에 따르면 대륙 국가들에서도 자유와 재산에 대한 권리를 요구하는 "추상적 선언"이 공포되었지만, 영국과 미국의 사법 체계에서 제공하는 보호 장치가 없었다. 즉, 이 국가들에서는 개인이 "유권자 다수에 의한 침해"로부터 자신의 권리를 보호하기 위해 법원에 항소할 수 있는 제도가 결여되어 있었기 때문에 이러한 권리 선언은 효력이 없었다.[144]

간단히 말해서 1914년 미국의 정치 논쟁은 매우 다른 두 가지 자유 개념을 중심으로 전개되었다. 먼저, 태프트와 같은 도금 시대 자유주의자는 자유가 개인의 권리, 무엇보다 재산권을 보호하는 데 의미가 있다고 주장했다. 민주주의가 이러한 권리를 위태롭게 할 때 민주주의 범위를 제한할 필요가 있었다. 반면 윌슨과 같은 포퓰리스트와 진보주의자는 진정한 자유를 이룰 수 있는 유일한 방법은 미국 민주주의를 되살리는 것이라고 주장했다. 민주주의를 다시 활성화하기 위해서는 국민 투표와 같은 민중의 통치를 위한 새로운 제도를 만들어야 하고,

상원 의원을 직접 선거로 선출해야 하며, 미국인들의 경제생활에 대한 통제권을 확대하도록 법률을 제정해 시장 변동성에 영향을 덜 받게 해야 했다.

제1차 세계 대전은 민주적 자유 개념에서 오래된 성차별적 부분을 뒤엎으면서 자유에 대한 논쟁에 특히 큰 영향을 미쳤다. 1890년대부터 여성 인권 운동가들은 여성 참정권을 획득하기 위한 운동을 벌였다. 1917년 여성 인권 운동은 절정에 달했다. 여성 인권 운동가들은 "대통령님, 여성이 자유를 얻으려면 얼마나 기다려야 합니까?"라고 적힌 플래카드를 들고 백악관 앞에서 피켓 시위를 벌였다. 이와 동시에 미국이 제1차 세계 대전에 참전함으로써 참정권 운동가들은 국가적 전시 역량을 강화하는 데 기여할 기회를 얻었으며, 이러한 기회를 통해 그들이 투표권을 얻기에 적합하다는 점을 강조할 수 있었다. 참정권 운동가들은 전시 위기 상황에 능란하게 대처했으며 의회와 대통령에게 지속적으로 정치적 압박을 가했다. 이러한 노력은 1918년 1월 대통령이 '전시 작전'의 일환으로 연방 참정권 개정안을 지지한다고 발표하면서 보상받았다.[145]

다른 측면에서 보면 제1차 세계 대전이 미국의 자유 논쟁에 미친 영향은 미미했다. 미국에서는 유럽에서와는 달리 마르크스주의 운동의 영향력 역시 약했다. 그런데도 1919년 여름 적색 공포가 시작되어 단기간 지속되었다. 무정부주의자가 주도한 일련의 폭탄 테러가 발생한 이후 수천 명의 무정부주의자와 사회주의자가 체포되어 추방되었는데, 그들 중 많은 사람이 러시아로 추방되었다. 이탈리아 이민자로 무정부주의자였던 니콜라 사코와 바르톨로메오 반제티가 날조된 살인

혐의로 체포되어 처형되면서 일부 정치, 사법 엘리트가 좌파 정치 활동가에 대해 적대감을 가지고 있다는 점이 명백하게 드러났다. 그러나 유럽과 비교하면 미국에서 공산주의 위협에 대한 대응은 덜 극단적이었다. 유럽에서는 볼셰비즘에 대한 두려움으로 파시즘과 나치즘이 발흥하게 되었고 모든 유형의 좌파 운동이 폭력적으로 억압되었다.[146]

만약 공산주의가 미국에서 극우적인 반발을 불러일으키지 않았다면 도금 시대 자유주의를 되살리는 데 일조했을 것이다. 1920년대 이러한 자유주의의 가장 중요한 옹호자로는 기술자이자 사업가이면서 공화당 정치인이었던 허버트 후버를 꼽을 수 있다. 1928년 대통령 선거에서 승리한 후버는 선거 운동의 마지막 연설에서 국가가 경제에 개입할 수 있고, 또 개입해야 한다는 발상을 비판했다. 그는 "이 나라의 사업을 관료화하는 모든 조치가 자유주의의 근원, 즉 정치적 평등, 표현의 자유, 집회의 자유, 언론의 자유, 기회의 평등에 해를 끼친다."라고 경고했다. "이는 자유를 확대하는 것이 아니라 저해하는 것이다. 자유주의는 관료주의를 확산시키기 위해서가 아니라 그 한계를 정하기 위해서 필요하다."라고 그는 말했다. 후버는 이러한 자유주의, 즉 제한된 정부에서 찾을 수 있는 자유주의가 미국의 진정한 신조라고 주장했다. "150년 동안 자유주의는 유럽 체제가 아닌 미국 체제에서 그 진정한 정신을 발견했다."[147]

그러나 도금 시대 자유주의가 지속적으로 우세하지는 않았다. 1929년 월가 주식 시장은 폭락했고, 미국에 대공황이 닥쳤다. 미국인들은 이전에도 경기 불황을 경험한 적이 있었지만 대공황의 경우는 그 어느 때보다도 상황이 심각했다. 1929년과 1932년 사이에 경제 상황은 악화되었다. 대공황의 여파로 통화 체제가 흔들리면서 실업률이 1930년 9퍼센트, 1931년 16퍼센트, 1932년 23퍼센트로 상승했다. 사회 안전망이 없는 시대에 많은 가정에서 실업으로 큰 어려움을 겪었다. 식량 가격이 폭락했음에도 불구하고 미국인 네 명 중 한 명이 식량 부족에 시달렸다. 농산물 가격이 너무 낮아져서 농산물이 시장까지 운송되는 비용을 충당할 수 없는 지경이 되었다. 도시 거주자들은 굶주렸고, 밀은 밭에서 썩고 있었다. 대도시 주변에는 판자촌이 생겼다.[148]

곧 미국 유권자들은 후버 대통령이 대공황에 제대로 대응하지 못하고 있음을 알게 되었다. 1932년 대통령 선거에서 후버는 야심 찬 개혁안인 뉴딜 정책을 선언한 프랭클린 델러노 루스벨트에게 대패했다. 루스벨트와 그의 내각은 일련의 입법을 통해 실업 위기를 해결했다. 또한 곤경에 처한 미국인들을 위한 안전망을 만들어 보다 근본적인 방식으로 사회 계약을 변화시켰다. 루스벨트와 그의 각료들은 파산한 농부를 위한 구제책을 펼쳤다. 그리고 실업 수당을 제공하고 실업 노동자가 일자리를 다시 찾을 수 있도록 하는 공공사업에 투자했다. 1935년 전국노동관계법이 제정되어 노동자가 보다 자유롭게 조직을 구성하고 더 유리한 조건으로 고용주와 협상할 수 있게 되었다.[149]

후버와 마찬가지로 루스벨트 역시 자유주의자를 자처했다. 하지만 루스벨트는 자신이 지지하는 자유주의는 후버가 지향했던 반국가주의적 자유주의와는 다르다고 분명히 밝혔다. 레너드 홉하우스와 같은 영국의 신자유주의자들의 신념을 수용한 루스벨트는 더 광범위한 자유 개념을 주창했다. 그는 어느 노변정담에서 미국인들에게 자신은 "오랜 세월 동안 서서히 자유로운 사람들이 소수의 특권층을 위해 봉사하도록 통제되는 개념의 사유로 회귀"하는 것을 거부한다고 말했다. 그리고 "나는 보통 사람이 미국 역사상 그 어느 때보다 더 많은 자유와 더 확실한 안보를 누릴 수 있는 방향으로 나아가도록 하는 더 광범위한 자유 개념을 선호하고, 여러분도 틀림없이 그럴 것이라고 생각한다."라고 덧붙였다.[150]

그러므로 1932년 루스벨트가 대통령에 당선된 것은 도금 시대 자유주의에 대한 사회주의적 신자유주의의 승리라고 볼 수 있다. 뉴딜 정책의 열렬한 지지자인 컬럼비아대학교의 존 듀이 교수 역시 이 점을 분명히 했다. 듀이는 다수의 저술을 발표한 대중적으로 영향력 있는 지식인이었으며 『뉴 리퍼블릭』을 비롯한 언론 매체의 정기 기고자였다. 그와 친분이 있었던 홉하우스와 마찬가지로, 듀이는 자유를 "개인과 정부가 대립하는 문제"로 인식했던 "초기의 자유주의"가 "전제주의" 시대에는 적합했다고 주장했다. 그러나 이제 "민중" 정부가 되었으므로 과거의 자유 개념은 노골적인 엘리트주의자인 허버트 후버의 "사이비 자유주의"로 퇴보하는 것이었다. 현대 사회에서 "자유가 기업가의 전유물이라고 생각하고, 노동자가 받는 엄청난 통제를 무시하는 것은 어리석은 일이었다."[151]

루스벨트는 자유에 대한 자신의 사고방식이 미국 역사에 깊은 뿌리를 두고 있다고 강조했는데, 이는 미국 독립 혁명 당시의 약속을 급진적으로 확대한 것이었다. 루스벨트는 1936년 민주당 전당 대회에서 수락 연설을 하면서 과거 자유를 위한 투쟁 사례를 들며 호소했다. 미국인들은 독립 전쟁을 통해 조지 3세의 정치적 폭정을 물리칠 수 있었다. 이제 경제적 불평등이 커지고 있는 상황에서 1776년에 이룩한 정치적 평등이 무의미해졌기 때문에 경제적 폭정을 파괴할 때가 되었다. 그러므로 "1776년에 건국의 아버지들이 그랬던 것처럼 1936년에도 민중에게 더 광범위한 자유를 되찾아 줄 것을 약속"할 때가 되었다.[152]

모두가 이에 동의한 것은 아니었다. 루스벨트가 당선된 후 기업의 이해관계자들은 미국자유연맹을 결성해 '헌법적 자유'를 주장했다. 그들은 루스벨트의 광범위한 자유 개념이 비미국적인 것이라고 설명했다. 1936년 앨 스미스는 과거 미국의 자유와 사악한 공산주의 독재 사이에는 타협점이 없다고 주장했다. 그는 원래 진보주의적인 민주당원이었지만, 미국자유연맹에 가입해 많은 지지자를 놀라게 했다. 스미스는 워싱턴의 메이플라워 호텔에서 한 연설에서 "자유로운 미국의 맑고 신선한 공기와 공산주의 러시아의 더러운 공기 중에서 오직 하나만 있을 수 있다."라고 선언했다. 미국자유연맹의 노력에도 불구하고 루스벨트는 압도적인 득표로 재선에 성공했다.[153]

1936년 루스벨트의 재선 성공으로 도금 시대 자유주의의 등장과 함께 시작되어 반세기 동안 지속된 자유의 본질과 의미에 대한 논쟁은 잠시 중단되었다. 루스벨트의 임기 동안 미국인들은 (일반 시민에게 통치 방식에 대한 통제권을 준다는) 미국 독립 혁명의 약속을 정치적 영역에서 경제적 영역으로 확장한 새로운 자유를 선택한 것처럼 보였다. 그러나 놀랍게도 전후 도금 시대의 자유주의와 그에 수반되는 자유방임의 정책이 채택되었다. 이렇게 상황이 전개된 이유를 이해하기 위해서는 미국과 유럽에서 냉전이 정치적 논쟁에 어떤 영향을 미쳤는지 고려해야 한다.

냉전 시대 이후의 자유

1945년 연합군이 승리한 후 처음 몇 년 동안 이 전쟁은 1936년 프랭클린 델러노 루스벨트가 옹호한 유형의 자유를 위해 싸운 것이었다는 인식이 당연하게 받아들여졌다. 이러한 견해는 미국에서 가장 뚜렷하게 나타났다. 1944년 다시 대통령에 당선된 루스벨트는 경제 안보를 보장하는 제2의 권리장전이 필요하다고 말했다. 그는 국정 연설에서 미국의 건국자들이 시민에게 양도할 수 없는 정치적 권리를 부여했다고 설명했다. 그러나 보다 최근에 미국인들은 "경제적 안정과 독립 없이는 진정한 개인의 자유는 존재할 수 없다."라는 데 동의하게 되었다. "결핍된 사람은 자유인이 아니다."라고 루스벨트는 설명했다. "굶주리고 실직한 사람들은 독재 정권하에서 만들어지는 것이다." 따라서 의회가 생활 임금, 양질의 주택, 의료 서비스를 받을 권리를 도입함으로써 미국인에게 더 강화된 경제적 보호를 제공해야 한다.[154] 많은 사람이 이에 동의했다. 예를 들어 1945년 9월, 『뉴 리퍼블릭』은 "경제 활동에 민주 정부가 참여하는 것"을 환영했다. 정부의 개입은 자유를 위태롭게 하기보다는 "자유의 영역을 확장했다." 현대 사회에서 정부는 자유의 "보호자"였고 완전 고용은 "자유로 가는 길을 알려주는 이정표"였다.[155]

대서양 건너 유럽에서도 비슷한 양상이 펼쳐졌다. 영국에서는 1945년 총선에서 압도적인 표차로 승리한 노동당이 자랑스럽게 "자유를 옹호"한다고 밝혔다.[156] 이와 마찬가지로 프랑스에서도 반공산주의 저항에서 출발한 공화주의 민중 운동이 1944년 첫 선언문을 공표하면서, "부를 소유한 사람들의 권력에서 해방된" 국가를 만들기 위한 "혁명"을 지지한다고 선언했다.[157] 그러나 모든 유럽인이 이러한 혁명을 향한 열망에 공감한 것은 아니었다. 전쟁 직후 독일에서는 이 원대한 원칙에 대한 요구가 적었다. 당연히 정상적인 상태로 돌아가고 안정을 이루는 것이 가장 큰 관심사였다. 예를 들어 독일 기독민주당은 "안전은 안전하다."라는 표어를 내걸고 선거 운동을 벌여 성공했다.[158]

그러나 곧 자유에 대한 논쟁은 극적인 새로운 국면을 맞이했다. 1940년대 후반과 1950년대에 폴 르루아볼리외, 허버트 스펜서, 윌리엄 그레이엄 섬너가 옹호하고 지난 몇십 년간 지나치게 '소극적'인 개념으로 널리 경시되었던 자유방임적 자유 개념이 다시 지지를 얻었다. 대서양 양쪽의 지식인들, 특히 스스로 자유주의자로 지칭하는 이들이 자유는 오로지 국가의 개입이 부재한 상태에서 이룰 수 있는 것으로만 이해해야 한다고 주장했다. 모든 형태의 국가 개입은 설사 민주주의 정부가 행한다고 하더라도 필연적으로 개인의 자유를 침해하게 되어 있다. 실제로 이렇게 제한적이고 소극적인 의미에서의 자유가 이제 서양 문명의 핵심 가치로 다시 인식되었다.

1945년 이후 자유방임적 자유가 재조명받게 된 것을 이해하기 위해서는 전후 시대 새로운 상황 전개, 즉 냉전의 도래를 살펴볼 필요가 있다. 1946년, 패배한 나치즘과 파시즘은 보편적 평화를 이루지는 못했다는 사실이 점점 분명해졌다. 그 대신 과거에는 동맹국이었던 미국과 소련이 첨예하게 대립하게 되었다. 양국 간 갈등은 부분적으로는 국가 안보에 대한 우려로 인해 발생했다. 그러나 이념적 관점의 차이로 상호 불신이 가중되었다는 점에는 의심할 여지가 없다. 나치즘과 파시즘이 참패한 이후 미국에서는 많은 사람이 러시아 공산주의를 미국적 생활 방식의 가장 큰 위협으로 인식했으며, 이 점은 러시아에서도 마찬가지였다. 머지않아 국제 체제는 자칭 서양의 '자유 진영'과 동양의 공산주의 진영으로 나누어졌다.[159]

냉전은 미국과 유럽의 지적 생활에 큰 영향을 미쳤다. 공산주의는 놀라운 속도로 나치즘을 대체해 국내외에서 투쟁해야 할 주요 이념으로 성장했다. 미국은 두 번째 적색 공포에 사로잡혔으며, 이는 1918~1919년의 적색 공포보다 훨씬 더 격렬했다. 공산당은 법으로 금지되었고 노동조합 내에서 공산주의가 확산하는 것을 막기 위한 조치가 취해졌다. 또한 미국 정부와 할리우드 영화 산업계에 침투한 것으로 추정되는 공산주의자를 색출하기 위한 반공산주의 열풍이 불었는데, 이는 조지프 매카시의 악명 높은 마녀사냥으로 절정에 달했다. 유럽 대륙에서는 일부 국가, 특히 서독과 그리스에서 공산당이 금지되었다. 다른 국가에서 공산당이 용인되는 경우도 있었지만, 공산당원은 괴롭힘을 당했다.

정책 입안자와 지식인은 이러한 강압적인 전술 외에도 이데올로기의 힘에 의지했다. 서양이 냉전에서 승리하기 위해서는 공산주의를 대체할 수 있는 매력적인 대안을 마련해야 했다. 이는 공산주의가 많은 서양 사람의 관심을 끌었다는 것이 증명되었기 때문에 더욱 시급해졌다. 서유럽의 일부 지역에서는 나치즘에 대항하는 투쟁에서 중요한 역할을 한 공산주의 정당들이 전쟁 직후 선거에서 좋은 결과를 얻었다. 1946년 프랑스 공산당은 유권자 28퍼센트의 표를 얻었으며, 같은 해 이탈리아에서 공산주의자들은 19퍼센트의 표를 얻었다.[160]

이러한 상황 전개에 대응해 대서양 양쪽에서는 지식인들의 연합이 형성되었다. 이들은 새로운 이데올로기이자 명백히 반마르크스주의적이었던 냉전 자유주의를 창안했다. 냉전 자유주의 사상가들은 국가의 개입이나 경제 안보를 구축하기 위한 노력에 반드시 반대하지는 않았다. 그러나 국가 권력은 필요악으로서 최대한 신중하게 사용되어야 한다고 생각했다. 민주주의 국가조차도 국가는 결코 해방적 행위자로 간주될 수 없었다. 따라서 이들은 다른 사람들이 지나치게 '편협'하고 '소극적'이라는 이유로 반대했던, 도금 시대 자유주의자들이 옹호했던 제한된 자유 개념을 수용했다.[161]

이러한 발상을 상세하게 설명하려는 초기 시도를 한 사람 중에는 매우 영향력 있는 저서 『노예의 길』을 저술한 프리드리히 하이에크가 있다. 오스트리아 태생의 경제학자인 하이에크는 1931년 영국으로 이주해 런던정치경제대학교에서 교수로 재직했다. 이러한 새로운 상황에서 곧 하이에크는 선도적인 자유 시장 옹호자로 부상했다. 그는 특히 베버리지 보고서의 성공에 동요했다. 1942년에 발표되어 100만 부 이상이 판매된 이 보고서는 영국에 사회 안전망을 구축할 것을 제안했는데, 이는 영국에서 경제 개혁에 대한 열망이 커지고 있음을 보여주었다. 하이에크는 이에 대응해 1944년 영국과 미국에서 『노예의 길』을 출판했고, 그 요약본이 1945년 『리더스 다이제스트』에 게재되면서 더 많은 미국인 독자가 하이에크의 글을 읽게 되었다.[162]

하이에크는 주로 '사회주의'나 '정책'에 반대했는데(그는 이 단어들을 호환해 사용했다), 정책이 노예 제도와 전체주의를 야기할 수 있다는 점에서 경제적 이유가 아닌 정치적 이유로 반대했다. 정책이란 어떤 사회를 조직하기 위해 사회적 목표나 공통의 목적을 결정해야 하는 것을 의미했다. 그는 "경제 정책을 수립하는 데에는 상충하거나 경쟁하는 목적, 즉 사람들의 서로 다른 요구 중에서 선택하는 것이 포함된다."라고 설명했다. 그러나 어떤 요구가 충족되고 어떤 요구는 충족되지 않을지는 전문가만 알 수 있으며, 따라서 그들이 가장 주요한 사안과 관련된 결정을 내리게 될 것이다. 이 과정에서 불신이 생길 수밖에 없으며, 이로 인해 민주주의 자체가 약화될 것이다. 따라서 민주주의는 "자유 토론을 통해 다수 간의 합의를 이룰 수 있는 분야에서만 제한적으로" 실현될 수 있었다.[163]

하이에크의 견해에 따르면 나치 독일과 소비에트 연방은 사회주의 정책이 자유를 제한하는 경향을 가장 뚜렷하게 보여주는 사례였다. 그는 정책이 민주주의 사회에서 자유를 훼손한다고 강조했다. 그러므로 서양의 모든 민주주의 국가가 노예의 길을 가지 않도록 항상 경계심을 가질 필요가 있었다. 하이에크는 '우리 안의 전체주의자들'이라는 제목의 장에서 이 점을 강조했다. 그는 "지난 몇 세대에 걸쳐 그려왔던 위대한 유토피아인 민주 사회주의는 실현할 수 없을 뿐만 아니라… 그것을 위해 노력하는 것은 완전히 다른 결과를 만들어 낸다. 자유 자체를 파괴한다."라고 썼다.[164]

전반적으로 하이에크는 "민주주의를 맹목적으로 숭배"해서는 안 된다고 경고했다. 그는 동시대 사람들이 민주주의에 대해서는 지나치게 많이 이야기하지만 민주주의가 제공하는 가치에 대해서는 별로 이야기하지 않는다고 설명했다. 민주주의는 "본질적으로 내부의 평화와 개인의 자유를 보호하기 위한 수단이면서 실용적인 장치"였다. 따라서 민주주의에도 당연히 오류가 있을 수 있었다. 실제로 민주적 다수가 최악의 독재 정권만큼이나 억압적일 수 있다는 것은 "적어도 상상할 수 있는" 일이었다. 이와 동시에 역사적으로 "일부 민주주의보다 전제주의 정권하에서 문화적·정신적 자유가 훨씬 더 잘 보장될 수도 있다."라는 사실이 증명되었다.[165]

하이에크는 많은 사람이 전체주의가 민주주의에 가하는 위협에 집중함으로써 "권력의 궁극적인 원천이 다수의 의지인 한, 권력은 전제적일 수 없다."라는 "잘못되고 근거 없는 믿음"을 가지게 되었다고 주장했다. 하이에크는 이러한 믿음은 잘못된 것이라고 설명했다. "전제적 권력을 막을 수 있는 것은 권력의 원천이 아니라 권력의 제한이다." 민주적 통제는 권력이 전제적으로 변하는 것을 막을 수도 있지만, 단지 존재하는 것만으로는 가능하지 않다. 민주주의에서 문제를 해결하는 데 정해진 규칙을 기준으로 삼지 않고 권력을 행사한다면, 그것은 전제적 권력이 될 수밖에 없다.[166]

『노예의 길』은 좌파 언론인과 지식인으로부터 신랄한 비판을 받았다. 그들은 당연히 하이에크의 이 책을 나치즘과 공산주의뿐만 아니라 민주 사회주의와 뉴딜 자유주의를 겨냥한 공격으로 보았다. 그러나 『노예의 길』에 대한 이러한 반응을 통해 알 수 있는 것은, 냉전이 도래하면서 아무리 정부가 민주적 지지를 받고 있다고 하더라도 모든 유형의 정부 개입은 자유에 대한 침해로 간주되어야 한다는 발상이 새롭게 신빙성을 얻게 되었다는 점이다. 1945년 하이에크의 책 요약본이 실린 『리더스 다이제스트』가 100만 부 이상 팔렸다. 그해 말 하이에크가 5주간의 순회강연을 하기 위해 미국에 도착했을 때 그는 유명 인사가 되어 있었다. 뉴욕의 타운 홀 클럽이 후원한 강연에는 청중 3000명 이상이 참석했으며, 그의 강연은 라디오로 방송되었다.[167]

그러나 자유방임적 자유 개념이 다시 부흥하는 데 하이에크와 같은 강경한 자유 시장 지지자들만 기여한 것은 아니다. 영국 철학자 이사야 벌린과 같이 경제적인 측면에서 국가 개입을 반대하지 않는 정치 사상가들이 유사한 사상을 옹호했다.[168] 벌린은 자유 시장의 독단적 옹호자는 결코 아니었다. 오히려 경제적 논쟁에는 거의 관심이 없었다. 벌린은 평생 확고하게 마르크스주의에 반대했으며, 따라서 국가가 강력한 권력을 가지는 것에 대해 의구심을 가졌다. 그의 주장에 따르면 국가가 경제적 안보를 제공해서 사람들이 극단주의 이데올로기의 유혹에 빠져들지 않도록 하는 역할을 하는 것이 정당하다고 볼 수 있다. 그러나 국가 권력의 확장 역시 인간의 자유를 훼손하기 때문에 위험했다. 따라서 국가의 개입은 항상 신중하게 수행되어야 하는 것이다.[169]

1950년 벌린은 「20세기의 정치사상」에서 이 점을 명백히 밝혔다. 그는 이 논문에서 자유로운 서양 세계에서조차 "전체주의적" 사고방식의 영향력이 커지고 있는 것에 대해 고찰했다. 벌린은 안보, 특히 경제적 안보에 대한 당연한 욕구가 더 큰 정부를 묵인하도록 부추겼다고 주장했다. 그러나 실질적인 물질적 이익을 가져온 이러한 "대변혁"은 필연적으로 개인의 자유가 상실되는 결과를 가져왔다.[170] 소련에서와 마찬가지로 다른 서양 국가들에서도 "의식적이든 아니든 인간 활동의 지평을 관리 가능한 수준으로 좁히기 위해, 그리고 인간을 전체적인 패턴에 더 쉽게 결합할 수 있는, 즉 교체 가능하고 거의 조립식인

부품으로 훈련시키기 위해 체계적으로 행동하는 사람들에 의해 광범위한 삶의 영역이 통제되는 대가를 치르더라도 이러한 유형의 안보를 원하는 이들이 점점 증가하고 있다."[171]

미국에서는 이러한 경향이 그렇게 두드러지게 나타나지는 않았는데, 벌린은 미국에서 "19세기가 다른 어느 곳보다 훨씬 더 강하게 남아 있다."라고 말했다.[172] 그러나 서유럽의 "부권주의 국가"에서는 "복지, 정신, 건강, 안보를 위해, 그리고 가난과 두려움으로부터의 해방을 위해" 개인의 자유가 상당히 축소되었다. 그 결과 "고통스러운 도덕적 갈등에 시달리지 않고 효율적으로 작동하는 질서"로 보장되는 "더 단순하고 더 잘 규제되는 삶"을 만들기 위해 개인이 "선택할 수 있는 영역"은 "더 줄어들었다."[173]

그러나 하이에크와 달리 벌린은 국가 권력을 자제해야 한다고 호소하는 것으로 그의 논문을 마무리하지는 않았다. 그는 수용 가능한 삶의 질을 유지하기 위해서는 정책이 필요하다는 점을 인정했으며 "우리는 자유나 최소한의 복지 기준을 희생할 수 없다."라고 말했다. 그 대신 벌린은 "중의적 타협"을 주장했다. 정책은 현대 사회에서 필수적인 수단이 되었으므로 정책을 중단해서는 안 된다. 그러나 적극적으로 받아들여서도 안 된다. 벌린은 시민들이 국가와 과학적 정책 설계자를 건전한 정도에서 불신해야 한다고 주장했다. "우리가 권위에 복종하는 이유가 권위는 항상 옳다는 믿음 때문이어서는 안 된다. 엄격하고 공공연하게 공리주의적 이유에서만 권위를 필요악으로 여기고 권위에 복종해야 한다."[174]

이러한 견해 역시 벌린의 자유 개념에 영향을 미쳤다. 1950년에서

1958년 사이에 벌린은 자유를 주제로 일련의 저서와 논문을 저술하고 강연을 했다. 「자유의 두 개념」은 이러한 그의 생각이 집대성된 논문이다. 그는 강연에서 불간섭의 자유, 즉 그가 '소극적' 자유라고 설명한 이러한 개념의 자유만이 유일하게 수립할 가치가 있으며, 그 외 다른 유형의 자유, 즉 보다 '적극적' 개념의 자유는 혼란을 가져오며 거짓된 것이라고 주장했다.[175] 벌린은 『낭만주의 시대의 정치사상』에서 자유는 "기본적인 의미"에서 "소극적 개념"을 가진다고 썼다. "자유를 요구한다는 것은 다른 사람의 행동이 나의 행동을 방해하지 않을 것을 요구하는 것이다." 이와 대조적으로 "적극적 자유 개념"은 "혼란에 기초한 것이며, 그 혼란은 수많은 사람의 목숨을 앗아갔다."[176]

벌린이 '적극적 자유'라는 용어를 사용해 다양한 자유의 개념을 설명했다는 점에 주목해야 한다. 그중에 인간은 자신의 욕구를 절제할 수 있어야만 진정으로 자유로울 수 있다는 스토아주의 개념도 포함된다. 그러나 벌린은 적극적 자유를 거부함과 동시에 민주적 자유 이론 역시 반대한다는 점을 분명히 했다. 그는 뱅자맹 콩스탕의 권위를 바탕으로, 민주주의 국가들이 지속적으로 민주주의를 추구한다고 해도 자유를 억압할 수 있다고 썼다. 그러므로 자유는 "통제를 누가 하느냐가 아니라 어느 영역을 통제하느냐와 주로 연관"되었다. 즉, "이러한 [소극적] 개념의 자유는 적어도 논리적으로는 민주주의나 자치와 관련이 없다."라고 벌린은 말했다. 다시 말해 자유와 일종의 전제 정치는 "양립할 수 있었으며", 적어도 자치가 부재하더라도 자유는 존재할 수 있었다.[177]

벌린의 견해는 홉하우스나 듀이와 같은 신자유주의자들의 견해와 매우 다를 뿐만 아니라 오히려 정반대였다. 벌린의 견해에 따르면 소극적 자유, 즉 국가의 간섭으로부터의 자유가 진정한 '자유주의적' 자유 개념이었다. 벌린은 사회 개혁가들이 터무니없고 자기 본위적이라며 반대했던 자유주의적 자유 개념의 도덕적 기준을 높이 평가했다. 그리고 콩스탕과 마찬가지로 자유주의적 자유 개념이 현대 세계에 가장 적절한 사고방식이라고 설명했다. 그는 「자유의 두 개념」에서 소극적 자유는 "에라스무스 시대(혹자는 오컴의 시대라고 말하기도 한다)부터 지금 우리 시대에 이르기까지 현대 세계의 자유주의자들이 생각한 자유"라고 주장했다.[178]

벌린은 새로운 발상을 도입하기도 했다. 그는 '동양' 문명의 본질이 적극적 자유인 것과는 달리 서양 문명에서는 소극적 자유가 본질이라고 말했다. 예를 들어 벌린은 BBC 강연 시리즈인 '자유와 자유의 배신'에서 요한 고틀리프 피히테가 상세하게 서술한 "독일식" 자유 개념과는 대조적으로 소극적 자유가 "영국과 프랑스의 자유 개념"이라고 설명했다.[179] 그는 「자유의 두 개념」에서 소극적 자유 개념이 창안된 국가와 그 창안자를 훨씬 더 구체적으로 정의했다. 즉 소극적 자유는 "영국과 프랑스에서 고안된 개념"이 아니라 "영국의 고전 정치 사상가들"이 정의한 것이었다.[180] 또한 소극적 자유가 "개인적 차원과 공동체적 차원 모두에서 높은 수준의 문명을 나타내는 것"이라고 칭송했다. 소극적 자유의 쇠퇴는 "문명의 죽음, 모든 도덕관의 죽음을 의미"할 수 있었다.[181]

모든 이가 벌린의 주장에 동의한 것은 아니었다. 미국의 철학 교수인 마셜 코헨은 벌린의 「자유의 두 개념」의 출간이 "철학적으로 냉전의 발발보다 중요하지 않은 사건"이라고 말하며 일축했다. 코헨은 벌린이 전통적 자유주의를 소극적 자유라고 해석하면서 "민중 주권과 정부의 경제 개입에 대한 자유주의자들의 위대한 역사적 요구"를 무시했다고 주장했다.[182] 그러나 전반적으로 벌린이 자유 담론에 한 기여는 긍정적으로 받아들여졌다. 자유를 주제로 한 그의 강의와 논문은 대중 매체에서 널리 논의되었다. 『타임스 문예 부록Times Literary Supplement』에 게재된 서평에서는 「자유의 두 개념」이 존 스튜어트 밀의 『자유론』을 시대에 맞게 재진술한 중요한 저술이라며 칭송했다.[183]

일부 냉전 자유주의 사상가는 좀 더 미묘한 입장을 취했다. 프랑스의 철학자이자 영향력 있는 반마르크스주의자인 레몽 아롱은 자유 민주주의적 그리고 사회 민주주의적 "극단주의"를 모두 거부하면서 "자유를 정의하는 데 단 하나의 배타적 정의"만 있는 것은 아니라고 주장했다.[184] 그는 1963년 여러 강연에서 이를 설명했으며, 강연 내용을 담은 책 『자유에 관한 소론』이 출판되었다. 아롱은 서두에서 적어도 원칙적으로는 민주주의와 자유주의는 매우 다르다는 하이에크의 의견에 동의했으며, 이후에도 하이에크의 말을 여러 차례 인용했다. 그는 "자유주의는 국가 권력의 목표와 한계를 구상하는 방식"이며 "민주주의는 권력을 행사하는 자를 어떻게 지정할지를 구상하는 방식"이라고 말했다.[185] 어떤 경우에는 국가의 개입이 민주적이며 합법적일 때에도 자유를 훼손할 수 있었다. 아롱은 당시 최고 소득 계층에게 90퍼센트에 이르는 높은 세율이 적용된 사례를 들었다. 그는 이러한 세율이 정당화되기 어렵다고 보았다. 탈세가 쉬워서 그렇게 많은 세금을 거둘 수가 없었으며, 무엇보다도 이는 부가 사회에 분배되는 방식을 결정하는 것이 국가에 달려 있다는 잘못된 믿음에서 비롯된 것이었다.

이와 동시에 아롱은 "독단적 민주주의"만큼이나 "독단적 자유주의"에 반대한다고 밝혔다.[186] 일부 국가 개입의 형태는 실제로 자유를 침해하는 것으로 보일 수 있다. 하지만 그렇다고 해서 모든 형태의 개입이 개인의 자유를 훼손한다는 것은 사실이 아니다. 요컨대 국가를 반드시 해방자나 압제자 중 하나로 생각하는 것은 잘못된 것이며, 오히려 국가는 상황에 따라 어느 쪽이든 될 수 있었다. 사회가 자유로운지 아닌지를 판단하기 위해서는 다양한 기준을 고려해야 한다. 자유의 개념이 다양한 방식으로 정의될 수 있으며 그러한 다양한 정의가 타당할 수 있음을 인정하지 못하면, 어떤 형태의 억압이 단지 민주적이라는 이유만으로 타당하다는 주장을 할 수밖에 없다. 이와 유사하게 국가의 특정한 간섭 행위로 인해 자유를 잃었다면, 그렇게 잃은 자유가 얻은 자유에 비하면 크지 않더라도, 그러한 간섭이 억압적이라고 주장할 수 있다.

아롱의 연구가 보여주듯이 전후 일부 자유주의자는 불간섭이라는 자유 개념에 계속해서 반대했다.[187] 그런데도 아롱조차도 자유와 민주주의 사이에는 근본적 차이가 있다는 생각을 옹호했다. 그는 『자유에 관한 소론』에서 자신의 시대에 가장 위협받고 있는 자유는 하이에크와 같은 사상가가 옹호한 자유라고 주장했다. 따라서 이러한 자유를 방어하는 것이 가장 절실했다.[188]

냉전 자유주의 사상가들은 자유에 대한 19세기 사상을 부활시켰을 뿐만 아니라 1860년대에 프랑스 자유주의자들이 처음 도입한 자유 민주주의의 개념을 되살렸다. J. 롤런드 페녹은 『자유 민주주의의 강점과 전망*Liberal Democracy: Its Merits and Prospects*』에서 민주주의는 전통적 자유주의의 일반적인 신조에 충실할 때만 수호할 가치가 있다는 생각을 발전시켰다. 이는 "진정한 자유"를 훼손하지 않기 위해서는 민주적 다수의 권리를 제한해야 함을 의미한다고 페녹은 설명했다. 민주주의가 비자유주의나 "국민 투표" 민주주의로 전락하는 것을 막는 최선의 방법은 입법권에 대한 사법적 보호 장치를 마련하는 것이었다.[189] 페녹의 책은 1950년에 출간되자마자 일부 사람들로부터 "보수적"이라는 비판을 받았다. 그러나 다른 많은 사람은 그의 책이 "시기적절하다"고 평가했으며, 한 평론가는 이 책이 "18세기와 19세기의 철학적 신념으로의 회귀"를 반영하지만, 그것은 "우리 모두가 주목할 가치가 있는 부흥"이라고 말하기도 했다.[190]

물론 냉전 자유주의도 논쟁의 대상이 되었다. 한나 아렌트의 저술에서 알 수 있듯이 자유주의 진영 밖의 지식인들은 자유에 대한 좀 더 민주적이고 다른 해석을 주장했다. 시카고대학교와 뉴스쿨의 철학 교수였던 아렌트는 매우 영향력 있는 냉전 자유주의 비평가 중 한 명이었다. 아렌트는 『인간의 조건』과 논문 「자유란 무엇인가?」에서 벌린과 같은 자유주의 사상가가 전파한 자유의 개념이 건조하고 공허하다고 묘사하면서 맹렬하게 비판했다. 그녀는 "'정치성이 줄어들수록 더 많은 자유가 보장된다.'는 자유주의 신조"에 반대했다. 그 대신 보다 진정한 의미의 정치적 자유 개념을 옹호하며, 자유는 정치적 참여를 통해 성취된다고 주장했다.[191]

또한 아렌트의 저술은 냉전 자유주의가 전후 사고방식에 미친 영향력을 보여준다. 아렌트는 자유에 대한 다양한 사고방식을 옹호했지만, 자유의 계보에 대한 벌린의 견해에 동의했다. 벌린과 마찬가지로 아렌트는 서양의 정치사상사에서 자유에 대한 보다 정치적인 해석이 차지하는 위치는 제한적이었다고 생각했다. 그녀는 자유가 "정치로부터 자유로움"을 의미한다는 인식이 "근대 전반에 걸쳐" 핵심적인 역할을 했다고 썼다. 그것은 "초기 그리스도인들이 가졌던 공공 영역에 대한 의심과 적대감"에서 비롯되었다. "우리의 전통 철학은 거의 만장일치로 인간이 많은 이들이 거주하는 정치 생활의 영역을 떠난 곳에서 자유가 시작한다고 본다."라고 그녀는 결론지었다.[192]

요컨대 1945년 이후 자유는 민주주의와 공존하는 것이 아니라 국가의 개입을 없앰으로써 이룰 수 있다는 인식이 다시 맹렬히 되살아났다. 냉전이라는 멋진 신세계에서 급진주의자, 사회주의자, 진보주의자가 옹호하는 자유에 대한 광범위한 해석은 분명히 위험해 보였다. 그 대신에 하이에크와 벌린 같은 전후 자유주의자들은 소비에트 연방과 서구 사회의 "전체주의자"를 포함한 전제적 적과 싸우는 과정에서 국가의 강제적 행위가 자유를 중진시킬 수 있다는 주장에 반대했으며, 이는 아무리 민주적 정부가 이행한다고 하더라도 마찬가지라고 밝혔다. 이제 다시 자유는 국가 권력의 제한을 통해서만 실현할 수 있다는 담론이 지배적이 되었다. 따라서 1790년대에 창안된 반혁명적 자유 개념이 서구 문명의 본질로 다시 인식되었다.

| 나가는 말 |

21세기의 자유

개인이 사회에서 자유를 누린다는 것, 또는 자유로운 사회가 된다는 것은 무슨 의미일까? 이 책에서 서술한 자유의 역사에 따르면 이 질문에 대해 대체로 두 가지 상반된 대답이 도출된다. 일찍이 소위 서양이라고 흔히 불리는 곳에서 정치 사상가들과 정치 운동은 자유를 민중자치, 즉 통치되는 방식에 대해 통제권을 행사할 수 있는 민중의 능력과 동일시했다. 이러한 정의의 자유는 투쟁의 개념이다. 수 세기에 걸쳐 아테네의 민주주의자, 로마의 평민, 피렌체의 인문주의자, 대서양 혁명가 등이 남녀를 불문하고 기존의 권력 구조에 반기를 들고 자유라는 이름으로 자신들이 통치되는 방식에 대한 통제권을 확대해 달라고 요구했다. 이들 자칭 자유 투사는 결국에는 오랜 권력 구조를 새로운 계층 구조로 대체하는 경우가 많았다. 하지만 그들이 사용한 자유라는 용어는 의미가 정해져 있지 않았다. 그들은 자유가 남성에 의한 지배 등이 아닌 '민주주의', '자치', '민중 정부'를 통해 이룰 수 있는 것이라고 말했다. 이러한 이유로 정치에서 계속 배제되어 온 집단이 자유를 누릴 수 있었다.

그러나 19~20세기에 민주적 자유 개념에 대한 저항이 점차 거세졌다. 이러한 저항은 18세기 말 대서양 혁명에 대한 반발과 연관성이 크다. 1776년 이후 수십 년간 보스턴에서 바르샤바에 이르기까지 혁명가들은 당시의 정치적 상황에 대해 근본적으로 이의를 제기하기 시작했으며, 정치에 대한 민중의 통제가 급격히 확대되어야 한다고 주장했는데(실제로 이를 성취한 예도 있다), 이 모든 것이 자유라는 명목에서였다. 또한 대서양 혁명가들은 자유를 이루려는 강한 의지로 사회를 더 평등하게 만들 법적 틀을 확립하고자 했다. 많은 이가 자유, 즉 민중 자치를 유지하기 위해서는 어느 정도 평등한 재산 분배가 필수적이라고 확신했기 때문이다.

그러나 당시의 상황에 대한 급진적인 저항은 민주주의와 민주적 자유 이론에 대한 강력한 반발을 초래하기도 했다. 민주주의에 반대하는 사람들은 시민 자유든 근대 자유든 간에 진정한 자유는 민중 자치에 의해서가 아니라 개인의 안전과 권리를 보호함으로써 보장된다고 주장했다. 민주주의는 자유를 지키기는커녕 자유를 위태롭게 할 수 있었다. 대서양 혁명의 발발 이후 수십 년 동안 이러한 견해는 가장 먼저 반혁명가들에 의해 전파되었다. 그러나 시간이 지나면서 유럽의 자유주의자, 연방주의자, 휘그당, 그리고 통제되지 않는 민주주의가 자유를 위협한다고 주장하는 사람 모두가 이러한 견해를 받아들이게 되었다.

이들에게 동기가 된 우려는 다양했다. 반혁명주의자, 자유주의자, 연방주의자, 휘그당 사상가는 결국에는 민주주의가 필연적으로 폭도 통치와 무정부 상태로 이어진다고 생각하고, 이러한 두려움에서 민주주의가 자유에 해로울 수 있다고 강조했다. 또한 존 스튜어트 밀이 그랬던 것처럼 자유사상가와 같은 취약한 소수자에 대한 억압을 우려하는 이들도 있었다. 하지만 자유를 제한할 수 있는 민주주의의 성격에 대한 우려는 대부분 민주주의가 가져올 재분배 효과에 대한 두려움에서 촉발되었다. 경제적 평등은 자유의 중요한 근간이 아니라 자유를 위협하는 최대의 적으로 여겨졌다. 평등을 추구하는 것은 개인의 재산권을 침해함으로써 자유를 직접적으로 훼손하고, 사람들이 부권주의 국가나 카이사르와 같은 독재자에게 권력을 이양하도록 유도함으로써 자유를 간접적으로 위협한다는 주장이 제기되었다.

자유의 개념이 이러한 '근대적' 해석으로 전환된 것에 대한 반발도 있었다. 혁명적 자유 개념을 고수하는 사상가들이 흑인, 여성, 그리고 가난한 사람들에게까지 참정권을 확대해야 한다고 주장하면서 격렬한 논쟁이 일었다. 게다가 1880년대부터 급진주의자, 사회주의자, 포퓰리스트, 진보주의자는 더 광범위한 자유 개념을 주장함으로써 대서양 혁명가들의 유산을 되살리기 시작했는데, 이러한 견해는 심지어 자칭 자유주의자까지도 설득하게 된다. 그러나 1945년 이후 반혁명적 자유 개념이 되살아났다. 냉전으로 인해 세계가 점점 양극화되는 상황에서, 설사 국가의 개입이 민주적인 방식으로 승인되었다고 하더라도 모든 형태의 국가 개입은 자유를 침해하는 것이라는 생각이 다시 널리 퍼졌다. 실제로 서양에서는 자유에 대한 이러한 특별한 해석이 핵심적인 이상으로 재탄생했다.

물론 냉전은 이미 오래전에 끝났다. 그런데도 우리는 원래 대서양 혁명 반대자들이 발명하고 냉전 시대의 자유주의자들이 되살린 자유 개념을 아직 고수하고 있다. 오늘날 서양의 가장 열렬한 자유 투사들은(이들은 지금은 자기 자신을 진보주의자가 아니라 보수주의자라고 말할 가능성이 더 크다) 정치에 대한 민중의 통제를 강화하는 것보다 국가 권력을 제한하는 데 더 관심이 많다. 정치적 논쟁에서 이러한 자유 개념은 종종 민주적 사회주의가, 더 일반적으로는 민주주의가 개인의 자유에 가하는 위협을 지적하기 위해 사용된다. 오늘날 자유는 정치에 대한 민중의 통제 확대를 찬성하는 궁극적 목표가 아닌, 민주주의에 대한 맹렬한 공격 수단이 되었다.

미국에서 정치적 스펙트럼의 오른쪽에 있는 사람들은 자유에 대해 이러한 냉전 시대의(또는 19세기의) 사상을 전적으로 수용한다. 프리드리히 하이에크의 『노예의 길』이 인쇄본으로 남아 있지만, 미국의 보수주의자들은 미국인들에게 "사회 민주주의의 망령"에 대해 경고하기 위해서 영국 토리당 소속 정치인이자 정치 전문가인 대니얼 해넌이 저술한 책으로 2010년에 출간된 『새로운 노예의 길The New Road to Serfdom』 또한 참고할 수 있다.[1] 아니면 12주 동안 『뉴욕 타임스』 베스트셀러 1위를 기록한 『자유와 폭정Liberty and Tyranny』을 선택할 수도 있을 것이다. 보수적인 라디오 프로그램 진행자이기도 한 저자 마크 레빈은 허버트 스펜서의 견해를 직접적으로 반영해 "사유 재산과 자유는 불가분의 관계"이며, 따라서 "한 개인의 사유 재산을 불법적으로 부정하거나 축소하는 것은 그 사람을 다른 사람의 노예로 만들고 그의 자유를 부정하는 것이다."라고 주장한다.[2] 이와 비슷한 주장을 담은 저서가 많이 있는데, 예를 들면 월터 E. 윌리엄스의 『자유 대 사회주의의 폭정Liberty Versus the Tyranny of Socialism』과 론 폴의 『정의된 자유Liberty

Defined』등이다.[3]

　우파 정치 전문가와 정치인은 자유를 표어로 채택했을 뿐만 아니라 19세기 휘그당과 도금 시대의 자유주의자들이 고안한 다른 발상을 계속 전파했다. 일례로 윌리엄 그레이엄 섬너와 같은 사상가들이 창안한 발상, 즉 미국은 민주 국가가 아니라 공화국이며, 민주 국가와 공화국 사이에는 결정적인 차이가 있다는 생각은 여전히 우파의 지지를 받고 있다. 이 발상은 예를 들면 사법 심사에서와 같이 민중의 의지에 제도적 제약을 가하는 것을 정당화하기 위해 자주 사용되는 개념이다. 이러한 제약은 미국의 '공화주의적'(비민주적이라고 해석할 수도 있음) 유산의 일부로 여겨진다. 19세기와 마찬가지로 이러한 제약은 일반적으로 다수의 폭정에 맞서 자유를 보호하는 수단으로 옹호되고 있다.[4]

　그러나 19세기의 자유 개념이 민주적 자유 개념을 어떻게 대체하게 되었는지 이해하기 위해서는 보수주의 사상 이상의 것을 볼 필요가 있다. 오늘날 벌어지는 논쟁에서 아마 가장 놀라운 점은 자칭 중도주의나 자유주의 지식인 사이에서도 민주주의를 자유에 대한 주요 위협으로 생각하는 경향이 있다는 것이다. 이 견해를 옹호한 영향력 있는 사람 중에는 CNN 프로그램 진행자이자 자유주의 정치 전문가인 파리드 자카리아가 있다. 자카리아는 베스트셀러가 된 자신의 저서『자유의 미래*The Future of Freedom*』에서 유일하게 보존할 가치가 있는 민주주의 유형은 **자유** 민주주의라고 주장하는데, 이것은 자유를 수호하기 위해 민중의 의지를 표현하는 것을 엄격하게 제한하는 유형의 민주주의이다. 그의 견해에 따르면 주로 서양 이외의 지역에서 자유 민주주의는 압박을 받고 있다. 자카리아가 책을 저술한 주된 동기는 미국의 외교 정책이 "국민 투표 민주주의"에 대한 무분별한 지지에서 벗어나 변화되어야 한다고 주장하기 위해서이다. 그러나 자카리아는 미국에서 자유 민주주의가 훼손되고 있다고도 경고한다. 그는 의회에 대한 "대중의 압력"은 그 영향력이 점차 증가하고 "예비 선거와 여론 조사의 지배력"도 커지고 있다고 말하며, 이는 자유 민주주의가 침식되고 있음을 보여주는 우려스러운 징후라고 지적한다. 따라서 자카리아가 이 책을 저술한 의도는 "민주주의와 자유 사이의 균형 회복, 자기 통제를 요구"하기 위함이다. 이 책은 민주주의에 반대한다는 주장을 하는 것이 아니라 좋은 것도 지나칠 수 있음을, 과도한 민주주의도 있을 수 있다고 주장한다.[5]

이러한 견해는 미국의 자유주의자들 사이에서 널리 인정되고 있다. 한 가지 더 예를 들면 최근 많이 논의된 책인 『민중 대 민주주의: 어째서 자유는 위험에 처했는가, 그리고 어떻게 자유를 구할 것인가 *The People vs. Democracy: Why Our Freedom Is in Danger and How to Save It*』에서 이 책의 저자이자 독일계 미국인 학자인 야스차 뭉크는 "자유 민주주의의 두 가지 핵심 요소인 개인의 권리와 민중의 의지가 점점 더 서로 충돌하고 있다."라고 주장한다. 자카리아와는 달리 뭉크는 이러한 충돌이 적어도 부분적으로 엘리트가 비민주주의를 선호함에 따라 현재 서양의 정치 체계가 점점 응답성이 약해지는 특성 때문이라고 가정한다. 그러나 뭉크는 자카리아와 마찬가지로 "우리의 자유"가 "민중"의 "비자유주의적" 견해로 인해 위협을 받고 있다고 주장한다. 그 결과 "북아메리카와 서유럽 대다수 정부의 오랜 특징이었던, 개인의 권리와 민중 통치의 독특한 조합인 자유 민주주의가 완전히 무너졌다."라

고 뭉크는 결론짓는다.[6]

    사실상 미국의 거의 모든 정치 진영에서 자유는 개인의 안전 및 권리와 동일시되어야 한다는 생각이 우세하다. 하지만 우리는 자유의 이야기에 또 다른 측면이 있음을 기억해야 할 것이다. 어쨌든 수 세기 동안 자유는 통치 체제에 대한 민중의 통제를 확대(예를 들면 국가 권력을 사용해 공공복지를 증진시키는 것)해야 한다는 점에서 매력적인 이상으로 여겨져 왔기 때문이다. 특히 우리는 근대 민주주의의 창시자를 위해서 자유, 민주주의, 평등은 서로 상충하는 것이 아니라 본질적으로 밀접하게 연관되어 있음을 기억해야 한다.

| 감사의 말 |

내가 이 책을 구상하기 시작한 것은 2009년이었다. 당시 나는 버클리에 있는 캘리포니아대학교 인근에 거주하고 있었다. 어느 날 나는 보수 시위자들이 버락 오바마 대통령의 얼굴에 아돌프 히틀러의 특징적인 콧수염을 그려 넣은 피켓을 들고 서 있는 것을 보았다. 그 모습을 보니 이런 생각이 들었다. 도대체 어떤 세상에서 미국 최초의 흑인 대통령과 히틀러를 비교하는 게 이치에 맞는가? 오바마 대통령은 어떤 유형의 자유를 침해하고 있다고 여겨지는가? 이 질문에 답하기 위해 나는 헤로도토스의 시대부터 현재에 이르기까지 여러 인물이 자유에 대해 생각하고 대화해 온 2000년이 넘는 시간을 살펴보는 여정을 시작했다.

아마 이 책은 애초에 나를 어리둥절하게 만들었던 질문에 대한 답보다는 다소 방대한 편일지도 모른다. 분명히 내가 예상했던 것보다 시간이 훨씬 더 걸렸다. (학자가 다음번에 나오는 책은 분량이 적을 거라고 하는 말을 절대 믿지 말라!) 하지만 그 과정은 전반적으로 매우 즐거운 여정이었다. 대서양 양쪽에서 너그러운 여러 친구 및 동료와 함께 일할 수 있었기 때문에 더욱더 그러했다. 아론 벨킨, 라스 베흐리스치, 조신 블로크, 루아라 페라시올리, 르네 쿡쿡, 이도 드 하안, 마틴 반 히스, 린 헌트, 브루노 라이폴드, 사무엘 모인, 마르텐 프락, 소피아 로젠펠드, 엔조 로시, 에릭 슐리서, 퀜틴 스키너, 다니엘 스타인메츠젠킨스, 마사 슐먼, 시프 스투어먼, 와이거 벨레마, 마이클 저커트에게 시간을 내서 원고(의 일부)를 검토하고 소중한 의견을 제시해 준 데 대해 진심으로 감사의 마음을 전한다.

또한 킹스칼리지런던과 레이던대학교에서 워크숍을 조직해 출중한 전문가들과 원고를 전체적으로 논의할 수 있게 자리를 마련해 준 로빈 밀스, 에이드리언 블라우, 에릭 부트에게 깊은 감사를 드린다. 이 워크숍에 참석한 모든 분들께 감사하다. 또한 주석을 작성하고 삽화를 찾는 데 도움을 준, 매우 유능한 연구 조수 아넬롯 잔스에게 감사를 표한다. 캐슬린 맥더모트와 사이먼 왁스먼, 그리고 사려 깊은 논평과 제안으로 이 책을 훨씬 더 좋게 만들어 준 하버드대학교출판부의 익명의 검토자들에게도 고마움을 전한다.

이 책은 네덜란드고등연구소Netherlands Institute for Advanced Study의 지원이 없었다면 완성되지 못했을 것이다. 이곳에서 나는 2015년과 2016년에 연구원으로 일하면서 방해를 받지 않고 원고를 집필할 수 있었다. 연구소는 이 책에 대한 구상을 출간이라는 현실로 구현할 수 있도록 도움을 주었다. 이곳에서 동료 역사학자인 프랜시스 앤드루스와 카렌 헤게만은 내가 말하고자 하는 바를 더 열심히, 더 잘 생각할 수 있도록 격려해 주었다. 또한 2018년과 2019년에 이 책을 완성할 연구 시간을 충분히 확보할 수 있게 후한 보조금을 지원해 준 독립사회연구재단Independent Social Research Foundation에 감사드린다. 개인적인 사정으로 관대한 제안을 받아들이지 못했지만, 2015년 펠로우십에 선정해 준 알렉산더 폰 홈볼트 재단에도 감사를 전한다.

마지막으로 사랑과 애정을 주고 현명한 조언을 해준 가족과 친구들에게 감사하다. 특히 자유에 대한 탐구를 원래 계획했던 18세기가 아니라 고대부터 시작하라고 처음으로 제안해 준 렌스 보드에게 고마움을 전한다. 그는 이 프로젝트의 완성을 2년 더 지연시킨 장본인이다. 반면에 이 책이 전 세계 자유의 역사로 확대되지 않도록 도와준 도미니크 레일에게도 감사의 말을 전한다. 그랬더라면 이 프로젝트의 앞날은 분명히 암울했을 것이다. 자유의 역사에서 여성의 위치에 대해 계속 질문함으로써 내게 영감을 준 라이자 무게에게 감사하다. 항상 꿈을 좇도록 격려해 주신 부모님이 안 계셨다면 이 책을 결코 쓸 수 없었을 것이다. 무엇보다도 (이 책에서) 자유를 향해 가는 길고 험난한 여정을 함께해 준 아내 타냐와 딸 노라에게 감사의 마음을 전한다. 사랑한다.

들어가는 말: 규정하기 힘든 개념

1   Algernon Sidney, *Discourses Concerning Government*, ed. Thomas G. West (Indianapolis: Liberty Fund, 1996), 17. 오랜 세월에 걸쳐 고대 자유의 개념이 지속되었다는 부분에 대해서 이 책은 퀜틴 스키너와 필립 페팃의 연구를 참조했다. Quentin Skinner, *Liberty before Liberalism* (Cambridge: Cambridge University Press, 1998); Philip Pettit, *Republicanism: A Theory of Freedom and Government* (Oxford: Oxford University Press, 1997) 참조. 하지만 나는 '공화적' 자유(스키너와 페팃이 선호하는 용어)보다는 '민주적' 자유에 관해 이야기하는 것을 더 선호한다는 점을 유의해주기 바란다. 그 이유는 첫째, 자유에 대한 이러한 사고방식은 고대 로마 못지않게 고대 그리스에도 기원을 두고 있으며, 둘째, 이런 자유에 대한 사고방식의 본질을 더 잘 담아내는 것이 '민주적' 자유라고 보기 때문이다. 즉, 자유에는 민주적 자치가 필요하다.

2   Continental Congress, "Declaration and Resolves," in Jack Rakove, ed., *Declaring Rights: A Brief History with Documents* (Boston: Bedford Books, 1998), 65.

3   Quoted in Wyger Velema, *Republicans: Essays on Eighteenth-Century Dutch Political Thought* (Leiden: Brill, 2007), 152.

4   Yvonne Korshak, "The Liberty Cap as a Revolutionary Symbol in America and France," *Smithsonian Studies in American Art*, 1 (1987): 52-69.

5   Johann August Eberhard, "Ueber die Freyheit des Bürgers und die Principien der Regierungsformen," in *Vermischte Schriften. Erster Theil* (Halle: Johann Jacob Gebauer, 1784), 1-28.

6   예를 들어 총 13권으로 구성된 『근대 자유의 발생*The Making of Modern Freedom*』에서 바탕이 되는 핵심 사상은 종교적 관용의 확대와 시장 경제의 출현과 같은

장기적 발전으로 인해 서양에서 근대적 자유가 나타났다는 생각이다. 그러나 이 시리즈의 각 권이 모두 동일한 가정에서 출발한 것은 아니라는 점에 유의하라. R. W. Davis, series ed., *The Making of Modern Freedom*, 13 vols. (Stanford: Stanford University Press, 1992-2003) 참조.

7 Eberhard, "Ueber die Freyheit des Bürgers," 1.

8 Paul Leroy-Beaulieu, *L'État moderne et ses fonctions* (Paris: Guillaumin, 1900), x, 460; my translation.

9 William Graham Sumner, *What Social Classes Owe to Each Other* (New York: Harper and Brothers, 1911), 120.

10 Mary Beard, *SPQR: A History of Ancient Rome* (New York: W. W. Norton, 2015), 341-342.

11 Kurt Raaflaub, "Freedom in the Ancient World," in the *Oxford Classical Dictionary*, ed. S. Hornblower and A. Spawforth, rev. 3rd ed. (Oxford: Oxford University Press, 2003). 고대 자유의 역사에서 노예제의 중요성에 대해서는 또한 다음을 참조하라. Orlando Patterson, *Freedom*, vol. 1, *Freedom in the Making of Western Culture* (New York: Basic Books, 1991).

12 Peter Garnsey, *Ideas of Slavery from Aristotle to Augustine* (Cambridge: Cambridge University Press, 1996), 107-127.

13 스토아 철학에 대해서는 다음을 참조하라. Suzanne Bobzien, *Determinism and Freedom in Stoic Philosophy* (Oxford: Clarendon Press, 1998). 근대 초기의 논쟁에 대해서는 다음을 참조하라. James A. Harris, *Of Liberty and Necessity: The Free Will Debate in Eighteenth-Century British Philosophy* (Oxford: Oxford University Press, 2005).

14 반노예제 사상의 발전과 관련해서는 데이비드 브리온 데이비스의 다음의 고전 연구를 참조하라. David Brion Davis, *The Problem of Slavery in Western Culture*, repr. ed. (Oxford: Oxford University Press, 1988). 보다 최근에 이루어진 연구는 다음을 참조하라. Joseph Miller, *The Problem of Slavery as History: A Global Approach* (New Haven: Yale University Press, 2012). 자유 의지의 지성사에 대해서는 다음을 참조하라. Michael Frede, *A Free Will: Origins of the Notion in Ancient Thought*, ed. A. A. Long (Berkeley: University of California Press, 2011).

15 Anthony Reid, "Merdeka: The Concept of Freedom in Indonesia," in *Asian Freedoms: The Idea of Freedom in East and Southeast Asia*, ed. David Kelly and Anthony Reid (Cambridge: Cambridge University Press), 146-149.

16 Wael Abu-Uksa, *Freedom in the Arab World: Concepts and Ideologies in Arabic*

Thought in the Nineteenth Century (Cambridge: Cambridge University Press, 2016). 일본의 사례는 다음을 참조하라. Douglas R. Howland, *Translating the West: Language and Political Reason in Nineteenth-Century Japan* (Honolulu: University of Hawaii Press, 2002); Daniel V. Botsman, "Freedom without Slavery? 'Coolies,' Prostitutes, and Outcastes in Meiji Japan's 'Emancipation Moment,' " *American Historical Review* 116, no. 5 (2011): 1323-1347.

17   Kostas Vlassopoulos, *Unthinking the Greek Polis: Ancient Greek History beyond Eurocentrism* (Cambridge: Cambridge University Press, 2007), 1.

18   Benjamin Constant, *Political Writings*, ed. Biancamaria Fontana (Cambridge: Cambridge University Press, 1988), 308-328.

19   Francis Lieber, *On Civil Liberty and Self-Government* (London: Richard Bentley, 1853). '서양'이라는 용어가 만들어졌다는 사실 자체가 큰 논쟁거리가 되었다는 것을 역사가들을 통해 알 수 있다. 다음의 관련 문헌을 참조하라. Georgios Varouxakis, "The Godfather of 'Occidentality': Auguste Comte and the Idea of 'the West,' " *Modern Intellectual History*, 16, no. 2 (2019): 411-441.

20   Siep Stuurman, "The Canon of the History of Political Thought: Its Critique and a Proposed Alternative," *History and Theory* 39, no. 2 (2000): 147-166 참조.

21   Quentin Skinner, *Visions of Politics*, vol. 1: Regarding Method (Cambridge: Cambridge University Press, 2002), 59.

22   David Armitage, "What's the Big Idea? Intellectual History and the *Longue Durée*," *History of European Ideas* 38, no. 1 (2012): 493-507; Peter Gordon, "Contextualism and Criticism in the History of Ideas," in *Rethinking Modern European Intellectual History*, ed. Darrin McMahon and Samuel Moyn (Oxford: Oxford University Press, 2014), 32-55; Darrin McMahon, "The Return of the History of Ideas?," in McMahon and Moyn, *Rethinking*, 13-31.
'광범위한' 지성사의 최근 사례는 다음을 참조하라. Darrin McMahon, *Happiness: A History* (New York: Atlantic Monthly Press, 2006); Lynn Hunt, *Inventing Human Rights: A History* (New York : W. W. Norton, 2007); Samuel Moyn, *The Last Utopia* (Cambridge, MA: Harvard University Press, 2010); Sophia Rosenfeld, *Common Sense: A Political History* (Cambridge, MA: Harvard University Press, 2014); James Kloppenberg, *Toward Democracy: The Struggle for Self-Rule in European and American Thought* (Oxford: Oxford University Press, 2016); Siep Stuurman, *The Invention of Humanity: Equality and Cultural Difference in World History* (Cambridge, MA: Harvard University Press, 2017); David Armitage, *Civil Wars: A History in Ideas* (New York: Alfred A.

Knopf, 2017); Helena Rosenblatt, *The Lost History of Liberalism: From Ancient Rome to the Twenty-First Century* (Princeton: Princeton University Press, 2018).

1 누구의 노예도 아닌 삶: 고대 그리스의 자유

1   스페르티아스와 불리스의 이야기는 다음을 참조하라. Herodotus, *The Histories*, trans. Robin Waterfield, ed. Carolyn Dewald (Oxford: Oxford University Press, 1998), 7.135-136. 별도로 표시하지 않은 경우 로에브고전도서관Loeb Classical Library에서 제공하는 고대 그리스 문헌의 영어 번역을 사용했다. 참고 문헌은 관례에 따라 쪽 번호가 아니라 행이나 책과 문단으로 표기했다.

2   Aristotle, *Politics*, trans. C. D. C. Reeve (Indianapolis: Hackett, 1998), 1327b25-30.

3   이 주장과 관련해서는 다음을 참조하라. Martin Ostwald, "Freedom and the Greeks," in *The Origins of Modern Freedom in the West*, ed. R. W. Davis (Stanford: Stanford University Press, 1995), 35-63; Orlando Patterson, *Freedom*, vol. 1, *Freedom in the Making of Western Culture* (New York: Basic Books, 1991), 7; and Kurt Raaflaub, "Freedom in the Ancient World," in *Oxford Classical Dictionary*, ed. Simon Hornblower and Antony Spawforth, 3rd ed. (Oxford: Oxford University Press, 1996). 그리스 사상에서 은유적으로 나타난 '노예제'의 중요성에 대한 보다 일반적인 내용은 다음을 참조하라. P. Hunt, "Slaves in Greek Literary Culture," in *The Cambridge World History of Slavery*, vol. 1, *The Ancient Mediterranean World*, ed. K. Bradley and P. Cartledge (Cambridge: Cambridge University Press, 2011), 22-47. 모든 역사가가 이러한 견해에 동의하지는 않았다는 점에 유의하라. 자유가 고대 근동과 히브리 문화에서 발생했다는 상반된 주장과 관련해서는 다음을 참조하라. Daniel C. Snell, *Flight and Freedom in the Ancient Near East* (Leiden: Brill, 2001); Matthew Martin III and Daniel C. Snell, "Democracy and Freedom," in *A Companion to the Ancient Near East*, ed. Daniel C. Snell (Oxford: Wiley-Blackwell, 2004), 397-407; Eva von Dassow, "Liberty, Bondage and Liberation in the Late Bronze Age," *History of European Ideas* 44, no. 6 (2018): 658-684; Michael Walzer, *Exodus and Revolution* (New York: Basic Books, 1985); and Remi Brague, "God and Freedom: Biblical Roots of the Western Idea of Liberty," in *Christianity and Freedom*, ed. T. S. Shah and A. D. Hertzke (Cambridge: Cambridge University Press, 2016), 391-402.

4   Quoted in S. N. Kramer, *The Sumerians: Their History, Culture and Character* (Chicago: Chicago University Press, 1963), 317. 아카드어 'andurarum'과 수메르어

‘amargi’의 의미에 대한 보다 일반적 논의는 다음을 참조하라. Manfried Dietrich, “Die Frage nach der personlichen Freiheit im Alten Orient,” in *Mesopotamica- Ugaritica-Biblica: Festschrift für Kurt Bergerhof zur Vollendung seines 70. Lebensjahres am 7. Mai 1992*, ed. Manfried Dietrich and Oswald Lorenz (Kevelaer: Butzon & Berker; Neukirchen-Vluyn: Neukirchener Verlag, 1993), 45-58.

5   Exod. 2:24, 20:2 (King James Version).

6   Jonathan Stökl, “ ‘Proclaim Liberty throughout All the Land unto All the Inhabitants Thereof !’ Reading Leviticus 25:10 through the Centuries,” *History of European Ideas* 44, no. 6 (2018): 685-701.

7   그리스에서 자유를 민주주의와 동일시한 역사에 대해서는 다음을 참조하라. Kurt Raaflaub, *The Discovery of Freedom in Ancient Greece*, trans. Renate Franciscono (Chicago: Chicago University Press, 2004), 203-249.

8   Raaflaub, *Freedom in Ancient Greece*, 23-57 참조.

9   Hesiod, *Works and Days*, 202.

10   Homer, *Iliad*, 6.414.

11   Ibid., 2.204. 호메로스의 정치사상은 다음을 참조하라. Kurt Raaflaub, “Poets, Lawgivers, and the Beginnings of Political Reflection in Archaic Greece,” in *The Cambridge History of Greek and Roman Political Thought*, ed. C. Rowe and M. Schofield (Cambridge: Cambridge University Press, 2000), 23-59. 라플라우브는 호메로스의 서사시가 이미 평등한 사회로 나아가고 있는 사회를 묘사한다고 주장한다는 점에 유의해야 한다.

12   고대 그리스 정치의 개요는 다음을 참조하라. Jonathan Hall, *A History of the Archaic Greek World: Ca. 1200-479 BC* (Oxford: Wiley-Blackwell, 2007).

13   Martin Ostwald, “The Reform of the Athenian State by Cleisthenes,” in *The Cambridge Ancient History*, vol. 4, *Persia, Greece and the Western Mediterranean, c.525 to 479 BC*, ed. John Boardman et al. (Cambridge: Cambridge University Press, 1988), 303-346. 증거에 따르면 ‘데모크라티아demokratia’라는 단어는 기원전 430년경 헤로도토스가 처음으로 사용한 것으로 추정되지만, 실제로는 이보다 훨씬 이른 시기부터 사용되었을 수도 있다. 이와 관련해서는 다음을 참조하라. Eric Robinson, *The First Democracies: Early Popular Government Outside Athens* (Stuttgart: Steiner, 1997), 45.

14   Aristotle, *Politics*, 4.1297b.

15   Kurt Raaflaub, “Soldiers, Citizens and the Evolution of the Early Greek Polis,”

in *The Development of the Polis in Archaic Greece*, ed. Lynette G. Mitchell and P. J. Rhodes (London: Routledge, 1997), 24-38; Ian Morris, "The Strong Principle of Equality," in *Demokratia: A Conversation on Democracies, Ancient and Modern*, ed. Josiah Ober and Charles W. Hedrick (Princeton: Princeton University Press, 1996), 19-48; Christian Meier, *A Culture of Freedom: Ancient Greece and the Origins of Europe* (Oxford: Oxford University Press, 2011). 아테네 민주주의의 기원을 둘러싼 논쟁의 개요는 다음을 참조하라. Kurt Raaflaub, Josaiah Ober, and Robert Wallace, *Origins of Democracy in Ancient Greece* (Berkeley: University of California Press, 2007).

16   Solon, *Elegy and Iambus*, 1.5.2.

17   Herodotus, *Histories*, 5.55. 하지만 아테네 참주 정치의 몰락과 자유 확립의 관련성을 최초로 언급한 사람은 헤로도토스라는 점에 유의해야 한다. 현재 남아 있는 자료 중에서 헤로도토스의 저술보다 유일하게 더 일찍 기록된 것으로는 하르모디오스와 아리스토게이톤의 업적을 칭송하는 축배의 노래가 있지만, 이 자료는 참주 정치의 몰락을 자유가 아닌 정치적 평등의 확립과 연관시켰다. Ostwald, "Freedom and the Greeks" 참조. 아테네 참주 정치의 몰락을 다룬 구전은 다음을 참조하라. Rosalind Thomas, *Oral Tradition and Written Record in Classical Athens* (Cambridge: Cambridge University Press, 1989), 257-261.

18   Aristotle, *Athenian Constitution*, 18.

19   Kurt Raaflaub, "Stick and Glue: The Function of Tyranny in Fifth-Century Athenian Democracy," in *Popular Tyranny: Sovereignty and Its Discontents in Ancient Greece*, ed. Kathryn Morgan (Austin: University of Texas Press, 2013), 59-93.

20   Ostwald, "Freedom and the Greeks." 하지만 이와 대조적으로 라플라우브는 자유에 대한 숭배가 헤로도토스나 그에게 이야기를 전한 사모스섬 사람들이 만들어 낸 역사적 허구라고 주장한다. Raaflaub, *The Discovery of Freedom*, 110-111.

21   Raaflaub, *The Discovery of Freedom*, 29-45; Ostwald, "Freedom and the Greeks" 참조. 그리스·페르시아 전쟁이 그리스인의 의식에 미친 영향에 대한 보다 일반적인 내용은 다음을 참조하라. Edith Hall, *Inventing the Barbarian: Greek Self-Definition through Tragedy* (Oxford: Oxford University Press, 1989). 그리스·페르시아 전쟁에 대한 설명은 다음을 참조하라. Lisa Kallet, "The Fifth Century: Political and Military Narrative," in *Classical Greece, 500-323 BC*, ed. Robin Osborne (Oxford: Oxford University Press, 2000), 170-196.

22   Aeschylus, *The Persians*, 232. 가독성을 위해 번역을 수정했다.

23   Ibid., 176.

24 Ostwald, "Freedom and the Greeks," 43-44 참조.

25 Simon Hornblower, "Herodotus' Influence in Antiquity," in *The Cambridge Companion to Herodotus*, ed. Carolyn Dewald and John Marincola (Cambridge: Cambridge University Press, 2006), 306-318.

26 Kurt Raaflaub, "Philosophy, Science and Politics: Herodotus and the Intellectual Trends of His Time," in *Brill's Companion to Herodotus*, ed. Egbert Bakker et al. (Leiden: Brill, 2002), 149-186; Sara Forsdyke, "Herodotus, Political History and Political Thought," in Dewald and Marincola, *Herodotus*, 224-241.

27 Herodotus, *Histories*, 8.143.

28 Ibid., 6.11.

29 Ibid., 6.109.

30 Carolyn Dewald, "Form and Content: The Question of Tyranny in Herodotus," in Morgan, *Popular Tyranny*, 25-58.

31 Herodotus, *Histories*, 3.80.

32 Ibid.

33 Ibid., 5.78.

34 이와 관련해서는 다음을 참조하라. Dewald, "The Question of Tyranny in Herodotus"; Michael Flower, "Herodotus and Persia," in Dewald and Marincola, *Herodotus*, 274-289.

35 Herodotus, *Histories*, 3: 30-35.

36 Ibid., 5:25.

37 Ibid., 4.84.

38 Ibid., 7.45-46.

39 Ibid., 7.39.

40 Ibid., 8.118.

41 Ibid., 8.119.

42 Ibid., 5.20.

43 Jessica Priestley, *Herodotus and Hellenistic Culture: Literary Studies in the Reception of the Histories* (Oxford: Oxford University Press, 2014), 19-50.

44 Euripides, *Suppliant Women*, 441-453.

45 Thucydides, *The Peloponnesian War*, trans. Martin Hammond, intro. P. J. Rhodes

(Oxford: Oxford University Press, 2009), 2.37.2.

46 예를 들어 로절린드 토머스에 따르면 "[고대 그리스에서] 자유는 개인이 사생활에서 원하는 대로 행동할 수 있는 자유가 아니라 공동체를 자치적으로 운영할수 있는 능동적인 정치적 자유였다." Thomas, "The Classical City," in Osborne, *Classical Greece*, 70 참조. 이와 비슷한 견해에 대해서는 또한 다음을 참조하라. Max Pohlenz, *Freedom in Greek Life and Thought: The History of an Ideal*, trans. Carl Lofmark (Dordrecht: Reidel, 1966).

47 Mogens H. Hansen, "The Ancient Athenian and the Modern Liberal View of Liberty," in Ober and Hedrick, *Demokratia*, 91-104; Robert W. Wallace, "Law, Freedom and the Concept of Citizens' Rights in Democratic Athens," in Ober and Hedrick, *Demokratia*, 105-119; P. Cartledge and M. Edge, "'Rights,' Individuals, and Communities in Ancient Greece," in *A Companion to Greek Political Thought*, ed. R. K. Balot (Oxford: Oxford University Press, 2009), 149-163 참조.

48 Josef Wiesehöfer, *Ancient Persia from 550 BC to 650 AD*, trans. Azizeh Azodi (London: I. B. Tauris, 2001), 31. 페르시아 제국의 정치 구조에 대한 설명은 다음을 참조하라. Pierre Briant, *From Cyrus to Alexander: A History of the Persian Empire*, trans. Peter Daniels (Winona Lake: Eisenbrauns, 2002). 이와 대조되는 내용에 관해서는 다음을 참조하라. Kostas Vlassopoulos, *Unthinking the Greek Polis: Ancient Greek History beyond Eurocentrism* (Cambridge: Cambridge University Press, 2007), 101-121. 코스타스 블라소풀로스는 근동 지역의 여러 도시 국가에서 그리스 도시 국가와 매우 유사한 형태의 자치가 이루어졌다고 지적한다.

49 다리우스의 묘비에 새겨진 비문이다. Briant, *From Cyrus to Alexander*, 178.

50 Josef Wiesehöfer, "The Achaemenid Empire," in *The Dynamics of Ancient Empires: State Power from Assyria to Byzantium*, ed. Ian Morris and Walter Scheidel (Oxford: Oxford University Press, 2009), 77.

51 Briant, *From Cyrus to Alexander*, 302-354.

52 Martin Ostwald, "The Reform of the Athenian State by Cleisthenes," in Boardman et al., *Cambridge Ancient History*, vol. 4, 303-346.

53 Paul Cartledge, *Spartan Reflections* (London: Gerald Duckworth, 2001). 그러나 아테네와는 달리 모든 스파르타의 시민이 무조건 민회에 참가할 수 있었던 것은 아니다. 스파르타의 시민이 식사하는 공동 식당에서 돈을 낼 수 있는 사람들만 민회에 참가할 자격이 있었다.

54   Mogens H. Hansen, *The Athenian Democracy in the Age of Demosthenes: Structure, Principles, Ideology*, trans. J. A. Cook (London: Blackwell, 1991). 아테네의 노예 수는 다음을 참조하라. T. E. Rihll, "Classical Athens," in *The Cambridge World History of Slavery*, ed. K. Bradley and P. Cartledge (Cambridge: Cambridge University Press, 2011) 48-73.

55   Thucydides, *History of the Peloponnesian War*, 2.45.2. 고대 아테네 여자의 지위에 대해서는 다음을 참조하라. Roger Just, *Women in Athenian Law and Life* (London: Routledge, 1989); Robin Waterfield, *Athens: A History−From Ancient Ideal to Modern City* (London: Macmillan, 2004), 182-200.

56   E. Fantham et al., *Women in the Classical World* (Oxford: Oxford University Press, 1994), 68-127.

57   Rihll, "Classical Athens," 60.

58   Aristophanes, *Assemblywomen*, in *Three Plays by Aristophanes: Staging Women*, ed. and trans. Jeffrey Henderson (London: Routledge, 1996), 1000-1027.

59   아리스토파네스의 희극이 여성에 의한 통치를 호의적으로 묘사했다고 강조한 분석은 다음을 참조하라. Josiah Ober, *Political Dissent in Democratic Athens: Intellectual Critics of Popular Rule* (Princeton: Princeton University Press, 2001), 122-155. 이와 대조되는 내용에 관해서는 다음을 참조하라. Paul Cartledge, *Aristophanes and His Theatre of the Absurd* (Bristol: Bristol Classical Press, 1990), 32-42. 폴 카틀리지는 아리스토파네스의 희극이 여성에 의한 통치라는 발상을 비판했다고 해석한다.

60   Aristotle, *Politics*, 1.1254b.

61   고대 민주주의와 근대 민주주의의 유사점 및 차이점을 둘러싼 일반적 논의는 다음을 참조하라. Ober and Hedrick, *Demokratia*.

62   A. Shapur Shahbazi, "The Achaemenid Persian Empire (550-330 BC)," in *Oxford Handbook of Iranian History*, ed. Touraj Daryaee (Oxford: Oxford University Press, 2012), 120-141 참조.

63   Paul Cartledge, "The Helots: A Contemporary Review," in Bradley and Cartledge, *World History of Slavery*, 74-90.

64   Rihll, "Classical Athens," 48-73.

65   Robin Waterfield, *Athens: A History, from Ancient Ideal to Modern City* (New York: Basic Books, 2004), 187. 이와 대조되는 내용에 관해서는 다음을 참조하라. Josine Blok, *Citizenship in Classical Athens* (Cambridge: Cambridge University Press, 2017). 조신

블로크는 여성이 정치적 참여에서 배제되었지만 종교적 의식에 참여함으로써 공공 영역에서 중요한 역할을 했다고 설명한다.

66 Numa Denis Fustel de Coulanges, *La cité antique: étude sur le culte, le droit, les institutions de la Grèce et de Rome* (Paris: Hachette, 1867), 262-267. My translation.

67 Hansen, *Athenian Democracy in the Age of Demosthenes*, 74-81.

68 Robert Wallace, "The Legal Regulation of Private Conduct at Athens: Two Controversies on Freedom," *Ethics & Politics* 9, no. 1 (2007): 158. 또한 다음 문헌을 참조하라. David Cohen, *Law, Sexuality and Society: The Enforcement of Morals in Classical Athens* (Cambridge: Cambridge University Press, 1991). 퓌스텔 드 쿨랑주와 유사한 견해를 밝힌 문헌으로는 다음을 참조하라. Oswyn Murray, "Cities of Reason," in *The Greek City from Homer to Alexander*, ed. Oswyn Murray and Simon Price (Oxford: Clarendon Press, 1990), 1-28.

69 이러한 헌법 개정에 대한 개괄적 설명은 다음을 참조하라. Josiah Ober, *Mass and Elite in Democratic Athens: Rhetoric, Ideology and the Power of the People* (Princeton: Princeton University Press, 1989).

70 이 수치는 다음을 참조하라. M. I. Finley, *Politics in the Ancient World* (Cambridge: Cambridge University Press, 1983), 74.

71 이 수치는 다음을 참조하라. Hansen, *Athenian Democracy in the Age of Demosthenes*, 132.

72 이 양각 조각에 대한 설명은 다음을 참조하라. Homer A. Thompson, "Excavations in the Athenian Agora: 1952," *Hesperia: The Journal of the American School of Classical Studies at Athens* 22, no. 1 (1953): 25-56.

73 다음 문헌에 기록된 장례식 추도 연설을 참조하라. Plato, *Menexenus*, 238e-239a in *Complete Works*, ed. John M. Cooper (Indianapolis: Hackett, 1997).

74 이 문헌에 대한 전반적 분석과 그 의미는 다음을 참조하라. Ober, *Political Dissent*, 14-27. 그러나 나는 노老과두주의자에게는 "고대 문헌을 되살릴 진정한 후계자가 명백히 없다."라는 오버의 판단에는 동의하지 않는다. Ober, *Political Dissent*, 27.

75 Old Oligarch, *Constitution of the Athenians*, 1.

76 Ibid., 2.

77 Ibid., 1.

78 Ibid., 2.

79 투키데스의 생애와 업적에 대해서는 다음을 참조하라. L. Canfora, "Biographical Obscurities and Problems of Composition," in *Brill's Companion to Thucydides*, ed. Antonis Tsakmakis and Antonios Rengakos (Leiden: Brill, 2006), 3-32.

80 Lawrence Tritle, "Thucydides and Power Politics," in Tsakmakis and Rengakos, *Thucydides*, 469-494 참조. 메리 니컬스는 투키데스를 자유 이론가로 평가한다. Mary Nichols, *Thucydides and the Pursuit of Freedom* (Ithaca: Cornell University Press, 2015).

81 Thucydides, *The Peloponnesian War*, 3.81.

82 Ibid., 3.82.

83 소피스트 운동은 다음을 참조하라. Jacqueline de Romilly, *The Great Sophists in Periclean Athens* (Oxford: Clarendon Press, 1998).

84 소피스트들의 정치적 관점(거의 알려진 바는 없지만)에 대한 포괄적 개요는 다음을 참조하라. W. Guthrie, *The Sophists* (Cambridge: Cambridge University Press, 1971), 135-163.

85 Plato, *The Republic*, 1.338e, in Cooper, *Complete Works*.

86 Xenophon, *Memorabilia*, 1.2.46.

87 Xenophon, *Hellenica*, 2.3.

88 Ibid., 2.4.22.

89 Isocrates, *Areopagiticus*, 7.62.

90 오늘날 플라톤의 정치사상을 다룬 문헌의 수가 크게 증가했다. 플라톤의 정치학에 대한 가장 중요한 학문적 평가의 개요는 다음을 참조하라. Ober, *Political Dissent*, 156-247. 특히 민주적 자유를 비판한 플라톤의 견해는 다음을 참조하라. Mogens H. Hansen, "Democratic Freedom and the Concept of Freedom in Plato and Aristotle," *Greek, Roman, and Byzantine Studies* 50 (2010): 1-27; Melissa Lane, "Placing Plato in the History of Liberty," *History of European Ideas* 44 (2018): 702-718.

91 Malcolm Schofield, "Plato in His Time and Place," in *The Oxford Handbook of Plato,* ed. Gail Fine (Oxford: Oxford University Press, 2008), 41-68.

92 「일곱 번째 편지」의 진위에 대해서는 다음을 참조하라. M. Schofield, "Plato and Practical Politics," in Rowe and Schofield, *Greek and Roman Political Thought*, 293-302.

93 Plato, *Seventh Letter,* 7.324d, in Cooper, *Complete Works.*

94 Gregory Vlastos, "The Historical Socrates and Athenian Democracy," *Political Theory* 11(1983): 495-516; Ellen Meiksins Wood and Neal Wood, "Socrates and Democracy: A Reply to Gregory Vlastos," *Political Theory* 14 (1986): 55-82; Melissa Lane, "Socrates and Plato: an Introduction," in Rowe and Schofield, *Greek and Roman Political Thought,* 155-163.

95 Plato, *The Republic,* 8.562c.

96 Ibid., 8.557b.

97 Ibid., 8.563c.

98 Ibid., 8.557c.

99 Ibid., 8.562d.

100 Jakub Filonik, " 'Living as One Wishes' in Athens: The (Anti-)Democratic Polemics," *Classical Philology* 114(2019): 1-24 참조.

101 Plato, *The Republic,* 6.488d.

102 Ibid., 9.590d.

103 Plato, *Clitophon,* 408, in Cooper, *Complete Works.*

104 A. Laks, "The Laws," in Rowe and Schofield, *Greek and Roman Political Thought,* 258-292.

105 Plato, *Laws,* 3.691c, in Cooper, *Complete Works.*

106 Ibid., 7.328c.

107 Ibid., 3.698b.

108 이소크라테스의 생애와 학문적 업적은 다음을 참조하라. Ober, *Political Dissent,* 249-290. 이소크라테스는 자신의 다른 글에서도 군주제를 옹호했다는 점에 유의하라. F. W. Walbank, "Monarchies and Monarchic Ideas," in *The Cambridge Ancient History,* vol. 7.1, *The Hellenistic World,* ed. F. W. Walbank et al. (Cambridge: Cambridge University Press, 1984), 62-100 참조.

109 Isocrates, *Areopagiticus,* 28.

110 David Teegarden, *Death to Tyrants! Ancient Greek Democracy and the Struggle against Tyranny* (Princeton: Princeton University Press, 2014), appendix.

111 이 단락은 다음 문헌을 바탕으로 한다. Robin Osborne, "The Fourth Century: Political and Military Narrative," in Osborne, *Classical Greece,* 197-222; and

Robin Waterfield, *Creators, Conquerors, and Citizens: A History of Ancient Greece* (Oxford: Oxford University Press, 2018), 351-468.

112 Demosthenes, *Philippic*, 2.6.25.

113 Andrew Bayliss, *After Demosthenes: The Politics of Early Hellenistic Athens* (London: Continuum, 2011), 94.

114 Susanne Carlsson, *Hellenistic Democracies: Freedom, Independence and Political Procedure in Some East Greek City-States* (Stuttgart: Steiner, 2010) 참조.

115 Malcolm Schofield, "Social and Political Thought," in *The Cambridge History of Hellenistic Philosophy*, ed. Keimpe Algra et al. (Cambridge: Cambridge University Press, 1999), 739-770.

116 아리스토텔레스가 저술한 『정치학』의 전반적 개요는 다음을 참조하라. F. D. Miller, *Nature, Justice and Rights in Aristotle's Politics* (Oxford: Oxford University Press, 1997). 아리스토텔레스가 당대의 새로운 정치적 현실에 관여하지 않았다는 점에 대해서는 다음을 참조하라. Malcolm Schofield, "Aristotle: An Introduction," in Rowe and Schofield, *Greek and Roman Political Thought*, 310-320. 그러나 아리스토텔레스가 「왕권에 관하여On Kingship」라는 논문을 썼다는 사실에도 유의하라. 안타깝게도 이 논문의 내용은 잘 알려지지 않지만 군주제를 지지하는 내용이었을 것으로 추정된다. Walbank, "Monarchies and Monarchic Ideas" 참조.

117 Hansen, "Democratic Freedom and the Concept of Freedom in Plato and Aristotle" 참조. 한센은 아리스토텔레스가 제시한 자유 개념의 대안적 해석에 대해서도 유용한 논의를 제공한다. 아테네 민주주의에 대한 아리스토텔레스의 비판을 다룬 보다 일반적인 논의는 다음을 참조하라. Andrew Lintott, "Aristotle and Democracy," *Classical Quarterly* 42 (1992): 114-128.

118 Aristotle, *Politics*, 1317b0-15.

119 Ibid., 1310a30-35.

120 Ibid., 1318a25.

121 Ibid., 1318b30-35. 아리스토텔레스는 보다 온건한 형태의 민주주의에 대해서도 기껏해야 미지근한 열정을 보였다는 점에 유의해야 한다. 그는 민주주의가 "그런대로 쓸 만한" 제도라고 말했다. 아리스토텔레스는 『정치학』 제7권과 제8권에서 헤일로타이처럼 농업 노동을 제공하는 노예가 존재하기 때문에 매우 제한된 수의 시민이 여가를 즐길 수 있는 스파르타식 제도가 이상적인 최고의 제도에 가깝다고 설명했다. 하지만 그는 책의 후반부에서 '자유'나 그 반의어인 '노예제'에 대해서는 전혀 언급하지 않았고, 스파르타식 제도가 사람들이 '행복'을 추구할

수 있게 해주는 가장 적합한 제도라고 말했다.

122   G. J. D. Aalders, *Political Thought in Hellenistic Times* (Amsterdam: Hakkert, 1975); Walbank, "Monarchies and Monarchic Ideas"; D. Hahm, "Kings and Constitutions: Hellenistic Theories," in Rowe and Schofield, *Greek and Roman Political Thought*, 457-476.

123   헬레니즘 시대에 자유 개념이 내적 자유로 전환된 것에 대해서는 다음을 참조하라. Patterson, *Freedom*, 165-199. 헬레니즘 시대에 그리스인들이 민주적 자유를 어떻게 계속해서 옹호했는지는 다음을 참조하라. Carlsson, *Hellenistic Democracies*. 이와 대조적으로 벤저민 그레이는 헬레니즘 시대에 그리스인들이 "전체 시민 가운데 개인의 선택과 다양성"이 자유의 핵심 특성이라고 더 강조하기 시작했다고 주장한다. Benjamin Gray, "Freedom, Ethical Choice and the Hellenistic Polis," *History of European Ideas* 44 (2018): 719-742, 739.

124   Hunt, "Slaves in Greek Literary Culture."

125   Euripides, *Hecuba*, 864.

126   Xenophon, *Economics*, 1.22-23.

127   Xenophon, *Memorabilia*, trans. Amy Bonnett, introd. Christopher Bruell (Ithaca and London: Cornell University Press, 1994), 1.2.6.

128   Diogenes Laertius, *Lives of Eminent Philosophers*, ed. and trans. R. D. Hicks (London: William Heinemann, 1925), 7.2.37.

129   일례로 다음을 참조하라. Diogenes Laertius, *Lives of Eminent Philosophers*, 7:121-123.

130   필로의 생애와 업적은 다음을 참조하라. Erwin Goodenough, *The Politics of Philo Judaeus: Practice and Theory* (New Haven: Yale University Press, 1938), 1-20.

131   Philo Judaeus, *Every Good Man is Free*, 43-47.

132   Ibid., 40-43.

133   Ibid., 59-61.

134   Ibid., 124-127.

135   Ibid., 95-96.

136   Ibid., 107-111.

137   이 단락은 다음 문헌을 바탕으로 한다. Goodenough, *The Politics of Philo Judaeus*, 1-20.

138   Quoted in ibid., 18-19.

2 고대 로마 시대 자유의 흥망성쇠

1   Livy, *The History of Rome*, 1.49-56. 별도로 표시하지 않은 경우 로에브고전도서
관에서 제공하는 고대 로마 문헌의 영어 번역을 사용했다. 참고 문헌은 관례에
따라 쪽 번호가 아니라 행이나 책과 문단으로 표기했다.

2   Cicero, *On the Commonwealth*, 1.39a in *On the Commonwealth and On the Laws*,
ed. and trans. James Zetzel (Cambridge: Cambridge University Press, 1999). 로마 세계
에서 '레스 푸블리카res publica'라는 단어가 어떤 의미였는지에 대해서는 다음을
참조하라. Werner Suerbaum, *Vom antiken zum frühmittelalterlichen Staatsbegriff:
Über Verwendung und Bedeutung von res publica, regnum, imperium und status von
Cicero bis Jordanis*, 3rd ed. (Münster: Aschendorff, 1977). 고대 역사가들이 공화정과
원수정을 서로 다른 역사적 시대로 인식한 것에 대해서는 다음을 참조하라. Karin
Sion-Jenkis, *Von der Republik zum Principat: Ursachen für den Verfassungswechsel in
Rom im historischen Denken der Antike* (Stuttgart: Steiner, 2000), 19-53. 하지만 이와
대조적으로 제임스 핸킨스는 로마 역사가나 사상가가 군주제와 다른 민중 통치
체제를 의미하기 위해 '레스 푸블리카'라는 단어를 사용한 적이 전혀 없었다고
주장한다. James Hankins, "Exclusivist Republicanism and the Nonmonarchical
Republic," *Political Theory* 38, no. 4 (2010): 452-482.

3   Dionysius of Halicarnassus, *Roman Antiquities*, 5.8.

4   Plutarch, *Brutus*, 1.1.

5   Livy, *History of Rome*, 4.5.

6   이 단락은 다음 문헌을 바탕으로 한다. Mary Beard, *SPQR: A History of Ancient
Rome* (New York: W. W. Norton, 2015), 131-168.

7   Livy, *History of Rome*, 6.37.

8   다음 문헌들을 참조하라. Valentina Arena, *Libertas and the Practice of Politics in
the Late Roman Republic* (Cambridge: Cambridge University Press, 2012), 78; P. A.
Brunt, "Libertas in the Republic," in *The Fall of the Roman Republic and Related
Essays*, ed. P. A. Brunt (Oxford: Clarendon Press, 1988), 282-350; Joy Connolly, *The
Life of Roman Republicanism* (Princeton, NJ: Princeton University Press, 2014), 16. 로마인
이 그리스인과 매우 다른 엘리트주의적 자유 개념을 가졌다는 (잘못된) 주장이
종종 제기되기 때문에 이 점을 강조할 필요가 있다. 일례로 다음을 참조하라.
Kurt Raaflaub, "Freiheit in Athen und Rom: Ein Beispiel divergierender
politischer Begriffsentwicklung in der Antike Author," *Historische Zeitschrift* 238,
no. 3 (1984): 529-567. 보다 최근에 베냐민 스트라우만은 이와 비슷한 맥락에서

로마 정치사상의 특징은 "초기 자유주의 사상과 유사한 요소, 특히 입법의 한계와 민중 주권과 같이 콩스탕이 제시한 문제에 대한 고찰이 깊이 이루어졌던 것"이었다고 주장했다. Benjamin Straumann, *Crisis and Constitutionalism: Roman Political Thought from the Fall of the Republic to the Age of Revolution* (Oxford: Oxford University Press, 2016), 6.

9   이 논의의 개요는 다음을 참조하라. Beard, *SPQR*, 150-153; Kurt A. Raaflaub, ed., *Social Struggles in Archaic Rome: New Perspectives on the Conflict of the Orders* (Oxford: Blackwell, 2005).

10   Arena, *Libertas and the Practice of Politics*, 40.

11   로마의 지적 발전에 그리스가 미친 영향은 다음을 참조하라. Elizabeth Rawson, *Intellectual Life in the Late Roman Republic* (London: Duckworth, 1985); A. Momigliano, "The Origins of Rome," in *The Cambridge Ancient History*, vol. 7.2, *The Rise of Rome to 220 BC*, ed. F. W. Walbank et al., assisted by A. Drummond (Cambridge: Cambridge University Press, 1990), 52-112.

12   Andrew Lintott, *The Constitution of the Roman Republic* (Oxford: Oxford University Press, 1999), 51-52.

13   Beard, *SPQR*, 303-313.

14   Livy, *History of Rome*, 34.1. 리비우스의 책에서 이 일화는 다음을 참조하라. E. Fantham et al., *Women in the Classical World* (Oxford: Oxford University Press, 1994), 263-264.

15   Livy, *History of Rome,* 34.3.

16   Ibid., 34.7.

17   Ibid.

18   이 단락에서 초기 로마 공화국의 정치 체제에 대한 개요는 다음 문헌을 바탕으로 한다. Beard, *SPQR*, 184-192; Lintott, *Constitution of the Roman Republic*, esp. 191-213; Claude Nicolet, *The World of the Citizen in Republican Rome*, trans. P. S. Falla (Berkeley: University of California Press, 1980), esp. 207-316.

19   이 수치는 다음을 참조하라. A. Lintott, "Political History, 146-95 BC," in *The Cambridge Ancient History*, vol. 9, *The Last Age of the Roman Republic, 146-43 BC*, ed. J. Crook, A. Lintott, and E. Rawson (Cambridge: Cambridge University Press, 1994), 46-47.

20   로마 초기 정치사를 기록한 오래된 역사 문헌은 대부분 로마 공화국을 철저히 엘리트주의적인 과두제 체제로 설명한다. 이런 전통적 견해를 주장한 사람은 마

티아스 겔처이며, 이를 널리 알린 사람은 로널드 사임이다. Matthias Gelzer, *Die Nobilität der römischen Republik* (1912; repr., Stuttgart: Teubner, 1983); Ronald Syme, *The Roman Revolution* (1939; repr., Oxford: Oxford University Press, 2002) 참조. 하지만 1980년대 이후 이런 견해는 특히 Fergus Millar, *The Crowd in Rome in the Late Republic* (Ann Arbor: University of Michigan Press, 1998)에 의해 바뀌었다. 오늘날 로마 공화국에 대해 연구하는 역사가들은 엘리트 제도와 공존했던 로마 정체의 민중적 요소에 더 중점을 둔다. 이 논의의 개요는 다음을 참조하라. J. A. North, "Democratic Politics in Republican Rome," *Past & Present* 126, no. 1 (1990): 3-21. 이 주제에 대해 최근에 이루어진 논의는 다음을 참조하라. Alexander Yakobson, "Popular Power in the Roman Republic," in *A Companion to the Roman Republic*, ed. Nathan Rosenstein and Robert Morstein-Marx (Malden, MA: Blackwell, 2006), 383-400. 야콥슨은 "로마 공적 생활의 실제 모습은 이러한 강력한 [민주정과 귀족정의] 요소들 사이의 복잡한 상호 작용에 의해 형성되었다."라고 결론을 내렸다. Yakobson, "Popular Power in the Roman Republic," 389.

21   Valerius Maximus, *Memorable Deeds and Sayings: One Thousand Tales from Ancient Rome*, trans. Henry John Walker (Indianapolis: Hackett, 2004), 7.5.2.

22   Quoted in Lintott, *Constitution of the Roman Republic*, 203.

23   이 일화는 다음을 참조하라. Beard, *SPQR*, 190.

24   Ibid., 239-240.

25   폴리비오스의 생애와 업적은 다음을 참조하라. F. W. Walbank, *Polybius* (Berkeley: University of California Press, 1972).

26   Polybius, *Histories*, 6.16.

27   이 단락은 다음 문헌을 바탕으로 한다. Beard, *SPQR,* 209-252; T. P. Wiseman, *Remembering the Roman People: Essays on Late-Republican Politics and Literature* (Oxford: Oxford University Press, 2008).

28   포풀라레스와 옵티마테스 사이에 벌어진 논쟁과 그들이 자유 개념을 각각 어떻게 사용했는지는 다음을 참조하라. Arena, *Libertas and the Practice of Politics*, 73-168.

29   Sallust, *Fragments of the Histories,* 3.34; Sallust, *The War with Jugurtha*, 31.11.

30   Arena, *Libertas and the Practice of Politics*, 40 참조.

31   Cicero, *On the Commonwealth*, 1.47-49.

32   Sallust, *The War With Jugurtha*, 31.11.

33   Plutarch, *Tiberius Gracchus*, 20.

34   Jed W. Atkins, "Non-Domination and the *Libera Res Publica* in Cicero's Republicanism," *History of European Ideas* 44, no. 6 (2018): 756-773 참조. 이와 대조적으로 닐 우드는 키케로를 옵티마테스를 대변하는 반동주의자로 묘사했으며, 옵티마테스에게 자유란 "본질적으로 장애 없이 민중을 통치하고 방해받지 않고 부를 축적할 수 있는 그들만의 자유"를 의미했다고 말했다. Neal Wood, *Cicero's Social and Political Thought* (Berkeley: University of California Press, 1991), 150. 다음의 문헌에서 베냐민 스트라우만은 이와 유사하게 키케로를 국가의 간섭으로부터 재산권을 보호하려는 원형 자유주의자protoliberal로 묘사한다. Straumann, *Crisis and Constitutionalism*, 149-190.

35   Cicero, *On the Commonwealth*, 1.43.

36   Cicero, *On the Laws*, 3.25, in *On the Commonwealth and On the Laws*, ed. and trans. James Zetzel (Cambridge: Cambridge University Press, 1999).

37   Ibid., 3.38.

38   Arena, *Libertas and the Practice of Politics*, 73-168 참조.

39   공화정이 몰락한 원인에 대해 최근 이루어진 논쟁의 개요는 다음을 참조하라. Robert Morstein-Marx and Nathan Rosenstein, "The Transformation of the Republic," in *A Companion to Roman Republic*, ed. Robert Morstein-Marx and Nathan Rosenstein (Malden, MA: Blackwell, 2010), 625-637. 고전 자료는 다음을 참조하라. Mary Beard and Michael Crawford, *Rome in the Late Republic: Problems and Interpretations* (London: Duckworth, 1985).

40   Quoted in Beard, *SPQR*, 243.

41   이 생생한 이야기에 대해서는 다음을 참조하라. Plutarch, *Sulla*, 36.

42   Wiseman, *Remembering the Roman People*, 188-221 참조.

43   카이사르의 궁극적인 야망에 대한 논의는 다음을 참조하라. Adrian Goldsworthy, *Caesar: The Life of a Colossus* (New Haven: Yale University Press, 2006), 493-500.

44   Quoted in ibid., 158.

45   Ibid., 500.

46   Plutarch, *Brutus*, 9.

47   카이사르의 사망과 그 여파에 대해서는 다음을 참조하라. Wiseman, *Remembering the Roman People*, 211-234.

48   공화정 말기 로마가 위기를 겪고 있을 때 키케로가 어떤 역할을 했는지에 대해서

는 다음을 참조하라. Thomas Mitchell, *Cicero: The Senior Statesman* (New Haven: Yale University Press, 1991).

49 Cicero, *Philippics*, 3.14, 2.44, in *The Orations of Marcus Tullius Cicero*, trans. C. D. Yonge (London: George Bell and Sons, 1903), vol. 4.

50 Beard, *SPQR,* 341-342.

51 아우구스투스가 자신의 정권이 공화정을 복원하는 것처럼 보이도록 하기 위해 어떠한 노력을 했는지는 다음을 참조하라. Karl Galinsky, *Augustus: Introduction to the Life of an Emperor* (Cambridge: Cambridge University Press, 2012), 61-83.

52 Fergus Millar, *Rome, the Greek World, and the East*, vol. 1, *The Roman Republic and the Augustan Revolution*, ed. Hannah M. Cotton and Guy M. Rogers (Chapel Hill: University of North Carolina Press, 2002), 264.

53 Augustus, "Res Gestae," in *The Roman Empire: Augustus to Hadrian,* ed. and trans. R. K. Sherk (Cambridge: Cambridge University Press, 1988), 42.

54 다음의 문헌에서 로마 황제들이 자유를 지지했다는 주장을 뒷받침하는 증거가 충분히 제시된다. Chaim Wirszubski, *Libertas as a Political Idea at Rome during the Late Republic and Early Principate* (Cambridge: Cambridge University Press, 1960), 159; Lothar Wickert, "Der Prinzipat und die Freiheit," in *Symbola Coloniensia Josepho Kroll sexagenario A.D. VI. Id. Nov. a. MCMIL oblata* (Cologne: B. Pick, 1949), 113-141.

55 Millar, *Rome, the Greek World, and the East*, vol. 1, 260-270 참조. 그러나 이와 대조적으로 하임 비르주브스키는 공화국의 붕괴 이후 자유가 '질서, 안전, 신뢰'를 의미하게 되었고, 따라서 일인 통치와 양립할 수 있는 것으로 여겨졌다고 주장했다. Wirszubski, *Libertas as a Political Idea*, 156.

56 Appian, *Roman History,* preface 1.6. 밀라르가 주장한 바와 같이 2세기 후반과 3세기 초반에 아직 남아 있는 원로원의 영향에서 황제가 벗어나 완전히 독립적인 군주로 보일 수 있게 되면서 이러한 과정이 완료되었다. Fergus Millar, *The Emperor in the Roman World, 31 BC-AD 337* (London: Duckworth, 1977), 350.

57 Dio Cassius, *Roman History*, 47.39.

58 밀라르가 지적한 바와 같이 로마 황제들은 헬레니즘 시대의 왕들이 만든 선례를 적극적으로 따르기도 했다. Millar, *Emperor in the Roman World*, 198 참조.

59 로마 제국에서 여성의 역할에 대해서는 다음을 참조하라. Fantham et al., *Women in the Classical World*, esp. chap. 11 and 13. 이 인용은 다음을 참조하라. Tacitus, *Annals*, 12.37, 12.7. 에밀리 헤멜릭이 지적한 바와 같이 일부 여성의 경우 자신이

속한 계층보다 더 낮은 계층의 사람들에 대해 권력을 행사할 기회가 더 많았다는 점에 유의하라. Emily Hemelrijk, "Public Roles for Women in the Cities of the Latin West," in *A Companion to Women in the Ancient World*, ed. S. L. James and S. Dillon (Chichester: Wiley-Blackwell, 2012), 478-490.

60   Quoted in Fergus Millar, *Rome, the Greek World, and the East, vol. 2, Government, Society, and Culture in the Roman Empire*, ed. Hannah M. Cotton and Guy M. Rogers (Chapel Hill: University of North Carolina Press, 2004), 111.

61   로마 제국 시대의 역사가들이 과거를 그리워했다는 견해에 대해서는 다음을 참조하라. Joy Connolly, "Virtue and Violence: The Historians on Politics," in *The Cambridge Companion to the Roman Historians*, ed. Andrew Feldherr (Cambridge: Cambridge University Press, 2009), 181-194. 제국에 대한 이념적 반대 주장과 관련된 보다 일반적인 내용은 다음을 참조하라. Sam Wilkinson, *Republicanism during the Early Roman Empire* (London, New York: Continuum, 2012). 윌킨슨의 연구는 로마 제국에 반대하는 세력이 없었고, 반대하는 사람은 오로지 개인의 야망 때문이었다는 일반적으로 수용되는 견해를 설득력 있게 바로잡았다. Ramsay MacMullen, *Enemies of the Roman Order: Treason, Unrest, and Alienation in the Empire* (Cambridge, MA: Harvard University Press, 1966) 참조.

62   리비우스가 공화정을 칭송했다는 견해는 다음을 참조하라. P. Martin, "Livy's Narrative of the Regal Period: Structure and Ideology," in *A Companion to Livy*, ed. B. Mineo (Chichester: Wiley-Blackwell, 2015), 259-273. 하지만 다른 학자들은 리비우스를 아우구스투스 정권의 열렬한 옹호자로 이해하거나, 통치 형태의 변화보다는 도덕적 미덕의 쇠퇴에 더 많은 관심을 쏟은 역사가로 간주한다는 점에 유의하라. 이러한 견해는 다음을 참조하라. Bernard Mineo, "Livy's Political and Moral Values and the Principate," in Mineo, *Companion to Livy*, 139-154; Thomas Wiedemann, "Reflections of Roman Political Thought in Latin Historical Writing," in *The Cambridge History of Greek and Roman Political Thought*, ed. Christopher Rowe and Malcolm Schofield (Cambridge: Cambridge University Press, 2000), 517-531.

63   리비우스의 생애와 업적은 다음을 참조하라. Ronald Syme, "Livy and Augustus," *Harvard Studies in Classical Philology*, no. 64 (1959): 27-87.

64   Livy, *History of Rome*, prologue to bk. 1.

65   일례로 리비우스는 한때 "이것이 민중의 본성이다. 그들은 비굴한 노예이거나 거만한 폭군이다. 그들은 어떻게 하면 절제를 통해 자유를 포기하거나 아니면 중간 정도의 자유를 누릴 수 있는지 알지 못한다."라고 말했다. Livy, *History of*

Rome, 24.25.

66 Ibid., 1.56.

67 Plutarch, *Brutus*, 1.1

68 제국 초기에 공화정 시대의 영웅들이 여전히 존경을 받았다는 사실에 대해서는 다음을 참조하라. Wilkinson, *Republicanism*, 40-44, 126.

69 Seneca, *De Constantia Sapientis*, 2.2. 공화정의 몰락에 대한 세네카의 견해는 다음을 참조하라. Miriam Griffin, *Seneca: A Philosopher in Politics* (Oxford: Clarendon Press, 1992). 세네카가 일관되게 공화정을 옹호하지는 않았다는 점에 유의하라. 세네카는 『관용론』에서 네로의 무고함과 자비를 보여줌으로써 공화정이 아닌 네로를 향한 충성을 고취하려고 했다. Wilkinson, *Republicanism*, 131 참조.

70 플루타르코스의 생애와 업적은 다음을 참조하라. M. Beck, "Introduction," in *A Companion to Plutarch*, ed. M. Beck (Chicester: Wiley-Blackwell, 2014), 1-12.

71 플루타르코스의 『영웅전』이 공화정을 옹호한다고 해석해야 한다는 주장에 대해서는 다음을 참조하라. P. A. Stadter, "Plutarch and Rome," in Beck, *Companion to Plutarch*, 13-31. 그러나 플루타르코스는 공화정을 결코 일관되게 옹호하지 않았다. 그는 보다 추상적인 정치 저술에서 플라톤의 철인왕이라는 이상을 지지했다. 일례로 다음을 참조하라. C. Pelling, "Political Philosophy," in Beck, *Companion to Plutarch*, 149-162.

72 Plutarch, *Cato the Younger*.

73 Ibid., 70.

74 Plutarch, *Brutus*, 3.4.

75 Plutarch, *Cicero*.

76 근대 초기부터 타키투스의 글에 담긴 정치적 메시지를 어떻게 해석할 것인지에 대한 논쟁이 활발하게 일었다. 타키투스는 자유와 공화제를 옹호하는 '적색' 타키투스로 해석되기도 했다. 또한 권력 정치와 강력한 군주제를 옹호하는 '흑색' 타키투스로 해석되는 경우도 많았다. 타키투스가 저술한 글에 대한 이런 해석의 차이는 다음을 참조하라. D. Kapust, "Tacitus and Political Thought," in *A Companion to Tacitus*, ed. V. E. Pagán (Chichester: Wiley-Blackwell, 2011), 504-528. 말할 필요도 없이 이 저자는 '적색' 타키투스 해석에 동의하고 있다.

77 타키투스의 생애와 업적은 다음을 참조하라. A. R. Birley, "The Life and Death of Cornelius Tacitus," *Historia* 49, no. 2 (2000): 230-247.

78 Herbert W. Benario, "The Annals," in *Companion to Tacitus*, ed. Pagán, 101-121.

79   Tacitus, *The Annals: The Reigns of Tiberius, Claudius, and Nero*, trans. J. C. Yardley (Oxford: Oxford University Press, 2008), 1.1.

80   Tacitus, *Annals,* 5.9.

81   Ibid., 6.40.

82   Ibid., 15.35, 13.25, 16.17.

83   Ibid., 15.44.

84   아우구스투스 통치 이후 선거가 요식 행위가 되었다는 타키투스의 주장은 다음 을 참조하라. Tacitus, *Annals,* 1.81 and 11.22.

85   이와 관련해서는 다음을 참조하라. S. Oakley, "*Res olim dissociabiles*: Emperors, Senators and Liberty," in *The Cambridge Companion to Tacitus*, ed. A. Woodman (Cambridge: Cambridge University Press, 2009), 184-194.

86   Tacitus, *Annals,* 2.32, 3.70, 3.65.

87   네로의 통치에 대해서는 다음을 참조하라. Ibid., 13-16.

88   Ibid., 16.36.

89   Tacitus, *The Life of Cnus Julius Agricola*, 3.1-8.

90   그러나 이와 대조적으로 하임 비르주브스키의 주장에 따르면 타키투스는 "리베 르타스를 헌법상의 권리라기보다는 자유로워지고자 하는 개인의 의지와 용기라 고 생각했다." Wirszubski, *Libertas as a Political Idea*, 165. 이와 유사하게 마크 모르포드는 타키투스가 '자유'는 제국을 포함해 질서가 유지되는 모든 국가에 존 재하는 것으로 보았다고 주장했다. Mark Morford, "How Tacitus Defined Liberty," *ANRW*, 11.33.4 (1991): 3420-3449.

91   Tacitus, *Annals,* 15.49.

92   이와 관련해서는 다음을 참조하라. Wilkinson, *Republicanism*, 35-58.

93   Beard, *SPQR,* 394.

94   Syme, "Livy and Augustus"; Birley, "The Life and Death of Cornelius Tacitus"; Plutarch, *Caesar.*

95   디온의 생애와 업적은 다음을 참조하라. C. P. Jones, *The Roman World of Dio Chrysostom* (Cambridge, MA: Harvard University Press, 1978). 디온의 정치 철학은 다음 을 참조하라. C. Gill, "Stoic Writers of the Imperial Era," in Rowe and Schofield, *Greek and Roman Political Thought*, 597-615.

96   Dio Chrysostom, *The Third Discourse on Kingship*, 78-79.

97   Dio Chrysostom, *The Second Discourse on Kingship*, 6.

98 Francis Dvornik, *Early Christian and Byzantine Political Philosophy: Origins and Backgrounds*, vol. 1 (Washington, DC: Dumbarton Oaks Center for Byzantine Studies, 1966).

99 Carlos F. Noreña, *Imperial Ideals in the Roman West: Representation, Circulation, Power* (Cambridge: Cambridge University Press, 2011), 284-297 참조.

100 이 단락은 다음 문헌을 바탕으로 한다. W. H. C. Frend, "Persecutions: Genesis and Legacy," in *The Cambridge History of Christianity*, ed. M. M. Mitchell and F. M. Young (Cambridge: Cambridge University Press, 2006), 501-523; A. Cameron, "Constantine and the 'Peace of the Church,'" in Mitchell and Young, *History of Christianity*, 538-551.

101 다음 문헌을 참조하라. Frances Young, "Christianity," in Rowe and Schofield, *Greek and Roman Political Thought*, 635-660; H. Drake, "The Church, Society and Political Power," in *The Cambridge History of Christianity*, vol. 2, *Constantine to c. 600*, ed. A. Casiday and F. Norris (Cambridge: Cambridge University Press, 2007), 403-428; A. Ritter, "Church and State up to c.300 CE," in *The Cambridge History of Christianity*, vol. 1, *Origins to Constantine*, ed. Margaret M. Mitchell and Frances M. Young (Cambridge: Cambridge University Press, 2006), 524-537.

102 Rom. 13 (New Revised Standard Version).

103 Quoted in Young, "Christianity," 649.

104 Eusebius, *Church History, Life of Constantine the Great, and Oration in Praise of Constantine*, trans. Ernest Cushing Richardson (Buffalo, NY: Christian Literature, 1890), 1110-1175. 에우세비우스의 플라톤주의에 대해서는 다음을 참조하라. N. H. Baynes, "Eusebius and the Christian Empire," in *Byzantine Studies and Other Essays*, ed. N. H. Baynes (London: Athlone Press, 1955), 168-172. 에우세비우스가 비잔티움 정치 철학에 미친 영향은 다음을 참조하라. Dvornik, *Early Christian and Byzantine Political Philosophy*, vol. 2, 611-622; J.-M. Sansterre, "Eusèbe de Césarée et la naissance de la théorie 'césaropapiste,'" *Byzantion*, no. 42 (1972): 131-195, 532-594.

105 Eusebius, *Church History*, 1118.

106 Dvornik, *Early Christian and Byzantine Political Philosophy*, vol. 2, 725-726. 드보르니크가 설명하듯이 다른 많은 그리스도교 사상가도 각자 동일한 결론을 내렸다.

107 아우구스티누스의 정치 철학은 다음을 참조하라. R. W. Dyson, *St. Augustine of Hippo and the Christian Transformation of Political Philosophy* (London: Continuum

Press, 2005), esp. 48-88. 아우구스티누스의 생애와 업적은 다음을 참조하라. J. O'Donnell, "Augustine," in *The Cambridge Companion to Augustine*, ed. E. Stump and N. Kretzmann (Cambridge: Cambridge University Press, 2001), 8-25.

108 Augustine, *The City of God*, trans. William Babcock, annot. by Boniface Ramsey (Hyde Park, NY: New City Press, 2013), 2.19.6.

109 Ibid., 2.19.15.

110 구약과 신약에서 언급된 자유의 개념에 대한 논의는 다음을 참조하라. R. Brague, "God and Freedom: Biblical Roots of the Western Idea of Liberty," in *Christianity and Freedom*, ed. T. Shah and A. Hertzke (Cambridge: Cambridge University Press, 2016), 391-402. 초기 그리스도교 사상가들 역시 하느님에 대한 복종이라는 의미에서 '노예제'를 긍정적인 가치로 언급하는 경우가 많았다. 이와 관련해서는 다음을 참조하라. Dale B. Martin, *Slavery as Salvation: The Metaphor of Slavery in Pauline Christianity* (New Haven: Yale University Press, 1990).

111 Gal. 3:28-4:11 (NRSV).

112 1 Cor. 7:21-24 (NRSV).

113 이것이 '고린토인들에게 보낸 첫째 편지' 7장 21~24절의 유일한 해석은 결코 아니다. 논란의 여지가 있는 이 구절의 의미를 둘러싼 논쟁의 개요는 다음을 참조하라. Martin, *Slavery as Salvation*, 63.

114 이와 관련해서는 다음을 참조하라. Peter Garnsey, *Ideas of Slavery from Aristotle to Augustine* (Cambridge: Cambridge University Press, 1996), 191-243. 암브로시우스의 생애와 업적은 다음을 참조하라. R. Markus, "The Latin Fathers," in *The Cambridge History of Medieval Political Thought c.350-c.1450*, ed. J. Burns (Cambridge: Cambridge University Press, 1988), 92-122.

115 Ambrose, *Letters*, trans. Mary Melchior Beyenka (New York: Fathers of the Church, 1954), 287.

116 Ibid., 292.

117 Ibid., 288.

118 Ibid., 296.

119 Ibid., 299.

120 Dvornik, *Early Christian and Byzantine Political Philosophy*, vol. 2, 113 참조. 이와 대조되는 내용은 다음을 참조하라. Anthony Kaldellis, "Political Freedom in Byzantium: The Rhetoric of Liberty and the Periodization of Roman History,"

History of European Ideas 44, no. 6 (2018): 795-811. 칼델리스는 자유 숭배가 비잔티움 시대까지 지속했다고 주장한다.

121   Quoted in D. M. Nicol, "Byzantine Political Thought," in Burns, *History of Medieval Political Thought*, 55.

122   Anthony Kaldellis, "Republican Theory and Political Dissidence in Ioannes Lydos," *Byzantine and Modern Greek Studies* 29, no. 1 (2005): 9. 후기 공화주의에 대한 비잔티움 사상가들의 논쟁은 다음을 참조하라. V. Syros, "Between Chimera and Charybdis: Byzantine and Post-Byzantine Views on the Political Organization of the Italian City-States," *Journal of Early Modern History*, no. 14 (2010): 451-504.

123   Nicol, "Byzantine Political Thought," 53.

124   Chris Wickham, *The Inheritance of Rome: Illuminating the Dark Ages 400-1000* (New York: Penguin, 2009), 111-254.

125   이와 관련해서는 다음을 참조하라. Rosamond McKitterick, "Politics," in *The Early Middle Ages: Europe 400-1000*, ed. Rosamond McKitterick (Oxford: Oxford University Press, 2001); Bjorn Weiler, "Political Structures," in *The Central Middle Ages*, ed. Daniel Power (Oxford: Oxford University Press, 2006), ch. 3.

126   다음 문헌을 참조하라. J. Nelson, "Kingship and Empire," in Burns, *History of Medieval Political Thought*, 211-251; P. King, "The Barbarian Kingdoms," in Burns, *History of Medieval Political Thought*, 123-154.

127   이시도르와 관련해서는 다음을 참조하라. King, "The Barbarian Kingdoms," 141. 이와 유사하게 아우구스티누스의 영향을 많이 받은 그레고리오 1세는 나쁜 통치자가 있다면 하느님의 벌을 받아야 한다고 주장했다. Markus, "The Latin Fathers," 92-122 참조. 랭스의 힌크마르 대주교에 대해서는 다음을 참조하라. Nelson, "Kingship and Empire."

128   이와 관련해서는 다음을 참조하라. Mario Turchetti, *Tyrannie et tyrannicide de l'Antiquité à nos jours* (Paris: Classiques Garnier, 2013), 205-290.

129   이러한 관점을 잘 보여주는 예로는 토마스 아퀴나스의 『왕권에 관하여*On Kingship*』가 있다. 물론 이 관점이 통설로 받아들여지기는 했지만 이와 다른 견해들도 있었다. 특히 솔즈베리의 요한이 저술한 『국가 관료론*Policraticus*』은 통치자가 법을 준수했는지 여부를 중심으로 '왕'과 '폭군'의 차이를 정의했다. 요컨대 일부 사상가는 도덕적 미덕이 아니라 법의 준수가 진정한 왕권의 특징이라고 여겼다. Antony Black, *Political Thought in Europe, 1250-1450* (Cambridge: Cambridge

University Press, 1992), 152-155 참조.

130 중세 시대에 이 장르의 인기에 대해서는 다음을 참조하라. Roberto Lambertini, "Mirrors for Princes," in *Encyclopedia of Medieval Philosophy*, ed. Henrik Lagerlund (Dordrecht: Springer, 2011), 791-797. 이 장르에 대한 개략적인 설명은 다음을 참조하라. Lester Born, "The Perfect Prince: A Study in Thirteenth- and Fourteenth-Century Ideals," *Speculum: A Journal of Mediaeval Studies* 3, no. 4 (1928): 470-504.

131 서임권 투쟁은 다음을 참조하라. Black, *Political Thought in Europe, 1250-1450*, 42-84.

132 '자유libertas'라는 용어가 서임권 투쟁 시기에 어떻게 사용되었는지를 검토한 문헌으로는 다음을 참조하라. Gerd Tellenbach, *Libertas: Kirche und Weltordnung im Zeitalter des Investiturstreites* (Stuttgart: W. Kohlhammer, 1936). 보다 최근의 연구는 다음을 참조하라. Brigitte Szabó-Bechstein, *Libertas ecclesiae: Ein Schlüsselbegriff des Investiturstreits und seine Vorgeschichte, 4.-11. Jahrhundert* (Rome: Libreria Ateneo Salesiano, 1985).

133 이와 관련해서는 다음을 참조하라. John C. Barnes, "Historical and Political Writing," in *Dante in Context*, ed. Zygmunt G. Barański and Lino Pertile (Cambridge: Cambridge University Press, 2015), 354-370.

134 Quentin Skinner, *The Foundations of Modern Political Thought*, vol. 1, *The Renaissance* (Cambridge: Cambridge University Press, 1978), 3-65 참조.

135 Quoted in Serena Ferente, "The Liberty of Italian City-States," in *Freedom and the Construction of Europe*, vol. 1, *Religious Freedom and Civil Liberty*, ed. Quentin Skinner and Martin van Gelderen (Cambridge: Cambridge University Press, 2013), 157-175.

136 루카의 프톨레마이오스(토마스 아퀴나스의 저술 내용이 일부 인용되었다)의 다음 문헌을 참조하라. Ptolemy of Lucca, *On the Government of Rulers: De Regimine Principum*, trans. and ed. James M. Blythe (Philadelphia: University of Pennsylvania Press, 1997), 238.

137 이탈리아 도시 국가 내의 내부 분열은 다음을 참조하라. Daniel Philip Waley and Trevor Dean, *The Italian City-Republics* (London: Routledge, 2013), chap. 7.

138 『왕권에 관하여』를 저술한 저자가 누구인지에 대해서 많은 논란이 있었다. 현대의 일부 학자는 유명한 신학자인 토마스 아퀴나스가 아니라 그의 제자 중 한 명이 이 저술물을 썼다고 생각한다. 그러나 아퀴나스가 이 저술물의 첫 두 권을 썼다는 것이 지배적인 견해이다. 1267년 12월 『왕권에 관하여』를 헌정하려고

했던 대상이 사망한 후 아퀴나스는 이 저술물을 포기했지만, 저술물은 계속해서 독자적으로 유포되었다. 혹은 아퀴나스의 제자인 루카의 프톨레마이오스가 계속해서 유포했다. R. W. Dyson, Introduction in *Aquinas: Political Writings*, ed. R. W. Dyson (Cambridge: Cambridge University Press, 2002), xvii-xxxvi.

139 루카의 프톨레마이오스(토마스 아퀴나스의 저술 내용이 일부 인용되었다)의 다음 문헌을 참조하라. Ptolemy of Lucca, *On the Government of Rulers*, 66. 이와 대조되는 내용에 관해서는 다음을 참조하라. Samuel K. Cohn, *Lust for Liberty: The Politics of Social Revolt in Medieval Europe, 1200-1425* (Cambridge, MA: Harvard University Press, 2008). 사무엘 콘은 중세 후기에 자유 중심의 이념이 만연했다고 주장한다.

140 이탈리아 도시 공화국의 멸망에 대해서는 다음을 참조하라. Waley and Dean, *Italian City Republics*, chap. 8.

3 르네상스 시대의 자유

1 Dante Alighieri, *The Divine Comedy of Dante Alighieri*, vol. 1, *Inferno*, trans. and ed. by Robert M. Durling (New York: Oxford University Press, 1996), canto 10, 20, 34.19-34.67.

2 단테의 『신곡』과 『제정론』에 나타난 정치적 견해의 수렴에 대해서는 다음을 참조하라. Joan M. Ferrante, *The Political Vision of the "Divine Comedy"* (Princeton, NJ: Princeton University Press, 1984), 3-43.

3 Dante Alighieri, *Monarchy*, trans. and ed. Prue Shaw (Cambridge: Cambridge University Press, 1996), 86.

4 Ibid., 21.

5 역사적 맥락에서 단테의 정치적 견해는 다음을 참조하라. Charles Till Davis, "Dante and the Empire," in *The Cambridge Companion to Dante*, ed. Rachel Jacoff (Cambridge: Cambridge University Press, 2007), 257-269.

6 브루니의 생애와 업적은 다음을 참조하라. James Hankins and Gordin Griffiths, "General Introduction," in *The Humanism of Leonardo Bruni: Selected Texts*, by Leonardo Bruni, trans. and introd. Gordon Griffiths, James Hankins and David Thompson (Binghamton, NY: Medieval & Renaissance Texts & Studies in conjunction with the Renaissance Society of America, 1987), 1-37.

7 Leonardo Bruni, "A Dialogue Dedicated to Pier Paolo Vergerio," in *The Three Crowns of Florence: Humanist Assessments of Dante, Petrarca and Boccaccio*, ed. and trans. David Thompson and Alan F. Nagel (New York: Harper & Row, 1972), 48.

8 Jacob Burkhardt, *The Civilization of the Renaissance in Italy*, trans. S. G. C. Middlemore, intro. Peter Burke (London: Penguin Books, 1990), 98.

9 일례로 다음을 참조하라. Jerry Brotton, *The Renaissance: A Very Short Introduction* (Oxford: Oxford University Press, 2006), 9.

10 부르크하르트에 대한 비평은 다음을 참조하라. Peter Burke, *The Renaissance* (London: Macmillan, 1987), 1.

11 한스 바론은 다음의 중대한 연구에서 최초로 르네상스가 자유의 역사에서 결정적으로 중요한 역할을 했다고 주장했다. Hans Baron, *The Crisis of the Early Italian Renaissance: Civic Humanism and Republican Liberty in an Age of Classicism and Tyranny*, 2 vols. (Princeton, NJ: Princeton University Press, 1955). 하지만 바론은 고대 문헌과 자료의 재발견뿐만 아니라 특정 정치적 상황, 특히 1402년 피렌체·밀라노 전쟁으로 촉발된 위기가 이탈리아에서 자유 담론을 확대하는 데 중요한 역할을 했다고 주장했다. 이러한 견해는 비판을 받았는데, 역사가들은 1402년의 위기 이전에 고대 자유에 대한 숭배가 부활했고 이는 르네상스가 더 독립적인 역할을 했음을 시사한다고 설명했다. 가장 대표적으로, 퀜틴 스키너가 제시한 주장은 다음을 참조하라. Quentin Skinner, *The Foundations of Modern Political Thought*, vol. 1, *The Renaissance* (Cambridge: Cambridge University Press, 1978). 스키너의 보다 명백한 주장에 대해서는 다음을 참조하라. Quentin Skinner, *Visions of Politics*, vol. 2, *Renaissance Virtues* (Cambridge: Cambridge University Press, 2002), 1-9. 르네상스의 정치적 영향에 대한 바론과 스키너의 해석은, 르네상스의 고대 문헌 재발견이 자유의 숭배를 조장하기보다는 이탈리아와 유럽의 군주 권력 성장에 지적 기반을 제공했다고 주장하는 오래된 역사학 전통과 크게 다르다는 점에 유의해야 한다. 이러한 추론에 따르면 고대의 재발견으로 전통적인 그리스도교 도덕의 위신이 실추되었으며, 15세기와 16세기의 지식인들은 그리스도교의 겸손과 관용보다 무자비함과 야망을 더 중요시하는 매우 다른 가치 체계를 가진 세계에 접근할 수 있게 되었다. 이는 전통적인 도덕을 넘어서 '국가적 이성'이라는 실용적인 요구를 기리는 새로운 정치 강령으로 변형되었다. 르네상스가 정치사상사에 미친 영향에 대한 이러한 견해는 대체로 마키아벨리의 『군주론』을 피상적으로 해석한 결과이며, 오늘날 역사가들은 일반적으로 이 관점을 인정하지 않고 있다. James Hankins, "Humanism and the Origins of Modern Political Thought," in *The Cambridge Companion to Renaissance Humanism*, ed. J. Kraye (Cambridge: Cambridge University Press, 1996), 118-141 참조.

12 인문주의 운동에 관해서는 방대한 문헌이 존재한다. *Renaissance Humanism:*

Foundations, Forms, and Legacy, 3 vols., ed. A. Rabil (Philadelphia: University of Pennsylvania Press, 1988-1991) 및 Kraye, *The Cambridge Companion to Renaissance Humanism*에서 수집된 에세이는 영어권에서 이루어진 인문주의 연구의 좋은 개요를 제공한다. 보다 최근에 이루어진 연구는 다음을 참조하라. Charles Nauert, *Humanism and the Culture of Renaissance Europe*, rev. ed. (1996; Cambridge: Cambridge University Press, 2006).

13 Peter Burke, *The Renaissance Sense of the Past* (London: Edward Arnold, 1969) 참조. 하지만 일부 중세 연구가는 이러한 설명에 반박한다는 점에 유의하라. Janet Coleman, *Ancient and Medieval Memories: Studies in the Reconstruction of the Past* (Cambridge: Cambridge University Press, 1992) 참조.

14 페트라르카는 종종 '인문주의의 아버지'로 묘사되는데, 최근 학계에서는 이러한 의견에 반박하고 있다. 학자들은 페트라르카의 지적 · 예술적 견해가 주요한 선구자들의 영향을 받았으며 중세와 관련된 요소나 특징이 포함되어 있다고 지적한다. 일례로 다음을 참조하라. Ronald Witt, *In the Footsteps of the Ancients: The Origins of Humanism from Lovato to Bruni* (Leiden: Brill, 2003) 참조. 이러한 자질에도 불구하고 인문주의적 르네상스에서 페트라르카가 중요한 인물이라는 사실은 부인할 수 없다. 페트라르카에 관해서는 다음 문헌을 참조하라. Rabil, *Renaissance Humanism*, vol. 1.

15 Petrarch, *Africa*, trans. and annot. Thomas G. Bergin and Alice S. Wilson (Newhaven, CT: Yale University Press, 1977), bk. 9, 638-641. 또한 다음을 참조하라. Theodore E. Mommsen, "Petrarch's Conception of the 'Dark Ages,'" *Speculum* 17, no. 2 (April 1942): 226-242.

16 Petrarch, *Africa*, bk. 9, 638-641.

17 살루타티의 이러한 특징은 다음을 참조하라. *Ciceronian Controversies*, ed. and trans. JoAnn Della Neva and Brian Duvick (Cambridge, MA: Harvard University Press, 2007), 237. 고대 문헌의 재발견과 관련해서는 다음을 참조하라. Leighton Durham Reynolds and Nigel Guy Wilson, *Scribes and Scholars: A Guide to the Transmission of Greek and Latin Literature* (Oxford: Oxford University Press, 1991), 121-163.

18 이탈리아 르네상스에서 이러한 정의의 '공화정'이라는 용어가 등장한 데 대해서는 다음을 참조하라. James Hankins, "Exclusivist Republicanism and the Non-Monarchical Republic," *Political Theory* 38, no. 4 (2010): 452-482.

19 일례로 다음을 참조하라. Alison Brown, "The Humanist Portrait of Cosimo de'

Medici, Pater Patriac," *Journal of the Warburg and Courtauld Institutes* 24, no. 3 / 4 (1961): 186-221.

20   Hans Baron, *From Petrarch to Leonardo Bruni: Studies in Humanistic and Political Literature* (Chicago, London: University of Chicago Press, for the Newberry Library, 1968), 7-50 참조. 페트라르카가 콜라 디 리엔초에게 보낸 공개 서신은 페트라르카가 고대 자유 숭배의 기조를 되살리는 데 한 역할을 가장 분명하게 보여주는 증거임에도 바론이 이 서신을 언급하지 않았다는 사실이 놀랍다. 하지만 페트라르카를 고대 자유의 옹호자로 평가한 바론의 견해는 논쟁의 여지가 있다는 사실에 유의하라. 논쟁의 개요는 다음을 참조하라. Craig Kallendorf, "The Historical Petrarch," *The American Historical Review* 101, no. 1 (February 1996): 130-141.

21   Petrarch, *The Revolution of Cola di Rienzo*, ed. Mario Cosenza (New York: Italica Press, 1986), 15-20.

22   Ibid., 166.

23   르네상스 시대 이탈리아에서 고대 자유 숭배를 되살리는 데 피렌체 인문주의자들이 한 주요 역할을 처음으로 강조한 문헌은 다음을 참조하라. Hans Baron, *Crisis of the Early Italian Renaissance.* 그러나 바론의 논문은 상당한 논란을 일으켰다. 개요는 다음을 참조하라. James Hankins, "The 'Baron Thesis' after Forty Years and Some Recent Studies of Leonardo Bruni," *Journal of the History of Ideas* 56, no. 2 (1995): 309-338; James Hankins, ed., *Renaissance Humanism: Reappraisals and Reflections* (Cambridge: Cambridge University Press, 2000).

24   피렌체 정치에 대해서는 다음을 참조하라. John Najemy, *A History of Florence 1200-1575* (Oxford: Wiley-Blackwell, 2006); Lorenzo Tanzini, "Tuscan States: Florence and Siena," in *The Italian Renaissance States*, ed. Andrea Gamberini and Isabella Lazzarini (Cambridge: Cambridge University Press, 2012), 90-111.

25   Quoted in Najemy, *History of Florence*, 298. 메디치 가문의 부상에 대한 보다 전반적인 개요는 다음을 참조하라. Arthur Field, *The Intellectual Struggle for Florence: Humanists and the Beginnings of the Medici Regime, 1420-1440* (Cambridge: Cambridge University Press, 2017).

26   일부 인문주의자가 메디치 가문과 피렌체를 공국으로 만들려는 메디치 가문의 시도를 지지했다는 점에 유의하라. 이들은 코시모 데 메디치가 플라톤이 논한 철인왕의 훌륭한 사례라고 말하거나 후기 아우구스투스라고 칭송했다. Brown, "The Humanist Portrait" 참조.

27   Alamanno Rinuccini, "Liberty," in *Humanism and Liberty: Writings on Freedom*

from Fifteenth-Century Florence, ed. and trans. Renée Neu Watkins (Columbia: University of South Carolina Press), 186-224. 리누치니의 생애에 대한 자세한 내용은 왓킨스의 소개를 참조하라.

28 퀜틴 스키너는 일련의 획기적인 연구를 통해 르네상스 시대 이탈리아에서 고대 자유에 대한 숭배를 되살리는 데 마키아벨리가 중요한 역할을 했음을 강조했다. 스키너의 연구는 이 피렌체 사상가에 대한 논의로 시작하는데, 이에 관해서는 다음을 참조하라. Quentin Skinner, *Foundations of Modern Political Thought*, vol. 1; G. Bock, Q. Skinner, and M. Viroli, eds., *Machiavelli and Republicanism* (Cambridge: Cambridge University Press, 1990). 스키너의 마키아벨리 연구는 다음을 참조하라. Skinner, *Visions of Politics*, vol. 2. 마키아벨리를 고대 자유가 아닌 '고 전적 미덕'의 이론가로 평가하는 중요한 대안적 해석은 다음을 참조하라. J. G. A. Pocock, *The Machiavellian Moment: Florentine Political Thought and the Atlantic Republican Tradition* (Princeton, NJ: Princeton University Press, 1975). 이와 대조되는 내 용은 폴 라헤의 다음 문헌을 참조하라. Paul Rahe, *Against Throne and Altar: Machiavelli and Political Theory Under the English Republic* (Cambridge: Cambridge University Press, 2008). 폴 라헤는 마키아벨리를 고대 정치사상과 근본적으로 단절 한 이론가로 설명한다(특히 1장 참조).

29 마키아벨리의 성장 과정과 젊은 시절에 대한 자세한 내용은 다음을 참조하라. Roberto Ridolfi, *The Life of Niccolò Machiavelli*, trans. Cecil Grayson (London: Routledge, 1963), 133-154.

30 Niccolò Machiavelli, *Discourses on Livy*, trans. and ed. Julia Conway Bondanella and Peter Bondanella (Oxford: Oxford University Press, 1997`), 156-161.

31 Ibid., 27. 마키아벨리를 민중 통치 옹호자로 평가한 견해는 다음을 참조하라. John McCormick, *Machiavellian Democracy* (Cambridge: Cambridge University Press, 2011). 이 문헌은 마키아벨리가 엘리트주의적 혼합 정체 옹호자라는 보다 전통적 인 해석과 상충된다는 점에 유의하라. 이와 관련한 문헌은 다음을 참조하라. Quentin Skinner, *Machiavelli: A Very Short Introduction* (Oxford: Oxford University Press, 1981), 72-76.

32 Machiavelli, *Discourses on Livy*, 100, 134.

33 Erwin Panofsky, *Renaissance and Renascences in Western Art* (Boulder: Westview Press, 1972); Anthony Grafton, Glenn W. Most, and Salvatore Settis, eds., *The Classical Tradition* (Cambridge, MA: Harvard University Press, 2013), 196.

34 Nauert, *Humanism*, 60-101.

35 R. R. Bolgar, *The Classical Heritage and its Beneficiaries* (Cambridge: Cambridge University Press, 1954), 280.

36 Peter Burke, "A Survey of the Popularity of Ancient Historians," *History and Theory* 5, no. 2 (1966): 135-152.

37 Nauert, *Humanism*, 60-101. 르네상스 시대 이탈리아에서 인문주의가 교육 과정에 미친 영향의 본질을 두고 활발한 논쟁이 있었다. 로버트 블랙은 중세와 르네상스 시대의 교육은 혁신이 아니라 연속성과 보수성이 특징이라고 주장한다. Robert Black, *Humanism and Education in Medieval and Renaissance Italy: Tradition and Innovation in Latin Schools from the Twelfth to the Fifteenth Century* (Cambridge: Cambridge University Press, 2001). 폴 그렌들러는 교육 과정에 상당한 변화가 있었다는 증거를 충분히 제공함으로써 블랙의 분석에 반박한다. Paul Grendler, *Schooling in Renaissance Italy: Literacy and Learning, 1300-1600* (Baltimore: Johns Hopkins University Press, 1989).

38 르네상스 시대의 시각 예술과 연극 예술에서 고대 자유의 숭배가 되살아났다는 분석은 다음을 참조하라. Peter Bondanella, *The Eternal City: Roman Images in the Modern World* (Chapel Hill: University of North Carolina Press, 1987).

39 이 프레스코화에 대한 광범위한 설명과 분석은 다음을 참조하라. Edna Southard, *The Frescoes in Siena's Palazzo Pubblico 1289-1539: Studies in Imagery and Relations to Other Communal Palaces in Tuscany* (New York: Garland Publishing, 1979), 354-371. 또한 니콜라이 루빈스타인의 다음 문헌을 참조하라. Nicolai Rubinstein, "Political Ideas in Sienese Art: The Frescoes by Ambrogio Lorenzetti and Taddeo di Bartolo in the Palazzo Pubblico," *Journal of the Warburg and Courtauld Institutes* 21, no. 3 / 4 (1958): 179-207.

40 Quoted in Southard, *The Frescoes in Siena's Palazzo Pubblico*, 362.

41 Ibid., 363.

42 Rubinstein, "Political Ideas in Sienese Art."

43 Bondanella, *Eternal City*, 59. 또한 다음 문헌을 참조하라. D. J. Gordon, "Gianotti, Michelangelo and the Cult of Brutus," in *The Renaissance Imagination*, ed. Stephen Orgel (Berkeley: University of California Press, 1975), 233-246.

44 Quoted in Gordon, "The Cult of Brutus," 235.

45 만프레디 피콜로미니의 다음 문헌을 참조하라. Manfredi Piccolomini, *The Brutus Revival: Parricide and Tyrannicide during the Renaissance* (Carbondale: Southern Illinois University Press, 1991), 35-94.

46   Quoted in Najemy, *History of Florence*, 356.

47   Rinuccini, "Liberty," 196.

48   Quoted in Gordon, "The Cult of Brutus," 235.

49   Quoted in ibid., 236.

50   Gene Brucker, "The Italian Renaissance," in *A Companion to the Worlds of the Renaissance*, ed. Guido Ruggiero (Oxford: Blackwell, 2002), 23-38.

51   16세기 이탈리아 정치사상의 변화는 다음을 참조하라. Maurizio Viroli, *From Politics to Reason of State: The Acquisition and Transformation of the Language of Politics, 1250-1600* (Cambridge: Cambridge University Press, 1992); Vittor Ivo Comparato, "From the Crisis of Civil Culture to the Neapolitan Republic of 1647: Republicanism in Italy between the Sixteenth and Seventeenth Centuries," in *Republicanism: A Shared European Heritage*, vol. 1, *Republicanism and Constitutionalism in Early Modern Europe*, ed. Quentin Skinner and Martin van Gelderen (Cambridge: Cambridge University Press, 2002), 169-194. 이러한 변화는 하룻밤 사이에 벌어진 일이 아니라는 사실에 유의하라. 니콜라스 스코트 베이커의 주장은 다음을 참조하라. Nicolas Scot Baker, *The Fruit of Liberty: Political Culture in the Florentine Renaissance, 1480-1550* (Cambridge, MA: Harvard University Press, 2013). 피렌체에서는 오래된 공화 정치 문화와 새로운 군주 정치 문화 사이에 연속성이 있었다. 특히 자유의 개념은 메디치 가문이 통치하던 시대에도 여전히 중요했다. 또한 앨리슨 브라운은 '르네상스 공화주의 분석'에서 자유 담론이 결국 사라지기 전 메디치 가문이 애초에 자유 개념을 어떻게 수용하고 활용했는지를 설명한다. Alison Brown, "De-masking Renaissance Republicanism," in *Renaissance Civic Humanism: Reappraisals and Reflections*, ed. J. Hankins (Cambridge: Cambridge University Press, 2000), 179-199.

52   Randolph Starn, *Contrary Commonwealth: The Theme of Exile in Medieval and Renaissance Italy* (Berkeley: University of California Press, 1982), 148-160.

53   Bondanella, *Eternal City*, 135 참조. 오페라의 대본을 다른 방식으로 읽으려면 다음을 참조하라. Wendy Heller, "Tacitus Incognito: Opera as History in 'L'incoronazione di Poppea,'" *Journal of the American Musicological Society* 52, no. 1 (1999): 39-96.

54   Claudio Monteverdi and G. F. Busenello, *L'incoronazione di Poppea (The Coronation of Poppea): An Opera in a Prologue and Three Acts*, ed. Alan Curtis, trans. Arthur Jacobs (London: Novello, 1990), 256-260.

55 William Bouwsma, *Venice and the Defense of Republican Liberty: Renaissance Values in the Age of the Counter Reformation* (Berkeley: University of California Press, 1968) 참조.

56 이러한 고대 정치 형태를 설명하는 데 사용된 용어와 관련해서 유의할 점은 북부 인문주의자들은 모두가 그랬던 것은 아니지만 대부분 민주주의자라고 일컬어지는 것을 노골적으로 원하지 않았는데, 민주주의라는 용어가 폭민 정치와 무정부 상태의 의미를 내포한다고 여겨졌기 때문이다. Russell Hanson, "Democracy," in *Political Innovation*, ed. Terence Ball, James Farr, and Russell L. Hanson (Cambridge: Cambridge University Press, 1989), 68-89 참조. 그 대신 그들은 선호하는 정부 형태를 설명하기 위해 '공화정', '연방'뿐만 아니라 '민중 정부'라는 용어를 자주 사용했다. '공화정'과 '연방'은 왕이 없는 정부를 지칭하는 데 광범위하게 사용되었다. 따라서 소수가 권력을 독점하는 매우 제한적인 정권을 의미할 수도 있었고, 아테네식 민주주의를 의미할 수 있었다. 근대 초기 '공화정'이라는 용어의 의미는 다음을 참조하라. Mager, "Republik." 프랑스어 용법에 대해서는 다음을 참조하라. Raymonde Monnier, "République, Républicanisme, Républicain," in *Handbuch politisch-sozialer Grundbegriffe in Frankreich 1680-1820*, ed. Hans Jürgen Lüsebrink and Jörn Leonhard (De Gruyter: Oldenbourg, 2016), vol. 21. 또한 많은 인문주의자는 로마의 낙관주의자들이 그랬던 것처럼 '민주적' 요소가 '귀족정'과 '군주정' 요소에 의해 제한되는 '혼합 정체'를 선호했다. 하지만 인문주의 사상에서 혼합 정체를 선호했다는 주장이 때때로 제기되지만, 그만큼 보편적인 것은 아니었다. 이 논의에서 특히 영국의 인문주의에 대해서는 다음을 참조하라. Jonathan Scott, *Commonwealth Principles: Republican Writing of the English Revolution* (Cambridge: Cambridge University Press, 2004), 131-150.

57 Peter Burke, *The European Renaissance: Centers and Peripheries* (Oxford: Wiley, 1998); Peter Burke, "The Historical Geography of the Renaissance," in *A Companion to the Worlds of the Renaissance*, ed. Guido Ruggiero (Oxford: Blackwell, 2002), 88-104; Nauert, *Humanism*, 102-131; Bolgar, *The Classical Heritage*, 302-379.

58 이 수치는 다음을 참조하라. Burke, "Survey," 136 and Andrew Pettegree, *Reformation and the Culture of Persuasion* (Cambridge: Cambridge University Press, 2005), 191.

59 근대 초기 유럽에서 지배적이었던 정치 체제에 대한 분석은 다음을 참조하라. Mark Greengrass, "Politics and Warfare," in *The Sixteenth Century*, ed. Euan Cameron (Oxford: Oxford University Press, 2009), 58-88; Richard Bonney, *The European Dynastic States, 1494-1660* (Oxford: Oxford University Press, 1991); Neithart Bulst, "Rulers, Representative Institutions and Their Members as Power Elites:

Rivals or Partners?," in *Power Elites and State Building*, ed. Wolfgang Reinhard (Oxford: Clarendon Press, 1996), 41-58.

60 W. P. Blockmans, "Alternatives to Monarchical Centralisation: The Great Tradition of Revolt in Flanders and Brabant," in Koeningsberger, *Republiken und Republikanismus*, 145-154.

61 Andreas Würgler, "The League of Discordant Members or How the Old Swiss Confederation Operated and How it Managed to Survive for So Long," in *The Republican Alternative: The Netherlands and Switzerland Compared*, ed. André Holenstein, Thomas Maissen, and Maarten Prak (Amsterdam: Amsterdam University Press, 2008), 29-50.

62 Jan Waszink, introduction to Justus Lipsius, *Politica: Six Books of Politics or Political Introduction*, ed. and trans. Jan Waszink (Assen: Van Gorcum, 2004), 3-204. 립시우스의 『어드미란다』에 대해서는 다음을 참조하라. Marc Laureys, "The Grandeur That was Rome: Scholarly Analysis and Pious Awe in Lipsius's *Admiranda*," in *Recreating Ancient History. Episodes from the Greek and Roman Past in the Arts and Literature of the Early Modern Period*, ed. Karl Enenkel, Jan de Jong, and Jeanine de Landtsheer (Leiden-Boston: Brill, 2001).

63 특히 프랑스 전통에 중점을 둔 유사한 주장은 다음을 참조하라. Jean-Fabien Spitz, *La liberté politique: essai de généalogie conceptuelle* (Paris: Presses Universitaires de France, 1995). 근대 초기 유럽에서 공화주의 사상의 확산에 대한 개요는 다음을 참조하라. *Republicanism: A Shared European Heritage*, ed. Skinner and van Gelderen (2 vols.). 대부분의 문헌이 18세기에 관해 중점적으로 다루고 있다는 점에 유의하라.

64 개요는 다음을 참조하라. Mack Holt, ed., *Renaissance and Reformation France 1500-1648* (Oxford: Oxford University Press, 2002), notably Philip Benedict's "The Wars of Religion, 1562-1598."

65 Étienne de la Boétie, *On Voluntary Servitude,* trans. David Schaefer, in *Freedom over Servitude: Montaigne, La Boétie and On Voluntary Servitude*, ed. David Schaefer (Westport, CT: Greenwood Press, 1998), 189-222. 라 보에시의 교육과 젊은 시절에 대해서는 다음을 참조하라. Simone Goyard-Fabre, introduction to the Flammarion edition of *Discours de la servitude volontaire*, by Étienne de la Boétie (Paris: GF Flammarion, 1983).

66 라 보에시의 저술물이 어떻게 전파되었는지에 대해서는 다음을 참조하라.

Simone Goyard-Fabre, "Le Contr'un de La Boétie. Étude d'une oeuvre," *L'École des Lettres* LXXIV, 7, 1er janvier 1983, 37-43; 8, 15 janvier 1983, 41-51; François Moureau, "Boétie à l'épreuve de la Révolution française: éditions et travestissements du Contr'Un," in *Étienne de La Boétie, sage révolutionnaire et poète périgourdin, Actes du colloques international de Duke University (26-28 mars 1999)*, ed. Marcel Tétel (Paris: Champion, 2004), 293-306.

67   La Boétie, *On Voluntary Servitude*, 191.

68   Ibid., 194.

69   Ibid., 221-222.

70   오트망의 생애와 그가 『프랑코갈리아』를 저술한 역사적 맥락은 다음을 참조하라. The introduction to François Hotman, *Francogallia*, ed. and trans. Ralph Giesey and J. H. M. Salmon (Cambridge: Cambridge University Press, 1972).

71   Hotman, *Francogallia*, 299-300.

72   Ibid., 297-299.

73   Ibid., 292-293.

74   Jacques Bénigne Bossuet, *Politics Drawn from the Very Words of Holy Scripture*, ed. and trans. Patrick Riley (Cambridge: Cambridge University Press, 1991).

75   Almut Bues, "The Formation of the Polish-Lithuanian Monarchy in the Sixteenth Century," in *The Polish-Lithuanian Monarchy in Context, c. 1500-1795*, ed. Richard Butterwick (Basingstoke: Palgrave, 2001).

76   Anna Grześkowiak-Krwawicz, "Anti-Monarchism in Polish Republicanism in the Seventeenth and Eighteenth Centuries," in Skinner and Van Gelderen, *Republicanism*, vol. 1, 43-60, quote on 45. 또한 다음 문헌을 참조하라. Anna Grześkowiak-Krwawicz, *Queen Liberty: The Concept of Freedom in the Polish-Lithuanian Commonwealth* (Leiden: Brill, 2012).

77   네덜란드 반란과 이로 인해 촉발된 정치 논쟁의 개요는 다음을 참조하라. Martin van Gelderen, *The Political Thought of the Dutch Revolt 1555-1590* (Cambridge: Cambridge University Press, 2002).

78   16세기와 17세기에 관한 에세이는 다음을 참조하라. E. O. G. Haitsma Mulier and Wyger Velema, eds., *Vrijheid: een geschiedenis van de viiftiende tot de twintigste eeuw* (Amsterdam: Amsterdam University Press, 1999).

79   Hugo Grotius, *The Antiquity of the Batavian Republic*, ed. and trans. Jan Waszink

et al. (Assen: Van Gorcum, 2000), 95.

80 Rabo Herm. Scheels, *Vertoog van de gemeene vryheid, waarbij nog komt Theoph.
Hogers Redevoering, betoogende dat J. Caesar een Tiran is geweest, uyt het Latyn verrtaalt
door Otho Hendrik Ruperti, met eene voorrede behelzende eene korte schets va het leven
des schryvers* ('s Gravenhage: Kornelis Boucquet, 1742).

81 Ann Hughes, *The Causes of the English Civil War* (Basingstoke: Macmillan, 1991) 참조.

82 Skinner, *Liberty before Liberalism* 참조. 영국 혁명에 대한 스키너의 문헌은 다음을
참조하라. Skinner, *Visions of Politics,* vol. 2. 이 문헌은 영국 혁명이 종교적 자유
를 위한 혁명에서 정치적 자유를 위한 혁명으로 발전했다고 보는 오랜 해석과는
상충된다는 점에 유의하라. 이러한 주장은 다음을 참조하라. William Haller,
Liberty and Reformation in the Puritan Revolution (New York: Columbia University Press,
1955). 또한 이 문헌은 영국 혁명이 보통법 논쟁에서 자극을 받았다고 보는 역사
적 전통과도 단절된다. 이러한 주장은 다음을 참조하라. J. G. A. Pocock, *The
Ancient Constitution and the Feudal Law: A Reissue with a Retrospect* (Cambridge:
Cambridge University Press, 1987); Glenn Burgess, *The Politics of the Ancient Constitution:
An Introduction to English Political Thought, 1603-1642* (London: Macmillan, 1992). 영
국에서 고대 자유에 대한 숭배가 정확히 언제 시작되었는지에 대해 상당한 논쟁
이 있었다는 점에 유의하라. 일부 역사가는 찰스 1세가 처형된 이후에서야 시작
되었다고 주장한다. 이 논쟁에 대해서는 다음을 참조하라. Blair Worden,
"Republicanism, Regicide and Republic: The English Experience," in Skinner
and Van Gelderen, *Republicanism*, vol. 2, 307-327; Blair Worden, *The English
Civil Wars 1640-1660* (London: Weidenfeld & Nicolson, 2009).

83 "A Declaration of the Parliament of England, Expressing the Grounds of Their
Late Proceedings, and of Setling the Present Government in the Way of a Free
State," in *The Struggle for Sovereignty: Seventeenth-Century English Political Tracts*, ed.
Joyce Lee Malcom (Indianapolis: Liberty Fund, 1999), vol. 1, 381-384. 잉글랜드 공
화국의 정치 문화에 대한 보다 일반적인 내용은 다음을 참조하라. S. Kelsey,
Inventing a Republic: The Political Culture of the English Commonwealth, 1649-1653
(Manchester: Manchester University Press, 1997).

84 블레어 워든에 따르면 1680년대까지 영국 정치 논쟁에서 '공화주의자'라는 용어
는 흔히 사용되지 않았다. Cf. Worden, "Liberty for Export: 'Republicanism' in
England, 1500-1800," in *European Contexts for English Republicanism*, ed. Gaby
Mahlberg and Dirk Wiemann (Farnham: Ashgate, 2013), 13-32.

85 Quoted in Scott, *Commonwealth Principles*, 152.

86   Marchamont Nedham, *The Excellencie of a Free-State; Or, The Right Constitution of a Commonwealth*, ed. Blair Worden (Indianapolis: Liberty Fund, 2011), 10.

87   Algernon Sidney, *Discourses Concerning Government*, ed. Thomas G. West (Indianapolis: Liberty Fund, 1996), 17.

88   Rachel Hammersley, "James Harrington's *The Commonwealth of Oceana* and the Republican Tradition," in *The Oxford Handbook of Literature and the English Revolution*, ed. Laura Lunger Knoppers (Oxford: Oxford University Press, 2012); Blair Worden, "James Harrington and the Commonwealth of Oceana, 1656," in *Republicanism, Liberty, and Commercial Society, 1649-1776*, ed. D. Wootton (Stanford, CA: Stanford University Press, 1994), 82-110; Blair Worden, "Harrington's Oceana: Origins and Aftermath, 1651-1660," in Wootton, *Republicanism*, 111-138.

89   해링턴이 '민주주의'라는 용어를 사용한 것에 대해서는 다음을 참조하라. Rachel Hammersley, "Rethinking the Political Thought of James Harrington: Royalism, Republicanism and Democracy," *History of European Ideas* 39, no. 3 (2013): 354-370.

90   Harrington, *The Oceana and Other Works*, 142-143.

91   Ibid., 93.

92   Ibid., 51.

93   Ibid., 67.

94   Ibid., 66.

95   Ibid., 51.

96   Ibid., 57.

97   Ibid., 51.

98   해링턴은 마키아벨리를 자유를 얻기 위해서는 경제적 평등이 이루어져야 한다고 생각한 선구자로 언급했다. 이와 관련해서는 다음을 참조하라. Ibid., 39. 또한 해링턴이 제안한 '토지법'은 고대의 선례, 특히 정복한 땅을 로마의 가난한 사람들에게 재분배하는 티베리우스 그라쿠스와 가이우스 그라쿠스의 법에서 영감을 받았다. 그러나 해링턴이 제시한 고대 문헌 중에서 어느 것도 그라쿠스 형제의 토지법이 로마의 자유나 로마의 정치 체제를 보다 전반적으로 뒷받침하기 위해 고안되었다는 것을 증명하지 않는다는 점을 유념해야 한다. 그 대신에 플루타르코스를 비롯한 고대 작가들은 그라쿠스 형제가 순전히 사회경제적 이유로, 즉 가난하고 땅이 없는 로마 시민의 비참한 삶을 개선하기 위해서 토지법을 도입했

다고 분명히 밝히고 있다. Plutarch, *Tiberius Gracchus*, 8.1-7 참조.

99 초기 근대 정치사에서 토지법과 해링턴의 주장에 대한 광범위한 토론은 다음을 참조하라. Eric Nelson, *The Greek Tradition in Republican Thought* (Cambridge: Cambridge University Press, 2004), 49-126. 그러나 넬슨은 해링턴의 재분배 제안을 필자와 매우 다르게 이해하고 있다는 점에 유의하라. 넬슨에 따르면 해링턴은 국가는 최고의 인재에 의해 통치되어야 하는데, 극단적인 부의 편중은 사람의 품성을 떨어뜨리고 미덕을 배척하게 만들기 때문에 피해야 한다고 생각했다. 넬슨은 해링턴이 부의 재분배를 옹호했는데, 그 이유는 부의 재분배가 최고의 인재에 의한 지배를 가능하게 하기 때문이지, 부의 재분배가 비지배라는 의미의 자유를 가능하게 하기 때문이 아니었다고 설명한다. Nelson, *Greek Tradition*, 124 참조.

100 폴란드의 정치 체제는 다음을 참조하라. Butterwick, *The Polish-Lithuanian Monarchy in Context*. 네덜란드 공화국에 대해서는 다음을 참조하라. Maarten Prak, "Verfassungsnorm under Verfassungsrealitat in den niederlandischen Stadten des spaten 17. und 18. Jahrhunderts: Die Oligarchie in Amsterdam, Rotterdam, Deventer und Zutphen, 1672 / 75-1795," in *Verwaltung und Politik in Stadten Mitteleuropas: Beitrage zu Verfassungsnorm und Verfassungswirklichkeit in altstandischer Zeit*, ed. W. Ehbrecht (Cologne-Vienna: Böhlau, 1994), 55-83.

101 Grześkowiak-Krwawicz, *Queen Liberty*, 41.

102 Scheels, *Vertoog van de gemeene Vryheid*.

103 John Milton, *The Ready and Easy Way to Establish a Free Commonwealth*, ed. Evert Mordecai Clark (New Haven, CT: Yale University Press, 1915), vol. 2, 183.

104 Andreas Wolanus, *De libertate politica sive civile: libellus lecti non indignus* (Cracow: M. Wirzbięta, 1572), chap. 6 (no pagination); my translation.

105 드 라 코트의 전작의 개요와 전작이 저술된 맥락은 다음을 참조하라. Arthur Weststeijn, *Commercial Republicanism in the Dutch Golden Age: The Political Thought of Johan & Pieter de la Court* (Leiden: Brill, 2012), 25-68.

106 Johan and Pieter de la Court, *Consideratieën van Staat ofte Politieke Weegschaal, waar in met veelen reeden, omstandigheden, exempelen, en fabulen wert overwogen; welke forme der regeeringe, in speculatie gebout op de practijk, onder de menschen de beste zy. Beschreven door V.H.*, 3rd ed. (Ysselmonde: Querinus Overal, 1662). 아테네식 모델에 대한 열정적인 설명은 다음을 참조하라. de la Court, *Consideratieën van Staat*, 578-615.

107 Scott, *Commonwealth Principles*, 135-139; Samuel Glover, "The Putney Debates: Popular vs. Élitist Republicanism," *Past & Present*, no. 164 (August 1999): 47-80.

108 Quoted in Scott, *Commonwealth Principles*, 158.

109 Quoted in ibid., 138.

110 De la Court, *Consideratieën van Staat*, 519-520.

111 Thomas Hobbes, *Leviathan: Revised Student Edition*, ed. Richard Tuck (Cambridge: Cambridge University Press, 1996), 149-150.

112 이러한 견해는 T. B. 매콜리와 존 로스로프 모틀리와 같은 19세기 프로테스탄트 역사가들에 의해 전통적 해석으로 확립되었다. 보다 최근에 제시된 견해는 다음을 참조하라. James Young, *Reconsidering American Liberalism: The Troubled Odyssey of the Liberal Idea* (Boulder: Westview Press, 1996).

113 이 주장과 관련해서는 이 책의 1장을 참조하라.

114 Ernst Troeltsch, *Protestantism and Progress: A Historical Study of the Relation of Protestantism to the Modern World*, trans. W. Montgomery (London: Williams and Norgate, 1912). 이 수정주의적 관점을 재진술한 최근 문헌은 다음을 참조하라. G. Burgess, "Political Obedience," in *The Oxford Handbook of the Protestant Reformations*, ed. Ulinka Rublack (Oxford: Oxford University Press, 2016).

115 Martin Luther, "On Christian Freedom," in *Luther's Works*, ed. Helmut T. Lehmann (Philadelphia: Muhlenberg Press, 1962). 또한 다음 문헌을 참조하라. Perez Zagorin, *How the Idea of Religious Toleration Came to the West* (Princeton, NJ: Princeton University Press, 2003), 46-92; Benjamin Kaplan, *Divided by Faith: Religious Conflict and the Practice of Toleration in Early Modern Europe* (Cambridge, MA: Harvard University Press, 2007), 22-28.

116 Quoted in Kaplan, *Divided by Faith*, 24.

117 Ibid.

118 Quoted in Zagorin, *Religious Toleration*, 76. 이단 처벌에서 세속적 권세의 역할에 대해 루터의 견해가 어떻게 전개되었는지는 다음을 참조하라. James Estes, "Luther on the Role of Secular Authority in the Reformation," *Lutheran Quarterly* 17, no. 2 (2003): 199-225.

119 John Calvin, "Christian Freedom," in *Institutes of the Christian Religion*, ed. and trans. John McNeill and F. L. Battles (Philadelphia: Westminster Press, 1960), 1: 836. 또한 다음 문헌을 참조하라. Zagorin, *How the Idea of Religious Toleration Came to the West*, 46-92.

120 G. H. Williams, *The Radical Reformation* (Philadelphia: Westminster Press, 1962). 근원
적 종교 개혁이 정치사상에 미친 영향은 다음을 참조하라. Michael Baylor, ed.,
The Radical Reformation (Cambridge: Cambridge University Press, 1991); Michael Baylor,
"Political Thought in the Age of the Reformation," in *The Oxford Handbook of
the History of Political Philosophy*, ed. George Klosko (Oxford: Oxford University Press,
2011).

121 Zagorin, *How Religious Toleration Came to the West*, 9-13.

122 John Dunn, "The Claim to Freedom of Conscience: Freedom of Speech,
Freedom of Thought, Freedom of Worship?," in *From Persecution to Toleration:
The Glorious Revolution and Religion in England*, ed. Ole Peter Grell, Jonathan I.
Israel, and Nicholas Tyacke (Oxford: Oxford University Press, 1991), 181. 또한 다음
문헌을 참조하라. John Dunn, *The Political Thought of John Locke* (Cambridge:
Cambridge University Press, 1969), 264.

123 이 견해에 대한 고전적인 설명은 다음을 참조하라. C. B. MacPherson, *The
Political Theory of Possessive Individualism* (Oxford: Clarendon Press, 1962). 더 많은 최근
사례는 다음을 참조하라. Ellen Meiksins Wood, *Liberty and Property: A Social
History of Western Political Thought from Renaissance to Enlightenment* (London: Verso,
2012), esp. 17-26.

124 이와 관련해 브라이언 티어니의 연구가 특히 큰 영향을 끼쳤다. 일례로 다음을
참조하라. Brian Tierney, *Religion, Law, and the Growth of Constitutional Thought,
1150-1650* (New York: Cambridge University Press, 1982). 이용할 수 있는 요약본으로
는 다음을 참조하라. Brian Tierney, "Freedom and the Medieval Church," in
The Origins of Modern Freedom in the West, ed. R. W. Davis (Stanford, CA: Stanford
University Press, 1995). 이와 마찬가지로 중요한 다음 문헌을 참조하라. Annabel
Brett, *Liberty, Right and Nature: Individual Rights in Later Scholastic Thought*
(Cambridge: Cambridge University Press, 1997).

125 Quentin Skinner, *The Foundations of Modern Political Thought*, vol. 2, *The Age of
Reformation* (Cambridge: Cambridge University Press, 1978); Knud Haakonssen, *Natural
Law and Moral Philosophy from Grotius to the Scottish Enlightenment* (Cambridge:
Cambridge University Press, 1996). 이와 유사한 논문으로는 다음을 참조하라.
Richard Tuck, "The 'Modern' Theory of Natural Law," in *The Languages of
Political Theory in Early-Modern Europe*, ed. Anthony Pagden (Cambridge: Cambridge
University Press, 1987), 99-119. 하지만 리처드 턱은 근대 자연법 사상이 등장한
것은 종교 개혁이 아니라 인문주의적 회의주의에 대한 반작용의 결과로 묘사한다.

126 리처드 틱은 다음 문헌에서 자연권 전통을 "야누스의 얼굴"이라고 적절하게 설명했다. Richard Tuck, *Natural Rights Theories: Their Origin and Development* (Cambridge: Cambridge University Press, 1979). 자연권 교리의 다양하고 심지어 모순된 정치적 함의는 다음을 참조하라. Dan Edelstein, *On the Spirit of Rights* (Chicago: University of Chicago Press, 2018).

127 후고 그로티우스의 생애는 다음을 참조하라. Richard Tuck's introduction to *The Rights of War and Peace: Book 1.*

128 Hugo Grotius, *The Rights of War and Peace: Book 1*, ed. Richard Tuck (Indianapolis: Liberty Fund, 2005), 260-272, quote on 1143. Tuck, *Natural Rights Theories*, 58-81 참조. 자유에 대한 그로티우스의 견해를 매우 다르게 해석한 문헌은 다음을 참조하라. Daniel Lee, "Popular Liberty, Princely Government, and the Roman Law in Hugo Grotius's *De Jure Belli ac Pacis*," *Journal of the History of Ideas* 72, no. 3 (2011), 371-392.

129 Samuel Pufendorf, *The Political Writings of Samuel Pufendorf*, ed. and trans. Craig Carr and Michael Seidler (Oxford: Oxford University Press, 1994), 204.

130 Spinoza, *Complete Works*, 531.

131 Jean-Jacques Rousseau, *The Social Contract and Other Later Political Writings*, ed. and trans. Victor Gourevitch (Cambridge: Cambridge University Press, 1997), 50.

132 본질적으로 '공화주의적'인 로크의 자유 이론은 다음을 참조하라. James Tully, *An Approach to Political Philosophy: Locke in Contexts* (Cambridge: Cambridge University Press, 1993), 301. 급진적이고 공화주의적이며, 심지어 민주적인 사상가 로크에 대한 보다 일반적인 내용은 다음을 참조하라. Richard Ashcraft, *Locke's Two Treatises of Government* (London: Unwin Hyman, 1987); Ian Shapiro, "John Locke's Democratic Theory," in *Two Treatises of Government and A Letter Concerning Toleration*, ed. Ian Shapiro (New Haven: Yale University Press, 2003), 309-340. 로크에 대한 이러한 해석은 논란의 여지가 있다. 매우 다른 해석을 제시하는 다음 문헌을 참조하라. John Marshall, *John Locke: Resistance, Religion and Responsibility* (Cambridge: Cambridge University Press, 1994), 216-218.
정치적 자유에 대한 로크의 관점이 알려진 것보다 여러 면에서 루소의 관점에 더 가깝다는 주장은 다음을 참조하라. Christopher Brooke, "'*Locke en particulier les a traitées exactement dans les mêmes principes que moi*': Revisiting the Relationship between Locke and Rousseau," in *Locke's Political Liberty: Readings and Misreadings*, ed. Christopher Miqueu and Mason Chamie (Oxford: Voltaire Foundation, 2009), 69-82. 댄 에델스타인은 로크와 스피노자의 자연권 이론이 유사하다고 지적한

다. 다음을 참조하라. Dan Edelstein, *On the Spirit of Rights*, 46-56.

133   John Locke, *Two Treatises of Government*, ed. Peter Laslett (Cambridge: Cambridge University Press, 1960), 328.

134   Ibid., 284.

135   Ibid., 356, 363.

136   Thomas Hobbes, *Leviathan,* ed. Richard Tuck (Cambridge: Cambridge University Press, 1996), 148.

137   Ibid., 149. Quentin Skinner, *Hobbes and Republican Liberty* (Cambridge: Cambridge University Press, 2008) 참조.

138   Jon Parkin, *Taming the Leviathan: The Reception of the Political and Religious Ideas of Thomas Hobbes in England 1640-1700* (Cambridge: Cambridge University Press, 2007), 364.

139   Robert Filmer, *Patriarcha and Other Political Works*, ed. Peter Laslett (Oxford: Blackwell, 1949), 49.

140   이 새로운 장르와 『아카데미 프랑세즈 사전』에 대한 더 구체적인 내용은 다음을 참조하라. John Considine, *Academy Dictionaries, 1600-1800* (Cambridge: Cambridge University Press, 2014).

141   "Liberté," in *Le Dictionnaire de l'Académie française*, 1st ed. (1694), vol. 1. Accessed through ARTFL.

142   "Liberté," in *Dictionnaire universel, contenant généralement tous les mots français tant vieux que modernes et les termes de toutes les sciences et des arts*, vol. 2: F-O, ed. Antoine Furetière (The Hague and Rotterdam: A. et R. Leers, 1690), 453. 이 사전에 대해서는 다음을 참조하라. Considine, *Academy Dictionaries*, 45-50.

143   "Free," in *Cyclopdia, or, An Universal Dictionary of Arts and Sciences*, ed. Ephraim Chambers, 1st ed. (1728), vol. 1. Accessed throught ARTFL. 이 사전은 다음을 참조하라. Considine, *Academy Dictionaries*, 106-108.

144   자유의 역사에서 이러한 형상과 엠블럼 서적의 중요성에 대한 보다 일반적인 논의는 다음을 참조하라. Skinner, *Hobbes and Republican Liberty*, 70-71.

145   Cesara Ripa, *Iconologia* (Venice: Cristoforo Tomasini, 1645), 375.

146   Quoted in Grześkowiak-Krwawicz, *Queen Liberty*, 53.

147   Lieven de Beaufort, *Verhandeling van de Vryheit in den Burgerstaet* (Leiden: Samuel Luchtmans, 1737), 53. 드 보퍼트에 대해서는 다음을 참조하라. Wyger Velema,

Republicans: Essays on Eighteenth-Century Dutch Political Thought (Leiden: Brill, 2007), 56-64.

148 '1689년 영국 권리장전'의 전자 간행물은 다음을 참조하라. *The Avalon Project at the Yale Law School: Documents in Law, History and Diplomacy* (New Haven: The Avalon Project, 1996), https://avalon.law.yale.edu/17th_century/england.asp.

149 *English Historical Documents*, vol. 8, *1660-1714*, ed. Andrew Browning (London: Eyre & Spottiswoode, 1953), 129-134.

150 Caroline Robbins, *The Eighteenth-Century Commonwealthman: Studies in the Transmission, Development and Circumstance of English Liberal Thought from the Restoration of Charles II until the War with the Thirteen Colonies* (Cambridge, MA: Harvard University Press, 1959) 참조.

4 대서양 혁명 시대의 자유

1 Patrick Henry, "Give Me Liberty or Give Me Death," speech delivered at St. John's Church, Richmond, Virginia, March 23, 1775, https://avalon.law.yale.edu/18th_century/patrick.asp.

2 Jacob Axelrad, *Patrick Henry: The Voice of Freedom* (New York: Random House, 1947), 105-111.

3 대서양 혁명에 대한 전통적 개요는 다음을 참조하라. R. R. Palmer, *The Age of the Democratic Revolution: A Political History of Europe and America, 1760-1800*, rev. ed. (1959-1964; Princeton, NJ: Princeton University Press, 2014). 1840년대까지 대서양 혁명에 관한 이야기를 다룬 보다 최근 연구의 개요는 다음을 참조하라. Manuela Albertone and Antonino de Francesco, eds., *Rethinking the Atlantic World: Europe and America in the Age of Democratic Revolutions* (Basingstoke: Palgrave Macmillan, 2009); David Armitage and Sanjay Subrahmanyam, eds., *The Age of Revolutions in Global Context, c. 1760-1840* (Basingstoke: Palgrave Macmillan, 2009); Janet Polasky, *Revolutions without Borders: The Call to Liberty in the Atlantic World* (New Haven, CT: Yale University Press, 2016); Wim Klooster, *Revolutions in the Atlantic World: A Comparative History* (New York: New York University Press, 2009).

4 대서양 혁명의 원인에 대해서는 다음을 참조하라. Jack Goldstone, *Revolution and Rebellion in the Early Modern World* (Berkeley: University of California Press, 1991); Klooster, *Revolutions in the Atlantic World;* Keith Michael Baker and Dan

Edelstein, introduction to *Scripting Revolution: A Historical Approach to the Comparative Study of Revolutions* (Stanford: Stanford University Press, 2015).

5   Katherine Harper, "Cato, Roman Stoicism, and the American 'Revolution'" (PhD diss., University of Sydney, 2014), 167.

6   David Hackett Fisher, *Liberty and Freedom: A Visual History of America's Founding Ideas* (Oxford: Oxford University Press, 2003), 49, 69.

7   대서양 세계에서 혁명 사상과 슬로건의 확산에 대한 보다 전반적인 내용은 다음을 참조하라. Polasky, *Revolutions without Borders.*

8   Quoted in Sophie Wahnich, *In Defence of the Terror: Liberty or Death in the French Revolution* (London: Verso, 2012), 24.

9   Frans Grijzenhout, "De verbeelding van de vrijheid in de Nederlandse kunst, 1570-1870," in *Vrijheid: Een geschiedenis van de vijftiende tot de twintigste eeuw*, ed. E. O. G. Haitsma Mulier and W. R. E. Velema (Amsterdam: Amsterdam University Press, 1999), 253-286.

10   Anna Grześkowiak-Krwawicz, *Queen Liberty: The Concept of Freedom in the Polish-Lithuanian Commonwealth* (Leiden: Brill, 2012), 112.

11   Jean-Jacques Dessalines, "The Haitian Declaration of Independence," in *Slave Revolution in the Caribbean, 1789-1804: A Brief History with Documents*, trans. and ed. Laurent Dubois and John D. Garrigus (Boston: Bedford: St. Martin's, 2006), 124.

12   Andreas Stolzenburg, "Freiheit oder Tod–ein missverstandenes Werk Jean Baptiste Regnaults?" *Wallraf-Richartz Jahrbuch* 48 / 49 (1987-1988): 463-472.

13   프라이스의 저술물에 대한 열렬한 반응은 다음을 참조하라. Carl Cone, *Torchbearer of Freedom: The Influence of Richard Price on Eighteenth Century Thought* (Lexington: University of Kentucky Press, 1952), 69-73.

14   Richard Price, *Political Writings*, ed. D. O. Thomas (Cambridge: Cambridge University Press, 1991), 46.

15   Ibid., 21-23.

16   Ibid., 26.

17   Ibid., 37.

18   Ibid., 26.

19   미국 혁명가들이 가진 자유에 대한 개념을 이와 유사하게 해석한 문헌은 다음을 참조하라. Eric Foner, *The Story of American Freedom* (New York: W. W. Norton &

Company, 1998), 12-28. 이와 대조되는 내용은 다음 문헌을 참조하라. Yiftah Elazar, "The Liberty Debate: Richard Price and His Critics on Civil Liberty, Free Government, and Democratic Participation" (PhD diss., Princeton University, 2012). 엘라자르는 프라이스의 자유에 대한 정의가 "그 당시에는 대단히 민주적이었다."라고 주장한다. Elazar, "The Liberty Debate," 5. 이러한 해석 역시 존 P. 레이드의 해석과 다르다. 레이드는 식민지 미국인들이 법의 지배라는 관점에서 자유를 다르게, 더 법률적으로 이해했다고 주장한다. John P. Reid, *The Concept of Liberty in the Age of American Revolution* (Chicago: Chicago University Press, 1988).

놀랍게도 프랑스 혁명가들이 자유 개념에 대해 책 분량으로 발표한 연구는 없다. 짧은 분량의 연구는 다음을 참조하라. Gerd van den Heuvel, "Liberté," in *Handbuch politisch-sozialer Grundbegriffe in Frankreich 1680-1820*, ed. Rolf Reichardt and Hans-Jurgen Lusebrink (Munich: Oldenbourg, 1996), 16: 85-121; Mona Ozouf, "Liberty," in *A Critical Dictionary of the French Revolution*, ed. François Furet and Mona Ozouf, trans. Artur Goldhammer (Cambridge, MA: Harvard University Press, 1989), 716-727.

네덜란드 애국파의 자유 개념은 다음을 참조하라. Wyger Velema, *Republicans: Essays on Eighteenth-Century Dutch Political Thought* (Leiden: Brill, 2007), esp. 139-159. 폴란드 혁명가들의 자유 개념은 다음을 참조하라. Grześkowiak-Krwawicz, *Queen Liberty*, chap. 6.

20 Thomas Jefferson, "A Summary View of the Rights of British America (July 1774)," in *Political Writings*, ed. Joyce Appleby and Terence Ball (Cambridge: Cambridge University Press, 2004), 70-71.

21 Quoted in Velema, *Republicans*, 152.

22 Gabriel Bonnot de Mably, *Des droits et des devoirs du citoyen,* ed. Jean-Louis Lecercle (Paris: M. Didier, 1972), 48; my translation. 마블리가 저술한 논문이 1789년에 전파된 것과 관련해서는 레서클의 비평판 서론을 참조하라.

23 Grześkowiak-Krwawicz, *Queen Liberty*, 113.

24 Price, *Political Writings*, 26.

25 Seth Cotlar, "Languages of Democracy in America from the Revolution to the Election of 1800," in *Re-imagining Democracy in the Age of Revolutions: America, France, Britain, Ireland 1750-1850*, ed. Joanna Innes and Mark Philp (Oxford: Oxford University Press, 2013), 14. 일반적으로 미국 독립 혁명의 민주적 특징은 다음을 참조하라. Gordon Wood, *The Radicalism of the American Revolution* (New

York: Knopf, 1992), 229-304. 특히 연방 헌법에 함축된 민주적 열망과 관련해서는 다음을 참조하라. Larry Kramer, *The People Themselves: Popular Constitutionalism and Judicial Review* (Oxford: Oxford University Press, 2004). 이 견해는 논쟁의 여지가 있다는 데 유의해야 한다. 연방 헌법이 엘리트 통치를 보장하려고 했다는 주장은 다음을 참조하라. Michael Klarman, *The Framers' Coup: The Making of the United States Constitution* (Oxford: Oxford University Press, 2016).

26 Quoted in Cotlar, "Languages of Democracy," 23.

27 Alexander Hamilton, James Madison, and John Jay, *The Federalist Papers*, ed. Lawrence Goldman (Oxford: Oxford University Press, 2008), 52. '공화정'의 비슷한 정의는 다음을 참조하라. *The Federalist Papers*, 188.

28 Palmer, *Age of Democratic Revolution*, 252.

29 Grześkowiak-Krwawicz, *Queen Liberty*, 102-103.

30 Emmanuel Joseph Sieyès, "The Debate between Sieyès and Tom Paine," in *Political Writings: Including the Debate between Sieyès and Tom Paine in 1791*, ed. Michael Sonenscher (Indianapolis: Hackett, 2003), 163-173.

31 Pierre Rosanvallon, "The History of the Word 'Democracy' in France," *Journal of Democracy* 6, no. 4 (1995): 140-154; Ruth Scurr, "Varieties of Democracy in the French Revolution," in Innes and Philp, *Re-imagining Democracy*, 57-68.

32 Palmer, *The Age of the Democratic Revolution*.

33 미국 혁명가들이 해링턴과 마찬가지로 재분배 조치를 옹호했다는 점에서 그들이 어느 정도까지 해링턴의 견해를 수용했는지에 관해 격렬한 논쟁이 벌어지고 있다. 고든 우드에 따르면 미국 혁명가들은 해링턴의 견해를 어느 정도 받아들이기는 했지만 1776년 이후에는 거의 완전히 거부했다. Gordon Wood, *The Creation of the American Republic, 1776-1787* (Chapel Hill: University of North Carolina Press, 1998), 89. 이와 대조적으로 에릭 넬슨은 해링턴주의가 훨씬 더 오래 영향을 미쳤다고 설명한다. Eric Nelson, *The Greek Tradition in Republican Thought* (Cambridge: Cambridge University Press, 2006), 195-233. 그러나 넬슨은 미국 건국의 아버지들이 "명백히 계층의 목적을 위해" 재분배 조치를 선전했다고 주장한다. 그의 주장에 따르면 건국의 아버지들은 "덕망 있는, 선택된 소수가 통치하고 나머지는 통치되는 특정한 통치 구조를 확립하고 유지하기 위해 부의 재분배를 옹호했다." 반면 넬슨은 평등주의적 공화주의가 상속법의 혁명적 개정을 촉발했다고 주장하는 스탠리 N. 캐츠의 의견에 동의한다. Stanley N. Katz, "Republicanism and the Law of Inheritance in the American Revolutionary Era," *Michigan Law Review* 76, no.

1 (1977): 1-29 참조.

34   Noah Webster, *Sketches of American Policy* (Hartford: Hudson and Goodwin, 1785), 18.

35   Carole Shammas et al., *Inheritance in America: From Colonial Times to the Present* (New Brunswick, NJ: Rutgers University Press, 1987), Table 1.1.

36   Quoted in Katz, "Republicanism and the Law of Inheritance," 15.

37   Shammas, *Inheritance in America*, Table 3.1.

38   Quoted in Katz, "Republicanism and the Law of Inheritance," 14.

39   Quoted in ibid., 14.

40   Johnson Kent Wright, *A Classical Republican in Eighteenth-Century France: The Political Thought of Mably* (Stanford: Stanford University Press, 1997), 94-109. 마블리의 이러한 발상은 해링턴에게서 영감을 받았다는 주장에 대해서는 다음을 참조하라. Michael Sonenscher, "Republicanism, State Finances and the Emergence of Commercial Society in Eighteenth-Century France-or from Royal to Ancient Republicanism and Back," in *Republicanism: A Shared European Heritage,* vol. 2, *The Values of Republicanism in Early Modern Europe,* ed. Quentin Skinner and Martin van Gelderen (Cambridge: Cambridge University Press, 2002), 278.

41   Quoted in M. Darrow, *Revolution in the House: Family, Class, and Inheritance in Southern France, 1775-1825* (Princeton: Princeton University Press, 2014), 6-7.

42   Quoted in Katz, "Republicanism and the Law of Inheritance," 22-23.

43   Darrow, *Revolution in the House*, 3-19. 자코뱅당의 상속법 논의에 대해서는 다음을 참조하라. J. Gross, *Fair Shares for All: Jacobin Egalitarianism in Practice* (Cambridge: Cambridge University Press, 1996), chap. 4.

44   Rose, "The 'Red Scare' of the 1790s," 113.

45   S. Peabody, "Slavery, Freedom, and the Law in the Atlantic World, 1420-1807," in *The Cambridge World History of Slavery*, vol. 3, *AD 1420-AD 1804*, ed. D. Eltis and S. Engerman (Cambridge: Cambridge University Press, 2011), 594-630; E. Melton, "Manorialism and Rural Subjection in East Central Europe, 1500-1800," in Eltis and Engerman, *World History of Slavery*, 3: 297-322.

46   Samuel Johnson, *Taxation no Tyranny; an Answer to the Resolutions and Address of the American Congress* (London: T. Cadell1775), 89.

47   Quoted in Helena Rosenblatt, *The Lost History of Liberalism* (Princeton, NJ: Princeton

University Press, 2018), 37-38.

48 이와 대조적으로 에드먼드 모건은 많은 백인 미국인이 일상에서 노예제를 경험했기 때문에 그들 자신의 자유에 대한 애착이 강해졌다고 주장했다. "노예제가 버지니아주의 사람들을 공화주의자로 만들지는 못했지만, 그들은 자유가 없는 삶이 어떤지 매일 보았기 때문에 공화주의자가 소중하게 여기는 자유의 가치를 특히 잘 이해했을 것이다." Edmund Morgan, *American Slavery, American Freedom* (New York and London: W. W. Norton, 1975), 376.

49 Quoted in Foner, *Story of American Freedom*, 32.

50 Quoted in Rosenblatt, *Liberalism*, 38.

51 Wood, *Radicalism of the American Revolution*, 186.

52 Foner, *Story of American Freedom*, 35.

53 James T. Kloppenberg, *Toward Democracy: The Struggle for Self-Rule in European and American Thought* (Oxford: Oxford University Press, 2016), 360.

54 Jean-Daniel Piquet, *L'émancipation des noirs dans la Révolution française (1789-1795)* (Paris: Karthala, 2002); Jeremy Popkin, *You Are All Free: The Haitian Revolution and the Abolition of Slavery* (Cambridge: Cambridge University Press, 2010).

55 Foner, *Story of American Freedom*, 37.

56 Quoted in ibid., 35.

57 Klooster, *Revolutions in the Atlantic World*, 84-116; Kwame Nimako and Glenn Willemsen, *The Dutch Atlantic: Slavery, Abolition and Emancipation* (London: Pluto Press; 2011), chap. 4.

58 이 수치는 다음을 참조하라. Melvin Edelstein, *The French Revolution and the Birth of Electoral Democracy* (Farnham: Ashgate, 2014), 67-73; Donald Ratcliffe, "The Right to Vote and the Rise of Democracy, 1787-1828," *Journal of the Early Republic* 33, no. 2 (2013): 230.

59 Quoted in Mart Rutjes, *Door gelijkheid gegrepen: democratie, burgerschap en staat in Nederland, 1795-1801* (PhD diss., University of Amsterdam, 2012), 172; my translation.

60 Edelstein, *Birth of Electoral Democracy*, 43-74.

61 Ralph Ketcham, *The Anti-Federalist Papers and the Constitutional Convention Debates* (Harmondsworth, UK: Penguin, 2003), 146.

62 Olympe de Gouges, *Les droits de la femme. À la Reine* (Paris, 1791). 번역은 다음 문헌을 참고했다. *The French Revolution and Human Rights: A Brief Documentary*

History, trans. and ed. Lynn Hunt (Boston: Bedford Books of St. Martin's Press, 1996), 124-129.

63   Eveline Koolhaas-Grosfeld, "Voor man en maatschappij: Over vrouwen in de Bataafse Tijd," in *Het Bataafse experiment: Politiek en cultuur rond 1800*," ed. Frans Grijzenhout, Wyger Velema, and Niek van Sas (Nijmegen: Uitgeverij Vantilt, 2015), 100.

64   Edelstein, *Birth of Electoral Democracy*, 48.

65   Ketcham, *Constitutional Convention Debates*, 154.

66   Edelstein, *Birth of Electoral Democracy*, 58-64.

67   Wood, *The Radicalism of the American Revolution*.

68   미국 혁명가들이 고대로부터 영감을 받았다는 견해는 다음을 참조하라. John Pocock, *The Machiavellian Moment: Florentine Political Thought and the Atlantic Republican Tradition* (Princeton, NJ: Princeton University Press, 1975), 506-552. 포콕은 1780년대에 미국 독립 혁명이 반고전주의적인 다른 방향으로 전환했다고 주장 한다는 점에 유의해야 한다. 그러나 최근 문헌에는 고대의 사상과 사례가 19세기 초반까지 미국 정치 행위자들에게 지속적으로 영향을 미쳤다는 증거가 분명하게 기록되어 있다. 특히 다음을 참조하라. Carl J. Richard, *The Founders and the Classics: Greece, Rome, and the American Enlightenment* (Cambridge, MA: Harvard University Press, 1994). 또한 다음을 참고하라. Meyer Reinhold, *Classica Americana: The Greek and Roman Heritage in the United States* (Detroit: Wayne State University Press, 1984); Margaret Malamud, *Ancient Rome and Modern America* (Malden, MA: Wiley-Blackwell, 2009); M. N. S. Sellers, *American Republicanism: Roman Ideology in the United States Constitution* (New York: New York University Press, 1994); David J. Bederman, *The Classical Foundations of the American Constitution: Prevailing Wisdom* (Cambridge: Cambridge University Press, 2008); Gordon Wood, *The Idea of America: Reflections on the Birth of the United States* (New York: Penguin Books, 2011), 57-79; Eran Shalev, *Rome Reborn on Western Shores: Historical Imagination and the Creation of the American Republic* (Charlottesville: University of Virginia Press, 2009). 네덜란드 애국주의자 혁명에 고대가 어떤 영향을 미쳤는지에 대해서는 다음을 참조하라. Wyger Velema, "Conversations with the Classics: Ancient Political Virtue and Two Modern Revolutions," *Early American Studies: An Interdisciplinary Journal* 10, no. 2 (2012): 415-438; S. R. E. Klein, *Patriots Republikanisme. Politieke cultuur in Nederland (1766-1787)* (Amsterdam: Amsterdam University Press, 1995); N. C. F. van Sas, *De metamorfose van Nederland. Van oude orde naar moderniteit*,

1750-1900 (Amsterdam: Amsterdam University Press, 2004), 129-143; Wyger Velema, *Omstreden Oudheid. De Nederlandse achttiende eeuw en de klassieke politiek* (Amsterdam: Amsterdam University Press, 2010). 고대가 프랑스 혁명에 미친 영향에 관한 정평 있는 연구는 다음을 참조하라. Harold T. Parker, *The Cult of Antiquity and the French Revolutionaries: A Study in the Development of the Revolutionary Spirit* (New York: Octagon Books, 1965). 보다 최근의 연구는 다음을 참조하라. Jacques Bouineau, *Les toges du pouvoir, ou la Révolution de droit antique* (Toulouse: Association des Publications de l'Université de Toulouse-le Mirail et Editions Eché, 1986); Claude Mossé, *L'Antiquité dans la Révolution française* (Paris: Albin Michel, 1989); and Chantal Grell, *Le dix-huitième siècle et l'antiquité en France: 1680-1789* (Oxford: Voltaire Foundation, 1995). 그렐의 연구는 포괄적이지만 혁명이 발발하기 이전 시점에서 마무리된 것은 다소 놀랍다. 대서양 혁명이 고대의 영향을 받았다는 증거가 압도적으로 많은데도 일부 학자는 대서양 혁명이 단지 '계몽' 혁명일 뿐이라는 주장을 고수한다는 점에 유의해야 한다. 일례로 다음을 참고하라. J. Israel, *The Expanding Blaze: How the American Revolution Ignited the World, 1775-1848* (Princeton, NJ: Princeton University Press, 2017).

69   Carl J. Richard, *The Founders and the Classics: Greece, Rome, and the American Enlightenment* (Cambridge, MA: Harvard University Press, 1994), 232. 대서양 혁명가들의 고전 교육은 다음을 참조하라. Philip Ayres, *Classical Culture and the Idea of Rome in Eighteenth-Century England* (Cambridge: Cambridge University Press, 1997); Caroline Winterer, *The Culture of Classicism: Ancient Greece and Rome in American Intellectual Life, 1780-1910* (Baltimore: Johns Hopkins University Press, 2002); and Harold Parker, *The Cult of Antiquity and the French Revolutionaries: A Study in the Development of the Revolutionary Spirit* (New York: Octagon Books, 1965), chap. 1.

70   Hackett Fisher, *Liberty and Freedom*, 37-46. 혁명적인 미국에서 자유의 모자가 등장한 것은 다음을 참조하라. Yvonne Korshak, "The Liberty Cap as a Revolutionary Symbol in America and France," *Smithsonian Studies in American Art* 1, no. 2 (1987): 52-69.

71   Maurice Agulhon, *Marianne au combat. L'imagerie et la symbolique républicaines de 1789 à 1880* (Paris: Flammarion, 1979), 28; Parker, *Cult of Antiquity*, 140; Richard Wrigley, "Transformations of a Revolutionary Emblem: The Liberty Cap in the French Revolution," *French History* 11, no. 2 (1997): 131-169; and Annie Jourdan, "L'allégorie révolutionnaire de la liberté à la république," *Dix-huitième siècle*, no. 27 (1995): 503-532.

72 Malamud, *Ancient Rome and Modern America*, 10. 미국에서 에디슨의 연극에 대한 반응은 다음을 참조하라. Albert Furtwangler, "Cato at Valley Forge," *Modern Language Quarterly* 41, no. 1 (1980): 38-53; Frederic M. Litto, "Addison's *Cato* in the Colonies," *William and Mary Quarterly* 23, no. 3 (1966): 431-449; and Harper, "Cato, Roman Stoicism, and the American 'Revolution.'"

73 Litto, "Addison's *Cato*."

74 Quoted in Richard, *Founders and the Classics*, 74.

75 Ibid., 108.

76 볼테르의 연극 「브루투스」가 미친 정치적 영향은 다음을 참조하라. Robert L. Herbert, *David, Voltaire, "Brutus," and the French Revolution: An Essay in Art and Politics* (London: Allen Lane, 1972); Denise Baxter, "Two Brutuses: Violence, Virtue, and Politics in the Visual Culture of the French Revolution," *Eighteenth-Century Life* 30, no. 3 (2006): 51-77.

77 Quoted in Herbert, *David, Voltaire, "Brutus," and the French Revolution*, 13.

78 Ibid., 15.

79 Ibid., 88.

80 Ibid., 74.

81 Quoted in Baxter, "Two Brutuses," 63.

82 Quoted in W. Percival, "Greek and Roman History in the French Revolution," *Classical Review* (1963): 157.

83 John Adams, *Thoughts on Government: Applicable to the Present State of the American Colonies. In a Letter from a Gentleman to his Friend* (Philadelphia: John Dunlap, 1776).

84 Shalev, *Rome Reborn*, 151-187.

85 Richard, *Founders and the Classics*, 232-233. 그러나 이와 대조적으로 빌프리트 니펠은 사실 미국의 혁명가들은 헌법과 관련된 문제의 이론과 실제 모두에서 고대와 명백하게 단절되었다고 주장한다. Wilfried Nippel, *Ancient and Modern Democracy: Two Concepts of Liberty?*, trans. K. Tribe (Cambridge: Cambridge University Press, 2016), 144.

86 Parker, *Cult of Antiquity*, 84.

87 Ibid., 147.

88 이와 대조되는 내용은 다음 니펠의 문헌을 참조하라. Nippel, *Ancient and Modern Democracy*, 148-203. 니펠에 따르면 "프랑스에서는 고대 모델을 더 발전시키려

는 진지한 시도가 없었다." 반면 "제도를 모방하려는 노력보다는 시민적 덕성을 보여주는 고대의 모범 사례를 훨씬 더 강조했다." Quoted on 148 and 178.

89   Quoted in Velema, "Conversations with the Classics," 197.

90   Friedrich Schlegel, "Essay on the Concept of Republicanism Occasioned by the Kantian Tract 'Perpetual Peace,'" in *The Early Political Writings of the German Romantics*, ed. Frederick Beiser (Cambridge: Cambridge University Press, 1996), 103-104.

91   Quoted in Reinhold, *Classica Americana*, 25.

92   Quoted in Nippel, *Ancient and Modern Democracy*, 162.

93   Hamilton, Madison, and Jay, *The Federalist Papers*, 44-45.

94   '책들의 전쟁'에 대해서는 다음을 참조하라. Larry Norman, *The Shock of the Ancient: Literature and History in Early Modern France* (Chicago: University of Chicago Press, 2011). 이 논쟁이 정치사상에 미친 영향은 다음을 참조하라. Annelien de Dijn, "Political and Social Thought: Montesquieu, Voltaire, Diderot, Rousseau, Raynal," in *The Cambridge History of French Thought, Part I: To 1789*, ed. Jeremy Jennings and Michael Moriarty (Cambridge: Cambridge University Press, 2019), 241-248.

95   Jean-Jacques Rousseau, *The Social Contract and Other Later Political Writings*, ed. and trans. Victor Gourevitch (Cambridge: Cambridge University Press, 1997), 114-115.

96   Price, *Political Writings*, 24.

97   Ibid., 25.

98   Hamilton, Madison, and Jay, *The Federalist Papers*, 68.

99   Ibid., 53.

100   Ibid.

101   Ibid., 176.

102   Nicolas de Condorcet, *Political Writings*, ed. Steven Lukes and Nadia Urbinati (Cambridge: Cambridge University Press, 2012), 36, 166. 대의 민주주의에 대한 콩도르세의 비전은 다음을 참조하라. Nadia Urbinati, *Representative Democracy: Principles and Genealogy* (Chicago: University of Chicago Press, 2006), 176-222.

103   J. G. A. Pocock, *Virtue, Commerce, and History: Essays on Political Thought and History, Chiefly in the Eighteenth Century* (Cambridge: Cambridge University Press, 1976), 20.

104 Agulhon, *Marianne au combat.*

105 이 견해에 대한 전통적 상술은 다음을 참조하라. Louis Hartz, *The Liberal Tradition in America: An Interpretation of American Political Thought Since the Revolution* (New York: Harcourt, Brace and World, 1955). 최근의 재진술에 대해서는 다음을 참조하라. Isaac Kramnick, *Republicanism and Bourgeois Radicalism: Political Ideology in Late Eighteenth-Century England and America* (Ithaca, London: Cornell University Press, 1990); Joyce Appleby, *Liberalism and Republicanism in the Historical Imagination* (Cambridge, MA: Harvard University Press, 1992); and James P. Young, *Reconsidering American Liberalism: The Troubled Odyssey of the Liberal Idea* (Boulder: Westview Press, 1996). 미국 독립 혁명에 대한 '로크식' 해석에 반박하는 학자들은 사실 미국 혁명가들이 근대 초기 공화주의 전통에 영향을 더 많이 받았다고 주장한다. 이 견해에 대한 가장 영향력 있는 주장에 대해서는 다음을 참조하라. Gordon S. Wood, *The Creation of the American Republic, 1776-1787* (Chapel Hill: University of North Carolina Press, 1969) and J. G. A. Pocock, *The Machiavellian Moment: Florentine Political Thought and the Atlantic Republican Tradition* (Princeton, NJ: Princeton University Press, 1975). 오늘날 역사가들은 대부분 미국 건국의 역사에서 혁명가들이 두 가지 전통에 동시에 영향을 받았다고 주장한다. 이러한 새로운 합의 도출에 대해서는 다음을 참조하라. Alan Gibson, "Ancients, Moderns and Americans: The Republicanism-Liberalism Debate Revisited," *History of Political Thought* 21, no. 2 (2000): 261-307.

106 이 논쟁과 관련해서 특히 애플비와 크램닉의 연구를 참조하라. 또한 다음 문헌을 참조하라. Eric MacGilvray, *The Invention of Market Freedom* (Cambridge: Cambridge University Press, 2011).

107 이 책의 3장 참조.

108 Price, *Political Writings*, 20. 이와 대조되는 내용은 다음의 문헌을 참조하라. Dan Edelstein, *On the Spirit of Rights* (Chicago: Chicago University Press, 2019), chap. 6. 에델스타인은 권리에 대해서 로크와 루소의 견해가 비슷하다고 인정하지만, 미국 혁명가들이 로크와 단절하고 권리에 대한 보다 자유주의적 해석을 수용했다고 주장한다.

109 Josiah Tucker, *A Treatise Concerning Civil Government in Three Parts* (London: T. Cadell, 1781), 39.

110 Quoted in James Moore, "Natural Rights in the Scottish Enlightenment," in *The Cambridge History of Eighteenth-Century Political Thought,* ed. Mark Goldie and Robert Wokler (Cambridge: Cambridge University Press, 2006), 315.

111   Jack Rakove, ed., *Declaring Rights: A Brief History with Documents* (Boston: Bedford Books, 1998), 65. 새로 수립된 미국의 많은 주도 권리 선언문을 작성했다. 버지니아주, 펜실베이니아주, 매사추세츠주가 모두 스스로 통치할 수 있는 민중의 권리를 선언했다.

112   Wood, *Creation of the American Republic*, 609. 이러한 관점을 최근 재진술한 문헌은 다음을 참조하라. Jack Rakove, "Parchment Barriers and the Bill of Rights," in *A Culture of Rights: The Bill of Rights in Philosophy, Politics and Law-1791 and 1991*, ed. Michael Lacey and Knud Haakonssen (Cambridge: Cambridge University Press, 1991), 102.

113   Quoted in Paul Finkelman, "James Madison and the Bill of Rights: A Reluctant Paternity," *The Supreme Court Review* 9, no. 301 (1990): 312.

114   Hamilton, Madison, and Jay, *The Federalist Papers*, 420.

115   Ketcham, *Constitutional Convention Debates*, 245.

116   Rakove, *Declaring Rights*, 143. 모든 반연방주의자가 민주주의자는 아니라는 점에 유의해야 한다. 예를 들면 초창기 가장 저명한 반연방주의자인 조지 메이슨과 엘브리지 게리는 헌법 제정 회의 이전과 도중에 민중의 참여에 대해 깊은 불신을 표명했다. 이들을 비롯한 여타 반연방주의자들이 연방 헌법에 반대한 것은 바로 연방 헌법이 지방이나 주의 엘리트의 명성을 떨어뜨리고 권위를 위태롭게 할 것이기 때문이었다. 하지만 반연방주의자들은 연방 헌법에 대한 반대를 표명할 때 민주적 용어를 사용했다. Kloppenberg, *Toward Democracy*, 414 참조.

117   Quoted in Rakove, *Declaring Rights*, 161.

118   Quoted in ibid., 176-177.

119   Quoted in ibid., 175. 권리장전에 대한 매디슨의 미온적 반응은 다음을 참조하라. Finkelman, "James Madison and the Bill of Rights," 301-347.

120   Hamilton, Madison, and Jay, *The Federalist Papers*, 54. Greg Weiner, "James Madison and the Legitimacy of Majority Factions," *American Political Thought* 2, no. 2 (2013): 198-216 참조. 매디슨의 공화주의적 자유에 대한 전념과 관련해 보다 일반적인 논의는 다음을 참조하라. Lance Banning, *The Sacred Fire of Liberty: James Madison and the Founding of the Federal Republic* (Ithaca: Cornell University Press, 1998), 216. 미국 독립 혁명 당시 다수의 폭정에 대한 보다 일반적인 논쟁에 관해서는 다음을 참조하라. Annelien de Dijn, "Republicanism and Democracy: The Tyranny of the Majority in 18th-century Political Debate," in *Republicanism and the Future of Democracy,* ed. Yiftah Elazar and Geneviève Rousselière (Cambridge:

Cambridge University Press, 2019) 59-74.

121   Michael Zuckert, *The Natural Rights Republic: Studies in the Foundation of the American Political Tradition* (Notre Dame, IN: University of Notre Dame Press, 1996) 참조.

122   1789년 프랑스 인권 선언의 초안은 다음을 참조하라. Stephane Rials, *La déclaration des droits de l'homme et du citoyen* (Paris: Hachette, 1988), 115-320.

123   *Archives Parlementaires*, ed. J. Mavidal, E. Laurent, and E. Clavel, 82 vols. (Paris, 1872-1913), vol. 8, 438-439.

124   Ibid., 439; my translation.

125   Ibid.; my translation.

126   선언문이 본질적으로 루소주의 문서였다는 견해는 다음을 참조하라. François Furet, *The French Revolution 1770-1814*, trans. Antonia Nevill (Oxford, Malden, MA: Blackwell, 1992), 74. 그러나 퓌레에 따르면 더 자유주의적인 것으로 여겨지는 미국의 권리 선언과 프랑스의 인권 선언의 차이는 프랑스의 인권 선언이 루소주의적 특징이 있다는 점이었다. 나는 이 견해에 동의하지 않는다. 또한 대부분의 학자는 프랑스 인권 선언이 개인의 권리에 대해서는 자유주의적 옹호를 채택하고 루소주의적 요소가 더 많이 결합해 있어 프랑스 인권 선언이 더 모호하다고 본다는 점에 유의해야 한다. 일례로 다음을 참조하라. Rials, *La déclaration*, 321-474; Philippe Raynaud, "La déclaration des droits de l'homme et du citoyen," in *The French Revolution and the creation of Modern Political Culture*, vol. 2, *The Political Culture of the French Revolution*, ed. Keith M. Baker and Colin Lucas (Oxford: Pergamon Press, 1988), 139-149. 이 논쟁은 프랑스 인권 선언의 루소주의와 공포 정치 간의 연관성에 대한 문제로 격화되었다. 퓌레와 키스 베이커와 같은 수정주의 역사가들에 따르면, 적어도 부분적으로는 1793년부터 1794년까지 혁명이 폭력으로 전락한 것이 원인이 되어 일반 의지와 같은 루소주의 개념이 받아들여지게 되었다. Keith Michael Baker, *Inventing the French Revolution: Essays on French Political Culture in the Eighteenth Century* (Cambridge: Cambridge University Press, 1990), 305 참조. 하지만 공포 정치를 다룬 보다 최근의 문헌에서 이러한 견해에 반박했다. 이 논의의 개요는 다음을 참조하라. Jack Censer, "Historians Revisit the Terror-Again," *Journal of Social History* 48, no. 2 (2014): 383-403.

127   Edmund Burke, *Select Works of Edmund Burke*, vol. 2, *Reflections on the Revolution in France* (Indianapolis: Liberty Fund, 1999), 150-151.

128   Gregory Claeys, *Thomas Paine: Social and Political Thought* (Boston: Unwin Hyman,

1989), 112.

129   Thomas Paine, *Collected Writings*, ed. Eric Foner (New York: The Library of America, 1995), 538.

130   James Mackintosh, *Vindiciae Gallicae and Other Writings on the French Revolution*, ed. Donald Winch (Indianapolis: Liberty Fund, 2006), 98.

131   Ibid., 94.

132   Jeremy Bentham, *The Works of Jeremy Bentham*, ed. John Bowring (Edinburgh: William Tait, 1843), 2: 501, 522. 이 논문에 대한 논의는 다음을 참조하라. J. H. Burns, *Bentham and the French Revolution* (London: Royal Historical Society, 1966), 16: 111, n. 2.

133   De Gouges, *Les droits de la femme*, 5; my translation.

134   Quoted in Karen Offen, *European Feminisms, 1700-1950: A Political History*, 65.

135   이 논의에 대해서는 다음을 참조하라. Lynn Hunt, *Inventing Human Rights: A History* (New York: W. W. Norton, 2007), 146-175 and Samuel Moyn, "On the Nonglobalization of Ideas," in *Global Intellectual History*, ed. Samuel Moyn and Andrew Sartori (New York: Columbia University Press, 2013).

5 근대 자유의 발명

1   Johann August Eberhard, "Ueber die Freyheit des Bürgers und die Principien der Regierungsformen," in *Vermischte Schriften. Erster Theil* (Halle: Johann Jacob Gebauer, 1784), 1-28. 에버하르트의 에세이와 그에 대한 반응은 다음을 참조하라. Simone Zurbuchen, "Theorizing Enlightened Absolutism: The Swiss Republican Origins of Prussian Monarchism," in *Monarchisms in the Age of Enlightenment: Liberty, Patriotism, and the Common Good*, ed. Hans W. Blom, John Christian Laursen, Luisa Simonutti (Toronto: University of Toronto Press, 2007), 240-266.

2   Horst Dippel, *Germany and the American Revolution, 1770-1800: A Sociohistorical Investigation of Late Eighteenth-Century Political Thinking*, trans. Bernhard A. Uhlendorf (Wiesbaden: Steiner, 1978), 90-91, quote on 311.

3   이 책의 3장 참조.

4   Eberhard, "Ueber die Freyheit des Bürgers," 7.

5   Ibid., 26.

6 William Wordsworth, *Poems of William Wordsworth*, vol. 2, *Collected Reading Texts from the Cornell Wordsworth*, ed. Jared Curtis (Penrith: Humanities-Ebooks, LLP, 2009), 204, 174.

7 미국 독립 혁명에 대한 영국의 반응은 다음을 참조하라. Eliga H. Gould, *The Persistence of Empire: British Political Culture in the Age of the American Revolution* (Chapel Hill: University of North Carolina Press, 2000), 148-180. 프랑스의 반혁명 운동은 다음을 참조하라. Jacques Godechot, *La Contre-Révolution. Doctrine et action. 1789-1804* (Paris: Presses Universitaires de France, 1984). 네덜란드의 오라네파에 대해서는 다음을 참조하라. Wyger Velema, *Republicans: Essays on Eighteenth-Century Dutch Political Thought* (Brill: Leiden, 2007), 159-178.

8 Bee Wilson, "Counter-Revolutionary Thought," in *The Cambridge History of Nineteenth-Century Political Thought*, ed. Gareth Stedman Jones and Gregory Claeys (Cambridge: Cambridge University Press, 2011), 30.

9 Quoted in Marc. A. Goldstein, *The People in French Counter-Revolutionary Thought* (New York: Peter Lang, 1988), 89.

10 Yiftah Elazar, "The Liberty Debate: Richard Price and His Critics on Civil Liberty, Free Government, and Democratic Participation" (PhD diss., Princeton University, 2012) 참조.

11 John Wesley, *Some Observations on Liberty: Occasioned by a Late Tract* (Edinburgh, 1776), 4-5.

12 Adam Ferguson, *Remarks on a Pamphlet Lately Published by Dr. Price* (London: T. Cadell, 1776), 8, 13.

13 Quoted in Velema, *Republicans*, 156.

14 다음을 참조하라. Isser Woloch, "The Contraction and Expansion of Democratic Space During the Period of the Terror," in *The French Revolution and the Creation of Modern Political Culture*, vol. 4, *The Terror*, ed. K. M. Baker (Oxford: Pergamon, 1994), 309-325; Marisa Linton, "Terror and Politics," in *The Oxford Handbook of the French Revolution*, ed. David Andress (Oxford: Oxford University Press, 2015), 471-486.

15 역사가들은 아직도 프랑스 혁명이 공포 정치로 전락한 정확한 원인이 무엇인지에 대해 논쟁한다. 알베르 마티에와 같은 마르크스주의 역사학자들은 당시 상황이 공포 정치가 등장하게 된 원인이라는 유력한 해석을 제시한다. 전쟁과 내전으로 인해 자코뱅당은 적에게 대항해 혁명으로 일구어 낸 성과를 지켜야 했고, 그

렇게 하기 위해서는 필요악인 폭력을 사용하는 것이 정당화될 수밖에 없었다. 1980년대에 새로운 학파가 등장했는데, 그중 가장 저명한 역사가인 프랑수아 퓌레는 공포 정치를 혁명의 민주화 경향의 결과라고 설명했다. 하지만 공포 정치에 대한 가장 최근의 연구에서는 그의 이러한 수정주의적(그리고 일부에서는 반혁명적이라고 주장한다) 해석을 반박했다. 소피 봐니의 다음 문헌을 참조하라. Sophie Wahnich, *In Defence of the Terror: Liberty or Death in the French Revolution* (London: Verso, 2012). 이 책에서 봐니는 공포 정치가 프랑스 혁명의 필연적인 결과도 아니며 자의적인 폭력과 위협의 정책도 아니라고 설명한다. 오히려 공포 정치는 혁명을 옹호하고 민중의 폭발적인 폭력을 억제하고 통제하려는 의식적인 노력이었다. 자코뱅당의 국민공회 문헌에 대한 개요는 다음을 참조하라. Jack Censer, "Historians Revisit the Terror–Again," *Journal of Social History* 48, no. 2 (2014): 383-403.

16　Quoted in G. P. Gooch, *Germany and the French Revolution* (London: Longmans, Green, 1920), 269.

17　Wordsworth, *Poems of William Wordsworth*, 640. 공포 정치가 워즈워스에게 미친 영향은 다음을 참조하라. Emma Mason, "Life," in *The Cambridge Introduction to William Wordsworth* (Leiden: Cambridge University Press, 2010), 16-19. 공포 정치가 영국의 정치 논쟁에 미친 영향에 대한 보다 일반적인 논의는 다음을 참조하라. Mark Philp, *Reforming Ideas in Britain: Politics and Language in the Shadow of the French Revolution, 1789-1815* (Cambridge: Cambridge University Press, 2013), 40-70.

18　Jean-Louis Darcel, "The Roads of Exile, 1792-1817," in *Joseph de Maistre's Life, Thought, and Influence: Selected Studies*, ed. Richard A. Lebrun (Montreal: McGill-Queen's University Press, 2001), 15-31.

19　Joseph de Maistre, *The Pope, Considered in His Relations with the Church: Temporal Sovereignties, Separated Churches, and the Cause of Civilization*, trans. Aeneas Dawson (London: C. Dolman, 1850), 237-245.

20　Johan Meerman, *De burgerlyke vryheid in haare heilzaame, de volks-vryheid in haare schadelyke gevolgen voorgesteld* (Leiden: Luchtmans, 1793), 42; my translation. 1780년대 네덜란드에서 자유를 둘러싼 논쟁의 맥락에서 미어먼이 저술한 논문은 다음을 참조하라. Velema, *Republicans*, 42.

21　Antoine de Ferrand, *Théorie des révolutions, rapprochée des principaux événemens qui en ont été l'origine, le développement ou la suite; avec une table générale et analytique*, 4 vols. (Paris: Michaud, 1817), 2: 206-230.

22　A. Creuzé de Lesser, *De la liberté* (Paris : L.G. Michaud, 1832), 126; my translation.

23   Edmund Burke, *Reflections on the Revolution in France and on the Proceedings in Certain Societies in London Relative to That Event* (Cambridge: Cambridge University Press, 2014), 7, 36.

24   *Civil Liberty Asserted, and the Rights of the Subject Defended, against the Anarchical Principles of the Reverend Dr. Price* (London: J. Wilkie, 1776) 참조.

25   Quoted in Elazar, "The Liberty Debate," 89.

26   Ferguson, *Remarks on a Pamphlet*, 4.

27   *Civil Liberty Asserted*, 20-21.

28   Meerman, *De burgerlyke vryheid*, 16.

29   John Shebbeare, *An Essay on the Origin, Progress and Establishment of National Society, in Which the Principles of Government, the Definitions of Physical, Moral, Civil, and Religious Liberty Contained in Dr. Price's Observations, are Fairly Examined and Fully Refuted* (London: J. Bew, 1776), 32.

30   Edmund Burke, *Further Reflections on the Revolution in France*, ed. Daniel E. Ritchie (Indianapolis: Liberty Fund, 1992), 195.

31   Quoted in Zurbuchen, "Theorizing Enlightened Absolutism," 254-258.

32   Thomas Paine, *Collected Writings* (New York: Library of America, 1995), 434, 471.

33   Richard Price, *Political Writings*, ed. D. O. Thomas (Cambridge: Cambridge University Press, 1991), 83-84.

34   "Liberté," in *Le Dictionnaire de l'Académie française*, 1st ed. (1694), vol. 1. Accessed through ARTFL.

35   "Liberté," in *Le Dictionnaire de l'Académie française*, 5th ed. (1798). Accessed through ARTFL.

36   복고주의의 정치는 다음을 참조하라. Robin Winks and Joan Neuberger, *Europe and the Making of Modernity, 1815-1914* (New York: Oxford University Press, 2005), 11-40.

37   Malcolm Crook, "Elections and Democracy in France, 1789-1848," in *Re-imagining Democracy in the Age of Revolutions: America, France, Britain, Ireland 1750-1850*, ed. Joanna Innes and Mark Philp (Oxford: Oxford University Press, 2013), 83-100.

38   이 시기 혁명 운동과 사상에 대한 대대적인 탄압에 대해서는 다음을 참조하라. Adam Zamoyski, *Phantom Terror: Political Paranoia and the Creation of the Modern*

State, 1789-1848 (New York: Basic Books, 2015).

39   '자유주의적'과 '자유주의'의 의미 변화는 다음을 참조하라. Helena Rosenblatt, *The Lost History of Liberalism* (Princeton, NJ: Princeton University Press, 2018). 19세기 자유주의자들을 자코뱅주의와 복고주의 중간에 있는 '제3의 길'의 옹호자로 규정한 문헌은 다음을 참조하라. Alan Kahan, *Liberalism in Nineteenth-Century Europe: The Political Culture of Limited Suffrage* (Basingstoke: Palgrave Macmillan, 2003), 3.

40   Ibid.

41   혁명 이후 프랑스의 자유 논쟁에 대한 광범위한 분석은 다음을 참조하라. Annelien de Dijn, *French Political Thought from Montesquieu to Tocqueville: Liberty in a Levelled Society* (Cambridge: Cambridge University Press, 2008).

42   K. Steven Vincent, *Benjamin Constant and the Birth of French Liberalism* (New York: Palgrave Macmillan, 2011), 33.

43   콩스탕의 사상에 대한 반응은 다음을 참조하라. Helena Rosenblatt, "Eclipses and Revivals: Constant's Reception in France and America 1830-2007," in *The Cambridge Companion to Constant*, ed. Helena Rosenblatt (Cambridge: Cambridge University Press, 2009), 351-378.

44   Benjamin Constant, *Principles of Politics Applicable to All Governments*, ed. Etienne Hofmann, trans. Dennis O'Keeffe, introd. Nicholas Capaldi (Indianapolis: Liberty Fund, 2003), 386. 1806년이 콩스탕의 지적 이력에 전환점이 되었다는 견해는 다음을 참조하라. Etienne Hofmann, *Les "Principes de politique" de Benjamin Constant*, vol. 1, *La genèse d'une oeuvre et l'évolution de la pensée de leur auteur (1789-1806)* (Geneva: Droz, 1980), 93, 100, 119, 161; Helena Rosenblatt, *Liberal Values; Benjamin Constant and the Politics of Religion* (Cambridge: Cambridge University Press, 2008). 그러나 이와 대조적으로 빈센트는 『콩스탕』에서 지적 이력의 연속성을 더 강조한다.

45   Benjamin Constant, *Political Writings*, ed. Biancamaria Fontana (Cambridge: Cambridge University Press, 1988), 316. 근대적 자유에 대한 콩스탕의 옹호에 대해서는 다음을 참조하라. Jeremy Jennings, "Constant's Idea of Modern Liberty," in Rosenblatt, *Cambridge Companion to Constant*, 69-91.

46   Ibid., 113.

47   Ibid., 176.

48   Benjamin Constant, *Commentary on Filangieri's Work*, trans. and ed. Alan S. Kahan (Indianapolis: Liberty Fund, 2015), 261.

49 이 책의 4장 참조.

50 Ibid., 32. 콩스탕은 민중 주권의 원칙을 인정했지만 그것은 단순히 콩스탕이 정부는 항상 어느 정도 대중의 동의를 기반으로 했으며, 이는 전적으로 무력에만 기반을 두지 않은 모든 정부에 해당한다고 생각했다는 뜻이다. "신정, 왕정, 귀족정, 언제가 되었든지 간에 그것이 사람의 정신을 지배할 때 그것은 단순히 일반의지이다. 하지만 사람의 정신을 지배하지 못할 때 그것은 강압일 뿐이다."라고 그는 썼다. Constant, *Political Writings*, 175.

51 Germaine de Staël, *Considerations on the Principal Events of the French Revolution, Newly Revised Translation of the 1818 English Edition*, ed., annot., and introd. Aurelian Craiutu (Indianapolis: Liberty Fund, 2008), 343.

52 Staël, *Considerations*, 659, 725.

53 Franois Guizot, *The History of the Origins of Representative Government in Europe*, trans. Andrew R. Scoble, introd. Aurelian Craiutu (Indianapolis: Liberty Fund, 2002), 334. 프랑수아 기조의 엘리트주의적 자유주의는 다음을 참조하라. Aurelian Craiutu, *Liberalism under Siege: The Political Thought of the French Doctrinaires* (Lanham: Lexington Books, 2003), 123-147.

54 Constant, *Political Writings*, 327.

55 콩스탕이 저술 활동을 한 시기에 정치적 맥락의 변화는 다음을 참조하라. Stephen Holmes, *Benjamin Constant and the Making of Modern Liberalism* (New Haven, CT: Yale University Press, 1984).

56 이와 대조되는 내용에 관해서는 다음을 참조하라. Bryan Garsten, "Liberalism and the Rhetorical Vision of Politics," *Journal of the History of Ideas* 73, no. 1 (2012): 83-93. 가르스텐은 뱅자맹 콩스탕이 근대 초기 공화주의의 비판가가 아니라 지적 계승자라고 주장한다. 더 일반적으로 자유주의 운동은 근대 초기 공화주의를 계승한 것이라는 주장은 다음을 참조하라. Andreas Kalyvas and Ira Katznelson, *Liberal Beginnings: Making a Republic for the Moderns* (Cambridge: Cambridge University Press, 2008); Andrew Jainchill, *Reimagining Politics after the Terror: The Republican Origins of French Liberalism* (Ithaca: Cornell University Press, 2008).

57 J. P. T. Bury, *France: 1814-1940*, intro. Robert Tombs (London: Routledge, 2003), 31-33.

58 Albert Boime, *Art in an Age of Counterrevolution (1815-1848)* (Chicago: University of Chicago Press, 2004), 237-263.

59   Ibid., 252.

60   Albert Boime, *Art in an Age of Civil Struggle, 1848-1871* (Chicago: University of Chicago Press, 2007), 16.

61   Alexis de Tocqueville, *Democracy in America: Historical-Critical Edition of De La démocratie en Amérique*, 4 vols., ed. Eduardo Nolla, trans. James T. Schleifer (Indianapolis: Liberty Fund, 2010), 2: 512.

62   Françoise Mélonio, *Tocqueville and the French*, trans. Beth Raps (Charlottesville and London: University Press of Virginia, 1998), 33-36.

63   첫 번째와 두 번째 『미국의 민주주의』의 차이점에 대해서는 다음을 참조하라. Seymour Drescher, "Tocqueville's Two *Démocraties*," *Journal of the History of Ideas* 25, no. 2 (1964): 201-216.

64   Tocqueville, *Democracy in America*, 4: 1250-1251.

65   Terry Pinkard, *Hegel: A Biography* (Cambridge: Cambridge University Press, 2000), 418-494.

66   G. W. F. Hegel, *Elements of the Philosophy of Right*, ed. Allen Wood, trans. H. B. Nisbet (Cambridge: Cambridge University Press, 1991), 282.

67   Rosenblatt, *Lost History of Liberalism*, 69-71.

68   W. T. Krug, *Geschiedkundig tafereel van het Liberalismus van ouden en lateren tijd* (Amsterdam, 1823), 79-81; my translation.

69   Carl von Rotteck, "Freiheit," in *Staats-Lexikon oder Encyklopädie der Staatswissenschaften In Verbindung mit vielen der angesehensten Publicisten Deutschlands*, vol. 6, ed. Carl von Rotteck and Carl Welcker (Altona: Johann Friedrich Hammerich, 1838), 71; my translation.

70   Arnold Ruge, "Eine Selbstkritik des Liberalismus," in *Vormärz und Revolution, 1840-1849: Quellen zum Politischen Denken der Deutschen im 18. Jahrhundert*, ed. Hans Fenske (Darmstadt: Wissenschaftliche Buchgesellschaft, 1976), 80.

71   Stephan Walter, *Demokratisches Denken zwischen Hegel und Marx. Die politische Philosophie Arnold Ruges. Eine Studie zur Geschichte der Demokratie in Deutschland* (Dsseldorf: Droste, 1995) 참조.

72   James Mackintosh, *Vindiciae Gallicae and Other Writings on the French Revolution*, ed. Donald Winch (Indianapolis: Liberty Fund, 2006), 116.

73   Ibid., 233-238.

74 1815년 이후 에드먼드 버크가 휘그당에 미친 영향은 다음을 참조하라. Abraham Kriegel, "Liberty and Whiggery in Early Nineteenth-Century England," *The Journal of Modern History* 52 (1980): 253-278. 영국의 정치적 논쟁에 '자유주의적' 이라는 용어가 도입된 것에 대해서는 다음을 참조하라. Jörn Leonhard, "From European Liberalism to the Languages of Liberalisms: The Semantics of 'Liberalism' in European Comparison," *Redescriptions: Yearbook of Political Thought and Conceptual History* 8 (2004), 29.

75 Corinne Comstock Weston, *English Constitutional Theory and the House of Lords, 1556-1832* (London: Routledge, 1965), 217-258.

76 Philip Schofield, *Utility and Democracy: The Political Thought of Jeremy Bentham* (Oxford: Oxford University Press, 2006), 137-170 참조.

77 Jeremy Bentham, *Deontology; or, the Science of Morality: In Which the Harmony and Co-Incidence of Duty and Self-Interest, Virtue and Felicity, Prudence and Benevolence, Are Explained and Exemplified*, vol. 2, *Practice Of The Social Science* (London: Longman, Rees, Orme, Browne, Green & Longman, 1834), 60.

78 자유에 대한 벤담의 견해를 매우 다른 관점에서 설명한 문헌은 다음을 참조하라. Quentin Skinner, *Liberty Before Liberalism* (Cambridge: Cambridge University Press, 1998) 96-98; and Philip Pettit, *Republicanism: A Theory of Freedom and Government* (Oxford: Oxford University Press, 1997), 41-50. 스키너와 페팃은 민주적 자유 이론이 새로운 자유주의적 자유 개념으로 대체된 데에는 벤담과 그 계승자들의 역할이 크다고 주장한다. 그러나 벤담은 민주적 자유 이론을 반대했다기보다는 일반적으로 자유 개념에서 모호하고 감정에 호소하는 특성을 없애려고 했다고 말하는 것이 더 정확하다. 이와 유사한 주장은 다음을 참조하라. Yiftah Elazar, "Liberty as a Caricature: Bentham's Antidote to Republicanism," *Journal of the History of Ideas*, 76 (2015) 417-439.

79 미국 독립 혁명과 프랑스 혁명의 정치적 폭력에 대한 비교 관점은 다음을 참조하라. Dan Edelstein, "What Was the Terror?," in Andress, *French Revolution*, 453-470.

80 Quoted in Michal Jan Rozbicki, *Culture and Liberty in the Age of the American Revolution* (Charlottesville: University of Virginia Press, 2011), 166.

81 Ibid., 171.

82 Gordon Wood, *Empire of Liberty: A History of the Early Republic, 1789-1815* (Oxford: Oxford University Press, 2010), 175.

83   Quoted in ibid., 181.

84   Lance Banning, *Founding Visions: The Ideas, Individuals, and Intersections That Created America*, ed. and introd. Todd Estes (Lexington: The University Press of Kentucky, 2014), 322.

85   연방주의 정치 강령은 다음을 참조하라. David Hackett Fischer, *The Revolution of American Conservatism: The Federalist Party in the Era of Jeffersonian Democracy* (New York: Harper and Row, 1965). 사법부에 대한 연방주의자의 견해는 다음을 참조하라. Wood, *Empire of Liberty*, 400-432. 존 애덤스와 해밀턴과 같은 저명한 연방주의자들은 1791년 합의를 뒤집으려 했다는 사실을 부인했다는 것에 유의해야 한다.

86   Quoted in David Hackett Fischer, *Liberty and Freedom: A Visual History of America's Founding Ideas* (New York: Oxford University Press, 2005), 172.

87   Wood, *Empire of Liberty*, 105.

88   웹스터의 생애와 업적은 다음을 참조하라. Richard M. Rollins, *The Long Journey of Noah Webster* (Philadelphia: University of Pennsylvania Press, 1980).

89   Noah Webster, *Sketches of American Policy* (Hartford: Hudson and Goodwin, 1785), 20.

90   Quoted in Rollins, *Noah Webster*, 65.

91   Noah Webster, *A Collection of Papers on Political, Literary, and Moral Subjects* (New York: Webster and Clark, 1843), 40.

92   Ibid., 272.

93   Ibid.

94   Ibid., 285.

95   Rufus King, *The Life and Correspondence of Rufus King; Comprising His Letters, Private and Official, His Public Documents, and His Speeches*, vol. 5, *1807-1816*, ed. Charles R. King (New York: G. P. Putnam's Sons, 1898), 96.

96   Quoted in Hackett Fischer, *The Revolutions of American Conservatism*, 7.

97   Hackett Fischer, *Liberty and Freedom*, 204. 이와 다른 견해를 제시한 마이클 로즈비키는 연방주의자들을 포함한 미국의 엘리트들이 계속해서 보다 민주적인 표현을 사용했다고 주장한다. Rozbicki, *Culture and Liberty in the Age of the American Revolution*, 163-222.

98   이와 대조적으로 세스 코틀러는 유럽에서와 같이 미국에서도 공포 정치로 인해 "민주적 가능성이 억제"되었다고 주장했다. Seth Cotlar, *Tom Paine's America: The*

Rise and Fall of Transatlantic Radicalism in the Early Republic (Charlottesville: University of Virginia Press, 2011), 4.

99   Quoted in Lance Banning, ed., *Liberty and Order: The First American Party Struggle* (Indianapolis: Liberty Fund, 2004), 264.

100   James Madison, "Who are the Best Keepers of the People's Liberties?," in *The Mind of James Madison: The Legacy of Classical Republicanism,* ed. Colleen Sheehan (Cambridge: Cambridge University Press, 2017), 269.

101   Hackett Fischer, *Revolution of American Conservatism,* 26.

102   Fisher Ames, *Works of Fisher Ames Compiled by a Number of His Friends* (Boston: T. B. Wait, 1809), 380.

103   Ibid., 390.

104   Ibid., 419.

105   Ibid., 437.

106   Sean Wilentz, *The Rise of American Democracy* (New York: W. W. Norton, 2005), 4.

107   Donald Ratcliffe, "The Right to Vote and the Rise of Democracy, 1787-1828," *Journal of the Early Republic* 33, no. 2 (2013): 246.

108   "Liberty," in Noah Webster, *An American Dictionary of the English Language* (New York: S. Converse, 1828), vol. 2, 48.

109   휘그당의 등장과 양당 체계의 도입에 대해서는 다음을 참조하라. Daniel Walker Howe, *What Hath God Wrought: The Transformation of America, 1815-1848* (Oxford: Oxford University Press, 2007), 276.

110   Hackett Fischer, *Liberty and Freedom,* 209.

111   선동가와 다수결 원칙에 대한 의심을 강조한 휘그당 이념에 대한 설명은 다음을 참조하라. Lawrence Kohl, *The Politics of Individualism: Parties and the American Character in the Jacksonian Era* (Oxford: Oxford University Press, 1989), 177-185; Harry L. Watson, *Liberty and Power: The Politics of Jacksonian America* (New York: Hill and Wang, 2006), esp. 231-254.

112   Quoted in Kohl, *Politics of Individualism,* 181.

113   Hackett Fischer, *Freedom and Liberty,* 211.

114   이 점에 대해서는 다음을 참조하라. Kohl, *Politics of Individualism,* 177-185.

6 근대 자유의 승리

1   리버의 생애와 업적에 대해서는 다음을 참조하라. Frank Freidel, *Francis Lieber: Nineteenth-Century Liberal* (Baton Rouge: Louisiana State University Press. 1948).

2   Francis Lieber, *On Civil Liberty and Self-Government* (London: Richard Bentley, 1853), 28-31.

3   리버는 『시민 자유와 자치에 대하여』에서 뱅자맹 콩스탕의 글을 언급하지는 않았지만 에두아르 드 라부라이에를 비롯한 프랑스 자유주의자와 친분을 유지하고 서한을 주고받았기 때문에 콩스탕의 고대 자유와 근대 자유의 구분에 대해 알고 있었을 것이다.

4   Lieber, *On Civil Liberty*, 34.

5   Ibid., 333-334.

6   Francis Lieber, "Anglican and Gallican Liberty," in *The Miscellaneous Writings of Francis Lieber*, vol. 2, *Contributions to Political Science*, ed. Francis Lieber (Philadelphia: J.B. Lippincott, 1881), 378.

7   Jonathan Sperber, *The European Revolutions, 1848-1851* (Cambridge: Cambridge University Press, 2005) 참조.

8   Albert Boime, *Art in an Age of Civil Struggle, 1848-1871* (Chicago: University of Chicago Press, 2008), 16, 47.

9   1848년 혁명 실패에 대한 분석은 다음을 참조하라. Sperber, *The European Revolutions*, notably chap. 5. 나폴레옹 신화와 이 신화가 제2제국 건설에 기여한 부분은 다음을 참조하라. Sudhir Hazareesingh, *The Legend of Napoleon* (London: Granta Books, 2014), esp. chap. 7.

10 Quoted in Walter Dennis Gray, *Interpreting American Democracy in France: The Career of Édouard Laboulaye* (Newark: University of Delaware Press, 1994), 36.

11 Édouard de Laboulaye, *L'État et ses limites suivi d'essais politiques sur Alexis de Tocqueville, l'instruction publique, les finances, le droit de petition* (Paris: Charpentier, 1863), 43-45; my translation.

12 Ibid., 4-137.

13 Édouard de Laboulaye, *Le parti libéral: son programme et son avenir* (Paris: Charpentier, 1863), 120; my translation. 오를레앙 왕가 지지자들이 제시한 자유주의의 반민주적 성격에 대해서는 다음을 참조하라. Mark Hulliung, *Citizens and Citoyens: Republicans and Liberals in America and France* (Cambridge, MA: Harvard University

Press, 2002), 65-66.

14   Gray, *Interpreting American Democracy in France*, 38.

15   Quoted in ibid., 67.

16   Édouard de Laboulaye, *Paris en Amérique* (Paris: Charpentier, 1863), 16; my translation.

17   Ibid., 336; my translation.

18   Ibid., 421; my translation.

19   Auguste Nefftzer, "Libéralisme," in *Dictionnaire général de la politique,* ed. Maurice Block (Nancy: Berger-Levrault, 1873), 188-194; my translation.

20   이와 관련해서는 다음을 참조하라. Helena Rosenblatt, *The Lost History of Liberalism* (Princeton, NJ: Princeton University Press), 163.

21   Charles de Montalembert, *L'église libre dans l'état libre: Discours prononcés au Congrès catholique de Malines, par le comte de Montalembert* (Paris: C. Douniol, 1863), 17; my translation.

22   Robert E. Sullivan, *Macaulay: The Tragedy of Power* (Cambridge, MA: Harvard University Press, 2009), 323.

23   Quoted in Charles A. Betts, "Macaulay's Criticism of Democracy and Garfield's Reply," *Open Court*, XXXII (1918), 273-279.

24   Walter Bagehot, *The English Constitution,* ed. Paul Smith (Cambridge: Cambridge University Press, 2001), 190.

25   Sullivan, *Macaulay,* 323; Bagehot, *The English Constitution,* 191, 186. 1848년 혁명 이 영국의 개혁을 둘러싼 논쟁에 미친 영향에 대한 보다 일반적인 논의는 다음을 참조하라. Margot Finn, *After Chartism: Class and Nation in English Radical Politics 1848-1874* (Cambridge: Cambridge University Press, 1993), chap. 2.

26   Quoted in Richard Reeves, *John Stuart Mill: Victorian Firebrand* (London: Atlantic Books, 2007), 324.

27   James Mill, *Political Writings,* ed. Terence Ball (Cambridge: Cambridge University Press, 1992), 27.

28   Vincent Guillin, "The French Influence," in *A Companion to Mill,* ed. Christopher Macleod and Dale E. Miller (Hoboken: John Wiley & Sons, 2016), 133. 민주주의에 대한 밀의 관점이 어떻게 발전했는지에 대해서는 다음을 참조하라. J. H. Burns, "J. S. Mill and Democracy, 1829-61," in *Mill: A Collection of Critical*

Essays, ed. J. B. Schneewind (London: Macmillan, 1968), 280-328 and Georgios Varouxakis, "Mill on Democracy Revisited," in Macleod and Miller, *A Companion to Mill,* 454-471. 밀이 자신을 급진주의자라기보다는 자유주의자로 판단한 것과 관련해 다음을 참조하라. Mill, "Tories, Whigs, and Radicals," *Westminster Review,* xxv (1836): 293.

29 John Stuart Mill, "De Tocqueville on Democracy II," in *The Collected Works of John Stuart Mill,* vol. 18, *Essays on Politics and Society Part I,* ed. John M. Robson, introduction by Alexander Brady (Toronto: University of Toronto Press, 1977), 176-177.

30 John Stuart Mill, *On Liberty and Other Writings* (Cambridge: Cambridge University Press, 2011), 5-8.

31 Ibid., 112, 120.

32 John Stuart Mill, *The Collected Works of John Stuart Mill,* vol. 19, *Essays on Politics and Society Part II,* ed. John M. Robson, introduction by Alexander Brady (Toronto: University of Toronto Press, 1977), 457.

33 외트뵈시의 생애와 업적은 다음을 참조하라. D. Mervyn Jones's introduction to *The Dominant Ideas of the Nineteenth Century and Their Impact on the State,* vol. 1, *Diagnosis,* by József Eötvös, trans., ed., and annot. D. Mervyn Jones (New York: Columbia University Press, 1996), 13-56. 1848년 혁명에 대한 보다 일반적인 중유럽의 반응에 대해서는 다음을 참조하라. Balázs Trencsényi, Maciej Janowski, et al., *A History of Modern Political Thought in East Central Europe,* vol. 1, *Negotiating Modernity in the 'Long Nineteenth Century'* (Oxford: Oxford University Press, 2016), chap. 6.

34 Eötvös, *The Dominant Ideas of the Nineteenth Century,* 178.

35 Trencsényi, Janowski, et al., *History of Modern Political Thought in East Central Europe,* 273.

36 Dieter Langewiesche, *Liberalism in Germany,* trans. Christiane Banerji (Princeton: Princeton University Press, 2000), 61 참조.

37 블룬칠리의 자유주의에 대해서는 다음을 참조하라. Robert Adcock, *Liberalism and the Emergence of American Political Science: A Transatlantic Tale* (Oxford: Oxford University Press, 2014), 53-58.

38 J. K. Bluntschli, *The Theory of the Modern State* (Oxford: Clarendon Press, 1895), 58-59. 블룬칠리의 저서는 원래 1875~1876년에 독일어로 출판되었다.

39   Bluntschli, *Theory of the Modern State*, 423, 425.

40   Ibid., 194.

41   J. P. T. Bury, *France, 1814-1940* (London: Routledge, 2003), chap. 9.

42   Quoted in Robert Saunders, "Democracy," in *Languages of Politics in Nineteenth-Century Britain*, ed. David Craig and James Thompson (Basingstoke: Palgrave Macmillan, 2013), 153.

43   Quoted in ibid., 156. 제3차 개혁법 개정에서 글래드스턴의 역할에 대해서는 다음을 참조하라. D. A. Hamer, *Liberal Politics in the Age of Gladstone and Rosebery: A Study in Leadership and Policy* (Oxford: Clarendon Press, 1972), 76-77.

44   Stein Kuhnle and Anne Sander, "The Emergence of the Western Welfare State," in *The Oxford Handbook of the Welfare State*, ed. Herbert Obinger et al. (Oxford: Oxford University Press, 2010), 61-80.

45   Benjamin Constant, *Political Writings*, ed. Biancamaria Fontana (Cambridge: Cambridge University Press, 1988), 263.

46   폴 르루아볼리외의 생애와 학문적 업적은 다음을 참조하라. Dan Warshaw, *Paul Leroy-Beaulieu and Established Liberalism in France* (DeKalb: Northern Illinois University Press, 1991).

47   Paul Leroy-Beaulieu, *L'État moderne et ses fonctions* (Paris: Guillaumin, 1900), x.

48   Ibid., 460.

49   Quoted in John Offer, introduction to *Herbert Spencer: Political Writings*, by Herbert Spencer, ed. John Offer (Cambridge: Cambridge University Press, 2012), vii. 스펜서의 생애와 업적은 다음을 참조하라. John Offer, *Herbert Spencer and Social Theory* (Basingstoke: Palgrave Macmillan, 2010).

50   Herbert Spencer, "Parliamentary Reform: the Dangers and the Safeguards," *Westminster Review* 73 (1860): 486-507.

51   Herbert Spencer, *Man versus the State: With Six Essays on Government, Society, and Freedom* (Indianapolis: Liberty Classics, 1981), 56.

52   Ibid., 26.

53   Edward Bristow, "The Liberty and Property Defence League and Individualism," *Historical Journal* 18, no. 4 (1975): 761-789.

54   Sandford Elwitt. "Social Reform and Social Order in Late Nineteenth-Century France: The *Musée Social and Its Friends*," *French Historical Studies* 11, no. 3 (1980):

445.

55 Max Weber, *Political Writings* (Cambridge: Cambridge University Press, 1994), 70-71, 159.

56 1848년 혁명에 대한 미국의 반응은 다음을 참조하라. Daniel Howe, *What Hath God Wrought: The Transformation of America, 1815-1848* (Oxford: Oxford University Press, 2007), 792-836.

57 Quoted in David Hackett Fischer, *Liberty and Freedom: A Visual History of America's Founding Ideas* (Oxford: Oxford University Press, 2005), 295.

58 Quoted in Richard C. Rohrs, "American Critics of the French Revolution of 1848," *Journal of the Early Republic* 14, no. 3 (1994): 374.

59 J. K. Bluntschli, "Lieber's Service to Political Science," in Lieber, *Miscellaneous Writings,* 8.

60 Frank Freidel, "Francis Lieber, Charles Sumner, and Slavery," *Journal of Southern History* 9, no. 1 (1943): 75-93.

61 Lieber, "Anglican and Gallican Liberty," 382-383.

62 Ibid., 386.

63 Ibid., 387-388.

64 Lieber, *On Civil Liberty,* 37-40.

65 Ibid., 237.

66 Howe, *What Hath God Wrought,* 408.

67 이어지는 내용은 다음 문헌을 바탕으로 한다. Hugh Brogan, *The Penguin History of the United States of America* (London: Penguin, 2001), 280-345.

68 Quoted in Eric Foner, *Forever Free: The Story of Emancipation and Reconstruction* (New York: Vintage Books, 2006), 89-90.

69 Quoted in ibid., 148.

70 Quoted in ibid., 124.

71 Ibid., chap. 7.

72 Brogan, *History of the United States of America,* 418-446.

73 Ibid., 413-414.

74 Francis Parkman, "The Failure of Universal Suffrage," *North American Review* 126 (1878): 1-20. 또한 다음 문헌을 참조하라. Eric Foner, *The Story of American*

Freedom (New York: W. W. Norton, 1998), 119.

75 다음을 참조하라. John Sproat, *"The Best Men": Liberal Reformers in the Gilded Age* (New York: Oxford University Press, 1968); Nancy Cohen, *The Reconstruction of American Liberalism, 1865-1914* (Chapel Hill: University of North Carolina Press, 2002). 도금 시대의 자유주의자와 유럽 자유주의자 사이에서 이루어진 지적 교류를 강조하는 설명은 다음을 참조하라. Robert Adcock, *Liberalism and the Emergence of American Political Science: A Transatlantic Tale* (Oxford: Oxford University Press, 2014).

76 윌리엄 그레이엄 섬너의 생애와 업적은 다음을 참조하라. Richard Hofstadter, "W. G. Sumner, Social Darwinist," *New England Quarterly* 14, no. 3 (1941): 457-477.

77 William Graham Sumner, "Republican Government," in *The Challenge of Facts and Other Essays,* ed. Albert Keller (New Haven, CT: Yale University, 1918), 226-227.

78 William Graham Sumner, "Advancing Social and Political Organization in the United States," in *Challenge of Facts,* 335.

79 Ibid., 334.

80 William Graham Sumner, "Politics in America, 1776-1876," *North American Review* 122, no. 250 (1876): 51-53.

81 William Graham Sumner, "State Interference," in *War and Other Essays,* ed. Albert Keller (New Haven, CT: Yale University Press, 1919), 213-228.

82 Ibid.

83 William Graham Sumner, "The Forgotten Man," in *The Forgotten Man and Other Essays,* ed. Albert Keller (New Haven, CT: Yale University Press, 1918), 481.

84 William Graham Sumner, *What Social Classes Owe to Each Other* (New York: Harper and Brothers, 1911), 120.

85 Richard White, *The Republic for Which It Stands: The United States during Reconstruction and the Gilded Age, 1865-1896* (Oxford: Oxford University Press, 2017), 448.

86 Michael Les Benedict, "Laissez-Faire and Liberty: A Re-Evaluation of the Meaning and Origins Of *Laissez-Faire* Constitutionalism," *Law and History Review* 3, no. 2 (1985): 293-331, quote on 331.

87 Alexander Keyssar, *The Right to Vote: The Contested History of Democracy in the United States* (New York: Basic Books, 2000), 137.

88   Adcock, *Liberalism,* 201 참조.

89   Henry Sumner Maine, *Popular Government,* introduction by George W. Carey (Indianapolis: Liberty Fund, 1976), 66.

90   Ibid., 211.

91   Ibid., 242-243.

92   Quoted in Yasmin Sabina Khan, *Enlightening the World: The Creation of the Statue of Liberty* (Ithaca: Cornell University Press, 2010), 109.

93   June Parvis, "Emmeline Pankhurst (1858-1928) and Votes for Women," in *Votes for Women,* eds. Sandra Holton and June Purvis (London: Routledge, 2002), 109-134.

94   Emmeline Pankhurst, "Address at Hartford," 13 November 1913, reprinted in *Speeches and Trials of the Militant Suffragettes: The Women's Social and Political Union 1903-1918,* ed. Cheryl Jorgensen-Earp (Cranbury, NJ: Associated University Presses, 1999), 327.

95   Quoted in Karen Offen, *European Feminisms, 1700-1950: A Political History* (Stanford, CA: Stanford University Press, 2000), 154.

96   19세기 후반이 '장기 불황'으로 특징지어진다는 생각은 논란의 여지가 있다는 데 유의해야 한다. 경제 역사가들은 이 기간에 대부분의 국가에서 경제 생산량이 계속 증가했다고 지적하기 때문이다. 하지만 에릭 홉스봄이 지적했듯이 이 시기에 이전의 수십 년에 비해 물가와 수익이 하락하면서 당시 사람들이 장기적 경기 침체와 경제적 불안을 겪었다는 사실에는 의심의 여지가 없다. Eric Hobsbawm, *The Age of Empire, 1875-1914* (New York: Vintage Books, 1989), 34-36 참조.

97   1880~1945년에 유럽에서 일어난 좌파 운동은 다음을 참조하라. Dick Geary, ed., *Labour and Socialist Movements in Europe before 1914* (Oxford, NY: Berg Publishers, 1989) and Dick Geary, *European Labour Politics from 1900 to the Depression* (London: Macmillan, 1991). 유럽 좌파가 민주화에 기여한 부분은 다음을 참조하라. Geoff Eley, *Forging Democracy: The History of the Left in Europe, 1850-2000* (Oxford: Oxford University Press, 2002).

98   John A. Scott, *Republican Ideas and the Liberal Tradition in France, 1870-1914* (New York: Octagon Books, 1966), 119-125.

99   Ferdinand Buisson, *La politique radicale: étude sur les doctrines du parti radical et radical-socialiste* (Paris: V. Giard, 1908), 219-221.

100   Jacques Kergoat, "France," in *The Formation of Labour Movements 1870-1914: An*

International Perspective, 2. vols., ed. Marcel van der Linden and Jürgen Rojahn (Leiden: Brill, 1990), 1: 163-190.

101   Jean Jaurès, Libertés, ed. Gilles Candar (Paris: Ligue des droits de l'homme / EDI, 1987); my translation.

102   Jean Jaurès, A Socialist History of the French Revolution, ed. Mitchell Abidor (London: Pluto Press, 2015), 249-251.

103   19세기 후반 프랑스에서 정치 세력으로서의 자유주의가 쇠퇴한 데 대해서는 다음을 참조하라. Alan Kahan, Liberalism in Nineteenth-Century Europe: The Political Culture of Limited Suffrage (Houndmills: Palgrave Macmillan, 2003), 172, 192.

104   Sidney and Beatrice Webb, Industrial Democracy (New York and Bombay: Longmans, 1897), vol. 2, 847. 시드니 웹과 비어트리스 웹의 정치관에서 산업 민주주의 개념의 중심적 역할에 대해서는 다음을 참조하라. Lisanne Radice, Beatrice and Sidney Webb: Fabian Socialists (London: MacMillan, 1984), 10.

105   John Hobson, The Crisis of Liberalism: New Issues of Democracy (London: King, 1909), 93, xii.

106   Peter Clarke, Liberals and Social Democrats (Cambridge: Cambridge University Press 1978); Michael Freeden, The New Liberalism: An Ideology of Social Reform (Oxford: Clarendon Press, 1986) 참조.

107   L. T. Hobhouse, Liberalism (London: Williams & Norgate, 1919), 57.

108   Ibid., 214.

109   Ibid., 48, 54-56

110   L. T. Hobhouse, Democracy and Reaction (London: T. F. Unwin, 1909), 222-223.

111   영국 자유주의의 승리를 비교 관점에서 설명한 내용에 대해서는 다음을 참조하라. Kahan, Liberalism in Nineteenth-Century Europe, 172-192.

112   Gregory Claeys, Marx and Marxism (London: Pelican, 2018), 173-187.

113   Karl Marx and Friedrich Engels, The Marx-Engels Reader, ed. Robert Tucker (New York: W. W. Norton, 1978), 484-485.

114   Ibid., 491.

115   Karl Kautsky, The Class Struggle (Erfurt Program), trans. William Bohn (Chicago: Charles H. Kerr, 1910), 122-123.

116   Marx and Engels, The Marx-Engels Reader, 556. 국가에 대한 엥겔스와 마르크스의 관점은 다음을 참조하라. Gareth Stedman Jones, "The Young Hegelians,

Marx and Engels," in Jones and Claeys, *History of Nineteenth-Century Political Thought,* 579-585.

117 Claeys, *Marx and Marxism,* 232-243.

118 L. T. Hobhouse, *Democracy and Reaction* (London: T. F. Unwin, 1909), 235.

119 Eley, *Forging Democracy,* chaps. 1 and 2.

120 Mark Mazower, *Dark Continent: Europe's Twentieth Century* (London: Penguin Books, 1998), 8-11.

121 Gareth Stedman Jones, *Karl Marx: Greatness and Illusion* (London: Penguin, 2016) chap. 12, note 66.

122 V. I. Lenin, *Collected Works, Vol. 28 (1918-1919)* (Moscow: Progress Publishers, 1974) 455-477. 볼셰비키 강령에서 프롤레타리아 독재 개념의 역할은 다음을 참조하라. Neil Harding, "The Russian Revolution: An Ideology in Power," in *The Cambridge History of Twentieth-Century Political Thought,* ed. Terence Ball and Gareth Stedman Jones (Cambridge: Cambridge University Press, 2008), 257-261.

123 Massimo L. Salvadori, *Karl Kautsky and the Socialist Revolution, 1880-1938* (London: Verso, 1990), 251-293 참조.

124 Communist International, *Manifesto and Governing Rules of the Communist International (Adopted by the Congress of the Communist International at Moscow, March 2-6, 1919, and Signed by Comrades C. Rakovsky, N. Lenin, M. Zinovjev, L. Trotzky, and Fritz Platten)* (Chicago: Chicago Labor Printing, 1919). 마르크스주의적 사회주의가 민주주의 진영과 공산주의 진영으로 분열된 현상에 대해서는 다음을 참조하라. Eley, *Forging Democracy,* chap. 9.

125 Ludwig von Mises, *Liberalism: The Classical Tradition,* ed. Bettina Bien Greaves (Indianapolis: Liberty Fund, 2005), 30.

126 Ibid., 30, viii.

127 Ibid., 119, 151.

128 Ibid., 120.

129 제1차 세계 대전 이후 특히 영국에서 자유주의의 쇠퇴에 대한 전통적 분석은 다음을 참조하라. George Dangerfield, *The Strange Death of Liberal England* (London: Constable, 1935). 자유주의 쇠퇴의 원인에 대한 보다 최근의 논쟁에 관한 분석은 다음을 참조하라. G. R. Searle, "Did the Liberals Still Have a Future in 1914?," *Historian* 35 (1992): 10-12.

130   Mazower, *Dark Continent,* 27.

131   Charles Postel, *The Populist Vision* (New York: Oxford University Press, 2007).

132   Jill Lepore, *These Truths: A History of the United States* (New York: W. W. Norton, 2018), 363.

133   미국의 진보주의와 신자유주의에 대해서는 다음을 참조하라. Douglas Charles Rossinow, *Visions of Progress: The Left-Liberal Tradition in America* (Philadelphia: University of Pennsylvania Press, 2008).

134   John A. Thompson, *Woodrow Wilson* (London: Longman, 2002), 43-64.

135   역사가들은 미국 자유주의의 초기 저술 중 하나인 윌슨의 『신자유』에 대해 많은 논의를 해왔고, 두 가지 매우 다른 해석이 제시되었다. 아서 링크는 신자유가 정치에 대한 민중의 통제를 확대하기 위한 야심 찬 강령이라고 설명하고 윌슨이 소득을 재분배하고 기업의 힘을 제한하려는 의도가 있었다고 강조한다. 이와 대조적으로 마틴 스클라는 윌슨의 강령이 기업-산업 자본주의를 긍정적으로 여기고 있음을 보여준다고 설명한다. 이 논쟁의 개요는 다음을 참조하라. W. E. Brownlee, "The New Freedom and Its Evolution," in *A Companion to Woodrow Wilson,* ed. R. A. Kennedy (New York: Wiley and Sons, 2013), 106-132. 필자는 아서 링크의 견해에 동의한다.

136   Woodrow Wilson, *The New Freedom: A Call for the Emancipation of the Generous Energies of a People* (New York: Doubleday, 1913), 55-78.

137   Ibid., 243-244.

138   Ibid., 15.

139   Ibid., 284.

140   Henry F. Pringle, *The Life and Times of William Howard Taft,* 2 vols. (New York: Farra & Rinehardt, 1939), 1: 34.

141   William Howard Taft, *Popular Government: Its Essence, Its Permanence and Its Perils* (New Haven, CT: Yale University Press, 1913), 34.

142   Ibid., 66.

143   Ibid., 15.

144   Ibid., 197-199.

145   Keyssar, *The Right to Vote,* 216.

146   Brogan, *History of the United States of America,* 503, 512-513.

147   Herbert Hoover, "Principles and Ideals of the United States Government,"

October 22, 1928, https://millercenter.org/the-presidency/presidential-speeches/october-22-1928-principles-and-ideals-united-states-government.

148 Brogan, *History of the United States of America,* chap. 22.

149 Ibid., 542

150 Franklin D. Roosevelt, "Fireside Chat 6: On Government and Capitalism," September 30, 1934, https://millercenter.org/the-presidency/presidential-speeches/september-30-1934-fireside-chat-6-government-and-capitalism. 루스벨트의 자유주의에 대해서는 다음을 참조하라. Rosenblatt, *Lost History of Liberalism,* 260-261.

151 John Dewey, "The Future of Liberalism," *Journal of Philosophy* 32, no. 9 (1935): 227.

152 Franklin D. Roosevelt, "Speech at the Democratic National Convention," June 27, 1936, https://millercenter.org/the-presidency/presidential-speeches/june-27-1936-democratic-national-convention.

153 Hackett Fischer, *Liberty and Freedom,* 488-494, quote on 491.

154 Franklin D. Roosevelt, "State of the Union Message to Congress," January 11, 1944, http://www.fdrlibrary.marist.edu/archives/address_text.html. 또한 다음 문헌을 참조하라. Foner, *Story of American Freedom,* 235.

155 Quoted in Foner, Story of American Freedom, 235.

156 Labour Party, "Let Us Face the Future: A Declaration of Labour Policy for the Consideration of the Nation" (1945), http://www.politicsresources.net/area/uk/man/lab45.htm.

157 Quoted in Sheri Berman, *The Primacy of Politics: Social Democracy and the Making of Europe's Twentieth Century* (Cambridge: Cambridge University Press, 2006), 177.

158 Quoted in Jan-Werner Mller, *Contesting Democracy: Political Ideas in Twentieth-Century Europe* (New Haven: Yale University Press, 2013), 144.

159 Odd Arne Westad, *The Global Cold War: Third World Interventions and the Making of Our Times* (Cambridge: Cambridge University Press, 2007).

160 Tony Judt, *Postwar: A History of Europe Since 1945* (New York: Penguin, 2005) 211, 207.

161 냉전 자유주의에 대한 다른 설명은 다음을 참조하라. Jan-Werner Müller, "Fear and Freedom: On 'Cold War Liberalism,'" *European Journal of Political Theory,*

7 (2008), 45-64.

162   Bruce Caldwell, introduction to *The Road to Serfdom: Texts and Documents. The Definitive Edition,* by F. A. Hayek, ed. Bruce Caldwell (Chicago: University of Chicago Press, 2007), 1-36.

163   Hayek, *Road to Serfdom,* 100-111, quote on 110.

164   Ibid., 82.

165   Ibid., 110-111.

166   Ibid.

167   Caldwell, introduction to *The Road to Serfdom,* 18-19; Theodore Rosenof, "Freedom, Planning, and Totalitarianism: The Reception of F. A. Hayek's Road to Serfdom," *Canadian Review of American Studies* 5, no. 2 (1974): 150-160.

168   벌린의 생애와 업적은 다음을 참조하라. Michael Ignatieff, *Isaiah Berlin: A Life* (London: Vintage, 2000).

169   이와 대조되는 내용에 관해서는 다음을 참조하라. Jan-Werner Müller, "The Contours of Cold War Liberalism (Berlin's in Particular)," in *Isaiah Berlin's Cold War Liberalism,* ed. Jan-Werner Müller (Singapore: Palgrave Macmillan, 2019), 37-56. 뮐러는 벌린의 복지 국가 옹호가 실용적인 것이 아니라 원칙에 기초를 둔 것이었다고 주장한다.

170   Isaiah Berlin, "Political Ideas in the Twentieth Century," *Foreign Affairs* 28, no. 3 (1950): 383.

171   Ibid., 377.

172   Ibid., 378.

173   Ibid., 383.

174   Ibid., 385.

175   벌린이 소극적 자유와 적극적 자유를 모두 옹호한다고 주장하는, 벌린의 「자유의 두 개념」에 대한 다른 해석은 다음을 참조하라. Joshua L. Cherniss, *A Mind and Its Time: The Development of Isaiah Berlin's Political Thought* (Oxford: Oxford University Press, 2013), esp. chap. 8.

176   Isaiah Berlin, *Political Ideas in the Romantic Age: Their Rise and Influence on Modern Thought* (Princeton, NJ: Princeton University Press, 2014), 90, 205.

177   Isaiah Berlin, *Two Concepts of Liberty* (Oxford: Clarendon Press, 1958), 48, 14.

178   Ibid., 12.

179 Isaiah Berlin, *Freedom and its Betrayal: Six Enemies of Human Liberty* (London: Chatto & Windus, 2002), 73, 67.

180 Berlin, *Two Concepts,* 8.

181 Ibid., 14.

182 Marshall Cohen, "Berlin and the Liberal Tradition," *Philosophical Quarterly* 10, no. 40 (1960): 216-217.

183 "The Fate of Liberty," *Times,* December 6, 1952.

184 Raymond Aron, *Essai sur les libertés* (Paris: Calmann-Lévy, 1965), 230; my translation.

185 Ibid., 149; my translation.

186 Ibid., 228; my translation.

187 주디스 슈클라에 관한 유사한 주장에 대해서는 다음을 참조하라. Samuel Moyn, "Before-and Beyond-the Liberalism of Fear," in *Between Utopianism and Realism: The Political Thought of Judith Shklar,* ed. S. Ashendem and A. Hess (Philadelphia: University of Philadelphia Press, 2019), 24-46.

188 Aron, *Essai sur les libertés,* 230.

189 J. Roland Pennock, *Liberal Democracy: Its Merits and Prospects* (New York: Rinehart and Company, 1950).

190 Glenn Negley, review of J. Roland Pennock's "Liberal Democracy: Its Merits and Prospects," *Political Science Quarterly* 67, no. 2 (1952): 289-290.

191 Hannah Arendt, "What Is Freedom?," in *Between Past and Future: Eight Exercises in Political Thought* (New York: Penguin Books, 1954), 149. 다음 문헌을 참조하라. Kei Hiruta, "Hannah Arendt, Liberalism, and Freedom from Politics," in *Arendt on Freedom, Liberation, and Revolution: Philosophers in Depth,* ed. Kei Hiruta (Cham: Palgrave Macmillan, 2019), 17-45. 히루타는 아렌트가 이사야 벌린의 「자유의 두 개념」에 익숙하지 않았을 것이라고 주장한다는 점에 유의해야 한다.

192 Arendt, "What Is Freedom?," 150, 157.

나가는 말: 21세기의 자유

1 Daniel Hannan, *The New Road to Serfdom: A Letter of Warning to America* (New York: HarperCollins, 2010).

2   Mark R. Levin, *Liberty and Tyranny: A Conservative Manifesto* (New York: Threshold Editions, 2009), 17-18.

3   Walter E. Williams, *Liberty Versus the Tyranny of Socialism: Controversial Essays* (Stanford: Hoover Institution Press, 2008); Ron Paul, *Liberty Defined: 50 Essential Issues That Affect Our Freedom* (New York: Grand Central Publishing, 2012).

4   이 견해를 정교하게 옹호한 최근의 주장에 대해서는 다음을 참조하라. Randy Barnett, *Our Republican Constitution: Securing the Liberty and Sovereignty of We the People* (New York: HarperCollins, 2016).

5   Fareed Zakaria, *The Future of Freedom: Illiberal Democracy at Home and Abroad* (New York: W. W. Norton, 2003), 20, 24-27.

6   Yascha Mounk, *The People vs. Democracy: Why Our Freedom Is in Danger and How to Save It* (Cambridge, MA: Harvard University Press, 2018), 14.

| 찾아보기 |

Freedom 자유
자유에 관한 가장 명료한 통찰

초판 1쇄 인쇄 | 2024년 4월 20일
초판 1쇄 발행 | 2024년 4월 25일

지은이 | 안넬리엔 드 다인
옮긴이 | 한혜림
펴낸이 | 조승식
펴낸곳 | 도서출판 북스힐
등록 | 1998년 7월 28일 제 22-457호
주소 | 01043 서울시 강북구 한천로 153길 17

전화 | 02-994-0071
팩스 | 02-994-0073
인스타그램 | @bookshill_official
블로그 | blog.naver.com/booksgogo
이메일 | bookshill@bookshill.com

값 30,000원
ISBN 979-11-5971-585-3